違法性と犯罪類型、共犯論

佐伯千仭著作選集 第2巻

違法性と犯罪類型、共犯論

佐伯千仭著作選集　第2巻

信　山　社

佐伯千仭著作選集　第二巻

目　次

初出一覧

（本書では、論文集等として公刊されたものを確定稿として収録し、初出の出典も併記した。）

1　「タートベスタント序論」法学論叢二九巻二号、三号（一九三三年）（『刑法における違法性の理論』（一九七四年、有斐閣）所収）

2　「いわゆる共犯の制限された従属形式」法学論叢三一巻五号（一九三四年）（『共犯理論の源流』（一九八七年、成文堂）所収）

3　「二つの正犯概念」法学論叢三二巻四号、六号（一九三五年）（『共犯理論の源流』（一九八七年、成文堂）所収）

4　「共犯と身分」法学論叢三三巻二号、三号（一九三五年）（『共犯理論の源流』（一九八七年、成文堂）所収）

5　「主観的違法要素」法学論叢三七巻一号、二号（一九三七年）（『刑法における違法性の理論』（一九七四年、有斐閣）所収）

6　「刑法犯と警察犯」牧野教授還暦祝賀『刑事論集』（一九三八年、有斐閣）（『刑法における違法性の理論』（一九七四年、有斐閣）所収）

7　「必要的共犯」宮本博士還暦祝賀『現代刑事法学の諸問題』（一九四四年、弘文堂書房）（『共犯理論の源流』（一九八七年、成文堂）所収）

8　「違法性の理論」『刑事法講座　第一巻』（一九五二年、有斐閣）（『刑法における違法性の理論』（一九七四年、有斐閣）所収）

9　「可罰的違法序説」末川先生古稀記念『権利の濫用　上巻』（一九六二年、有斐閣）（『刑法における違法性の理論』（一九七四年、有斐閣）所収）

10　「共謀共同正犯」竹田直平博士・植田重正博士還暦祝賀『刑法改正の諸問題』（一九六七年、有斐閣）（『刑法改正の総括的批判』（一九七五年、日本評論社）所収）

11　「可罰的違法性の理論の擁護」法学セミナー一六九号、一七〇号、一七一号（一九七〇年）（『刑法における違法性の理論』（一九七四年、有斐閣）所収）

12　「公安条例と抽象的危険犯」法律時報四九巻三号、五号、六号、九号、一〇号（一九七七年）

1　タートベスタント序論──いわゆる構成要件の理論のために

一　はしがき

最も発達した法的形態を有する社会発展の段階としての近代市民社会においては、人と人との関係は、各自の商品を交換するところの商品所有者相互の関係として現れる（労働者は資本家に労働力という商品を売る者である）。そして商品所有者は自己の商品を売ると否とについて、みな平等にして完全なる自由意思の主体として取扱われる。法的主体、あるいは法律上の人格者、権利能力というものも、本来それと別個の何物でもない。商品所有者の法律概念への翻訳が、われわれのもつ抽象的な法人格者概念である。

近代市民社会の法が平等と自由を原則とするということも右の事実と同一のことに帰着する。法律的自由とは、何よりもまず私有財産を享有し、かつその所有権は、単に「侵されざる占有」としてではなく、譲渡処分することの自由であり、自己と等しく自由なる他の法人格者と自由意思に基づいて契約、取引をなし、交通、移転し、営業することの自由である。平等とはかかる自由を社会の全員が平等に有するものとして待遇されるということであり、現実には富める者と貧しき者、強き者と弱き者との区別があろうとも、それらの社会の成員が法的主体として結んだ契約が、平等にしてかつ対等の地位にある人の結んだ契約として見られるという平等である。それは現実的不平等が生ずることを予想し、しかも実質的不平等者間の関係を平等であると単に看做す平等である。

私的自治 Privatautonomie――それは近代市民社会の法原則を呼ぶいま一つの名称であるが――とは右のような事情において人と人との間に生ずべき関係を是認するということであって、結局、近代市民社会の法は実質的不平等を包む形式的平等の外被であるというに帰着する。

私法は正に右のような私的自治を積極的に規律しようとするものである。しかしながら、それが私的自治の規律であるがために、その規定は自治の一般的限界を決めるかまたは自治の内容または仕方を規定しても多く任意的であるのが通常である。それが強行的な規定を含むときもそれは私人の契約自由を制限せんとするのでなく、逆にそれによってこの自由をよりよく発揮せしめようとするのである（商法においてこのことはしばしばみられる）。しかるに正にその同一の私的自治が刑法においては別個の現象をとらねばならぬ。私人の自由、私的自治は国家権力の無制限なる行使に対して、一定の限界が設けられていることを要求する。法治国――罪刑法定主義――はこのことを指すにほかならぬ。行為あるに先立って当該行為を犯罪なりと宣言し、かつこれに対して科せらるべき刑罰を明言する法規があるとき、かつその定められた刑罰の限度内でのみ処罰することが許されるということは私的自治の思想の刑法的反映である。封建的専制裁判に対して近代刑法は「犯人のマグナ・カルタ」であるというリストの言葉はこの間の事情を指摘したものである。そこから民法に対する刑法の特殊性が必然性をもって流出してくるであろう（一）。

われわれがここに取扱おうとするタートベスタント Tatbestand の概念も右のような事情を予想して、始めて正当に理解されうるであろう。

（一）　以上の記述は市民社会の一般的性格である。それが直ちに現在の、しかもわが国の社会・経済・法律の本質的様相であると解されてはならぬ。現在では団体主義的思想がそれに制限を加えようとしている。私はかつて牧野教授が法治国思想の展開として自己の教育刑論を説かれた著書を紹介した際につぎのように説いた。「自由競争を基礎とする経済生活は、それ自らの発展に於て、この自由競争の反対場へ転化しやうとする傾きをもつ。放任の代りに統制的傾向が加はって来る。而も近代的経済生活が近代的経済機構の枠内に止る限り、その存在条件たる自由競争を終局的に廃止する事は出来ない。之を否定せんとする傾向を増し乍ら、而も此枠内に於ては完全に否定し得ぬこと（即ち経済生活の完全な統制が出来ぬ事）之が近代的経済生活の特徴をなす。資本の集積、集中による独占資本主義――我々の時代はこう名づけられる――は自由競争自らの自由競争の反対物への転化といふ自己運動の産物である。それは統制的要素を増し行き乍ら、而も自由競争を否定し去ったものでなく、只それが、より集中され、より効果的に行はれるといふにすぎない。此二律背反性は益々加はって行く。其結果は社会生活に於ける諸矛盾の拡大的再生産に外ならない。だが、此独占の伴ふ一面たる統制的傾向は又その必然性を以て政治的法律的組織へも、又思想的領域へも働く。分散の代りに集中を、放任の代りに統制を、個人の代りに団体を重視せんとする傾向の発生の為めの客観的条件となる。社会が自覚される。法律学に於ける、従来の個人主義、概念主義に対する団体主義、統制主義的思想の勃興（デュギー、ヘーデマン）、権利本位から義務本位へ、財産の社会化等のスローガン皆ここに其現実的地盤をもつ。……」（法律時報・昭和六年八月号一三六頁）。これとともに刑法上は自由の保障が段々否定され、縮少されてくる。教育刑が主張され、刑法における自由法論が叫ばれ、犯罪の構成要件および刑の量定範囲を拡大し、限界を漠然化するのが現在の世界的傾向である。わが国においては事情はもう一つ特殊的である。維新およびそれ以後の発展は封建的色彩を取り捨てることなく、したがって政治的自由の一応の開花さえも経ずして現在に至っている。わが国の社会生活の反自由主義的傾向は右の一般的世界的傾向に従うものなるとともに、またわが国特殊の前時代的要素に基づくものである。これはわが国における罪刑法定主義の奇形児化に最もよく現れている。命令による刑罰の範囲の広大なこと、刑事的緊急勅令、現行刑法の犯罪構成要件の漠然広大なこと、刑の量定範囲の広大なこと、公務員の人権不尊重の傾向――さらには自由についての人民の農奴的無関心を見よ。われわれは本稿の最後において今一度かかる形相に還り来るであろう。なお末川・契約総論三一頁以下の附従契約についての説明参照。美濃部・憲法撮要一二五頁以下。

二　民法におけるTatbestandと刑法におけるTatbestand――両者の型の役割

一　Tatbestandという言葉は広く一般法学上用いられ、一定の法律効果発生のための法律要件の意味に解されている。そして私法の領域にあっては代表的法律要件は法律行為、特に契約である。そこにおいてわれわれは売買、交換、贈与、寄託などの契約として、あるいは遺言、親族会議等々として、それらが型的な性質をもっていることを見出す。刑法においても事情は異ならない。具体的な国家の刑罰請求権を発生せしめるための法律要件として殺人、騒擾、毀棄、横領等々というように罪となるべき行為の型が作られている。それでは私法上の行為の型と刑法上の行為の型とは同様の意味を――それぞれの法の解釈・運用にあたって――もつのか、意味を異にするとすればいかに異なるかという問題が生ずる。

ここにわれわれは民法における型は典型、あるいは見本としての性質をもつが（範型）、刑法における型は限界づける型、あるいは制約型としての性質をもつということに注意する。民法上の――例えば契約の諸種の型は単にエレメンタルなものが代表的に見本として並べられているに止まり、それに該当せぬ行為も無効になるのではない（契約自由の原則）。各人はそれらに制約されることなく、任意の内容形式の契約をとり結ぶことができる（典型契約・不典型契約・混合契約）。成法中の型は、任意に行われた行為の解釈につき疑いがあるときに一応の解釈の材料を与えるに止る。ここに私的自治がある。（一）

（二）　この提言もまた無制限に広く解されてはならぬ。例えば親族・相続法においては公法性・強行性が強い。商法の領域にも強行的な部分がある。のみならず取引の実際は必然に――その取引が頻繁になされればなされるほど――一定の型にはまってくるであろう。かくて事実的にはただその定型的な取引だけが行われるに至る。しかもその際そんな定型化は取引の便宜上、技術上の結果で、刑法の型の制限とは趣旨を異にするであろう。それによって契約自由は真に実現されることになる。その定型はこの自由の手段である。なお近時の権利の義務性などの呼声とともに私的自治が制限されようとする傾向およびその本質については上述一の註参照。また右の見本的性質については末川・上掲一四頁以下。

二　右と異なって刑法における罪となるべき行為の型――それをわれわれは以下犯罪類型と呼ぼう――は、上述のような自由の要求により、単なる見本としてでなく、罰される行為の範囲を制限しようとするものである。それは犯人から社会を保護するとともに、国家権力の側からの刑罰という私人の自由に対する最大の侵害から犯人を保障している。

右の事情から解釈の仕方も民法と刑法において異なることが要請として生じる。民法においては法の欠陥あることは裁判を拒む理由にならない。民事の裁判は成文なきものは慣習により、慣習なきものは条理を推考して裁判すべきである。しかしながら、かかる態度を罰条拡張のため刑法の領域でなすことは許されない。刑罰規定の欠缺が法の欠陥だということは裁判官の権限の外に出る。そこに立法機関の作用が始まる。かつ現在のような立法組織、緊急勅令その他の応急設備まで備えて、刑罰法規の発布には特に勤勉な近代国家においては刑罰法規の類推は許されない。ただ消極的方面への類推は無条件に許される。かかる区別は同一の「人民の自由」の原則から当然に流出する結論である。（二）

（一）　人はここに法律行為と犯罪を対比することにつき疑問を持つであろう。けだし、前者は適法行為であり、後者は違法行為であるから。むしろ、民法の不法行為と犯罪とこそが対比されるべきように見える。しかしながら、ここには両法域における代表的な行為が（さらには一般に法的なものが）ともに型的性質をもつこと、および、しかもなお両者の基本的対立が必然的であることが明らかにされねばならなかった。民法不法行為と犯罪の等しく違法な行為としての関係および差異は、犯罪類型が違法類型であるという規定にまで到達した後で始めて問題となるであろう。なお刑法の解釈については、宮本・刑法大綱二〇頁。

三　民法刑法の性質の相違は、かくて必然的にタートベスタント概念の内容に作用する。かかる分化は民法において法律要件が型であることが注目されぬまでも重視されぬに反し、刑法においてはその類型性が強調され、かつそこから刑法特有のタートベスタント論が生じてくるということのなかに顕われた。ただ法律が列挙した行為のみが処罰されるという原則は、その列挙された行為がいかなるものであるかということから「法上数を限られた罰せられるべき行為の型」、すなわち犯罪類型という考えに導いていったのである。(二)

(二)　すでに本稿を草した後、私は田中(耕)教授の興味ある論文を載する法学協会雑誌五一巻一号を手にした。題して「商法上の法律関係の定型化」という。教授はそこで「商法上の法律関係の中に現れたる定型化現象の考察」を企てられている。今発表された部分は「緒論」であって法の世界における定型化現象を一般的に取扱っている。近代私法においては人は法律関係形成の自由をもっている。私有財産権、遺言自由、契約自由は近代私法の三大原則である。「其れは人が法律に依って認められたる範囲に於て其の意思に依りて、其の欲する各種の法律上の効果を生ぜしめ得る事、即ち之れを内容的に見れば、権利義務の関係に依りて被はれたる所の財産的価値又は身分的資格の得喪変更の結果を生ぜしむることを得る事を意味する。其れは法律の世界の内部に於ける個人の意思の最大限度の支配の可能性を意味する」(四頁)。しかしながら人類は「理性が与へられて居り」かかる自由を濫用するものではない。ある目的を達成するには「無限の多数の道筋が存在するに拘らず、自ら最短なる一つの径路を選択する事になるのである」。契約自由の原則、あるいは法律関係形成の自由は個人主義的であり、団体主義的法律原理で制限すべきだと近時説かれるけれど「此の原則は既に他の一層広大なる範囲に於て制限を受けてゐるのである。其れは元来法律生活の極めて狭少なる範囲にしか関係を有しないのであり、而も其れが関係を有し得る固有の範囲に於てすら、其れは其の主権を擅に行使しないのである」「自由主義の故郷」と考えられた商取引の世界も例外をなすのでない(四・五頁)。この契約自由のいわば運命的な制限をなすものが「法の定型的被制約性」である。「法律規定の中に包含せらるる諸概念、例へば人、法人、物、無能力者、錯誤、代理、時効、商人、有価証券、累犯、横領等皆種類概念として無数の具体的場合を包摂しないものは存在しない」(八頁)。すなわち法は「あらゆる特種の社会関係の見渡の附かぬ豊富さの中より、法律的規整の目的の為めに一つの選択を試みる必要にせまられる。此の選択は各種の具体的なる関係形態よりして、意義あるものと思惟せられ、多くの場合に於て平均的に反覆せらるる或る種の特色のみを取り出し其等を結束して関係定型と為し、然る後其れを法的規整の対象となすのである」（九頁）。「かく定型化的取扱をなすことにより法と道徳の区別が生ずる」（九頁）。そしてかかる法律的定型は「平たく云へば国民の常識に依り……其等は人間の社会生活自体より生ずる」（一一頁）。右のように「一般的に云へば、法律秩序は全体として定型的であり、此の範囲に於ては人の意思が創造的に働く余地が極めて少いといふことになる」。「此の故に自由の発動し得る範囲は、概ね此等の基礎概念自体の創造又は変更でなくして、単に其等の結合よりして一定の人との関係に於て一定の法律的効果を発生せしむる事に限られてゐるのである」（一一・一二頁）。法律秩序のこの定型性、普遍化的傾向は「無限のニュアンスを有する社会生活自体と完全に一致するものでなく」ある程度の Schematismus の無理は「法に宿命的なる Antinomie」である。もちろん「各種の法律の範域は其の特性を有して居り、従つて法本来の性質に随伴する定型性の意義及び程度は決して一様ではない」。例えば刑法は、一面、倫理的要素を重要視し、量刑の際には主観的事情により裁判官は自由に裁量することを許され、したがって個別化的であるが、他面、法治国思想により各個の犯罪の構成要件は各本条に明瞭に規定せられて「極端なる定型化の傾向に走ってゐる」（一五頁）。「要するに刑法は其の面を一方個別化の方に他方定型化の方に向けてゐるヤヌスの頭である。而して其の個別化は既定の定型の埒内に於て行はるる点に於て法的確実性が保障せられるる」（一五頁）。「定型化の点に於て刑法と正反対の地位にあるは国際法の分野である。……此の範囲に於ける事件たるや歴史的に einmalig なる特性を有し、多分に個性を具備し、定型化さるる事が甚だ困難たるを免れない。国際法に於ける定型化は……其れが多分に習俗的性質を有する事に起因する」。かつそれは内容的の方面でなく形式的の方面においてのみ定型化されている（一六・一七頁）。憲法・行政法・訴訟法などは「其等が、或は国家其の他の団体の組織を定むる法たるが為めに、或は其等が一定の公の目的の達成に向けられたる手続的のものである為めに、法律関係は組織の維持自体の目的から又は多数の事務処理の便宜の目的からして極端に定型化されて居るのみならず、其の以外に訴訟法に関しては刑法に於けるが如き、国権の恣意的濫用に対する人民の防禦の意義に於ける定型化の動機も存在するのである」（一八頁）。――これがそこに説かれている思想の大要である。教授の努力は適法行為、特に商法関係のそれの定型化現象の考察に向けられており、私のここに取扱うのは違法行為、特に犯罪類型の定型化現象である。なお何らかの意味をもつであろう。型概念につき加古・論叢二九巻一号。

三　刑法の領域における Tatbestand 概念の発展、ベーリンクの「犯罪論」まで

一　「普遍法律史的にみると私法と刑法はある対立をなす。すなわち前者にあっては法律行為の類型的明示（法律行為の方式が制限されていたことを意味するであろう――筆者）が歴史的出発点をなし、そしてその類型性はやっと法律進化の後の段階において克服され、生硬な形式主義（Schematismus）が振り棄てられ『私的自治』に代わられるのである。刑法においては正にその逆である。そこでは元来犯罪要件のしっかりした区画づけはなかった（人は未だ普通法の poena extraordinaria を記憶するであろう（一））。「近代の獲得物として、始めて犯罪の型がないということが止められたのである」。ベーリンクは一九〇六年タートベスタントを刑法理論の中心的地位に引上げんとして著した「犯罪論」（Lehre vom Verbrechen）のなかでこう語っている。われわれはつぎにタートベスタント概念の推移を追跡しよう（二）。

（一）　ドイツ普通法の時代（一六世紀後半―一七世紀前半）はドイツ民族の神聖ローマ帝国の崩壊期で宗教上の争い、外役、三〇年戦争の時代である。漸く地方の領主が独立して軍隊、官僚を基礎にもつ絶対主義君主制が生じようとしていた。poena extraordinaria はこの期においてカルプツォフにより中世イタリア法学より輸入された。制定法が刑罰を確定せず、または成法に犯罪として掲げられぬ場合でも裁判官に処罰に値すると考えられる限りこの非常刑が科せられた。ひいては裁判官が法定刑をも加減しうることをも意味するにいたった。罪刑法定主義の思想は啓蒙時代に入って始めて現われたので、これは以前の罪刑専断主義の一表現であると説かれている。Hippel, Deutsches Strafrecht, I, S. 22 ff., Schaffstein, Die allgemeinen Lehren vom Verbrechen in ihrer Entwickelung durch die Wissenschaft des gemeinen Strafrechts, 1960, S. 39 ff.

(一)　ここには Bruns, Kritik der Lehre vom Tatbestand, 1932 に主としてよる。つぎに掲げるクラインおよびスチューベルの著書はわれわれの大学の書庫になく、ブルンスの説の紹介に止まる。なおブルンスの著書は、すでに法協五〇巻八号に小野教授が紹介の労をとられている。

二

タートベスタントが特に刑法上の概念として用いられたのは、ブルンスによれば一七九六年に出たフェルヂナンド・クラインの「刑法綱要」(Grundzüge des gemeinen deutschen und preussischen Peinlichen Rechts) においてであるとされている。彼は古普通法の刑事訴訟において通例用いられた一般糺問、特別糺問の区別から出発した。一般糺問というのは客観的出来事の存在を確定することに帰し、corpus delicti (罪体)、すなわち起った犯罪の外部的痕跡の発見を主な目的とする。特別糺問というのは犯人にこの corpus delicti を自白させることを目的とする手続である。犯罪の主観的方面の審理といえるであろう。この corpus delicti という語——この名称は、右のような区別がまず殺人罪についてなされたことに由来する——をドイツ訳して、クラインは Tatbestand としたのであった。「犯罪の Tatbestand にはつぎの二つのものが属する。(一)　それを惹起することが犯罪となるべき結果。(二)　この効果を惹起した恣意的行為」。Tatbestand に属するものはこの二つの要素の存在を確実に推知せしめるところの認識可能な事態であるといえば、もっと正確であろう。——このクラインの Tatbestand 概念は純粋に客観的・外部的であり、訴訟上の証拠 (犯罪の証明) という方向から来ている。そして、そのことは中世の単なる世間の評判に基づいて、裁判官が自由に罰すべきか否かを決定した罪刑専断に対する反動としての、法定証拠主義の思想を基礎とするものであった。

この外部的・訴訟的タートベスタント観に対し理論的根拠を与えたのがスチューベルの一八〇五年の Über den Tatbestand der Verbrechen であった。この時代にはすべての刑法教科書が国家刑罰の本質および根拠に何かの議論をもって始められた。スチューベルもこの時代精神を典型的に発揮しながら、刑罰の本質から刑罰の条件を、したがってまた Tatbestand の概念を規定する。その意義についての争いは犯罪の結果もまた Tatbestand に属するかという問題についての争いになる。けだしスチューベルは予防主義（特別予防主義）とフォイエルバッハの威嚇主義（刑罰予告による一般予防）とを対立させる。予防主義は犯罪意思のなかに刑罰の理由があるとする。行為者の意思は刑罰執行により改められねばならず、特に行為者は重ねて罪を犯さぬよう威嚇されねばならぬ。そこで、Tatbestand とはそれによって犯罪意思の存在を認識しうる手段である。すなわち、「一定の刑罰において予想せられているような危険な心情を認めさせる事実の全体である」。犯罪の本質が要求するのは、犯罪意思がどのように現われたかということだけであり、何らかの方法でこれが認められる限り、Tatbestand に該当する結果が生ずることは必らずしも必要でない。殺人罪の Tatbestand は人を殺すことである。死人を生きてる人と思って射撃する人はもはや人を殺す行為をなしたとはいえない。けだし死人はもはや人でないであろうから。しかしながら、この行為者も現に人を殺した者と同様に可罰性がないか？　——ここに犯罪徴表説との併行関係が看取される。しかしスチューベルはこの自ら基礎づけた理論をフォイエルバッハの影響を受けて放棄した Grünhut, Anselm v. Feuerbach und Problem der strafrechtlichen Zurechnung, 1922, S. 32, 55.)。

反対に威嚇主義からすれば、刑罰は共同体の安全を脅やかす法侵害に対して予告されている。刑罰威嚇は市民が犯罪を犯さぬよう威嚇せねばならぬ。この威嚇にも拘わらず法が侵されたときは刑罰が執行されて法の権威を維持し、刑罰威嚇が空文でないことを証明し、重ねての犯罪なきよう威嚇し、なお他の人々にも警告を与えねばならぬ。しかしながら、もし法侵害の Tatbestand が欠けていたら、すなわち、射った相手が死人だったり、盗むため手を差し入れたポケットが空であったりした時には、威嚇を発するための条件だった事実の一つが欠けている。法は侵害されてないし、平和は乱されていない。故に刑罰を執行することも意味がない。このように結果があって始めて法侵害あるが故に、結果は Tatbestand の要素である。(二)

（一）　しかしながら彼が「刑法が禁ずる行為は現に法侵害の結果を生じたもののみでなく、またかかる侵害を結果しうべき、単に危険な行為でもありうる」としていわゆる危殆犯（Gefährdungsdelikte）をも認めたのは、法を粗雑に外面化し、かつ非法化しえぬことの証拠であろう（Bruns, Kritik, S. 12)。

三　しかしこの威嚇主義に由来する客観的Tatbestandの意味内容の完全な理解は、この説の創始者フォイエルバッハにおいて威嚇主義がもった意義を知ることにより可能である。Tatbestandの起源は政治的であり、それは法治国的・自由主義的国家観に帰着する。フォイエルバッハは安全の相互的保障のために締結された国家契約から結論して、国家の安全を脅かすような行為のみが処罰されうるとする。先験的な刑罰の理由づけは否定され、合目的的理由から罰される。罪あれば必らず科せられ、決して免れえぬ刑罰によって、人心のなかにある国家契約により自己に科された限界を越えようとする刺戟に対し、障碍観念となるべき不快感が対置されねばならぬ。刑罰執行の目的はそれに尽きる。本質的なものは消極的方面にあり、外部的安全の存立が要求するときにのみ罰すべきである。Tatbestandは特に支配者と裁判者の恣意を阻止し、制限するものとして意味をもっている。ここからして刑法の三つの原則が導き出されることになる（Lehrbuch, §20. 1847, 14 Aufl. S. 41.)

一、一切の処罰は刑罰法規を前提とする（Nulla poena sine lege)。

二、処罰は予告された行為の現実に存在することにより制約されている（Nulla poena sine crimina)。

三、法上予告された行為は法定の刑罰により条件づけられている（Nulla crimina sine poena legali)。

このTatbestandは単に存在するだけでなく、裁判上、検証とか証人、被告人の尋問等の合理的方法によって証明されることを要する。かくてフォイエルバッハはすでに純粋に訴訟法的なTatbestand観を越えて、実体法的なものとしてこれを扱っていたといえる。——このように裁判官の恣意に対する個人の自由の保障が関心の中心となって、罰されうるのは客観的Tatbestandが存在するときのみだという要求が明瞭にされていった。

この時代にすでにTatbestandの範囲——何をそのなかに入れるか——も問題になっている。この問題は主として一般的Tatbestandと特別Tatbestandの区別という形で争われた。例えば責任能力や故意もそのなかに入るか否かが問題とされた。スチューベルはいかなる主観的事実がTatbestandに属するかを探ねた後、つぎのような一般的標準を示している。「これらの主観的事実が法律上 Tatbestand に属するのは、ただそれらがあるいは行為の不法性と犯罪の大小を左右して行為の客観的可罰性に影響を及ぼし、あるいは犯罪の個々の部門の区別を決定する限りにおいてであって」、主観的可罰性や刑罰の帰属にとっていかに重要であろうとも Tatbestand のなかには入らない。われわれはここに違法類型として Tatbestand をみる見方への著しい接近をみる。――それは正当に展開されたならば、すでに早くタートベスタント論を発展させるに適していたであろう。しかしながらスチューベルはこの点について人々の必要な注目を受けなかった。けだし本質的な点においては Tatbestand 論は前世紀においてそれ以上理論的に論議されることなく、時代の関心は、むしろヘーゲル哲学の影響の下に行為論に重点を移していったからである。例えばベルナーは行為概念を、「犯罪論の骨骼」として犯罪論の中心に置き、犯罪の諸特徴をこの犯罪行為のもつ性質としてみた。あるいはまた客観的 Tatbestand と主観的 Tatbestand とを区別するという仕方がとられた（A・メルケル）。違法および責任と Tatbestand とは何ら特別な関係に置かれることなく、前二者は後者に包含されるものと考えられた。ベーリンクに至るまでの数十年は独立した Tatbestand 論のためには、誠に都合の悪い時代であった（Stübel, Über den Tatbestand der Verbrechen, S.5,6; Berner, Lehrbuch des Deutschen Strafrechts, 1857, S. 108; Merkel, Lehrbuch des Deutschen Strafrechts, 1889, S. 34 ff.; Bruns, Kritik, S. 13 ff.）。

四　一九〇六年ベーリンクは前記の「犯罪論」によって Tatbestand 概念を再び問題の中心に据えた。彼にあっても法治国、自由主義的国家観が出発点をなし、ドイツ刑法二条（罪刑法定主義の明文化）がその理論の基礎だったのである。Tatbestand は彼においても客観的であり記述的であって、価値的であってはならなかった。彼の方法は外的と内的あるいは心理的と物理的の対立を刑法理論のなかで徹底させようとする傾向の典型であった（S. 45, 46.）（彼のほかにゴールドシュミットの法律規範・義務規範の対立も同一傾向を追うものである）。そこからして、彼はその Tatbestand を全く法的評価と無関係であり、違法と同列に並ぶものであると考えた。それは個々の犯罪の特徴の外部的な包括記載に過ぎない。もっともそれは違法性の存在を一応推定せしめる作用はもつが（Verbrechen, S. 145 ff., 162, 40.）、しかしそれは Tatbestand の没価値的本質を左右するものではないとするのである。――ベーリンクの著書は刑法理論のなかに Tatbestand に関する注意を再び喚起した。体系化のためにそれは徐々により重要な役割を演ずるようになっていく。現在ではその有する意義、したがってその内容も大体一定したといえるであろう。しかしながら、それは必らずしもベーリンク自身が以来歩んで来た道とは同一でない。しかも右の書物に現れたベーリンクの Tatbestand に関する思想が実は種々の方向への将来の発展を予想させる萌芽的・未分化的状態にあったといえるであろう。

われわれは以後の理論の出発点として彼の理論の包含していた諸モメントをつぎに分析しよう。その際本節冒頭に引用した語が示すように、彼にとって犯罪は法的類型化であることが最も注目されるべきである。彼は Tatbestand につぎのような方面を異にする使命――相互に矛盾するところの――を負わせようとした。

(一)　Tatbestand は各個の犯罪の個別的特徴を示すものであらねばならぬ。犯罪一般というものはない。必らず窃盗・殺人・横領等々として個別化したいずれかであらねばならぬ。それらの個々の犯罪類型の個性を示すこと――これがその第一の使命である。ブルンスはこれを「個別化にのみ役立つタートベスタント」(Der nur der Individualisierung dienende Tatbestand) と呼んでいる (Bruns, Kritik, S. 12 ff.)。

(二)　Tatbestand は、ベーリンクによれば、つぎに犯罪の外部的・客観的要素のみを含まねばならぬ。通常の「責任、すなわち行為の心理的欠陥性」を主観的 Tatbestand と呼ぶやり方に対しては「Tatbestand 自らは全く客観的であり、かつ一切の主観的要素から自由であるから『主観的（あるいは心理的）Tatbestand』とは一の形容矛盾であるほどだということを強調せねばならぬ。……けだし、犯罪類型（Verbrechenstypus）とは客観的輪廓より他のものではないから。それにとっては行為が外部的に『人を殺す』こと等々として類型的であれば足る。Tatbestand に該当する行為に対する行為者の心理関係は新たな、独立の犯罪要素であり、このことはたとえ一切のそのような内部的関係が欠けていても、行為のTatbestand該当性は何ら変らないということから最も明らかだ。人は有責に『人を殺し』うると同じく、責任なく人を殺すこともできる」(S. 178, 179.)。彼によれば上述のように犯罪は主観的・内心的側面と客観的・外部的側面とに分れる。内心的側面は外部的側面の心理的反映であり、かつそれが犯罪の責任の側面である (S. 82.)。故に責任には第一次の個別化的意味はないわけだ。べーリンクは行為者自身の主観的・心理的特徴を一切責任に属しTatbestandには属せぬものとして除外する。そうすると窃盗罪における「領得の目的」や、誣告罪における「人をして刑事または懲戒の処分を受けしむる目的」などは、主観的であるから責任に属するということになるが、他面それらの主観的要素に対応する客観的要素は何もなく、したがってそれらは客観的要素の単なる心理的反映ではない。しかしそれらは独立に犯罪の形象を補足し、個別化に役立っている。べーリンクの出発点は犯罪の個性を示すものとしてのTatbestandであったのだから、この出発点に忠実であるためにはこれらの主観的要素もそれに入るとすべきで、単に客観的要素のみに限るのは不当ではないか（一）(Bruns, Kritik, S. 23.)。

(三)　さらに第三にべーリンクによればTatbestandは故意・過失の予見または予見可能の関係すべき外部的・客観的事実の範囲を示すものでなければならない。これはドイツ刑法五九条の解釈問題と結合してべーリンクの思索を拘束する最後の方向である。そこには「法定のTatbestandに属する行為事実、または刑罰を加重する行為事実」を予見しなかった者は故意の責任がないと規定されている。そこに始めてTatbestandという語が成法上用いられているわけだ。ここから故意として予見されることを要する外部的事実（あるいは過失については予見されるべきであった事実）がTatbestandであり、かかる内外の対応なき犯罪要素はこれに含まれぬことになる(Verbrechen, S. 81, 82, 179. 目的犯についてはS. 196-201.)。すなわち、右の(二)におけるTatbestandが態度の客観的・外部的方面に属する事実の記載である――したがって目的はその要素でないということになった――という要請もここにその理由があり、また客観的に存在すれば足り、主観的に行為者がその存在を知ることを要せぬところの客観的処罰条件（破産犯罪における破産開始や加重的結果犯における加重的結果がそれだと説かれる）は、客観的要素ではあるが故意（過失）と関係ないために Tatbestand に属せぬという結論もここから由来するのである（S. 51 ff. 201.）。だがこうなると、それはもはや単に各犯罪の個別化に役立つ Tatbestand ということは関係がない。だがそれこそ出発点でなかったか。

（二）　ベーリンクは主観的という表現をもって行為者自身の心理内の事実を指すのである。故に等しく心理的事実でも行為者以外の人に属するかぎり——例えば被害者、あるいは行為の客体たる人——それはなお客観的といわねばならぬ。そこでいわく、「私にとっては問題は常に行為者の内心が法定のタートベスタントの構成要素となりうるかということであった」（Lehre vom Tatbestand, 1930, S. 11, Anm. 1）。このことはメッガーが主観的という語を心理的と同意義に用い、かつそれを行為者に属する場合と行為者以外の人に属する場合とに分けたので（Vom Sinn der strafrechtlichen Tatbestände, 1926）、特に注意せねばならぬ。

五　ベーリンクの Tatbestand は概観してもかような諸方面を含む複雑なものであった。そして、それらの方面が各自十分に展開せられることを要求し、しかもそれらは相互に自由なる展開を制約し合って、事態を紛糾せしめていた。彼の著書は刑法学の体系化の上に大きな意味をもつものであると認められたが、しかしその枢軸としての Tatbestand 概念は甚しく暖味なものであることを免れなかった。それと同一内容の訳語をわれわれの国語のなかに発見するのは不可能である。ために私はそれを原語のままで用いてきたほどである。彼の後に、同じく Tatbestand 概念を縦横に駆使することにより、彼と並んで偉大なる刑法のジステマティカーとなったM・E・マイヤーもこういわねばならなかった。「法定のタートベスタント（gesetzlicher Tatbestand）の実質的定義は——この概念を基礎に自己の体系を樹立したベーリンクにおいても、また本書第一章においても——何処にも見出されないという一見奇異な現象は、それが内容的に甚だ相違する諸要素を包含しているという事態から説明がつくであろう。……したがって法定のタートベスタントに属するものはつぎのごとし。いわく何、いわく何というように列挙的に概観することで満足するほかはない」(一) と (M. E. Mayer, Strafrecht, S. 90, Anm. 3)。

ブルンスはベーリンクの思想に潜在する右のような諸方向のうち、その各犯罪類型を個別化する機能の方面を最も重要視して、Lehre vom Verbrechen においてベーリンクにとってあるべき Tatbestand はつぎのようなものであると規定した。「かくて Tatbestand は各則の刑罰法規の法的要素のうち、単に客観的犯罪側面の反映たるに過ぎない主観的責任要素（故意過失）を除き他の一切のものを含む」と (Kritik, S. 24.)。すなわち、故意・過失以外の主観的要素、例えば目的犯の目的のごときものも、単なる外部的処罰条件に過ぎぬものも、いやしくもそれが犯罪の個別化に役立つかぎり、みな Tatbestand だというのである。(二)

しかしながら各個の犯罪類型をそれぞれの類型として個別化せしめる特徴から故意・過失を除き去ることは正しいか。個別化的であるという点からみれば故意・過失もまた他の要件と同じようにある犯罪の特徴をなす。例えば故意の殺人罪と過失致死罪とは「人を殺す」点については区別はない。これを二種の犯罪として個別化するのは正に同一事実について、一つが故意を、一つが過失を要求するということであろう。それらが個別化について単に第二次的な意味しかもたぬとして除外することは理由ありとは見えない。そこからして、われわれには、むしろ個別化に役立つ Tatbestand とは各個の犯罪類型自体にほかならぬもののように見える。そして、われわれは**二**の最後において、すでにこの犯罪類型に到達していたのであった。(三)

(一)　しかしながら、マイヤーにおいては事態はすでに本質的には闡明されている。彼は Tatbestand を違法性の認識根拠 ratio cognoscendi として最も重視し、そこから後の理論の行くべき方向をすでに指示していた。彼の理論ははるか後にようやく取扱わるべき高度にある。

(二)　わが国でベーリンクと同じ傾向をとって Tatbestand を重視するのは滝川、小野の両教授である。滝川教授の説は後段に譲り、小野教授の見解を見ておく。教授は大体右にのべたベーリンクおよびマイヤーと同じ立場に立たれ、タートベスタントを「構成要件」と訳される。この国ではこう訳するのが通例のようである（但し牧野教授は構成事実または単に犯罪事実と称し行為の危険性（法益侵害性）とされ（八二・一頁）、宮本教授は可罰類型と解される）。教授は構成要件の充足という時「専ら各個の刑罰法規に規定されてゐる『特別』構成要件の充足」を意味せしめられる。「刑罰法規に於ける構成要件は常に一定の行為を中心とし、其結果及び関係事項を包含する観念上の形象である」（七三・七四頁）。したがってこの観念上の形象に当嵌まる現実の事実と区別せねばならぬ。それは法的に規定された「危険なる行為の定型（Typus）」である（七六頁）。㈠　このようにそれは行為・結果・関係事項を一般要素とするが「行為は必ず主観的、心理的要素を含む。斯る要素を含まざるものは『行為』ではないであらう。殊に刑罰法規の明文上一定の主観的目的を必要とされる場合がある。例へば『行使の目的を以て』『営利の目的を以て』の如し。……其他道義的責任の原則上故意犯に付ては当然其構成要件上の結果に付ての認識を必要とするのである」（七九頁）。教授は目的のみならず故意過失も構成要件の要素とされるのであろうか。また結果についてもただ当該構成要件上結果とされたもののみが重要であり、いわゆる結果的加重犯の重き結果については過失を要するが（一六七頁）、なおこの重き結果自体は構成要件には属しないとされる（九五頁）。㈡「構成要件そのものがすでに違法なる行為を定型的に規定したものであるから、それに該当する行為があれば、それは一応違法なる行為であるといふ推定を受くべきであらう」（一〇二頁）。㈢　構成要件は故意・過失の関係すべき事項の範囲を示す役目を果す。一般に責任ありというための第一の条件は「犯罪構成要件を充足する事実」を表象し、またはしえたるべきことである。「行為者の表象（主観的認識）は構成要件に属する客観的事実の全部に及ばねばならぬ。殊に結果に付き予見なかりし場合には故意ありと為す事を得ぬ。之に反して構成要件に属せざる処罰条件又は刑の加重原因に付ては其の認識を必要としない」（一四五頁）。だが「構成要件中純主観的要素、例へば『行使の目的』……などに付ては、其主観的目的を有する事に付て更に之を表象する事を要せざる事勿論であらう」（一四五頁）。――われわれは教授においても「個別化に役立つタートベスタント」概念への傾向（主観的要素の認容）と「故意を規定するタートベスタント」概念への傾向（結果的加重犯・処罰条件の構成要件よりの除外）および「違法類型としてのタートベスタント」概念への傾向の三者の交錯をみる。

㈢　この犯罪類型（Deliktstypus）は、ベーリンク自身が一九三〇年の Die Lehre vom Tatbestand において到達したところの結論でもある。それはまたドーナの指摘するようにベーリンク以前のタートベスタント概念、すなわち刑罰を科するための条件の一切とひどく似ている。かつまた、この犯罪類型はわが国の宮本教授のいわゆる「可罰類型」と同じものである。――教授は別に犯罪定型の語を用いられるが、それは犯罪の概念・定義に帰着する――犯罪が正にそれぞれの犯罪として定型化せられていることが、そこで指摘されている。それは「意思と行為とに亙る全一体的類型」（宮本）である。それは右にみたように種々の方面へ展開する種々のモメントを含む複雑な類型である。タートベスタント論の問題はこの雑多な内容をもつ類型の内部構造をより深く理解しようとするところにある。

四　ベーリンクの「タートベスタント論」における理論、指導形象と犯罪類型

一　犯罪概念の内容は「刑法上刑を科せられた違法・有責の行為」であるとされる。その「刑法上刑を科せられた」という形容詞は、違法・有責行為の全体にかかるものである。かつ何が刑を科せられたものかは刑法典の解釈の問題であり、かつまた、それが現代の刑法典においては制限列挙的にその数を限って構成せられた行為の類型であるということはすでに述べた。したがって右の犯罪概念はわれわれが前節の最後に到達した犯罪類型の――内容の方からの――第二段の自己規定にほかならぬ。すなわち法律は違法にして有責な無数の行為のなかから、特に重要なものを抽出し、そこに犯罪類型を構成するのだということになる。

犯罪は人間態度である。（一）

その人間態度は法定の行為類型に該当するものである。

その態度はかかる類型的態度としての性質において違法であらねばならぬ。

その態度はかかる類型的態度としての性質において違法であり、かつ有責であらねばならぬ。（二）

(一)　ここに刑法の行為概念の問題が潜む。その詳細な論究は本論の範囲外に出る。ここにはただ通例なされるように――有意的であるとか能力者の行為に限るとか――複雑な性質を始めから具備するものとしてでなく、未だ全く無規定の、これから始めて種々の性質づけを受くべきものとして、すなわち出発点として解される。それはかかる出発点としては人間の態度―― menschliches Verhalten ――であればよい。無意識の動作も態度である。それが犯罪になるか否かは責任その他の場所で決まる。通常の行為概念は、責任能力の節で論ずべき問題を端緒に持来ることによって、分つべからざるものを分ち困難を惹起している。けだし、無意識の過失に基づく不作為――踏切番が居眠って信号をしなかったため電車事故が起ったというような場合――は通常の行為概念にもはや入らぬであろう。けだしそれは有意的でないから。かくて教科書の冒頭には犯罪はかくかくの行為であると明言しながら、後では行為でない犯罪を認めねばならぬことになり、actio libera in causa とか、その他の小細工が必要になるのである。マイヤーはすでにこの矛盾に気づいていた (a. a. O., S. 13, 131.)。

(二)　違法と責任のやや詳細な規定は後段五において与えられるであろう。なお佐伯「刑法に於ける期待可能性の思想」論叢二八巻二号二〇二頁以下参照。

二

ベーリンクは右の「犯罪論」から二十数年を経た一九三〇年にまた「タートベスタント論」(Die Lehre vom Tatbestand) を著した。前者の五百数十頁に対し、後者は僅か二十数頁の小冊子である。しかも両者ともにその「尊敬する僚友ラインハルト・フォン・フランク」に捧げられている。彼はその旧著以来、特にその頃たくさん出ていた Tatbestand 論に示唆を受け「さきに『犯罪論』で述べた自分の Tatbestand 論にはなお不完全な点があると確信せしめられた」ので、もう一度考えなおそうとしたというのである。そして彼はいわゆる「法定の Tatbestand」を犯罪類型から、「厳格に区別」しようとした。彼はそうすることにより旧著に含まれていたモメントを忠実に展開していったのである。――われわれも彼についてその行方を検討しよう。

「すべての犯罪類型 (Deliktstypus) は種々の異なった要素から合成せられた全体である。そしてそれらの要素は甚だ多種多様であるけれども……それらは、すべてある一つの観念的形象に集約される。この形象こそその犯罪類型の統一性を基礎づけるものであり、これなしにはそれらの要素はこの犯罪類型の特徴としての意味を失うのである。この形象こそはこの犯罪類型にとって（ドイツ刑法五九条にいわゆる）『法定のタートベスタント』をなすものである」。

　これはもっと詳細な論述を必要とする。

　例を上げよう。『窃盗』という類型をとると、われわれはそのすべての特徴、主観的要件も客観的要件も「他人の動産の窃取」という指導形象（Leitbild）により整頓されていることを見出す。けだし窃盗が成立するためにはこの他人の動産の窃取が、(イ)まず実現され、(ロ)正犯者の故意により包含され、さらに、(ハ)類型のもう一つの要素である「領得の目的」も正に右の窃取された他人の動産について存せねばならぬ。かように「他人の動産の窃取」という概念が窃盗という犯罪類型の全要素を支配している。それらのこの概念への関係の仕方は様々であるが、犯罪類型の内部におけるそれらの関連を基礎づけるものは正にこの概念である。右と同じく「傷害致死」の犯罪類型にとっては、「暴行または健康毀損」という観念形象が基礎になっている。この形象が、(イ)まず実現され、(ロ)行為者の故意に包含され、(ハ)それから死が発生することが必要である。任意のどの犯罪をとってみてもみなその類型の諸要素をそれぞれに色づけるこのような基調があるのである(一)。

　まずこの指導形象こそは、われわれにある不法類型とある責任類型とを特定の「この」犯罪類型に綜合することを可能にするのである。「人を殺す」という不法類型と「瀆職の故意」という責任類型とでは、われわれはいかにしても、それらを結合して「謀殺(二)」の犯罪類型、または、「瀆職(三)」の犯罪類型に到達することはできない。常に客観的方面と主観的方面とは一点に歩みよって、前者も後者（故意・過失）も同一の指導形象により支配されていなければならない。ただ、現実の「人を殺す」態度と、人を殺すことに向けられた故意とが謀殺という犯罪類型の観念を可能にする。そして事実かような合致（Ineinsetzung）だけで、完全に成立する犯罪の種類もすくなくないのである（例えば逮捕監禁罪・毀棄罪・過失致死罪）。もちろんそれだけではなく、右の主観的方面と客観的方面が合致すること以外に、なお、純粋に外部的でそれには何ら内心的なものの対応する必要のない要件が要求される犯罪類型もありうるし（破産犯罪における破産[四]、傷害致死における死亡の結果[五]＝いわゆる狭義の処罰条件）、あるいは反対に純内心的で何ら外部的なものの対応を要しない要件（目的犯・謀殺における予謀）を必要とする犯罪類型もありうる。だが、これらの要素は常に付随的なもので、しかもそれらは右の支配的な指導形象に結びついてのみ、当該の犯罪類型に参加しうるのである。

この指導形象が、すなわち「法定のタートベスタント」である。すべてそのようなものがさらにひとつの「類型」Typusであることは確かである。たとえば「人を殺す」という態度の型、「他人の動産の窃取」という態度の型というように。だが、大切なことはこの指導形象という型を犯罪類型と同一視せぬということである。両者が同一でないのはもちろん、前者は後者の構成部分とすら考えられない。それはむしろ、それぞれの犯罪類型に論理的に先行し、規制的に働く観念形象である。犯罪類型をその構成要素に分けるとき、第一番目の要件は正にその指導形象（同じことだがTatbestand）であるように見える。しかしながら実はそうでなくて、行為がこの指導形象の現実化であるということ（またはTatbestandsmässigkeit der Handlung）がそれである。このことは他の犯罪類型要件たる故意過失については、もっと明らかである。「殺人の故意」または「殺人の予謀」は「人を殺す」（指導形象）と同一でなく、正にこれに向けられたる心理的要素であろう。――このように指導形象は正に犯罪類型の要素でなしに指導形象（Leit-bild）なのである。

そこでこの指導形象の認識がどこから出てくるかを考えてみると、それは明らかに客観的方面からである。それが性格づけるのは外部的態度である。指導形象の内容は外部的態度に像どって作られる。だが、それだけである。それはひとたび作り上げられて独立するや否や、その客観的行為の側に属するという性質を失う。それはいまやただ態度の性格を意味するだけでもはや自己に対応する態度自体を意味しなくなる。そして、こうなると直ぐにこの性格は態度との結合のほかに、他の観念的結合をもなしうるに至る。例えば、「人を殺す」という型は本来そのような人間態度から得られたものでありながら、いまやそのような態度の代わりに、動物の行為や雷電などにも適用されうるようになる（そのような「殺人」が可罰行為でないということは、これとはもちろん関係がない）。そして正にその故にこそタートベスタント（指導形象）は、犯罪行為の主観的方面と客観的両方面との双方にとり、共通の指導形象としての二重の作用を充しうるのである。

　実はこのことはドイツ刑法五九条がすでに明言しているところであるとベーリンクは考える。同条は「何人かが可罰行為を犯すにあたって、法定のタートベスタント（gesetzlicher Tatbestand）に属する行為事実、または刑罰を加重する行為事実の存在を知らなかったときは、これらの事実を彼の責に帰してはならぬ」と規定している。わが三八条二項の「罪本重かる可くして犯すとき知らざる者は其重きに従て処断することを得ず」という規定は右のドイツ法の後段に該当すると解せられ、それからまた遡って、単に刑罰加重事情のみでなく主たる行為事実の予見も当然要求されるもの、すなわちドイツ刑法五九条前段と同じ規定があるように解すべきであろう。ベーリンクによれば「五九条は実のところただ各犯罪類型には客観的方面と主観的両方面の双方に共通な一つの指導形象が存在しているということを明示し」ているに過ぎないのである。――彼はこうして行きつくところまで行ったのである。[六]

（一）　ドイツ法においては、窃盗は他人の動産に対して成立すること、および領得の目的（Zueignungsabsicht）を要することは明文になっている（二四二条）。わが刑法典には、この点の明文がなく争われている。また傷害罪もそこでは「暴行および健康毀損」（körperliche Misshandlung, Gesundheitsbeschädigung）が一括して取扱われていて（二二三条）、これを総称してKörperverletzungという。

（二）　ドイツ刑法は謀殺（Mord）と故殺（Totschlag）を区別する。単なる故意によるか、予謀（Überlegung）によるか（二一一条・二一二条）の区別である〔もっとも今日では謀殺は低級な動機、陰険または惨酷な手段による殺人をさすことになっている〕。

(三)　右に瀆職の故意とは Rechtsbeugungsvorsatz である。公務員または仲裁裁判官が係争事件審理にあたり当事者の一方の利益または不利益のために法を枉げる犯罪である（三三六条）。理解を容易にするため故意にそう訳した。

(四)　破産犯罪について、わが国では破産宣告の確定、ドイツ法では支払停止または破産手続きの開始を処罰条件の例に上げるのが通説であるが、私はこれは正当でないと考える。論叢二八巻二一二頁、本稿後段四一頁以下参照。

(五)　しかしながら傷害致死のようないわゆる結果的加重犯については、わが国の通説とドイツの通説とは異なる。わが国においてはこの加重的結果についても行為者の過失が要求されるに対し、彼にあっては要せずと解される。単に因果関係だけで足る古い結果責任の名残りと説かれるのである。ベーリンクもまたこれに従っている。〔但し、その後ドイツ刑法五六条はこれに立法的解決を与えた〕。わが国においては、したがってこれを単なる外部的条件とすることは誤りであろう。

(六)　ベーリンクにとっては刑罰加重事由もまたタートベスタントである。Grundzüge, S. 74, II, 2, a. また主観的タートベスタント要素というものは、この立場からはもちろんありえないであろう。なおわが国で滝川教授がベーリンクのこの指導形象（態）の思想を採用されている。刑法読本五七頁以下。

三　右の彼の新しい理論の注意すべき諸点をあぐればつぎのとおりであろう。

犯罪類型には独立的なものと非独立的、従属的、副次的なものがある。刑法各則の定める犯罪の種類は前者であり、いわゆる犯罪の態様として論ぜられる未遂、共犯の類型は後者である。後者はただ前者との関係においてのみ考えられる――未遂、共犯一般というものはなく、必らず窃盗未遂、あるいは殺人の共犯等々でなければならぬ――から、それは従属的である。

各則の規定する各犯罪類型は右にみたようにそれぞれの指導形象に帰着するが、後者の内容も相対的で指導形象一般というものはない。例えば「人を殺す」というのは殺人罪という特定の犯罪類型の指導形象であって、住居侵入罪のそれではない。――結局各犯罪類型に必らず備わるこの指導形象こそは、「刑法の全範囲、そのすべての深さに亘って支配している根本概念である」。

いま犯罪類型と指導形象との関係をみてみるとはなはだ複雑である。(イ) ある犯罪類型の指導形象と認められる態度の仕方（Verhaltensweise）が、他の犯罪類型にとっても同様に重要であるがしかも後者にとってはそれは指導形象としての役割ではないことがありうる。「人を殺す」ことは謀殺にも傷害致死にとっても大切である。両犯罪類型ともにそれを要求する。だが、それは前者にとってのみ、客観的、主観的の両方面に共通の指導形象である。後者にとってはこれに反し、客観的、主観的両方面がともに関係するのは「暴行または健康毀損」のみであり、致死の結果は（それについて故意・過失の存在を要せぬ）客観的側面における付加にすぎぬ（前述二二、二三頁註二・五参照）。わが国においては指導形象としても同一であり、ただ傷害致死には暴行傷害の点についての故意と致死の点についての過失とが組合わせられて主観的方面となることが区別の要点である（故にそれはつぎに述べる場合に該当することになる）。(ロ) つぎのようなことも可能である。数個の犯罪類型にとり正確に同一の指導形象があり、その相互の相違はただ一方がこの指導形象に関する故意を、他が過失を要求することにより（故意の殺人と過失致死）、またはこの点についても両者同様だけれども、そのほかに一方が狭義の処罰条件の具備を必要とし（詐欺破産と破産手続の開始）、または故意のほかに主観的付加（謀殺における予謀、目的犯の目的）を要することに基づくというがごとくである。(ハ) 最後に二つの犯罪類型から出てくる指導形象が、実質的に共通の様相を呈しながら、ただその範囲に広狭があることで区別される場合もある（通常殺人と尊属殺）。

違法と指導形象の関係。一切の指導形象は純記述的性質のもので、それ自体としては違法という法的評価を含まない。犯罪類型はもちろん同時に違法類型であるが、指導形象は違法類型に対し単に規制的なだけで――ある違法行為がある犯罪類型であるためには、その違法はこれこれの型を示さねばならぬというだけで――構成的なのではない。違法の世界としからざる世界との区別は一定の種類の態度はみな違法の世界に、他はそうでない世界に入るという具合に行くものではない。両者の関係は相交わる二つの円の関係である。

四　ベーリンクがかくてたどり着いたところは、すでに彼の旧著が指示していたところの「故意を規制するTatbestand」たる指導形象の型であった。彼の思惟ははなはだコンゼクェントであった。だが同時にまた、それは彼の思惟の限界を示すものでもあったともいえよう。私はただここには二つのことを指摘しておく。彼の右の思索がいかに展開されねばならぬかは、次節の問題として残されねばならぬ。

彼は指導形象を単に人間態度の型であるのみならず、その自然現象による実現もまた可能な外部的出来事の型であるとし、その例として、「人を殺す」という殺人罪の指導形象は単に人間の態度によってのみでなく、また動物や落雷によっても実現されうるということを論じている（Tatbestand, S. 11.）。これは彼の行き過ぎであろう。犯罪の指導形象であるかぎり、それは正に人間態度の型でしかありえない。姦通、背任、詐欺、横領、文書偽造など多数の犯罪はいかに抽象せられても人間態度の型という性質を失うものではない。例として掲げるに適わしくない殺人を例とすることにより彼の思惟は歪められた。そして指導形象を人間態度の型と限定することは指導形象自体の内容——客観的・主観的両面への指導形象だという——にも変更の必要を生ぜしめる。一見犯罪類型の主観的方面と客観的方面（かかる対応のさせ方が以下に問題になるが）とは同時に指導形象により支配されるように見えるが、実はそれはまず客観的方面に対して指導的であることにより、ひいて主観的方面をも指導する（故意は指導形象が自己の態度により実現されることの予見である）。そして客観的方面においては指導形象は——指導するのでなくて——正に犯罪類型の客観的方面の主要部分それ自体である。いわゆるtatbestandsmässig（タートベスタント該当）であることは犯罪類型の要件でなく、個々の具体的行為がいずれかの犯罪となるための要件である。私の誤解でなければベーリンクはここで考え違いをしている。彼のように指導形象を人間態度の型でなく単なる外部的出来事の型と解しても、犯罪類型の要素は個々の「人殺しを実現する行為」でなく「人殺しを実現する行為一般」、すなわち指導形象を実現する行為（人間態度）の型であらねばなるまい。私はかかる「人間態度の型」を考えれば十分で、さらにそれに先行する「外部的出来事の型」を考える必要はないといおうとするのである。類型の客観的部分と区別された指導形象があるのでなく、その主要部分（故意の対応すべき）自体である。——実はそれは単に故意に対する指導形象たる外部的態度の型に帰着し、もう一つ突込んでいえば指導形象という概念の自己否定に導く。

われわれはなおベーリンクのかかる外界と内界を対応せしめる仕方がその限界を曝露する極限概念としてメツガーのいわゆる Ausdrucksdelikt（Sinn, S. 16 ff.）を掲げておく。偽証罪は判例によれば（明治四四年一八二四頁・大正三年六五四頁）、証人が自己の確信（経験）に反する陳述をすることにより成立し、それがたまたま客観的事実と合致しても（すなわち主観的に虚言を吐く心算でいったことが偶然真実であった場合でも）、なお刑法一六九条・一七一条の「虚偽の陳述」であるとされる（その正否はここに問題としまい）。また爆発物取締罰則の一条から五条に規定した犯罪を認知した者は、直ちに警察官吏もしくは被害者たるべき人に告知する義務があり、もしこの場合に認知しながらこの告知をなさなかったときは不告知罪が成立する（同罰則八条）。いまこれらの犯罪をベーリンクの仕方に従い内外の二面に分割し、両者の相対応する関係および両者の指導形象たる外部的類型を発見しようとしてもそれは不可能である。ヘーグラーの語を用いれば、これらの行為の本質は、正に主観的・内心的な点にあり、それを客観化することはできない。それらの場合は「行為者が（認知・確信等の）一定した認識的性質の心理状態の存在にもかかわらず何らの告知をもなさず、またはその心理状態と矛盾する告知をなすこと」を本質とし、それを外界的要素に umdenken しえないことは明らかである（Franks Festgabe, S. 308-309.）。——すなわちこれらの犯罪については客観的な指導形象を構成しえない。ベーリンクはその新著においても、遂にこのメツガーにより指摘された点について答えることができなかった。

われわれはベーリンクを超えて進まねばならない。

五　Tatbestand と違法性

われわれは犯罪類型について主観的・内心的方面と客観的・外部的方面とを区別し、かつ後の客観的方面に由来しながらしかもこの両方面に対して指導形象としての役目を演ずる型としてタートベスタントを考えようとするベーリンクの到達点まで追究してきた。われわれは同時に彼の体系自体の限界性をもすでに指摘しておいた。ここでは、さらに、タートベスタントが行為の主観的・内心的方面に対しても指導形象たる役目をもつことの実質的な理由を問題とする。犯罪者は何故タートベスタントに属する行為事実を予見せねばならぬか？　この「何故？」が明らかにされるならば、タートベスタントに属する事実と属しない事実を選り分ける標準も同時に与えられることになるであろう。

正にこの点を問題としてブルンスはベーリンクの指導形象――彼はそれを「故意をもまた規制するタートベスタント」と呼ぶ――の思想にせまろうと試みた。つぎにそれを見よう。

ドイツ刑法五九条によれば、行為者は故意をもつことすなわち法定のタートベスタントに属する行為事実を認知したことを要する。けれども行為者がその行為事実を刑法典に当嵌めてみたこと（Subsumtion）は必要でない。「したがって故意は何ら法的内容のものでなく、それはただ法律家からみてタートベスタントにあたる事態に関係するのみである」（Kritik, S. 28, 29)。

この故意により予見さるべき事態は、それでは、いかなる意味をもつであろうか。この問題は故意には違法の認識を要せずとし（判例）、あるいは現実の認識でなく単に違法の認識をもつ可能性があれば足るとする主張（マイヤー、ヒッペル、島田教授「法研」七年九月）があることを想起すれば一層その問題性がはっきりする。一体このような主張がなされ、裁判の実際においても違法の認識なくとも事実の予見があるかぎり、故意としてどしどし罰して疑われないことの理由（あるいはそれから大した不都合も感ぜられない理由）は何であろうか。それはほかでもない、あるタートベスタントに相応する事態を認知したことは、同時に行為者が自己の行為の法的評価をも認知したであろうと甚だ容易に推定させるからである。そんな事態の認識があれば、評価も自ら生じてくるはずであるというのである。

そこからつぎのような要求が出てくる。故意の予見内容たるべき事態は、態度が違法であるという判断を具体的に理由づける要素の総体でなければならぬ。予見されることを要せず、いわゆる客観的処罰条件たりうる法規要素は、行為の違法性と無関係のものだけだ。つまり「故意とは『類型的違法』判断が加えらるべき事態の予見である」というのがそれである。

かくていかなる法規要素が違法性にとり意味があるかということこそ基本的な問題である。ここでは形式論理的考察は規範的な法規分析に席を譲る。そのことを実質的に検討した結果、客観的タートベスタント（故意の対象たる事実の該当すべきもの）は行為の違法性を基礎づけまたはその程度を高め、かつ正にその故にそれらの認識が故意犯としての処罰に必要だとされる要素の全体であるということになった。違法要素であるか否かがタートベスタントに属するか否かの区別の標準である。

しかしながら、裁判の実際においては、疑いもなく違法を基礎づけまたは程度を高める意味をもつ法規要素が、故意内容として予見される必要のない単なる客観的処罰条件として解されることがあるのも、別段の証明を要せぬほど明らかである。だがそのことによって、違法性を基礎にすると、同時に故意を規制するタートベスタントという考え方がその理論的価値を全く失ってしまうわけではない。必要なことは右の両者が現実に一致するような状態が実現するように努力することであろう。――だがとにかく、実際において、いわゆる客観的処罰条件とされるものにも、違法類型の要素であるものもあるとすれば、行為者ははなはだ危険な地位に置かれることになる。したがってこのような実際上の取扱いが不当な結果をもたらさぬためには、右の客観的処罰条件たる付随的違法要素が、故意の内容となるべき固有の違法類型としてのタートベスタントと、一般経験上通例相伴う関係になければならぬとすべきだ。違法類型としては付随的違法要素の参加により始めて完成されるとしても、もしこの付随的違法要素の参加が全くの偶然であるときは、行為者にその偶然に対してまで責任を負わせることはできない。すなわち狭義の（すなわち故意の内容たるべき）タートベスタントはそれ自身において付随的違法要素による補充の危険（可能性）を内含していなければならぬ（Bruns, Kritik, S. 29-33.）（この点についてはなお六の五参照）。

このようなものと解せられた客観的処罰条件は、それなしにもすでに違法である態度の有責な実現に結びつくのである。処罰条件は違法の程度を高める力をもつが、違法を理由づける力（まだ違法でないものを始めて違法にする力）はもたぬ。けだし故意の関係するものは常にそれだけで違法でなければならぬからだ。——かかる処罰条件がいつ存在するかということは個々の場合の各則の解釈により決まる問題で、その一般的標準はない。また、故意の客体たるべき要素の普遍妥当的な総括も不可能だ。けだしそれは成法規定（さらには裁判）がいかにあるかに帰着し、方法の如何によるものではないからだ（S. 34.）。

以上のようなブルンスの考えはメツガーその他の思想の具体化でもあり（Mezger, Strafrecht, S. 175 ff.）、われわれもまた認めねばならぬもののように見える。単なる事実の予見としての故意をみても、予見されるべき事実は同時に違法類型であるが故に、始めて故意内容として予見されるべきものとなる。「責任条件の心理的要素（犯罪事実の認識）はそれ自体が重要なのでなく、それが倫理的要素（違法の認識）の象徴として一般的であるという点に意味がある」（滝川・刑法総論一四七頁）とのテーゼは、そのいわゆる心理的要素が、原則として、当該の態度が違法と評価されるために必要な客観的要件の一切を包含することを予想している。ただ稀に、態度の違法性の一要素でありながら、なお行為者が予見するを要せぬと考えられるものがある。従来客観的処罰条件と称せられているものの一半がそれである。上来しばしば引合いに出した詐欺破産の罪における破産宣告の確定や、爆発物取締罰則八条の規定において、申告されなかった犯罪が実存したことなどは正しく違法要素である。すなわち違法とも責任とも没交渉な処罰条件はないのであって、みな二者のいずれかに還元されてしまうというのが私の考えであり、ここでは正に違法に還元される部分が問題なのである（Radbruch, Franks Festgabe, Bd. I, S. 163.）。なおその詳細は後段六において取扱われるであろう（私の立場はここでブルンスおよび通説よりラディカルになる）。

他面においてまた主観的要素（目的・認知）といえども行為の違法性を左右しうるであろうから、右の違法類型は純粋に客観的であるともいえない（後段四四頁参照）。さらにこの主観的要素については、客観的要素についてのように、故意・過失、すなわち予見の有無は問題とならない。なぜならば自分がある目的・認知などをもつということを予見・意識するというのはナンセンスであるから（Beling, Tatbestand, S. 11, 12.）。

すべてこれらの例外は、各個の条文の解釈から始めて認識される。ベーリンクのいうような指導形象、故意を規定するものとしてのタートベスタントは、統一的な個々の違法類型から、このような例外的な純客観的要素や主観的要素を除外して始めて構成されるものである。したがってそれはそれらの除外されるべき例外的要素と同様に、偶然性により左右される不定的なものに過ぎない。それ故それが刑法学の体系化についてなしうる貢献もはなはだ大なりということはできない。われわれはむしろ、その指導形象たる所以を実質的に考察して、当該犯罪類型の予想する違法な態度の類型というものに目を向けるべきである（一）。

そこで、われわれはさらに違法類型という視角からの犯罪類型の観察を試みようと思う。

（一）同一の視角からベーリンクの新旧理論を批評したものとして、V. Wedel, Wandelung der Tatbestandslehre? (Schweizer, Z. BD. 45, S. 359 ff., S. 373）がある。ウエーデルもまたタートベスタントを、刑法的に意味のある違法を組成する要素の総体、すなわち違法類型とするのである。それが現在の通説の立場である。

六　違法類型としての Tatbestand の構成

タートベスタントはそれぞれの刑罰規定のなかに、詳細に規定されている。罰すべき程度の違法性を備えた態度の型（可罰的違法類型）である。あるいは違法類型として見た犯罪類型ということもできよう。その構造を理解するのがつぎの問題である。

一　タートベスタントは違法類型である。思うに違法は――単に犯罪についてだけでなく――一般に類型性を持つと考えられる。けだし、ある態度が――そして人間態度こそは第一次的に違法判断の対象となるもので、違法状態というのはそれからの第二次的なものである――違法であると具体的に判断されるとき、それは必らず何らかの価値判断の尺度に照して行われねばならない。尺度がなければ評価は不可能である。一々の評価自体は具体的であり、一回起的であるけれども、この評価の尺度は一般的であり、一応固定的である。つぎにまた、具体的に違法と判断される態度は、必らずあるいは殺人行為、あるいは詐欺行為、あるいは皇室に対する不敬行為等々のいずれかの一つとして違法なのであって、違法行為一般というものはありえない。このことから違法評価の尺度は型的なものであることが理解される。違法は一般に類型性をもつということは、違法評価の尺度が違法類型であるということにほかならない。これは違法評価の類型的被制約性ということができるであろう。このことは人民の自由を重視する近代社会においては特に重要だと思われる。けだし、そこでは禁ぜられぬ行為は許されているとの思想が支配的であるからである（いわゆる放任行為の適法性がここから近代社会の必然的結論として出てくるようにみえる）。

違法はこのように類型性をもつ。しかしながら、具体的場合にあたって、いかなる違法類型があるかを示すことははなはだ困難である。ためにベーリンクは「現代の法律規範はモーゼが十誡を授かった時代のように単純ではない。数千数万の規定があって、規範を個別化し類型化することは不可能である」として違法行為の類型化自体を否定してしまったほどである。しかしながらこの困難は違法類型自体の否定の理由にはならず、かえってそこにこそ法適用者の役目があると考えられる。(一)

（一）わが国で違法判断の類型性を強調されるのは宮本教授である。この考えに対し小野教授は反対の意見をとられ「違法性は具体的な価値判断の問題で」あって、類型的なものと考えてはいけないとされる（小野一〇七頁註四）。しかし教授も構成要件という類型に該当する態度は違法と一応いえるとされる（一〇二・一一〇頁）のを見れば本質的対立はないといえる。

二　だが刑法学者にとってはこの困難は立法者により取り去られている。彼は刑法各則に定められている数の定まった犯罪類型を取扱えばよい。いかなる違法類型があるかを問題とする要はない。ここに民法の不法行為との区別がある。民法の不法行為は「……により自己又は他人の権利を侵害したる者は……」といって（七〇九条）、権利侵害を要件とするだけで制限列挙的でなく包括的である。故に従来「いかなる権利が侵害せられたか」が問題とされ、そこから不法行為の客体たる権利をカズイスティシュに数え上げるという仕方がとられた。これを克服して、現実に妥当する法秩序が反価値的とする行為（すなわち、公序良俗に反する行為）は一切不法行為だとしたところに末川教授の「権利侵害論」の功績があるであろう（三六〇頁以下）。しかしながら不法行為の本質が一般的にそのように究明された後も、問題は「いかなる場合に公序良俗に反する行為があるといいうるか」という形式で存続し、そこではやはり経験律の示す不法行為の型――それは結局裁判所が不法行為と認めるものの型になるであろうが――を尺度とするほかはあるまい。従来のカズイスティシュな方法で行われた不法行為の列挙も即自的にはこのような役目を果していたのである（四〇七頁以下）。のみならずかかる民法上の不法行為の型も、他の民法上の型（契約等々）と異なって、見本的な性質より制約型的な性質（前述四頁）をより多く持ち、かえって犯罪と同じ傾向を帯びている。われわれは社会生活の推移とともに今までなかった不法行為の類型の生ずることを経験する。しかもそれが裁判上不法行為として取扱われないかぎり、不都合を感じながらこれを甘受するほかはない。近隣のラジオの高声に――手近かなところで――われわれは悩まされていた。しかもこれが不法行為として裁判上取扱われないために、すなわちそれはまだ不法行為の類型でないために、われわれは困っていたのである。これは犯罪が類型化されていて、いずれかの犯罪類型に当嵌らぬ行為は――いかに道徳的に非難すべきものでも――処罰する方法がないのと同様である。ただ刑法上の類型の制約が法の明文による直接のものであるのに対し、民法不法行為類型の数の制約は裁判上（法規による間接の）の制約である点で異なる。この区別は民法が経済人としての主体間の取引関係を予想しており、民法上の不法行為が経済的な被害者への損害賠償の理由であって、損害と賠償の間の経済価値上の絶対的対価原則に基づいており、類型を法定するに適しないこと、刑法は逆に刑罰という重大な自由侵害を伴うのでそれに親しむことに由来する（Bruns, Kritik, S. 40.）。

タートベスタントが違法類型であるということが真に理解されさえすれば、それと違法性自体との関係も容易に理解することができる。この両者の関係についてＭ・Ｅ・マイヤーはこう考えた。タートベスタントが充実された（該当する行為がある）ことは、同時に違法性があるということを一応 indizieren する。タートベスタント該当なことと違法性の存在との関係は「あたかも煙と火の関係」にある。しかしながらそれは単なる徴表《インディツ》に過ぎず、反対の証拠があれば（違法阻却事由）、この推定的効力はなくなる。すなわちそれは違法性の認識根拠 ratio cognoscendi であると（Lehrbuch, S. 10, S. 52, 182.）。他方フランクやメツガーはタートベスタントは単なる違法性の徴表ではなく、刑法の目的のために構成されたところの、特殊化された類型的違法自体であるとする。それは火に対する煙の関係にあるのでなく、正に火それ自体なのだ、単なる認識根拠ではなくて、違法性の実在根拠 ratio essendi である。ただ「この際の法的価値否定は他の場合におけると同じく暫定的の規定であり、prima facie のもので、特別な違法阻却事由の介入を妨げるものではない。その際、タートベスタントの充実を『即自的に違法である』と説く誤謬に陥ることはない」（Mezger, Vom sinn, S. 7.）。――そこで問題はタートベスタントが違法性の ratio essendi か、ratio cognoscendi かというので争われているのである。

マイヤーが違法性の徴表といったのが、あたかも煙が火の存在を推知せしめ、鰯の群が後方にある鯨の大群を推知せしめるような関係の意味であるならば、メツガーらの非難はあたっている。違法類型は、正にある態度が通例一応違法と判断されるために具備すべき要素の型的総括であって、違法行為自体に直接関係する。しかしながら、違法類型は違法性判断の終局的標準ではない。一応違法類型に該当しながら、しかも違法とされえない行為がある。正当防衛その他の違法阻却事由がそれである。故にタートベスタントを違法性の ratio essendi としても、違法阻却事由の場合には、それ自体違法なものが、その違法性を阻却されると考えるべきでなく、もはやその場合にはタートベスタントには該当しても始めから違法行為はないのだと考えるべきものであるかぎり、この論争は実益がない。これだけのことを注意して、タートベスタント該当性は違法性の最大の徴表であり、認識根拠 ratio cognoscendi であり、違法阻却事由がないかぎりそれに該当する行為は違法だと推定させるということができる。すなわち、裁判官にとってそれは違法認識の第一段階である。また立場を換えて、すでに違法と確定された行為について、その違法判断の基づく要素は何かという問を出せば、メツガー、フランクのいうようにタートベスタント該当性がその違法性の ratio essendi だということになる（Liszt-Schmidt, Lehrbuch, S. 185 ff.）。

タートベスタントと違法阻却事由は原則型と例外型の関係にある。行為が違法なために通常備えるべき要素（違法類型）と、一応それらの要素が備っていてもそれを違法だといえなくするところの特別事情（違法阻却事由・正当防衛としての殺人）とはそれぞれ型化されている。複雑な人生はこのような原則・例外の関係なしにはやって行けないのである（この例外型については佐伯「刑法に於ける期待可能性の思想」論叢二八巻一号二〇四・二一二頁、Mezger, S. 184.）。この私のいわゆる例外型たる違法阻却事由は行為の違法類型的性質を失わせるものではない。類型的特徴はみなこれを備えているけれども、それ以外に法律上ネグレクトしえない特別の事情を具備しているために、違法であるという推定が破れるまでである。これと、もはや類型性をもたない行為とは区別されねばならない。正当防衛としてなされた傷害行為と、被害者の同意による傷害とを比較することによりこのことは明らかになるであろう。前者はなお傷害罪の予想する違法類型たる傷害に一応該当する。ただそれが正当防衛のためなされたので違法でないだけだ。後の場合にはわが刑法の解釈上もはやそれは傷害罪の予想する違法類型に入らない。けだし、わが刑法には同意傷害の直接規定はないが、同意傷害のうち特別に情状重きものについては特別規定があり、しかもその処罰は甚だ軽い（二一三条・二一四条、〔旧〕警察犯処罰令二条二四号、〔旧〕兵役法七四条）。もしこれらの特別規定に該当せぬ同意傷害も罪になるとすれば通常傷害罪により処罰することとなり、軽い行為がかえって重く罰されることとなろう。むしろこれら同意による傷害は刑法傷害罪の予想しないものとすべきである。傷害罪の類型は「相手方の同意なき傷害行為」であろう。これらの場合には違法類型（刑法上問題になるところの）に対する一応の該当もない。それらの違法阻却ということも問題にならない。私は広く個人に対する犯罪について同意はこれと同じ意味をもっていると考ええないかと思うがここには詳細に展開できない。とにかく違法類型、違法阻却事由と違法類型性を失わせる原因とは一応区別せねばならぬ（宮本・学粋五五一頁以下、佐伯・上掲二一三頁、Bruns, Kritik, S. 43 ff.）。

三　各個の犯罪の予想する違法類型をタートベスタントとしたとき、直ちに種々の犯罪要素のうち何と何がそれに入るか、タートベスタントの要素は何かの問題が当然に起る。これに対しては一応簡単に答えることができる。当該犯罪類型が予想する程度の違法性ありとするために重要な一切の要素がこれに属すると。それでは、何が違法に関係ありと決定する標準であるか。違法要素と責任要素との区別の標準は何か。

ヘーグラーは違法に関係ある要素と、責任に関係ある要素とを区別するために、まず違法と責任を対立せしめていう。「違法と責任との対立において問題となるものは、実は一方、行為を法律秩序に違反する態度、すなわち形式的違法性として、あるいは反社会的な、法律にとり中心的な保護法益とせられるべき Societas・公共の福祉・社会的利益を侵害する態度、すなわち実質的違法性としてみるところの、法律秩序の側からなされるザッハリッヒな（かつかかる意味で）客観的な考察と評価と、他方、行為をその人格的意味において、すなわち行為者あるいは彼の心理の、違法・反社会的なものとしての自己の行為に対する、したがってまた法律秩序およびその中心的保護法益に対する内心的態度の意味において（かつかかる意味において）、主観的な法律秩序の側からなされる考察と評価との対立なのである」(Franks Festgabe, Bd. I, S. 302.)。すなわち、ともに具体的な態度を対象としている。違法については問題はこうだ。「当該の具体的行為は法律秩序に矛盾するか、それは社会を害するか、反社会的であるか、それはこのザッハリッヒな意味をもつか？　これが肯定は違法性・行為の客観的反社会性の価値判断である」。責任についてはこうだ。「違法・反社会的な行為としての当該の具体的行為に対する行為者の心裡の内心的態度に関し、その行為のなされた瞬間において非難せられうるか、消極的価値判断の可能性があるか？　この問の肯定はその違法・反社会的なものとしての行為に対してその行為の瞬間においてとった内心的態度を理由として行為者を非難することの可能性を与える」(Täterschaft)。違法性の判断はこのようにザッハリッヒ——行為を行為者の人格・主観から切離して、客観的生活秩序としての法律秩序に対してそれが有する意味を問うということをヘーグラーはこの語で示す——であり、責任性の判断はペルゾェーンリッヒ——前段の評価活動により違法とされた行為を行為者の人格と結びつけて、または逆に行為者の主観・心理をこの態度において把握するということをヘーグラーはこう呼ぶ——である。違法が客観的であり、責任が主観的であるというのもこれよりほかのことではない。

しかしながらこれは外部的実在と内心的実在との対立と同意義ではない。ところが、従来、違法と責任の対立は正にこの対立（物理的と心理的の）と同じものと解せられ、かかる意味において客観的、主観的という言葉が用いられた。あるいは現在においても通説とみられるベーリンク、ゴールトシュミットら[一]によれば「ある不法行為または犯罪の客観的要素はみな違法性の構成部分であり、これに反して主観的要素はみな責任の構成部分である。かつここで主観的とは行為者の心理内の一切の心理現象を意味するものである」[二](Mezger, G. S. 89, S.

257-258)。「そしてあたかも存在論の体系を立てるのが問題ででもあるかのように、違法と責任についての法価値的考察の基礎に横たわる諸要素、すなわちその考察の基体を、右のような自然主義的、認識的なザイン考察の意味において対立せしめることによって、それのみが許されている価値的、規範的な法考察の方法を踏み外してしまった。しかしながら、右にのべたように、問題はいつ違法性に「属する」要素があり、いつ責任に「属する」要素があると認めうるかであって、そのような外部的実在に属する要素か内心的実在に属する要素かはどうでもよいことなのである」(Hegler, Franks Festgabe, S. 304)。

「もっとも右のどうでもよいということは直ちにつぎのような修正を受けねばならぬ。行為のザッハリッヒな考察と評価にとっては、大体において外部的実在に属する要素、行為者の外部的態度、この意味で客観的な要素が注目せられるし――ここに行為者の外部的態度というのは何れかの犯罪類型の要素とされた『付随事情』をも含む――また行為者の内心的態度の考察と評価にとっては、大体内心的実在に属する諸要素、この意味において主観的要素が注目せられることは、むしろ自明の理である。正にただこれのみが右のねじまげられた対立を何とか我慢のできるものたらしめたのであり、かつそれが通説となりえた理由である。法律秩序が違法性、反社会性を認めるのは、ただ何らかが外界に生じたところにおいてのみであり、かつ原則としては違法について法律秩序が注目するのはただこのように現存するもののみだ。またこの違法、反社会的なものとしての行為に対する行為者心理の当該行為の際における非難されるべき態度は、原則としてただ行為者の内心に生じたところのものを基礎としてのみ法律秩序により認められる。かくて外部的要素はただ違法性、反社会性にとってのみ注目され(責任にとっては、違法が責任の前提だという性格をもつ結果としてのみ問題となる)、内心的要素はただ責任にとってのみ注目される。これが原則である。……しかしながら、これは正に単に原則としてしかるに止まる。常に必らずそうだとはいいえないことは、違法、責任という考察方法の対立は、考察され評価される要素が外部的事実か内心的事実かの対立とは別個のものだということから明らかだ」(Hegler, a. a. O., S. 305, 306)。例外的に内心的要素が違法性、反社会性に属し、外部的要素が責任に属して各々その構成要素となることがありうる。主観的違法要素の問題がこれである。(三)(四) 実は右にベーリンクの考え方の極限概念として指摘したメッガーのいわゆるAusdrucksdelikt（本稿前出二六頁に述べたもはや指導形象を構想できない犯罪・主観説による偽証罪、爆発物に関する犯罪の不申告罪）は正にこのような主観的違法要素の場合であった。

(一)　違法と責任の対立をかかる外部的態度と内心的態度の対立と同視する方法は、特にゴールトシュミットの思想において貫徹されている。彼は法律規範 Rechtsnorm と義務規範 Pflichtsnorm を併行的に考え、前者は外部的態度に、後者は内心的態度に向けられており、前者の侵害は違法性を理由づけ、後者の侵害は責任性を基礎づけるとした。そのため違法なき責任ということを認めることになった（Goldschmidt, Notstand, ein Schuldproblem, S. 144 ff.）。メッガーもヘーグラーと同じ口調で述べている。「一切の主観的不法要素を阻外することは不可能だ。不法は客観的利益侵害であることを原則とする。しかしながらこのことからこの利益侵害が常に他人の利益侵害者の『主観的』意向から独立に規定されるべきだということにはならぬ。そのように粗雑で外面的なやり方では繊細でかつ複雑な人間の利害追究は把握されえない」（G. S. 89, 259-260）。

(二)　ここに注意すべきは、これらの人々のいわゆる主観的要素とはただ行為者の心理内の事実を指すものであって、心理的事実一般を指すものでない。その内外の対立は物理的・心理的の対立を貫徹するのでなく、行為者以外の人の心理内の事実はなお外部的要素として考えられている。この点を誤解したところに、メッガーのベーリンク批判（Sinn, S. 9）の欠点があった（Liszt-Schmidt, 25 Aufl. S. 168. Anm. 1. 本稿・前出一五頁）。しかも、実はベーリンクが自然主義的な内外の対立の立場をとりながら、主観的なものを行為者の内心的事実のみに限ったこと（すなわち、行為者以外の人の内心的事実は違法に関係するとしたこと）のなかに、すでに違法責任の関係と物理的心理的の関係とが同一でありえぬことを証明している（Hegler, a.a.O., S.304, Anm.1, 303, Anm.3. なお Thierfelder, Objektiv gefasste Schuldmerkmale, 1932, S. 10 ff.）。

(三)　実はヘーグラーのここに引用した論文はかかる主観的違法要素の存在と意味を取扱うことを目的にするものであった。標題も Subjektive Rechtswidrigkeitsmomente とつけられていた。逆に客観的責任要素を取扱ったものとしてはヘーグラーの弟子のThierfelder, Objektiv gefasste Schuldmerkmale, 1932.がある。滝川・刑法各論はわが刑法の全体につきそれを指摘している。私も「刑法に於ける期待可能性の思想」論叢二八巻一号でわが刑法典についてそれを論じておいた。

(四)　全く同様の道行きをとるはメツガー Strafrecht, S. 168 ff. 主観的違法要素が例外であることはブルンスもまた認める。それは「……反価値判断（刑法から見ての）の対象の原則的な客観的態様に関する例外であり、この判断自体の標準および内容に関する例外ではない」(Bruns, Kritik, S. 19, 20, 34, 35)。ベーリンクもドイツ民法二二六条のSchikaneverbot・警察官の逮捕行為・違法命令等において行為者の違法な目的が行為を違法にすることが例外的にあると認めている（Verbrechen, S. 142)。

四　違法と判断されるべき態度の型としてのタートベスタントは、まずその構成要素として、犯罪の主体・行為・行為の態様（Modalität）・行為の客体などを包含する(一)（客観的構成要素）。

(イ)　刑罰規定は通常犯罪の主体を示すに「人を殺したる者は」というように何ら限定せずに、何人でも犯罪の主体でありうることが原則であることを示している。しかしながら場合によっては「公務員」（一九三条）・「懐胎の婦女」（二一二条）というように犯罪の主体たりうる者を限定している。いわゆる身分犯である。これらの犯罪にあっては非身分者は正犯たりえない。共犯問題について意味がある（六五条参照）。

(ロ)　行為とその態様。法律は「……をなしたる者は」という形式で一定の結果をタートベスタントの要素とするのが原則である。例えば一九九条に「人を殺したる者は」とあることにより、他人の死亡の惹起が行為の結果として要求されている。行為の態様、すなわち行為の場所的・時間的関係、結果実現の手段、他の犯罪行為との関係などの相違は法的には問題にならず、したがってタートベスタント該当性の有無と無関係であるのを原則とする。――しかしながら例外もはなはだ多い。いかなる結果の発生でも足りるのでなく、特に法上定められた道筋を通って実現した結果だけが要求される犯罪（Verbrechen mit gesetzlich benannten Mitteln）がある。場所・時間の制限も多い。例えば、行為のなされる前の、またはなされるさいの付随的事情として、一五二条は偽造又は変造の通貨を「収得したる後」といい、九四条は「外国交戦の際」と限定している。「現場に於て」(二〇六条)、または「帝国に滞在する」(旧)九〇条)というのは場所の限定である。これらの場所には当該の場所・時間においてなされた行為だけが、その犯罪類型の予想するものである。あるいはまた狭義の行為の手段の限定としては、二三六条その他の「暴行又は脅迫を以て」とか、一七四条・一七五条などの「公然」とか、二四六条の「欺罔」、九八条の「拘禁場又は械具を損壊し若くは暴行、脅迫を為し又は二人以上通謀して」などがそれである。さらに犯人蔵匿(一〇三条)、贓物罪(二五六条以下)は他人の犯罪行為との一定の関係を予想している。これらの区別は未遂および共犯の問題について意味をもってくる。

(ハ) 行為の客体。行為の客体とはタートベスタント上行為が向けられる目的物である。例えば一九九条の「人」、(旧)七三条以下の「天皇其他の皇族」、一八二条の「淫行の常習なき婦女」、二三五条以下の「他人の財物」、偽造通貨行使罪における「偽造又は変造にかかる通貨」、一七六条の「十三歳以上の男女」などである。行為の客体はタートベスタント要素(違法類型要素)の問題であり、これと当該刑罰規定の保護しようとする法益とは区別することを要する。実際には両者一致することもあるが(殺人罪)、観念的には区別すべきである。

(二) E・ウオルフは同じくタートベスタントが類型化された人間行為であるということから出発する(Die Typen der Tatbestandsmässigkeit, S. 6)。しかしながら彼はタートベスタントを、ここにわれわれが限定したようにでなく、ベーリンクの犯罪類型の意味に用いる(S. 5, Anm. 3.)。Thierfelder のウオルフは責任と違法を混乱するとの非難――けだし、彼によれば Tatbestandsmässigkeit は形式的違法であり、他方タートベスタントは責任要素をも含んでいる――は、ここに理由がある(Objektiv gefasste Schuldmerkmale, S. 9, Anm. 14)。ウオルフは行為概念とタートベスタント概念との関係を、ラートブルッフらの通説のように前者は事実的(経験的)で後者はこの事実的行為概念の法的・規範的形式づけを意味するとするのは誤りだとする。行為も規範的であり、法的であり、両者の区別は、むしろ行為というときは犯罪の主観的方面の定型化を指し、タートベスタントというときはその客観的方面を示すところにある。前者は動態的に犯罪を見、後者は静態的に見る。一は進行型現在であり、他は完了態であるという。――ブルンスはこれを非難してタートベスタントも単なる状態を意味せず、むしろ状態惹起の仕方、あるいは利益侵害の仕方の類型化だという（Kritik, S. 53）。しかしウオルフもそれまで否定するのではない。彼はこの一般的行為概念が具体化したものとして個々のタートベスタントをみ、両者の中間にあって媒介するものが Typen der Tatbestandsmässigkeit だとするのである（本稿前出一九頁註一参照）。なお、行為の型としてのタートベスタントに並び、行為者の型が問題にされる（Vom Wesen des Täters）。注目すべき、だが本稿とはディメンジオンを異にする力作である。他日触れる機会をもつであろう。

五　客観的処罰条件

右の諸要素は、それぞれの犯罪類型の含む特殊な違法性の構成に参与するものであり、そのかぎりでタートベスタント要素をなす（Mezger, S. 186 ff., Liszt-Schmidt, S. 182, Zimmerl, Zur Lehre vom Tatbestand, S. 8 ff.）。なお、それらはすべて、行為者の故意・過失が関係することを要するであろう。ところがここに客観的または外部的処罰条件（objektive Bedingungen der Strafbarkeit）と呼ばれるものがある。「犯罪の成立あるに拘らず、其の刑罰権の発生が尚或る外部的事由によって条件づけられ」る場合でこの外部的事情自体は犯罪の構成要件から区別されねばならぬ。それは故意・過失が関係する要なき場合である（小野・二〇七頁以下参照）。このようなものとして種々の例が掲げられる。しかしながら、よく注意すると、それらは必らずしも犯罪の実質的要件たる違法・責任と無関係のものでなく、当該の刑法的（可罰的）違法類型の構成要素であり、ただそこまでは故意の広がることが要求されぬのみである場合であること、あるいは逆に責任要素であることが理解される。責任要素たる場合はこれを置き（この点については佐伯「刑法に於ける期待可能性の思想」論叢二八巻一号二一一頁以下参照）、違法類型要素たるものを簡単に見ておこう。

(イ)　いわゆる結果的加重犯はドイツでは客観的刑罰加重原因と考えられている。行為者が、例えば傷害罪を犯し、その結果被害者の死亡を来した場合には、ドイツの学説によれば、たとえ過失がなくとも傷害致死の責に任ずるとされるのである（但し、現行五六条）。わが国においても判例は同様の立場をとるように見えるが、学説はほとんどみなこの重き死亡の結果につき過失を要すとし、そのかぎりでこれは客観的条件ではないとされる。しかしながら、たとえこれにつき過失を要せずとしても、そんな重い結果の発生に重い処罰をかからしめられることからみて、法律はこの重い結果をその傷害致死罪という特殊な違法類型（タートベスタント）の要素と考えているとせねばならぬ。「国家はこのタートベスタント該当性に特別な可罰性の刻印を捺す。けだし、行為の危険性と侵害性はこの好ましからざる結果により高められ、違法の程度が強くなり、それなしにも存在する刑法上必要な特別重い不法はさらに一段と重くされたのだから」（Sauer, Grundlagen des Strafrechts, S. 357）。

(ロ)　右の加重的結果犯の重き結果は、なお行為者の行為と原因結果の密接な関係にあり、さらに合理的には行為者の責任——少なくとも過失——が関係すべきものであって、違法（タートベスタント）要素とすることにも不自然はない。ところがつぎに述べるいわゆる狭義の処罰条件になると、行為および責任との連関が、少なくとも外見上は、ないように見える。それは「多かれ少なかれ外部的・偶然的な理由により処罰を条件づける」だけのようだ。しかしながら立法者が、そのように縁遠い外部的事情に処罰をかからせるのは、「それらの事情が（立法者の考えによれば）タートベスタントに特定の重さの不法性を帯びさせる要石だからだ」。それがなければ、立法者の目からすれば罰すべき程度の違法性は、まだ存在しない。すなわちそれらの事情は、故意により包含されることを要する要素だけでは不十分な違法性を補充・完成するものである。したがってそれらもタートベスタント要素であるということになる。

(a)　若干の行為はただ国内において犯された場合にだけ罰される（二条以下）。日本国民が外国において犯した犯罪、外国人の外国において犯した犯罪などについては、その処罰に制限がある（〔旧〕三条・四条）。これらの制限は国家が処罰の必要を感ずるか否かの制限であって、結局、行為の違法性（程度）の問題である。

(b)　ある場合には行為の危険性が刑罰的干渉に適する程度に達するには、さらに別の国家にとり好ましからざる出来事が事実発生することを要し、そしてその出来事は行為と必らずしも因果関係に立つ要なしとされるのである（狭義の処罰条件）。例えば詐欺破産と破産宣告の確定・爆発物取締罰則八条の犯罪において告知せられなかった爆発物に関する犯罪が現実に行われたこと・〔旧〕新聞紙法四五条の犯罪において掲載事実の証明の確立をえざることのごときがそれである。行為はこれらの出来事がなくても違法ではあるだろう。しかしながら国家はこれらの特に望ましからぬ出来事があって、始めて可罰的程度の違法性に達するのだと考えるのである。これらの外部的条件こそは、正に行為が罰される程度（あるいはより重く罰される程度）に違法であるためにこれまで欠いていたところの要素である。これらもタートベスタント要素である。——ここで注目すべきは、これらの処罰条件は行為と必然的関係にあることを要せず、外部的偶然的であるとされることである。いかにも破産宣告は債務者の債権者侵害行為の直接の結果であることを要せず、爆発物に関する犯罪の実現が不申告の結果であることも必要でない。しかしながら、何らの連関もなくてよいとは考えられない。行為は処罰条件たる国家にとり好ましからぬ出来事を惹起するに——一般的にみて——適していること（allgemeine Tendenz auf den Schaden）が必要であろう。現実にその出来事をその行為が惹起したことは必要でなくとも、少なくともその行為は経験上その発生を客観的に予見せしめる素質のものであることを要する（相当因果関係の思想）。かくて始めてこれらの条件が違法要素であることも合理的に理解されるのである。右の破産宣告などにおいては、事実この関連が立法者により認められているといえる（なお上述五二七頁参照。Sauer, Grundlagen, S. 358 ff.）。

こう見てくると、これまで違法・責任と無関係なように思われてきた処罰条件も、みな違法か責任かへ入ってしまうことになる。このことは「一切の疑わしい、ほかにどこにももっていきようのない場合を、ごっちゃに、ひっくるめて一つの範疇に入れるという一時逃れをして（Sammelbegriffe）、それらの場合の実質的理由づけと内面的合理化を諦めるべきでないなら」避けることができない（二）(Sauer, Grundlagen, S. 356, Radbruch, Franks Festgabe, Bd. I, S. 173)。

(ハ)　最後に身分による刑罰阻却事由のうち、親族相盗例の規定（二四四条・二五七条）などは、一〇五条の犯人蔵匿のそれと異なり違法性に関係すると考えられる。財産罪については親族相互間の行為は、全く違法性を欠くわけではないが、罰すべき程度のものでないと考えて、それぞれの犯罪類型から除外されたものだと解するのである（責任要素たる場合については佐伯・論叢二八巻一号二〇九頁以下参照）。

（二）　この問題についてはなお Zimmerl, Zur Lehre vom Tatbestand, S. 24 ff., Land, System der äusseren Strafbarkeitsbedingungen, Rittler, Franks Festgabe, Bd. II, S. 1 ff. など参照。私にはザウアーの見方が一番徹底的であるように考えられる。ラントはザウアーの説を押広げたのである。ツィンマールはこの点に大胆な一歩前進をしたけれども〔旧〕ドイツ法一〇二条・一〇三条の外国君主に対する犯罪の処罰の条件たる相互主義（Verbürgung der Gegenseitigkeit）と破産開始とを違法・責任と無関係な処罰条件として残した。刑法の領域に属せぬ政治上の便宜主義がその理由だというのである。ブルンスまたしかり。しかしながら政治上の理由も刑法的に見られうるし、そうすれば違法要素とするほかはないように考えられる。

六　主観的違法要素

われわれは右に、原則として、犯罪要素中の客観的なものだけが違法性の問題につき注目せられ、その主観的なものはただ犯罪の責任についてのみ注目されるということができるとした。しかし、この原則は例外なしには当て嵌らぬ。かかる例外があるということの証明が、この主観的違法要素の問題である。これはそれ自体別個の問題として論ぜられるべき複雑なもので、ここには一応軽く触れるに止める。

(イ)　行為者の一定の心理状態が違法要素たる場合。これに属するのは、例えば爆発物取締罰則八条に爆発物に関する「犯罪あることを認知したる時は直に警察官吏若くは危害を被むらんとする人に告知す可し。違ふ者は云々」とあるときの、犯罪あることを認知したということである。その他知っていながら告知しないことにより成立する一切の犯罪（(旧)警察犯処罰令二条一〇号）はみな同様である。これらの者は切迫する犯罪、その他の事実の申告を怠ることによって違法・反社会的に行為する者であるが、それらの態度を違法といいうるためには、行為者が右の犯罪その他の事実の存在につき信ずるに足るべき知識を有したことを要し、曖昧な風聞を耳にしただけでは足りない。この知識は単なる故意の問題ではない。それがあって始めて不作為の違法性が与えられるところの心理状態である。(一) このことは偽証罪につき主観説をとるときもっと明瞭になる（本書上述二六頁、三八頁）。それによれば、証人が自己の確信（経験）に反する陳述をなすかぎり、それがたまたま客観的事実と合致しても（すなわち主観的に虚言を吐く心算でいったことが偶然真実であった場合にも）、なお虚偽の陳述をした者として罰されることになるが、この際の違法性は行為者の「虚言を吐く心算」という全く主観的な要素にかかっているであろう。これらの場合にはともに行為者の認知または確信という心理状態を離れて態度の違法を説くことはできない。メツガーのいわゆるAusdrucksdelikteである。(二)

(ロ)　ある犯罪にあっては目的が要件とせられる。しかもその目的たるや、客観的要素の範囲を超過しており、犯罪要素たる客観的態度はその目的実現の手段たる関係にある場合がある。ヘーグラーが内心的傾向の超過する犯罪 überschiessende Innentendenzdelikte と称したところのものである。これは二つに分けることができる。一つは行為が目的の内容たる第二の結果の客観的原因と考えられる場合である。例えば内乱罪が「朝憲紊乱を目的として」暴動をなすことにより成立し（七七条）、八三条の外患罪が「敵国を利する為め」軍用に供する物または場所を損壊することにより成立し、詐欺破産が「債務者……自己若くは他人の利益を図り又は債権者を害する目的を以て」することを要する（破産法三七四条以下）ごときである。それらにあっては、目的たる事項は、行為者が現になした行為からおのずと生じくるべきもので、それ以上の彼の加工行為を要せぬのである（coupiertes Erfolgsverbrechen）。これらはあたかも終了未遂と同じ関係にある。あるいは客観化して目的とされる事項も客観的に実現されたことを要すると規定することもできよう。その際も形式が異なるだけで同種の違法性があることに変りはない（ただし内乱罪においては目的の客観化はできない。もし朝憲がすでに紊乱されたら、もはやそれに対する刑罰を科することは、実際上できないから）（Zimmerl S. 42.）。第二の場合は客観的要素たる態度が、行為者自身または第三者の側からの新たな行為の手段として意欲せられている場合である。例えば通貨偽造罪が「行使の目的を以て」偽造・変造すること（一四八条）を要すとしているのがそれである。なお文書偽造罪・有価証券偽造罪・印章偽造罪等は「行使の目的」を要求し、一三六条・一三七条は「販売の目的を以て」阿片煙、阿片煙吸食器具を所持する行為を処罰する。略取誘拐罪における「営利・猥褻又は結婚の目的」（二二五条・二二七条二項）、「帝国外に移送する目的」（〔旧〕二二六条）公務執行妨害罪における「公務員をして或処分を為さしめ若くは為さざらしむる為め又は其の職を辞せしむる為め」（九五条二項）といい、一〇〇条に「逃走せしむる目的」というのも同様である。着手未遂の構造がこれと同じである（verkümmert zweiaktiges Verbrechen）。目的とされる事項は犯罪要件たる外部的態度をなし終っただけでは当然にひとりでに発生しはしない。それを手段とする第二の行為によって（例えば偽造された通貨を行使して）、始めて目的が実現される関係にある（M. E. Mayer, S. 123, Mezger, Vom Sinn. S. 20, Hegler, S. 311 ff.）。

(ハ)　なお若干の目的犯は(ロ)のそれと異なり客観的要素を超過しない。これらの犯罪においては、目的は客観的要素たる態度の範囲内にあって、特定の仕方で表動することによりこの態度を規定し、その意味を限定するのである。ヘーグラーのいう客観的態度に意味を賦与する目的（singgebende Absicht）である。

これに属するものとしてヘーグラーは窃盗・強盗等（ドイツ刑法二四二条・二四九条）をあげる。それらは「領得の目的」をもって窃取または強取することを要するが、その「領得」は領得の目的をもって窃取（強取）するときにすでに完了していると考えられるのである。したがって「領得の目的」は窃取行為の範囲内にある。しかも「領得の目的」に出た窃取だから単に使用窃盗の目的では足らず、すなわち態度の意味を規定するというのである。わが国の判例も同様に不法領得の意思を要すとし、かつその不法領得の意思とは「権利者を排除して他人の物を自己の所有物の如く其の経済的用方に従ひ之を利用若くは処分するの意思」（刑録二一輯六六三頁）としているところから見ると、かえって上述(ロ)の分類に入るように見える。わが刑法上この第三種の例は、むしろ九二条の「外国に対し侮辱を加ふる目的」あるいは二二七条の「……前三条の罪を犯したる者を幇助する目的を以て被拐取者又は被売者を収受若くは蔵匿し若くは隠避せしめる」という場合であろう。けだし、収受、蔵匿、隠避自体が幇助にほかならぬから（Hegler, S. 309 ff.）。

　これらの主観的要素が違法（タートベスタント）要素であるということの理由はほかでもない。「外部的行為の利益（法益）侵害性は、その根底に特定の精神的内容、傾向、目的などがあるときとそれらがないときとでは全く別個のものとなるからである」。なされた証人としての陳述、犯罪の不申告、通貨の作成などが違法であるか否かということは、行為の客観的内容のみに依存するのでなく、また行為者の内心的態度、すなわち確信、認知、行使の目的などにかかっているということである（Mezger, Vom Sinn, S. 22, Hegler, S. 365 ff.）[三]。

（一）　ここから不作為の概念が、不作為者の作為能力を予想しないでそもそも可能であるかという問題がでてくる。作為能力者の作為義務違反の不作為にして始めて不作為といえる。無能力者については、もはや不作為ということはいえないのではないか。したがって不作為の違法性も作為能力者の有責な態度についてしか観念されず、したがって不作為概念は主観的違法論の立場からのみ構成しうるのではないか。不作為概念こそ客観的違法論の難破するところであるように見える。宮本・刑法大綱七四頁はこの点を衝いている。客観的違法論の反省すべき最大の点の一つである。

（二）　これはメツガー（G. S. Bd. 89, S. 261 ff., Vom Sinn, S. 16 a.）により始めて指摘された違法要素である。ヘーグラーもこれをメツガーの功績であるとしている（Franks Festgabe, Bd. I, S. 297）。彼らはなお猥褻行為なども主観的に性欲の満足または挑発を目的とせねばならぬと解し、このなかに入れようとする（Mezger, Vom Sinn, S. 18, Lehrbuch, S. 172, Hegler, a. a. O., S. 309）。わが刑法の解釈としては客観的にかかる傾向ある行為で足り、目的を必要としないであろう。なおこの点につきベーリンク（Tatbestand, S. 13）はドイツ法上メツガーらに反対して客観的立場を主張している。

（三）　Zimmerl はこれら主観的違法要素を個別的に研究して、できるだけその範囲を制限しようとした。メツガーの “Vom Sinn der strafrechtlichen Tatbestände” を批判の対象とし Ausdrucksdelikte だけは「疑もなく主観的違法要素に関する」とするが、そのほかのものはできるだけ客観的に解しようとする。彼は（超過的）目的犯を真正目的犯と不真正目的犯とに分つ。前者は目的の内容が法律秩序の防衛せんとする害悪に属し、したがって目的の内容が特定の不法類型の形成に関与するものであり、後者はその目的の向けられているものが本来何ら不法でないもの（婚姻の目的（二二五条）、営利または利得の目的など）で、違法と無関係である。そしてその真正目的犯においても、彼の見解を突き進めると、目的自身が違法要素なのでなく、目的の「内容」「対象」「目的の向けられているもの」がそうだということになる。これは明瞭な表現でないが、彼はその目的の内容を客観的なものに、すなわち外界に属する要素に解釈しなおそうとするのである。「外見上主観的な要素を客観的なものに帰着せしめ」ようとし、結局主観的要素としての目的は、違法要素としては「行為が（目的内容たる）結果を客観的に生ぜしめる傾向をもつかぎり」無視されてよい。「拡張的タートベスタント（目的犯における目的の内容あるいは客体）に向けられた行為者の目的が欠けていても、狭義のタートベスタント（成法中に客観的に要求されているもの）は、それが客観的にみて広義の結果を目的とするかぎり、依然違法である。」——すなわち、彼は目的（主観的）でなく、行為の客観的目的、目的たる事実への一般的傾向（上述四四頁）を違法要素としようとするのである。これは十分高く評価されてよい反省である。特に目的超過犯の第一のもの（coupiertes Erfolgsverbrechen）についてこのことは当て嵌るであろう。相当因果関係論の相当条件の思想（危険概念）がここに働いている（〔旧〕新聞紙法四五条の「専ら公益の為にするもの」）。しかし、法が目的というとき主観的を意味していることは疑なく、すべての目的を客観化することは法の解釈としては認められない。このことは第二種の目的超過犯について特に明らかである。

Zimmerl, Zur Lehre vom Tatbestand, S. 31 ff., 40, Hegler, a. a. O., S. 279 ff.

七　規範的構成要素

われわれはまたタートベスタントの構成要素を――これまでとは別の観点から――記述的要素（deskriptive Elemente）と規範的要素（normative Elemente）とに、一応区別することができる。「記述的要素は刑法が裁判官に対し、単に知的（認識的）な活動を要求するものであり、規範的要素とは刑法がそれ以上になお規範的・評価的行為を要求するもの」である（メッガー）。阿片煙を「販売の目的を以て所持し」「吸食し」「人の飲料に供する浄水に毒物其他人の健康を害すべき物を混入」（一三六条―一四四条）するという規定の要素と、「猥褻の行為」（一七四条）、「淫行の常習なき婦女」（一八二条）、「神祠仏堂墓所其他礼拝所に対し公然不敬の行為ありたる者」（一八八条）、「瀆職」（一九三条以下）、「名誉を毀損する」（二三〇条）、「侮辱」（二三一条）とを比較すればこの区別は理解するに難くないであろう。

(イ)　記述的タートベスタント要素　これらの要素においても、裁判官は外部的な、感覚的に知覚しうる「客観的」事態に対する認識活動を要求されている（右の例を見よ）。しかしながら、実はこの種の要素においてもすでに規範的タートベスタント要素への移行の段階が認められる。認識的評価（Kognitive Beurteilung）を要する犯罪がこれである。

(a)　事実の真偽に関する犯罪（Wahrheitsdelikte）　これは真実ならざる事実の主張を含む犯罪である。例えば「虚偽の風説を流布し……人の信用を毀損し」（二三三条）、「人を欺罔し」（二四六条）、誣告行為として「虚偽の申告をなし」（一七二条）、または偽証罪について客観説をとった場合の「虚偽の陳述」などがそれである。ここに問題になるのは真偽の判断、すなわち行為者の主張と客観的事実との一致の有無である。

(b)　危険罪　いわゆる具体的危険罪、すなわち一〇九条の放火罪における「公共の危険」を生じたか否か、あるいは溢水および水利に関する犯罪（一二〇条）、従来妨害罪（一二四条以下）の「公共の危険」または「往来の危険」が現実に発生したか否かは、一般的経験法則により決定するよりほかはない。そのほか、通貨または文書偽造罪において偽造――模造と区別された（通貨及証券模造取締法は偽造の程度に至らない模擬、すなわち模造を対象とするから、両者はわが現行法上区別されねばならぬ）――ありといいうるか、または遺棄罪において「老幼、不具又は疾病の為め扶助を要す可き者」（二一七条）であるか否かも、同様に一般的経験を基礎にして判断されるであろう。これらにあっては、一般経験（専門的事項については専門家の知識）に基づき当該態度の一般的傾向（潜在的因果力の動向）を推察することが裁判官の任務である。もちろんこの経験は歴史的・社会的制約を受け、時と所により異なる。前時代における危険観は進んだ時代のそれと一致しない。中世においては魔法使いは最も危険な行為と見られた。（Hexenprozess）。だが、それは現代では迷信犯として大部分の学者がその無罪を主張する行為である。――とにかくこの一般経験を利用する場合には Kognitive Beurteilung（認識的評価）が特に明らかである（メッガーはこれらの犯罪を Erfahrungsdelikte と呼ぶ）。そして、この種の方法は刑法上非常に広く用いられているものである。刑法総論における相当因果関係説、未遂・共犯論における客観説などみなこのような一般化的思惟方法（それは型的思惟方法に帰属する）を用いているのである（上述四四頁の所説も同様の考え方に基づくものであった）。

(ロ)　心理的タートベスタント要素　　これも一概に記述的とはいえない。そこにも記述的なものから規範的なものへの移行がみられる。

(a)　いわゆる主観的違法要素として、右に**五**に述べた目的とか認知とか確信などの行為者の心理内の出来事は記述的である。

(b)　相手方の心理内の出来事が要素になったときは場合によって違う。詐欺罪は相手方の錯誤を要する。しかし被欺罔者がその際欺むかれるべきでないにも拘わらず、自己の過失が競合して欺かれたときはどうかの問題があるが、わが刑法上は欺罔行為が錯誤の一条件となっていれば十分とされる。しかしながら強盗罪の手段として暴行または脅迫がなされたときは、相手方が現に反抗力を抑圧されたことだけでは足らず、さらに客観的にみてその反抗を抑圧されたことが相当であること、すなわち当該の暴行脅迫が反抗を抑圧するに足る程度のものであると客観的に認められることが必要である。かくて、つぎのものへと連っていく。

(c)　侮辱（二三一条）とは相手方の人格を蔑視する意思の表示であり、言語または態度をもってなされうる。名誉毀損とは一般世人の尊敬感情上の評価に基づく相手方の社会的地位を低下させるような言動で、それに適する事実の表示を伴うものである（二三〇条）。ともにその言動が客観的に侮辱・名誉毀損の性質と意味を有することを要する。言動の客観的意味とは、それに対して社会生活上通常付せられる意味であり、単に行為者または行為の相手方がそれに付する意味ではない（個人心理的でなく社会心理的である）。裁判官の仕事はこの客観的意味のコグニチヴな理解にある。だがこの意味は確定したものではなく、その人の属する階級、職業の如何により同一の態度も異なる意味をもつ。裁判官は当該の場合に標準となるべきグループを「選択」することにより、疑義を決せねばならぬ。選択は選択の尺度（正当なもの）を予想し、結局は裁判官の規範的活動に依拠することになる。

「かくてわれわれは、結局、外見上純粋に『記述的なタートベスタント要素』も、ほんとうは、広い範囲にわたって『規範的要素』に浸透されていることをみた。たとえ、そうでない場合、すなわち実際純粋に一定の事態の kognitiv な把握が問題である場合にも、結局規範的なもの（裁判官の評価活動）が存在する。……この問題については、法律の領域における『事実』概念の厳格な把握が必要である。これまでわれわれは通俗の見解に従って『事実』や『認識の対象』――時間的空間的に制約された外部的事実も、時間的、個人的に制約された内心的事実も――何か単なる『所与』を意味するということから出発した。これに反して批判的検討は、法律生活に問題を限定しても、事実問題は哲学的深化なしには解き難いことを示す。これに関して先験的認識論的観念論の立場から、われわれはどこにも――純粋な因果的認識の領域においてもまた――範疇による形成のない、すなわちかかる意味で『評価』を受けぬ対象をもたぬということが分る。いわゆる模写説は支持されない。いいかえれば kognitiv な認識過程自体が――『記述的タートベスタント要素』はこれより作られる――純粋に受動的過程でなく、むしろ、積極的過程であり、それはそれ自体として（それとともに上の記述的要素も）一定の規区、規範――リッカートのいうように一定の『当為』に――従うものである。対象はただ超絶的『当為』のなかに認められるべきで、超絶的実在のなかに見出されえない。認識の根底自体が規範的性質のものである」。メツガーはこうして事実概念自体の規範性を主張する（Sinn. S. 40, 41.）。法の世界における事実概念もある実在概念が法的範疇に高められたものであり、文化的実在の法的価値への関係づけを意味する。いまタートベスタントは違法と評価されるべき態度の型を示すためにある。したがってタートベスタント要素もみな価値的（規範的）色彩を帯び、純粋に事実的なものはないといわねばならぬ。一見事実的にみえる薬物（二二三条）・不具（二一七条）等も医学者でなく法律家が、刑法はその際何を指しているかを訊ねることにより答えるべきである。だから「個々のタートベスタントは目的論的に文化的事実の刑法価値（目的）への関係づけによって形成せられ、その際、国家概念が最上の規準として作用する」（Wolf, Typen, S. 8.）という言明は法の現実として肯定せざるをえまい。そこからまた、法の適用、タートベスタントの解釈にあたっても、裁判官は常に法律秩序の目的の体顕者として行動するのであり、たとえ解釈の規準が法自らによっては直接にも間接にも示されていない場合でも（Heglerのいわゆるechte Wertungsdelikte）（後段五四頁参照）、自分の見解、人世観によってでなく、この法上の最高価値、すなわち現存国家を導きの星として行動するものであるということが推知される。われわれはかくて目的論的概念構成の帰着点と正に同一点に到達するのである。

しかしながら、すべてのタートベスタント要素が同じ程度に規範的性質を示すとは限らない。本質上事実的であり、日常の用語と全く一致して、現実の所与を意味する要素もある。それ故右のように、一応、記述的要素と規範的要素を分つことも許されるのである。法概念の規範的性質はつぎの場合に特に明らかに現れる。

(ハ)　規範的タートベスタント要素　われわれがこう名づけるものは法定のタートベスタントの要素で、単なる所与の事態の認識でなく、裁判官に一の補充的評価が要求され、したがっていわば単なる白地評価が与えられているに過ぎぬものである。この際指示される規範の領域の如何によりつぎのように区別される。

(a) 刑法外の法的評価を予想するもの。窃盗罪その他の財産罪（二三五条以下）の「他人の財物」は民法、特に物権法が、略取・誘拐罪あるいは猥褻・姦淫罪における「未成年者」「十三歳以下」など一定の年齢については民法、特に総則、親族法（二四四条・二五一条・二五五条等）が、親族相盗については親族法が指示されている。その他遺棄罪における「保護すべき責任ある者」（二一八条）・公務員（九五条以下・一九三条以下）・通貨（一四八条以下）・公文書（一五四条以下）・有価証券（一六二条以下）・医師（一六〇条）・財産上不法の利益（二三六条二項・二四六条二項・二四九条二項）なども同様で、これに属する場合ははなはだ多い。

(b) 刑法は、右のような他の法域において確定された法概念を指示するだけでなく、その他の倫理的、社会的、経済的な一般「文化」的性質の——はなはだ曖昧な——評価を採入れていることが多い（Kurtuelle Wertungsdelikte）。現行刑法のタートベスタントを一見しただけで、われわれは立法者がいかにしばしばこのような不確定的な概念を用いているかにびっくりするであろう。猥褻、淫行の常習なき婦女、名誉毀損、侮辱、信用妨害、財産上の損害、脅迫などその例はほとんど無数にある。そのほか、結局裁判官に上述のような文化的評価を要求するものにほかならぬところの、タートベスタント構成形式がある。それは、裁判官に量的考量を要求し、法自らはこの限界決定の規準の詳細を示さぬような要素である。かかる場合もはなはだ多い。殺人罪の客体たる「人」の開始する時（堕胎との区別）・住居侵入・秘密漏泄罪における「故なく」（一三三条以下）・「老幼、不具又は疾病の為め扶助を要す可き者」（二一七条）・「心神喪失若くは抗拒不能」（一七八条）・「公然」（一七四条）・「信用」（二三三条）・「毀棄」（二五八条）、あるいは賄賂と適法なる贈与の限界（一九七条）・詐欺と商売上の駆引（広告）の限界（二四六条）・名誉毀損または侮辱と適法なる批判の限界（二三〇条以下）みなこれである。刑法改正仮案においては「犯罪の動機が忠孝其の他道義上又は公益上非難すべきものなりや否又は宥恕すべきものなりや否」が刑の適用において、裁判官の服すべき標準として示されている（五七条・六一条）。

そこでつぎのように説かれる。これらの限界を決する視角は個々の犯罪の本質から理解されることもあるが、また同様に裁判官自身の考慮判断に訴えるよりほかはないことも多い。こうして客観的に与えられた評価から、必要な評価に際して、裁判官が全く自分の主観的考慮でことを決するよう要求されている場合へとしだいに移行する。そして、結局のところ、客観的評価（法的な、または文化的な）を含む要素でも、厳密な意味においてはこの主観的評価の混入を避けえないということが分る、と（Mezger, Vom Sinn, S. 41 ff., Grünhut, Begriffsbildung und Rechtsanwendung im Strafrecht, S. 5, 20.）。(二)

（二）　規範的構成要素はM・E・マイヤーがいち早く注意した（Lehrbuch, S. 182 ff）。その際彼は本来それに入らぬようなもの（偽証における「虚偽の陳述」、誣告における「虚偽の申告」）までこれに入れた。かつ彼は右に三三頁に述べたような意味でタートベスタントは違法性の徴表（Indiz）で違法性自体とは別のものとする。ところがこの規範的構成要素（窃取した物が「他人の所有物」であるというような場合）は違法性自体の構成部分であり単なる徴表ではない。そこで、彼はこれらを、不真正なタートベスタント要素でかつ真正な違法要素（unechte Tatbestands-und echte Rechtswidrigkeitselemente）であるとした。これはみな彼のタートベスタントと違法の関係についての見解の帰結である。

八

法治国思想――それは警察国家の専制的裁判に対する人民の自由の要求を意味した――は犯罪類型、したがってまたタートベスタントの範囲の明確な規定を要求する。「一切の犯罪にあたり、裁判官は完全な三段論法を立てねばならぬ。大前提をなすのは一般法律であり、小前提をなすのはその法律に適合しまたは違反する行為であり、結論は無罪または刑罰である（大前提・人を故意に殺した者は死刑に処せられる。小前提・Xは人を故意に殺した。結論・Xは死刑に処せられる）。もし裁判官が強制されて、あるいは任意に二個の推理をなしたなら（法的）不安全に向って扉を開放することになろう」（ベッカリヤ）という考えからは、タートベスタントはみな記述的要素により構成されねばならない。事実、当時の刑法はこれを実現しようと試みた。フランス刑法、その模倣たるわが旧刑法、ドイツ刑法のカズイスティシュなのはこのためである。規範的要素の利用はこの要求と一致しない。そして規範的要素の存在の発見――さらにはタートベスタント構成における「規範的要素と事実的要素の構造連関」（グリューンフート）の必然性の発見――は、この啓蒙期の要求の実現可能の限界性を証明するものである。「だからまた、一そう規範的要素の評価が、nulla crimen, nulla poena sine lege の原則を直接または間接に排除しようとする、刑法における新派の陣営において高くなるのである」（Mezger, Vom Sinn, S. 45)。そこで人民の自由と規範的要素とのこの矛盾を解決しようと苦心しながら、学者は主張する。

「……規範的要素が多く用いられるに従い、裁判官の評価と専断の危険に対して、再び扉が開かれた。……しかしながら、古き Kasuistik に帰ることは無意味であり、見当はずれである。この危険には別の対策をもって向わねばならぬ。かつ、この危険は、もし訴訟法が正しい評価は支持するが、誤った評価はこれを阻止するような取扱いを与えたならば防がれる。この際ただ近似的価値（絶対的でなく）しか達成されぬことはもちろんだが、裁判官の活動にあたり、全く評価を排除することはできぬから、少なくともわれわれは、全法律領域にわたり唯一の裁判者の評価が決定的であるように努力せねばならぬ。これを助ける手段は、一に有罪判決の理由明示の強制をもっと尊重することであり、さらに裁量に基づく裁判に対し上告を許すことである。われわれはしたがって刑罰量定に対してもまた、理由明示強制を要求し、かつこれらの規定の尊重を要求する。裁量に基づく裁判の上告は、しかしながら、控訴と上告の間の古い限界を侵すことになる。通説によればただ法律問題のみが上告を許され、事実問題はそうでない。規範的概念の確定は多くは直接に法的な評価を必要とせぬから、裁判官の活動中この部分に関して存する瑕疵（事実問題として）は上告の理由とすることができぬことになる。しかしながら、かくては裁判官の裁判の統一性は甚だしく脅かされるであろう。だが裁量に基づく裁判に上告を許さぬということは、上告において決せられるのはただ法律問題（古い意味の）だけで、事実問題ではないという主張が破れれば維持できなくなる。マンハイムはこの（事実点・法律点の）対立を、ある事態の（存在）確認と評価の区別に帰着せしめた。それとともに裁判官の活動で純粋に認識的《コグニチブ》でない一切のものが、上告審による覆審に服することになる。……法律には、このようにして、普遍妥当性の特徴がなお維持せられる。……タートベスタント論は訴訟法より流れ出たが、それはまた訴訟法の要件のなかに注ぎ込む。corpus delicti は、古い刑事訴訟法において社会に与えられていた権力を制限すべきものとされた。いまや反対に刑事訴訟法の改正が、規範的構成要素より生ずべき危険を防止しなければならぬのである」(Bruns, Kritik, S. 17-18, Grünhut, S. 22 ff.)。

われわれは罪刑法定主義に基づく近代刑法のいわゆる犯罪の法定が、決して徹底しうるものでなく、裁判官の具体的場合にあたっての評価活動を予想せざるをえないものであること——そのことは規範的構成要素において特に明瞭であり、かつこの規範的構成要素が近時の立法に益々より広汎に使用され始めていることを注意しよう(Hofmann, Die normativen Elemente des besonderen und allgemeinen Tatbestands im Strafrecht, S. 1-5)。わが現行刑法はこれを特に多く使用して、いちはやくこの傾向を代表したが(そのことの社会的根拠については本稿前出二頁註一参照)、刑法改正仮案もまたこの方向にさらに一歩を進めている。

その際右のように規範的要素の立法における広汎なる行使が、裁判官の主観的・個人的専断を導き入れるということが問題の中心におかれている。だから裁判の統一性実現のために訴訟法が問題とされるのである。だが問題の真の重点は個人的専断にはないであろう。むしろ法の代表者として裁判官を信頼し、彼らの「現存国家」を導きの星とする自由なる活動によって、変化する状勢に対応する犯罪抑圧の実行が求められているのである。しかもこの希望は現存国家にとって望みのない希望ではない。右のブルンスらの統一的裁判の要求も実は、この希望実現手段の一提案に過ぎないと考えられる。すなわち、近時の立法がこの規範的要素をより多く使用し始めたということは、人民の自由から、合目的な犯罪対策への刑法の重点の変遷を示す一例に過ぎないであろう。

——(一九三三・二・一八)(1)

(昭和八年二・三月)

（1）　犯罪類型のもう一つの側面である可罰的責任類型――責任における原則型と例外型、刑法における類型的思惟方法――については佐伯「期待可能性の体系上の地位」刑法に於ける期待可能性の思想三四三頁以下、同・刑法講義（総論）二三六頁以下参照。

歴史的研究としては「啓蒙時代と犯罪類型」論叢三九巻三号（昭和一三年）、「フリードリッヒ大王と刑法」論叢四一巻一号（昭和一四年）、「Corpus delictiについて」立命館法学一一号（昭和三〇年）、ベーリンクについては「ベーリンクといわゆる構成要件の理論」立命館法学一五号・一八号（昭和三一年）がある。

〔この注は、『刑法における違法性の理論』への所収にあたって追加されたものである――編者〕

2　いわゆる共犯の制限された従属形式

さきに私は共犯規定の発展を尋ねて、ドイツ予備草案からわが刑法草案までの沿革を概観することを試みた（「共犯規定の発展」法学論叢三二巻二号一八一頁以下）。そして、そこに当然生じる疑問である学説に与えた影響および逆に学説のこれに対する批判がどうであったかの研究は、これをつぎの機会に譲っておいた。いま私はここにその責任の一部を果すことを試みようと思う。

一　改正草案の学説への影響

一　ドイツの立法者はその予備草案以来、行為の可罰性（Strafbarkeit der Tat）と行為者の可罰性（Strafbarkeit des Täters）を分けるという建前を採ってきたのであるが（拙稿前掲一八九頁）、今日の一九二七年草案三一条（二五年案二七条）は「教唆犯および従犯の可罰性はその行為を実行した者の可罰性とは独立とする」とし、それにより共犯が成立するためには、実行者の行為が「いずれかの犯罪の客観的構成要件に該当する違法な他人の行為または少なくとも構成要件の違法な実現に導く行為」であることを要するだけで、実行者における責任の有無は問わないこととされた。こうして行為の可罰性と行為者の区別が、共犯に関してM・E・マイヤーのいわゆる制限された従属形式を採用することの根拠とされたのであった。(1)

（1）　リリエンタールが、二五年案は全く共犯の従属性を放棄したと考えたのは、従って誤解であるといわねばならない（Der neue Entwurf eines StGB, Monatschrift für die Kriminalpsychologie, 1925, S. 121）。ただ現行法の解釈として支配的である最大限度の従属形式が捨てられたに過ぎないのである（Begründung zu E. 25, S. 27, zu E. 27, S. 30. 拙稿前掲二〇八頁参照）。

右の行為の可罰性と行為者の可罰性の区別は、実は草案の他の条文にも貫かれているところである。二七年案二三条（二五年案二〇条）は「もし行為の違法性が……阻却されるときは可罰的行為は存しない」とするのに対し、一六条（二五年案一二条）は「故意または過失をもって行為する者だけが可罰的である」とし、あるいは一二条（二五年案一六条）が「行為の時に責任能力のない者は可罰的でない」とし、違法性は行為の属性であり、責任性は行為者の属性だとしているのがそれである。右の三一条はこの違法阻却原因・責任阻却原因の規定から当然に出てくる結論を示したに留るのであって、たとえそれがなくても草案の共犯の本質に影響はないはずなのである。(1) そして学説はこの草案の区別の結果、責任は行為の可罰性に属せず、行為者の可罰性の要件としてただ個人的にだけ（すなわちその存する者にだけ）作用することにされると、責任は結局、一つの単なる処罰条件になり下り、責任阻却原因は単なる身分による刑罰阻却原因に過ぎなくなるから不当であるとし、遡って元来この行為の可罰性・行為者の可罰性という区別自体が独断であり支持できないと考えた。違法阻却原因の存するときも行為者自身が可罰的でないというべきであり、右の二つの可罰性を対立させることは不当であるようにみえたからである。(2) ビルクマイヤーはこのような仕方は刑法学が長年かかって樹立してきた理論的区別を抹殺する歴史の逆転であるとした。(3) しかしまた、他方には立法者が刑法改正事業の当初から固持したこの二つの可罰性の区別を健全な方向として、さらにそれ以上に理論的に展開しようとする企てもなされている。(4) ラートブルッフはこの問題の所在を早く指摘しているが、さらにわれわれはその最も精細な適例をカントロヴィッツの近業 Tat und Schuld にみるのである。それは右の行為の可罰性と行為者の可罰性の区別を徹底させ、その結果、責任といわゆる処罰条件を接近させ、従ってまた責任阻却原因と身分による刑罰阻却原因を従来のように無縁なものとせず、ともに行為者の可罰性を阻却する原因として理論構成し、草案が共犯規定において採用した制限された従属形式に理論的根拠を与えるだけでなく、現行ドイツ刑法の解釈としても同一の結論に達することを企てている。

（1） Dahm, Täterschaft und Teilnahme, S. 76.
（2） Dahm, S. 74, 91. Reichle, Die Teilnahme an Verbrechen nach Reichsstrafgesetzbuch und den neuen deutschen Strafgesetzentwürfen, 1931, S. 59 Anm. 38. Drost, Anstiftung und mittelbare Täterschaft in dem künftigen Strafgesetzbuch, ZStW. 51, S. 362.
（3） Die Lehre von der Teilnahme, S. 159ff.
（4） Radbruch, Franksfestgabe, I, S. 171.

もちろん従来からも、バウムガルテンやキッチンガーのような学者は責任阻却原因と身分に基づく刑罰阻却原因とを論理的に区別の困難なものとしていたし[1]、他方、現行法の解釈としてすでに一八七二年にヘルツォーグは共犯行為の前提となる実行々為すなわち法典のいわゆる「可罰的行為」とは、ただ、それぞれの犯罪の外形(äussere Verbrechensfigur)を具備していれば良いと説き、責任すなわち「行為者の刑法的答責性は、本来ある一定の形式をもち、外形上ある刑法本条に該当する行為方法の要素ではなく、むしろその事態の本質上現に発生した行為者の処罰の前提となるだけ」とし、今日の「Tatbestand」という概念とほぼ同じものに到達していた。ただ彼は犯罪の外形を備えることだけで足るとしたので、違法阻却原因の存在に関し若干の混乱を生じた[2]。ビルクマイヤーはこの点を捉えて正当防衛行為もそれぞれ殺人罪・傷害罪の外形は備えているから、ヘルツォーグによれば適法行為に対する共犯があることになると非難したが(S. 159ff.)、とに角この方面への一歩はここに踏み出されているのである。またヘップナーも共犯成立には正犯行為は具体的に可罰的であることを要せず、通常または抽象的に可罰的であれば足るとし[3]、最近ヒッペルも法文の正犯行為を示す「行われた可罰的行為」(四七条)または「重罪または軽罪」(四九条)という語句は全く自然に、実行者が単に犯罪の客観的構成要件を(少くとも実行の着手として）実現したことを要し、従って共犯の処罰には実行者の主な行為の惹起が必要なので、実行者の可罰性（とくに違法と責任）は必要でないという意味にも解釈されうるであろうといっている。しかし、ヒッペルは通説の正犯行為は有責であることを要するという見解が慣習法になってしまっているから仕方がないというのである。[4] ツィンメルル、ブルンスらはこのことを否定し、構成要件論の立場から制限された従属形式を認めうることを主張するにいたっている。[5] これらの思想とカントロヴィッツの思想との相違は、前者が既存の刑法学の体系に従って考えているに対し、後者が深く体系的に考え、ラートブルッフの提出した問題の意を体して（S. 171）、最近の違法論・責任論の発展を立法傾向と結合して特有の主観的責任論という立場を樹立し、この主観的責任論のいわば派生的結論として共犯について制限された従属形式の理論を展開する点にあると考えられる。――われわれは以下に解釈学への草案の思想的影響としてこれを観察してみよう。

（1） Baumgarten, Aufbau der Verbrechenslehre, 1913, S. 237 Anm. 98, S. 264 Anm. 38. Kitzinger, Juristische Aphorismen, 1923, S. 41ff.

（2） Herzog, Über Strafbarkeit und Straflosigkeit im Sinne des Reichsstrafgesetzbuchs mit besonderer Rücksicht auf die Lehre von der Teilnahme, GS. 24, S. 435ff.

（3） Höpfner, Über die rechtliche Eigenart von Anstiftung und Beihilfe, ZStW. 26, S. 604ff.

（4） Hippel, Deutsches Strafrecht, II, S. 448.

（5） Zimmerl, Zur Lehre vom Tatbestand, 1928, S. 117, 120, 122ff. Aufbau des Strafrechtssystems, S. 104. Grundsätzliches zur Teilnahmelehre, ZStW. 49, S. 39ff. Vom Sinne der Teilnahmevorschriften, ZStW. 52, S. 166. Bruns, Kritik der Lehre vom Tatbestand, 1932, S. 49 ff. ただしツィンメルルの制限された従属形式論は主にオーストリー刑法の解釈としてであり、ドイツ法についてはただ立法論としての主張に止まっている。

二　カントロヴィッツによると構成要件該当性・違法性は行為の属性であり、責任は行為者の属性であり、犯罪は元来このように二元主義的なものであるのに、従来はこれらを行為の属性とした。しかも一切を行為の中に没入させようとする通説でも、いわゆる「身分による刑罰阻却原因」という行為の性質を変えず単に行為者の可罰性を失わせるものの存在は認めざるをえなかった（S. 23）。責任は行為の属性だとする通説は客観的責任論であり、これを行為者の属性とする説は主観的責任論である（S. 37）。主観的責任論によると責任は主観的処罰条件であり（S. 218）、しかもそれは違法であり構成要件に該当する行為、すなわち可罰的行為を予想し、それに加わって行為者の処罰を可能にするものである（S. 228）。しかし一派の人々が責任阻却原因は身分による刑罰阻却原因の一種であるとするのは正しくない。むしろ、身分による刑罰阻却原因が行為者の可罰性を失わせるところの責任減少原因である（S. 235）。——これらの主張の評価および批判はこれを他日に譲り、共犯論のみに観察を限ろう。

そこで法典の可罰的行為（Strafbare Handlung）という用語が責任を含むか否かが吟味されねばならない。これは単なる用語の争い以上のものである。というのは、例えば共犯の従属性の議論は正にこれを含むとする立場から主張されており、同様の争いの実益は各論でも贓物罪等に関して存するからである（S. 41）。——日常の用語例からいえば、無能力者もいわゆる窃盗であり殺人者でありうる。しかし戦場で敵を倒す兵士を殺人犯とはいわない（違法でないから）。すなわち、構成要件に該当し違法な行為は、これを可罰的行為といって疑わず、必らずしも責任を要素とはしない。このように主観的責任論は日常の用語例により支持されている。他面、法典の用語は必らずしも統一的でなく、ある場合には責任を含み、ある場合には含まぬように用いられ、またそのいずれであるか疑わしい場合も存在するが、それを一々検討すれば、それも責任を含まないのが通常であることが知られる。今は(旧)少年裁判所法[1]により死文となったが、ドイツ刑法(旧)五五条は「(可罰的)行為を実行するとき一二歳に達しない者」は訴追されないとし、五六条は一二歳以上一八歳以下のときに可罰的行為を実行した被告人」は無罪であるとして、それらの者もとにかく可罰的行為を行いうることを認めている。ドイツ帝国裁判所はこの責任無能力を、共犯を顧慮して身分による刑罰阻却原因と考えたが、実は主観的責任論からは、それは責任阻却原因であるために、共犯に関してはただそれがある者だけに作用するといわねばならない。その他、四一条・五七条一項・少年裁判所法二条・三条・五条・九条・刑法五八条・五九条もみな同じであるし、各則の三六一条四号・九号も同様な主張の根拠となる。ただし五一条（精神障碍）・五二条（抗拒不能の暴行脅迫）・五四条（緊急避難）・五三条三項（過剰防衛）などは責任阻却の場合であるが、法律はここでも「可罰的行為は存しない」とし、責任を可罰的行為の要素としたように解されうるが、元来それらは可罰的行為自体を規定するものでなく、単にそれらの定める事由が存在する人にとり行為が可罰的でないことを示すに過ぎないから、そこから可罰的行為が何であるかを抽き出すことはできない（S. 42ff.）。

（1）　少年裁判所法二・三条は一四歳未満の者、または一八歳未満で自己の行為の違法性を理解する能力を欠き、またはその理解に従って意思を決する能力のない者を罰しない旨を定めている。

つぎに責任を可罰的行為の要素とする立場からは、責任無能力者利用の行為は共犯として罰しえない。ところが少年裁判所法四条は「教唆犯・従犯・庇護犯・贓物犯の可罰性は二条・三条の規定により左右されない」と定め、それによりまさに無能力者の行為に対する共犯の成立を認めている。通説はこれを例外規定であるとして片づけようとするが、例外法は狭く解釈するという考え方は正しくない。むしろ、時代に適しなくなった古い規定が狭く解されるべきである（カントロヴィッツの自由法論者としての面目が現れている）。たとえ例外として片づけようとしても、元来同一の責任要素である年齢の低いこと（子供）とその他の責任無能力（精神病者）とが、同じ問題につき別個の作用をすることは考えられないことに属する（S. 63ff.）。――右のように現行ドイツ刑法の用語の問題としても、可罰的行為という文言には責任を含んでいないということが有効に主張されうるのである。

三　さて、客観的責任論と主観的責任論の結論の相違は正常な単独正犯の既遂の場合には現れず、関係者が数人ある場合、すなわち共犯および贓物罪のように他人の犯罪を前提とする犯罪において現われる。共犯の従属性の問題がそれである。通説である客観的責任論によると共犯が成立するためには正犯が有責に行為する必要があるが、主観的責任論からはそれは必要でない。そして通説が正犯の有責性を要するとする理論的根拠は、あるいは法律の句調からみてそうであるとし（メツガー）、またはマイヤーのように単に身分による刑の加重減軽が個人的に作用するとするドイツ刑法五〇条の反対解釈から、加減理由でなく処罰・不処罰を決する理由は正犯自身について具備することを要し、かつ共犯者にも連帯的に作用するとし、責任はまたこの処罰・不処罰の決定者であるために連帯的に作用すると解さねばならないとする（マイヤー・ウォルフ・レヅロプ・メツガー・ダーム）。しかし五〇条はナーグラーのいうように、処罰自体は決まっているものについて、それがどのように処罰されるかということが個人的に決まるとするだけで、処罰・不処罰を決する理由が個別的に作用するか連帯的に作用するかをまで、そこから引き出そうとすることは正しくあるまい。のみならず、イェーリンクが教えたように、反対論法には同等の権利をもって勿論解釈（類推）が対立させられうるものであり、両者のいずれをとるべきかは、当該法規範の目的を訊ね規範的に考察することにより決まる。そして共犯の正犯者の責任への従属性が不当な結果を生むことは論者自らも認めるところであるから、勿論解釈を採るべきことは明らかである。このことは五〇条の沿革自体（§ 82 des bremischen Entwurfs von 1868）からも明らかである（S. 78～103）。

共犯の成立には正犯が有責であることを要しない。また正犯の責任がどのような理由で阻却されるかも問題でない。あるいは正犯と共犯とが別種の責任（一つは故意、一つは過失）を有することがありうる。ただドイツ法では法律が共犯自身が故意の場合に限っているが、正犯も故意であることを要するとすべき何らの理由もない（S. 103～105）。

このような解釈の教唆犯に関する結論は、従来の間接正犯のうち被利用者が責任無能力者である場合は当然教唆になるという点である。しかしその他の間接正犯は消滅しない。というのは教唆があるためには、構成要件該当性・違法性などの要件は正犯行為自ら備えることを要するから。なお教唆とは他人に故意を惹起することとする普通の立場をとれば、正犯にこの故意の惹起がない限りなお間接正犯があることになる。また目的犯においては正犯自身が必要な目的を有せず、教唆者にある時にも間接正犯を認めねばならない（目的が主観的違法要素である場合について後段七七頁参照）。間接正犯をこのように制限することは、従来は教唆犯としてもまた間接正犯としても罰されえなかった場合、すなわち責任のない身分者を教唆して身分犯を犯させる場合が教唆として罰されうるという結果をもたらす。その他、挙動犯にも間接正犯の能否が問題であるが、それについても単純に教唆が認められ、また被教唆者の能力に関しての錯誤の混乱した問題もなくなるのである（S. 111〜126）。

また従犯に対する結論としては、責任のない行為に対する故意の幇助につき、判例は間接正犯も成立せず、無罪とするのに対し、学説は右の結果を避けるためにこれを間接正犯とするが（後段七三頁注4参照）、これも従犯に外ならないことになる（S. 126〜145）。

共同正犯においても違法性の条件があれば充分である。過失による共同正犯もありうるし、ただ法律が「共同に」（gemeinschaftlich）という限り、主観的なあるもの、すなわち自覚と意欲を伴う共同行為が必要であるから一方的共同正犯は認めることができない（S. 145〜156）。

共犯規定は構成要件の関係からすれば刑罰拡張原因であるが、間接正犯との関係からすると刑罰縮小原因である（その規定がなければ間接正犯となる）。さらに、法規に根拠のない間接正犯が右のように少なくなることは法的安全の見地からも正しいことである（S. 157〜161）。

右は共犯についてであるが、共犯でなくとも贓物罪は「犯罪行為により取得された物」について存在し、その中に子供や狂人の盗んできた物も入るかどうかについて同様の問題がある。犯人蔵匿において蔵匿される「罪を犯した者」、没収における「犯罪の用に供しまたは犯罪により生じた物」なども、みな同様に主観的立場の正当であることを示しているとしている（S. 163〜212）。

四　右にみたのはドイツにおける草案共犯規定の解釈論に及ぼした積極的影響であるが、われわれはわが国においても同様の現象をみることができるのである。例えば泉二博士、滝川教授らがドイツの通説と同様の立場を採られ、判例もこれに従っているのに対し、[1][2]昭和七年に小野教授は「此の『極端なる従属形式』は現行法を一貫する個人的責任の理念に反するので、現行法の精神とするところであるまい」とし、「苟くも実行々為ある限りは、其の実行者の可罰なると否とに拘らず、教唆犯又は幇助犯として罰せらるべきものと考ふることを得るであらう。私は此の『限定されたる従属形式』を現行法の解釈として採ることを得ると信ずるものであって、ドイツ刑法草案の認むる『共犯の独立なる可罰性』なるものも此の趣旨に外ならぬと解するのである」と説いておられる（刑法講義一九一頁）。武藤氏またほぼ同様であり（法学志林三六巻二号七七頁）、島田教授もそれを解釈論として主張するまでにはいたっていないが「現今の新しい立法では、此意味の従属性を認める事に傾いている」と好意を示している（刑法概論一四四頁）。私もかつてわが刑法の解釈として同じことがいえることを各論の領域から立証しようとした。犯人または逃走者の親族が犯人蔵匿または証憑湮滅の罪を犯せば、それらの者は無罪であるが（一〇五条）、判例はこれらの身分のない者が右の行為に加担（教唆・幇助）しても罰しているし、また直系血族・配偶者・同居の親族または家族およびこれらの者の配偶者の間で贓物に関する行為が行なわれたときはその刑を免除されるが（二五七条一項）、親族または家族でない共犯については前項の例を用いない（同条二項）とされることに関し、その親族が罰されずまたは刑を免除されるのは通説のように単なる身分に基づく刑罰阻却原因とするだけでは足らず、理論的にはむしろ責任要素である他の行為の期待可能性がないからだとみるべきであるとした。しかもそれらの者にとっても可罰的共犯が法律上認められているとすると、これは右の小野教授の説がわが刑法の解釈論として正しいものを含んでいることを示すものであると考えた。「期待可能性なき故に責任なき者の違法行為に対し共犯が成立する以上、責任能力又は責任の心理的要素としての故意過失なき者の違法行為に対してもこれが成立すると考へられ得る」としなければならないからである[3]（拙稿・法律時報六巻三号六〇頁）。——わが国の草案が間接正犯について同じ道を採ったことはここに繰り返すまでもあるまい[4]。

（1）　判例は例えば教唆を定義して「刑法に所謂教唆とは犯罪能力ある他人をして一定の犯罪を実行するの意思を生

ぜしむるの義にして……」といい（大正八年六月二〇日刑録二五輯七九〇頁）、また過失の共犯がないことを説いて「共犯に関する総則は過失犯に適用すべきものに非ざれば二人以上の者が共同的過失行為に因りて他人を死に致したる事実に付刑法第六〇条を適用せざりしは相当なり」（明治四四年三月一三日刑録一七輯三四五頁）とし、また間接正犯を認めて「有効の乗車券なくして人を乗車せしめたる場合に乗車したる者が其の情を知らざる時は乗車せしめたる者に於て直接責任を負ふものとす」とした（明治四二年一一月一五日刑録一五輯一五八〇頁）。その他、牧野教授・日本刑法四〇六頁註一、四一〇頁参照。

（2）　牧野教授の共犯独立犯説からは被教唆者が責任を必要としないことはここに挙げるまでもあるまい（四〇五頁以下）。宮本教授によれば共犯も実行行為に外ならず、ただ法律が共犯規定を設けたために共犯であるに止まる。そして形式上共犯となるには正犯も責任があることを要し、正犯に責任のないときは利用者は当然正犯となる（学粋四三〇頁以下・三九二頁・四〇八頁・四一六頁）。しかし従犯に関し「幇助せらるべき行為は一般行為能力者の違法行為たるを以て足り、犯罪たる事を要せずと解する余地なきにあらざるも、姑く本文の見解を執る」（四一六頁）と断っておられる。綱要においてはこのような見解が代表されていた。なお、大綱九版一九四頁。

（3）　以前私はこの二五七条と二四四条をともに単なる違法減少原因としたのであるが（「タートベタント序論」法学論叢二九巻三三八頁）見解を改めた。二四四条が有する意味は本稿の最後に述べる。

（4）　予備草案三〇条は共犯規定を「責任無能力者、犯罪の故意なき者又は抗拒不能の状態に在る者其の他自己の行為に付罪責に任ぜざる者を行為に加功せしめ又は加功せしめむとしたる場合に付亦之を適用す」とし、草案二九条は「前四条の規定は自己の行為には処罰せられざる者又は過失犯として処罰せらるゝに止る者を行為に加功せしめたる場合に亦之を適用す」としている。

二　改正草案と間接正犯論

以上の所説はいわば草案の学説に与えた積極的影響であり、その志向の是認された方面であった。ところがすでにカントロヴィツの所説が暗示しているように、それは同時に間接正犯という範疇の共犯の概念への部分的解消を含んでいる。しかしながら、この関係においてはドイツ草案は、まだ間接正犯の部分的共犯への没入のみに満足せず、なお積極的にこの傾向を促進し、できれば間接正犯概念を全て刑法の体系から除外しようと努めている。われわれは目をそちらに移そう。けだしその方面の詳細な検討により始めて草案が共犯の従属性について何を規定したかということが終局的に確定されうるのであり、ひいてはわが刑法共犯規定の解釈に関しても新たなるある結果が生じるもののようにみえるからである。

一　一九二五・一九二七年の両草案理由書によればその共犯規定は刑罰拡張原因を認めるものである。「各則の刑罰規定は原則として犯罪を直接実行する人に向けられている。それ以外の仕方で犯罪に協力する者は、その文句の上から見て刑罰規定に含まれぬ。」従ってこの協力者も「罰されるためには、正犯に対する刑罰を他の共同責任者、『共犯』に拡張するような特別の規定を必要とするのである。これらの規定は共犯の概念と種類を確定し、かつ一切の共犯が正犯同様に罰されるのか、またはある種の共犯は軽く罰されるかを規定すべきである」。そこからまた実行々為概念についていわゆる形式的客観説が採られ、ベーリングのいうTatbestandsmässigkeitが要求されていることが理解される。実行者とは「挙動犯にあっては刑を科せられた行為を自らなす者……であり、結果犯にあっては禁じられた結果に対し犯罪類型に用いられた表現（言葉）により示されるような仕方で自ら行動する者……である。[1]従って教唆・幇助行為は犯罪の実行々為でない。また、この実行々為の観念は行為と結果の間に他人の行為が介入することにより無条件に排除されるものではない。もしこの中間行為が自然的観察からみて因果の系列の中のごく小さな一項に過ぎないものと考えられるために、純客観的な外部的事実に限られた表現においても、構成要件に該当する行為の主体といわれうるのは中間行為をする者でなく主な行為をする者だけであるときなどがそれである。そのように行為者問題にとって無意味な中間行為は、例えば毒殺において被害者の毒を入れた食事を食う行為、または偽りの信号により誤って暗礁に乗り上げ粉砕した船の舵手の舵をとる行為などである」とされた。ところが二七年案においてはこの舵手の行為は考えられ得る唯一の間接正犯の場合だとされるにいたった。[2] それによると間接正犯は「行為者が惹起者の盲目的道具であり、錯誤によって自らその行為により何をするかを認識しない場合に限られる。すなわち換言すれば右の偽りの信号で欺かれた海員の例におけるように、自ら行うところが何であるかを知らぬ場合である」。それは介入行為者が「ただ責任無能力であるために責任がないというに止らず、純粋に心理的意味の故意さえもたぬ場合」なのである。「そんな場合には通常の用語例は単に『行為者』といって疑わないであろうが、『間接正犯』という表現を維持してもよい」[3]。というのは右の船員については「物を盗みにやられた子供、またはある人を自分の迫害者と妄想する精神錯乱者にその人を殺すように決意させる場合と異なり――言葉に無理をせずには、その者が『行為を実行した』とはいえないであろうから」。

(1)　しかし同時に草案が未遂における実行の着手についてはこの態度を徹底せず「可罰行為を行おうとする決意を自己の観念上実行の着手となる行為により表現した者は未遂の故をもって処罰される」(二五年案二三条)としていることに注意すべきである。不能犯についても同様である。共犯における客観的標準の採用と未遂における主観的標準との矛盾は非難を免れなかった (Beling, GS. S. 91. Deutscher Strafgesetzentwurf, S. 370ff. Kern, GS. S. 92, Die Teilnahme im E. 25, S. 126ff.)。二七年案もほぼ同様である。わが草案二一条、二二条は客観的立場に立っている。小野教授・法学協会雑誌五〇周年記念第一部。

(2)　これはフランクのコンメンタールの三・四版まで Note II von § 47 に掲げられていた例であるとされている (Paul Merkel, Anstiftung und Beihilfe, Franksfestgabe II, S. 139)。

(3)　わが現行法の解釈として小野教授は、全く草案と同様の見解をとり「責任無能力者と雖も之を思想的に影響することに因り犯罪を実行せしむる事を得る限り、之を教唆と謂ふべきである。しかし例へば全く心神喪失せる者を道具の如く利用して人を殺さしめ、又は全く情を知らざる看護婦をして患者に毒薬を与へしめ、之を毒殺せしむる如きは『人を教唆して犯罪を実行せしめたる』者ではなくむしろ自ら『人を殺したる』者であらう。斯くの如き場合は『間接正犯』である」として草案と同様の見解を示されている（一九八頁）。また、その構成要件の理論より教唆者は実行々為をする者でないとしながら、別に間接正犯は「構成要件に該当する実行々為の特殊の態様」であるとし、「行為者が直接手を下さゞるに拘らず社会的見解上全く同一の意義を有するに依り解釈上構成要件に該当する場合である」と説かれる（九二・九三頁）。

問題はまず、果してそれらの場合は草案の構成要件論・実行々為論・共犯論から、間接正犯または直接正犯とする外はなく、それを教唆または従犯と解する余地がないかについて存在するであろう。けだし理由書は進んで教唆犯における説明に際し、通説の立場から生じる被教唆者の責任能力または故意過剰の有無についての錯誤[1]をどう解決するかの難問（間接正犯）を評して「教唆者がその影響を与えた道具である責任無能力者を責任能力者と信じた一切の場合に……その教唆者は正犯の故意をもって行為した者として間接正犯の責任を負うべきだという考えは正しくあるまい。……本草案はそもそも『被教唆者』が責任能力者であるか、故意的に行為するか（この句は二七年案では取り去られている）またはこれらの要件を欠くかについて何ら区別しないことにして、さらに一歩を進めたのである」とし、また「草案によれば責任能力者に対してと同様に責任無能力者にも『教唆』がなされうる」といっている（Begründung zu E. 27, S. 28. Begründung zu E. 25, S. 26）。それにも拘らず一方では右のように行為者が「錯誤によって自らその行為により何を行うかを認識しない場合」には実行々為はなく間接正犯が成立するというのであるが、これは草案理由書が教唆の Veranlassen という概念を昔のとおりに「その他人に行為の決意を喚起する」ことと限定して、すでに決意した者に助言を与える言語従犯と区別することに由来する。従って右にも「純粋に心理的意味の故意さえもたぬ場合は」といっているのである。しかし純粋に心理的意味の故意とはあいまいであって、行為意思とすればこの場合にもあるというべきであり[2]、結果の予見とすれば過失の大半はそうである。実はこれはすでにリットラーやカデッカらがかつて主張した思想であって、被教唆者の錯誤などに関し解決不能の困難につきあたる[3]。さらにたとえ言葉の用法がそうであるとしても、ただこの言葉の言廻しの困難を避けるだけのために体系的誤謬を犯すということは学問の日常性に対する降服である。さらに大体この際、用語法が右のとおりであるということが間違いである。理由書の掲げた例において誰が船を暗礁に乗り上げさせたか、偽りの信号に誤らされた海員なのか、または偽りの信号をした者かと問うなら、それは海員であるという答えを受けとるのが常であろう。また、それは当然のことである。同様に『実行』という純客観的挙動を示す言葉の中に右のように主観的な要素を挿入しようとして、自ら何を行うかを知る者だけが実行するとするのも不当である（Zimmerl, Aufbau, S. 148）。それもまたドロストがいうように『実は錯誤の普通の場合であり、医者が薬の代りに毒薬を看護婦に渡し、看護婦が気付かずにこれを患者に渡した場合と同じである。このとき患者を殺したのは看護婦であるように、船を坐礁させたのは舵手である。理由書がここで間接正犯の認められる範囲として掲げたものも、従って実は草案二九条により教唆になっている」といわねばならない。

これを間接正犯とする限り、それは草案の共犯規定の適用を受けないから諸種の問題について現行法上の争いが全て持ち越されることになり、結局この問題の余地をなくしようとした草案の当初の希望と反しよう。特に教唆者が教唆の故意をもってしたときは、正犯としても処罰は同じため大して不都合でないが、もしこれが単なる幇助の意思のときは、そもそもそれも間接正犯とすべきか否かから疑問となるのである[4]（P. Merkel, Anstiftung und Beihilfs, Franksfestgabe II, S. 159）。

（1）　この錯誤とは㈠能力者を無能力者と信じて共犯行為をしたとき（主観的には間接正犯・客観的には教唆）㈡または逆に無能力者を能力者と信じた時（主観的には教唆・客観的には間接正犯）である。この場合の現行法上の解決としては諸説まちまちで帰一するところがない。あるいはこの錯誤は法上重要であるとして前者は未遂犯、後者は過失の正犯とし（Horn, GS. 54, S. 376）、あるいは後者はこれを無罪とした（Birkmeyer, S. 132f. Opler, GS. 70, S. 390ff.）。また他の者はそれは共にSubsumtion の錯誤で刑法上意味がないから、客観的事態のみが決定的であるとする（Mayer, S. 39, 404. Liszt, 23. Aufl. S. 218 Anm. 2, 26. Aufl. S. 327. Anm. 2. Finger, Lehrbuch I, S. 336.

E. Schmidt, Mittelbare Täterschaft Franksfestgabe II, S. 130ff.)。逆に行為者の観念に従い間接正犯の心算だった者は間接正犯、共犯の心算だったら共犯としようとする立場（Lobe, Leipzige Kommentar, § 48, 2 Be. あるいは一九一九年草案がそれ）があり、また通説は間接正犯の意思をもってする共犯は、共犯として罰すると説く（Frank, 3. Absch. II. Wachenfeld, ZStW. 40, S. 134. Wegner, Aschrott = Kohlrausch, Reform, S. 118. Merkel, S. 145)。ダームはまた現行法の解釈としてわが牧野・宮本教授らの故意の可罰的符合（抽象的符合）と同様の見地から、数個の価値の大きさが同一のときはそれらは互に代表し合うことができる、態度の客観的に充す構成要件と主観的に充す構成要件との同価値なときも同じとして草案と同一の結論（共に共犯）に達しうるとする（Dahm, S. 87)。Mezger, S. 449 も同様。この学説の混乱に対しケルンがこの草案の改革を有益としたことはもっともだとしなければならない（Kern, Die Teilnahme im E. 25, GS. 92, S. 132ff.)。

（2）　Dahm, S. 60ff. Drost, S. 362ff. Kern, GS. 92, S. 144. Zimmerl, Aufbau, S. 138ff. はすでに決意した人もなお教唆（veranlassen）されうるとする。なお Wach, DJZ. 1925, S. 536. Lobe, JW. 1925, S. 883. なおわが判例も意思決定をさせるとき（もちろん単なる心理的な行為意思でない）が教唆、既発の犯意を強固にするに止まるものは幇助として同様の見解を採ることは上述した。——右のとおりであるから草案およびそれと同一の制限された従属形式を認める立場からは、例えば犯人AがBを殺そうとすでに決心しているのを知っているCが、そのAにBのいることを指し示し、結局これを殺すにいたらせたときなどは教唆ではないことになる（ウェーグナーの例）。草案の立場からは単なる従犯であろう。

（3）　この点に関して草案のように考えると、盲目的道具となる者がその自ら行うところは正確に自覚しているが、利用者に欺かれてそれをして良いと誤信しているとき（自己の行為を適法と誤信したとき）は、利用者は間接正犯なのか、あるいは教唆犯なのか不明であるとして非難するのはローゼンフェルト（Mitteltäterschaft und Beihilfe bei subjektiv gefärbter Ausführungshandlung, Franksfestgabe II, S. 183）である。なお Zimmerl, Tatbestand, S. 113ff. 参照。

（4）　現行法上は間接正犯と幇助行為——必要な責任なしに行為する他人の実行を教唆するのでなく、単に幇助する行為――の関係についても争いは絶えない。通説はここでもまた正犯を認めて疑わなかったのであるが（Frank, S. 105 (18. Aufl., S. 107). Allfeld, S. 215 Anm. 7. Lobe, HdR. V, S. 846）、M・Eマイヤーはこれに反対して「有責な仲介者（正犯）があれば幇助となる行為は元来正犯行為ではない。従って仲介者が責任がないからといって正犯行為になりうるはずがない」とした（S. 377）。すなわちそれは無罪とする外はないとされる。近くE・シュミットもこのマイヤーの見解に従ってリストの教科書を改めたのであった（25. Aufl. S. 320 Anm. 10）。しかし最近その「間接正犯」という論文においてさらにこの見解を放棄して、通説と同様にこの場合にも間接正犯の成立を認めることとした（Franksfestgabe II, S. 122. なお Hegler, RG. Festgabe V, S. 305）。その拡張的正犯概念からの当然の結果である。草案と別個の立場である。――しかしこの点についてはドイツ少年裁判所法四条は右にカントロヴィツも指摘しているように、これらの見解と別個の見地に立つ。それは少年の行為に対しても教唆犯・従犯の成立することを認めている。少年であることが責任能力阻却原因であることは――ドイツ帝国裁判所がこれを身分に基づく刑罰阻却原因とする外には――一般に認められるところであり（Frank, S. 171. Liszt = Schmidt, S. 247）、しかもこれに対し幇助する者は従犯であるとするこの規定は最大限の従属性を採る解釈上の通説の体系においては同化されにくい異質物すなわち例外である（Liszt = Schmidt, S. 328ff.）。またベーリンクのように右の四条をさしあたり適用なしとする（Grundzüge des Strafrechts, S. 61）のは強弁である。「立法者はここに従属性制限への道の第一歩を踏みだしたのである」（Kern, S. 131 Anm. 1）。それが刑法の解釈に変革を与えるという主張はドイツの通説のまだ認めるところでない。草案はこの方向を徹底させようとしたのである（Dahm, S. 116）。

ドロストは草案では道具となる者の責任の有無についての教唆者の錯誤が問題にならないのは上述のとおりとしても、なお正犯の行為の違法性・構成要件該当性についての教唆者の錯誤から生ずる困難な問題は、まだ草案の解決していないところであるとしている[1]。

（1）　違法については、AがBを教唆してCを攻撃させ強力なCが正当防衛でBを傷つけるにいたることを策したが、実際においてはCが防衛の要件の具備しないのに打撃を与えてしまった。このときはAには他人の違法行為利用の意思がないために客観的には教唆でも、草案では教唆として罰しえない。――また構成要件についてはAが自己の犯罪の証拠である靴を燃せとBに命じたが、その理由を黙っていた（間接正犯の故意）。Bはしかしこの事情を知ってAの罪跡湮滅の故意でこの行為をした。このときはAはBが一切の構成要件を実現することを期待していない（目的がない）というのである（Drost, S. 371）。前者については過失がない限り草案上では犯罪とならない。なおMezger, Mittelbare Täterschaft und rechtswidrige Handlung, ZStW. 52, S. 529ff. および宮本教授・規範関係の相対性の理論参照。後者については後述の目的犯の所説参照。

しかし、ここで重要なのは右の行為が間接正犯であるという主張自体でなく、その反面のそれ以外には間接正犯はないという消極的主張である。すなわち、それによるとその他の一切の他人誘致の行為はみな教唆犯規定（二七年案二九条）によって処罰され、逆にその規定の要件を充さない誘致行為は（別に各則に特別罪の規定がない限り）処罰されないと解釈しなければならないが、それはつぎのような不都合をきたすであろう。果してそれで良いか？

草案は教唆・従犯ともにそれが「故意」になされたことを要するとしている。従って過失による教唆・従犯は草案のいわゆる共犯でない。従来はそれは間接正犯とされたのであるけれども、草案によれば無罪になる外はない。すなわち草案は従来の間接正犯を共犯に入れながら、共犯は従来どおり故意の場合に限るため、過失の間接正犯は罰しようがなくなった。これが不当なことは発言を要しないであろう。[1] これを救うためには(イ)草案の共犯規定の「故意に」という要件を取去り、過失の共犯を認めるか、あるいは(ロ)共犯と間接正犯を区別して、後者についてはその故意・過失ともに罰するとすることを要する（Dahm, S. 112）。そして理論上は過失共犯を罰して悪いという理由はない。ビルクマイヤーが過失の共犯は観念できないといったのは（S. 127f.）、むしろ愚拙に近いといわねばならない。――そしてわが現行法および草案がこの点につき「故意」の場合だけに制限しなかったことは、右の(イ)のような解釈論をするための根拠となるであろう。[2] しかし、このような改正を経ないドイツ草案の下においては、理由書の見地をとれば右のような不都合を免れず、また、もしなおこの結果を避けようとすれば、そこに間接正犯が成立することを認めざるをえないこととなる。[3]

（1）　Beling, Methodik der Gesetzgebung, S. 101, 166. Gerland, kritische Bemerkung zum F. 19, S. 33. Getker, Teilnahme am Verbrechen, GS. 94, S. 3. Dahm, S. 111ff. Drost, S. 367, 370.

（2）　牧野教授・前掲四〇六頁・宮本教授・大綱一九七頁・大場博士・一〇一三頁・勝本博士・三八八頁・武藤氏・七八頁。

（3）　ドイツ刑法および草案が過失の共犯を認めないために、構成要件論における混乱が生じ、かつその統一的解決はわが刑法のように共犯を故意・過失について認めることにあるとするのは Bruns, Kritik, S. 69-70.

二　しかし従来、間接正犯概念が認められたのは、ただ責任無能力者または責任条件（とくに故意）のない者の行為を利用する場合に限らなかった。「間接正犯の概念はまた従来から道具となる者が故意は有するが、多くの犯罪において必要とされる構成要件の実現を超過した特別な目的（Absicht）、例えば窃盗における領得の目的などを欠き、または行為の可罰性のかかっている被害法益に対する特別の関係、あるいは一般に特別の素質または関係を欠いている場合において、教唆者の処罰を可能にするためにも適用された。それがいわゆる「故意のある道具」（doloses Werkzeug）の場合であった。[1]　草案はこの補助概念を一部は後述の三二条一項により、一部はこの種の特別刑罰規定を適当に拡張することにより無用に帰させた」。二七年案理由書はこう語っている。一は目的が構成要件の要素となる目的犯についてであり、二は被害法益との関係で権利を負担する自己の物の毀棄と他人の物をその同意をえて毀棄することを同一に取り扱う場合を指し（二七年案三五四条三項）[2]、三は身分犯に関している。

（1）　最近において間接正犯論は再び問題となり、激しい論議が重ねられ、その結果として間接正犯の成立が広く認められることとなった。とくにヘーグラー・E・シュミット・メツガーらの貢献するところが大きい。これらの理論の現状については武藤氏「間接正犯論の最近の発展」法学志林三六巻二号六〇頁以下、竹田氏「間接正犯」立命館学叢四巻八号一〇号五巻二号参照。

（2）被害法益と行為者との特殊関係が意味をもつ同様の場合はわが刑法においてもみることができる。例えばわが一〇九条は現に人の住居に使用しない建造物その他の焼燬に関して、もしその物が「自己の所有に係る時」は処罰を軽く、かつ公共の危険が生じないときはこれを罰しないとする（二項）。学説はこれと関連して、同じく人の現住しない他人の建造物をその他人の同意をえて焼燬した場合も同様に解しうるかを問題にしている（牧野教授・前掲六六六頁、小野教授・前掲三八八頁）。ドイツ二五年案二〇二条二項はこの点に明文を設けたのである。

まず目的犯についてみると、ドイツ(旧)現行法窃盗罪の規定（二四二条）は、「自ら不法に領得する目的」を要するとしているから、自ら領得目的をもつ人がこの目的のない他人に自己のために窃取させるときは、被教唆者自身についてみれば右の目的がないために窃盗罪は成立せず、従って従来の共犯論からすれば教唆犯も成立しない。[1] しかしこれを無罪にしないためには間接正犯とする外なかったのである。草案は各則のこの目的を要件とする犯罪の構造について改正を企てる。それはわが刑法二三六条二項などが「前項の方法を以て財産上不法の利益を得又は他人をして之を得せしめたる者亦同じ」とし、自己が領得する場合と他人に領得させる場合とを同一にしたため、解釈論としてそれらの犯罪に領得目的を必要とする者にとっても「自己」に領得する目的か、「他人」に領得させる目的かは問題でないとされているのと同様な規定を設けることにした。例えば、窃盗は「物を領得することにより自己または第三者を不法に利得させる目的をもって他人よりその動産を奪取」することにより成立し（二七年案二二八条）、従って被教唆者が単に他人のために奪取する意思を有するときでも教唆は有効に成立することになったのである。同様な目的概念の拡張は移住詐欺（同一二〇条）、横領（三三三条）、強盗（三三八条）、贓物（三五〇条二項）にみられ、また保険詐欺（二四六条）についてはわが背任罪と同じく自己または他人の利益を図りまたは保険者に損害を加える目的をもってすることを同一に規定している。

（1）ただしこの際、被利用者が利用者の目的を知っていれば原則として共同正犯を認めるという見解がある（Mezger, Von dem Sinne der Tatbestande, S. 24 Anm. 1）。しかし他人の目的を知ることは直ちに自ら目的を有することではない（Hegler, Subjektive Rechtswidrigkeitsmomente, Franksfestgabe I, S. 320 Anm. 4）。さらに、たとえ右の場合には共同正犯を認めても、被利用者が逆に他人の目的の存在を知りもしないときは依然問題は同一の形で残るであろう（後述七九頁参照）。――わが国におけるように目的を故意と同一視する傾向の強いところでもこの困難は依然として存在するであろう。

しかし、一般にいわゆる目的犯といわれる犯罪における目的が理論的にどのような意味をもつか、すなわち行為の違法性と関係のない責任要素に過ぎないか、または行為の違法性を左右増減する要素であるかは困難な問題であって、最近における刑法理論上の争点の一つであった。いわゆる客観的違法論からみて目的が違法性の要件となる場合があること、およびその態様がどのようなものであるかはヘーグラー・メツガー・ツィンメルらの研究により一応確定している（拙稿「タートベスタント序論」法学論叢二九巻三三九頁以下参照）。また、この要素を認めることが共犯について最大限度の従属性論を採用する現行法解釈上の通説にも大きな意義をもち、いわゆる客観的共犯論に対する主観的共犯論の有力な非難の大部分を無効とするとされているのであるが[1]、他面において制限された従属性を採用した草案がなお目的犯について右のような考慮を払っていることは、草案が主観的違法要素論――違法類型としての Tatbestand の要素としての目的があるということ――を認めたものといえる[2]。正犯は当該犯罪類型の予想する可罰的違法類型を実現すれば（tatbestandsmässig-rechtswidrig）足るというのが制限された従属形式であり、そして今、目的犯においては目的が拡大されて他人に領得させようとする目的も含むことになり、正犯者はその程度の目的をもっていることが必要であり、共犯成立にはそれで充分であるとする立法者の考慮は、目的をその可罰的違法類型の要素と考えたからだと解される。ここにわれわれは大きな理論的興味を感じるのである。――しかし草案は他面、総則一八条二項において故意の加重形式としての目的（Absicht）を定義したが、この二つの目的観念相互の関係を正当に理解していないようであり、結局、草案は自らしようとしているところについて充分の自覚がないのである。

(1) それはつぎのような考えに基づいている。いわゆる客観的共犯論と主観的共犯論との対立も自然主義的な物理的と心理的、外部的と内心的の対立で正しくない。それも価値的なものであるからである。この対立は主観的違法要素(可罰的違法類型の主観的要素)を認めることにより克服される。それを認めれば客観説の立場からも、それさえ実現すれば㈠外部的には実行々為を行わず単に見張りに立つとか、教唆するとか、または予備的行為・副次的行為をするに過ぎない人でもこの主観的違法要素をもつ限り共同正犯となるし、㈡他面、共同正犯となりうる者は違法要素としての目的を有する者だけであり、それがない限りたとえ外部的には実行々為をする者でも共同正犯ではないのである。㈢また、この目的を有する限り、彼が客観的には何ら実行々為をしないで、他のこの目的のない人に実行々為を行わせる(教唆・幇助)ときは間接正犯となりうるのである(Hegler, S. 319ff. RG. Festgabe V, S. 310ff. Mezger, Von dem Sinne, S. 23ff. E. Schmidt, Franksfestgabe II, S. 106ff.)。この構成は主観的違法要素を認めない限り客観説にとっては困難なことに属する。「主観的違法要素の肯定およびそれから生じる『客観説』の修正により「主観説」の最も強い支持が取り去られる。けだし主観説の最大の支持は右の場合にそれだけが正当な解決を与えうることにあったのだから」(ヘーグラー)。

(2) この主観的違法要素論が制限された従属形式の共犯理論に一層の支持を与え、説得力を与えることについてはMezger, Von dem Sinne S. 24. Hegler, Subjektive Rechtswidrigkeitsmomente, S. 325 参照。なお同時にそこに前注にも示されているように単に主観的違法要素さえあれば共同正犯が認められ、教唆犯と共同正犯との共通の分野が展開することになるようにみえるが、この点を直ちに肯定しうるかは問題である。Bruns, Kritik, S. 58. Zimmerl, Zur Lehre vom Tatbestand, S. 138ff.

右のように、被教唆者が自己領得の目的をもたなくても、他人(教唆者)のために領得しようとする目的があれば、その犯罪の教唆が認められることになった。しかし、もし被教唆者自身が教唆者における目的を全く知らないとき、すなわち自己領得・他人のための領得の目的のいずれももたないときはどうなるのであろうか。理由書によればそれは「自ら行うところを知らぬ」道具、すなわち僅かに残るとされた間接正犯の場合であろう。しかしながら、右のように実は間接正犯はないのだとすると、これもまた教唆の場合とする外なくなってくる。しかし、それも教唆とする時は、実は従来の共犯・教唆犯概念とは一見似ても似つかぬものがそこに現れる。それは結局、他人の違法行為を利用する自己の犯罪の実現というものに帰着するのである。なお最後に、右のように教唆者は自己領得の目的その他の主観的違法要素をもつが、被教唆者はそれをもたない場合でなく、逆に教唆者自らは領得を欲しないが、被教唆者である責任無能力者自身に領得させようとする意思で、この目的のない無能力者に他人の財物の窃取を教唆するときはどうかという問題がある。(1) これもまた教唆であろう。われわれは後に身分犯の共犯について同じ現象に行き当るであろう。結論への通路はここからも開かれているのである。

（1）　わが国では目的の概念は各個の場合により異って解されており、その内容も強盗・詐欺のように二項があれば自己または第三者に領得させる目的といえるが、窃盗や横領のようにこの二項がない場合にも他人に領得させる意思で足るかは疑問である。そのため判例はかつて「甲が乙所有の竹を自己の所有なるが如く装ひ之を丙に売渡し其代金名義の下に金員を騙取せんことを決意し丙に対し該竹は自己の竹なるが之を売渡すべきに依り任意に持帰るべき旨申向け丙は右竹を乙の所有なりと誤信し之を買受くべき旨申出て之を自宅に運搬したるも未だ其の代金を支払はざる中事発覚し代金騙取の目的を遂げざりし時は甲の所為は詐言を用ひ人を欺罔して金員を騙取せんとしたるも其目的を達せざりしに止まり人の所有物に関し不正領得の意思を以て其の所持を侵害し自己の支配内に之を移したるものに非ず」すなわち窃盗でなく詐欺未遂だとし（大正八年二月一三日刑録二五輯一三二頁）、また自己占有の村の基本財産を他人のために他人に貸し与えるのは自己領得の意思がないので横領ではなく背任とした。前の場合に詐欺の目的がなかったら無罪ということになるのであろうか？　ヘーグラーはこの場合をドイツ法において間接正犯としての窃盗とする（S. 313）。

なおドロストは、草案起草者が一連の目的犯を見落してその拡張を忘れたと非難する。すなわち、二七年案二〇九条文書抑圧の罪は「それが法律取引において権利・法律関係または事実証明に使用されることを妨げる目的」をもって、その文書の破壊・毀損・除去などをすることを要し、また二〇三条の文書偽造の罪は「法律取引において権利・法律関係または事実証明に行使する目的」を要し、二一五条の通貨偽造の罪は「真正の通貨として流通に置くの目的」を要するとされている。これらについて右のような目的のない他人を利用して文書を破壊させ、または文書・通貨を偽造させるときはどのように取扱うべきか。実行者自身には目的がなく、利用者は行為をしないのであるから、ここでも従前の窃盗の領得の目的が生んだと同様の困難が残っているのであり、利用者を無罪でないとするためには間接正犯概念をまた持ち出す外はあるまいというのである（Drost, S. 368）。――これらの犯罪における目的は、構成要件、すなわち当該犯罪類型の予想する違法類型―― Tatbestand ――と無関係な単純な責任要素であるとは考えられない。しかしすでに現行法の解釈としてもこれらについては自ら行使する目的だけでなく他人が行使することを欲する場合も含むとされているのであるから、結局右に述べられた場合と同一の結果となるであろう。(1)

（1） Hegler, Subjektive Rechtswidrigkeitsmomente, Franksfestgabe I, S. 315. 宮本教授・大綱五三三頁。

三　草案は同じ志向から、自殺関与についても特別規定を設けることとした。二五年案はその二二四条に「他人を自殺するよう誘致しかつその他人が自殺しまたは自殺しようとして遂げなかったときは軽懲役に処す」としている。二七年案の二四八条も同様であり、わが刑法二〇二条と同趣旨である。ドイツ現行法の解釈として殺人罪の行為は「他人」を殺すことであって、自殺未遂は罪とならないとされ、そこから直ちに、従ってまた自殺関与も不処罰と結論されている。草案も殺人罪（二七年案二四五条・二四六条、二五年案二二一条・二二二条）は「他人」を客体にすると明らかに規定したため、自殺行為自体は殺人罪の可罰的違法類型に該当せず、従ってまたその関与者も殺人罪の教唆・幇助とすることができず、他面、少なくとも自殺教唆に処罰の必要があることは疑いの余地がないので、ここに特別規定をおくことにしたのである（E. 25. Begründung, S. 116. E. 27, S. 127）。従って一派の人々が右の困難を現行法の解釈論として解決するために案出した間接正犯としての構成も無用になったとされるのである。

しかし右の自殺関与の特別罪規定は二とおりの解釈を許すものである。右の「誘致」というのは「自ら死を招くに至らせる」一切の場合を含むとすれば、病気のため厭世的になっている人に自殺をすすめる者も、また何の注意も与えないで猛獣の檻を開けるよう決意させて結局この者を猛獣の餌食にしてしまう者も同じくこれに該当することになって、後の場合は処罰が軽きに失する。あるいは前のように相手方が死ぬという自覚をもって行為する場合だけを含むとするときは、右の猛獣の餌食にさせる行為は、ベーリンクのいうように無罪となるのであろうか。草案は多分これは自殺関与ではなく、盲目的道具として草案が僅かに残るのを許した殺人罪の間接正犯に入るものと考えているのであろう。[1]――しかし、同様の問題は単に自殺への関与だけに止らない。なお、自己の財物の毀棄についても同様の問題がありうるし、これは全く放棄されているのであるが、少くとも右の猛獣の檻の例に対応するものとして責任能力のない者・錯誤に陥った者の自己法益の毀損への関与は処罰を要求する。これもまた間接正犯概念を活用することによってだけ――解釈上は――解決しうるものであるとされた。[2]――しかし上述のようにこの最後の間接正犯の残余についても、草案の体系を徹底すると共犯に還元されるという問題はここにも当てはまらなければならない。ツィンメルルは「人をその自覚なしに自損するよう誘致した者は、第三者に対し加害するよう誘致した者と同一に罰す」という総則規定を提案している。

（1）　ベーリンクは草案が間接正犯を教唆と結合して新たな教唆概念を作ることにより間接正犯をみな抹消してしまったとするために右のような結果を草案に押し付けるのである（Beling, GS. 91, S. 361, 371. Kern, S. 146）。この点については本稿六九頁。なお右の自殺関与はただ教唆だけに関していて、自殺の幇助を含まない。これは無罪にするという趣旨である（現行法には規定がないのでケルンなどは自殺関与は全く無罪であると解している（S. 134. Oetker, Teilnahme am Verbrechen, GS. 94, S. 3. Dahm, S. 117ff. Drost, S. 338ff.）。ダームは自殺は自己の法益の放棄であるために違法でないとする。従って右の自殺関与の規定は違法でない行為への関与の処罰を含むことになるのである。不当であろう。

（2）　右の自殺関与の問題はわが刑法の解釈としても重要である。ベーリンクの掲げた猛獣の檻と同趣旨の事件につき大審院は近く殺人罪の成立を認めた。すなわち、「甲に対し恰も仮死状態に陥るべき薬品なるが如く欺きて含糖ペプシンに食塩を混じ水に溶解したるものを服用せしめ詐言を弄し甲をして其の儘頸部を縊るも一時仮死状態に陥るに止まり更に被告人より他の薬剤を使用して蘇生せしめらるべしとの錯誤を生ぜしめたる結果遂に甲をして自ら頸部を縊りて死亡するに至らしめ以て殺害の目的を遂げ」たのは、甲は「全然自殺するの意思なく自ら其の頸部を縊りて一時仮死状態に陥るも再び蘇生し得べきものと信じ原判示の如き方法に依り遂に死亡するに至りたるものなるを以つて被告人は甲を殺害したるものと謂ふべく従て該所為は刑法第百九十九条」に該当するものとした（昭和八年四月一八日刑集一二巻四七一頁）。処罰価値の問題として自殺関与とするに忍びないものがあるとするのであろう。最近の新聞に現れた父親が白痴の子供を煽て高圧線によじ昇らせ死に致らせたという事件もここで注目に値しよう。これも草案理由のいわゆる盲目的道具を利用する間接正犯ということになろう。

四　草案の間接正犯抹消の努力は、なお進んで、その身分を要素とする犯罪類型（身分犯）に対する共犯の規定となった。この身分犯に対する共犯については現行ドイツ刑法は五〇条に一種の規定を設けるだけである。これはつぎのように規定している。

法律が行為の可罰性をそれを行った者の一身的素質または関係によって加重・軽減するときは、これらの特別な行為事情は、とくに自己についてこのような事情を備えている正犯または共犯（共同正犯・教唆犯・従犯）だけに適用される。

すなわち、それは身分が刑罰加重または減軽理由である場合だけについての規定であり、身分が犯罪の構成要素である場合において、その犯罪に対する非身分者の共犯がありうるか、また身分者が自己の身分犯について非身分者を利用したときはどうなるか、および身分が刑罰を阻却する原因である場合にはそれと非身分者である共犯との関係はどうかということについては（各則における§271など一、二の規定の外には）何らの規定がないのである。従って、そこにそれらの問題について争いが生じることを免れないのである。そして通説は現行法下においても非身分者であっても教唆・従犯として身分犯に加担しうることと、身分者の非身分者利用の間接正犯が可能であることを認め、また刑罰阻却原因にあたる身分は刑罰加重減軽理由である身分と同様に取扱っている(1)。

（1） Liszt＝Schmidt, S. 331ff., 347ff. Frank, von §47, IV, 1. Allfeld, 9. Aufl. S. 209. Beling, Lehre vom Verbrechen, S. 425. Nagler, Teilnahme am Sonderverbrechen, S. 83ff. Mezger, Strafrecht, S. 432, 431ff. ㈠まず身分犯という概念から問題となろう。ナーグラーはこれを「法律秩序がその命令禁止を特定の詳細に規定された人にだけ向けていることにその本質をもつ」場合であり、法律規範の相手方（Adressat）が身分的に制限されている場合において、これらの特別規定（Sondervorschrift）に反する行為であるとした（S. 18, 7, 113）。しかし、他面においてナーグラー自身もその特定範囲の人に向けられた命令・禁止の内容である事態の惹起には身分者以外の者も関与しうることを認め、これに対しては「一般的な第二次的服従義務」なるものの存在を認めている（S. 114）。リスト・シュミットが「構成要件の中に詳細に定められた主体の側からだけ犯罪実行が可能な場合」といい（S. 182）、メツガーが「正犯となる可能性が特定範囲の人にだけ制限された犯罪」というのと結局同一に帰着する（S. 451）。しかしこれでは身分犯の本質や身分の理論的性質は何ら与えられていない。つぎに見るように草案が身分が「行為の可罰性を基礎づけるとき」というのは、これらに比べ遥かに優れているようにみえる。――㈡なおメツガーは右の通説とやや見解を異にし非身分者の共犯が可能であることは確かであるが、それは教唆としてでなくただ従犯としてであるとする。身分犯を設けた趣旨からして正犯と同一に罰される教唆犯をそれについて認めることは「正に法律が避けようとしたことを廻路を経て認めること」であるとするのである。なおナーグラーも同様の見解である（S. 147, 148）。そこから彼は草案がこれらにつき共犯を認めながら身分のない教唆犯に減軽を認めたことを評価している。なお陸軍刑法犯には私人の共犯も認めないことについては（Frank, von §461, V, 2. Mezger, S. 452 Anm. 2）。㈢また右にみたのは身分者が有責な場合であるが、身分者がもし責任能力を失なっているとき、錯誤に陥っているときは、これに加工した非身分者は――教唆・従犯はありえないから――間接正犯とされうるかという問題がある。ヒッペル（Deutsches Strafrecht, II, S. 483）、ヘーグラー（RG. Festgabe, V, S. 313/4）アルフェルト（S. 215）、ハフタ（Lehrbuch, S. 211）はこれを全般的に肯定するが、通説は「それを直接正犯としても犯しうる人だけが間接正犯としても犯しうる」としてこれを否定するのである。Liszt＝Schmidt, S. 333ff. Frank, S. 108. Beling, S. 239. M. E. Meyer, S. 377. Nagler, S. 71ff. Mezger, S. 432, 451ff. P. Wolf, S. 208. なおこのドイツの最近の学説については竹田氏・前掲四巻一〇号三七頁以下、武藤氏・前掲三六巻二号七〇頁以下参照。草案理由書はただこの通説を成文化しようとしただけであるといっているが、この努力はすでに予備草案に萌芽しており、一九一九年草案において形を整えるにいたっているのであって、この発展を受けて二七年案三二条（二五年案二八条）はつぎのように規定した。

特別な素質または関係が行為の可罰性の理由である場合は、教唆および従犯は、これらの素質または関係が彼ら自身または正犯について存するときには、これらの行為によって処罰される。これらの事情が教唆犯について存在しないときはその処罰を減軽することができる。

法律が、特別な素質または関係が刑罰を加重または減軽もしくは阻却する旨定めた場合には、ただこれらの事情がある正犯・教唆犯・従犯についてだけその適用がある。

右の規定はわが刑法六五条――そしてわが刑法草案はこれをそのまま踏襲した（二八条）――とよく似た内容をもっている。ただわが刑法六五条一項は非身分者が身分犯に加担する場合だけを――少くとも表面上は――みているに対し、それは同時に、身分者が非身分者を自己の身分犯に加担させる場合をも含もうとする点、および非身分者の教唆犯には減軽を許す点において異なり、(1) わが刑法においては身分が刑罰阻却原因である場合については規定していないのに、その二項は明文をもってそれと身分が刑罰加重減軽理由である場合とを同一に取扱うと定めている点において異なる。従ってわが刑法の解釈としてはこれらの点をどのように解するかは争いの余地がありうるが、これまた同様に解されている（宮本教授・学粋四二六頁）。もしドイツ草案の右の規定が何らかの問題を含むとするならば、それはわが刑法解釈上においても問題性を有しなければならない。

（1）　右の非身分者である共犯について減軽できるというのは一応正しいが、理論的には単に減軽できるとするだけでなく、義務的に減軽するものとすべきだという主張については Kern, Die Teilnahme im E. 25, S. 159. Dahm, S. 125.参照。ケルンは「基本的刑罰威嚇は少くとも大部分は行為者が特別な身分に属することを顧慮して設けられたものであり、そのとくに重いことも行為者がその身分が彼に課す特別な義務を犯すということの中にその正当な根拠があるが、非身分者はこの義務をもたない、他面、身分犯を教唆した者が法律の身分者について定められたとおりの厳刑を科せられながら、普通の加重犯への教唆者は二項により軽く罰されるということは趣旨も一貫しない」とするのである。P・ウォルフは反対に草案の任意的減軽の規定が正しいと説いている（S. 216, 233)。通常はそうでも、ときには（従来間接正犯と観念された場合がそうであるように）非身分者である利用者の可罰性（責任）が大きいこともありうるからとするのである。

さてドイツ草案は右の規定において単に通説の見解を「法律の中に明瞭に認めようとする」だけであるかというと、実はそうではない。それは同時に、他方においてはその間接正犯の教唆・従犯への解消への努力でもあるのである。草案が従来から間接正犯といえるかどうかが争われた無能力者または故意なき身分者の利用も教唆・従犯としてしまったことは暫くおいて[1]、身分者が非身分者を自己の身分犯に利用するという従来の間接正犯に加えた取扱いを注目しよう。

（1）　上述八四頁注1参照。二五年案の理由書はその例として善意の公務員を欺罔して他人の利益を害する職務上の秘密を漏泄させる場合（一三三条）を挙げている。同条は「公務員が職務上自己に打明けられた秘密または自己の職務上知りえた秘密を権限なく漏洩し、よって正当な公益または私益を危険ならしめたときは一年以下の禁錮または罰金に処す」とある。これは二七年案でも同趣旨の例として用いられているが、その規定は一四〇条で少し内容が異なる。「公務員または公務員であった者が報酬を受けてまたは自己もしくは他人に不法の利益を得、または人に不利益を加える目的をもって、職務上自己に打開けられた秘密または自己の職務上知悉した秘密を漏洩したときは禁錮に処す」として目的犯とされている。また理由書によればドイツ現行刑法二七一条のような私人が公文書・帳簿または登記簿に権利または法律関係上重要な事実の虚偽の記入をさせる犯罪の規定は無用になったのである。それもまた草案一二八条の公務員の公文書の不実記載・変造・毀棄罪に対する共犯となるからであるとされた。理由書はこの点についていう。「ある職権ある公務員が真正職務犯罪を非公務員に実行させ、または医師または検事がその職務に属しない第三者に、自己の職務執行に当り知っており、かつまた偶然にその第三者にも知られた私的秘密を漏らさせた場合にも規定が必要である。従来の見解はこれらの場合をただ間接正犯の擬制により処分しえただけであった。そして実行者が故意であれば故意のある道具（doloses Werkzeug）と呼ばれた。しかし草案の拡張された共犯概念にとってはこの形象は無用である。ただ法律の中で、行為の可罰性の理由となる特別の素質または関係がある者が罰されるのは、彼ら自ら行為を行うときだけでなく、この身分を有せず、従って自らは可罰的でない他人を単にこの行為をするよう教唆しまたは行為に当り幇助しただけのときもまた同じといいさえすれば良い」と（Begründung zu E. 25, S. 28. 拙稿法学論叢三一巻二号二一三頁）。果して「また同じといいさえすれば良い」のであろうか。問題はそれほど簡単ではない。草案はすでに共犯（とくに教唆・従犯）について一応の概念構成を示している。右の場合が共犯であるということは単にそう名づけるだけでなく、それが右の共犯概念の要件を具備することを証明することによってだけ可能である。もちろん右のような場合が政策的に考えて可罰的価値があり、従ってそれに刑罰を免れさせるべきでないということは疑いない。ただその場合の処罰が草案のすでに採用した立場からみて、どのような理論的観点の下において可能にされるかという刑法の理論体系上の問題が残るのである。ここに実は右に間接正犯が清算し切れずに残っているようにみえた一切の場合の基礎的問題が凝結しているように思える。

五　理由書が共犯の成立は「その行為を実行した者の可罰性とは独立とする」としたことは上述のとおりであるが、しかしその実行された行為は「少なくとも一つの可罰的行為の客観的構成要件の違法な実現であるか、あるいは構成要件の違法な実現に導く行為（未遂）と考えられねばならない。そうでない限り共犯を問題とすることはできない」とされたのである（Begründung zu E. 25, S. 28）。すなわち教唆・従犯成立には正犯の行為はそれぞれの犯罪類型の内含する可罰的違法類型を充していなければならないのである（Tatbestandsmässig-Rechtswidrigkeit）。

そして草案が右の規定においてまず「特別な素質または関係が行為の可罰性の理由となる場合」（二七条・三二条）があることを認めたのは、その行為者の可罰性（責任）と行為の可罰性（違法）を区別する立場と相いまって身分が違法性の要素である犯罪類型を指すものとして、さきの目的犯の目的と同様の意味で重要である。身分が当該の犯罪類型の内含する違法類型（すなわち可罰的違法類型）要素である場合だけが右の身分犯への共犯の規定が関与する場合である。しかしながら身分は違法性の要件であるだけでなく、また責任性の要素である場合がありうる。この身分の本質（違法性・責任性との関係）について、学者は多くを説いてはいないが、それは私見によれば甚だ重要な問題である。ただメツガーはこれに関して、従来の身分による刑罰阻却原因の場合を期待可能性の欠けた場合とし、そこからドイツ現行法論として――最大限度の従属性を採るために――正犯にこの原因がある時は共犯の成立も阻却されるという不充分なしかし理論的には不可避的な結論に到達しているのである。[1]――この努力は徹底的に推進されねばならないであろう。そしてとに角このような意味において右の草案の態度は注目に値すると考えられる。

（1）　拙稿「刑法に於ける期待可能性の思想」法学論叢二八巻二〇七頁以下・Mezger, S. 73, 431. メツガーはこのような場合には間接正犯が認められるべきであるとするのである。

そこで右のわれわれの問題は、行為者の身分が当該の犯罪類型の内含する可罰的違法類型の要素となる場合において、その身分を有する人がこれを有しない人を単にこの行為をするよう教唆し、または行為にあたり幇助したたけであるときにおいても、その被利用者の実行々為はその犯罪の要求する可罰的違法性を与えられているかということに帰着する。これは疑いもなく否定されなければならない。実行者（被教唆者・被幇助者）自身の行為としてみれば、それは要求されるような身分をもたない人の行為として可罰的違法類型に該当しないといわねばならない。ところが草案は(イ)身分が行為の可罰性を基礎づけねばならないとした。そしてまた(ロ)身分が正犯（実行者）になくても共犯者にあれば足るとした。この(イ)と(ロ)は互に矛盾し合うのであって、(イ)を認めれば(ロ)は否定せねばならず、またはその逆でなければならない（Dahm, S. 125ff.）。しかも草案は明らかにまずマイヤーのいわゆる制限された従属形式（正犯者の行為が犯罪の内含する可罰的違法類型を充せば足るとする）をとるといっているのであるから、その立場からすれば(ロ)の命題は否定されねばならない。身分が行為の可罰性の理由、すなわち当該犯罪類型の可罰的違法類型要素であるならば、それは実行行為者自身について存しない限り、共犯成立の基礎となる可罰的行為の実現（またはその実現に導く行為）が存しないのであるから、草案のいうような意味の共犯はありえない。ここで草案は重大な体系的矛盾を犯しているのであり、もしこれも罰しようとするなら、そのためにはその棄て去った間接正犯の概念を復活させるより外はないようにみえるのである。というのは、そのまま草案に従えば「その結果は――コールラウシュがいうように――法律上の無に対する『教唆』および『従犯』として罰されうるということ、すなわち全く可罰行為類型に該当しない行為に対する教唆および従犯がある」ということであり、「公務員が非公務員に対する教唆犯として、後者が客観的には全く行いえない真正公務員犯罪を犯させたものとして罰されうるという矛盾を可能にしようとする」無理な方法であるといわねばならない（Aschrott = Kohlrausch, Reform, Kohlrausch, S. 32. Wegner, S. 116）。なおコールラウシュは従来は身分者により道具として利用された非身分者は従犯として罰されたけれども、今の草案のような立場からはこれを無罪とする外はないともしているのである（S. 32. P. Wolf, S. 217）。

三　間接正犯解消の方向

一　事実、草案に対する批判はそれが全体としては著しい進歩だと認めたにも拘らず、ここに問題とされた間接正犯の共犯への解消の企てに関しては殆ど全面的な非難を向けることとなったのである。例えばドロストは、草案が誇った教唆への間接正犯の吸収は、ただ責任のない道具である人を利用する間接正犯の場合において成功したただけで、道具である者が適法に行為し、または違法ではあるが特定の可罰的違法類型を完全に充さないとき（目的犯・自傷・身分犯）は、依然として間接正犯を認めるべきであるとし、なおそれにしても草案の規定がある限り、「統一的な間接正犯が引き裂かれて、一部は教唆に入って二九条の中に規定され、一部はこの規定の範囲外にあることとなり、間接正犯と教唆犯との概念的区別は、この相い関連する物を引き裂き、概念的に相違する物を一緒にするという仕方で不可能にされてしまった」（Drost, S. 370）とする。さらに「『共犯の従属性』を制限することによって間接正犯は無用にはならない」とウェークナーも主張し「われわれは間接正犯を必要とする」と説いているのである（Aschrott＝Kohlrausch, Roform, S. 112, 117）。間接正犯の規定を定めようというのが――ダームのような例外もあるが――支配的意見であるということができよう。

立法論としては右のような主張はまことに正当であろう。しかしながらこれを仮りに右の草案の共犯規定が法律になった場合の解釈論としてみたならどうであろうか。もちろんこのような仮定の上に議論を重ねることは、ドイツの現在の立法情勢からすれば――そこには教唆も従犯もUrheberという概念に包括させ共犯規定を解消しようとする意見が政府当局により抱かれている――痴人夢を説くに似ているであろう。しかし、わが刑法草案とそれとの類似だけでなく、わが現行刑法六五条の共犯と身分の規定を顧慮するときは、わが刑法の解釈の上においてこの仮定論が大いに意味をもつようにみえるのである。

そこでこれを解釈論としてみると、身分が「行為の可罰性の理由となる場合は教唆犯および従犯は身分が彼ら自身……につき存するときは」罰されるという規定を認めない訳には行かない。これを認めながら、しかも草案の統一的・理論的な理解をうるためには、さきに理由書が草案の立場として宣言したM・E・マイヤーのいわゆる「制限された従属形式」ということを否認しなければならない。理由書は正犯の実行々為は「可罰性」を有することを要するとし、またその可罰性を説明して「これは少くとも一つの可罰的行為の客観的構成要件の違法な実現であるか、あるいは構成要件の違法な実現に導く行為と考えられねばならない。そうでない限り共犯を問題とすることはできない」(Begründung, S. 27) としながら、ここでは明らかに構成要件該当性をもたない非身分者の行為に対する共犯は認めているからである。この場合の共犯も含め、共犯成立のためにいわゆる正犯の行為が具備することを要する性質はなにかと問えば、その回答は正犯行為が何らかの犯罪の構成要件に完全に該当する(充足する)ことでなく、逆に一部分でも該当し、かつ違法であるという以上を出ない。すなわち正犯行為が可罰的違法類型を充実することではなく、何らかの点で違法であれば足るのである。tatbeständsmässig-rechtswidrig であることを要せず、単に rechtswidrig であれば良いのである。実は理由書はこのことを右の身分と共犯の規定に関連して自ら認めて、つぎのように語っている。「右の場合においては教唆または幇助される行為が、他の何人が行なおうとも常に違法であり、実行者の一身に特別な素質または関係(身分)がないことによりそれが法上無関係な行為(違法でない行為)にならないことが前提とされている。その間には直接の行為者に一定の素質または関係があるときだけ許されず(すなわち違法であり)また可罰的価値のある行為がある。多くの人はここで自己の手によってだけ行なわれうる犯罪〔自手犯〕(eigenhändige Delikte)という。例えば近親姦・追放違反・既婚者の重婚・姦通その他である。これらの可罰的行為における可罰的共犯は、その特別な素質または関係のある者が他人から行為を実行するよう教唆され、または幇助されるという方法でだけ考えられるのであって、反対にその特別な素質または関係のある者が、それを欠く他人に行為の実行を決意させまたは促進するという方法では考えられない。すなわち親族でない者は親族を教唆して近親姦を行なわせうるであろうが、親族が親族でない者を教唆して自己の親族と近親姦を犯させることはできないであろう」と(Begründung, S. 28)。処罰に必要な可罰的違法類型性はその正犯の何らかの意味で違法性をもつ行為と、教唆犯・従犯となる者の有する身分という違法要素とにより合成される訳である。このことはさきに草案にとって難点となった目的犯において利用者自身が目的を有し被利用者がこれを有しない場合(本稿八〇頁参照)においても同様でなければならない。ヘーグラーが間接正犯の理由づけに用いたいわゆる Übergewichtstheorie は、正に転じてこのような共犯論の可罰的違法類型性の説明に役立ちうるであろう。すなわちブルンスのいうように「惹起された行為は少なくとも自ら違法でありかつ法定の可罰的違法類型に幾分でも該当しており、惹起者自身について存する主観的違法要素と合して一つの完全な違法類型になりえねばならないのである」(Bruns, Kritik der Lehre vom Tatbestand, S. 63)(1)。

(1) Rittler, Neuaufbau der Lehre von der Täterschaft, Mitschuld und Teilnahme, Juristische Blätter, 61 Jahrgang (1932), S. 4ff. もまた同様の思想を表示しているとされている (Bähr, Restriktiver und extensiver Täterschaftsbegriffe (1933), S. 31ff.)。

二　右のように解すれば、いわゆる間接正犯も共犯に完全に——ただ適法行為利用の犯罪を間接正犯とすればそれだけを残して——没入することになる。ドロストは間接正犯と教唆の本質の相違を論じて、行為の態様が両者区別の標準でなく、むしろ両者の相違はただ彼らが何を意欲し行為したか、すなわち他人に決意させようとするのか、または自己の決意を他人に行なわせようとするのかによるのであり、すなわち、教唆者が被教唆者に委ねるのは行為を実行するか否かであるに対し、間接正犯者はたかだか行為をどのように実行するかを委ねるに過ぎないとした。彼はこのような立法上の提案さえしている。しかしながらこの区別は彼自ら認めるように草案だけでなく現行法の採用するところでもない。現行ドイツ刑法の教唆犯規定四八条がすでに本来彼のいう固有の教唆だけを含むのでなく、またその本質上間接正犯となるべき場合(正犯の故意が利用者にある場合)をも含むのである (ZStW. 51, S. 365, 373ff.)。われわれの右に達した結論は現行法の現にしていることを推し進めてみたものに過ぎないのである。

そこでことをわが刑法に移してみる。私はここでも各論に手掛りを求めよう。わが二四四条一項は一定の親族または家族の間において窃盗罪を犯した者はその刑を免除するとし、同二項は「親族または家族に非る共犯に付ては前項の例を用ひず」と定めている。私はかつて右の親族相盗例における刑の免除は単なる身分に基づく刑罰阻却原因でもなく、またいわゆる責任要素としての期待可能性のない場合でもなくて、むしろ行為の違法性を減少させて結局可罰的価値のないものとするものであると説いた（「タートベスタント序論」法学論叢二九巻三三八頁）。そこで実はわが刑法の共犯規定についていわゆる制限された従属形式を採るについては、このことについて若干別の考察が要ると思うとしておいた。というのは、それが行為の可罰的違法類型性を失なわせるとすると、同条は可罰的違法類型性のない行為に対する「共犯」を認めることになるとしなければならないからである。それはまた総則六五条一項がドイツ草案のように身分者が非身分者を自己の身分により構成する犯罪に利用する場合を含むかという問題にも新たな光を投げているようにみえるのである。そこで私はわが刑法の解釈としても小野教授の見解をさらに一歩進めて、かつて宮本教授が説かれたように共犯は他人の違法行為を利用する限度ですでに成立すると主張できないであろうかと考えるのである。

3 二つの正犯概念

一 はじめに

私はさきに主としてドイツの一九二五年・一九二七年の両刑法草案における共犯問題の解決を中心にして若干の考察を払った。この考察からドイツの草案およびそれとほぼ同じ系統にたつわが刑法草案だけでなくわが現行刑法の解釈としても、従来「間接正犯」といわれ共犯の範囲に属しないとされた事例は当然の共犯であると考えねばならないようにみえた。そしてそのために必要な共犯の理論形式としてはいわゆる共犯の制限された従属形式では不充分であって、さらに一歩を進めて共犯とは実は他人の何らかの意味において違法な行為を利用する自己の犯罪の実現であるとすべきであると結んだ。(1)——この主張は通常の見解とは全く背反している。普通には間接正犯は文字通り正犯だと考えられているのである。従って私にとっては当然に、正犯とどのような関係にあるか、どう区別されるか、一体正犯とは何であるかということが問題性を帯びてくる。本稿はこの点について、論理的に考えられるだけでなく、現実に対立しているところの二つの思想の型を追究することにより、右の問題の解決を準備することを目的とする。学問的思想の型が対立を生じて行く過程の研究は、その成果の平面的羅列よりも、もっと多くのことをわれわれに教えるように考えられるのである。

(1) 拙稿「所謂共犯の制限された従属形式」(法学論叢三一巻七七五頁以下)。私のこの小文に対し法律時報七巻一号において竹田氏の批評があった。それによると、私は単なる制限的従属形式の主張者に止まることになっている。多分私の文章の拙劣さが最後まで読み通す気持を評者から失わせたのであろう。実は私は小文の二の全部を共犯の一切を包含するには制限された従属形式では不充分であるということの論証に費した心算でいたのである。

二　問題の提出（ツィンメルル）

一九二八年にツィンメルルは „Zur Lehre vom Tatbestand“ という一書を著してタートベスタント論に一応の結末を与えたのであった。彼は、そのなかで、可罰的違法類型としてのタートベスタント概念を樹立し、その構成要素を詳細に検討するとともに（とくに主観的違法要素論）、その責任論・共犯論・保安処分論との関係も論定しようとした。すでにそのなかにおいて共犯論についてもいわゆる制限された従属性を採るべきことを論じ、正犯と共犯の関係について思索の一歩を踏み出している。しかし彼はまだ「私はその問題の一部しか解決することができない。残りの部分についても解決の可能なことは疑いないと思うが、それではどう解決するかは私以前の偉大な人達と同じく私にも未だ分らない」といわねばならなかった（S. 137）。だが彼は直ぐその後で自分の立場を考え抜くことによってこの解決を発見したとしてこれを世に問うたのである。題して „Grundsätzliches zur Teilnahmelehre“ (ZStW. 49, S. 39ff.) という。彼はここに題名の示すとおりに「一体われわれは何のために共犯の規定を必要とするのか？　それを取り去ったところで大した不都合は生じないのではなかろうか？」という問題を提起したのである（S. 40）。そして彼はこの問題に対する二つの立場が可能であると考えた。

一　一方においては共犯規定は不要か、少なくともなければないで済むという見解も実際可能である。(1) ツィンメルルはこれを犯罪類型を拡張的に解釈する見解と名づけた。この見方からは法定の構成要件（Tatbestand）実現に条件を与えた者はみな構成要件該当の行為（Tatbestandsmässige Handlung）をした者であり、彼が有責である限り処罰してよいと解釈すべきである。従って「人ヲ殺シタル者」という殺人罪の類型は他人の死亡に条件を与えた者と解釈すべきで、彼に故意・過失ある限り故意の殺人または過失致死の正犯として罰すべきこととなる。この立場に立つときは教唆犯・従犯の規定が必要なのは、ただこの特殊な条件設定を普通より重くまたは軽く罰すべきだと考えられるときに限る。従って教唆犯・従犯の規定は、各則の個々の刑罰規定に対し特別法の関係に立ち、それに該当する行為中のあるものの処罰を特別に重くまたは軽くするために作られたのだということになる。この特別規定の適用がない限り一般規定が作用するから類型の実現に対する一切の有責な条件づけはみな正犯とみられるのである。またドイツ刑法におけるように法律が故意の教唆と幇助だけしか共犯となっていないときも、過失の教唆・幇助は無罪になるのでなく、それぞれ過失の正犯として処罰すべきこととなる。――右の拡張的見解の人が解釈論としてこの結論を引き出すことなく故意行為に対する過失の加担を一般に無罪とするのは論理的に不徹底であり、いわゆる因果関係中断論のドグマに基づくものである。(2) ――またいわゆる間接正犯もこの立場からは当然のことで積極的な論証を要しない。教唆として処罰できない限り一切の有責な条件づけは正犯として罰するという一般原則が作用するからである（S. 40/41）。

（1） Getz, Mit. d. IKV. V, S. 348ff. ノルウェー刑法五八条。これらについては拙稿「共犯規定の発展」法学論叢三一巻二号一八六頁注参照。なおイタリア刑法一一〇～一一九条参照。ソビエートロシヤのクリレンコ草案は同様に犯罪に共同する者の共同の程度は各共同者に対する鎮圧処置の確定に何らの影響を与えないとし一九二六年の刑法一八条よりさらに一歩を進めた。それは犯罪に対する共同のそれぞれの形態をもはや認めない。正犯・従犯の区別は無意味であるとともに制裁の量定にあたっても重要でないとされている（Nemironskji, Das neue Strafgesetzbuch der RSFSR. Z. f. Ostrecht, 1932）。――ドイツでは一九〇九年の草案以来このような思想は常に退けられてきたため解釈論として唱える人は皆無といえなくても甚だ少なかった。わが国では事情を異にし、牧野教授・宮本教授はともに立法論として同様の主張をするに止まらず、これを現行刑法の解釈論として採用されていることは人の知るとおりである。とくに宮本教授の思想は後にみるようにいわゆる拡張的正犯論の先駆をなす。これらの理論とドイツの理論との異同は後に究明されるであろう。

(2)　この場合の過失はツィンメルルの説くとおり始めは罰されなかったのであるが、シュミットはこの処罰を理論的に主張するにいたり、また最近のドイツの判例はこれに該当する場合を罰し始めたのである。これが拡張的共犯論のために有力な支持となったことについては後に一一一頁以下で述べる。

ツィンメルルはこの理論は刑法の法治国的機能を破壊し、われわれの日常の生活観念と矛盾しているだけでなく、また挙動犯において不当な結果を生むから採ることのできないものであるとして否定した。

二　右の拡張的解釈に対立するものが構成要件の限縮的解釈である。それによると各則の各類型はただ正犯の行為だけを包含するように構成されており、教唆犯および従犯の行為はこれを含まないのである。従って「人を殺す者」とは自ら殺人行為を行う者であって、他人の殺人行為を単に誘発しまたは幇助した者ではないと解される。従って教唆や幇助は各個の構成要件に該当する行為でなく、この範囲外にあってそれを取り巻く外画（Aussenzon）に属する行為である。従ってそれらの行為の処罰を可能にする特別規定がなければ結局無罪になる。この見解によると共犯規定はそれがなければ罰しえない不法を罰しうるものとするのである。従ってマイヤーのようにそれを刑罰拡張原因と呼ぶか、またはそれらの規定により元来正犯行為だけを含むべき各個の構成要件がその外画に属する行為にまで拡張されるためにこれを構成要件拡張原因（Tatbestandsausdehnungsgrund）と名づけることができる。また、この外画に属する行為は正犯行為より可罰性が大であるか、または小である。このようにして共犯規定は二つの目的を持つといえる。一つはそれがなければ罰されない不法の処罰をその類型化により可能にし、二つはそれら行為の可罰性の相違を刑罰量の相違により顧慮することである（S. 45）。

この見解は彼によると平等条件説の適用から生じる極端な結果を適当に制限できるという利益がある。これに対して何がtatbestandsmässigかの標準が確実でないと非難するのは当らない。それは相当因果関係の認定より容易であるし、またどの概念の適用も必らず多少の差はあってもこのような困難を伴うからである（S. 46）。ただこの立場をとるにあたり注目しなければならないことは、共犯行為は共犯規定によって始めて類型該当的になり可罰的になるために、共犯規定の内容により加担行為の処罰の範囲が左右されることである。すなわち(イ)ドイツ刑法のように法律が故意の共犯だけを罰している限り過失の誘致（教唆）・幇助は無罪になり、(ロ)また間接正犯といわれる場合も同様である。責任無能力者を利用することは、あたかも法的に評価されることのない動物や自然力の利用と同じだから利用者自身の実行々為があるという理論は正しくない。無能力者の行為も法的評価に服することはすでに保安処分・正当防衛の制度がこれを示している。これらの者を利用するときも「われわれはそれを精神の健全な人に対してと同じく教唆行為と呼ぶべきである」（S. 48）。法律がこれを共犯の中に入れない限りこれも無罪である。

このように法律が共犯に関してどの程度の従属性を認めているかが決定的である。また共犯の処罰理由はそれ自体に存せず正にその正犯行為との関係にあるから従属性が全然なくなることはない。そこで第一に可能な従属性は正犯行為が違法であれば、必ずしも構成要件該当的でなくても良いという意味であり、第二には正犯行為は単純な違法でなく正に構成要件該当的違法（tatbestandsmässig-rechtswidrig）行為であることを要するとするもの、第三はさらにその有責性を要するとするもの、第四は具体的に可罰的な正犯行為を要するとするものである。理論的にはただ第二の従属性（制限的従属性）が正当である。これは草案やオーストリア現行刑法の採る立場である。これを採ればまず右の過失の共犯と間接正犯は当然共犯に入ることになる。ただ正犯の構成要件該当的違法行為のない場合で共犯処罰の必要な場合がある、一つに自殺関与の場合である。自殺（未遂）は罰されないがその教唆・幇助は罰する必要がある。このためには特別罪の類型が必要である（delicta sui generis）。なおこの場合は自殺者が自分のする行為の意味を知りながら行うことが要件であるが、もしこの要件の備わらない者に自傷行為をさせた場合、例えば空砲のようにみえる銃の引金を自分に向けて引くようすすめる行為はどうか。これはむしろ通常殺人と同様に扱うべきである。詐欺罪は正に財産に関するこのような場合の類型化であるが、生命身体についてもまた特別な犯罪類型を作らねばならない（S. 54)。

三　従来の問題解決の試み（ベーリング・フランク・ヘーグラー）

つぎに右の論理的に対立する二つの思想の歴史的発生的関係をみるならば、われわれはツィンメルルのいわゆる限縮的見解の方が正当派の立場に立っていることを見出す。もちろん構成要件の限縮的解釈、従って限縮的正犯概念といってもそれ自体として自覚的に問題とされたことはなかった。ただ共犯論において客観説を代表する人々がこれをその暗黙の前提としていたというだけである。従って構成要件はなぜ限縮的に解釈しなければならず、また解釈しうるのか、すなわち、ただ特定の挙動により構成要件の実現を招いた者だけが構成要件該当的(tatbestandsmässig) に行為したといわれ、単に結果に一条件を与えただけでは足らないとされるのかというわれわれの問題に対し客観説が積極的に語ったことは殆どなかった。むしろそれは他の出発点から発していわば無意識のうちに限縮的解釈論[1]の基底につき当ったのである。この出発点とは共同正犯と従犯とはどうして区別されるかという問題であった。この区別は客観的であることを要するという建前は、行為者が外部的に特定した種類の態度をしたかどうかを、その標準としようとすることに導いた。この標準となる態度は、結果に対し原因を与えた行為であって、単なる条件を与えたに止まる行為ではないとされ（因果関係説）、あるいは行為者の態度により生じた攻撃の危険性を標準にしようとし（実質的客観説）、または共同正犯規定の意味における実行々為といわれうる行為をしたかどうかであるとされた（形式的客観説）。こうして結局それが共同正犯と従犯の区別によく当てはまることから構成要件の解釈は一般に限縮的になされねばならないという結論に到達したのである。諸構成要件が果してそのような解釈を許すかということの積極的究明を意識にのぼさないで、この説をこのような限縮的解釈に導いた真の動機は、構成要件を他のように解釈すれば正犯と従犯の客観的区別は不可能に陥るということであった（これに反しわれわれが後にみるシュミットやメツガーらの見解は正に拡張的解釈論と客観的共犯論の結合が可能なことを主張するのである）。

厳格に限縮的解釈の態度を維持すれば正犯とは構成要件該当的に行為した者、すなわち構成要件実現を独立して直接に自己の手で（eigenhändig）惹起した者である。この見解は右にツィンメルルが指摘したように他面それが共犯規定をどう解釈するかで、他人の行為への加担行為のうち無罪の範囲を広くしたり狭くする。限縮的正犯概念が刑事政策的に不当な結果に達するかどうかは共犯論についてどのような見解をとるかということと相互依存の関係にある。そして従来から共犯においてはいわゆる最大限度の従属形式（正犯行為は有責でなければならないという）が殆ど不文法的力をもって君臨しているのであって（ヒッペル）、正犯概念について思い切り大胆な変革を敢てしたシュミット・メツガーらさえこれに対しては全く叩頭しているほどである。従来の客観的共犯論者も同様で、彼らはこの共犯における最大限度の従属性と限縮的構成要件解釈論とを現行刑法の解釈論として結合したのであった。しかしこの結合は現行法上無条件に採用できないものであることは、いわゆる間接正犯の問題が示している。本来正犯概念にも該当せず、また共犯規定にも当てはまらぬ行為でしかも罰されるところのこの間接正犯を認めることは、同時に限縮的正犯論の放棄に外ならない。とくに間接正犯の認められる形式および範囲が、当初の無責任者利用の場合から広がって身分なき者・目的なき者を利用する身分犯・目的犯の間接正犯まで包含するにいたってはこの放棄は完全である。

もちろんこの矛盾・困難がそれらの学者たちに気づかれないはずはない。事実われわれはこれを合理化しようとする種々の試みを見出すのである。最も手近かなのは日常生活の用語法（täglicher Sprachgebrauch）を根拠とする立場である。ベーリンクらによれば、構成要件の指導形象（あるいは基準的類型）の解釈は日常の用語法によるべきである。立法者は日常生活の用語を利用してそれらを構成したからである。それによると、原則としてただ自己の行動によるときだけに構成要件該当性があり、他人を利用するのはそうでない。ただ例外的に自ら行為しなくても実行したといえる場合がある。間接正犯がそれである。また日常生活の用語法は構成要件のうち間接正犯の可能なものとそうでないもの（ビンディングやベーリンクの自己の手による犯罪〔自手犯〕eigenhändiges Delikt, フランクの挙動犯 Tätigkeitsdelikt）を区別させると説く。――しかし日常生活の用語法というだけでは、構成要件該当的行為とそれ以外の態度の区別、すなわち有罪と無罪の区別の標準としてあいまいに過ぎることは否定できない。(2)

（1） Nagler, Teilnahme am Sonderverbrechens, S. 92. ただしナーグラーは Finger, Binding の流れをくむ Normentheorie の立場から意思を法の固有の対象とする Willenstheorie に従い、主観説（gemässigte Subjektivetheorie）をとるのである。Buri 派、RG 派とは別個の主観説の一翼である。これらはみな本稿においては取り扱われない。

（2） Beling, Lehre vom Verbrechen, S. 246ff. Grundzüge des Strafrechts, S. 37. Gerichtssaal 101, S. 6ff. Mezger, Strafrecht, S. 416. E. Schmidt, Franksfestgabe II, S. 119. Bähr, Restriktiver und extensiver Täterschaftsbegriff, S. 24.〔なお、いわゆる道具説 Werkzeugstheorie の古いものはこの立場に属することとなろう。しかし、これについては後述第三の試みのヘーグラーの言葉に注意〕。

第二の試みはいわゆる遡及禁止の理論（Regressverbotstheorie）である。共犯規定は一つの遡及禁止を内含している（「自由にまた自覚的に結果の惹起に向けられた条件（故意の正犯行為）にさらに先行する条件（加担行為）は教唆または従犯の規定に該当しない限り犯罪者としての責任を負わされない」）。しかしその禁止は加担される正犯行為が法律上の要件（違法・構成要件・責任）を具備する場合だけに関するから、ここに問題となる間接正犯（直接正犯は責任を欠いている）の場合にその適用はありえず、従ってこれを正犯として罰することを妨げないというのである。しかし、この見解に対してもまず遡及禁止自体の是認がすでに問題であるし、またそれを認めるとしても、遡及禁止が当てはまらぬなら当然にそれは構成要件に該当する実行々為になるという訳ではないから、この理論づけも不当である。まして、これを主張するフランク自ら限縮的な構成要件解釈の立場をとるにおいてはなおさらである。(1)

（1） Frank, Das Strafgesetzbuch für das Deutsche Reich, S. 14 a, S. 106. Liszt = Schmidt, 25. Aufl., S. 315. Bähr, S. 25ff.

第三の試みはいわゆる優越性説（Übergewichtstheorie）であってヘーグラーの提唱したところである。彼は後述のシュミットの拡張的正犯論の提唱にやや先立ち間接正犯の本質を論じながら、この問題に対する態度を示している。彼は正犯は原則として実行々為をする者、すなわち自ら直接に構成要件該当行為を行う者であるという限縮的正犯概念をとり、その上でどうすれば自らこの実行々為をしていないにも拘わらず、なお「固有の」正犯となる者・すなわち間接正犯が認められるかという問題を提出するのである。そして従来の消極的な基礎づけ——あるいは誘致者、幇助者は教唆犯・従犯でないから正犯でなければならないとか、または実行者には正犯となる要件が欠けているから誘致者・幇助者が正犯であるというような——では不充分であって、積極的な基礎づけが必要であるとし、自己の優越性説を展開する。間接正犯の「根拠はつぎの点にあるであろう……客観的には単に他人を誘致または幇助するに止まる人が客観的実行々為を（単独に）行う人に対し他の方面で遙かに優越性を有すること、すなわち彼は客観的には結果、あるいは結果犯以外の犯罪も含めてより正確にいえば外的犯罪実現（法的意義における結果）に条件を与えただけで、なお客観的実行々為の点において欠けるところがあるが、この欠陥は役割の分担に関する法の評価的観察にとっては充分補われて余りあるものと見られるために、彼自ら主となる人すなわち正犯であると考えられ、他方、誘致幇助された人は自ら客観的実行々為をしたにも拘わらず他の要件を欠くために同じ見方から正犯と見られない（あるいは過失犯または身分により加重されない犯罪の正犯となるに止まる）。……「道具」という表現のなかにはこの優越状態が単に譬喩的にではあるが明瞭に現れている。すなわち間接正犯者は自ら実行々為者ではないが、直接実行する者に完全な犯罪実現となるための他の要件（責任能力・故意・身分・目的）が欠けているので、背後の利用者である彼自身がそれを備えている限り自分が優越性をもち正犯となるというのである。しかし、この理論もまた不充分である。それは間接正犯の事実的特徴を巧妙に示しただけである。シュミットがこれを評して、仮りにこれを認めるとしてもこの優越性が間接正犯を認める根拠となるうるためには、その前に刑罰法規の動詞に外面的に合致する身体運動、すなわち実行々為を自ら行うか否かは正犯と認めるための要件ではないということ、むしろ正犯であることを認めるための要件は外面的にはどう見えようとも犯罪類型実現および法益侵害の惹起であればよいということ（すなわち拡張的正犯概念）が証明されねばならず、この証明はヘーグラーのように法律の趣旨だからとして類型を拡大することによっては与えられない、それは〔旧〕ドイツ刑法二条の罪刑法定主義の規定と矛盾するという非難を免れないとしたのは正当である。[1]

右のように限縮的正犯概念をとる理論はこれまでのところでは、みな間接正犯の概念において――何人もそれは無罪だといい切る勇気がないので――難破している。[2] 従って何らかの他の解決方法が客観的に要求されていたのである。新しい理論の生じる地盤はすでに用意されていたといわねばならない。

（1）Hegler, Zum Wesen der mittelbaren Täterschaft (Die Reichsgerichtspraxis im deutschen Rechtsleben V), S. 305ff. E. Schmidt, Franksfestgabe II, S. 120ff. Mezger, ZStW. 52, S. 540 ; Grünhut, JW. 1932, S. 366. Bähr, S. 28.

（2）もっとも Hoegel, Akzessorische Natur der Teilnahme, Mittelbare Täterschaft, Eventualvorsatz, ZStW. 37, S. 651ff., 826ff. は共犯従属性の理論を否定するとともに、間接正犯の観念も「刑法理論のレトルトから生れた人造人間」で「奇妙な観念」だとして徹底的に否定する立場を貫いている。なお R. Lange, Die Moderne Täterbegriff, 1935, S. 18 参照。

四　拡張的正犯概念

一　右にまず論理的に二つの正犯概念が対立させられ、つぎに沿革的にそのうちの限縮的正犯論が行き詰った理由が述べられた。拡張的正犯論は正にこの行詰り打開の任務を負って発生した。われわれはこの際まずわが国の刑法学界をとくに注目しなければならない。けだし右の二つの正犯概念の対立は実はわが刑法学界においては共犯に関する従属犯説と独立犯説の対立としてすでに古くから理解されていたところだからである。後説の代表者として牧野・宮本の両教授が立っておられる。しかし両教授の説は精密にみると相違する点があり、本論からみると別個に論じられるべきものである。そしてわれわれは宮本教授の刑法論のなかに右のツィンメルのいわゆる拡張的正犯概念の好適例を見出す。教授は独立犯説を主張しながらつぎのように説かれるのである。

共犯は共犯の規定があるがために形式上共犯であるに止まり、共犯の規定なければ当然単独犯となるべきである。「故に解釈上或場合が共犯たらずとするも、是れ単に共犯の規定の適用を受けずと謂ふに過ぎずして、必ずしも無罪を意味するものに非ず。若し其行為が犯罪構成の一般理論特に責任及び因果関係の理論に照らして罪となるべき時は、既に其れのみの理由に依りて犯罪たるに足る。従て刑法上共犯に関する規定は理論上処罰の有無又は程度に関して何等か特例を設くる場合の外は全く其必要なきもの」であり、しかも現行法における特例はすべて理由のないものであるから、共犯規定は事実においてもまたその必要のないものなのである。(1)

共犯行為は当然実行々為であるといわねばならない。さらに限縮的正犯論を批判していう。一派の論者は「教唆は本来各本条の罪の実行の類型に属せざるが故に、教唆者をして正犯の行為の結果に付き責を負はしむるには自ら特別の規定に因りて之を正犯に従属せしめざる可からずと説く。然れども此見解は犯罪の実行又は類型なる観念は事実上のものにあらずして、法律上のものなることを遺れたるものなり、即ち或行為が法律上実行又は類型たるや否やは各個に行為者自身の立場より論ずべきものにして、行為者が或は単独に実行すると或は他人に依りて実行するとは、単に立場の相違に由来する事実上の相違たるに過ぎず。従て教唆に関する刑法六一条の規定は実は当然の事理を規定したるものにして、教唆は実質的には本来各本条の類型に属するものなり。唯現行法上の取扱としては、刑法六一条の規定あるに依りて形式上正犯と区別せらるゝのみ」(2)。間接正犯ということが問題性を帯びるのは従属犯説が一方で右のような狭隘な実行概念をとりながら、他方では共犯についてもただ責任能力者の故意ある行為に対してだけ成立するとするためである。「要するに犯罪の本義より考へて共犯独立犯説を執り、形式上共犯たるものは之を共犯とし、其他は之を当然の正犯と為すべきものとすれば、間接正犯なる観念は之を認むる必要なき」に帰着する(3)。すなわちそれは当然の正犯である。右のとおりであるから共犯・間接正犯ともに相手方がすでに決意していた場合または逆にこれを受けつけなかった場合について可罰的未遂を認めることを妨げないとされるのである(4)。

(1)　刑法学粋三九二頁以下・刑法大綱一九五頁。
(2)　刑法学粋四〇六頁以下・刑法大綱二〇一頁以下。
(3)　刑法学粋四三〇頁以下・刑法大綱一九九頁。
(4)　刑法学粋四一一頁以下・刑法大綱二〇二頁。

二　なおドイツにおいても一九三〇年頃より拡張的正犯論を主張する学者が現われた。しかも、その主張が当時正に最高潮に達しようとしていた刑法上の概念の規範的・目的論的構成方法の大胆な適用という形をとって現われたために、直ちに多数の賛同者を得て有力となり、ついには最近のナチス的刑法改正の指導原理となるにいたったのである。われわれはE・シュミット、メツガーおよび彼らを祖述する一連の若い学者を挙げることができる(1)。

（1）　Eberhard Schmidt, Die mittelbare Täterschaft, Franksfestgabe II, S. 106ff. Mezger, Strafrecht, S. 415ff. Mittelbare Täterschaft und rechtswidrige Handlung, ZStW. 52, S. 529ff. Drost, Anstiftung und mittelbare Täterschaft in dem künftigen Strafgesetzbuch, ZStW. 51, S. 359ff. Lony (Fritz), Extensiver oder restriktiver Täterbegriff? Käpernik, Die Akzessorität der Teilnahme und die sog. mittelbare Täterschaft. Nationalsozialistisches Strafrecht (Denkschrift des Preussischen Justizministers), S. 131ff. Grundzüge eines allgemeinen deutschen Strafrechts (Denkschift des Zentralausschusess der Strafrechtsabteilung der Akademic für deutsches Recht), S. 22ff. Das Kommende deutsche Strafrecht (allgemeiner Teil—Bericht über die Arbeit der amtlichen Strafrechtskommission), S. 73ff. Kohlrausch, Handkommentar, Vorbemerkung 1 und 2 vor § 47 und Note 1 zu § 48. Schaffstein, Politische Strafrechtswissenschaft, S. 22. Klee, Nochmals Verletzungs- oder Gefährdungsstrafrecht? Deutsches Strafrecht, 1934, Heft. 6, S. 191ff.

シュミットはこのような傾向喚起の第一声をあたかも間接正犯概念の権利づけを主題とする論文のなかで発したのであった（1）。彼はそのなかでいう。「刑法理論の全領域にわたる最近の刑法科学の発達において一九世紀の特徴をなした認識的・自然主義論的思考傾向からの転換が看取される。全能な因果法則の観点の下に全宇宙を認識しようとするその努力の代わりに……刑法的認識および洞察を規範的観察方法により得ようとする努力が、従って因果的思惟に並び情緒的論理に正当な存在の権利を与えようとする努力が現われている」（S. 106）。この変化はまず責任論において推進されたが、それは刑法の全領域において残る隅なくなし遂げられるべきであって、「刑罰拡張原因の理論」従ってまた間接正犯論も「規範的な、すなわち法律固有の見地に立たせるべきであり、このように刑法論の領域においてもすでに精力的に進行しつつある認識論的・自然主義的観察方法からの転換を促進しなければならない」（S. 107）。

「間接正犯論にとって規準的でありしかも基本的な正犯概念の規定にあって、態度の特定のSo=Seinにばかり重点をおく者は認識論的な存在観にとらわれた者である。そしてこのことは正犯概念を因果性の助けを借りて定め、しかも正犯と共犯の区別を因果的観察により区別しようとする人においてとくにそうなのである」（S. 107, 108）。ベーリンクやフランクのように犯罪を挙動犯と結果犯に分け前者には共犯は成立するが間接正犯は成立しないとし、または物理的因果関係と心理的因果関係をもって正犯と共犯との限界とするなどはこれであるといわねばならない。(イ)　因果関係論はウェークナーがいうように刑法的操作の前提であって、刑法的評価が結びつくべき素材とそうでないものを選り分けるという意味を持つに過ぎないのである。この役目は平等条件説により最もよく果される。因果関係の確定があったら、その後にそれとは全く交渉なしに刑法的価値の見地から責任《ハフトンク》の有無、それを拡張すべきか制限すべきかが問題となるのである。「従って因果関係からは正犯共犯の区別のような法的概念の分化については何の結論も引き出せないことが理解される」（S. 115）。「もしも結果の条件として数人の意思表動が存するときは、因果的観察はそれらの諸条件の認識論的同価値性の確定に導くだけである。この事実からそれらの法律上の同価値性を抽き出すことは方法論的に誤っている。しかし法的評価の見地から法的価値の相違を抽き出すことは少しも支障ないだけでなくこの際まさに貫徹されねばならないことである」（S. 115, 116）。(ロ)　それでは法的評価・規範的観点の内容はどうであろうか？「刑法は反社会的な態度の仕方を遠ざけることにより法益の保護に役立っている。どのような行為が刑罰をもって抑圧する必要があるほど有害であるかは、立法者が刑罰法規の構成要件のなかで言明している。これらの構成要件は――その特殊な法治国的機能を除外すれば――とくに価値があり、そのためにとくに強く保護された法益を侵害するために裁判所がその一般的反社会性を認めてよいところの行為の類型を示すという意味をもっている。立法者が刑罰法規の構成要件を作ったのは可能な態度の仕方の So Beschaffenheit の記載または記述を与えるためにではない。彼がこれをするのはむしろ法益侵害に対する評価を知らせ、裁判官に対して具体的行為に直面してどのようにして刑法的評価に達しうるかを示すためである。従って価値的見地の下である態度の仕方に決定的な形相（Gepräge）を与えるものはそれが惹起した利益侵害であり、この侵害のなかにその態度の実質的反社会性が現われているのである。ある態度が一定種類の身体運動から合成されており、一定の外部的経過をとり、一定の形式で現実化するということが問題ではなくて、それが犯罪の実現として評価されることができ、このようなものとして一定種類の利益侵害であることが問題なのである。正犯という刑法上の反価値判断およびそれから生じる刑法上の責任は、従って原則として、そのような構成要件該当的な利益侵害が帰されるべき態度をとったすべての人に結びつかねばならないのであって、彼の態度がどのような外部的 Beschaffenheit を示したかということはどうでもよいのである。[2] 犯罪実現・構成要件充足・利益侵害――これが正犯概念の規定にとっての法的な元標（Orientierungspunkt）である」（S. 116, 117）。(ハ)「右の所説はもし実定法が正犯と共犯の問題について言明していなければ、構成要件実現または（実質的にいうと）法益侵害を違法・有責に惹起した者は当然当該犯罪の正犯だと言い渡さねばならないという結論になるであろう。彼がその際自ら構成要件に該当し犯罪記述に外見上適合するような行動をしたのか（自ら窃取し・兇器を携帯し・文書を偽造し等々）、それとも他人にこれらの行動をするように働きかけたかは、構成要件実現と法益侵害が彼の違法で有責な態度に帰せられる限り問題でないであろう。法治国として必要な裁判官の反価値判断にとっての限界は両場合ともに構成要件実現の存在により与えられ、刑法上の帰責にとり決定的な法的根拠は両場合ともに法益侵害の存在ということにより与えられているであろう」（S. 117, 118）。しかしこの「一般的正犯概念はそれが実定法上の正犯概念であるためには、刑法典の共犯規定と調和させられねばならないが、それ以上を要求すべきではない。また正犯概念を正面から定める規定はないから四七条・四八条・四九条（ドイツ刑法の共犯規定）と調和する正犯概念はすべて実定法上非難すべきでない」（S. 118）。これらの共犯規定により「実定法は構成要件実現にあたっての種々の協同方法につき異なる評価をするという態度をとっている。しかも法律はこれをする充分の権利をもつのである。自ら実行せず、単に他の故意に行為する者の実行を幇助・促進または容易にする者はその法益侵害に関して法律上有害性または非難性の程度が少ないと評価された方法で行動する者である。これが従犯の刑が原則として軽い理由である。ここに従犯の加担的態度と正犯の態度を区別する法律上の必要がある。この区別はその法益に対して従犯の態度の危険性は客観的に小さいという見地から生じるのである。このように正犯と従犯の区別が実質上の理由をもつとすれば、同様に実定法上必要な教唆と正犯の区別は、全く理論《ドクトリネール》上のものである。それは刑法上の効果すなわち処罰の区別を生じないからである。しかしこの区別も四八条の命令するところである以上は遂行されねばならない。このことはもちろん共犯の領域が正犯を犠牲にして技巧的に拡張されることを意味する。従って現行法の意味における正犯には、他の故意に行為する者を決意させてその態度により構成要件を実現するにいたらせる者（教唆犯）または他人が故意に構成要件を実現するにあたり単にこれを幇助することにより構成要件実現または法益侵害を惹起する者（従犯）を含まないのである。だが実定法上の正犯概念をこれ以上に制限すべき理由は全く存しない。特に法的に正犯が問題とされるためには原則として一定の外部的挙動形象が存しなければならないとする何らの根拠もないのである」（S. 118, 119）。このようにして彼は結論する。「わが現行法上、正犯とは自己の行動によりある構成要件を実現し、または故意に行為しない他人にある構成要件を実現させる一切の人である。この概念規定は直接正犯と間接正犯の両者を含むのである。……これによって現行法の地盤から正犯の一種としての間接正犯の正当づけが与えられた。それは直接正犯とただ外部的な点ですなわち法律上重要でない関係で異なるだけであり、法律的には正にそのためにそれと本質上全然同一なのである」（S. 120）[3]。メッガーはこのシュミットの思想を是認して共犯規定は通常説かれるところと反対に刑罰制限原因 Strafeinschränkungsgrund であると説明するにいたった。ローゼンフェルトも同じ意味合いにおいて共犯規定を「例外条項」（Ausnahmeklausel）と呼んでいる。この見解の内部における相互の相違はしばらく措いて（後段一一六頁以下参照）、ここではただそれがその後、圧倒的な勢力で賛同者をえて行き、その影響はわが国の若い学者のなかにまで及んでいることを注目しよう[4]。

（1）　同じく規範的評価主観の立場を評価客体より重んずるザウアーの Die Grundlagen des Strafrechts のなかにおいてシュミットがしたのと同じ観念規定がなされているのは注目に価する（S. 470-478）。その結論にいう。「正犯とは違法かつ有責に自ら実行を行いまたは自ら正犯でない（正しくは自ら正犯と同一程度おいては処罰されない）他人に行わせる者をいう」「実行の傾向設定は Tat の要件であるが Täter の要件ではない」と。

（2）　これに対してはシュレーダーの批判（ZStW. 57, S. 469-471）があるが、それは加担行為処理の立法理由（シュミットの説くのはそれ）は技術的用語としての「正犯概念」の問題と混同されてはならないというのである。

（3）　直接正犯と間接正犯とが単に法上無関係な点において相違するだけだということはすでにマイヤーの説いたところに属する。Der allgemeine Teil des deutschen Strafrechts, S. 376.

（4）　Mezger, Strafrecht, S. 416, 184. Rosenfeld, Mittäterschaft und Beihilfe bei subjektiv Ausführungshandlung, Franksfestgabe, II, S. 182. Drost, ZStW. 51, S. 363ff.　なお武藤氏（法学志林三六巻）・竹田氏（立命館学叢四巻）。

この拡張的正犯概念はさらにドイツ最高裁の三つの判例によって裏書きされることとなった。その基礎とされた事案はつぎのとおりであった。ある工場所有者がある労働者の家族を新築の工場の屋根裏にある住居に住み込ませた。しかし、その住居はその構造上からみて出火の際には居住者の救助が不可能であり、またそのことは工場所有者にとって認識可能な事項の範囲に属していた。後にある原因不明の火事によりその労働者の家族は死亡してしまった（RGSt. 61/318）。またある母親が私通の結果懐胎した娘が分娩している部屋から正に出産が始まった瞬間に出て行ってしまった。生れる子は私生児であるから、母親にとっても当人である娘にとっても好ましくなかったことは明らかである。娘は出産直後嬰児を殺してしまった。母親はこの結果を予見しえたし、また予見しなければならなかった（RGSt. 64/316）。妻帯している男の女友達がこの男に毒薬を与えた。男はこの毒で妻を毒殺してしまった。その女友達は当時存在した事情からみて毒を与えれば男がこのような行為に出るであろうことを予見しうるはずであった（RGSt. 64/30）。これらの場合を一般的公式に当てはめてみるとこの三個の判例における事態は（第一の火事の例を何人かの故意の行為だったと仮定すると）[1] Aが過失によりBの故意に惹起した結果に条件を与えたということになる。すなわち過失による共犯（多分幇助）に該当するであろうが、ドイツ刑法は共犯は故意の場合に限るからこれを共犯として罰することができない。そこで最高裁は右の工場所有者・母親および女友達をともに過失致死の正犯として罰したのである。限縮的正犯論からはこれは無罪とする外ないからこの判例を理論化することができないが、拡張的正犯論はこれを有効に説明することができるとされたのである。[2]しかし最高裁は一方では平等条件説の極端な代表者であってその共犯論はこの一適用に過ぎず、他方それが未遂共犯における主観主義の代表者であることがむしろこの判決の真の理由であり、それは右に述べたシュミット・メツガーらの客観的共犯論的拡張正犯概念と全く一致するものではないのである。

（1）Mezger, S. 114. RG. Festgabe., S. 18~19, Hippel, S. 142 Anm. 4 は故意の行為としている。

（2）Lony, Extensiver oder restriktiver Täterbegriff? S. 7ff. 限縮的正犯論がそれも自己の立場から理論化しようと努力していること、そして、一般にこの問題が難問とされるのは、過失の共犯を認めないドイツ刑法のむしろ偶然的欠陥に由来するだけであるということは、後に〔一二七頁以下〕明らかにされるであろう。

三　このような拡張的解釈は従来無意識的に是認されていた限縮的解釈に対し一つの革命的意義をもつ。従ってそれは激しい反対を予想しなければならなかった。事実すでにツィンメルルの予防線的非難が待ち構えていたのであるし、なお彼の外にもブルンス・ドーナ・グリューンフート・ヘーグラー・ベールらが伝統的立場からこれに攻撃を加えたのである。[1]さらにこれに対して拡張的解釈の立場からの反批判がなされ、そこに理論的乱戦の状態が招来された。

（1）Bruns, Kritik der Lehre vom Tatbestand. Grünhut, Grenzen strafbarer Täterschaft und Teilnahme, Juristische Wochenschrift, 1932, S. 366ff. Dohna, Kritische Bemerkungen zum Edmund Mezger, Strafrecht, ZStW. 52, S. 114ff. Bähr, Restriktiver und extensiver Täterschaftsbegriff.

（イ）　第一の非難は拡張的正犯論は人民の自由に対する構成要件の保障的機能を害する、すなわちそれは法治国思想の蹂躙であるというところにある。ツィンメルルによるとそれは構成要件の破壊である。罪刑法定主義の原則によりただ構成要件に該当する行為だけが罰されるということは法的安全の保障である。ところが、いま一切の条件づけが類型該当の行為だということになればその瞬間から罪となるべき行為とそうでない行為との限界は全然放棄されたも同然である。むしろ構成要件は行為の違法性を一応推定させる作用をもつことを考えるならば、この立場からは適法違法の限界さえも不明になるであろう。「正しく構成要件の拡張的解釈は全刑法体系の崩壊に外ならない」(1)と。――しかしながらこの非難はシュミットやメツガーがいうように拡張的解釈論にだけ当てはまるべきものではない。というのは、それは類型実現に対する可罰的加担行為の範囲を拡大するだけであって構成要件を全然なくしはしない(二参照)。ただ構成要件と構成要件の間の格子の目が細くなるだけである。またそのために将来処罰が拡張されるのではなく、むしろ右に見たように、従来から罰されてきた間接正犯の正犯としての処罰を理論づけることを眼目とするのである。右の非難はむしろ自己の理論体系中に包擁しえないのに、実際上の処罰の必要から間接正犯を認める従来の見解の方が甘受すべきものである。(2)

(1) Zimmerl, ZStW. 49, S. 42. Bruns, S. 56. Grünhut, S. 366.

(2) Schmidt, Franksfestgabe, II, S. 119 Anm 1. Mezger, ZStW. 52, S. 538. Bähr, S. 55~57. S. 3~6. S. 17ff.

(ロ)　またドイツ刑法は共犯を故意に限るため、拡張的見解からは過失の共犯は間接正犯になるが、そうすると過失の幇助(正犯としての処罰)と故意の幇助(正犯に比して減軽)との刑罰量定の不均衡を生じ、さらに違警罪に対する幇助は罰されないのに(四九条・わが刑法六四条)、過失の幇助は間接正犯だから罰されるとしなければ不徹底であるが、実質的にはこれは不当である。(1)不作為犯においても義務違反の一切の不作為はみな結果について正犯としての処罰を免れず、ここにも実質的に不当な結果が生ずるが、(2)しかしこれらもこの立場にとり致命的だとまではいえない。

(1) Dohna, ZStW. 52. Zimmerl, ZStW. 49, S. 39ff. Mezger, ZStW. 52, S. 529 はこれを無罪とし、ドーナはこれを不徹底であると非難するのである。ドイツ法では違警罪は過失で成立するのが原則なのである。

(2) Bruns, S. 56. Mezger, ZStW. 52, S. 538 Anm. 29. メツガー自らこのことを認めている。〔Cramer, Gleichshaltung von Täterschaft und Teilnahme, S. 49ff.〕

(ハ)　拡張的見解をとれば正犯と処罰の点も同一な教唆犯の規定は不要である。共同正犯の規定もまた存在を必要としないであろう。それがなくても行為者は当然正犯だからである[1]。これが第三の非難である。しかしながらこれらの規定があることから逆に拡張的見解は不可能だとまで推論することはできまい。というのは、立法者は常に不可欠的な規定だけを設けるとはいえないのであって、説明的意味のそれを設けることも——新イタリア刑法にとくに著しいように——ありうるからである[2]。

(1) Dohna, S. 113~115. Grünhut, S. 366. Zimmerl, ZStW. 49.〔Cramer, S. 52ff.〕なおメツガーはその必要性を弁護して教唆未遂の不処罰を示すために教唆規定は必要であり、また共同正犯規定はそれと従犯の区別を維持するために必要だとする。Mezger, Strafrecht, S. 421, 438. ZStW. 52, S. 538.

(2) Bähr, S. 59~60. Zimmerl, Vom Sinne der Teilnahmevorschriften, ZStW. 52, S. 166ff.

(ニ)　第四の非難は、構成要件の構造自体が拡張的な解釈を禁じているということにあった。ブルンス・グリューンフトらは「タートベスタントの違法類型としての意味は、一、惹起された結果たる違法状態の類型化の点にあるか、二、またはこの違法状態を招来する仕方・方法の類型化の点にあるか」を問い、刑法の民法に対する特殊性は、まさに民法における損害賠償義務の範囲決定にあたって行われるように、単に現に生じた損害的結果だけを重視するのでなく、惹起の仕方・方法を重視する点にあるとし、タートベスタントは類型的利益の侵害（Verletzung typisierten Interesses）ではなく、利益侵害の類型（typisierte Interessenverletzung）であるとした。もしそうでなければ未遂・予備・共犯・正犯の区別はもちろん、同様に財産権侵害の結果を生じる行為の中でなぜ窃盗・横領・詐欺等々を区別する必要があろうか。拡張的見解はまさにこの点を見逃す誤りを犯しているというのである。ツィンメルルも同様の非難を向けている[1]。この非難にメツガーはつぎのように答える。確かに拡張的正犯論は行為が「結果を惹起したこと」を要求しそれだけで正犯とするのに充分であるとする。しかしここにいう「結果」とは「一切の外部的構成要件の実現」(gesammte äussere Tatbestandsverwirklichung)を意味しているから、その正犯とされる者も狭義の結果(Enderfolg または状態)の一切の惹起者ではなく、むしろ構成要件中に結果惹起の手段方法が規定されている場合にはこれに該当する道を通ってその惹起に条件を与えたこと、すなわち構成要件に示された手段・方法による惹起の存在を要することも明らかである。従って侵害方法の相違による財産罪の区別も決して不要に帰しはしないと。(2)――しかしブルンスらが争おうとしたのはこのようなことではなく、拡張的見解が正犯性には自己の手での実行による(あるいは構成要件に示された挙動方法に適合する自らの行為による)構成要件の実現を必要としないとする点であったのであり、すなわち「自己の手による正犯こそは正犯一般の Urbild である」との主張をしようとしたのである。しかし拡張的見解はまさにこの限縮的解釈方法では不当な結果(間接正犯の無罪という)が生じるとし、この結果を避けるために右のような主張を敢えてするのであるから、問題は進んでこのような限縮的立場をとりながら右の不当な結果を避ける道を発見すること、およびこの二つの方法の与える解釈のいずれが現行刑法とよりよく調和するかということになる。この問題の終局的解決は後段に譲り、ここにはさらにこれと関連する別の問題をみておかねばならない。

(1)　Bruns, S. 49, 59. Grünhut, S. 366. Zimmerl, ZStW. 49, S. 41ff.〔Schröder, ZStW. 49, S. 47f.〕

(2)　Mezger, ZStW. 52, S. 538. Lony, S. 25.〔特別の法定手段の要求される犯罪においてこの両者の立場の相違は著しくなる。わが往来妨害罪などは、むしろ方法だけを重視して諸種の類型を作っていることに注目すべきである(宮本四四八頁)。これは結局、タートベスタントは行為の類型か結果の類型かの争いに帰着する。ここにメッガーのごま化しがある。メッガーは違法状態肯定論者であり、行為の違法もむしろその結果の違法から逆推理により判断するのであるが、必らずしもそう行かないことがある。所有者がその家屋を荒れるにまかせているときは、その家屋の荒廃は違法でなく、そしてその理由は彼のこのような態度が少なくとも現代では適法であるからだとしなければならない。」

（ホ）　この最後の疑問は右のように拡張的正犯概念を主張するシュミットらが「実行々為」の概念を定義するにあたってなお従来の限縮的解釈論に基づいて作り上げられたものをそのまま保持していることに関している。シュミットは正犯概念を何が実行々為かの問題とは独立に定めようとする。間接正犯は彼が実行するために正犯なのでなく、犯罪類型の完全な充足惹起の条件を与えながら法律のいわゆる共犯のいずれにも該当しないから正犯なのである。しかし未遂・共同正犯規定のように実行々為概念が用いられている規定では、その概念は厳格に従来どおりに解釈すべきである。従って間接正犯の未遂は「むしろ道具となる人が適用されるべき構成要件の意味における実行々為を始めたときから始まる」し、共同正犯も実行々為の共同を要し、単に「主観的違法要素をもつだけで実行々為の意味で行動しない者は……共同正犯とはいえない」とする。[1]——メツガーはこれと異なり、正犯概念と実行々為概念を切り離さない。間接正犯も実行々為をするために正犯なのである。彼も実行々為は Tatbestandshandlung だとするのであるが、さらに何が彼のいわゆる Tatbestandshandlung かと尋ねると、それは構成要件の実現に相当条件を与えた一切の行為なのである。そして構成要件の構造上「行為の態様すなわちその場所・時間的関係や終局結果実現の手段、または他の犯罪との関係の有無などは原則として立法者の重視しないところであり、従ってまたそれらは（行為）構成要件該当性の有無にも影響しない」。すなわち実行々為自体が従来に較べ拡張されるのである。こうして間接正犯はまさに正犯自身の働きかけの時に未遂となり、共同正犯となるにも主観的違法要素をもつだけで足ることになる。[2]われわれにはメツガーの方が論理的であるようにみえる。[3]拡張的正犯論は原則として一切の条件行為が正犯理由であると主張することにより、実は実行々為概念自体の内容を一変してしまったのであり、この変更は他の刑法領域へも押し及ぼされねばならない。[4]だがこれを押し進めれば未遂と予備との客観的見地からの区別は不可能になってくるはずである。また共同正犯と従犯の区別も客観的方面では求められないはずである。この区別はただそれらと全く別個の見地——おそらく主観説と同じ標準――からだけ可能なことになろう。しかも、それからは共犯行為もみな実行々為でなければならず、従って教唆の未遂（相手方がすでに犯意を決していたか、または教唆を受けつけなかったとき）も未遂として処罰しなければならないはずである。しかしメツガーもここまでは徹底せず、自己制限を試みようとするが成功していない。(5)「自然科学的に同価値のものも法的には同価値でなくてもいい」という流行語を持ち出すことはできない。拡張的正犯論は一切の条件の外形上の相違に拘わらず法的価値の原則的同一性を説くものであり、この一般的断定を正反対の意味に制限しなければならないような強い理由はここには見出されないからである。(6) それは法の真の統一的解釈ではない。(7)

（1）　間接正犯の未遂については Liszt = Schmidt, 25. Aufl. § 50 Anm. 10 Ziffer 5 の所説をわざわざ改めたのである。26. Aufl. S. 333 Anm. 12, S. 336. Franksfestgabe II, S. 132. シュミットの実行々為から正犯概念を切り離して定めようとする方法はロニーによりさらに徹底的に貫かれている。S. 19, 25, 33.〔なお、間接正犯の未遂を被利用者の行為を標準として決めようとすることは、わが大審院の態度でもあるようにみえる。毒物送付による殺人未遂についての大正七年一一月一六日判決刑録二四輯一三五二頁参照。〕

（2）　Mezger, S. 187, S. 415, S. 428〔間接正犯の実行の着手、未遂成立の時点についてはS. 386 Anm. 10、終了未遂についてはS. 401 がとくに明瞭である〕. Von dem Sinne des strafrechtlichen Tatbestandes, S. 24. なおシュミット・メツガーも間接正犯の成立しない犯罪を認めている。ドイツ刑法一六〇条・身分犯（メツガーはなお刑三六一条三号その他も入れる）。共犯規定はこれらの共犯については刑罰拡張原因である（メツガー）。しかしこれらの犯罪の範囲が明瞭でないから、結局自ら非難する日常の用語例に降服するものに外ならないとするのは Bähr S. 45, 47.

（3）　シュミットは平等条件説であり、メツガーは構成要件と相当因果関係論とを持ち出すところにおいて相違する。シュミットはここで支離滅裂の見解をとることになる。なお、タートベスタント該当行為をする者が正犯で他は共犯とするのが限縮的正犯論であり、これと別にタートベスタント実現に原因を与えた者は全て正犯とするのが拡張的正犯論だという分け方（ツィンマール）を本文と同様に批判するものにSchröder, Täterbegriff als technisches Problem, ZStW. 57, S. 464ff. S. 450ff. がある。むしろ、各則のタートベスタント該当性は何かの問題である。すなわち、自らタートベスタントに該当する態度をとった者が正犯か、あるいはその禁じる結果に何らかの意味で因果的に加担した者はみなタートベスタント該当的行為をした（正犯）というべきかであるとするのである（とくに480ff. 参照）。

（4）R・ランゲは他人の行為の単なる惹起のすべてが正犯概念に入るのでなく、なお、さらにそれがその誘致者自身の行為であると考えられねばならないとし、そのことを自己の手だけにより行われる犯罪・身分犯・目的犯・自殺への誘致・自己の物の毀損への誘致などの例につき明らかにしようとする。シュミットもまたそれを認める（軍刑法四一頁）。

（5）メツガーは「数人の有責な人がある刑法的類型充実に関与するとき（共犯）は、正犯の意味の実行は個々の場合に応じ狭く解してよい。だが数人の加担者中一人だけが有責なときは、彼に責任ある限り彼に惹起者としての責任を負わすべきである。すなわち彼は実行者である」といっている。ZStW. 52, S. 541.これが、間接正犯の未遂は罰され、教唆の未遂は無罪となる理由である。

（6）牧野教授・日本刑法三六七頁・「刑法改正案と共犯の独立性」法学協会雑誌五〇巻一四四八頁・刑法改正の諸問題二六二頁。Zimmerl, ZStW. 52, S. 174. Bähr, S. 61ff.〔Cramer, S. 52ff. とくに54ff.〕

（7）Cramerが拡張的正犯と間接正犯についてつぎのように述べたのは正当である。「拡張的正犯概念はそれを正当化するための特別のカテゴリーの根拠づけを必要としない。しかし、この理論的な利点は、われわれがみたように、実定法が許さないものを代償にえられたものである」と（S. 58)。

このようにみてくれば、われわれはむしろ彼らの理論に先き立って宮本教授が上述のように拡張的正犯論からの当然の結論を引き出され、未遂と予備の限界は犯意の飛躍があったかどうかにより、従犯と共同正犯の区別は、、、従属的意思による従属的行為かどうかにかからせ、教唆もまた犯罪の実行であるから教唆未遂も可罰的未遂だとされたことや、牧野教授のほぼ同様な年来の主張の方が遙かに純粋でありコンゼクェントであると考える。なおわれわれはここに一般に拡張的正犯論の解釈論的性格より改革論的性格が強いことに気づく。その理論の底には共犯の種々の類型の現行法的区別は――説明できないというより――むしろ理論的に認めるべきでないから、その区別の廃止に向って進むべきだという意向があるのである。この点で、かつて国際刑事学協会の理論家が共同正犯と従犯の区別の困難から共犯規定の廃止という立法的要求に進んだのと一脈の類似性をもっている。われわれは次にこのような方面へのこの理論の影響を観察しよう。

五　ナチス刑法論と正犯概念

法律の世界でこのような論議が重ねられている間に、外の世界では国民革命の名前で呼ばれる変革が進行していた。そしてそれは今までの自由主義・民主々義への世界の動向に対する一つの反動としての性質を持っており、できる限り国家的・国民的・民族的であり、道徳的・倫理的であろうとする。刑法の領域でも従前の諸改正案はただそれが自由主義・没倫理主義の時代の産物であるために、予め反感をもって見直された。共犯の問題についても従前の草案は一八七一年の刑法の確立した基礎を固守しながら相当の努力を払い一応の結論に達し（またはしようとして）いたことは、私が別の機会に説いたところである。(1) そこでは限縮的正犯論の立場に立ちながら、いわゆる間接正犯も共犯のなかに含ませようとされていた。現在では、それが自由主義時代の草案の努力の結晶であるという理由で、草案の他の諸制度と同じ反情をもってみられる運命にある。限縮的解釈論は構成要件の個人的自由に対する保障的機能を重視する思想に基づくというただそれだけのことが（結果としては処罰の範囲は同一であろうとも）、ナチス治下のドイツにおいては否定される充分の理由であるようにみえた。前時代の自由主義的思想の成果に頼らない独創的ゴートの天才がここでも発揮されねばならず、この任務を引き受けたのが右の拡張的正犯論であってそれは上述したように刑法学において最近有力となってきた規範的・目的論的概念構成論の一翼・一適用として発達した。そしてこの規範的・目的論的概念構成は、政権獲得当時のナチス理論家たちが責任論への適用について誤解したように刑法の骨抜きや出たらめな刑事司法の寛大化に導くのではなく[2]、むしろそれを理論的に徹底させるときは、刑法および刑法学における導きの星・最高価値としての現存国家の存在に導いて行くはずであることも私がさきに論じたところである[3]。ナチス支配が確立し学者が落着いてそのいわゆる政治的刑法学の樹立の事業に従事できるようになると、このことの理解は甚だ容易であった。例えばシャフスタインはその最近の小冊子において、目的論的概念構成自体の内部においてすでに第三帝国への移行が開始していたことを認め、つぎのように述べている。「……共犯論の最近の発展についても刑法理論が政治的前提をもつことは明らかにされている。学説および最高裁判所の実践における拡張的正犯概念の抽出は刑法典二条に顕現した自由主義的思想財産の崩壊現象としてのみ考えられる。形式的客観的共犯論と主観的共犯論との対立において――またやや低い程度において同じことは客観的未遂論と主観的未遂論の対立にも当てはまるが――客観主義の法的安全の重要視はその国家観の政治的内容に相応している……未遂・共犯問題も刑罰の目的、意味により決定される点が多いが、さらにこの刑罰問題はそれ自身直接政治的性質をもつ[4]」。規範的概念構成論は確かに最近の刑法学が行なった偉大な発展の一つであるが、その演じた歴史的使命としては、このように新保守主義的・有機的国家観（シャフスタイン）への発展の道を準備したものといわねばなるまい。拡張的正犯論は正にその基礎となる規範的方法のこの性格のためにナチス政権によって採用されることができたのであった[5]。

（1）　拙稿「共犯規定の発展」、「所謂共犯の制限された従属形式」。
（2）　Dahm = Schaffstein, Liberales oder autoritäres Strafrecht?, 1933, S. 28ff. Schaffstein, Die Nichtzumutbarkeit als allgemeiner übergesetzlicher Schuldausschliessungsgrund, 1933.
（3）　拙稿「刑法における期待可能性の思想」法学論叢二八巻一九七頁以下、三六三頁以下。
（4）　Schaffstein, Politische Strafrechtswissenschaft, S. 10ff. S. 21〜22. この小冊子の紹介または批評として安平

教授「政治的刑法学の任務と限界」法と経済三巻四九九頁以下・小野教授「シャッフスタイン著・政治的刑法学」法学協会雑誌五二巻一八九五頁以下。木村教授「政治的刑法学の授値」法学志林三六巻一五〇三頁以下。

（5）　われわれはすでに未遂犯・不能犯に関する主観説と客観説の争いをそれぞれの代表する時代のイデオロギー的反映としてみようとする模範的な方法を小野教授の価値高い論文「刑法草案における未遂犯及び不能犯」法学協会雑誌五十周年記念論文集一巻三一五頁以下においてみることできる。

われわれは、右のような見地からプロシヤ司法大臣の覚書「国民社会主義的刑法」（Nationalsozialistisches Strafrecht, Denkschrift des preussischen Justizministers, 1933）のなかの正犯問題解決の提案を理解することができる。それは「可罰的行為とその形式」という章の「正犯」という節のなかにみられる。

「刑罰を科せられた行為を実行し（begehen）またはその実行に加担（mitwirken）する者は罰される」

この規定の理由としていう。「正犯・教唆犯・従犯の区別は従前の立法にならって現行法や諸草案も採用しているが正当でない。これは一切の可罰的行為の特質について当てはまる。従犯の責任が原則として正犯・教唆犯のそれより小さいということは肯定されない。しばしば従犯の責任が正犯のそれより大きいことさえある。可罰的行為に対する一切の加担はみな同じく国民共同体の脅威である。従って従犯は一般に正犯・教唆犯よりも軽く罰されるべきで、場合によっては罰されないことさえあるという現行法や諸草案に定められた原則は正しくない。可罰的行為に対する加担の方法および範囲は従ってただ刑の量定に当ってだけ顧慮されるべきである。加担の概念によりあのように激しく争われた間接正犯の概念も包含されてしまう。さらに共同正犯と従犯との限界に関する客観説と主観説の無駄な争いも終了させられる。」なお、つぎのような規定も提案されている。

「可罰的行為への加担は、その可罰的行為が達成しようとする結果を加担者が単独正犯として惹起しても罰されないことが法律上認められているときは罰されない。

侵害された刑罰法規が加担者の利益保護のために定められたものである限り、その加担も罰されない。」

この規定の理由はつぎのとおりである。「現行法上は必要的共犯の見地から、自ら逃走する囚人は無罪である。破産債務者より不当な満足をえた債権者や法令上許された方法により猥褻行為を営む者が他人に媒合されるときも同じである。これに反し判例は一貫して人を教唆して自己を逃走させまたは逃走を幇助させた者を教唆犯として罰している。破産者を教唆して他の債権者より自己を有利にした債権者や、媒合者に自分を媒合するよう教唆した女も同様である。――これらの者が自ら正犯となるときは罰されず、他人に同一の結果を教唆犯として惹起させるときは罰されるという区別は国民感情に合致しない。従ってこの不当を除く規定が必要である。また同じくすでに裁判上認められた原則である、自己の利益保護のために定められた刑罰規定を侵害することに加担しても、その者は罰されないという内容の規定が必要である（例えば女囚が監守を教唆して自己と猥褻行為をさせるとき。ドイツ刑法一七四条三号）。」右の規定はこれらの必要に応じるためのものなのである。

ドイツ法アカデミーの刑法部会中央委員会は刑法改正について討議しその結果を覚書として発表したが、われわれはそのなかに殆ど右の提案がそのまま採用され、共犯についてつぎのように説かれているのを発見する。(1)

「プロシヤ覚書のようにいわゆる拡張的正犯概念を採ることに決めれば、現行刑法の共犯形式（正犯・共同正犯・同時犯・間接正犯・教唆犯・従犯）は将来の刑法においては消滅するであろう。（一）それによれば、ある可罰的行為の実行に加担する者はみな罰される。この正犯概念のなかには、ある可罰的行為に関与した可罰的な人の全部が含まれる。この広い正犯概念は、刑罰量定に当り健全な国民の見解に従い各人の加担に区別を認めることと矛盾なく調和する。従って単に他人の行為を支持しようと欲したに過ぎない人に減軽を与えることができるであろう。また軽微な過失による幇助はこれを罰しないとすることで極端な結果にいたらずに済むであろう。従来の従犯という共犯形式には他の正犯形式に対するのと同じ刑罰範囲を設けるべきである。従犯で正犯より軽く罰するのを相当とするときは同一の刑罰範囲内でなされうる。その際裁判官は刑の量定範囲の使用を誤らぬであろうと信頼されねばならない。(2)こうすることにより拡張的正犯論が首尾一貫され、しかも刑法典中に従犯概念をなお存続させないで済む。(二)拡張的正犯概念を採用しても決して判決主文が世間離れた形をとることにはならない。(3) 判決主文において加担の程度や直接・間接であることは、例えば殺人をしたのではなく、殺人に加担したために有罪宣告をするというように純粋に言葉の上で表現することができよう。(三)共犯従属性を思い出させないために、刑法典中にすべての加担者の可罰性は他の加担者の可罰性と独立である旨を確定しておくことが必要と考えられる。可罰的行為の実現に一条件を与えたすべての加担者は直接に彼が惹起した結果に関係づけられ、しかも彼の責任の程度に応じて罰されるべきである。」

(1)　Roland Freisler, Ergebnisse der Beratungen des Zentralausschusses der Strafrechtsabteilung der Akademie für deutsches Recht (Grundzüge eines allgemeinen deutschen Strafrechts, Denkschrift der Strafrechtsabteilung der Akademie für deutsches Recht), S. 22, 23.

(2)　裁量の余地の拡大化は人民の自由の保障の縮小化であり、そのためにそれはまた避けねばならないという主張はナチス的精神の排撃する自由主義・個人主義の表れである。

(3)　従来の正犯・教唆犯・従犯の区別は国民的用語になっている。これを加担の語で包含し、みな正犯だとするとAを教唆して殺人させたBも「人を殺した」という語句で判決に示されることになり、それでは法と生活の接近、法が国民に理解しやすいことを主張するナチス的原則に矛盾するという非難を避けようとするのである。なお後段政府委員会案の説明参照。

このような共犯規定の正犯概念への没入に対しては、さまざまの意見があった。大体自分の体系をすでに作り上げ老境にある学者たち（オェトカー・フィンガー・ザウアー）は正犯と共犯の間になお区別を認めようとする傾向をみせ、(1) 若い学者・実務家たちは覚書の方向を徹底的に推進しようと望んでいたということができる。その間にも政府の刑法改正の委員会は、討議を続け最近その総則案を世に問うたのであるが、それは右の二提案に対して種々の特色を示している。その内容は左のとおりである。(2)

「a条　行為を実行し、それを教唆し、それにあたり幇助しまたはその他の方法においてそれに加担した者は罰される。

単に他人の行為を帮助する意思を有しかつ現に単に帮助しただけの者の処罰は減軽することができる。軽微な過失の帮助は罰されない。

各加担者の可罰性は他の加担者の可罰性とは独立とする。」

「b条　ある行為の可罰性が特別の素質または関係により基礎づけられるときは、全加担者の処罰にはそのなかの一人について右の素質または関係があれば足る。自己についてそれがない者の処罰は減軽することができる。

法律が特別の素質または関係が刑を加重・減軽または阻却することを定めるときは、それがある者だけに適用される。」

「c条　他人を誘致して重罪を犯させようとし、または重罪を実行しようとする他人の申込みを採用した者は、自ら行為に加担した者と同じく罰される。ただし刑を減軽することができる。

自ら重罪を実行することを申し込みまたは他人の不当な要求に応じて重罪を実行する準備があることを表明した者も同様に処罰する。」

その注目すべき点をドーナニイの言葉を借りて列挙すると次のとおりである。(一)「立法者は拡張的正犯概念と限縮的正犯概念の二つの基礎のいずれの上にでも首尾一貫した体系を樹立することができる。刑法委員会は従来の諸草案と異なり拡張的正犯概念の立場を採ることを決定した。」それは意思刑法的に刑法体系を樹立することにより制約された正犯概念拡張の必然的コレラートでもある。[3] (二)委員会における最初の提案はイタリーやノルウェーの例にならって加担という単一の概念をもって従来の共犯と正犯とを包含させようというものであった。しかしそれは「明らかに若干粗雑に失して種々の分化のある社会生活の事実に適合しないものがある。」単に用語の問題としても自ら引金を引いた者を「殺人に加担」した者といい、または逆に行為者に武器を渡す者を「殺人」として有罪と宣告するのは民衆的用語でない。国民的司法の立場から判決主文に行為者がどのような犯罪に基づいて有罪を宣告されるかを言明する必要があるとすれば「法文自体において行為の実行と行為への加担との間に区別を設けることが必要であるようにみえる。」さらになお一般人が教唆・帮助という加担の類型的区別を処罰価値の相違としてでなく単に外部的態様の相違として認めているということは争えないし、これは国民的であろうとする刑法の無視できないところである。従って立法者が例示的に加担の類型を示しておくことは好ましいことである。裁判の困難はこの選択的《アルタナチヴ》規定により生じることはない。これがａ条一項の規定がある理由である。(三)従犯減軽の許否とその方法については、因果的に一切の条件が同価値だということから「これらの行為の処罰価値を決する法的価値の同一性を結論することはできない」ことが認められている。この軽減が許される従犯は、従前の概念的区別の争いが復活する余地がないように法律で明らかに規定されねばならない。この規定方針は「純粋な意思刑法の立場からは一見主観説によるのが最も手近かなようにみえる。しかし詳細に観察するとこの解決は困難に遭遇することが分る。」例えば、自ら客観的要件を実現したときも他人のためにする意思でした限り従犯という外ないからである。そのため委員会は主観説を客観的に制限してａ条二項を設けた。[4] (四)共犯は一方が故意、他方が過失のこともあり、また過失の教唆も罰されるが軽微な過失の従犯は（とくに不作為犯）刑を科さないことができるとすべきである（ａ条二項但書）。(五)共犯の独立化（Verselbständigkeit der Teilnahmeformen）は明示されねばならない。ただし少なくとも外的構成要件の実現は存在しなければならない（ａ条三項）。(六)教唆未遂については一般に罰するのが意思刑法的に徹底しているが「法は体系の完結性のために存するのでなく、法律は必要のない規範を包含すべきではない。」その処罰は司法上の必要がある限り、すなわち重罪に限るべきである。ただしその他の犯罪につきその処罰の必要があるときに各則にその旨を定めるのは別論である。教唆未遂が罰されるときはその方法を問わず、またその処罰は教唆した犯罪の刑によるべきである。これがｃ条のある理由である。(七)責任無能力者・または自ら何をするかを知らぬ者を利用する間接正犯は、主観的従属性を廃止する結果、加担となるので別に困難な問題にならない。ただし処罰されない自傷への加担は特別規定がない限り罰されない。構成要件の違法な実現は必要なのである。(八)身分犯への加担もあるが減軽されるべきである。ａ条がある理由である。[5]

（1） Oetker, Die Teilnahme am Verbrechen (Grundzüge eines allgemeinen deutschen Strafrechts. Akademie für deutsches Recht), S. 116. 報告者としてのオェトカーの意見がそこでは全く入れられていないようにみえるのは上記アカデミーの決議で明らかである。Finger, Gedanken zur Denkschrift des preussischen Justizministers „Nationalsozialistisches Strafrecht" Gerichtssaal 105, S. 26ff. Sauer, Ethisierung des Strafrechts, Deutsches Strafrecht, 1934, S. 186ff. Zimmerl, Täterschaft, Teilnahme, Mitwirkung, ZStW. 54, S. 575ff. Weber, Zum Aufbau des Strafrechtssystems, S. 24.

（2） Das kommende deutsche Strafrecht (Allgemeiner Teil), Bericht über die Arbeit der amtlichen Strafrechtskommission, Dohnanyi, Täterschaft und Teilnahme, S. 72ff.

（3） 意思刑法・危険性刑法・結果刑法・侵害刑法の対立は未遂論にとって重要であり、ひいては共犯論にも影響する。そのわが国への紹介として木村教授「ナチスの刑法」ナチスの法律一五九頁以下。

（4） わが刑法の解釈として宮本教授がすでに永く主張してこられたところである。

（5） このような身分犯と共犯の規定を設けたのは多分オェトカーらが拡張的正犯論からは身分犯の間接正犯の処罰は不可能になることを注意したことに由来しよう。

要するに再び過去三〇年の歴史をもつ一九二五年・一九二七年・一九三〇年の諸草案の方に歩みよっていることを否定することはできないのである。なおツィンメルが最近の論文において限縮的正犯か拡張的正犯かの争いは法技術的の問題に止まるから、ナチス的立場または意思刑法主義からその一方が正しく、一方が不当だとはいえないとし、改めて自説を主張していることを注目すべきである。われわれはナチス政権が新派の提案（教育刑論）を最初には排撃したが後にはそれを自己流にモディファイして肯定しようとしたのと同様の現象をこの領域においても気づくのである。これはわれわれにとっても大いに暗示的でなければならない。

六　限縮的正犯概念

一　上述のように拡張的正犯論は、規範的概念構成論の必然的結果というその形式と、間接正犯の理由づけに役立つという内容のために圧倒的な勢力をもってきた。しかし、ドーナはメツガーとシュミットを直接批判しながらこの大勢に抗して叫んだ。「私は正犯の概念規定において態度の特殊のSo＝Seinを重視する者は認識論的存在観にとらわれているのだということに同意することができない。むしろ立法者が実行々為をもって未遂と予備、共同正犯と従犯の区別の標準とし、理論がこの実行々為の本質を個々の場合に法律が刑を科した態度に該当する意思表動であるとした見地は完全に規範的である」(1)と。これは拡張的正犯概念でなければ規範的概念構成の産物でないという偏見に対して確かに頂門の一針ではあるが、彼もまた罪刑法定主義を固守する限り間接正犯の処罰の法的根拠づけを与えることは依然としてできなかったのである。――それでは結局、限縮的正犯論からは間接正犯の処罰は永久に不可能であり、もし自己を貫こうとすればこれを無罪と宣言することにより刑事司法の実際の必要と矛盾するにいたり、またこの実際上の必要を充そうとすれば自己を否定して拡張的正犯論の軍門に降伏を乞わねばならないかという二者択一の窮境に立つ外ないのであろうか。さらに第三の道の発見される余地は存しないか。実はそこにはもう一つの道が開拓を待っているのである。われわれが従来の限縮的正犯論がみな殆ど宿命的に共犯論におけるいわゆる最大限度の従属形式論と結合していたことを想起し、さらに本稿冒頭に掲げたツィンメルルの従属性の諸段階を思い浮べるなら、この道の発見は必ずしも困難ではないように思われる。それは、拡張的解釈論が間接正犯の正犯としての理論づけを目的として正犯概念を変革するという道をとったのと正反対の方向に進み、共犯の領域を拡大して間接正犯をこの拡張された共犯のなかに解消させようと努力してみることである。この道はオーストリー現行刑法の立場であり、また立法論としては一九二五年来のドイツ刑法草案やわが刑法草案の採用した道であることは私がすでに述べたところであるが、限縮的正犯論の立場を固守する人々は自らこの道へと近づいて行ったのである。ここにツィンメルル・グリューンフート・ブルンス・リットラー・ベール・カントロヴィツらの見解が注目されるべきことになる。

（1） Dohna, Kritische Bemerkungen zum Edmund Mezger, Strafrecht. ZStW. 52. S. 114.

二　ツィンメルルは本稿の冒頭に述べたように拡張的正犯論と限縮的正犯論との対立の可能性とその派生する結論を問題として提出した最初の人であるが、その後にでたシュミットやメツガーらの拡張的見解に多大の影響を受け、さらに自説について反省を重ねたのである。[1] そして彼は自己の前論文における「犯罪類型はそれが共犯形式をも含むほど拡張的に解釈すべきか、またはそれがただ正犯行為だけを含むように限縮的に解釈すべきか？」という問題提起には二重の誤謬があったとする。「一つはすべての犯罪類型が統一的にそのうちの一つの方向において解釈されうるという考えであり、二はすべての犯罪類型において二つの解釈方法のいずれをとることも可能であると考えたこと」である。問題解決の唯一の正当な道はむしろ各則の犯罪類型の地道な研究にある。各則の各類型は教唆・幇助の共犯行為をも含むほど広く作られていることもあろうし、またはそれを含まずただ正犯の実行々為だけを含むように狭く構成されていることもあって統一的ではない。これに対応して、前者においては共犯規定は縮小原因であるし、後者においては拡張原因である。例えばドイツ刑法二一一条（謀殺罪）は共犯行為を含まないが、これに反して二二二条（過失致死）の「死亡ヲ惹起スル」（Tod verursachen）は一切の結果惹起行為・従って教唆・幇助のような共犯行為をも含むであろう。これは総則における共犯規定が故意だけに限られていて、過失による共犯についての規定がないことと対応している。この事実は、挙動犯を除いて考えても（それについてはメツガーも共犯規定は刑罰拡張原因と認めている）、一般に刑法典が共犯規定は刑罰（または類型）拡張原因だと考えているという結論を許すようにみえる（なお二一二条の故殺罪・二一四条の便宜殺罪・二一七条の嬰児殺罪・二二三条の傷害罪など多くの犯罪が同様である）。しかし反対に三一二条の「溢水を招いた」（herbeiführen der Überschwemmung）というのは故意の惹起をみな含む意味であり、これについては故意の加担をとくに示す共犯規定は縮小的である（三一三条「船舶の坐礁または沈没を生じさせる」bewirken というのも同様である）。なおこの他いずれとも決められないものが沢山ある。八一条・九〇条が「敵の権力下にもたらそうとする」としているのもそれに当る。すなわち右の二見解の正当性は一概にいずれとも決められないのであって、このことはオーストリー刑法においても同様である。そしてその共犯行為をも含むかどうかが疑わしい犯罪類型がある限り、限縮的見解をとるか拡張的見解をとるかの争いは残る外ないが、この争いは解釈論としてはいずれとも決めることはできないとする。――しかし、彼はむしろ立法論に興味を示し、現行法についての議論は刑法体系の出発点における矛盾がどんなに解きにくい体系的矛盾を生ずるかの暴露のためになされている感があるとする。立法論としては、彼は限縮的見解を推奨するが、解釈論として間接正犯と過失の共犯の取扱いについて説くところは不十分であるといわねばならない。これは、彼が仮りに制限された従属形式をとるとしても、被害者の自覚のない自損行為は類型該当性がないので、その惹起も共犯に含まれないから、特別の犯罪類型を構成する必要があると説いたところにも現われている（上掲一〇〇頁）。さらに彼は最近この点の考えを改め、各則に特別な類型を設けることはこの行為が元来他人の行為の惹起（すなわち加担）であることを不明確にするから、むしろ総則中に「他人をその自覚なしに自損するよう誘致した者は第三者に加害するよう誘致した者と同一に罰する」という規定を設けることを提案するにいたった。しかしこれは彼が厳格に制限された従属形式を固守し正犯行為に完全な類型該当性を要求することに基づいている。同様な事態はカントロヴィッツにおいても見られるのであって、彼が一方ではヘルツォーグ以来の共犯規定解釈論をとり正犯の行為は有責でなくてもいいとしながら、他方では間接正犯はそれでも決して消滅しないと説くのも、全くその「制限された従属形式」を維持するためである。同じことはわが小野教授の共犯論と間接正犯論とにも現われている。それがまたドイツ二七年・三〇年草案の立場であることも説くまでもあるまい（2）。

（1）　Zimmerl, Vom Sinne der Teilnahmevorschriften, ZStW. 52, S. 166ff.

（2）　小野教授・刑法講義九二頁・一九一頁・Kantorowitz, Tat und Schuld, S. 111～126. 拙稿「所謂共犯の制限された従属形式」法学論叢三一巻七八二頁以下。

三　限縮的正犯論の立場を解釈論としてより建設的・構成的に主張・展開したのはブルンスである。グリューンフートは殆ど全面的にブルンスの主張を是認し理論的共同戦線を張っている。(1)

（1）　Hermann Bruns, Kritik der Lehre vom Tatbestand, S. 49ff. Grünhut, Grenzen strafbarer Täterschaft und Teilnahme, JW. 1923, S. 366ff.

ブルンスによると法律は正犯概念が限縮的に構成されることを要求しているとしなければならない。さらにこの正犯概念は客観的に構成されるべきである。しかし、この正犯概念の客観化には共犯概念の主観化が対立し妨害している。その一は共犯従属性論（正犯の有責な行為にだけ共犯が可能とする）が法の意見であるとする慣行であり、二は故意をもってしか他人の犯罪に共犯として加担しえないとする法の明文である。この不調和が正犯・共犯の論争の種である。従って争いをなくするためには正犯概念を共犯規定に適合するように主観化するか、または共犯規定を客観化しなければならない。第三の道はない。しかも実定法の体系としてはただ共犯の客観化だけが許される。そのためには共犯の制限従属性を認め(イ)、過失の共犯を認めればよいのである(ロ)。

(イ)　故意のない行為への共犯　まず理論上――立法論として――共犯に制限された従属形式を採用し、誘致Veranlassen（教唆）と幇助Unterstützenを認め、また誘致に対する刑は正犯に対するより下限を低くすべきである。こうすれば被教唆者が故意に行為するかどうかは問題でなく、ただ彼が可罰的違法類型（構成要件）を完全に実現するのが通常の場合である。しかし彼が一人で完全に類型を充すことが不可欠の要件ではない。その行為が構成要件の一部に該当しそれ自体として違法でありさえすれば共犯はこれに対して有効に成立しうる。例えば公務員が非公務員を利用し、または自ら目的を有する者がこの目的のない者を利用する限り、構成要件実現の不足はこの誘致者の有する身分・目的により有効に補われるからである（もし誘致者が同時に行為により構成要件の一部を実現したならもはや共同正犯となる。しかし単なる主観的違法要素だけではまだ誘致者である）。すなわち「誘致された行為自体が少くとも違法であり構成要件に一部でも該当しており、誘致者の一身に存在する主観的違法要素（または身分）と合して一つの完全な違法類型を構成」しなければならないし、またそれで十分なのである。――ブルンスはこのように正犯行為は構成要件を完全に実現しないでもよいとすることにより実は厳格な意味での制限された従属形式の立場を越えている。人はそのために彼を非難するが、私は正にこの点において彼の主張を高く評価したいと思う（1）。

（1）　Bruns, Kritik, S. 63.　拙稿上掲法学論叢三一巻八一二頁以下参照。

以上は立法論としてであるが、解釈論としても法律改正が実現されるまで現在のような極端な従属形式論の支配に委ねておく必要はない。すなわち〔旧〕現行ドイツ刑法の解釈としても制限された従属形式の共犯論をとることは妨げない。現行刑法典四八条（教唆犯）・四九条（従犯）が共犯の対象を「他人の可罰的行為」（strafbare Handlung）または「重罪」（Verberchen）「軽罪」（Vergehen）としていることが極端な従属形式論の文理的根拠であるが、五一条以下（刑罰阻却または減少原因）では責任または責任性を欠く場合にも同じ可罰的行為という語が用いられているし、また重罪・軽罪という語もただ違警罪の幇助を可罰的従犯から除外するために用いられたものに外ならないから、成定法自体にこの制限された従属形式的解釈を禁じる根拠を求めることはできないのである（1）。このようにして彼は解釈上もこの制限された従属形式をとろうとするのである。

（1）　Kantorowitz, Tat und Schuld がこの結論を大胆に展開したことについては拙稿上掲七七九頁以下。彼は制限的従属性を解釈上採用するが、正犯とはなにかについてはあいまいである。間接正犯の問題性がはっきり把握されておらず、例えば「共犯は Tatbestand との関係においては刑罰拡張原因である」が「共犯は正犯との関係においては刑罰制限原因である」としているが、この構成には明瞭でないものがある（S. 157）。

(ロ)　過失の共犯　ドイツ刑法は共犯は故意に行われねばならないとするので、過失による教唆(誘致)、幇助についてとくに困難に遭遇する。われわれは上述の火事のときに逃げられないような住居を与えた工場主・私生児分娩中の娘を放置して嬰児殺を行わせてしまった母親・毒物を男友達に与えその妻を毒殺させた女についての判例を想起しよう。このような過失的共犯の処罰が必要と認められた場合にも、ドイツ刑法では共犯として罰する道がない。そこで最高裁はそれらの場合を過失致死の正犯として処罰したのであった。しかし、もしこれらの場合の特色が、正犯行為を考えられるのはせいぜい過失犯の場合だけで、もし行為者が自分の行為と(その惹起した)他人の行為との関係を知って(故意)おれば当然共犯になったというところにあるとすると、正犯論にとって二つの問題が新たに生じることになる。一つは故意と過失とに共通の統一的な正犯概念が可能であるかであり、他は右の故意の正犯と過失の正犯との間の外見上の差別を顧慮した場合にそもそも正犯概念が客観的に定められるかどうかの問題である。両方とも考えられるが、しかし問題はまず法律自身がこの点に関し何らかの道を示していないかどうかを明らかにすることにある。この目的のためには故意・過失がともに罰される犯罪を詳細に検討しなければならない(S. 67. 68)。「限縮的正犯概念は第一に法律の中での行為の仕方の態様記載(modale Umschreibung)を基礎とする。しかしこれは故意犯についてだけ当てはまるということを忘れてはならない。「窃取する」者(二四二条)・「人を殺す」者(二一一条・二一二条)・「他人の身体に暴行を加えまたは健康を害する」者(二二三条)・「火を放つ」者(三〇六条)は故意犯として罰される。しかし過って「他人の死を惹起する」者(二二二条)・「他人の身体毀損を惹起する」者(二三〇条)・「火事を招来した」者(三〇九条)は過失犯として罰される。同じ表現方法は加重的結果犯においてもみられるところである(例えば一一八条・二二一条・二二九条二項・二三九条二項三項・二五一条)。詳細に法律を検討すると、過失犯ではどこにも特定した内容の動詞は用いられておらず、常にただ特定の類型化された結果を惹起(verursachen)または招来する(herbeiführen)という表現が用いられていることが分る(一二二条・一四五条・一六三条・二二二条・二三〇条・三〇九条・三一四条・三一八条a・三二九条二項・三四七条二項)。他方興味をひくのはそれらの故意犯では反対であって、とくに殺人・傷害および放火においては特定内容の動詞が用いられていることを見出す。さらに過失犯の多くは公共危険的な重罪と軽罪の章の中に規定されていることを注目すると、結局、法律はとくに結果を重要と評価した場合には一切の過失的惹起を正犯として罰しようとするのだという結論が明らかに引き出される。……過失致死としては人の死を惹起したすべての人が罰されうるのである。自覚しないで他人の態度を促進または可能にした者がそのことに過失がある限り、二二二条(過失致死)は彼を過失犯の正犯として処罰することを妨げないのである」(S. 68, 69)。さらにこのような立場からは過失においては正犯・従犯の区別もなくなり、故意でなされたなら単純な幇助になるような行為も過失の場合には正犯とならねばならないのである。

「これらは解釈論としては動かすことのできない確定した事実である。しかしそれらは体系的矛盾であり、決してそうでなければならない必然性があるのではない。」「合目的的な規定の実現は、現行法や草案がすでに故意犯についてしたような、過失犯についても正犯と共犯をはっきり分離することによってだけ可能になる」(S. 69, 70)。

(八)　限縮的正犯概念の規定　右に誘致・幇助は被利用者が有責かどうかを問わず常に正犯・すなわち実行々為の範囲外にあること、従って結果惹起の条件ではあるが実行々為ではないことが明らかにされた。「今や構成要件的結果に導いた一切の自己の手によるところの、かつそれだけの行動(eigenhändige und alleinige Tätigkeit)が実行々為とみられるかどうかが積極的に決められねばならない。また不真正不作為犯も体系的地位づけを待っている。単に日常の用語例だけでは根拠として不充分である。概念規定は何よりまず自然力・動物・機械力(technische Kraft)の利用がどの範囲まで実行々為と対立するか、および不作為による正犯がどの範囲まで認められるかについて示すところがなければならない」(S. 70, 71)。すなわち故意と過失に共通の実行々為を積極的に定めることが必要である——そしてこの概念を与えるものは行為支配(Tatherrschaft)の思想に外ならない。[1] ここにいわゆる Tatherrschaft は「現実になされた Tatherrschaft」ではなくて、むしろ「態度自体に予め内在する Tatherrschaft の可能性」である。「一般的にみて行為者の行為が現に生じたような結果・法益侵害を招来するのに適していたときにだけ、実行々為として彼に帰することができる。客観的出来事の一般化的観察によって人の Tatherrschaft の可能性が計られる。そしてここには相当条件的思想が入り込む。それは行為への帰責の標準を内含している」(S. 73)。例えばある人を政治集会に送る者がその集会において乱闘が生じこの人が殺されるであろうと期待する場合、または一夜の宿を乞う巡礼を暴風雨の中に押し出した不親切者は、まだその他人の死を左右しうる地位に立つとはいえない。たとえ不幸にしてそのためには相手方が死亡し、事後の判断により彼の行為とこの死亡の間に、条件関係があることが証明されても、彼が正犯になるのではない。「裁判所が非類型的事態について責任がないとすることは個々の犯罪類型においてしばしばみるところである」(2) (S. 73)。

（1）　ここにブルンスのいう Tatherrschaft とヘーグラーやフランクが用いる Tatherrschaft の概念を名称が同じことから混同してはならない。ヘーグラーやフランクにおいてはそれは責任の要素として当該の違法行為をするかどうかの自由があること、すなわち適法行為が期待可能であることの意味に用いられるからである (Hegler, ZStW. 36, S. 19ff., 184ff. Franksfestgabe I S. 25ff. Frank, 18 Aufl. S. 136)。

（2）　ブルンスはこの例として訴訟詐欺において裁判官が義務に違反して犯人に欺罔された場合には犯罪は成立しないとした判例 (E. 36/118)、および債務者が執行吏に差し押えようとする抵当物はなくなったと主張したのに対し、執行吏がその主張が正しいと確信しないのに、そのまま引き下った場合にも同様の判例があることを掲げている。

この正犯の基礎としての Tatherrschaft は不作為によっても可能である。ただし「作為が一般化的観察に服すべきであるとすれば、不作為においては、反対にある結果との関係において人間的行為支配の可能性があったかどうかは、その時々の特殊な個別的事情を注目することによって探求されねばならないのである。このことは不作為がもともと一般化に適せず、むしろそれが、そのなかにおいて不作為として現われる附随事情・状態によって始めて法的評価に適するものとなることに基づく。不作為者（ある行為をしない者）は、単に彼がその期待された作為をしたなら結果を避けえたであろうというだけですでに正犯となるのではない。さらに客観的にみて他の方面から結果を避ける作為のなされる蓋然性があることによって彼自身の行為支配が除去されていないかどうかを顧慮しなければならない。しかし第三者の結果避止ということは常に不確実な要素であるし、その限りにおいて通常は行為支配が存することになろう。だがこの場合にはたかだか過失があるに過ぎないであろう」（S. 73. 74）。——それでは具体的にどのような犯罪において不作為による正犯が存在するかが当然問題になる。この点についてはつぎのように考えられる。親族相姦は不作為によっては行えない。しかし死亡は不作為によっても実現できるようにみえるが、殺人罪にいわゆる「殺す」とは「火を放つ」・「身体に暴行を加える」というのと同じく身体の挙動を示す動詞である。結果をとくに強調しその惹起の仕方・方法を問わないのは、それらの過失犯において始めてみられるところである。不作為による殺人（致死）において実際に行使された行為支配は程度の低いものであるから、立法者の考えによると故意の殺人として罰されることはないということになろう。人間的行為支配の形式としての不作為は常に故意・過失により犯されうる犯罪、すなわち行為支配の実行方法が特定されていない犯罪においてだけ問題となりうる。

また「誘致（veranlassen）および幇助（unterstützen）には結果との関係において行為支配が欠けている。この態度の形式が共犯類型に類型化されたのはこのためである。それは不法内容からいっても直接正犯に較べて少ないから刑罰拡張原因とされたのである。行為支配が数人に分割されているときは共同正犯が基礎づけられる」（S. 74. 76）。

また正犯概念の根底であるこの行為支配の可能性の理論は既遂に達しない犯罪・すなわち未遂犯についても維持されねばならない。まず未遂の上の限界（既遂との区別）が問題になるが、類型要素のいずれかが欠けている一切の場合が未遂なのではなく「既遂になりうるものがならなかったときにだけ未遂がある。既遂と未遂は構成要件の行為要素について測られるべきであり行為または結果の態様（Modalität）について測られるべきではない」（S. 76)。なお予備と実行の着手の区別という下の限界・Mangel am Tatbestand・不能犯なども困難な問題を生じる母胎であったが、このような区別は無用である。「未遂行為は既遂への客観的傾向（Tendenz）を包含しなければならない。しかし未遂の本質は正に構成要件該当的結果の不発生にある。未遂は結果が現実には発生しなかったけれども、人間的行為支配の可能性があったときにだけ存在する。結局、欠効未遂（fehlgeschlagenes Verbrechen）と中止だけが未遂だということになろう（S. 76. 77)。すなわちMangel am Tatbestand・不能犯は未遂ではないことになる。また未遂・すなわち実行の着手は全く客観的に行為者の既遂意思とは独立に判断できる。従って過失の未遂ということも観念できるのであるが、未遂が故意の場合だけに限られる以上、未遂には若干主観的要素がつきまとう（弾丸が人とその連れていた犬との中間を経過したならば、殺人未遂または毀棄の未遂のいずれともみられうるが、この時は行為者の意思がいずれであるかを決する)。

草案はなお不能犯のある場合の処罰（untauglicher Versuch nach tauglichem Plan）を認めるが、これはMangel am Tatbestand の処罰を引きずり込み、ひいては構成要件の保障的機能を破りかねないから是認できない（S. 77. 78)。

このようにしてブルンスは結ぶ。「客観的帰責標準としての人間的行使の可能性は作為および不作為による正犯の概念規定や既遂と未遂の区別にとっても有効な標準であることを失わない。刑法上の構成要件の意味はこの帰責標準の認容を強要している」と（S. 79)。

グリューンフートは右の自分の弟子が彼に献じた著書のなかに説いた理論に全幅の賛意を表し自らもブルンスの説を採用するにいたった。このことは彼が Juristische Wochenschrift で発表した「可罰的正犯と共犯との限界」という小論文が殆どブルンスの著書の巧妙なレジュメの観があることからも知ることができる。なおオーストリアのリットラーも同様な見解を最近において採るにいたった由である。(1)

(1) Rittler, Neuaufbau der Lehre von Täterschaft, Mitschuld und Teilnahme, Juristische Blätter, 61 Jahrg, Wien, 1932, S. 485ff. (ベールの引用による)。

七 むすび

一 以上の問題史的研究は正犯概念についての二つの思想の型のそれぞれの出発点および到達点を一応理解させたであろう。その対立抗争は結局二つの異る世界観に帰着し、論理的にいずれを正しいともいえず、両者ともに同等の権利をもって自己を主張しうるのである。またすでにわれわれは拡張的正犯概念から出てわが刑法を説明したものとして宮本教授の理論をもつ。しかしなお他面において限縮的正犯概念からしても、同時にいわゆる共犯の従属性に関する従来の思想を是正することにより、わが刑法の共犯規定の妥当適切な解釈論が樹立されうる。それはまた、わが刑法改正案についていえば、単に可能だというだけでなく必然的でもあるようにみえるのである。そして草案がそうであり、さらに現行法についてもそのような理論が可能だということはこの方面への思索を勇気づけるのである。――この点については私はすでに若干の考察をわが刑法典について払ってきた心算であるが、(1) ここでなお一言しよう。

(1) 拙稿「所謂共犯の制限された従属形式」法学論叢三一巻七八四頁・八一三頁。なお「犯人の親族を示唆慫慂して証憑を湮滅せしめたる者の責任」(判例批評)法学論叢三二巻一〇六頁以下。

(イ) わが刑法では、共犯は正犯の有責性を条件としない。いわゆる拡張的正犯論は、すでに明らかにされたように、共犯規定に正犯者が有責に・しかも故意に行為するときにだけ共犯が成立する旨を定めているという解釈論を前提としている。しかしこれは証明されていない一個のドグマに過ぎない。わが草案は二九条に「自己の行為に付処罰せられざる者又は過失犯として処罰さるるに止る者を行為に加功せしめたる場合」にも共犯を認めているし、また現行刑法二五七条は期待可能性すなわち責任のない行為への「共犯」を認めているのであるから、理論的に右のように一般的結論を引き出して差支えない。

(ロ)　さらにわが刑法では正犯行為は当該犯罪類型の予想する可罰的違法性を完全に具備することを要しない。すなわち「惹起された行為は少くとも自ら違法で、且法的の可罰的違法類型に幾分でも該当し、且惹起者自身に付て存する主観的違法要素又は身分と合して一の完全な違法類型になり得ねばならぬし且それを以て足る」(拙稿法学論叢三一巻八二一頁)。この点で私は制限的従属性の論者と異なる。わが刑法二四四条が親族相盗の刑を免除するのは期待可能性がないからではなくて、窃盗として罰すべき程度の違法性がないためである。しかし、これに対しても法律は「身分ナキ共犯」の成立を認めている。

(ハ)　また身分者が非身分者を利用して身分犯を犯し、または目的その他の主観的違法要素を含む犯罪において、これをもつ者が他のこれをもたない者を利用する場合にも、事情は異らない。――ツィンメルルは類型的違法への加担に共犯行為の本質があるから正犯行為は単純なる違法では足らないとし、またそのように可罰的違法類型が分割できるものとすれば「Aが自己の娘と他人を同衾させたときはAは近親姦について刑責を負うことになる」とする。しかしこの非難は不当であって、共犯が認められるためには、加担者がもつ違法要素としての身分または目的と直接行為者の行う違法行為とが一つの刑法上の可罰的違法類型にまで合成統一されねばならない(二〇二条前段の自殺関与はこの例である)。いま問題になっている近親姦という可罰類型は近親者の生殖器の結合という事実によってだけ充実されうることは明らかだからである。

(ニ)　最後に自覚のない被害者自身の行為により自分自身の法益を毀損させることが問題となる。例えばそれと知らずに猛獣の檻を開けるよう決意させて結局この者を猛獣の餌食にしてしまう場合は被害者自身の行為は自殺ではない。従って誘致者も自殺関与者ではない。とはいっても被害者の行為が殺人罪の類型に該当するかというと、殺人罪は「他人」を殺すことを要すると解されるべきものとすれば右の誘致者の処分を理由づけるためには間接正犯概念を持ち出すより外はないようにみえる。同様のことは自害一般について問題となりうるものであって、ツィンメルルは結局この困難を克服するために種々の見解の変化を経た後で上述したように「人はその自覚なしに自損するよう誘致した者は第三者に対し加害するよう誘致した者と同一に罰する」という総則規定を提案した（Aufbau, S. 151）。これは右の行為が加担行為である点をなお顧慮しようとするものであるが、このような規定のない現行法の解釈としてはその改正まで待っている訳には行かない。そこでこれを共犯行為とするか、あるいは正犯（直接または間接）行為とするかの外はない（Hippel, II, S. 403）。殺人罪の各論的解釈としてはこれも実行々為といっても妨げないであろうが、上述のような共犯概念からは、この場合にも共犯の他人性は行為者の自己性による欠陥を補って殺人罪の教唆としての処罰を可能にするといえるであろう。

（ホ）　違法性確定後の第二段の問題である責任が正犯行為に不要なこともこの立場からはむしろ自明であろう。

（ヘ）　このように考えてくれば共犯と正犯との区別とともに密接な近似性も明瞭になる。あるいはそれはケベルニークがいうようにもはや従属性の否定だといってもよいであろう。こうして間接正犯概念——それが拡張的正犯論の端緒であった——の必要な場合は殆どなくなってしまう。ただ適法行為利用の場合だけが残るが、これは判例や上掲ナチス刑法上は原則として無罪であるから、ここには問題としない（なお拙稿法学論叢三三巻一〇六三頁以下参照）。

（ト）　次にドイツ刑法は「故意に人を教唆して」・「故意に人を幇助して」と明文で共犯自体の成立を故意に係らせているので、過失により人を教唆・幇助した場合は間接正犯を認めなければ無罪になる。そこで限縮的正犯論者は——ブルンスのように——目を各則の研究に転じて、過失犯の類型は故意犯のそれと異なり非常に広く構成されており、結果に対し条件となった行為はみな類型に該当するといって差支えないとすることによって過失の教唆・幇助も過失犯の正犯・実行々為といえることになるとしてこの問題を解こうとするのである。しかしそれでは一般論として故意犯においては限縮的正犯概念が、過失犯では拡張的正犯概念が認められるという体系的二元主義に堕しよう。――これに対しわが刑法および草案においては共犯を故意の場合だけに限っていない。従ってわが国においては過失の教唆・幇助も共犯として認めうるのであって、右のように故意犯の正犯概念と過失犯のそれとを別個に観念する必要がない。すなわちわが国においては正犯概念は限縮的解釈の立場から統一的に構成することができるのである。もっともこれは一切の可罰類型が必ず制限的に解釈されねばならないと主張するものではない。個々の類型は（例えば(旧)七三条の不敬罪など）あるいは拡張的見解によって運用されることもありうるであろう。

わが牧野教授が「共犯と犯意及責任能力」（間接正犯）の関係を論じてわが現行刑法の解釈上、一、犯意のない行為にも共犯として加功しうるし、また犯意のない行為によっても共犯として加功することができるとされ、二、また「能力に付ても問題は同様なり」として、無能力者の行為に加功する場合にも共犯として論じうるとされ、間接正犯概念を全く無用とされるのは、その限りにおいて同様の思想であると解される。(1)

（1）　牧野教授・日本刑法四〇五頁以下。木村教授はわが刑法共犯規定の解釈として法律が「犯罪を実行せしめる」としている点を重視し、「犯人の犯罪の実行があれば足り、実行行為即ち客観的に構成事実を実現すべき行為が違法なることを必要とせざるものと解せねばならぬ」とされる。そして被用者の行為が構成事実に該当しないなら当然の正犯とされるのである（法律学辞典三一八頁）。

二　最後に実行行為概念の内容規定が問題であるが、ここではただブルンスの理論に対する若干の覚え書きを述べるに止めよう。

(イ)　実行行為と相当条件的思想との結合――ブルンスの行為支配論の実体はそれである――は是認されねばならない。ザウアーが客観的違法論を主張するにあたってした「行為の法益侵害への客観的傾向」または行為の現実的目的という思想の利用、またはメツガーが因果関係論としては平等条件説を採りながらタートベスタント論においては相当条件的考え方が重要であるとしたことをもっと展開しなければならない。(1)

（1）　一、シュミットは、平等条件説をとり、それを違法・責任の有無の観点からみる以外に、このような第三の評価的観察は必要でないという。Aを死なす心算で暴風雨の日に大木の生えている山にやったところが、期待通りAが落雷で死んだ場合にも条件関係と故意があるから殺人罪が成立することになる。しかしこの説の論者はこの場合には結果は「希望され願求されただけで、予見または意欲されたとはいえない」、すなわち故意がないといってこの結論を避ける。また殺人犯人の両親は彼を生むことにより殺人罪を実行したことになるという非難に対して、これを肯定し、ただそれには違法阻却原因があるから無罪だと説明するような無理をしなければならない。二、ベーリンクは相当条件に属しないがタートベスタント要素となる行為があるとするが、問題は類型の内容がこのように明確でない場合をどう合理的に解釈するかについて存するのである。

（ロ）　不作為が実行行為といえるかどうかは個別的に判断すべきであるという主張も是認される。しかし不作為が当然にどの犯罪の実行行為でもありうるのではないというだけであって、問題は各個の犯罪の解釈論である。(1) この点のブルンスの所論は余りにも一般的であるように考えられる。(2)

（1）　小野教授・刑法講義九〇頁以下・宮本教授・刑法大綱四三九頁以下。メツガーは不作為犯については拡張的正犯論が甚だ不当な結果に達することを認めている。しかも彼はそれは拡張的見解の罪ではなく、逆に不作為を作為と同一視した法律の誤りに由来すると逃げるのである。ZStW. 52, S. 538 Anm. 29. 本稿前出一一四頁。

（2）　不作為一般というものは存在せず、なにかの不作為であること、またある態度が一つの不作為と観念されるためには諸種の随伴事情が必要なことを示した点でブルンスは正当である。ただ彼がラレンツらにならい不作為には因果関係がないとする点に弱点がある。この思想は一つの自然主義の名残りである。不作為にこそ社会現象の特色である価値と実在・当為と存在との不可分的構造連関が明らかに現われている。社会的因果関係ということが考えられねばならない。そして不作為の因果関係は、ある作為義務とその能力とがともに具備することを前提とする。不作為はこうして始めて不作為になる。ここに最も大きな主観的で規範的な違法要素の場合がある。Tatbestandとの関係につき Liszt = Schmidt, 26. Aufl. S. 189ff.

（ハ）　予備と実行の着手の限界について通常は客観的区別は明確に立てにくいと説かれる。相当条件説を援用するとしても、ある程度までこの非難は当てはまるであろう。しかし元来、社会現象はそれが実在するときにこれに対してDiagnoseとしての判断を加える場合には個別化的に分析を尽して要素に分解できるけれども、将来に向ってPrognoseとしての判断を加える場合には現在の事実のDiagnose的個別的観察により理解された諸要素を綜合して一般化的思考により類型化的に操作するより他はない。右の限界的場合に残る多少の曖昧さはこの社会現象の本質に基づくものである。(1) ヒッペルの示した具体的危険性の理論およびシュミットのそれとMangel am Tatbestandの理論との結合はこの方面について示唆的であると考える。(2)

(1)　例えば形式的客観説の標準としてのあいまいさを非難する主観説も、未遂を「犯意が遂行的行為により表現された時」(牧野・日本刑法上二五一頁)というときにはすでに類型化が行われており、または「完成力のある犯意」の表動したとき・「犯意の飛躍」あったときとするのも、この犯意の飛躍は純内心的現象で多くの場合はそれ自体として認識できないし、また事実このような飛躍のない場合もありうるから、実際上は副次的に「一般に犯意の飛躍あるべき行為」をしたときを標準とする(宮本・刑法学粋三六六七頁)という場合にも、すでに同様に客観的類型化を行っているといわねばならない。フランクまたはわが大審院が「具体的場合に選ばれた惹起方法を基礎として実行の着手は自然的観察上構成要件的行為との必然的関係により、その構成部分と見られる行為のなされた時」とするのも同様である。

(2)　行為の危険性と行為者の危険性はもちろん別個のものである。そして右の注1の所論は、未遂においては行為者の危険性を強調する立場からも、その徴表として行為の危険に独立の地位が与えられるべきことを示す。Tesat, Die Symptomatische Bedeutung, S. 263ff. わが草案の不能犯の規定のように「行為の危険性」を未遂としての処罰の条件とする場合にはとくにそうである。この行為の危険性の詳細はここに述べられないが、なおそこからヒッペルがMangel am Tatbestand論を否定したことを注目しよう。Hippel, II S. 425. S. 431ff. 両者の統一についてLiszt = Schmidt, 26. Aufl. S. 301ff.

(三)　最後にブルンスらがそれは相当条件でないからという理由で共犯行為の実行行為性を否定した態度が問

題になる。しかしそれもまた一つの相当条件であると考えるべきである。共犯か正犯かは同じ相当条件的な行為の間の区別に過ぎない。両者の限界は正犯概念の方からでなく共犯概念の明確化の方から推進されるべきである。なお四三条の未遂犯規定が共犯に適用されるかということも論理的に否定すべき必然性があるのではない。ただわが法律秩序の問題としては刑法六四条のような規定があり、また刑法外の特別法に共犯の未遂についての特別規定を設けたものが多いから、わが刑法は共犯の未遂はいわゆる未遂としないという趣旨であろうと推察されるだけのことである。

4　共犯と身分――その問題史的概観

一　はじめに

わが国の判例および従来の学説によれば、刑法六〇条以下の共犯規定はいわゆる従属犯説の立場にたつものと解されている。しかしこの従属犯説からしても完全に説明ができないとされるのが六五条の共犯と身分についての規定である。例えばつぎのように説かれている。

「身分犯を罰する理由は、身分を理由とする当該の態度が条理に違反するからである。この条理違反は、身分を有しない者が身分を有する者を介して、これを成立せしめた場合においても、その価値は同一である。処罰を受くべき者が現実に身分を有するか否かは重要なことではない。六五条一項はこの精神から出来た規定である。」ところが六五条二項の「身分が刑罰を加重減軽する事情に関する構成要件である場合」の規定は「趣旨において、一項の規定と全く反対である。身分犯は身分が犯罪の成立に関係あるにせよ、刑罰を加重減軽する事情に関係あるにせよ、身分あることによって条理違反の程度に影響ある事を理由とする。この条理違反は、身分を有しない者が身分を有する者を動かして実現する事が出来る。教唆犯AがKを殺す際に自ら実行しないで、Kの子に実行せしめた場合、正犯BがAの依頼によってAの親Pを殺した場合に、A及びBは自己の親を殺したのではないが、何等かの形式によって、尊属親殺罪という条理違反の大きい犯罪に関係したのである。しかし、六五条二項はこの点を考慮する事なく、身分を有しない者には通常の刑罰を科する事にした。即ち一項と二項とは矛盾している。」（瀧川教授・法学全集一〇巻一七四・一七五頁）

従属性の原則から一項は正当であるが、二項は正にこの原則と矛盾するという主張である。――同じく従属性の原則をとるといわれるドイツ刑法は、身分についてはわが六五条二項にあたる〔旧〕五〇条の規定しかもたない。従ってそこでは身分により構成すべき犯罪への非身分者の加功が共犯でありうるかも、解釈の問題となっている。私はつぎにこのドイツ刑法の共犯と身分の規定の沿革と、それについての学説の発達を尋ね、一つにはこれらのもつ歴史的な意味を知り、二つにはそれらが法律発達の過程において重ねて行った意味の変化を知ることにより、わが刑法六五条の含む問題を解く準備としたいと思う。

二　問題の前史

「もし共犯者の一人にだけ刑法上意味のある事情があるなら、それは他の共犯者の処罰にどのような影響をもつかの問題は、このような抽象的な形式において、まず注釈学者とイタリーの実務家により提出され」論議されたといわれている。われわれはハイムベルガーやクルークの研究によりこの問題の前史を学ぶことができる。(1)

（1）　Krug, Die besondere Umstände der Teilnehmer, 1899. Heimberger, Die Teilnahme am Verbrechen in Gesetzgebung und Literatur von Schwarzenberg bis Feuerbach, 1896.

一　「Corpus juris もすでにそれに当る規定と考えるべき若干の部分を含んでいるが、それはまだ原則を宣言するものでなく、公然と問題をその一般性において把握しようとしているのでもない。」その中には例えば尊属親殺の共犯（conscius）が殺された者の親族でなく他人である場合においても、なお尊属親殺の加重刑を科すべきかという問題が提出され、それが直ちに肯定されているし（1. 6. Dig. De parricidiis, S. 48. 9）、また公金横領において犯人が裁判官である身分により生じる刑罰の加重は一切の身分のない者にも科せられている（1. 9 Inst. De pullicis judiciis 4. 18）。これらの規定は註釈学者により各自の見解の異なるままに、あるいは原則とされ、あるいは単なる例外とされた。「彼らは別に加重的および減軽的特質（qualitates aggravantes et mitigantes）というより広い概念を作り、これについての理論はさらに別の一般原則、すなわち自分の共犯に関する見解の結果として展開した。」彼らの見解がその共犯概念に依拠していることは明らかである。そこで生じた共犯は主体的責任を負うのか、従属的責任を負うのかという論争（prinzipale oder akzessorische Haftung）は、今日の共犯論の主観説と客観説の争いの先駆者であった。この対立はバルトルス（Bartolus）が共犯の従属的責任を主張して、共犯行為は正犯行為の非独立的従属物に過ぎず、従って行為事実は、それが正犯がもつ特別な身分を顧慮したときにとる姿のままで、共犯の可罰性に対し決定的作用をもつのが原則であると説いたのに対し、バルドス（Baldus）は直ちに反対して共犯の主体的責任を主張し「委託者は委託された者に従属するかのようにではなく、正犯と同じように罰される」（mandantum puniri non ut accaesorium quid a mandatarium, sed ut principale）という教義を作り上げ、これに従ってすべての共犯は彼が自ら行為を行ったのと同様にみられ、処罰されるとして、正犯の一人だけに存在する特別な事情は他の共犯者には何の影響もないと主張したところによく現れている。(1)

（1）　Heimberger, S. 35ff. Krug, S. 6ff.

その後の発展においては、問題は単に刑罰を加重または減軽する事情だけに限られることはなく、むしろ可罰性を初めて条件づけまたは決定する事情、すなわちいわゆる構成的身分にまで広げられた。しかし、両領域の原則的関連は認められないで、取扱われる例も無原則的に選び出されたのである。最もしばしば例として用いられたのは「一定の生理的状態、すなわち実行が一定の性別を要求する強姦」や、「行為者のある法律上の性質により制約されている姦通」や近親姦であった。ここでもまた二つの見解の対立が生じた。一つは「人は自ら実行できない犯罪は教唆することもできない」という教義であってスチューベル・ベルナー・ロスヒルト・ケストリンらの主張するところであった。ケストリンは「教唆者（従犯も同じ）に彼の正犯（Agent）が行った未遂または既遂の犯罪を帰責しうるのは、彼自らそれを他人の媒介なしに物理的に行ったときにも、彼にそれを帰責できる場合に限る。彼がそれを物理的正犯として行っても犯罪とみることができないときは、共犯としても帰責すべきではない」と。そこには共犯を智的正犯（intellektueller Urheber）とする考えが基礎となっている。これに対して反対意見を代表した者はルーデンである。彼は共犯の厳格な従属性とその処罰の正犯行為の処罰への完全な従属性を徹底的に主張する。彼によれば共犯の故意は他人が一定の法律を破ることの意欲にあり、その行為は他人（正犯）による法規侵害に助言または行為によって加担することの中に存する。この二要件は共犯が正犯と同一性質をもとうともつまいと同じように備っており、従って正犯がその犯罪の実行につき必要な身分をもつ限り、共犯がこれをもつかどうかは問題ではないのである。(1)

（1） Köstlin, System des deutschen Strafrechts, S. 285ff. S. 314ff. Luden, De socio generali et speciali, 1845, S. 12ff.（Krug, S. 8ff. の引用による）

このように、そこでは共犯論についてどのような立場をとるかが決定的だと考えられていた。「客観説のするように共犯の正犯への従属をその行為の本質に基づくとし、前者を非独立的な刑法的個性をもたない正犯行為の従属物とみる者にとっては、正犯行為の性質が共犯に対する刑の適用も一々決定するという結論に近づく。反対に主観説のように、共犯と正犯を同等のそれぞれ特殊性をもって存立するものとし、本来ただ故意の点だけで異る犯罪形式だと解すれば、刑法的評価に当っても容易にそれらを切り離してみるということになる。」共犯の身分の問題についてもこれを反映して主観説と客観説の区別を認めることができる。しかしもちろん、このような合致の例外もある。例えばブリーは主観的共犯論の首唱者であるのに、ここでは反対の立場を代表するのである。彼のこの態度はその特有の因果関係論の結果である。彼は全体として犯罪は単一の結果であり、また全共犯者は同様に完全な程度において原因を与えるものであるから、全共犯者は全結果について刑法上当然責任を負うと主張する。しかも単一の結果とみることができるのは犯罪の最も重い形式、すなわち共犯者の一人にでも存する事情を顧慮したものである。従って数人の原因設定者中の一人の加担に含まれた加重事情は全員に対し効力を有し、これに反し一人の減軽事情は何らの影響もないということになるのである。[1]

（1） Buri, Über Kausalität und Teilnahme, ZStW. II (1882) S. 294. 295. Krug, S. 10. Birkmeyer, Die Lehre von der Teilnahme und die Rechtssprechung des deutschen Reichsgerichts, S. 71ff. ブリーの立場からは嬰児殺をその母親に教唆した者は通常殺人罪で処罰され、母親は減軽的な嬰児殺の規定（ドイツ刑法二一七条）で処罰されるのでなく、母親もまた他人の通常殺人に加担するものとして通常殺人の責を負い、また子供の父親殺しの犯罪に加担する者は、その子供と同じ尊属親殺の加重刑に服するのが理論的だということになる。

二　「見解の相違は自然に、その程度は多少弱くなるが、立法にも反映することになる。」しかしそれに学問が与えた以上のものを期待することは無理である。「個々の立法を見渡すと、われわれはその大多数はここに問題となる点について沈黙を守っており、何らの規定ももたないことを見出す。そのため裁判の実際においては、多く右に客観的立場と名づけられたものが認められている。この理由は、多数の法典は最初の未発達の形の客観的共犯論を含んでおり、しかもそれは正犯行為が破る刑法が共犯にも適用されるという従属的責任の公式で示されることにある。この公式からすれば各共犯行為を個別的にみようとするいわゆる主観的立場は全く例外であって、その旨の明文がない限りこれを認めないという趣旨と解されるのである。[1] 従って多くの問題について反対の見解を採用しようとする法典に、この点についての規定が含まれるのが見出されるのも、自然の成行きである。例えば一八一三年のバイエルン刑法（一一八条）・一八四〇年ブラウンシュワイク刑法（五四条）・一八五二年のオーストリー刑法（五条二項）などがそれである。しかし一八三七年のウュルテンベルグ刑法（八七条）や一八四五年のバーデン刑法（一三七条）はとくに客観的立場から生じる結論を特別規定を設けて確定しており、また一八五五年のザクセン刑法はブリーの理論のように共犯自体は主観的に構成しながら（五五条二項・五三条）、この点については正犯の加重的事情は共犯にも及ぶという明文（五五条三項・五六条・六五条一項）を設けていたといわれている。[2]

(1)　Krug, S. 11.
(2)　Krug, S. 11~12.

この点でとくに注目しなければならないのはフランス刑法およびフランス学説の態度である。五九条は客観説を成文化して「重罪または軽罪の共犯はその重罪または軽罪の正犯と同一の刑を科される」としている。この法文の文句に従って最初裁判所は客観的立場を貫いて、身分の影響に関しても正犯の刑法上の性質が決定するとした。そして共犯が正犯について存在する刑罰加重的理由を知ることも条件でないとして、中世の Versari in re illicita の理論に復帰することさえ敢えてしたのである。これに対し、身分的刑罰加重原因の作用をそれが現に存在する行為者だけに制限しようとする学説の反対が起った。そして法文の文句を解釈し直して「同一の刑」とは「同一の法定刑」(Même genre de peine) の意味であるとし、または法文全体を「共犯は彼がもし正犯であれば科されたであろうものと同一の刑を科される」という意味だとすることにより解決しようとした。しかし逆に正犯の一身にだけ存在する減軽事由は共犯には作用しないとされた。[1]

(1)　Faustin Hélie, Théorie du code pénal, 1836, p. 122 et suiv. (Krug, S. 12 Anm. 3. Redslob, Persönliche Eigenschaften und Verhältnisse, welche die Strafbarkeit erhöhen oder mindern, Dargestellt nach deutschem und französischem Recht, 1909, S. 35ff. 牧野教授・刑法研究一巻六一頁以下)。

一八五一年のプロシヤ刑法もこの点についての一般的規定をもたず、上述の客観的立場に都合のよい前例になったのである（重罪または軽罪に対する共犯者および重罪または軽罪の未遂に対する共犯者に対しては、その正犯に適用されるべき刑罰法規を適用する）。この立法にあたっては身分により刑が加減されるときは正犯と共犯を区別して評価すべきだという見解が主張されたが、この公平の要求は与えられた刑量定範囲で裁判官の裁量の自由により適当に顧慮されうるとして認められなかったのである。[1]

(1)　Goltdammer, Die Materialien zum Strafgesetzbuch für die preussischen Staaten, I. (1851) S. 282ff. S.

316ff. Krug, S. 10~13. ただしこの原則――客観的立場――はしばしば各則の規定により、その徹底を妨げられている。一八〇条の嬰児殺（減軽的殺人）の規定は二項において共犯は通常殺人の規定により処断されるとしており、また両親あるいは祖父母の卑属に対する窃盗、夫婦間の窃盗を無罪とする二二八条は二項において「前項の規定は共犯または贓物犯となる他人には通用しない」としているのがそれである。わが二四四条や二五七条と同趣旨の規定である。

三　ドイツの(旧)現行刑法（一八七〇年）は共犯については、他の問題とは異なり、プロシヤ刑法にならわなかったが、この特殊問題についてもそれと異なり五〇条の特別規定を設けた。

「法律がある行為の可罰性を、それを実行した者の一身的素質または関係（persönliche Eigenschaften oder Verhältnisse）により加重または減軽するときは、これらの事情はただその存在する正犯または共犯（共同正犯・教唆犯・従犯）にだけ適用される」

これはわが刑法六五条二項と同一内容の規定である。ここでわれわれは、理由書によりこの規定が共犯従属性との関係についてもつとされた意味をみておかねばならない。この五〇条は本来一八六八年のブレーメン草案(Bremischer Entwurf) 八二条に由来し（ただしこれは加減的身分だけでなく構成的身分も含んでいた(1)）、第一草案四一条三項を経て第二草案四八条にいたって右のような文言の形式をとり、そのままの形で現行法となったのである。第一草案の理由書は「本規定は本条冒頭に樹てられた原則――（すなわち従属性の原則）――をさらに修正するものであって、プロシヤ刑法が嬰児殺や尊属親の行う窃盗に関する規定において出発点とした見解と一致する」といい、また第二草案の理由書は次のようにいっている。「数人が加担した可罰的行為もその法的性質およびそれにより定まる行為の重さは、各共犯者ごとにその一身的素質および関係が異なるのに従い異なってくる。例えば尊属親殺に対する第三者の加担などがそうである。それは第三者にとっては単純な殺人であるが、正犯にとっては加重的殺人となる。草案はこの場合には、各共犯者は他の共犯者の身分を顧慮することなく、彼自らの行為に適用される法律により処罰されるべきであると考え、また各人はただ彼の行動および彼の関係により形成されるような自分の責任（Verschuldung）に応じてだけ罰されるべきだという一般原則を適用しようと望んだのである」[2]と。

（1）　第一草案の理由書は「正犯または共犯の身分が可罰性にどのような影響を及ぼすかを定める四一条の最後の項は、この有名な争点を一八六八年のブレーメン草案八二条と同様な意味に決めようとするものである。……この規定の理由づけにはブレーメン草案の理由書……を採用することができる」という。そのブレーメン草案八二条の文句はつぎのとおりである。「正犯または共犯の一人にだけ存在する行為の可罰性に影響する特別な事情は、他の者の可罰性の判断に当ってはその利益にも不利益にも顧慮されてはならない。ただし法律が他の趣旨を定めるときはこの限りでない。」その理由書は「八二条に宣言された原則は二つの場合を含む。一つは行為が一般的にではなく、むしろただ行為者の特別な一身的要素を条件としてだけ可罰的なときであり、一つは行為が一般的には可罰的であるが、正犯または共犯の一人についてだけ帰責または可罰性の程度に影響する特別な事情があるときである。各人はただ自己の一身から、すなわち彼の行為に対する刑法上の関係からだけ判断されるべきである……また数人により実行または促進された行為が一人の一身的立場から加重的にみえ、加重または減軽された刑罰に服すべきときは、この一身的立場をともにしない他の者の処罰については、それは顧慮されるべきではない」という。ところが第一草案になると構成的身分は条文から取り去られて「法律が行為の可罰性を行為者が一身にもつ特別な素質または関係により加重または減軽するときは、この特別な可罰性を条件づける事情はそれをもつ正犯または共犯についてだけ顧慮されるべきである」と定めることになったのである。

（2）　これらの理由書の文句は Redslob, Die persönliche Eigenschaften und Verhältnisse, S. 7ff. Büll, Der Einfluss persönlicher Eigenschaften und Verhältnisse auf Thäterschaft und Teilnahme, S. 12ff. の引用したものによる。

三　ドイツ刑法五〇条の解釈

このようにしてドイツ刑法五〇条が生れたのであるが、刑法理論はこれにどのような解釈を与えたであろうか。ここには、まずこの法律制定後一九〇〇年前後にいたるまでの理論的加工状態を示さねばならない。

一　ドイツ刑法は右に明らかにされたように身分により構成すべき犯罪に対し非身分者の共犯が可能かどうか、および身分が刑罰を阻却する場合に非身分者である共犯に及ぼす作用についての規定を定めていない。これをどう解決すべきであるかは学者の理論構成に委ねられている訳である。まず第一の点についてみると、この解決はつぎのような雑多な方向から試みられた。

(イ)　一派の学者（ヘルシュナー）は、第一草案がプロシヤ刑法三三一条二項（「公務員でない者が本章に定められた重罪・軽罪（公務員犯罪）に加担したときは例外の定めがない限り、共犯に関する一般原則が適用されるものとする。三〇九条に定めた場合（収賄）にはこの規定は適用しない」）と同じ規定を設けていたが、第二草案はこれを当然のことで明文の必要はないとして取り去ったという沿革から、身分により構成する犯罪への非身分者の共犯を認め、他方ある者は非軍人の共犯を認めまいとしたドイツ軍刑法成立の沿革から、これを否定した（コップマン）。またベルナーは五〇条の理由書を根拠として、立法者は加減的身分と構成的身分を別個に扱おうと望んだと解した。これを沿革を理由にする傾向と称することができよう(1)。

(1)　Hälschner, Das gemeine deutsche Strafrecht（1881-1887）S. 440. Koppmann, Das Militärstrafgesetzbuch für das deutsche Reich（1885）S. 162. Berner, Lehrbuch des deutschen Strafrechts（1898）S. 169f.（Nagler, Die Teilnahme am Sonderverbrechen. Ein Beitrag zur Lehre von der Teilnahme（1903）S. 93～96）――ただし五〇条の理由書からも明らかなように、一身的作用を単に加減的身分だけに限っていたのではない。この点につ

いて後の草案がなぜ五〇条にただ加減理由の身分だけを示すに止めるようになったかは、説明されていないのである。従ってこの沿革論も真実に沿革論として正しいかどうかは疑問である。

（ロ） 五〇条がこの問題に援用されることも少なくない。しかもそれは立場の相違により、全然反対の結論に利用されるのである。あるいは本条により一身的に作用するとされたのは加減的身分だけであるから、その反対解釈により加減的でなく構成的に作用する身分については通常の共犯規定の適用があるとされ（H・マイヤー・ルボー・ベルナーら）あるいは逆に本条の規定の類推解釈の立場から、五〇条により加減的身分が一身的に作用するなら、構成的身分も同様でなければならないと主張する立場もある。この立場は五〇条は各人はただ自己に存在する事情についてだけ責任を負うという一般的原則を示すものだとするものである。[1] この立場を推し進めると、結局、構成的身分犯においては非身分者の共犯は成立しえない、すなわち無罪であるという結論に到達するであろう（ハインツェ）[2]。このように五〇条を一般化し、そこから共犯に関する原則を定めようとすることは、それ自体としてすぐにも採用されそうにみえるが、実際においてはこれを解釈論として主張する人は稀れであった。実際上の不当な結果と、沿革上、この条文の持つ折衷性は何人にも明らかであるとされたのが、その理由であろう。しかしこの結論を解釈上主張した者も稀にはあった。例えば軍刑法は普通刑法にない刑種（Arrest）を定めているから、もし軍刑法犯への非軍人の共犯を認めると、彼に科される刑種は何かの解決不能の問題に当面することになること、あるいはドイツ刑法は軍人犯罪に対する非軍人の加担を独立犯としていることから、刑法が一般には身分犯への非身分者の共犯を認めない趣旨であると推論されたのがそれである（コップマン・ゾイフエルト）[3]。

（1） H. Meyer, Lehrbuch des deutschen Strafrechts（1895）S. 228ff. Rubo, Kommentar über das Strafgesetzbuch für das deutsche Reich（1879）S. 464f. Berner, S. 169ff. Heinze, Staatsrechtliche und strafrechtliche Erörterungen zu dem amtlichen Entwurfe eines Strafgesetzbuchs für den norddeutschen Bund（1870）S. 210

(Nagler, S. 96～99) なお新しい反対論の主張者はM・E・マイヤーであり (Aschrott = Liszt, Reform I, S. 356ff.)、類推論の主張者はカントロイヴィッツである (Tat und Schuld, S. 90)。

(2) ハインツェは第一草案四一条三項の批評としてこの結論に到達した。……加減的身分においては非身分者は通常の刑を受けるが、構成的身分においてもし共犯を認めるとすると、その科せられる刑は身分者について定められた刑罰によることになる。しかしなぜこのときには非身分者であることが顧慮されなくてよいかが不明である。このことは身分犯の刑が通常とくに重いことを併せ考えると一層不都合になる。法がこんな不公平を望んだとは考えられないからこのような場合にはむしろ非身分者は無罪としなければならないということは確かに論理としては筋が通っている (Nagler, S. 99～100)。

(3) Koppmann, S. 63. Seuffert, im Liszt, Die Strafgesetzgebung der Gegenwart etc, I. S. 78 (Nagler, S. 99～108).

(ハ) しかし最も好まれた方法は、共犯概念から出発することによりこの問題を解決しようとする道であったといえよう。これにまた二つの見解が分れる。

一つは「実定法が区別していないところでは解釈論もまた区別をすべきではないという原則」からして、共犯規定 (教唆犯・従犯) は別に身分により構成する犯罪に対する非身分者の共犯の成立を排除してはいないから、当然これを認めうるとする立場である。ヘルツォーグ・ルボー・オッペンホフ・ゾナニーらの理論で、またドイツ最高裁が「法律は刑法上の教唆の概念には、何人かが彼の行為により、故意に、他人により犯された犯罪の原因となったことを要するとするだけで、彼自身についてその行為を正犯としてなしうるために必要な身分が存在することを要するとはしていない」といって、非公務員の公務員犯罪への教唆を認めたときにも同じ考え方が採られていたのである。(1)

(1) Rubo, S. 464. Oppenhoff, Das Strafgesetzbuch für das deutsche etc (1901) § 48. RG. Bd. VI. S. 415 (Nagler, S. 105). Hippel, Deutsches Strafrecht, II S. 483 Anm. 1. は今日もこの立場が正当であるとしている (ただし引用

判例は Bd. IV. S. 59. で異なる)。

つぎに共犯概念からでる第二の見方は、身分犯への共犯の可能なことは共犯従属性の原則から当然の結果であるとするのである。ヘルシュナー・オルトマン・メルケル・ビルクマイヤー・リスト・ベーリング・フランク・オルスハウゼンらの主張するところで、むしろ通説的見解だったということができよう。これによると共犯行為の刑法的意味は、質的にも量的にも正犯行為の法律的特性により決まるので、それ自体としては独立性がなく、原則として無意味なものである。だからこの問題に関しても共犯が正犯行為を自ら実現できるかどうかはどうでもよいのであって、いやしくも正犯行為が存在する以上は何人にも共犯としての加担は可能である――その身分を自らもつかどうかを問わず――としなければならないとするのである。判例もこの立場を採用したことがある。例えば「身分犯に対する教唆が可能なこと、例えば非公務員が公務員犯罪を教唆できることは、教唆の規準的正犯行為への従属性の結果である」としたのがそれである。(1)

(1) Hälschner, S. 439. Merkel, Lehrbuch des deutschen Strafrechts (1889) S. 148. Birkmeyer, Die Lehre von der Teilnahme und die Rechtssprechung des deutschen Reichsgerichts (1890) S. 170. Liszt, Lehrbuch des deutschen Strafrechts (1902) S. 213f. Beling, Grundzüge des Strafrechts (1899) S. 42. Frank, Strafgesetzbuch, 2 Aufl. S. 71, 77. Olshausen, Kommentar (1892) S. 173, 184, 194, 181, 191 (Nagler, S. 108ff.) RG. Bd. XIV. S. 103. 今日ではヒッペルはこれを不当とする(上掲同頁)。

このように、身分により構成される犯罪への非身分者の加担については、ドイツ法には明文がないにも拘わらず、解釈により、少くとも通説はわが刑法六五条一項のような規定があるのと同一の結論に到達することとなった。(1)

(1) ただ構成的身分を特に明文で規定したわが国と多少の相違があることは、むしろ当然である。すなわちわが国の判例はかつて六五条(一項が当面の問題だった)は共同正犯についてとくに定められたもので、従属的な教唆・

従犯については明文をまつまでもないことだとし（明治四四年一〇月九日刑録一七輯一六五三頁）そこから今日でも身分により構成すべき犯罪にも非身分者が共同正犯として加担しうるということを認めている。例えば偽証罪についての昭和九年一一月二〇日大審院判決刑集一三巻一五二七頁・収賄罪についての昭和七年五月一一日の判決刑集一一巻六一四頁を見よ。しかし六五条一項のような明文のないドイツでは、共同正犯の成立を認めないのが殆ど判例学説の一致するところといえよう。そこではまたかつてのわが判例と正に逆に、五〇条（わが六五条二項）はただ教唆犯・従犯に適用があるのだが、共同正犯にはこの明文をまつまでもなく当然同じ結論になるとした議論があることを注意しよう（Redslob, S. 73ff.）。これは右のわが判例が実質上は六五条一項を眼中においていたのに対し、ここでは二項（すなわち五〇条）が眼中におかれているからである。

二　なおわれわれはつぎに、五〇条のいわゆる「一身的素質または関係」というわが六五条の「身分」に当る概念が実体とするものを知らねばならない。しかし理由書はこれについて語っておらず、学説もまた明瞭ではなかったようである。そこでは、ルボーの「素質とはある人の Wesen の Beschaffenheit であり」・「関係とは人と他の人または物との間の Beziehung である」という内容の乏しい定義が承継されていた(1)。なおこのような概念規定からして、あるいは身分は継続性をもつもの（dauernd）でなければならないとされ、あるいは五〇条が「行為の可罰性」が行為者の身分により加重減軽されるという点からして、この身分であるためには行為の可罰性を左右するものでなければならず、行為者の可罰性に関係するものはこれに含まれないというように主張された。そして実際問題の処理としては、列挙的に個々の事態についてそれが身分かどうかを決めるべきものとされていた。例えば君主に対する危害罪や不敬罪の加重理由としての臣民の地位（ドイツ八〇条・九四〜一〇一条。わが刑法にはこの種の制限はない）、殺人・傷害・遺棄・媒合罪における親族関係の存在による加重、自己またはその者との関係については証言を拒みうる者の利益のためにした偽証・偽誓（ドイツ一五七条。わが刑法には規定がない）、公務員の地位が加重理由となる犯罪などは、五〇条のいわゆる身分であることに争いはないとされた。

しかし、慣習性・職業性・累犯性による加重や限定責任能力者の減軽（ドイツ五七条）、興奮による殺人の減軽（ドイツ二一三条。わが刑法にはない）、予謀による殺人の加重（ドイツ二一一条。わが刑法にはない）、目的、各則のあちこちで用いられる「とくに軽い場合」という減軽理由などは争いがあった。そして予謀・目的・興奮などは継続性がなく素質とはいえないという理由で身分でないとされ(2)、あるいはさらにそれらが正犯にある以上は共犯者にはなくても一般的に加重刑が科されると説かれた。また限定責任能力や累犯加重などは行為の可罰性でなく、行為者の可罰性を左右するに過ぎないという理由からここにいう身分でないとされた(3)。しかしこれらの事情は、たとえ五〇条の身分には含まれなくても、その作用の点においては身分と相違するところなく、その存在する者だけに作用し、他の共犯者には作用が及ばないというのが通説であった。

（1）　Rubo, Kommentar § 50. N. 2, 3. Olshausen, S. 213. Frank, 2. Aufl. (1901) S. 77. フランクは今日もこのルボーの定義を承継している（18. Aufl. S. 134）。

（2）　Olshausen, S. 215ff. Liszt = Schmidt, 26. Aufl. S. 346ff. Hippel, Deutsches Strafrecht II, S. 485 Anm. 2. Frank, S. 135. Mezger, S. 453, 454. などは今日でも同様の理論を採用している。

（3）　Liszt, Lehrbuch, 11. Aufl. (1902) S. 214. Meyer (1897) S. 229. Binding, Grundriss I. S. 129. Olshausen, S. 214f.

同じような区別は構成的身分と刑罰阻却原因である身分についても多少の程度の相違はあるが認められていた。とくにこの身分に関する理論的考察は刑罰を免れさせる理由について行われたとみることができる。いま身分という概念を多少広く解して学説の状態をみると、そこでは通常責任阻却原因である身分と狭義の刑罰阻却原因である身分があるというように考えられていた。責任阻却原因とは、それがあれば行為は立法者にとって犯罪ではないものと考えられ、刑罰権がそもそも発生しない事情であり、狭義の刑罰阻却原因とは、立法者が行為者の一身（Persönlichkeit）を理由に、彼に対してだけは刑を免じるが、その他の関係においては行為自体はなお可罰的なものであるとされた。ビュルはこのような立場から、責任年齢に達しないこと（一二歳以下。ドイツ刑法五五条）・心神喪失による責任無能力（ドイツ刑法五一条）・権利者の行為（医師の手術・公務員の捜査逮捕監禁・懲戒権者のなす懲戒）などは前者、すなわち責任阻却原因である身分であり、親族相盗（ドイツ刑法二四七条）・親族間の犯人庇護（二五七条）・君主や議会の議員・治外法権者が罰されないのは後者、すなわち狭義の刑罰阻却原因であるとした。この二つの概念の区別はその共犯に関する作用においてその実益があり、責任阻却原因があれば行為は犯罪でないから、共犯の成立は不可能である（しかし間接正犯は可能）、狭義の刑罰阻却原因ならば、それに対する共犯の成立を妨げないとされたのである。このような区別は、右の親族相盗を規定するドイツ二四七条が三項において、その刑を科さないという規定は「そこに示されたような一身的関係に立たない（すなわち身分のない）共犯または庇護者には適用しない」として共犯の成立を認めており（わが刑法二四四条が親族相盗の刑を免除しながら、二項で「親族又ハ家族ニ非サル共犯ニ付テハ前項ノ例ヲ用ヒス」とするのと同様である）、それがあちこちに準用されているために必要とされたものである。(1)

（1）　Büll, Der Einfluss persönlicher Eigenschaften und Verhältnisse auf Täterschaft und Teilnahme, S. 32ff. 64ff. Meyer, S. 262ff.

なお、この問題は理論的にも重要であって、当時において刑罰を阻却または減軽する理由（それは反面からみた犯罪の実質的要件である）の本質が通常どのように考えられていたかと関連する点で一般性をもっている。その頃は右に述べたところからも明らかなように、これを示すために責任阻却原因（Schuldausschliessungsgrund）と狭義の刑罰阻却原因という概念が広く用いられ、前者は今日の理論のいわゆる違法阻却原因も（またはそれだけを）含むものとされていたのであった。しかしすでに早くから一部の学説（リスト・フランク・オルスハウゼン）がこの責任阻却原因として一括されたものを違法阻却原因と責任阻却原因とに分けるとともに、また他方それらと混同してはならないものとして刑罰消滅原因・一身的刑罰阻却原因を分けていたことに注目しなければならない。これは彼らの刑法理論体系が今日のそれの先駆としての形式をもち、行為論・違法論・責任論という順序をとったことの当然の結果である。これらの理論家は、刑罰を阻却する身分のある部分は行為の違法性を阻却するものとし（権利行為）、あるものは責任阻却原因に該当する（責任無能力）として理論化していた。ただ誰も、これらの刑罰を阻却する身分の全てを理論化することはできなかった。それは彼らも一身的刑罰阻却原因という行為の違法・責任と関係なくただ行為者の処罰だけを免れさせる身分を認めねばならなかったところに示されている。彼らはなぜこれらも違法・責任に還元することに気づかなかったのであろうか。これはその違法論・責任論の未熟と、他方もっと重要なことは、彼らが共犯は従属性をもつという原則を無条件に信仰しており、これらの身分については法の明文がその共犯の成立を妨げないことを宣言しているため、これを犯罪の実質的要件から切り離すことを余儀なくされたことに基づいていた。正にここに彼らが一身的刑罰阻却原因を独立の範疇として認めねばならなかった理由がある。(1)

（1）Olshausen, S. 216ff. Liszt, 4. Aufl. (1891) S. 234f. S. 295f. 11. Aufl. (1902), S. 171, 213ff. Frank, 2. Aufl. (1901) S. 78ff. フランクは違法阻却原因を客観的刑罰阻却原因または消極的構成要件（negative Tatbestands-merkmale）といい、責任阻却原因を不真正刑罰阻却原因といっている。また違法阻却原因があれば共犯も間接正犯も成立しないが、責任阻却原因なら共犯の成立を妨げるだけで、間接正犯の成立は妨げられないとし、また一身的刑罰阻却原因があればその者が刑を免れるだけで共犯も成立するとする（S. 80）。

四　クルーク

このように五〇条を例外とし、従属性を原則とすることで問題は一応落着いたようにみえた。けれども、すでに右にみたように、身分でなくて身分と同じように個別的作用をもつものがあるとともに、同じ身分でも刑罰加減の理由でなく処罰不処罰の理由は連帯的に作用し、そのまた例外として狭義の刑罰阻却原因のような個別的作用をもつものもあるというようなことは、整序と一貫を好む学問にとっては、問題の解決であるよりも、正に問題の提起であり、課題である。犯罪を構成する要素のうち、共犯の問題において連帯的に作用するものと個別的に作用するものとを区別する何らかの理論的標準を求めようとする努力が、すでに一八九九年にクルークによりなされたことは、決して偶然ではない。

一　クルークは上述のルボーの「一身的素質または関係」の概念の定義を評して、われわれの認識を豊かにすることのない空語だとした。彼によれば問題はむしろ、この「素質または関係」の形容詞である「一身的」(persönliche) という語にある。しかもこれは一般的用語としては「ある人に固有であり、帰属している」(eigen und angehörig) ということであるが、それは、この際無用なタウトロジーに過ぎない。もし、それに意味をもたせようとするならば「むしろ狭義にそれを解し、より特殊な意義を与えるべきであり、正にある人にだけ固有であり (ausschliesslich eigentlich)、一切の関係においてこの人に制限され、他の何人も共有することができないものを指す表現と解さねばならない。そうすれば、この概念には刑法上の見地からは個人的責任分担と特別な刑罰効果の要素が横たわることになる」(S. 72)。――この見地からすれば、問題の解決は共犯の従属性の論議からではなく(もちろん彼においてもそれが出発点ではある。S. 73)、むしろ犯罪要件の中で、なにが一身専属的に作用するのかという方向からの探究によって始めて完全な解決が可能である。こうしてクルークは犯罪構成要件 (Deliktstatbestand) の概念を基礎とし、この構成要件の構造分析から出発すべきものとした。彼によればこの構成要件は一見、統一のない種々雑多の行為事情 (Tatumstände) からなっているが、この事情の雑多性を貫く指導原理の発見こそが、身分という特殊問題の解決の道なのである (S. 74ff.)。

(イ)　この立場からは、通常なされるように[1]犯罪構成的身分と加減的身分とを原則的に区別するのは正当でないことになる。両者はともに結局、責任の要素を代表するのであり、それが加減的に動くか構成的に動くかは、その身分の質の相違でなく、量の相違に過ぎない。このことは同一の身分的事情が、その所属する犯罪が相違するにつれて、あるいは加減的な、あるいは構成的な作用をもつことから理解される。身分は、単に加減的作用をもつドイツ刑法五〇条との連関を超えて、広く一般的に、その存在がただ一身的にだけ作用する事情はなにかという形で問題とされねばならないのである。(2)

(1)　クルークにおいても、責任（Schuld）という概念は上述したような広義において用いられている。すなわち彼のいう責任とは「ある人がある外界のできごとについて責任があるとされるために、当時の法律観念の上で必要であるとされるようなその人と出来事の間の関係の一切」である（Krug, S. 26）。なお Löffler が同説として引用されている。責任の歴史的社会的制約を重んじる点において両者は同一であるが、すでに後者の著書の標題が示しているように（Die Schuldformen des Strafrechts）、ロェフラーは責任要件としての故意過失の歴史を論じているのであって、むしろ今日の意味の責任に近い観念であり、クルークの責任概念より遙かに分化している。

(2)　この構成的身分と加減的身分の区別は、一部の学者によって前者は責任に関する事情（schuldberührende Umstände）であり、後者は単なる刑罰に関する事情（strafberührend Umstände）であるとして理論化が試みられた（Geyer, Ortmann）。今日でもしばしばみられる犯罪成立要件と刑罰量定原因とを全く切り離す見解の先駆である。クルークは——前注のような意味ではあるが——これに対し「可罰性（Strafbarkeit）と責任との間の区別は根本的に否定しなければならない。むしろそれらは相互に対応しており、責任がなければ刑罰なく、責任の変化がなければ刑の変化もない」といっている（S. 25）。

（ロ）　なお、従来からも、この事情のより内容的な区別方法が全然なかった訳ではない。人的と物的・内部的心理的と外部的感覚的または主観的と客観的という対立のさせ方などは、むしろ学者の好んで用いたところであったのである。(1)

(1)　ガイヤー・シュワルツェ・シュッツェ・オルスハウゼン・コーラーらがこの代表者である。なおフランスの刑法理論が刑罰加重理由を「それが犯罪行為自体の一部を構成するのか、あるいは反対に行為者の一人の身分

(qualité personelle) に由来するか」により、内部的身分（犯罪に対して）(qualités intrinsèques) と外部的身分 (qualités extrinsèques) を区別すべきものとして、後者については連帯的作用を否定したのもそれである (Hélie, Théorie du code pénal, p. 123〜130. Krug, S. 17. Redslob, S. 35ff.)

それでは主観的とされ、客観的とされる標準はどのようなものであろうか。私は後の学説への影響力を顧慮して、ブリーとビルクマイヤーの見解を挙げておきたい。ブリーによると「犯罪に対する共犯者の一人の特別な一身的性質は、あるいは、単に彼の一身だけに付着していて、犯罪の客体と何らの接触もしないものがあり」、またあるいは「結果の中に客観化するような性質のもの」もある。累犯加重とか限定責任能力者の刑罰の減軽などが前者であって、それは他の共犯者には効力を及ぼさないが、後者の場合には、他の共犯者もその影響を受ける。というのは数人の共犯者間に存在する紐帯は、正に「結果が単一であることによりもたらされるのであり」、しかも後者においては「その性質は発生した結果の構成部分となっている」からである。それは具体的にいうと非常に広い概念で客体と特別関係にあり、または選ばれた侵害行為の種類または機会と特別の関係がある一切の性質を含む。窃盗犯人が信任関係にあり、故殺者が親族であり、詐欺者が金加工者の身分をもつことなどはそれで、この加重は他の共犯にも連帯的に作用することとなる。――ビルクマイヤーはこのブリーの見解を批判して「私の考えによれば、一身的性質が犯罪の客体と接触しただけで、それが結果の中に客観化したことになり、全共犯者がそれについて責任を負わねばならなくなると主張することはできない。こういえるのはただ、加担者の特別な一身的性質が結果の中に浸み込んでいて、この結果を原因となった行為者の身分から切り離してそれだけとしてみたときも、同じ形で存続する場合だけである。これに反して特定の人格者を原因者として予想するときにだけ、結果が犯罪性を帯びまたは特別の犯罪性を帯びる場合には、われわれはその人の一身的素質が結果の中に客観化しているということはできない」という。彼もこのようにブリーと同じ概念を用いるが、結果に客観化する身分の範囲を制限しようとするのである。こうして親族関係や信任関係などは客観化する身分でないとされる。

尊属親殺においては純客観的にみれば通常の故殺の場合と同じく単に人の死亡という結果があるだけであり、ただ原因をみて始めて両者の区別が明らかになるが、これと異なり強姦などの場合には、暴行という要素は客観的であつて、その結果として暴行により婚姻外の性交を強制された婦人の身体があるというのである。ビルクマイヤー自身はこのような概念規定から生じる結果が何かを具体的には展開しなかった。彼には共犯の従属性の方がより重要な論題であったのである。(1) この仕事は後にレズロプによりなし遂げられたのである。しかしそれは後段に譲り、ここではクルークの批評を問題にしなければならない。

（1）　Buri, ZStW. II S. 294, 295. Zur Lehre von der Teilnahme an den Verbrechen und der Begünstigung (1860) S. 12. Birkmeyer, Teilnahme, S. 72ff. 74, 169, 276.

（ハ）　クルークは、このビルクマイヤーの区別もその誤った結果概念の産物であるとして分類の標準としての資格を否定した。「ビルクマイヤーは客観的世界と行為の感覚的に知覚しうる残り物とを同視し、犯罪が法の領域において惹起され、または惹起されようとしたできごとであるという地位を全然見失っている」というのである (S. 19)。というのは原因と結果とは純外部的に分離されえないものであり、原因の特殊性が法的に重要である限り、その結果は正にこのような特殊な原因の結果としてだけ意味をもち、従って尊属親殺の結果も正に尊属という特別な人の死亡にあるというのである。――さらに広く主観的・客観的の対立も、内的人格と外的に知覚できるできごととの切離しを予想する限り、誤っているとされる。クルークによれば、通常、主観的といわれるものには二つの面がある。一つは通常、客観的といわれる外的現象の原因となる意思としての面であり、一つはこのような意思の表動の観念である故意としての面である。この二つは理論上は全く異なるものであって、意思はこのような因果の重要な一項であるという点からみて、むしろ客観的なもの、すなわち知覚の対象の世界に属するものであり、故意はこの客観を反映するものとして、真の意味での主観的なものというべきである。しかも故意は、無内容な鏡のようなもので、それに程度の差を付することはできず、またわれわれの問題とも関係がない。問題はこのような主観的故意を除いた客観的構成要件・すなわち「外界の統一的・客観的できごととしての犯罪」の分析である（S. 33）。

二　これらの客観的構成要件要素の分類の標準はなにか。いま無限の因果の連鎖から犯罪が統一的存在として抽出されるのは、行為（Handlung）という範疇によってである。そしてこの行為は「意思→挙動→結果」という進行形式をとるが、この三者は、もはやそれ以上分析されえない要素である。それはSubjekt. Predikat. Objektという一切の哲学の原型であって、これこそは最も自然な分類の標準である。このいずれの範疇にも入りえない行為事情は、犯罪責任と無関係な処罰条件である（S. 31～36）。いま共犯についてみると、意思は各自独立に発動して挙動となり、その挙動は一時点において結合して、全員にとって共通・単一の結果が生れる。ここからつぎの結論が生じる。「一、意思事情は常に個人的に作用する。それが構成的なときも、加重的なときも、ただそれをもつ人だけが処罰され、または重く罰される。減軽的または刑罰阻却原因であるときも、この事情がある者だけが減軽または刑を阻却される。二、結果事情は常に一般的に作用する。それが構成的または加重的なときは、全員が処罰され、または加重して処罰される。またそれが減軽または刑罰阻却的なときも全員が減軽または刑を阻却される。三、行為事情は数人の行為の結合より前に属するか後に属するかにより、あるいは個別的にあるいは連帯的に作用する」（S. 38）。われわれはつぎにこの標準の適用を具体的にみよう（S. 40～74）。

(イ)　意思事情はあるいは意思力として、あるいは動機として注目される。一、まず意思力についてみれば、それが平均人のそれより乖離する程度に比例して責任・刑罰もモディファイされる。一時的障害としての酩酊・限定能力や近親姦における年下の側の者の不処罰などはこれである。逆に意思力の高いことは加重的に働く。公務員という身分が加重理由となり、破産犯罪が商人だけに限られ、またはある職業に従事する者が緊急避難を主張できないとされるような場合がこれである。二、動機は、それが有恕すべき動機であるか、非難すべき動機であるかにより、責任を左右すると考えられる。たとえば「利得の目的をもって」・「損害を加える目的をもって」

というのは構成的または加重的動機であり、逆に緊急避難（ドイツ刑法五四条）や、溢水に当り「自己の財物を保護しようとして」（ドイツ刑法三一三条二項）とある場合、あるいは嬰児殺の減軽（ドイツ刑法二一七条）が「母親の宥恕すべき動機」（および生理的な現象による精神の興奮と混乱）の有無によるとされるときは宥恕的動機である。自己または他人の利益のためにした偽誓を減軽するドイツ刑法一五七条や、三六三条・八八条三項もまた緊急避難と同じ精神によるものである。道徳的義務と刑法との相克も宥恕的であり、ある場合の議員の行為不処罰はこれで説明される。また道徳的権利があるため減軽されることもある。同意殺人・正当な利益を守るための誹毀（ドイツ刑法一九三条）・過剰防衛がそれである。三、なお緊急避難ではないが、復讐心も宥恕的動機となりうる。挑発された殺人（ドイツ刑法二一三条）・現場で返された誹毀・傷害（ドイツ刑法一九九条・二三三条）の減軽はこれである。四、興奮・予謀（ドイツ刑法二一一・二一二条）などは、争いがあるが故意に属さないで、ここにいうような客観的類型要素としての意思事情である。五、累犯・職業または慣習性も動機の非難性を推定させる。――以上の一般的理論をわれわれの問題に当てはめれば、それらは加減的理由であると構成的理由であるとを問わず、常に一身的に作用し、それが存在しない者には及ばないのである。従って構成的な意思事情にあっては、これを欠く共犯は無罪になる。通常はこれらを区別して扱い、また意思事情は五〇条をまたずに当然個別的に作用するとする（S. 40〜50. 63〜66）。

（ロ）　行為事情は意思と結果を媒介するもので、むしろこの両者に従属的であり、行為事情としてわれわれの問題には大きな意味をもたない。われわれの問題はそれが「犯罪責任の表現」としての意味をもつかにあるからである。さらに行為の素質により刑罰加減的作用（稀には構成的作用）をもたされたときで、実はその中に実質的意思要素が表現しているとみられることが多い。行為事情を分類すると、一、行為の行われる時間的・場所的要素であることがある。メッセでの窃盗・水火災における窃盗（加重的）・不法漁が一定の川で行なわれ、または夜間行なわれるときに罰され、またはフランス旧法のように屋内で行なわれた姦通だけが罰されるときなどがそうである（構成的）。それらが内容的には意思または結果要素であるのは、教会その他で行う騒擾・選挙のときの違反の減軽などである。二、行為自体に内在する要素については、それが直接行為自体であるか（ドイツ刑法二五一条・二五四条）、または選ばれた道具の種類であるかに分けられる（ドイツ刑法二二三条a・二四三条）。――数人の行為が結合した後は連帯的に作用するが、時間的または空間的事情は全行為について存在することを考えれば、結合前に存在して個別的に作用する行為事情というようなものは非常に稀であろう。ただ強いてその例を求めれば結合犯、例えば、鎖鑰を開いて行う加重窃盗に際し（わが盗犯防止法二条三項）、正犯が開いた後に、単に贓物の運搬取出しを幇助しただけの者は、単純窃盗の共犯として罰されるべきで、加重刑が規準となるのではない（S. 50～53. 66～67）。

（八）　結果事情について。クルーグによればこれが一番重要である。立法者の作る規範は結局その好ましいと考えた状態を侵害から保護し、維持しようとする。ここに法益が構成される。従って「一切の犯罪は結果としてある法益の侵害を含む。」犯罪類型の相違は、意思または行為事情の相違に基づくものでなければ、法益の相違に基づく。一、同一の法益が結果事情として数個の犯罪類型の要素となることがあるが、これは侵害者の特別な強さ、または攻撃の客体の特別な弱さ、またはその逆による。背任性が加重事情とされる看守者による逃走（ドイツ刑法一二二条・わが一〇一条）は前者の例であり、年少者に対する猥褻行為の加重（ドイツ刑法一七六条・一八二条）は後の例である。二、法がある法益に対し一定の条件の下で認める特別な価値が刑の大小に作用することもある。昔のわが国の何両以上の窃盗は死罪というような、被害法益の価値だけによる区別は原始的ではあるが、現在でも、もっと深い理由からある法益が国家・法律秩序にとって重要とされることがある。君主に対する犯罪の加重はこれであり、また物であっても宗教上または教会内の器物に対する罪の加重などがこれだとされる。三、また被害法益の価値が低いため、刑が免除または減軽されることもある。正当防衛の不正侵害者は、自ら法の保護を請求する権利を放棄したものであり、同じことは即座に返された誹毀・傷害（ドイツ刑法一九九条・二三三条）のさきに行為した者についてもいえる。四、右に加重的犯罪とした行為は、基本的犯罪の保護法益のほかの別の法益にも向けられている。尊属親殺は一般的な人の生存権と「子供の孝順」の侵害であり、子供の遺棄は通常の遺棄の侵害する法益の外に親の監護義務の充足に関する国家の法益を害する。不真正公務員犯罪（公務員の身分が加重理由となる犯罪）も同様である（潜在的法益）。——われわれの問題に適用するとき、クルークの理論の通説との相違はこの点で最も著しい。クルークはただ特定の身分がある者だけが直接侵害しうる法益にも、非身分者は共犯として加担しうるということは争いのない原則であるとし、またこの原則は共同正犯・間接正犯にも当てはまるとする。加担者の一人に必要な身分がある限り、結果、すなわち法益侵害が認められるかどうかは事実問題であり、もしこの存在が認められるときはその身分者は外的行為としては幇助をしただけでもなお正犯であり、また結果は客観的性質をもつからその作用は非身分者にも連帯的である。事情は数個の法益が結合した上述の潜在的法益競合の犯罪でも同様である。すなわち加重は共犯者にも及ぶ。ただ近親姦のように加重事情と正犯行為が、不可分的に結合するときは、その身分者が近親者と自ら生殖器を結合すべきで、他人と自分の妹の私通を教唆・幇助するだけで足らない。しかし尊属親殺などはこの分離が可能であるから加重は非身分者である共犯にも及ぶべきである（S. 53～61. 67～69）。

㈢　その他の行為事情（処罰条件）として「犯罪に属せず、Tatbestand に属するだけの事情」がある。意思・行為・結果のいずれにも属さず、責任とも無関係な処罰条件がそれである。これは意思に先行したり結果の後に発生することもあるが、因果関係とは関係がなくてもよい。このような事情が少くなって行くことは「刑法の完成および刑法を支配する責任概念への一層の接近」に外ならない。一、意思に先き立つものは旧時代の出生による区別（階級裁判）、外交官・議員の不可侵権、国家間の相互保障（ドイツ刑法一〇二条・一〇三条）などである。二、結果以後に発生する処罰条件は加重的結果犯、偽証罪の自白（ドイツ刑法一五七条）・不申告罪において現実に謀殺その他が行われたこと（ドイツ刑法一三九条）などである。——共犯との関係は他の事情についての理論から類推すべきで、意思に先行する事情は個別的に作用し、結果の後の事情は連帯的に作用することになる(S. 61~63. 69~70)。

三　犯罪要素を意思・行為・結果の三つのいずれかにはめ込むことにより、それらの作用の連帯性と個別性を区別しようとした右のクルークの意図は、犯罪の類型的観察の先駆をなすものであり、ジステマティークとして著しい進歩であるといわねばならない。そこには、古いシステム中に含まれえない現実在としての身分を単に例外として理論体系の外に押し出すことで既存の理論体系を維持しようとする退嬰的な無気力の代りに、従来例外とされたものをも包含するような体系が樹立されねばならないとする理論的闘志が現れている。――ただその意思・行為・結果という標準が今日直ちに採用して利用できるものでないことは、時代的制約からしてもむしろ当然のことである。今日では違法・責任という規範的概念が犯罪類型の構造分析においても規準を与えねばならないということが学者の共通的財産とされているが、このことはわれわれの問題においても無視されてはならない。しかしわれわれはこの点でも、クルークがすでに、例えば意思事情である動機を宥恕すべきものと非難すべきものに分け、また意思力の障害の観念を用いることにより、今日のいわゆる規範的責任論の見方に近づいており、また結果事情を法益の問題と同一視する点では今日の違法論を想起させるほどの強力な思索力を示したことを高く評価すべきである。殊にこの理論的態度を構成的身分に対しても貫徹し、従来の解釈論に対し全く面目を一新させるほどのものがあったことは、従属性原則の支配力の強かった当時として注目に値する。

しかし彼も従属性原則が自分の身分概念によりどのような修正を受けるかは、殆ど展開することができなかった。これは身分が違法性・責任性と連関させられることできるようになるまで、その開拓を待たねばならない問題であった。そしてクルークの理論も、一度生れながら、そのような時代がくるまで再び冬眠状態において保存されねばならない運命をもっていたのである。

五　ナーグラー

一　クルークは右のように問題を犯罪類型の構造の理論的分析（タートベスタント論）の問題の中に解消することにより著しい発展を与えた。われわれはつぎにクルークに数年遅れて（一九〇三年）、同じ問題を別個の視角から鋭いメスで切り開こうとしたナーグラーの試みに注目しなければならない。ナーグラーはクルークと異なり自己の問題を大きく制限し、ドイツ刑法の明文のない構成的身分すなわち身分により構成される犯罪への共犯の問題を、固有のテーマとした。彼は構成的身分は加減的身分と全く本質を異にする問題で、これを同列に論じることは許されないと考えたのである。そして彼もクルークと同じように沿革や共犯の従属性原理から抽象的に解決を引き出すのでなく、むしろ身分犯の本質を尋ねることが解決の唯一の道であるとしたのである[1]。

（1）　Nagler, Die Teilnahme am Sonderverbrechen. Ein Beitrag zur Lehre von der Teilnahme (1903).

このような研究方法の必然性は、まずわれわれが本稿の三〔一五三頁以下〕で述べたようなこの問題解決のさまざまな方法がみな不可能であることの証明により明らかにされねばならなかった。ナーグラーは当時存在したこのような学問的企図の一切をまず撃破しようと企てた。

(イ)　ヘルシュナーやベルナーその他が、沿革や五〇条の理由書から身分が犯罪構成要素となる場合にはその身分は連帯的に作用し、非身分者の共犯の成立も可能であるとした主張の欠点は、草案理由書や沿革は成立した法律の解釈にとっては絶対的標準でないという点にある。成立した法はそれらとは全く独立の存在となるのであって、その拘束下にあるのではない。またこの主張にとって最も都合が悪いのは、このようにその沿革や草案が身分犯への共犯成立を認める根拠とされる普通刑法と、それと二年も離れずに成立した軍刑法の沿革が、この問題に関して、まるで正反対であるかのような前提から出発していることである（S. 93～96）。

（ロ）　また五〇条を援用し、その反対論法によって身分犯への非身分者の共犯成立を肯定しようとする企ても不当である。というのは五〇条は共犯一般の原則である従属性の部分的制限である。それは共犯の処罰されること（Ob）が確定したことを前提として始めて生じる処罰の態様（Wie）の問題を定めるに過ぎない。従ってその反対論法で処罰のObまでも引き出そうとすることは、その内容以上のものを求めるもので不当である。また五〇条の勿論解釈から、刑法は各人が自己に存在する事情についてだけ責任を負うという一般原則を認めたものであるとすることも不当である。五〇条がこのような一般原則を示しているとみるべき法体系上の根拠がないからである。軽重の差のある「数個の刑罰法規のどれを選択するかの決定と、そもそも有罪か無罪かの問題解決が要求されているのとでは大きな相違がある」ということは、類推であると反対論法であるとを問わず妥当する（S. 96～99）。

（ハ）　右の五〇条による類推論からも同様の結果になろうが、ある説は五〇条が加減的身分は一身的に作用し身分のない者は通常の刑を科されるとしていることからみると身分が犯罪構成要素である場合にはむしろ共犯は認めるべきでない、すなわち無罪であるという趣旨であるとするが、この考えも正当ではない。この説は、もし共犯を認めるとすると、その処罰は身分者について定められた――多くは特別に重い――刑罰が標準とされることになり、非身分者である事情はこの際は全く顧慮されないことになるという矛盾・不調和をその理由にするものであるが、この点は誤りではない。しかしナーグラーによるとこの矛盾・不調和はなお共犯否定の理由とするには足りない。というのは、彼によれば、刑法は調和というようなことは重視していないのであって、むしろしばしば平気で不調和を敢てする。例えば各種の犯罪について定められた刑罰の大小をみればこのような不調和が稀でないことが明らかになろうというのである[1]。ただし、彼も――立法論としては――加減的身分について法が共犯の従属性を貫徹しなかった以上、構成的身分についても公平原則を顧慮して刑罰量に考慮を払うこと（減軽）が好ましいということは認めている（S. 99～103）。

（1）ナーグラーは、（イ）においては理由書や沿革は成法の解釈を拘束するものでなく、成法は成法として解釈すべきであるとしたが、ここでは法は体系的ではないとして、ある規定の精神の一般化による理論構成を否定する。ともにその法実証主義的態度の現れであるが、法学は法を一つのまとまった全体として構成しなければならないと考える者にとっては、このナーグラーの両説批判の態度が、ある物足りなさをもつことは否定できないであろう。

（ニ）　クリースらは刑事政策的立場から、身分により構成する犯罪に加功した者を身分者と同一に罰しようとし、その理由としてこの行為が無罪であることは、社会観念に反するとする。しかしこの社会観念というものの援用の多くは、気分・利益の著しく異なった各個人が全体を僭称して自己の考えを述べているに過ぎないことを注意すべきである。とに角それだけでは実定法の問題解決となりえないものであるとされる。(1)

（1）Kries, ZStW. VII. S. 588. Nagler, S. 103～4.

（ホ）　共犯概念から出発する方法も満足を与えることはできない。一、例えば上述したような、共犯規定がその法文の語句の上で身分犯への共犯を排除していないから、それを認めても差支えないという議論は全く一片の形式論で、真に事態の実質に迫ったものではない。問題は、むしろ、身分犯という特殊の犯罪の本質が、それに対する共犯の一般原則の適用を排除するものではなかろうかということにある。「不文法の法学が先入的偏見崇拝に陥ることを注意しなければならないように、成文法の法学は法文の盲目的崇拝を慎まねばならない」（S. 107ff.）。二、また共犯行為の正犯行為に対する従属性から、当然に身分犯に対する非身分者の共犯としての加担が可能であると結論することも論理上許されない。従属性は法的に共犯の成立することが確定した後に始めて問題になる。しかし、ある犯罪に共犯が成立するかどうかは従属性から明らかになる事柄ではないのである。右の一の説についてのべたところはこの説にも当てはまる。ナーグラーによれば、ここにも従来の理論が加減的身分と構成的身分とを原理的に区別しなかったという出発点における誤謬が現れているのである（S. 110）。

二　従ってこの問題の解決には、身分犯の本質から出発する以外に道はないことになる。「というのは身分犯は普通犯罪の例外現象であるから、両者の相異点を明らかにし、その影響の及ぶ範囲を追及することだけが、一般通常の場合を前提として定められた共犯に関する法規がわれわれの問題にも適用可能であるか、可能とすればどのような範囲まで可能かについての判断を与えるからである。そこでは、まずなによって身分犯が通常の犯罪から区別されるかが明らかになれば、その特質の共犯論への関係は自ずから明らかになるはずである」(S. 110)。

(イ)　そしてここに一つの邪道が学者を待ち受けている。もし身分犯の本質が個人の公共団体に対する職務義務その他の債権的一身専属的義務の侵害にあるとすると、そこから共犯として加担しうる者もそのような一身専属的義務を負う者だけであるという結論がすぐ出てきそうに考えられる。ロスヒルト・ケストリン・シュワルツェ・コーラーらのとる見解がこれである。コーラーは「……公務犯罪は主観的職務義務の侵害に基づく。公務犯と秩序犯との区別は、前者が客観的法益に向けられるのに対し、後者は公務員義務に向けられているというように解すべきではない。むしろ公務員義務の侵害はそれが人類の本質的利益を侵害するときに公務犯となるのである。……ここから自ずから公務犯については非公務員の教唆・従犯または間接正犯を問題とすることができないことが分る。なぜなら、非公務員は侵害されるべき職務義務を負わないからである」[1]という。――ナーグラーは、このような見解は身分犯の本質観において誤っているから維持されないとし、ただそれが問題の解決を身分犯の本質から決めようとした点は従来の理論と較べて著しい進歩であると認めるのである(S. 113)。実際にはそれは典型的な身分犯と考えられる公務員犯や軍刑法犯の外的特徴を一般化したに過ぎず、かえって身分犯全体の見渡しを妨げている。また職務義務侵害というだけでは明確であるべき犯罪要件として余りに不明確であり、またその義務は主権者としての国家と人民の関係からでなく、傭い主としての国家と被傭者としての義務者の関係によるもので、このような関係は刑法の対象にはなりえないのであって、そのためにはそれとは別の保護法益がなければならないといい、さらにこのような立場からは刑事犯と秩序罰的不法との区別もなくなってしまうと主張するのである（S. 18. 26）。

（1）　Kohler, Studien aus dem Strafrecht, 2 Aufl.（1900）S. 134ff.

（ロ）　それではナーグラーのいう身分犯とはどのようなものであるか？　「法律秩序の本質は個別的意思を全体意思に服従させることにあり……道徳と同じく法律も人民の行為の規準として一定の当為を課することにより、個人の意思に向けられている」（S. 4）。すなわち法の本質は抽象的な命令禁止である。そこで当然この命令禁止の向けられる相手方、すなわち規範の Adressat は誰かの問題が生じる。「法が服従を要求する人だけが、その法に違反しうるからである。」だがこの規範の向けられる者の問題はアプリオリな不動の原則探求の問題ではなく、個々の場合における実定法的な問題である。またこの規範の向けられる者の特別な制限は、一、その侵害脅威に刑罰を科されるべき法益が人民の中の特定グループしか手に触れえないものであるとき、二、または法の目的とするところが特定人に命令することによって達成されるときに考えられる。これと異なって無能力者の行為が犯罪とならず、また囚人が自由を要件とする犯罪を犯しえず、文盲が文書偽造をなしえず、婦人が強姦を犯しえず、他人間に近親姦の成立がなく、夫婦間に強姦が認められないというようなことは、それらの規範の受命者の制限を意味するものではない。「主権の命令に背くことの事実的不能と法的不能との間には正に本質的な相違がある。」その手段や機会がないために事実上背けないということは、規範の適用を排除しはしない。法的不能においては問題は別である。特別命令（Sonderbebefehl）といえるのは後者だけである（S. 4～18）。身分犯は正にこの特別命令の侵害を実質とする。立法者はこの特別義務を作るために「定められた命令禁止の中に、法的に重要な特質」を採り入れる。「それによりその命令禁止がとくに向けられた人民の範囲が明らかにされ、一般の人民から区別される。典型的な身分犯の構成要件と普通犯罪のそれとの間に存在する区別は、前者に特有な特殊な一身的事情（spezielle persönliche Tatumstände）にある」（S. 26）。具体的にいえば、ある職業に従事し、または種々の法的拘束の理由となる公私の法律関係などがそれである。

ナーグラーはすでに述べたように、身分犯をさらにもう一方から制限する。彼によると身分が単に刑罰を加重減軽する理由となる場合は、厳格に身分犯から区別されねばならない。それは単に身分が処罰上の要件となる場合で、本質上は普通犯罪に属するからである（S. 21 Anm. 2）。

さて規範の相手方、Adressat とされる者だけが身分犯の正犯となりうる。それ以外の者は規範の下になく「その命令禁止を直接侵害することができない」（S. 47）。単に直接正犯としてだけでなく、また間接正犯としても（S. 72）、共同正犯としてもこれを犯しえないのである（S. 79）。このような結論は「刑罰法規」から直ちに引き出すことはできない。というのは刑罰法規は人間行為の準則としての規範に従属する第二次的な存在であるからである。ある行為がある構成要件を充足するかどうかの解釈は、その刑罰法規だけからは出てこない。むしろ、その前提となる一般規範が何であるかを尋ねて、始めてその刑罰法規の及ぶ範囲が明らかになる。このことは正犯、すなわち規範の相手方についても同様である。とくに正犯となる者の制限が、事物の性質上当然の結果であるためか、またはそのような必然性のない実定法上の単なる制限であるかも重要な問題である（S. 48〜51）。

しかし以上のような身分犯の本質からして、身分者の有効な命令禁止違反がある場合に、非身分者はこれに共犯としても加担できないと結論することはできない。むしろこの場合には身分犯の予想する命令禁止が「少なくとも第二次的には一切の人民を拘束する」ということはできないかが問われるべきである。「特別な第一次的服従義務に並び一般的第二次的服従義務（allgemeine sekundäre Gehorsamspflicht）がありはしないか？」（S. 114）。この点からみると、法律は単に身分者に対し実行および共犯（加担）行為を禁じるだけでなく、さらに一歩を進めねばならない。そして第一次的には特定身分者に向けられた規定に一般性を与え「同時に有効な犯罪的企図への一切の加担も禁じられているといわねばならない」（S. 115）。身分的義務には非身分者は単独直接には手を触れえないが、身分者の有効な侵害行為と結合するときは、これを侵害しうるのである。「なぜならこのときは保護された対象に触れることを妨げていた制限がなくなったのであるから」（S. 115）。このようにして原因づけるという意味では非身分者は行為できないが、条件づけるという程度なら彼にとっても身分的義務侵害への通路が与えられている。この通路がある以上、その行為も法的に無意味ではなく、第二次的に命令禁止されているといわねばならない。この第二次的服従義務は、非身分者は従属的な共犯形式において身分的義務を犯しうることにおいて表現される。共犯としての加担は非身分者にも可能ということは、刑法の一般原則の作用として事物自然の理とすることができる（S. 116）。

四　ナーグラーの理論については、この外にも論ずべきことが多い。とくにその共犯論は普通法よりビンディングを経て、現在もオェトカーらに認められ、なお最近の拡張的正犯論とも一脈の相似性をもついわゆる智的正犯（intellektuelle Urheberschaft）の色彩が濃いこと、また理論上は正犯と従犯があるだけで教唆犯という概念は論理的にはそのいずれかに没入するという見地をとることなど注目に値するが、ここでは措くことにする。

犯人の身分により構成すべき犯罪に対し加功した非身分者の取扱いに関するナーグラーの結論は通説と同様であり、わが刑法が六五条一項において定めた趣旨と合致する。しかし彼によっても、他の学者と同様に、このような身分の連帯的作用とドイツ刑法五〇条、またはわが刑法六五条二項の加減的身分の個別的作用との間の調和は達成されなかった。彼によっても、後者は必然性のない例外で原則は連帯的作用にある。ただ彼が同じ身分のこのような別個の取扱いは立法論としては不当であって、構成的身分についても公平原則から刑罰量に考慮を払うことが好ましいとしたことは注目すべきである。

ナーグラーの右のような態度は、彼が狭義の身分犯（身分により構成すべき犯罪）と加減的身分犯（身分によりとくに刑の軽重ある犯罪）とを厳重に区別し、両者を全く切り離して考えた態度と関連している。加減的身分を含む犯罪は普通犯罪の一種であって、彼の本来の研究の範囲外に逸脱するのである。彼にとっては身分が刑罰を決定する場合だけが問題である。これはビンディングの弟子らしい規範論に出発する彼の身分犯論——規範のAdressat 論——と相まって、身分の概念を統一的な問題領域として実質的観点から取り扱うことを不可能にした。しかし、実は構成的であると加減的であるとを問わず、一般的に身分とはなにか、それは刑法上どのような意義をもつか（とくに違法性・責任性とどのような連関をもつか）を理解することなくしては、この問題で真に一歩を進めることはできないのである。一般に問題の解決は、問題をまず限定することにより容易になることが多けれども、ここでナーグラーの行う制限は、正になされてはならない問題の限定であったのである。彼の理論が内容的にはこの点で殆ど実りのない空論の観があるのも、このような出発点がもたらした必然的帰結であるといわねばならない。

ナーグラーが身分犯概念から出発してこの問題を解決しようとしたコーラーの企てに与えた批評は、やがてまた彼自らの理論が受けるべき批評であった。彼は問題を身分犯の本質から解こうとし、他の方法の不可能を立証することにおいては非常に有力であったが、自ら身分犯に与えた本質規定・内容の分析は意外に抽象的なものに過ぎなかった。彼にとってはリストやフランクの教えた違法性・責任性の観点からこの問題をみるようなことは遠く関心の外にあったようにみえるのである。私は年代的にはナーグラーの著書より古いクルークの理論を、問題史的にはより進んだものとみるが、その理由は後者が正にこの点に関して著しい前進を試みていたからである。

六　レズロプ

ナーグラーの著書とほぼ時を同じくしてビュルの著書がでている。これはクルークの影響をうけながら通説の立場から加重減軽的身分・犯罪構成的身分・刑罰阻却的身分を実定法の規定により一々研究し、その共犯への作用を論じたものである。それは当時のこの問題に関する学説の態度を概観させるものとして価値があるが、著者が自らの思索により問題を発展させた点は割合少いと考えられる。(1)

(1) Büll, Der Einfluss persönlicher Eigenschaften und Verhältnisse auf Täterschaft und Teilnahme. 私の手元

にある書物は表紙破損のためにその年度は明らかでないが、内容やその引用する書物などから推して大体一九〇二〜三年のものと思われる。

右の問題の発展の糸を現在に到達させるためには、われわれはなおレズロプの研究をみなければならない(1)。彼はナーグラーやビュルに遅れることさらに数年（一九〇九年）で、再びこの問題を採り上げた。彼の根本的態度はクルークと同じで、各則の犯罪構成事実の区別・分類が問題の解決には絶対に必要だとする。「これらの事実のいずれが個別的に帰責されるべきかの問題は、一般原則に従って答えられるべきである……この認識をわれわれがえた後はクルークのたどる道はまたわれわれの道である」と（S. 20）。これはしかしただ根本的方法が同じというだけで、決して結論が同じなのではない。むしろ彼の道はクルークを批判することにより始めて開かれたのである。

（1）　Redslob, Die persönliche Eigenschaften und Verhältnisse, welche die Strafbarkeit erhöhen oder vermindern. Dergestellt nach deutschem und französischem Recht, 1909.

一　レズロプによると、クルークはつぎの点で誤っている。(イ)彼によると結果はすべて連帯的であるから、もしある人がある意思事情を他人に惹起したときは、これもまた結果といわねばならず、従ってそれも連帯的に作用するとすべきである。これをしないクルークは矛盾している。(ロ)また行為事情は数人の行為が共同する時点の前にあるか後にあるかにより、作用が異なるというのは実際上不当である。例えば強盗や踰越損壊強盗（わが盗犯防止法二条）などにおいて、正犯が暴行または踰越損壊した後で単に奪取だけに加担した者には、その前に行なわれた暴行等による加重が及ばないとされるのは、逆にそれに加担する意思をもって暴行または踰越損壊だけに加担した者が、同じく加重された刑に服することと対比して不均衡である。むしろ「ある犯罪が数個の行為から合成されるときは、その中の一つに加担することにより、全犯罪への共犯が理由づけられる」というべきであり（S. 28）、従って「行為の要素は決して個別的に帰責してはならないのである」（S. 29）。従って個別的に帰責されるのは意思要素（Willensmomente）だけであるといわねばならない。[1] ビルクマイヤーの思想はこのように解釈されねばならないのである。彼（ビルクマイヤー）は身分が結果の中に化体していて、その行為者から切り離して結果をみてもなお消滅しないとき、それは連帯的に作用するとしたが（上述**四**の**一**の**ロ**〔一六二頁以下〕参照）、「結果というとき彼は明らかに終局的結果だけでなく、行為までもその中に含ませて解しているのである。このことは彼が強姦では暴行により強制された性交が客観的に結果として存するという例を挙げているところからも明らかである。むしろ彼は五〇条の一身的素質または関係とは、一切の意思事情を指すものと解したものだといわねばならないとする（S. 35）。

（1）　レズロプはなお自説の一根拠として、その著書の標題からも明らかなように、詳細に当時のフランス刑法理論のこの問題に関する議論を説明している（S. 45ff.）。

意思要素の処罰の軽重への作用の態様はどのようなものであるか？（イ）それはまず犯罪意思の強弱（Intensität）として責任の程度に影響する。犯罪動機は、あるいは反対動機の発生が不可能または著しく困難なほど強いこともあり（慣習犯）、あるいは犯罪動機と反対動機を冷静に考量する余裕がありそのため性格どおりの意思構成が保障されそうにみえるに拘らず犯罪動機が勝つということに現れる（熟慮）。また犯罪動機がとくに弱いこともある。犯罪を犯したことがその観念生活の不発達に基づき（責任年齢に達しないもの）、または他の理由により通常の活動が害されたため反対動機が充分に活動しえなかった場合（自己の私生児である嬰児を出産中または出産直後に殺した母親）がこれである。（ロ）責任の程度はまた犯罪意思の内容（Inhalt）により左右される。尊属親殺では殺人の観念の外に、親族関係の観念が加わり、ここに特別な反対動機が加わる。この特別な反対動機さえ犯罪を阻止しえなかったということは、責任を加重する理由となるのである。また利得の目的をもって文書を偽造する者は、特別に非難すべき意図があるために刑の加重に値する。他面、ただ自己の財産を保護するだけのために溢水させた者は責任を減軽される（ドイツ刑法三一三条）。このようにして責任の程度に関係する意思内容としては、特別な反対動機・非難すべき特別な動機・宥恕すべき動機の三つがあることになる（S. 45ff.)。

それではこれらの意思要素は、なぜ、それがある者だけに作用が制限されるのか。これは身分が加減理由に止らず有罪無罪を決定する理由である場合をみることで最も明白に理解される。(1) 例えば単純な媒合は一般に罪とならないが、親が子供に対し行なうときは罰される（ドイツ刑法一八一条二号)。これは反対動機となる意思要素がある場合と解すべきであるが、いま他人が親を教唆してその子供に媒合容止をさせたとする。この時、教唆者は父親の行為の不法をよく理解してはいる。だから単純な媒合を教唆する者に較べると責任の程度は重くなるが、他面この条文が要求する「自分の親としての義務に違反するという感情」をもつことはできない。しかし父親だけを正犯とする法律は「責任の重点」を正にこの感情においている。従って教唆者は父親と同じ処罰か、または無罪かという二者択一の地位におかれるときは、無罪だとしなければならない。このことは他の意思内容や意思の強弱が要件となる場合についても同様であり、またこの理論はそれらが加減理由である場合にも当然に認められねばならない。ただし現行法は共犯の従属性原則をもって、この一般原則を構成的身分については貫徹することなく中断している（S. 46〜57)。

（1） 単なる加減的作用をもつ意思では理論の相違が明らかにならない。他人の尊属親殺（加重犯）への共犯者は通常殺人への共犯より重いが、自分の尊属に対するような感じはもたないであろうから、もし彼を通常殺人の規定で処断するとすれば裁判官は刑を重く量定するであろうし、逆に尊属親殺の規定によるとすれば刑は軽く定められることになろう。こうしてどちらが原則でも実際の結論は大差ない（S. 47ff.)。だから、原則の相違が有罪・無罪の相違を呼ぶような構成的意思について説明するのである。

ニ　つぎの問題は個々の加減事情が行為要素か意思要素かの選択をすることにある。ここでもわれわれはレズロプの理論の特殊性が明瞭に現れるのをみることができる。

（イ）　反対動機　クルークはそのいわゆる「潜在的法益競合」の理論から親族関係（尊属親殺)・臣民の忠誠

義務（外患罪）・公務員としての地位（不真正公務員犯）・委託信任関係（横領・看守者による逃走）が加重理由である根拠は、それらが基本犯罪の侵害する法益に加えて別個の法益を侵害すること、すなわち結果事情であることにあるとした。そのためにそれらは共犯者へも連帯的に作用するという結果になった。レズロプはこれを不当であるとする。というのは一回の義務違反より生じる損害はごく微少であり、従ってこのような要素は加担者の意思（特別な義務関係さえこれに抵抗できなかった）に含まれる責任要素と比較すると殆ど問題にならない。むしろこれらは個別的に作用する意思事情としなければならないのである。

（ロ）　加減的な動機　一、非難されるべき動機としては「利得の目的」（公文書毀棄。ドイツ刑法一三三条・戸籍法違反一六九条）・庇護罪（ドイツ刑法二五七条）における「自己の利益のため」・背任（ドイツ刑法二六六条）における「自己または他人に利益をえさせる意思」・文書偽造（ドイツ刑法二六七条・二七一条・二七三条・三四八条）における「自己または他人に利益をえさせまたは他人に損害を加える目的」（わが二四七条の背任も同様である）・「犯罪を行なうためまたは逮捕を免れるための殺人」（ドイツ刑法二一四条・わが二三八条）・「乞食その他の不道徳な利得の目的に用いるためにする」子供の誘拐（ドイツ刑法二三五条）・強盗・殺人または騒擾を行なうための放火（ドイツ刑法三〇七条二号）・盗賊団体における「継続して強盗窃盗をするため」という目的（ドイツ刑法二四三条六号）などが数えられる。二、責任減軽的動機となるものは、例えば外患において抗敵罪を犯した者が前に外国の軍務に服した者である場合（ドイツ刑法八八条）・嘱託による殺人（ドイツ刑法二一六条・わが二〇二条）・溢水における「自己の財物を救うため」という目的（ドイツ刑法三一三条）・「自己の生活をよくする目的」で免状・鑑札の類を偽造すること（ドイツ刑法三六三条）・興奮による殺人（ドイツ刑法二一三条。ここでは復讐動機が減軽的に働く）などである。しかしドイツ刑法一五七条の「自己の犯罪の訴追を免れるため」にする偽誓はここに属しない。この場合の真の特徴は自己の訴追を免れようとする点にでなく、陳述の強制にあり、かつこの強制は共犯にはありえないからである（「自己の刑を免れようとする目的はそれだけでは責任阻却的に作用するのでなく、ただ陳述強制と結合して始めてこのような作用をもつ。」このことは殺人における逮捕を免れようとする目的が逆に加重的に作用することをみれば明らかであるとされる）（S. 60～66）。

（八）　意思の強弱　一、年少者の犯罪意思は強度が弱い（ドイツ刑法五五条・一五七条）。この犯罪意思の強弱は相対的なものである。「犯罪動機は反対動機との関係によりその強度が決まる。」少年は反対動機が弱いから、少しの犯罪動機にでも負けるが、「彼はなお多数の経験を積むときは、犯罪に対する新たな反対動機を集めるだろうと期待される。」その作用は個別的でなければならない。二、謀殺の加重理由となる熟慮も犯罪意思の特別に強いことを示すものとして個別的に作用するとしなければならない（継続性がないという反対論や、素質といえないという反対論は形式論で不当である）。三、累犯（わが国ではこれは一般的加重原因であるが――五六条以下――ドイツでは窃盗・強盗・贓物・詐欺・乞食等々個別的に定められている）も「特別に強い犯罪意思」を表現するものである。すでに刑を受けた者にとっては、刑罰は他の人にとってより、もっと切実な体験であり、反対動機もそれだけ強いはずであるからである。これが累犯加重の ratio legis であるが、法はただ累犯があればすべて加重することを許し、具体的場合に一々このような強い犯罪意思を立証することを要求するのではない。四、慣習犯も同じく犯罪意思の強さを推測させる。同一行為の繰返しは、その行為への衝動を強め、反対動機を弱くする。五、職業犯においては慣習犯と同じ反覆性が示す犯罪意思の強さと、それから収入を得ようとする非難すべき動機（意思内容）との結合として理解される（ドイツ刑法贓物二六〇条・暴利三〇二条d・狩猟犯二九四条）。六、意思力の特別な弱さが、意思内容の特殊性と結合して減軽的に働く場合は私生子の母親の行う嬰児殺（ドイツ刑法二一七条）の場合にみられる。この場合には責任能力が減少するとともに、他面、動機の非難性が減少するのである。七、ドイツ法上、名誉に関する犯罪のうち、自己の主張の真偽が疑わしいのに敢えてこれを言い触らす罪（Verleumdung）と、自己のいう事実が真実でないことを確知しながら言う罪（üble Nachrede）の区別（後者が重い）も、犯罪意思の強さによるものである。八、偽証をした者が裁判の終結前に自白すれば減軽されるという規定

（ドイツ刑法一五八条）も中止犯と同じ意思要素によるものである。それは偽証は元来正常でない精神状態でなされた行為で、その正常性が取戻されたときに取り消されたと解されるからである（S. 66～73)。

三　クルークの意思事情・行為事情・結果事情の分類は、因果的観察を基礎とするものであって、犯罪要素である個々の事情の法律的評価による実質的区別というよりは、むしろそれらの外面に捉われたものであるようにみえた。しかしその具体的結論をみれば、それがすでにこのような外面性から実質観へ入り込んでいる点が多かったことはさきにみたところである。クルークを発展させ、また修正したレズロプの見解についてもほぼ同様のことがいえる。レズロプはクルークの右の三分主義を意思要素と行為要素の対立に改めるとともに、クルークが結果事情としたものの多くを意思要素の中に含ませることにした。意思と行為との対置は、やはり自然主義的であるようであるが、その理論の内容からいえば、今日われわれが違法要素・責任要素とするものの対置と非常に近いものになっているのである。彼が意思要素とするものは、右に示されたように実は今日責任の有無・程度を表示する事情とみられるものと大体において一致している。いわゆる規範的責任主義と犯罪徴表説との調和を思わせるような彼の意思要素論から、われわれは――今日の言葉でいえば――彼は責任性は個別的に作用し、違法性は連帯的に作用するという原則を樹立しようとしたのだということができよう。

彼が身分あるいはドイツ法の用語を用いれば「一身的素質または関係」は意思要素であるというとき、伝統的な立場を守って身分とはなにか継続性のあるもので目的・熱慮のように純主観的なものは含まないというような考えをもつ者には、甚だしい概念の転倒・倒錯と感じられるに違いない。しかしこのような伝統的立場の上述したような無理論性に比較すると、レズロプの主張は体系化を本質とする理論的精神を徹底しようとするものとして著しい進歩であるといわねばならない。

ただし、レズロプの理論も完全でないことは当然である。彼がまだ責任と違法の概念の区別を知らず、両者をともにSchuldmomentという単一の概念で示しているのもそれである。なお彼は自らの理論を実際においては非常に大きく制限していることを注目しなければならない。彼は他の同時代の学者と同じく、共犯従属性を争うことのできない現行法の大原則であると考え、それによって、意思要素は個別的に帰責されるという彼の一般原則も、その作用を制限されるとした。すなわち、この個別的作用が認められるのは従属犯である教唆・従犯においては、ただ加減理由となる意思要素だけであり、構成的意思要素は、共犯従属性の結果として、正犯にある限り連帯的に作用するとした。このような従属性のない共同正犯においてだけこの原則が無条件に全範囲にわたり作用することになると説くのである。——従属性はなぜ一般原則の適用を阻みうるのか？　これはもはやレズロプの教えるところではない。一般原則が従属性という共犯だけの部分的原則により中断され、さらに今度はこの従属性原則が五〇条（わが六五条二項）により中断される。このようなものがその結論である。ここにおいて、この問題は、従属性の原則の価値・存在理由の探究へとわれわれを導いてゆくことが感知されるのである。

七　むすび

私はこれまで身分と共犯の関係に関する立法および理論の発展をたどってきた。そして私は身分の本質・作用が深く極められるごとに、共犯の従属性がこの身分の本質の充分な発動の障害となっていることをみた。そこでは共犯の従属性ということが争うことのできない不動の原則とされていたために、むしろ身分の問題を取り扱う学者の側から、その身分の本質とするものがこの原則に対してもちそうにみえる侵略的な作用があわてて引き込められ——こうして身分の本質自体がまたもとの状態に押し返される有様であったということができよう。

しかし一方ではリストやベーリンクらにより始められた刑法理論の体系づけ——違法・責任の峻別と犯罪の類型的思惟——はようやく学者の共通的財産となり始め、犯罪要素としての身分もまたこの観点からの理解・分析の企ての客体となってゆく地盤も徐々に成熟しつつあった。だがここでもっとも注目すべきことは、これほどにその権威を誇った共犯従属性の原則が、丁度この頃からその合理性・存在理由を疑われ始めたという事実である。ここには二人の学者を挙げよう。すでにレズロプの著作に先き立つこと三年・一九〇六年には、ベーリンクの『犯罪論』が現われ、構成要件の概念を刑法理論の中心にもってくるとともに、違法性と責任性との峻別を採用していたが、その中には共犯の従属性に関しても注目すべき主張が行なわれていたのである。例えば彼はつぎのように述べている。

「……教唆犯および従犯の従属性が現在の法律においては二重に誇張されて現れているということを認めねばならない。まず、(a)現実に実行された正犯行為が条件とされ、つぎに、(b)この正犯行為が――(ドイツ)現行法四八条・四九条の「可罰的行為」という文句が示すように――完全な犯罪的性質をもたねばならないとされる限りにおいてそうである。(a)の誇張はここでは措くとして、(b)についてはつぎの観察が迫ってくる。まず正犯行為について一切の刑罰威嚇条件までが充足されているときに始めて共犯が問題になりうるということは、論理の要求でもなければ、実際の必要でもないことは確かである。国外で行なわれた違警罪の犯人(ドイツ刑法六条)を国内で教唆する者、または他人に違法ではあるがドイツ刑法五四条により処罰されない緊急避難行為を行なわせた者が、自らは緊急避難の要件を備えないときになぜ罰されずに済むのか理解することができない(彼にあっては、緊急避難とは、ある犯罪が国内で行なわれるときだけ罰される場合の国内で行なわれたことという条件と同じ性質のものであって違法・責任・構成要件と関係のない単なる処罰または不処罰の条件だとされるのである)。さらにまた、現行法がただ有責行為にのみ共犯を認めるのは空論《ドクトリネール》である。たとえば、弁別力のない少年または子供や精神病者、その他の責任のない者によりなされた構成要件の実現に加担した者が、なぜに共犯として罰されえないで、その処罰のためには間接正犯という観念に逃げ道を求めねばならないかも理解できない。責任のない構成要件実現に対する共犯を認めれば、実行々為の概念のその外画的行為(Aussenzone)に対する限界も非常に簡単になるであろう。」「従って立法機関の任務は、共犯概念を正犯における責任の存在という要件および一般的刑罰威嚇条件の存在の要件から切り離し、従属性をこの点について廃止することである。将来は完全な犯罪的性質をもたない正犯行為に加担した者も共犯でありうるようにしなければならない。[1]」

（１） Beling, Lehre vom Verbrechen, (1906) S. 454. 458. ベーリンクは他の一派の主張した加担 Mitwirkung という一つの概念で正犯・教唆犯・従犯を包含しようとする企ては、予備と未遂を分け、前者を原則として無罪とする体系の下では認めることのできないものとした。なおベーリンクも身分概念についてある程度の思索をしている。彼によれば、身分はあるいは構成要件上（tatbestandlich）の要件であるか、違法性の要件であるかを区別しなければならない。ある人が身分をもたないためにその行為は違法であるが構成要件該当性をもたないことがあるとともに、他方、行為は構成要件該当性をもつが、身分がないために違法でないものがあるとし、それは身分犯の分類およびこの身分犯への共犯について重要であるとするのである〔ベーリングが身分を構成要件要素であるものと違法要素であるものに分けたことは、彼の立場から一貫しているが、しかし、そこには上述のその類型と違法の峻別論の不健全と無能が現れているとみることができる〕。

この従属性の原則への批判は、ついに、M・E・マイヤーのドイツ刑法予備草案の批判において身分の問題と結合することになった。予備草案八〇条は「刑罰を加重・減軽または阻却する一身的素質および関係はただこの素質または関係がある者についてだけ顧慮される」と規定した。それは従来はなかった「刑罰阻却的な一身的素質および関係」まで採り入れたのである。従来も治外法権や親族相盗のようなものは行為の犯罪性に関係がなく、単に行為者の可罰性を失わせるところのいわゆる「身分による刑罰阻却原因」として、ただそれが存在する者だけに作用するとされたのであるから、一寸みただけではこれはなんら実質的変革ではないようにみえる。しかし、その理由書は他方においてなお進んで、違法阻却原因・責任阻却原因のように行為そのものの犯罪性を失わせるものまでも、すべて単純に行為者の可罰性を失わせるに止まる刑罰阻却原因として取り扱い、責任無能力者の行為や正当防衛を行う者に対しても可罰的共犯が成立するという建前をとった。理由書は責任無能力者の行為に共犯が成立できないという従来の学説を不満には思ったけれども、そうかといって共犯の従属性を否定してはならないと考えた。そこで、この矛盾を一挙に征服するためには、責任無能力が責任阻却原因（すなわち行為の犯罪性阻却原因）であるという考えを捨てて、それは単なる行為者の可罰性を失なわせるに止まるもの・すなわち刑罰阻却原因であるとすれば良いと考えたのである。正当防衛などの違法阻却原因まで同一に考えたのは、責任無能力についてそう考えれば、それも違った扱いはできないという単純な思考によったもののようである。[1] しかしこのことと右の八〇条の文句とを関連させるとそこに大きな問題が生じることになるのである。

（1） Vorentwurf zu einem deutschen Strafgesetzbuch mit Begründung, (1909) S. 225. M. E. Mayer, Versuch und Teilnahme. Aschrott = Liszt, Die Reform des Reichsstrafgesetzbuchs (1910) S. 355.

これに対してマイヤーは「……まず第一に予備草案は現行刑法と同じく、刑罰阻却原因という一般的概念を用いるだけで、その種類の区別のようなことは学問的解釈に委ねていることを固く記憶しなければならない。ただ予備草案自ら、刑罰を阻却する原因を一身的素質または関係であるものと、物的事情であるものとに分けたことは注意すべきである。そしていわゆる身分による刑罰阻却原因（治外法権・窃盗における親族関係）と、草案のいう刑罰を阻却する一身的素質または関係とを同一視しないよう注意しなければならない。草案理由書はこれを同視するような口吻をもらしているが、後者は刑罰阻却原因の一種で、それも一身に基づく刑罰阻却原因の一種というだけで前者より広く、それには責任無能力のようなものまで含まれるのである」とする（S. 359）。しかし、理由書が責任無能力者に対する共犯を認める必要を感じながら、同時に共犯の従属性をも維持しなければならないとしているため、責任阻却原因を刑罰阻却原因にしてしまったという沿革は、学問的概念構成を支配する力はもたない。単なる名称の相違で問題が片付くはずはない。マイヤーが草案の行った変化を理論的に説明しようとしたのは当然である。問題はそこでこの草案のいわゆる「刑罰を阻却する一身的素質および関係」の内容を理論的にはどう考えるかである。マイヤーによると、右の草案の無能力者に対する共犯成立を可能だとする立場を考慮して定めると、第一には一切の責任阻却原因、すなわち責任無能力や責任年齢に達しないこと・錯誤・上官の違法命令のようなものであり、次には従来のいわゆる身分による刑罰阻却原因や刑罰消滅原因を指すのである。違法阻却原因についてはいま少し考慮を要する。まず違法阻却原因とされるものの中には、行為者の一身的素質または関係と全く無関係に、行為の違法性を阻却するものがあり（物的事情である違法阻却原因）、例えば正当防衛・治療行為・被害者の同意のなどがそれであるが、このような理由があるために、適法な行為に加担した者が罰されないのはむしろ当然のことで、この点、予備草案の理由書は行き過ぎであり不当である。しかし、つぎにその適法性が行為者の一身に基づくような行為もある。例えば権限ある公務員の逮捕や、懲戒権者の懲戒のなどがこれであるが、予備草案八〇条の文言や理由書だけから問題の解決を求めようとすれば、それらの行為への加担も共犯として罰されることになろう。しかし、そんな場合には共犯者もまた違法に行為するのではないから、彼もまた罰すべきではない。このようにしてその達した結論は「予備草案では、共犯の可罰性は正犯行為の違法性に従属するが、正犯者の責任に従属するものでない」ということであった（S. 357）。――マイヤーはこのように、従属性ということの意義を反省した後、共犯の従属性には種々の段階があるとして、四個の従属性の程度を区別している。最少限度の従属形式・制限された従属形式・最大限度の従属形式・過度の従属形式の有名な区別がこれである。予備草案はマイヤーの理論によると正にこの中の制限された従属形式を採ったのである。(1)

（1）Mayer, S. 355ff. Strafrecht, S. 391. 以上のマイヤーの見解について、より詳細には拙稿「共犯規定の発展」法学論叢三一巻一八六頁以下参照。

このようにして昔からいくたびとなく頭を出してはそのまま消滅してしまっていた思想が、マイヤーにおいて始めてその完全な姿で現われることとなったのである。それは違法は連帯的に、責任は個別的に共犯に対して働くという思想である。また、この思想がマイヤーにおいても「共犯の従属性と身分の影響」という問題をたよりにして達成されたことは、これまでわれわれがたどってきた道からみて、とくに興味のあることである。ただし、マイヤーによっても、身分による刑罰阻却原因という第三の範疇の克服はなし遂げられなかった。彼においてもそれは昔のままで残っていた。――しかし共犯の従属性の段階についてのマイヤーの思想は、以後の草案起草者の頭を常に支配し、ついにそれはわが刑法草案やドイツの一九二五年草案・一九二七年草案・一九三〇年草案の共犯規定となった。私は本稿を閉じるためには、駆け足で、これらのドイツ諸草案において「身分と共犯」の問題がさらに遂げた変容の過程を示さねばならない。

これらの草案が全て共犯に正犯の有責性を要件としていないことは、それらが「教唆犯および従犯の可罰性はその行為を実行した者の可罰性とは独立とする」と規定することから明らかである。このことは、私がしばしば論じたところであって、ここに重ねて説くまでもあるまい。問題はこのような原則をとる法体系において、共犯と身分の関係を定める規定がもつ意味である。右の諸草案はこれをつぎのように定めている。

「特別な素質または関係が行為の可罰性の理由となる場合は、教唆犯および従犯は、これらの素質または関係が、彼ら自身または正犯について存在するときには、これらの行為を理由に処罰される。ただしこれらの事情が教唆犯について存在しないときはその処罰を減軽する。

法律が特別な素質または関係が刑罰を加重・減軽または阻却する旨を定めた場合には、ただこれらの事情がある正犯・教唆犯・従犯についてだけそれを適用する。」

大体においてわが刑法六五条および草案二八条と同じであるが、ただ一項但書のあることが異なるのである。今、この条文の趣旨を考えてみると、そのいわゆる身分が「行為の可罰性」の理由となる場合というのは、すなわち――草案の行為の可罰性と行為者の可罰性の区別から明らかなように――行為の違法性の要素である場合を指すものである。制限的従属形式を共犯について採用する限り、責任要素が個別的に作用することは当然のことで、特別規定を設けるまでもない。本条はこのような当然のことを定めたのでなく、まさに連帯的に作用すべきものとされた違法要素に関する、注目すべき規定なのである。まさにここにおいて身分の問題は完全に理論体系の中に採り入れられ、しかも実際的にも妥当に解決されることとなったのである。従来、違法・責任と無関係な身分というものがあるとされるきっかけを与えていた共犯と身分の規定は、今では違法類型要素である身分に関する規定となったのである。われわれの問題はここに始めて答えられたのである。――右の一項は身分が可罰的違法類型の構成要素であるときは、この要素を自ら有しない者も共犯として加担しうるという意味であるが、それは但書で、この身分をもたない教唆犯の処分は減軽されうる旨を定めている。身分のない従犯には従犯一般がすでに減軽されるために、とくにこのような但書をおく必要がないとされたのである。私の理解によれば、この一項はこの但書によって二項との調和が保たれており、しかも、この一項但書と二項と相まって違法性の点については各加担者は一応、正犯行為を基礎にして評価されるが、結局においては独立に判断されねばならないということを教えているとしなければならない。もし制限された従属性というものが、共犯の行為は違法の点については正犯行為に完全に従属するというところにあるなら、それは草案のとる立場と同一ではない。草案は共犯行為の違法性は、一応、正犯行為のそれを基準とするが、なお進んで各個にその程度を判断すべきことを命じているのである。このことはすでに他面において、非身分者のそれ自体としては構成要件該当性のない行為を介して身分者の共犯が可能であり、また主観的違法要素を要求する犯罪において、これを有する者がこれを有しない者の行為を、共犯として利用しうるとされるところに認められるが、右の但書や二項において、非身分者が身分により構成すべき犯罪に教唆犯として加担した場合には、その非身分者であることを顧慮して刑罰を減軽されるというところにも現れているのである。(1)

(1)　これらの点についての詳細は拙稿「所謂共犯の制限された従属形式」法学論叢三一巻八〇二頁以下参照。

わが刑法および刑法草案は、右のドイツ草案の一項但書のような非身分者の教唆犯減軽の規定を欠いている。立法論としてこれをわが国でも採用すべきであることは、わが国の有力な学者も要求するところである。私もまたそうなることを希望するものであるが、(1)問題は解釈論としても何とか同じ結論に達しうるような道はあるまいかという点にある。――私はすでに別の機会に、わが現行刑法の解釈として共犯は正犯の有責性を必要としないだけでなく、また正犯の行為が完全にいずれかの犯罪の可罰的違法類型に該当することも必要ではないということを、各則の諸規定を根拠にして論証しようとした。(2)共犯の成立に必要なのは正犯行為が何らかの意味で違法であるとされることだけであって、共犯の行為の違法性はこの正犯の行為の違法性を基礎に、さらに自己だけについて存在する諸種の事情と一括して判断されるべきものだというのが、私の達した結論だったのである。このようにして正犯・共犯が各自それぞれにその違法性・責任性が判断されねばならないということが——もし幸いにして——是認されるならば、この一般的原則はわが六五条一項の解釈をも導かねばならない。この規定によれば身分により構成する犯罪に加功した非身分者の処罰は身分者に対する刑罰による訳であるが、その違法性は身分者のする加担と比べて少ない訳であるから、量刑にあたり裁判官が適当な考慮を払うことが要求される。一般的酌量減軽の規定（六六条、六八条以下）があるわが刑法の下においては、このような操作は困難ではないであろう。またこのような見地からして六五条二項に含まれるかどうかに疑いがあるとされる場合、例えば公務員に収賄を教唆した非公務員も、収賄罪（一九七条）の刑罰によってでなく、贈賄罪（一九八条）の規定により律すべきであり、また公務員と共謀して公正証書の原本に不実の記載をさせた非公務員も、一五六条の公務員のする公文書偽造の規定ではなく、一五七条の公務員に不実の記載をさせる犯罪の規定により処断されるべきである。(3)——そうすることによって、あのように嘆かれた六五条の一項と二項の矛盾の問題は始めて適当に解決されうるであろう。

(1) 宮本教授・刑法学粋四二六頁参照。なお拙稿「共犯規定の発展」法学論叢二一七頁。
(2) 拙稿「二つの正犯概念」法学論叢三二巻一一五八頁以下、拙稿（判例批評）法学論叢三二巻一〇六三頁以下参照。
(3) 宮本教授・刑法大綱五二一頁・五五七頁参照。判例および通説はこのような結論に反対である。明治四四年四月二七日判決刑録一七輯六八七頁、大正三年六月二四日判決刑録二〇輯一三二九頁。牧野教授・一四頁、小野教授・四二九頁・三六八頁。

また右のように考えるときは、従来殆どすべての学者によってその学問体系中の挟雑物と感じられるにも拘らず、認められねばならなかったところの、行為の違法性・責任性と全く関係がないのに行為者の処罰を免れさせるものとしての、いわゆる「身分による刑罰阻却原因」も、存在理由を失なうことになるのである。共犯についての従属性を正当に制限した後には、また違法と責任という規範的評価を刑法の世界の隅々まで及ぼすことが可能になる。そしてこの仕事は私がすでに概観的には一応試みたところであり(1)、具体的個別的にはつぎの機会に独立のテーマとして遂行しようと意図しているところのものである(2)。

（1）　拙稿「刑法における期待可能性の思想」法学論叢二八巻二一一頁以下、「タートベスタント序論」法学論叢二九巻三二九頁以下〔刑法における違法性の理論九五頁以下〕参照。

（2）　その後、拙稿「一身的刑罰阻却原因」法学論叢三四巻二号（昭一一）、刑法に於ける期待可能性の思想三九九頁以下、「共犯の従属性と期待可能性の理論」など。

〔この注は、『共犯理論の源流』への所収にあたって追加されたものである――編者〕

5　主観的違法要素

一　問題の提出

大審院は先般つぎのような判決を下した。いわく「刑法第三十六条ハ加害行為ニ付防衛意思ノ存在ヲ必要トスルモノニシテ、縦令急迫不正ノ侵害アル場合ナルニセヨ、之ニ対スル行為カ防衛ヲ為ス意思ニ出テタルモノニ非サル限リ正当防衛又ハ過剰防衛ナリトイフヲ得ス」（一）と。従来も同趣旨のように解しうる判例がなかったわけではないが、（二）大審院が今やかくも明瞭に防衛意思をもって正当防衛の要件であると論断するに至ったことは誠に注目に価する。けだし正当防衛が違法阻却事由の一種であることは現今異論ないところであり、かつ通常そのいわゆる違法はこれを客観的に解せられている。しかるに右の判決は行為の違法性が行為者の主観的意思によって左右されることを認めるものである。かつかかる主観的違法要素があるということは主観的違法論の立場にとってはむしろ自明的なことであろうが客観的違法論にとってはそうでない。故に違法は客観的であるとする根本見地を保持しながらなお主観的違法要素を認めることができるか、できるとすればそのいわゆる客観的違法とは厳密にはいかなる内容のものであるか、むしろ主観的違法要素を肯定することは客観的違法論の主観的違法論への移行の必然性を示すものではないかという一連の問題が当然継起する。（三）——右の判例は、このような重要にして困難な諸問題の前にわれわれを導いて行くのである。

本稿はあたかも正にその客観的違法論と主観的要素との関係を究明することを目的とする。私はかつてこの問題について多少論じたことがある。(四)そして現在では客観的違法論をとるとしても主観的違法要素の存在を認めるし、また認めねばならぬということは、有力なわが刑法学者によって漸次是認されつつあるところである。(五)今重ねてこの問題を取上げるのは私がかつて与えたその理論づけの不十分だった点を補充するかたわら、同じ問題についての最近のドイツ学界の動向を研究してこの問題がいかに基本的なものに関係しているかを明らかにするためである。——しかしそれは刑法上の理論問題として扱われるのであるから、その取扱いの形式もまた必然的に刑法的に制限され、刑法上の可罰的違法類型および違法阻却事由に主観的要素が含まれるのかどうかという形で論じられる。

私はここでも問題史的な考察から出発する。(六)

(一)　大判昭和一一年一二月七日法律新聞昭和一二年三月二三日、刑集一五巻一五六一頁以下。これには牧野教授(法学協会雑誌五五巻七号一三七九頁以下)、草野判事(法学新報四七巻四号一一六頁以下)、滝川教授(民商法雑誌五巻四号二三九頁以下)、および安平教授(日本法学三巻六号六二頁以下)の諸批評がある。

(二)　「喧嘩ノ際ニ於ケル闘争者双方ノ行為ニ付テハ正当防衛ノ観念ヲ容ルルノ余地ナキモノトス」(昭和七年一月二〇日刑集一一巻一頁)。「争闘ヲ為ス目的ヲ以テ呼出ニ応ジ兇器ヲ携ヘテ争闘ノ場所ニ臨ミタル以上縦令相手方ガ先ヅ手ヲ下シタリトスルモ之ガ為相手方ニ対スル加害行為ヲ以テ正当防衛ナリト云フコトヲ得ズ」(昭和五年二月二八日刑集九巻一一五頁)。

(三)　主観的違法論と客観的違法論の問題については宮本・刑法大綱七〇頁以下、牧野・日本刑法三〇三頁註二、佐伯「主観的違法と客観的違法」論叢二七巻七七頁以下参照。なお本稿で主観的要素というのは心理的事実一般を指すのでなく、違法行為者自身の心理内の事実を指すものであることに注意を乞うておきたい。

(四)　佐伯「タートベスタント序論」論叢二九巻三三〇頁以下および三三八頁以下。

(五)　草野・刑法総則講義九九頁・一〇九頁。草野判事はすでに同所において右に本文に掲げた判例と同じく正当防衛には防衛の目的あることを要する旨を主張していられる。滝川・刑法各論七頁・一〇頁・一三頁・二九頁・六〇頁・七二頁・七七頁・一一六頁・一二五頁・一二七頁・一四二頁、同・刑事判例研究一三八頁以下。小野・法学協会雑誌五三巻二二〇九頁。竹田「犯罪概念に於ける違法要素と責任要素」法と経済三巻九一四頁以下。主観的違法要素を否認するは、木村・法律学辞典四巻二二三〇頁、島田・刑法の基礎的理論一五〇頁・一六八頁。

（六）　この問題の学説史的研究としては Mezger, Die subjektive Unrechtselemente, 1924, Gerichtssaal, Bd. 89, S. 207 ff., Hegler, Subjektive Rechtswidrigkeitsmomente im Rahmen des allgemeinen Verbrechensbegriffs, 1930, Festgabe für Reinhard von Frank, Bd. I, S. 251 ff., Sieverts, Beiträge zur Lehre von den subjektiven Unrechtselementen im Strafrecht, 1934 がある。特に最後のジーバーツの研究は内容からもまた新しさの点からもはなはだ有益なものである。だが彼の研究が現われた頃からドイツの刑法学界には新たに違法と責任を峻別する理論構成自体に対する疑惑がぼつぼつ現われ始めた。この傾向は主観的違法要素論にも反映し、ここにも従来の思考方法からの分離を主張する者が生じてきた。かかる新しい傾向が——それを推進めると——いかなる結果に帰着するかをも本稿は究明しようとするのである（本稿**三**参照）。

二　学説の発展（一）——従来の体系を維持しようとする傾向

一　可罰的違法類型の主観的要素はすでにスチューベルによって認められていたといわれている。（一）なおベーリンクの「犯罪論」（一九〇六年）も一般に注意されていないけれどもすでにこの問題を簡単ではあるが論じている。彼にはその最後の著作に至るまで客観的違法論を代表し「違法は行為の外部的側面に関し責任は行為の主観的心理的側面に関する」と説き、客観的に適法または違法な行為が、行為者の主観的目的によりその性質を変ずることはないと主張したが、しかしこの原則にも例外がありうることを認めた。「行為の適法違法が行為者の追求する目的に依存するように作られた法的許容および規範もありうることを否定してはならぬ」。彼はかかる例外としてドイツ民法二二六条の悪意禁止（Schikaneverbot）、鎮圧目的予防目的のいずれによったかで異なってくる警官の逮捕行為（ドイツ刑訴一二七条）、違法命令に服従した者がその命令が犯罪たるべきことを確知したか否かによりその服従行為の適法違法が決まる場合（ドイツ軍刑法四七条）を指摘した。[二] 同じく客観的違法論を説くナーグラーも「主観的要素も場合によっては客観的違法性に対して構成的意味をもつことがありうる」としてドイツ民法二二六条その他をその例にあげている。[三] これらの例が真に主観的違法要素といえるかどうかは今直ちにわれわれの問題ではない。ただベーリンクがその存在の一般的可能を――後には否定するに至ったが――認めていたということが大切なのである。けだし、たとえそれが例外としてであるにせよ、犯罪の外的・物理的要素＝違法要素とする彼の立場にとって主観的違法要素の認容はいかにして可能であるかが当然に問題にならねばならぬ。真にこれを認めうるためには、違法＝物理的、責任＝心理的という見地に対する修正が必要なことは明らかである。主観的違法要素論の歴史は同時にまた客観的違法論の発展史だといいうる。

（一）　Stübel, Grundsätze zu der Vorlesung über den allgemeinen Theil des deutschen und chursächsischen Criminalrechts, 1803, § 145, Hall, Die Lehre vom Corpus delicti, 1933, S. 134 ff.

（二）　Beling, Die Lehre vom Verbrechen, S. 139 ff. 後に見るように彼はその最後の著作では主観的違法要素を否定していたが、その死後発見された遺稿にはまたこれを認めていた由である。Kenn, Gerichtssaal, Bd. 103, S. 52 ff. 佐伯「ベーリンクの学問的遺産」法と経済一巻二八七頁以下。本文に述べた彼の主観的要素の例のうち違法命令による行為は今日では責任の問題として考えるのが一般である。

（三）　Nagler, Der heutige Stand der Lehre von der Rechtswidrigkeit, 1911, S. 16, Anm. 8. 彼が挙げるその他の例とはドイツ刑法一九三条・事務管理などである。このほかオェトカー（Vgl. Darst. Allg. T. II, S. 283 ff）、バール（Gesetz und Schuld, Bd. III, S. 91）らも客観的違法論の立場に立ちつつ主観的違法要素の存在を認めている。

二　この問題と正面から取組んだ研究は、まず民法学の領域から現われた。H・A・フィッシャーの理論がそれである。彼は、まずドイツ民法二二六条の「権利の行使はもしそれが他人に害を加える目的しか有しえないときは（Wenn sie nur den Zweck haben kann, einem Anderen Schaden zuzufügen）これを許さず」という規定から「とにかく違法性から主観的要素を全然排斥することはできない」ということ、および「行為者の非難すべき目的がそれ自身としては法上許容された行為を反法的なものとする」ことが明らかになるとした。また反対に「原則としてそれを惹起することの禁止された結果も行為者の追求する目的のために許容され、または行為者に権利が与えられることとすらある」と考え、防衛の目的をもってまたは緊急避難のためにする毀棄や、事務管理がその例であるとした。「悪意禁止で不道徳な目的が違法性を呼び起すように、正当防衛でも違法を阻却するか否かにとり決定的なものは外部的事実ではなくて目的である。防衛目的が支配すべきであり、それは手段を神聖にする。もっとも副次的に報復の目的があっても正当防衛を排除しはせぬ。しかし旧怨からまたは単に復讐心のみから侵害者を害し、または殴り合いの最中において迫ってきた相手を激昂して打ち倒す者は正当防衛行為をなす者でない」。もっとも彼もこんな主観的要素の過度の顧慮が生ずる危険は十分意識していた。だから客観的に正当防衛その他の規定に当嵌る行為をした人には、一応は必要な防衛目的等々があったのだと推定せねばならぬが、しかし複雑多様な現実生活は、ときに「行為者が法上優遇された目的を全く眼中においていなかったことの明らかに証明される」ような事態を生む。右の主観的違法要素はこの場合に始めてその作用を現わすとしたのである。[一]――フィッシャーの以上の所説は哲学的な一般論の基礎もあるが、むしろ各個の実定法規の細心な解釈的研究の結果であった。これは一面においてその所説に強力な背景を与えたが、他面その違法論の論理構成が薄弱であるという欠点を伴った。けだし彼は客観的違法と主観的違法（責任）とを分ちながら、肝要の違法と責任を分つ標準を一向に示さなかったからである。それが刑法理論に大した影響を与ええなかったのも、こんなところにその理由があったのであろう。[二]

（一）　H. A. Fischer, Die Rechtswidrigkeit mit besonder Berücksichtigung des Privatrechts, 1911, S. 117 ff., 138,

187 ff., 288 ff., 293 ff. 右のドイツ民法二二六条の目的を行為者の現実の主観的目的と解することには、民法家、刑法家双方に異議があるようである。条文の文句も「行為者が害を加うる目的のみを有した」ときといわずに、行使行為が加害目的しか有しえないときといっているのからすれば、客観的に周囲の事情からみて行為自身にかかる傾向・可能性が認められるか否かを標準とすべきもののように考えられる。なおこの点の詳細についてはMezger, GS. Bd. 89, S. 267 ff. 参照。なおフィッシャーが主観的要素を認めた条文は右の民法二二六条のほか、刑法五三条・民法二二七条（正当防衛）、刑法五四条・民法二二八条・九〇四条（緊急避難）、民法二二九条（自殺行為）、民法六七九条（事務管理）および医療行為などであった。

（二）　フィッシャーのこの点の批判としてはM. E. Mayer, Strafrecht, S. 186, Anm. 8, 12, Baumgarten, Notstand und Notwehr, 1911, S. 106, Anm. 1, Sieverts, Beitrage, S. 7 ff. 参照。

三　ヘーグラーはベーリンクの後任としてチュービンゲン大学の就職講演で犯罪論の体系に関する研究を発表した（一）。これはヘックらの利益法学の流れを汲んで「目的論的考察」を刑法理論のなかに採用しようとしたものである。彼によると通例の「犯罪とは刑を科せられた人間の外部的態度である」という定義は不十分極まるものではあるが、しかもすでにそのなかには「当該の外部的態度が法律秩序により価値を否定され、反価値判断を加えられたものであるという事実がひそんでいる」。これがすなわち違法であって、行為者の人格に目標をおく責任の問題と区別さるべきである。そして犯罪が違法であるということはその外部的態度が「反社会的なりとして、すなわち国家に組織された社会の利益を侵害するもの」とみられて法秩序によりその価値を否認されるということにほかならぬ。「かかる利益侵害を生ずるのは常に外部的態度であるが、しかし常に外部的態度のみがそうなのではない」。主観的事実にして違法・利益侵害性の要件となる場合がある。窃盗または詐欺はその例である。窃盗といえる利益侵害行為をなす者とは「他人の動産を奪取する一切の人——例えば通りを二三度上ったり下ったり乗廻わすために他人の自転車を取る者のように——ではなくただ不法領得の目的をもってこれをなす者のみであるし」、また詐欺罪としての利益侵害行為をなす者とは「欺罔によって他人の財産を害する一切の人——例えば四月馬鹿《エープリルフール》の悪戯をやって他人に無用の高い買物をさせる者のように――でなくただ自己または他人に不法な財産上の利益を得ようとする目的によってこれをなす者のみである」。ヘーグラーはこれを「内心傾向の超過している犯罪」(Delikte mit überschiessender Innentendenz) と呼んだ。未遂罪もまたこれに属するのである。右の名称の生ずる所以は「これらの法律規定ではその構成上内心的な方面において外部的・客観的にそれに対応するもののない要件〔目的〕が要求されているからである」。これらの主観的・内心的なものが――当時一般に信ぜられたように――責任に属せずして違法要素であるという理由は、それらが「主観的なもののなかに解消せしめられた」反社会的・利益侵害的態度の要素にほかならぬからである。立法者はあるいは右の目的内容を客観化して、窃盗または詐欺はそれぞれの外部的態度を行い、その結果現実に不法領得を遂げたことを要すと規定することもできたであろう。もしそうだったなら不法領得が不法要素であることは明らかだが、実際は法律は行為者が現実の不法領得を実現するまで干渉の時期を延引せしめないでこれを繰上げている。故に右の諸刑罰規定においてはこれらの主観的要素を抜きにして、単に外部的に要求された事態のみをもってしては、それぞれの規定の要求する違法性は構成されえないのである[二]。「右に述べるところのものは一切の主観的なものが責任に属するのでなく、また違法性に属するものが客観的なもののみでないということの一般的認識のために大切である」。このことはまた別の意味でも重要である。「例えば共犯論においては、共同正犯につき客観説をとるか主観説をとるかという従来の対立はこれにより無用になる。反社会的態度への参加ということに基づいて考えれば、超過する内心傾向への参加――例えば違法領得の目的をともに有すること――もまたその人を共同正犯として刻印することになるのである」。

他方、違法阻却事由に関しては、彼はドイツ民法の悪意禁止以外には主観的要素を認めない。正当防衛あるいはドイツ刑法一九三条（学芸上の非難・権利の行使または防衛あるいは正当な利益保護のためになされた意見の発表等々は侮辱の存在が発表の形式またはその行われた周囲の事情から明らかな時に限りこれを罰するという趣旨である）も客観的に解せられ、防衛目的その他の主観的要素は必要でなく、ただ客観的に不正侵害に対して法益が擁護される事実さえあればよいとされるのである。したがって客観的に違法阻却の要件があるかぎり、たとえ行為者に違法な目的（逮捕や懲戒が復讐の目的で行われるように）があっても、その違法阻却的作用は失われない。その際の事態からみて客観的に相当な懲戒または逮捕であるかぎり、行為者の主観的目的が悪いというだけの理由でたちまちそれが違法・反社会的になるはずはないというのである。（三）

ヘーグラーはさらに一年後の論文で主観的違法要素のある場合を超過的内心傾向の犯罪以外に拡げた。（四）それは彼が窃盗などの「領得」の観念を修正し、領得は奪取とともに完成実現すると考えるに至ったからである。故にそれはもはや内心超過的犯罪でない。こうなっても領得目的は依然、違法要素ではあるが、今やそれは客観的に要求された態度に、それを超過する要素として対立するのでなく、むしろその客観的に要求される態度の意味を規定するものになったのである。

（一）　Hegler, Die Merkmale des Verbrechens, ZStW. Bd. 36, 1915, S. 19-44, S. 184-232.

（二）　Hegler, ZStW. Bd. 36, S. 31 ff. これらの目的は彼によると責任要素でない。その理由は狭義の責任（行為支配）としての故意は客観的事実の認識であり、それには対応する客観的要素がある。この目的には客観的対応物がなく、単なる目的に終ってもよい点で違う。またそれを特殊な色彩をもつ責任・特殊な動機の故意とみることも許されぬ。けだしそうすれば客観的要素も主観的責任（故意）も十分備わりながら、何故その目的がなければ罰されぬかが分らぬからだ。それと責任能力（広義の責任）とも関係はない。またこれを特に卑むべき動機として責任（徴表説）に入れることも不当だ。けだし他人に利得させようとする目的のごときは何ら卑しむべきものでないから。ただ加重条件としての目的のある場合（ドイツ刑法一三三条二項）や故買犯（二五九条）の利得目的のごときは、ヘーグラーも責任または「主観的処罰条件」としている（S. 31, Anm. 36.）。――メツガーらは後にヘーグラーが主観的要素が責任に属せぬということから直ぐにそれが違法に属することを推論し、そこには積極的説明がないと非難したが、これは明らかに誤解である。このことは本文で明らかだ。なおヘーグラーは「その他客観的に要求された態度だけでは社会利益あるいは特定社会利益を侵害すると見られえぬことが明らかな場合すらある」ともいって八七条・一三一条・一四三条・一四六条・一五一条・二五七条・二九八条等々の目的犯の場合を指摘している（S. 32, Anm. 37)。

（三） Hegler, ZStW. Bd. 36, Anm. 45. ただこの際、未遂（行為者の目的とした犯罪の）の成否が問題になるが、これも不能犯と同じく未遂たることを否認されるのである。

（四） Hegler, Die Systematik der Vermögensdelikte, Archiv f. Rechts und Wirtschaftsphilosophie, Bd. 9, S. 153 ff., 278 ff., 369 ff.

四　M・E・マイヤーはヘーグラーとほとんど同時（一九一五年）に、同じく主観的違法要素の問題を認めるに至った。彼はベーリンクのTatbestand観念を大体において肯定し、これに犯罪要件中の「外界に表われるもの、したがって感覚的に知覚できるもの」を含ませた。また違法と責任を峻別していわゆる客観的違法（あるいは責任なき違法）説を採る。この違法とTatbestandとの関係はどうかといえば構成要件該当性《タートベスタント》は「最も重要な違法性の認識根拠である」が、しかしこの二者は決して同一でない。この二者を混同してはならない理由の一つが正に「主観的違法要素」の存在なのである。けだし構成要件が純客観的・外部的であることは右に述べたとおりであるが、そのことと「行為の違法性が常にその主体の目的を顧慮せずに確定しうるか否か」ということは全く別の問題である。違法が客観的に考えられるということは、それが行為者の責任非難の有無と独立に判断されるべし（すなわち責任なき違法の存在を認むべし）というだけの意味で、行為者の主観的目的が違法の要素となりえないということにはならぬ。かくてヘーグラーと同じく彼においても違法＝外部的客観的、責任＝内心的主観的という公式は否認されるのである。このような主観的違法要素としてマイヤーが挙げるのはドイツ民法二二六条（シカーネ禁止）、医者の医療診断行為が治療目的をもってでなく実験その他のことを目的として行われたとき、教師が生徒の父親に復讐する目的で子供を懲戒したときなどで、これらの場合にはたとえ客観的には権利の行使、治療、懲戒権行使の要件が備わり、かつ現実の行為もその許された客観的限界内に止まっていたとしても、主観的目的がそれらを許されないものとするのである。これらはみな違法阻却事由についてであるが、なお各則の犯罪類型中にも「不法領得の目的」のような違法要素があると説かれている。——すべてこれらの違法要素は主観的だから、マイヤーの構成要件のなかには入らない（彼はそれを純客観的なものとして規定した）。それは単なる違法要素である。

なおマイヤーはこの主観的違法要素と責任要素とを区別する。「ある行為を違法たらしめる主観的現象とそれに責任の刻印を捺す主観的現象とは無条件に同一ではない」。そして一般的に「違法の主観的要素は違法の真正の要件（echte Merkmale）ではあるが、それは責任の要件（真正または不真正の）ではない」といってよい。かかる区別の標準は何か。マイヤーは違法の確定は「規範の基礎にある目的により行為を測定する」目的論的考察であり、責任は非難すべき動機から行為が生じたことに基づく評価で「心理的責任要素に関する限り帰責は因果的考察である」ということから、違法には目的（Zweck）を属せしめ、責任には動機（Motive）を属せしめる。動機は構成要件的結果の認識意欲に関し、目的はそれを超えた彼方に向っている。責任的考察にとっては行為は動機の結果であり、違法的考察にとっては行為は目的達成の手段である。——かく違法要素たる主観と責任要素たる主観とは別個のものであるから、右に述べた医者の行為はその目的の故に違法となりながら、宥恕すべき錯誤により相手方の同意を誤信しているなら責任なきこともありうる。——しかし違法および責任の両判断が同一の対象に向けられていることもあり、このときはそれは観察方法の相違に過ぎないのである。例えば「他人の財物の領得」は目的としては違法要素であり、動機としては責任要素である（一）。

マイヤーの理論は彼が始めにTatbestandを外的・客観的要素の一括と規定したために、主観的違法要素を含めなくなり、その説明の場所も別々になったがこれは不当である。この誤りは彼の出発点たるTatbestandの概念規定にあり、さらにそれを単に違法性の認識根拠（ratio cognoscendi）とのみたところにある。Tatbestand

が法定されるのは正にそれが法による価値否定を蒙るべき行為の確定のためであるから、それは違法の単なる認識根拠に止まらずまた違法の存在根拠[二]（ratio essendi）と考えるべきである。そうすれば主観的違法要素は一つの Tatbestand 要素に過ぎないことになる。

なお彼の主観的違法要素と責任要素の区別は、ヘーグラーが違法要素たる目的を責任要件から区別したのと似たところがある。しかも彼が他面では同一の心理的事実が観点の相違により違法にも責任にも属しうることを認める点では、後にフランク、メツガーが説くに至ったところと同じものがあるといえるであろう。

（一）　M. E. Mayer, Strafrecht, S. 3 ff., S. 185 ff. 右の目的と動機との区別は、最近においても一派の学者により重視されている。例えば Gruhle, Monatschrift für die Kriminal-psychologie und Strafrechtsreform, Bd. 19, S. 267 ff., Mezger, Strafrecht, S. 274. これをまた主観的違法要素と責任要素との区別標準にするのは Braun, Die Bedeutung der subjektiven Unrechtselemente für das System eines Willensstrafrechts, 1936, S. 26 ff. ブラウンの見解については後にIIIで述べる。

（二）　マイヤーの規範的 Tatbestand 要素のなかでも、偽証や誣告の「虚偽性」などはむしろ主観的違法要素である(S. 180)。後述**四**の㈠参照。

五　同じく文化的価値哲学の立場から刑法の体系化に努めたザウアーの理論においてもこの問題が取扱われている。彼もまた違法と責任を分離し、違法は「ある態度がその一般的客観的傾向からみて国家およびその構成員にとり益するところより害するところが多い」という客観的評価であるとする。違法評価の対象は人間態度であり、結局、その態度が客観的・一般的にみて生じうる結果が——したがって、現実に生じた結果ではない——国家共同体の目的と合致するか否かが問題の要点である。そして刑法に、かかる違法行為を類型化しており、いわゆる Tatbestand とは犯罪要件中行為の違法性を決定する要素の総体（類型化）に過ぎない。かくしてベーリング、マイヤーにおいてはまだ峻別されていた違法と Tatbestand とは不可分関係に立たされ、Tatbestand は正しく可罰的違法類型となるのである。責任は違法性の確定を前提として始めて生ずる問題であって、それは「ある個人がそれを反社会的（違法）だと評価したか、またはしえたにも拘わらずその反社会的態度を自由に決心したという反価値判断（非難）」である。それは態度に先行した意思決定に対する国家意思または法秩序の価値判断である（一）。

　ザウアーにおいても違法と責任は、かくのごとく、評価標準においてのみならず、対象においても区別され、違法は外的態度、責任は心理的要素に関係するものとされる。しかしこれには例外がある。窃盗の領得の目的および詐欺の利得の目的がこれである。「領得の目的なしに窃盗の違法類型を考え、利得の目的なしに詐欺の違法類型を考えることはできない。単なる窃取や欺罔による単純な財産侵害はこれらの犯罪類型の考えている通りの違法であり、国家共同体にとり益するところより害するところ多しということはできない。これらの行為は右に述べた主観的要件が加わって始めてかかる違法行為となるのである」。元来右の目的は客観的に実現していなければならぬのであるが、法は立法技術上の理由から既遂の時点を繰り上げて早目に認めただけである（二）。

　ザウアーによると例外はこれだけである。特に違法阻却事由において行為者の主観的目的が決定的な意義をもつという考えは排斥されねばならない。違法は客観的態度（およびその客観的結果）に関係するということは、ここでは文字通りに徹底さすべきである。例えば教師による生徒の懲戒が「正常な限界を超えず、客観的に教育に役立っている」場合には常に適法で、教師がその際、同時に生徒の父親に復讐せんとする意思をもっていても変わるところはない。その他訴追・逮捕・訴権行使または告訴権者の告訴・正当防衛なども、その行為者が客観的に法の要求するところを守っているならばすべて適法なりとなすべく、その主観的意図を問うべきでない。これらの場合にそれ自身確定困難な行為者の主観的意図により行為の適法違法を決めようとするのは、正にカントの道徳性《モラリテート》と合法性《レガリテート》の区別を紊るもので、その結果は法適用の混乱と不安定をもたらすに過ぎぬ。ドイツ民法二二六条（シカーネ禁止）においても行為者の有する主観的目的でなく、行為自体の目的・すなわち行為の客観的傾向を問うべきである。「国家は客観的に自己に有益な行為がなされたならこれを喜ぶべきで、行為者が相当な、しかも実際には明確に定め難いところの心意から行為したか否かに適法性を繫らしめるべきではない」。故に悪意または悪戯の意思で近隣の家の窓を破壊したのに、偶然にもあたかもその中で炭酸ガスのため窒息しかけていた子供がそのお蔭で救われたという場合には、その破壊行為は適法である。けだしこの際「国家も近隣の人も一個の生命が救われたということを喜ばねばならぬ」からである。これと反対に、客観的に不当な行為（例えば医者の間違った治療行為）が行為者の良き主観的意思（義務的確信）によって適法になることもない。[三]

これを要するに、ザウアーの見地はヘーグラーのそれとはなはだ似たものであるが、後者が主観的違法要素の是認が共犯論その他にいかなる影響をおよぼすかまでも問題としたに対し、単にその存在を認めただけでかかる結論を引き出さなかったことはむしろ劣るものである。

（一）　Sauer, Grundlagen des Strafrechts, 1921, S. 275 ff., S. 282 ff., S. 307, S. 532 ff., S. 545, S. 548.
（二）　Sauer, S. 345 ff.
（三）　Sauer, S. 347 ff.

六　以上諸家の見解を述べたが、刑法学上、主観的違法要素を特に独立の課題として扱った最初の研究はメツガーによって行われた。彼は一九二四年と一九二六年に二つの論文を書いて、それの詳しい研究を試み、さらに一九三一年に出た教科書ではその結論を圧縮して示している。

第一の研究（Die subjektive Unrechtselemente）では、まず主観的違法論と客観的違法論の争いの史的研究に基づいて客観的違法論を採るべきことが宣言せられ、ついで責任と違法の区別が確立された上で主観的違法要素の問題が取上げられる。「不法は原則として客観的利益侵害である。しかしこれはその利益侵害が常に侵害者の主観的意思方向と独立に定められるべきだということではない。繊細で複雑な人間の利益追求はそのように粗雑かつ外面的に片づけられるものではない。最大利益満足の原則（法の実質的理念）は、むしろ、主観的要素をも顧

慮することを要求するのである」。かかる主観的違法要素の現われる形式が三つある。(一)

(イ)　法秩序が不法の確定にあたり不法の客観的条件は「一部分しか要求せず、その他は主観的条件で補充されること」を認めるとき。

(ロ)　法秩序が行為者に他人の利益侵害を許すにあたり、行為者がそれを善意をもってなすことを要求するとき。

(ハ)　特別に強い反社会的意思方向が利益侵害を切迫せるものたらしめるとき。

主観的要素が違法を理由づける場合として、ヘーグラーの「超過的内心傾向の犯罪」のほかに猥褻行為（ドイツ刑法一七四条・一七六条）が典型的な例として掲げられる。その他「利己心より……したる者」・「営業として」・「自己の利益を図り」というように暗黙に目的または動機を含む犯罪や、賭博犯（ドイツ刑法二八四条以下）・決闘（二〇五条以下）・不申告罪（一三九条）、さらにドイツ刑法一五四条の偽証罪（確信に反する陳述がそれの要件だと解すれば）なども主観的違法要素を含む犯罪である。なおメツガーによると純主観的な違法の基礎づけは否定せられ、ドイツ民法二二六条の解釈も客観的に行わるべきものとされている。――しかしこれらは第二の論文において詳細に扱われるのであって、メツガーが前の論文で重視するのはむしろ違法阻却事由における主観的要素である。(二)

彼は違法阻却事由を、被害者の同意の場合のように保護されるべき利益を欠くことになる場合（Prinzip des mangelnden Interesses）と、法益競合に際して大なる法益が小なる法益を犠牲にすることが許される場合（Prinzip des überwiegenden Interesses）とに分つ。

被害者の同意においては、侵害者の内心・主観的意向が――客観的態度のみでなく――同意の内容と一致せねばならぬ。行為者が被害者を欺罔してその内心の加害意思を覚らしめないで侵害に同意させたとしてもそれは実は同意ではない。「加害目的に出る行為には、外見上どう見えようと、同意はいささかも与えられてはいないのである」。同様に医療行為も客観的に医学上の方法に合致するだけでなく、「主観的にも治療目的からなされねばならぬ」。その他「推定的同意」(mutmassliche Einwilligung) や事務管理も客観的に妥当な行為であるほかなお行為者が善意に行為したことを要するとされた（三）。

優越的利益による違法阻却は緊急権や特別な義務により与えられるが、これは原則として客観的に考えるべきもので主観的要素の作用は認められない。ただここでもいわゆる裁量処分（volitives Ermessen）の場合——メツガーによると刑罰の量定・教育権の行使などはこれである——にはある行為をなすべきか否かを行為者が一定の事態を認識したか否かだけに繋らしめるのでなく（kognitives Ermessen）、むしろ行為者に価値判断が委ねられ、法律意思の完成がまかせられるのであるから、行為者の意思は法の信任に価する内容のものでなければならぬ。したがってこの主観的意思の如何は行為の適法性を左右する。しかしそれ以外の羈束処分や緊急権では客観的標準が採用される。特に正当防衛には防衛意思は不必要であると明言されている（四）。

（一）Gerichtssaal, Bd. 89, S. 206-259, 260.

（二）Mezger, a. a. O., S. 260-270.

（三）Mezger, a. a. O., S. 278-280, 282, 287, 296. メツガーは教科書では右の医療行為について見解を改め、これを優越的利益による違法阻却の場合としている。そして客観的に医術に合致するかぎり、行為者の意思方向の如何はこれを問わぬとするのである。Mezger, Strafrecht, S. 173, 245. シュミットの見解に従ったのである。

（四）Mezger, Gerichtssaal, Bd. 89, S. 296 ff., 309, 311 ff., 313. メツガーはなお緊急避難（ドイツ刑法五四条）も違法阻却事由であり、かつそれの惹起が行為者の「責に帰すべからざる」ことを要求するかぎり、これは一つの主観的違法要素だとしていたが、この点も教科書では改められた。それは責任阻却事由とされるに至ったのである。
Mezger, Strafrecht, S. 369.

第二の研究（Vom Sinn der strafrechtlichen Tatbestände）においては、メツガーは第一の研究で比較的簡単に扱われた個々の犯罪類型における主観的違法要素（違法阻却事由の主観的要件でなく）を実定法に基づいて詳細に論じている。彼はザウアーと同じくTatbestandの概念を刑法の目的のため構成された「特殊な不法類型」であるとし、これを違法から全く分離するベーリンクや、またそれを単なる違法の認識根拠に過ぎぬとするマイヤーの見解を非難した。かようにTatbestandを刑法的違法類型とするならば、マイヤーが当然にはそれに属せずとした規範的要素や主観的違法要素は当然のTatbestand要素であることになる。かくして今や主観的違法要素という代わりに主観的違法類型要素（subjektive Tatbestandselemente）と呼ばれることになる。ここでわれわれが研究するのはその主観的類型要素論であり、しかもそのなかの「行為者に存する主観的類型要素」（彼はそれを「行為者の外にある主観的類型要素」・例えば被害者が欺罔されたことと区別する）についての理論である。（一）

さて一切の犯罪実行は意思活動（Willensakt）であり、犯罪実現には常に精神現象が参与している。この精神作用が何時違法に属し、何時責任に属するかは実定法に基づいてこの意思内容（Inhalt dieses Willens）を究明せねば判明せぬが、この際二つの場合を分つことができる。

(イ)　法律が要求する意思が「外部的行為の単純な意欲」である場合。

(ロ)　法律が要求する意思が単純な意欲でなく「外部的行為の意味ある意欲」（ein sinnerfülltes Wollen der äusseren Handlung）である場合。

メツガーによると前者の例は故殺（ドイツ刑法二一二条）や毀棄（ドイツ刑法三〇三条）である。それは単純に故意に人を殺しまたは毀棄することにより成立する。またいわゆる「知情犯」（Wissensdelikte）すなわち法の明文上ある外部的類型事実をよく知りながら実現することが要求されているもの（虚構または歪曲された事実であることをよく知りながら流布しというドイツ刑法一三一条など）も単純な意欲の場合である。けだし単純な意欲も構成要件である事実の認識・予見はこれを含むからだ。なおまた「動機犯」（Motivdelikte）と呼ばれるものもこれに属する。例えば謀殺（ドイツ刑法二一一条）が「予謀に出で」たことを要し、緊急窃盗・緊急詐欺（ドイツ刑法二四八条a・二六四条a）が「窮迫のため」（aus Not）行われるというのがそれで、ここでも意欲自体は単純で、ただこの意欲の生ずる過程・動機が限定されているに過ぎない。すべてこれらの「単純な意欲によっては行為の利益（法益）侵害性に新しい何物も付加されぬ」。それは「行為の人格的非難性・すなわち行為者の責任を理由づけるが、行為の特殊的不法を左右するものではない」。したがってそれは「主観的違法類型要素」ではない。（二）

主観的違法類型要素はむしろ第二の「外部的行為の意味ある意欲」を要求する犯罪のなかに求むべきである。意味ある意欲とは何をいうか。それは外部的類型事実を単に認識と意欲をもって実現するだけでなく「なおそれ以上に行為者の内心の一定の付随的精神現象が存在するを要する」場合である。それにあっては「外部的事実は一定の心理的色彩・精神的内容または特殊な主観的意味を示さねばならぬ」。メツガーはかかる主観的違法要素を含む犯罪を三つに分った。表現犯・傾向犯・目的犯の三つがそれである。

表現犯（Ausdrucksdelikte）とは外部的行為が「行為者自身の精神現象の表現」として意欲される犯罪である。その特徴は「行為者が自分の内心に起っている精神現象を一定の方法で（例えば歪曲して）外部に向って表現し、または法の要求する表現を怠るところにある」。自己の主観的確信に反する陳述（たとえ客観的には真実でも）により成立する偽誓罪（ドイツ刑法一五三条・ドイツ民訴四五九条）は前の場合の例であり（積極的表現犯）、一定の犯罪が行われることをよく知りながら申告せぬことにより成立するドイツ刑法一三九条の不申告罪は後の例である（消極的表現犯）。

これとケルンのいわゆる表示犯（Äusserungsdelikte）とは外見上似ているが、区別すべきである。けだし表示犯とは名誉罪や脅迫罪のようなもので、思想の表示により犯される犯罪ではあるが、それでは行われた言語動作に行為者がいかなる意味を付したかが問題ではなく、ただそれに社会観念または法的取引が与える「客観的意味」が重要なのである。行為者は自分の表示するところが人の名誉を毀損し、人を恐怖せしめるに適すること（客観的意味）を知って行えば足るのであるから、これはなお「単純な意欲」の場合に過ぎない。また表現犯は右に述べた知情犯ともよく似ていることがあるが、これまた混同すべきでない。（三）

傾向犯（Tendenzdelikte）とは要求される「外部的態度の意味ある意欲」が「ある主観的傾向の実現である」

場合である。その例は猥褻罪（ドイツ刑法一七四条・一七五条・一七六条）である。それでは行為は主観的な「猥褻の目的」に出でたことを要し、外形は全く同一であっても、もし医者としての診察や治療の目的に出でたならば違法ではない。この外「利己的に」・「貧慾に」・「営業として」・「慣習として」・「悪意に」というような概念を用いてある犯罪も傾向犯である。これらは上述の動機犯に似ているが、ここでは付随する主観的傾向が意欲に特有の意味を与えるのであって、ある動機から単純な意欲が生ずるのではない。なお最後に団結犯（Verbindungs-delikte）も、それらが他の違法行為をなす目的をもって陰謀をなし、または数人結合すること（客観的行為）を内容とする以上傾向犯である。ただしこれは同時につぎに述べる目的犯に近い。(四)

目的犯（Absichtsdelikte）とは外部的行為が他の目的の手段として意欲されることを要求する犯罪である。大体ヘーグラーの「超過的内心傾向の犯罪」に同じい。これはさらに二つに分れる。㈠　一つは要求された行為が目的とされた「他の結果の客観的原因」として意欲される場合で、目的内容は実際行われる外部的行為を基礎として、それ以上手を加えなくとも自ら実現すべきものである。外国通謀罪（ドイツ刑法八七条）の「ドイツ国に対し戦端を開かしめるため」、詐欺罪（二六三条）の「自己または第三者に違法なる財産上の利益を得せしめる目的をもって」というごときがこれである（ビンディングの coupierte Erfolgsdelikte にあたる）。㈡　今一つは「行為が他の行為の主観的手段として意欲される」場合で、通貨偽造（ドイツ刑法一四六条）の「真正の通貨として行使しその他取引に投ずるため」というのがその例である。この種のものと右の㈠との相違は、ここでは行為者はその目的の達成を自然の因果の経過または他人の関与に委ねないで、その行為により生じた基礎の上に自ら行為してその目的を実現せんと意欲するところにある(五)（ビンディングの verkümmerte zweiaktige Delikte にあたる）。

これらが違法要素である理由はつぎのとおりである。「外部的行為の利益（法益）侵害性はその基礎に特別な精神内容・傾向・目的があるときとそうでないときでは全く異なる。なされた確信宣誓、殺人罪の不申告、子宮への接触、通貨の偽造等が不法（違法）であるか否かは、全く疑いもなく行為の外形だけでなく、また行為者の内心的態度すなわち彼の真の確信、殺人罪があることの認知、性的傾向、偽貨を取引に投ぜんとする目的などにかかっているのである」。つぎに未遂論も主観的違法要素の存在を認める根拠になる。主観的未遂論が主観的違法要素を認めざるをえぬことは、例えば客観的には全く無害無危険な一杯の砂糖水を飲む行為も、もしそれが堕胎の目的をもって、かつその手段として有効だとの確信をもってなされたかぎり違法な堕胎未遂であるとする点から明らかである。客観的未遂論でも同様であって、例えばそのなかの危険説をとってみても、未遂的不法類型となるには単に危険惹起それ自体（自覚的な危険の惹起でも同じ）では足らず、正に「その範囲を超えた目的」（犯罪を完了しようとする決意）に伴われた危険惹起でなければならぬ。なお、これらの主観的違法要素は――フランクが正当に指摘したように――同時に責任要素でもありうると認められる。（六）

右のような主観的違法類型要素の発見は総論の諸問題にも影響する。まず正当防衛では、この主観的違法類型要素の不存在はときに侵害を不法であるといいえなくするかも知れない。ただし通例はある刑法上の可罰的違法類型に当嵌らぬということは、それが違法でないということと必らずしも同じでないから、これはそう重視すべきでない。つぎに共犯についても重要な結果が生ずる。たとえ外部的実行行為を行わないでも、自ら主観的違法類型要素を有する者は正犯（間接または共同正犯）である。またそれを認めれば、共犯の制限従属形式に対する非難の一半もなくなる。けだし主観的違法要素だけなら責任無能力者も有しうるからである。その他、主観的違法要素の認容により違法類型の範囲がはっきりしてくるから犯罪競合論にも確実な基礎が与えられることになる。（七）

（一）　Mezger, Vom Sinn der strafrechtlichen Tatbestände, 1926, S. 3 ff., 13. 彼の主観的というのは外界の客観的出来事に対立する意味で、心理的精神的事実である。そこで行為者外の主観的違法類型要素（被害者その他の）などということが論ぜられるのであるが（S. 25 ff.）、行為者以外の他人の心理内の現象は行為者にとってはすでに一つの客観であって、それが違法要素となりうることには別段問題はないとするのが通常である。なお島田・刑法の基礎的理論一三八頁以下。

(二) Mezger, Vom Sinn, S. 14 ff. その Wissensdelikte となすはドイツ刑法一二七・一三一・一四四・一五三条以下・一六四・一八七・二五七条一項・二七八・三〇二条三項・三二七・三四三・三四四・三五二条などである。

(三) Mezger, Vom Sinn, S. 15 ff.

(四) Mezger, Vom Sinn, S. 18 ff. なお本稿二〇七頁註三参照。なお傾向犯のなかには、目的が要求されるけれどその目的はつぎの目的犯のように外部的犯罪要件以外の事実に向けられるのでなくむしろその客観的要件自体のなかにその傾向が実現されるものも含まれる。ドイツ刑法二九八条の脱走の「負担する任務を免れるため」という目的は脱走行為自体のなかにすでに表われているというがごとくである。ヘーグラーの sinngebende Absichtsdelikte にあたる。

(五) Mezger, Vom Sinn, S. 20 ff. なお、教科書では、coupierte Erfolgsdelikte は目的犯でなく傾向犯の一種とされることになった。Strafrecht, S. 172.

(六) Mezger, Vom Sinn, S. 21 ff. メツガーはヘーグラーの主観的違法要素の証明をもって消極的論法であり不十分だと非難し本文のように説くことを積極的論証だとする (S. 22)。これが誤解であることは上述した (本稿二〇〇頁註二)。この誤解は後にツィンマールの伝承するところとなり、ヘーグラーの反駁を蒙ることになった。なお参照 Hegler, Franks Festgabe, I Bd. S. 265 ff.

(七) Mezger, Vom Sinn, S. 23 ff.

七　右の諸学者の努力、なかでもメツガーの研究によって刑法学界は主観的違法要素の問題に注目し始めた。現在では後述する数人の学者以外には、ほとんどすべての学者が多かれ少かれその存在を認めている。E・シュミット、フランク、ツィンマール、ドーナ、グリューンフート、E・ウォルフ、エンギッシュ、ヒッペル、ホーニッヒ、ワッフィンガー、ラートブルッフ、ジーガート、ローゼンフェルト、ブルンス、ジーバーツ、ウェーバー、ケペルニク、ブラウン等々枚挙に暇ないほどである。私はここではその代表的な二、三の人達の意見を示すに止めよう[一]。

シュミットはすでにリストの刑法教科書の第二五版（一九二七年）でメツガーらと同じ見地に立っていたが、それは第二六版（一九三二年）において一段と明瞭になった。彼は法規範の評価的作用と命令的作用を分ち、違法は前者に責任は後者に関するものとする。客観的違法とは行為者の責任の有無と無関係に適法違法の判断をなしうるというだけのことである。故に可罰的違法の類型としての Tatbestand の構成要素を外部的客観的事実に限るのは不当である。けだし「違法判断の客観性すなわち行為者の責任との独立性は、ある主観的要素すなわち行為者の心理的要素がこの違法判断の前提に属しているとしてもなくなりはしない」からである。主観的違法要素の存在は否定できない。「主観的要素が違法性にとり構成的意味をもつ」場合のあることは犯人庇護罪（ドイツ刑法二五七条）が示している。犯行後、犯人に与えられる一切の援助が庇護罪としての違法性をもつのでなく、ただ「犯人をして処罰を免れしめまたは彼の行為の利益を確保する目的」で行われる援助のみがそうなのである。その他二六五条が保険に付せられた動産の単純な焼毀でなく特に詐欺の目的をもってする焼毀を要求し、通貨偽造（ドイツ刑法一四六条）が「真正の通貨として行使しまたは取引に投ずる」目的をもって偽造するを要すとし、窃盗（二四二条）が「不法領得の目的」をもってなされることを要すとされるなどはみな同様である。それぞれの犯罪の予想する特殊的反社会性（時には反社会性一般）はこれらの目的なしには成立しえないのである。このほか猥褻行為・賭博・狩猟犯・侮辱などにも主観的違法要素が含まれているが、なお未遂犯の犯罪を実行せんとする「決意」（四三条）は「それなしには行為の危険性もまたその客観的違法性も確定できない」ものであって、これまた「真の重要な主観的違法要素」である。

この主観的違法要素はなお錯誤や共犯・間接正犯論にも影響する。正犯はこの主観的違法要素を自ら有せねばならぬから、例えばAが自己に領得する意思をもってかかる目的なきBにCの財物を窃取せしめるならば、Aは間接正犯である。ただし共同正犯は「実行行為を共同に」することを要するから、単に主観的違法要素を有するだけの者は、ヘーグラーやメツガーの説くように共同正犯たりえない。主観的違法要素論は従来の共犯論における主観説と客観説の対立を止揚するものではないとされるのである。――またシュミットもメツガーと同じく違法阻却事由についても主観的要素の存在を認めている。懲戒（一九三条）・正当防衛は何れもそれである。しかし医療行為は客観的標準のみでその適法違法が決まる。(二)

つぎにフランクもすでに一九二四年以来、超過的内心傾向の犯罪の目的および未遂犯における犯罪遂行（既遂）の故意はともに行為の違法性の要件であるという説に賛意を表していた。しかしヘーグラーと反対に主観的違法要素は同時に責任要素たることを妨げぬと考えるのである。現在も同様の見地を守っていわく。「かりに目的とされた事実の発生が既遂の要件だったと考えてみよ。そうすれば目的の責任性は疑う余地があるまい。しかるに立法者が単に既遂をそれ以前に到来せしめるということから何故そうでなくなるか理解できない。未遂でも一般に認められるように、その既遂の故意は（未遂犯として要求される）外部的出来事の範囲を超え違法を理由づけるにも拘わらず、他面、責任であることを失わないのである」(三)と。

ドーナも自分のかつての見解は違法と責任を混同していると非難されたけれども、実はそれは「法秩序による行為の価値否定、したがってその客観的評価も行為者の目的設定と結合して始めて行われ、行為の違法性が行為者の意思方向に依存することがしばしばある」ということをいおうと欲したのであるとし、違法阻却事由であるドイツ民法二二八条、同刑法五三条・一九三条・治療行為・裁量的職務行為などについて主観的要素を認めている。彼はさらにこの主観的違法要素の認容は違法と責任の「区別を伝統的な鋭さで遂行しえざるに至らしめる」とも指摘している。(四)

なおローゼンフェルトも「主観的に色づけられた実行行為における共同正犯と従犯」を問題とするにあたって、ゆくりなくも同じ結論に達した。彼はある種の犯罪の実行行為は純客観的に規定し難いものがあり、そこでは客観的 Tatbestand と主観的 Tatbestand の峻別は貫徹し難いことを認めた。例えば侮辱罪では自ら相手方に対する

「軽蔑の気持」を有しなければ正犯といえないのであって、単に他人の侮辱的内容の文書を情を知って投函してやるだけなら従犯に過ぎない。ここでは実行為とは単なる客観的告知行為でなく、なおその上に右のような「主観的色彩」あるいは「内心的自手性」(innerliche Eigenhändigkeit) が要求されている。この主観的要素は「単なる主観的 Tatbestand の構成部分ではなくて、むしろそれなしには客観的 Tatbestand も欠如する」に至るものである。——ヘーグラーやメツガーは主観的違法要素の認識から出発してその共犯への作用を論じたに対し、ローゼンフェルトは反対に共犯論の具体的展開から主観的違法要素の発見に達したのである。[五]

（一）　Grünhut, ZStW. Bd. 50, S. 285 ff., Bd. 52, S. 117 ff., Engisch, Untersuchungen über Vorsatz und Fahrlässigkeit, S. 62 f., Hippel, Deutsches Strafrecht, Bd. II, S. 188, 196, Honig, Franks Festgabe, Bd. I, S. 176 ff., Wachinger, F. F. Bd. I, S. 469 ff., Radbruch, F. F. Bd. I, S. 158 ff., Siegert, Notstand und Putativnotstand, S. 19, ZStW. Bd. 52, S. 54, Bruns, Kritik der Lehre vom Tatbestand, S. 35 ff. ここに掲げるより他のものは後にそれぞれの場所で示す。

（二）　Liszt-Schmidt, Lehrbuch des deutschen Strafrechts, 25 Auflage, S. 168, Anm. 1, 172 ff., 689, 26 Aufl., S. 173 ff., 175, Anm. 3, 184, 198, 212, Anm. 3, 332 ff., F. F. Bd. II, S. 127, Mitt. der IKV. neue Eolge, Bd. 5, S. 15 ff. 二五版では懲戒は主観的違法要素の場合ではないとされていたのを改めたのである。かつ二五版と異なって違法阻却事由が主観的違法要素を含むかどうかは単なる明文の有無によってでなく、一般的目的論的方法により決する解釈問題であるということになった。

（三）　Frank, Das Strafgesetzbuch für das Deutsche Reich, 18 Aufl. S. 139, 192.

（四）　Graf zu Dohna, ZStW. Bd. 52, S. 101 ff., Der Subjektivismus in der Lehre von der Rechtswidrigkeit, Monatschrift, 1934, S. 177 ff.

（五）　Rosenfeld, Mittäterschaft und Beihilfe bei subjektiv gefärbter Ausführungshandlung, Franks Festgabe, Bd. II, S. 161 ff. その他ローゼンフェルトがかかる犯罪として掲げるのはドイツ刑法一〇三条a・一三五条・一六六

条・一八九条（何れも侮辱的内容の行為）・一三二条（官名詐称）・二四六条（横領）・二九一条・二九二条以下（何れも違法領得）・一八四条（猥褻文書の陳列）・三六七条・二四三条・二五〇条（兇器携帯）などである。

八　主観的違法要素の理論は大体において坦々とした平地を行くように賛成者を増してきた。しかしこれに対しても反対と批判の矢が向けられなかったわけではない。われわれはツィンマール、ベーリンク、ゴールトシュミット、リットラーら有力な学者のそれに対する批評を聞く必要がある。

ツィンマールは一九二八年に著わした著書（Zur Lehre vom Tatbestand）で Tatbestand をメッガーと同じく刑法上の可罰的違法類型とし、かつこの可罰的違法類型はときに主観的要素を包含することがあると認めたが、その範囲について厳密な検討を試み、結局これをほんの少しの場合に限縮してしまった。(二) 彼が文句なしに認める主観的違法要素はメッガーの表現犯だけである。

まずメッガーの目的犯（ヘーグラーの超過的内心傾向の犯罪）は全部主観的違法要素でないと主張される。けだし、(イ)　メッガーのように「外部的行為（類型要素たる）の意味ある意欲」（sinnerfülltes Wollen）が全体として違法に属するとすれば、故意も類型要素であることになり（けだし右の意欲はこれを含む）、類型事実の錯誤は（故意を阻却すると同時に）類型欠缺（Mangel am Tatbestand）であることになる。普通には責任および責任阻却事由とされる故意と錯誤が、ここではひと飛びに違法類型要素（または類型性阻却原因）になるとは解し難い。――(ロ)　もし一切の可罰的違法類型について故意をその要件とするなら、この矛盾は救われるが、これはメッガー自身烈しく排斥する見地でかつその実際的な結果は不当であり、理論的には単なる故意が行為の法益侵害性を左右する所以が不明である。(ハ)　むしろ故意と目的を区別し、目的だけが他の客観的要素と合して違法類型をなすと解するのが合理的であるようにみえる（あるいはこれがメッガーの真意であろうかとツィンマールは疑っている）。しかしそれでは「本質上同種のものがひき裂かれ・本質上異なるものが混合される」という非難を免れぬ。「多くの場合には目的は（それ自身で意味があるのでなく）故意的類型実現にいわば上部構造として加わって始めて意味をもちうるのである」。㈡　また未遂を「意味ある意欲」の場合とすることも不当である。けだし未遂の意思と既遂の意思とは同一であって、既遂なら「単純なる意欲」となるべきものが未遂だからといって「意味ある意欲」になるはずがない。ただ目的犯および未遂犯においては現実に行われた行為は単純に意欲された終局目的の達成手段と考えられるという意味で「行為の意味ある意欲」を云々することはできる。しかし重要なのは意欲される結果であって、行為の意欲の単純かどうかは単なる量的な問題に過ぎぬ。——かくしてツィンマールは目的犯を真正目的犯（echte Absichtsdelikte）と不真正目的犯（unechte Absichtsdelikte）とに分って考えるべきものとする。

不真正目的犯とは「目的の向けられた事実が法律秩序の好まず、正に防圧せんと欲する害悪でない」ものである。例えば「利得の目的」・「婚姻の目的」などがそれだ。国家は国民が豊かになったり婚姻したりすることを防止する何らの利益をもたぬ。それは他人の犠牲において行われぬかぎり公共の福利を高めこそすれ害はない。これらの目的は故に決して違法要素でなく、責任を加重または減軽する理由に過ぎない。ところが真正目的犯においては「目的の内容は事実上法律秩序が防止せんと欲する害悪に属し……したがって可罰的違法類型に属する」。外患の通謀が「外国政府をしてドイツ国に対し戦端を開かしめるため」行われ（八七条）、徴兵忌避の自傷が「兵役義務の履行を免れる目的」を要し（一四三条）、決闘の「当事者一方が生命を失うべき目的」（二〇二条）、毒物施与の「他人の健康を害するため」（二二九条）といい、その他、他人に財産上の損害を加える目的を要求する諸犯罪、通貨偽造の「行使の目的」（一四六条）などがこれである。しかしここに注意すべき一句が挿入される。「目的それ自身が違法類型要素でなく、それが向けられるもの、すなわち目的の客体がそうなのである。これにより主観的違法類型要素は客観的なものに帰着せしめられる」という言葉がそれである。これだけでは意味がはっきりしないが、別の個所での説明から推察すると、彼はここでザウアーと同じく「行為の客観的傾向」、すなわち現実になされた類型的行為が客観的にみて目的内容である事実を生ぜしめる一般的傾向、危険性をもたねばならぬと考えているようである。未遂も目的犯も既遂要件である結果または目的内容である結果を生ずべき客観的危険のない限り成立しないのである。こうして目的は一般に主観的違法要素でないという結論になる。

傾向犯については、猥褻行為（ドイツ刑法一七四―六条）において性慾満足の結果が行為者の心理中で起ることを要し、また不敬罪（九五条・九七条・九九条・一〇一条）および自国または外国の国章除去損壊罪（一〇三条・一三五条）において行為者の悪意（boshaft, boswillig）が要求されるのは主観的違法要素と認められるが、その他の「利己心をもって」、「貪慾により」とある場合（一三三条二項・一八〇条）あるいは「職業的または慣習的に」（二五〇条・二六〇条）というようなものは責任要素に過ぎない。猥褻罪の猥褻の目的や「陸海軍の現役に服することを免れる目的」をもって国外に去り（一四〇条）、または海員が「その負担する役目を免れるため」逃走潜伏するとき（二九八条）とあるのは右の真正目的犯と同様に考えるべきものとされる。

そのほかツィンマールは「有責な行為は――その責任の程度に応じて――責任のない行為より大きな社会的危険性（特定法益侵害以外になお国権に対する信頼破壊）を示す。責任はかくして副次的不法要素である」ともいう。また違法阻却事由に関しては「不法自体が原則として主観的要素と交渉がないように、ここでも疑いがあるときは常に客観的性質のものと解すべきである（二）」とされている。

ゴールトシュミットは責任観念は強弱軽重の段階を付しうる価値観念であるとし、この見地からして従来主観的違法要素であると説かれたものをすべて責任の軽重の要件中に解消せしめた。彼は目的犯に関するツィンマールの結論を全体的に肯定し、一切の目的は主観的違法要素でなく「最も重い責任の段階」であるとなす。傾向犯中ツィンマールが僅かに認めた主観的違法要素もこの性質を奪われる。誹毀・侮辱では行為（言動）の客観的意味が大切であって行為者の主観的意思は問題でない。また「悪意」を要求する犯罪でもその悪意は「動機たる結果観念の特別な感情的色彩」すなわち責任の重さを示すに過ぎず、また猥褻行為なりや否やについても「行為者の動機が問題となるのでなく、行為が客観的に達成しえそうにみえる目的が大切なのである」。故にこれらの目的その他の主観的要素だけを備えていても共同正犯にはなりえない。最後に表現犯も何ら主観的違法要素を含まぬ。確信違反の陳述を内容とする偽誓罪でも、行為者が有しまたは有しない確信それ自体が Tatbestand に属するのでなく、有せずまたは有すとの「真実に非ざる主張」がそうなのである。また不申告罪の「犯罪あることについての信ずべき認知」の事実も、この犯罪の故意的要素（Vorsatzstück）に過ぎない。その他未遂においても客観的危険があるか否かが問題なのであって、行為者の既遂意思のごときは責任の要件に過ぎない。

ゴールトシュミットが主観的違法要素を完全に否定するのは彼が法律規範と義務規範を分って考えることの当然の結果である。彼によると法律規範は外部的態度に向けられ、その違反は違法判断を成立たしめ、義務規範は内心的態度（決意）に向けられてその違反は責任を成立たしめる。不能犯や類型欠缺の場合には義務規範の侵害はあるが法律規範の侵害はないから、そこには違法なき責任があることになる。このように支配領域を外部的行為に限られた法律規範またはその作用たる違法判断にとり主観的違法要素が問題となりえないことは当然である。われわれは彼の主観的違法要素否定はその規範論と運命をともにすべきものであることを記憶すべきである。（三）

主観的違法要素論に対する第三の反対者はベーリンクである。彼は一九三〇年以来犯罪類型（Deliktstypus）とそれを指導する観念形象（Leitbild）を分ち、いわゆる Tatbestand はこの指導形象を指すものであると主張した。この指導形象は犯罪類型の客観的・主観的両方面に共通する指導観念で、本来客観的方面に由来するものであるから、それは心理的なものを含みえない（故意は Tatbestand に該当する事実の予見であるから、もし Tatbestand に目的その他主観的なものを入れると、故意は自分が目的をもっていることの認識を要すという奇妙な構成になる）。指導形象の主観的要素というものがないのと同じく、また主観的違法要素というものもない。違法を意思に繋らしめる見地は「今日すでに征服されてしまったといえる。外的なものと内的なものとを混合し、全体として違法性を検すべき出来事とするのは一つの退歩を意味する。それはただ法律秩序が外的態度それ自体をいかに評価するかの問題を回避するだけだ」。通例主観的違法要素を論議する人達は、法律の条文とそれから抽出されるべき犯罪類型および指導形象とを混同し、条文に主観的要素が掲げられていたり、または条文上主観と客観との分離がなされていない場合があることから右のような結論を引き出すのであるが、それは危険な条文崇拝(Buchstabenkultus) である。例えば仮りに猥褻行為が猥褻の目的を離れてはありえぬと仮定しても、それは未だ猥褻な目的でなされるかぎりどんな行為でも猥褻となりうるということを意味しない。「行為はむしろそれが猥褻の目的をもってなされるかぎり猥褻だと呼ばれうるような特殊な性質の行為でなければならぬ」。主客混合せる法文上の観念からかかる客観的態度の類型を抽出することこそ解釈家の任務なのである。

右のごとくベーリンクの主観的違法要素の排斥は、一つにはその指導形象論の帰結であり、二つには外部的・物理的世界と内部的・心理的世界とを峻別する彼の従来からの見解の帰結である。しかし彼の死後発見せられた遺稿によると彼は指導形象および違法性の両方に主観的要素のあることを肯定するに至っていたということを申し添えておかねばならぬ。(四)

(一) Zimmerl, Zur Lehre vom Tatbestand, 1928, S. 7 ff. 15, 29 ff., 63, 67, 122, Aufbau des Strafrechtssystems, 1930, S. 3, 25 ff., 47, 55, 115 ff., 128 ff. 島田・上掲一五一頁以下参照。

(二) なおツィンマールは主観的違法要素を認めるとき生ずる結果を錯誤 (S. 108)・共犯 (S. 121 ff.)・保安処分 (S. 158 ff.) などについて指摘している。

(三) Goldschmidt, Normativer Schuldbegriff, 1930, Franks Festgabe, Bd. I, S. 457 ff., 431 ff., Notstand, ein Schuldproblem. S. 18, Prozess als Rechtslage, Anm. 1287. 佐伯「規範的責任概念の一考察」論叢二五巻六二二頁以下、七六九頁以下、七九四頁参照。ゴールトシュミットの表現犯に関する批評は余り手軽過ぎる。主観的確信または犯罪あることについての主観的認識を離れては確信違反の陳述・または不申告罪の予期する不申告という態度は観念できない。この彼の説の弱点についてはHegler, Franks Festgabe, Bd. I, S. 308, Sieverts, Beiträge zur Lehre von den subjektiven Unrechtselementen im Strafrecht, S. 162 ff. 佐伯・論叢二九巻三三八頁参照。

(四) Beling Die Lehre vom Tatbestand, 1930, S. 12 ff. なお本書一九六頁註二参照。また Kadečka, Schuld und

Strafe Moral und Recht (Schweizeriche Zeitschrift für Strafrecht, 51 Jahrgang) S. 177 は新しく、リットラー、ゴールトシュミットとともに、この主観的違法要素論を謬論であると非難している。これは彼の法・道徳峻別論より法（違法）は外面のみに関するとし、主観的側面の法律による顧慮はこれを主観主義的犯罪徴表説的な性格危険性の徴表としての意味あるのみとする責任否認論と関係する。リットラーの教科書における見地は大体右のベーリンクの Tatbestand 論に基づくものであるが、彼はその後自説を修正して、ただ表現犯だけは主観的違法要素と認めざるをえまいとするに至った由である。Rittler, Lehrbuch des Österreichischen Strafrechts, 1933, S. 43 ff., 84 ff., 162 ff., Kritische Vierteljahrsschrift, 3 Folge, Bd. 24, S. 513 ff.

九　ヘーグラーはフランク祝賀論文集に「主観的違法要素」論を寄せて、それまでにこの問題について現われた諸見解の総清算を企てた。しかし彼自身の基本的見地には本質的変化はみられない。われわれにとり必要なのはそのなかで彼がツィンマール、ゴールトシュミット、ベーリンクらの主観的違法要素論の批判または排撃に対して加えた反批判である。

彼はまずゴールトシュミット、ベーリンクに対しその根本見地である違法＝外部的態度、責任＝心理的態度という前提を衝く。ヘーグラーによれば違法性の判断は「当該具体的態度は法律秩序に矛盾するか（形式的違法）、それは社会を侵害するか、反社会的であるか（実質的違法）、それはかかる事物的意味をもつか」に関し、責任判断は「当該の違法反社会的行為に対する行為者心理の内部的態度に関し、その行為のなされた瞬間において非難されうるか、消極的価値判断の可能性があるか」に関する。前者は行為を行為者の人格・主観から切り離して、それが客観的生活秩序たる法律秩序に対して有する意味を問い、後者ではかくて違法と評価された行為を行為者の人格と結びつけ、または逆に行為者の主観・心理をこの態度において把握しその非難性を問うのである。故にこの対立は外部的内心的、または物理的心理的の対立と同一でない。ヘーグラーも実際上は違法は主として外部的態度・結果に結びつき、責任は内心的心理的態度に結合することを認めるのであるが、それはあくまで通常そうだというに止まり、例外的に主観的要素が違法に属し（主観的違法要素）、客観的事実が責任に属すること（客観的責任要素）を拒む理由にはならないとする。ゴールトシュミットが違法なき責任として不能犯等を掲げるのはまさしく主観的違法要素を認めないではおけないことの証拠である。かく自然的・存在的に対象のなかに区別を求める態度に対し、同一対象に対する評価判断の見地の相違に区別を求めようとするところに、彼の年来の目的論的見地が現われている。（一）

ヘーグラーはつぎにツィンマールを批評する。(イ) ツィンマールは目的犯を真正・不真正の二つに分ち、不真正目的犯の目的が向けられる対象は法上害悪といいえないから行為の違法性とも関係なしとするが、これは他の諸要素と結合して一体をなすものを勝手にこの連関から切離し、それだけを孤立せしめて観察するところに誤りがある。いかにも結婚（または性的関係）の目的はそれ自体では未だ誘拐罪が「本来避けようとする害悪」でない。しかしこの犯罪の本質たる性的自由の侵害は客観的要件（拐取）にこの目的が加わった時始めて完全に現われるのである。詐欺も同様で単なる利得の目的はそれだけでは何ら不法でない。だが詐欺固有の反社会性は欺罔による他人の財産侵害が利得の目的をもってなされるとき始めて現われるのである。(ロ) また真正目的犯に関するツィンマールの説は立法論としてはとにかく解釈論ではない。実定法がそれらの規定で「目的」というのは行為者の主観的心理的なそれを指しているのであって、行為の客観的目的・一般的傾向をいうのではないからである。法は客観的傾向があってもこの心理的目的がないかぎり処罰しないのである。(ハ) 故意（それには対応する外界の事実がある）と目的（それには対応する外界の事実がない）とは区別すべきで、ただ後者のみが違法要素となる。かかる分離が同一物の無理な分割であるという（ツィンマールの評）のは自然主義的な考えで、目的論的には両者の機能が異なるかぎりかかる分離は一向に妨げない。また未遂犯・既遂犯ともに同じ故意なのに未遂においてのみ、それ（犯罪完成の故意）が違法要素になるのも、自然主義的にでなく目的論的に考えるかぎり当然である。(ニ) ヘーグラーによると超過的内心傾向の犯罪にあっては客観的要件だけでは態度の違法・反社会性を基礎づけえず、なお当該目的が加わって始めて全体が一般的反社会性または特殊的反社会性をもつに至るといわねばならぬのである。なお最後にヘーグラーはフランク、メツガーがこれらの違法要素である目的を同時に責任要素でもあるとすることをも批判している。（二）

ヘーグラーはさらに主観的違法要素の新たな分類を試みたが、大体メツガーのそれに似ており、ただ彼の主観的違法要素とする場合はメツガーに比して少ない点で両者相違する。違法阻却事由については彼は今日も全く客観的立場に立っている。このほか主観的違法要素の認容が正当防衛・共犯・未遂・犯罪競合・錯誤などに関し生ずる結果が今までより詳しく論じられている。（三）

最後にジーバーツのこの問題に対する労作を掲げねばならぬ。彼は一九三四年に主観的違法要素に関する著書を著し、その学説史を示すとともに自ら積極的に主観的違法要素の理由づけを与えた。彼によると今までの学者の苦心は多く単に形式的な分類の努力に堕し、真の問題の証明を見落している。メツガーはいうまでもなく、ヘーグラーらにおいても一、二の犯罪類型についてなされた証明をすぐ不当に一般化するという弊は蔽うべくもない。ジーバーツによるとこの証明には基礎理論から築き上げてこねばならぬ。そこでゴールトシュミットに対してはシュミットの「法の命令規範としての作用には評価規範としての作用が論理的に先行し」かつこの評価規範は必らずしも行為者の心理内の事実に関係しえないものでないという見地を援用して主観的違法要素の可能を論じ、ベーリンクに対しては違法要素と責任要素の選択原理は形式的違法観念により得らるべくもなく、実質的違法観念によらねばならぬと説く。この実質的違法の問題として目的論的概念構成による法益の発見・法律上の最高価値（文化財に法益たる性質を与えるもの）としての国家の理念が説かれ、また超法規的違法阻却事由の解釈原理としては法益衡量説を退けて目的説（正当な目的のための正当な手段）がとられ、その内容は一社会の指導的社会層」（国家の理念を代表する人々）の見解が正当とするや否やで客観的に決まるとされる。彼によると結局、違法阻却事由の主観的要素の有無もこれにより決することになる。（四）

彼はまた主観的違法要素の原則的可能をツィンマールが他の問題につき展開した見地を援用してつぎのようにも説いている。現行刑法は法治国観念により個人の自由を尊重するために裁判官の裁量を制限する立場をとり、既遂（法益の侵害）または危険（客観的な法益侵害の可能性）を要件とする。しかし行為自体の外面的観察だけでは危険の有無の判断のつかぬことが度々ある。ある行為は行為者がその目的でそれをやったとき始めて一定の結果を惹起する一般的適性をもっているといえることもある。「因果的経過が一つの法益にとり危険な方向をとるか、無害な方向をとるかについての予断は、行為者が自分の態度をどちらに発展させようと欲しているかを知って始めてある確実性をもって下されうる場合が少くない」。従来、主観的違法要素を含むとされる目的犯はこれである。「立法者はここで――それだけでは危険かどうか多義的である――その態度は行為者がその目的（法益侵害の）でやったかぎり法益を侵害するに一般的に適していると推定するのである」。この際、目的は行為の法益侵害性（違法）の主観的要素である。未遂罪も同様なことが多い。ツィンマールの例の戦場で銃の狙いをつける兵士の前方に敵と味方がいるとき、または自分と師匠と両方の財布が入っている引出しに手を入れる弟子の態度が、殺人または窃盗の未遂であるといえるかどうかは、行為者の内心を顧慮しないでは判断できないというのである（五）（敵を殺そうとしまたは自分の財布をとろうとするのなら違法ではない）。

その他、各個の場合についても、例えば窃盗と罰されない他人の物の無断使用（使用窃盗）は外形は同じいが「領得の目的」の有無により区別され、また足を挫いている犯人にコップ一杯の水をやっても法律の定めた目的（刑を免れしめるため）をもってなされぬかぎり犯人庇護罪としての違法性はないなどの適切な例（しばしば持ち出される例で彼の独創ではない）をあげて主観的違法要素の存在に説得力を与えるとともに、従来の大雑把な説明を正確にした。また違法阻却事由にも主観的要素を認め、共犯・未遂・錯誤論などと主観的違法要素の関係をも詳説している。なおジーバーツも主観的違法要素が同時に責任要素でありうることを認めることも述べておく必要があろう（六）。

これを要するに、われわれはジーバーツの著書において、従来の違法と責任を峻別し客観的危険（法益の侵害脅威）を中心に理論構成する立場からの主観的違法要素理論の集大成を見出すのである。

（一）　Hegler, Subjektive Rechtswidrigkeitsmomente im Rahmen des allgemeinen Verbrechensbegriffs, Franks Festgabe, Bd. I, S. 250 ff., 298 ff., 302 ff.
（二）　Hegler, Franks Festgabe, Bd. I, S. 287 ff.
（三）　Hegler, Franks Festgabe, Bd. I, S. 306 ff., 317 ff.
（四）　Sieverts, Beiträge zur Lehre von den subjektiven Unrechtselementen im Strafrecht, 1934, S. 91 ff., 111, 115 ff., 117, 122 ff., 139.
（五）　Sieverts, Beiträge, S. 125-127, 158 ff.
（六）　Sieverts, Beiträge, S. 149, 150, 174 ff., 200, 205, 208, 213 ff., 219, 233 ff., 238 ff.

三　学説の発展（二）——従来の体系を修正しようとする傾向

われわれが以上に概観した諸学説はその主観的違法要素とする範囲の広狭についてこそさまざまであったが、他面その基本的見地においてはまた驚くべき一致をみせていた。すなわち違法の実質は法益の侵害または脅威であり、主観的要素もそれが行為の法益侵害（または脅威）性を加減する限り違法要素であるという論旨がそれである。ツィンマールのメッガーに対する批評も後者が主観的違法要素とするものの多くが行為の法益侵害性を何ら左右するものでなく、したがって違法要素でないという趣旨であったし、ヘーグラーやジーバーツが説く主観的違法要素発見の標準もそれにほかならなかった。しかるに主観的違法要素の理論の一層の展開は、一派の学者達をして従来その権威の揺らいだことのない実質的違法論としてのこの法益保護説の正当性を疑わしめるに至った。法益に対する侵害性または脅威性は果して行為の違法性判断の唯一最高の標準であろうかという疑惑がこの問題考究の過程において人々をとらえ始めたのである。この疑惑はフィンガー、ドーナ、ウォルフらに始まり(一)、一方にはウェーバー、ケペルニクの系統を経て新たな主観的違法要素論となり、一方ではナチス的意思刑法論の展開としてシャフスタイン、ベルゲス、ブラウンらの主観的違法要素論となっていった。以下これらの傾向を究明することにしよう。

(一)　Finger, Gerichtssaal, Bd. 97, S. 387 ff.; Dohna, Der Subjektivismus in der Lehre von der Rechtswidrigkeit, Monatschrift für die Kriminalpsychologie und Strafrechtsreform, 1934, S. 177 ff.

一　エリク・ウォルフは一九三二年に一書を著わして刑法総論の犯罪概念と刑法各論の個々の犯罪類型との中間にあって両者を媒介する犯罪類型該当性の類型（Typen der Tatbestandsmässigkeit）、すなわち、構造の相違による犯罪群の分類を企てた。従来の総論が各論から遊離しているため、新たに各論の総論が必要だというメツガーらの主張に従ったものである。彼は最初 Tatbestand・違法・責任をリスト、ベーリンク、マイヤーらと同じ意味に用いるといっているが、その論述の実際を読むと決してそうでない。彼の Tatbestand というのはベーリンク、マイヤーのように犯罪類型の客観的要素を指すのではなく、またメツガー、ザウアーのように違法類型の意味でもなく、むしろ違法・責任を含んだ犯罪類型全体を指しているのである(二)。彼の議論はこの Tatbestand が「類型化された人間行為」であるということから出発する。この「特別な行為類型としての Tatbestand とそれぞれの特別な行為者類型とは研究者が各論の領域で一歩ごとに出会う素材であり、しかもそれが唯一の素材である」。したがって Tatbestand は「一般行為類型の概念要素を含まねばならぬ。この行為要素をその実現の時間的順序に並べると意思決定（Willensentschluss）・意思表動（Willensbetätigung）・意思結果（Willenserfolg）である。故にこれらはまた一般犯罪類型概念の基本的要素でもなければならぬ」。なおこのほか行為事情として行為の時・場所・行為の客体・規範的要素・主観的要素がある。[二] ここでわれわれが注意を要するのは右の行為類型要素たる意思決定と行為事情要素ある主観的要素である。

　意思決定が類型要素として通常採る形は故意（すなわち外部的行為類型の重要な要件の認識と行為の意欲）であるかまたは過失（すなわち行為類型の重要な要件を認識すべく、また、しうるにも拘わらず認識せずして類型を実現する意欲）である。故意過失は類型の本質的要素である。ウォルフは故意過失を「典型的意思傾向の決意」（W. E. mit typischer Willenstendenz）と称する。[三] だが決意の類型はこれのみに止まらず、なおこのほかに「拡張的意思傾向の決意」（W. E. mit extensivierter Willenstendenz）と「強化的意思傾向の決意」（W. E. mit intensivierter Willenstendenz）がある。

　拡張的意思傾向の決意は行為者の「行為意思と結果観念が行為類型それ自体の要求する外部的結果の程度を超えている」点において典型的意思傾向の決意たる故意と区別される。これに三種ある。㈠ 目的犯（Absichts-delikte）。これではある外界の変化が処罰の理由でなく、行為に対する行為者の内心的態度をその理由にする。しかもこの主観的態度は外部的事実の意味を規定するというだけでなく、正にそれが外部的に実現されるべきものを超過するところにその特徴がある。「この種の犯罪群の可罰性にとり決定的見地を与えるものは故に行為の具体的危険性ではなく、心情の抽象的危険性である」。[四] ㈡ 企行犯（Unternehmungsdelikte）。これは「……しようと企てた者」、「……の予備をなした者」という犯罪や未遂犯を含む。ここでも意思は現実に実現されるもの以上に及ぶ。しかしここでは行為者は「ある一定せる類型的事実を将来するために何らかの一定せざる非類型的なことを行う」のであり、またここで「可罰性の理由をなすものは達成された結果が表示された心情によりその犯罪的内容を増すことでなく、正に達成しようと企てられた終局結果（ツァンマールの目的の客体）がそれである」。この企行犯でも犯罪性を構成するものは具体的社会侵害でなく抽象的な意思の危険性である。[五] ㈢ 目的利用犯（Zweckdienlichkeitsdelikte）。これは「……のためにあることをなした者は」という形の犯罪である。単に実現した事実以上のものを意欲したという点でなく、実現したものをそれ以上のある目的のために意欲するところに上の目的と相違し、また現実にその目的のために行われる行為も確定した行為類型である点において企行犯の行為の非類型的なのと区別される。これに客観的目的利用犯と主観的目的利用犯の区別がある。客観的目的利用犯とは行為者の現実になすところから独りでに目的とされた事実が生ずべき場合であり、主観的目的利用犯とは行為が第二の行為を行うために行われることを要する犯罪であり、実際にはこの二種の犯罪は交錯していることが多い。そしてこの目的とされた事実は実際発生する必要はないが、客観的目的利用犯においては「その目的達成の（抽象的）蓋然性は当該犯罪類型の本質構造上予想されているものである」。しかしこの抽象的法益脅威性は事件の可罰性を理由づけるものではない。けだし目的が実現せず、または具体的に危険なきことが証明されても処罰を免れぬからだ。故にこれらの可罰性はむしろ「適用された手段は経験率に照らしてみて欲せられた禁止的結果に達するという命題に従って行動する行為者の特別な危険性に基づく」といわねばならぬ。行為者の危険性は責任要素でもあるが、それは抽象的行為類型の構成部分となれば違法要素ともなる。さらに行為類型に対応する抽象的行為者類型（Tätertypus）に対する判断はもはや責任要素ではなくて、行為（不法）類型要素である。行為者の危険性は「不法の人格的（個別的でない）化体」である。この種犯罪で通常行為から生ずる法益の侵害または脅威は立法者の重視するところではない。「固有の可罰的損害はここでは行為者の法的人格性の荒廃（Verheerung der Rechtspersonalität）に基づいている」。目的により行為者は単に個別的に危険なことを暴露するだけでなく（それは故意ですでに示されている）、正に「人格的に腐食されている」ことを示すのである。かかる「法的人格の自己斬首（Selbstdekapitierung）」のなかにこの犯罪の固有の社会侵害性があり、行為の実質的違法性が存する。実質的違法とは「法益存立の侵害だけでなく法的世界の人格的存立の侵害でもある」（六）。

強化的意思傾向の決意は基本的意思類型（故意過失）に対する質的な特殊類型である。右の拡張的傾向の決意のように量的に意向および観念が外的に実現されるもの以上におよぶ場合でなく、むしろ「より深められた頑強な容易に屈服させえない意思」を要求する犯罪群にみられる。この特殊な意思は決意を変型《モディファイ》すると同時に動機づける機能をもつ。これらも広義において目的犯ということもできるが、その目的は上述のもののように異なる数個の結果の集積でなく、同一の結果の強化・分化・重複に向けられる点で異なる。ここでも加重的可罰性の理由はこの行為の内部的要素のなかにある。これに二種ある。㈠　素質犯（Konstitutionsdelikte）では行為への決意はそれを反復しようとする頑固な素質により一層硬くされる。この素質はあるいは遺伝的なものでありあるいは後天的な獲得性のものでありうるが、とにかくそれは典型的な職業犯人の犯罪の特徴である。現行刑法上かかる心理的類型化への萌芽と見うるものは各則に散在する「慣習性・営業性・職業性」などの刑罰加減事情である。これらは単に個々の犯罪類型の示す特異性というよりも、むしろある行為圏に共通の特徴であるから、将来の立法では総則に規定されるべきである。要するに「ここでもすべての決意の類型化におけるように、行為の類型化よりも行為者の類型化が重要なのであり」、意思の強化が現われる「反復的・永久的・状態的・素質的なもの」が問題なのである。㈡　傾向犯（Dispositionsdelikte）。ここでは反復的な意思強化でなく、質的な強化が問題である。素質犯と異なってそれ自身としては何ら犯罪的でない行為者の性格の特徴が、あるいは行為者のより大きな危険性を徴表し、あるいはより強い社会的価値否定を惹起するなどして犯罪の意味を加重するのである。利得の目的で文書を偽造するものは窮迫から犯罪意思を抱く者より危険であり、外国主権の表章侵害は行為者がその外国に対する敵意または侮蔑的心情を示したときにのみ罰せられる。その他誣告の虚偽の事実であることを「よく知っているに拘わらず」という要件や猥褻罪の「猥褻の目的」などもこれである。「ここでもまた法益侵害は物的領域にあるのでなく人格的範囲において生ずるのである(七)」。

最後に行為事情のなかにも主観的類型要素がある。「法定の行為者類型の要求する主観的類型要素」と呼ばれるものがこれである。その㈠は、メッガーのいう表現犯（Ausdrucksdelikte）で確信違反の宣誓罪や犯罪あることを知りながら申告しない不申告罪がこれである。「ここではある事実の内心的認知の類型該当性が問題なのであって、この内心的認知は故意の観念内容と混同してはならぬものである」。㈡は表示犯（Äusserungsdelikte）で「行為者は自分のなす事実を単に意識するだけでなく、その特殊な意味を了解していねばならぬ」。侮辱罪などでは行為が単に客観的にかかるものとしての意味をもつのみでなく、行為者にその侮辱的意味が分っていねばならぬ。㈢行為者の特定の内心的意思傾向が特記される犯罪もこれで、右に意思決定の特殊類型として掲げられた目的犯・本能犯・企行犯・目的利用犯がそれであるとされる。特にこの最後の行為事情の意味は重要であって、それらから「多くの行為の違法性は一部行為者の主観的態度（目的）により内部から基礎づけられ、これなしには違法性も阻却される」ことが理解されるというのである。（八）

（一）Erik Wolf, Die Typen der Tatbestandsmässigkeit, 1931, S. 4, 5, Anm. 3.
（二）Wolf, Die Typen, S. 6, 4, 7, 63.
（三）故意過失は行為類型の構成部分でありかつ責任の前提でもある。「一個の行為の同じ実体的部分も種々異なった作用を営む。Tatbestand該当性・違法・責任はそれぞれ固有の特質をもつ別個の実体ではない。それらはむしろ行為または犯罪の本質的に相結合し相互に代替しあえる機能またはmodi（存在の仕方）である」。Wolf, Die Typen, S. 18, 19.
（四）Wolf, Die Typen, S. 20, 21.
（五）ウォルフはここでゴールトシュミットの「違法なき責任がある。不能犯を未遂として罰するときがそれだ」という説を排斥し、主観的要素は補充的違法要素ではあるが違法の純主観的な基礎づけは不可能だとしている。Wolf, Die Typen, S. 21, Anm. 3.
（六）Wolf, Die Typen, S. 22 ff. 彼は単純な故意と目的の区別により素質の欠陥の徴表（Indiz des Konstitutionsfehlers）と単純な傾向の欠陥（Dispositionverfehlung）を分つともいっている。
（七）Wolf, Die Typen, S. 24 ff.
（八）Wolf, Die Typen, S. 63. ウォルフによるとこれらはなお客観的Tatbestandという観念を用いる一切の理論の誤謬を示すものとされる。殊に未遂論および共犯論における主観説と客観説の対立は理論的根拠がないことがそれにより明らかにされ、また犯罪競合・因果関係論・共犯従属性の確定などにも意味があるといっている。ただしその詳細な記述は全く欠けている。

二　ウォルフの所論は論理的に明確でなく矛盾するところも少なくない。Tatbestand の概念規定についての矛盾、またはすでに意思決定の特殊類型として説明した目的犯などを重ねて行為事情の一種として掲げることなどのほか、さらに彼の違法と責任に関する考え方自体が非常に多義的で曖昧である。しかしあたかもこの従来の見解からは単純な論理的混乱とみえるところに、ウォルフの所論の新思想育成力の秘密がひそんでいるのである。彼が従来の法益保護的領域の外に人格的領域を法の世界に認め、行為の類型の外に行為者の類型を認めようとする企ては、主観的違法要素の本質を行為の法益侵害性を左右する力のなかにでなく、法益侵害性と無関係な行為者の法的人格の堕落（人格的損傷）のなかに求めることとなった。この法益侵害性と関係のない主観的違法要素という新規の観念こそやがて新しい主観的違法要素論を特徴づけるものである——しかしわれわれはつぎに移る前になおウォルフが右の著書にやや遅れて書いた「行為者の本質について」という行為者類型論を知っておく必要がある（一）。

ウォルフはリストが行為のほかに行為者の重要性を認めたことを称揚するが、現代では行為者はリストにおけるように自然科学的・因果的概念としてでなく、歴史的な文化の世界における存在として人間学的にみられるべきものとする。かかるものとしてまず各個の人はすべて意思活動の統一性（心情）をもつ人格であるが、これは法的文化の世界では三段階を経て発達する。単純な法共同体員としての存在（Rechtsgenosse）、やや進んだ法的主体としての存在（Rechtssubjekt）、最後の法的人格としての存在（Rechtsperson）がそれだ。犯罪の「行為者はその本質上堕落しつつある法的心情をもつ法的共同体の人格的構成分子である（二）」。

刑法学的にみれば近時主観的犯罪類型要素として論じられるものは、実は責任や違法やまた外部的行為記述の意味での Tatbestand 該当性に属するのでなく「それらはむしろ行為者類型（Typen der Täterschaftsmässigkeit）の要素である」。かかる刑法学的行為者類型はつぎのようなものである。(三) (一)　法共同体員に特殊な堕落の仕方は自然的本能的存在である。本能的ではあるがなお規範の呼声を聞きかつ了解しながらこれに従わぬところに公共危険的（gemeingefährlich）な行為者の型がある。真正風俗犯がこれで法律上これについては行為の外部的記述（何が猥褻か）はないから、特殊な行為者の心情（猥褻の目的）によって補われねばならぬ。(二)　法的主体の堕落の仕方は目的に導かれた態度である。それは利己的・個人的・目的的な態度に出る冷い反社会性で、ここに公共違背的（gemeinwidrig）行為者類型をみる。右の本能的犯罪がいわば自然犯であり重罪なのに対し、これは法律違反であり軽罪である。目的犯、すなわちドイツ法の詐欺・背任などがこれである。反規範的結果により動機づけられて目的的に行為する人の心情的類型――これがこの犯罪の行為者の類型だ。(三)　法的人格には二つの特有な堕落の仕方がある。一つは法的心情の過度の上昇である。目的犯のような冷い反社会性でなく、社会性を過度にもち共同体を肯定するが、ただその肯定は新たなより良い自分の決めた形式の共同体に対するもので、現在の秩序はこれを否定するのである。公共敵対的（gemeinfeindlich）な行為者類型である。これは政治犯の先験的前提であり、確信犯人はその典型だ。それがかかる本来的心情からでなく、利己的個人的目的的心情から犯されたときをドイツ刑法二〇条が「卑劣な心情」に出たものとして禁錮の代わりに懲役を科する点にも、右の心情の重要なことが示されている。今一つの堕落の仕方は社会的に非能動的な態度をとり、法の人格活動への呼声に対し無関心でいることである。これは消極的個人主義的態度で、積極的損害を生じはしないが、全体の幸福のためになさるべきことがなされない。行政犯がこれで、公共懈怠的（gemeinlässig）な行為者類型である。(四)　右の三者以外の一切の犯罪は社会的無関心的態度の類型に入る。これは特殊な人格堕落の段階でなく、全段階につき場合により生ずる心情の脱線である。過失犯や単純な故意犯（すなわち誹毀や傷害）に典型的な心情で、公共有害的（gemeinschädlich）と呼ばれる。(四)

ウォルフの思想はここに至って従来の刑法学の思惟形式と著しく離れてきた。行為者類型を構成する主観的要素は今や違法からも責任からも切離されて、外部的行為類型に対立することとなった。それとともに彼の理論は主観的違法要素論の圏外に逸脱し去った。だがこのような出発点から違法および責任は一体いかなる意味をもつべきものであろうかという基本的問題が提起されるべきだ。あるいは行為者類型を抜き去った後に残る犯罪要素をベーリンクらのように外的なものは違法に、心理的なものは責任に属せしめることになるのか、またはむしろ違法と責任の対立が何か新たな観念により置きかえられるのであるか。なお彼自身の根本思想は刑事責任論におけるリッカート哲学信奉から、犯罪類型論におけるG・フッサールへの移行を経て、この犯人の本質論ではさらにハイデッガーへと移ってきているようである。その他すべてが流動中の彼には当分の間、従来の刑法学のもっていたような確固たる理論体系は期待し難いであろう。ただし彼自身の理論展開と離れて、われわれは行為のほかに行為者の危険性が違法性に関係あるのではないかという示唆をここに掬み取るべきであろう。（五）

（一）　E. Wolf, Vom Wesen des Täters, 1931. この書物については佐伯「E・ウォルフ・犯罪の行為者の本質」論叢二八巻四四五頁以下に紹介しておいた（昭和七年）。内容の大体はそれで理解できるであろう。
（二）　Wolf, Vom Wesen des Täters, S. 16.
（三）　Wolf, Vom Wesen der Täters, S. 25. なお参照 Wolf, Krisis und Neubau der Strafrechtsform, 1933, S. 36 ff.
（四）　Wolf, Vom Wesen des Täters, S. 25-31.
（五）　ウォルフの見解は、その後の展開において、漸次われわれと同様に行為者類型性をもって責任問題と独立に、むしろ違法論の領域において提起せられるべき問題とするにいたった。つぎの論文をみよ。Krisis und Neubau der Strafreform, 1933, S. 36, Das Künftige Strafsystem und die Zumessungsgrundfrage, ZStW. 54, S. 551, Anm. 29 a.

三　主観的違法要素の問題に従来と異なった形式を与えようとする第二の企てはH・ウェーバーおよびその弟子ケペルニクにおいてみられる。彼らもまた「一切の客観的なものは違法に属し、一切の主観的なものは責任に属する」というドグマを不当とする。そのかぎりでは、ヘーグラーやメツガーらの主観的違法要素論を正当とするのであるが、単にこの程度に止まらず、彼らは進んで故意・過失をもみな主観的違法要素だと主張するのである。（一）

　ウェーバーによると、法定の犯罪類型の要素をなす主観的・心理的現象にはいろいろな種類のものがある。㈠意思に基づかぬ挙動は行為でなく刑法上意味をもちえない。任意（willkürlich）に行われたことは行為の要件である。この意思の作用には、㈡　結果の追求としての意思内容（Inhalt des Willens）が対立する。さらにこの意思内容は没価値的な心理状態と規範的責任要素の二つに分れる。いわゆる故意・過失は結果の予見および是認、または予見可能として純心理的であり倫理的には無色である。これに反し規範的要素は行為者がその行為を避けえたということに基づく非難可能性である。これらはともに主観的類型要素（subjektiver Tatbestand）であるが、「規範的要素と心理的要素は相互に全く独立である」（ケペルニク）。従来はこれらはともに責任に入れられ、故意過失は責任の心理的要素であり、行為を避けえたことは規範的責任要素と呼ばれたが「構成要件の認識も意欲も……非難可能性にとって本質的でない。けだし非難可能性は右の認識と意欲がなくても存在しうるし、またそれらがあっても必らずしも非難可能性があるとは限らぬからである」（ウェーバー）。規範的責任論の当然の帰結として「われわれはまず心理的類型要素（故意・過失）は責任に属せぬという消極的結論に達する」（ケペルニク）。では故意過失その他の主観的心理的要素はどこに属するのであろうか。それは違法性に帰属させるほかはないというのがウェーバーらの結論である。（二）

　ウェーバーらも評価規範と命令規範の二作用を分ち、違法は法の評価規範としての作用に関し、法の命令規範としての作用は責任の問題であるとする。すなわち客観的違法論をとるのであるが、そのことは決して外部的事実だけが違法要素だというのではない。ここまでは従来の主観的違法要素論と同じであるが、彼らがさらに進んで従来のように法定の犯罪類型要素である心理的事実は一部だけが違法要素であり、他はそうでないとするのを不当だと考えるところに特色がある。「心理的主観的要件はむしろ常に違法性に入れるべきである」。犯罪行為が主観的意図を無視しては観念できない動詞で定められている場合（例えば狩猟・申出・攻撃・煽動・主張・販売等々）、従来のいわゆる主観的違法要素の全部、未遂犯等は明かに故意が違法要素であることを示すものである。そしてすでに未遂において故意が違法要素であるなら、それはまた既遂犯においても同じでなければならぬ。ただし心理的主観的要素だけで違法性が構成されることはないのであって、そこには常に客観的な違法の基礎がなければならぬ。(三)

右のような「心理的違法論」はウェーバーにおいては規範的責任論の思想の一つの徹底として現れたものであり、ケペルニクにおいてはオーストリアの判例学説が共犯問題についてとる特有の考え方を制限従属性論と調和せしめようとの意図から展開されたものである。(四) しかし彼らのかかる理論には多くの疑問がある。㈠まず彼らは違法については評価されるべき客体（客観的構成要件＋心理的主観的要件）を示しながら、責任については責任評価の向けられる客体でなく評価自体を掲げることにより論理的対応を失っている。もっとも責任は「規範的責任要素と責任能力」の二者からなるといって一見責任の客体が示されているようだが、これは単なる外見である。けだしそのいわゆる規範的責任要素とは実は非難可能性であり、それは行為を避けえたこと、すなわち他の適法行為の期待可能性があったという評価それ自体だからである。必要なことは非難可能性の判断の基礎となる事実の指摘である。だがこの基礎は行為者が責任能力者であるということだけでは一向与えられず、それにさらに彼が心理的故意過失を有したということが加わってこねばならぬ。ウェーバーが故意があっても責任のないことがあり、また故意がなくても責任はありうるということから故意の責任要件性を否定するのは、違法および責任判断が原則型（可罰的違法類型または責任能力者プラス故意過失）による一応の推定と例外型（違法または責任阻却事由）によるその一応の推定の排除という方法で行われることを忘れた議論で誤りである。故意過失の責任判断における原則型としての役割（故意が証明されたなら一応責任ありと推定され、この推定は期待可能性欠缺事由により排斥される）を否定して、どこに彼は非難性の有無の判定標準を求めようとするのであろうか。以上のごとくであるからかりに彼らの説をとるとしても故意過失は少なくとも同時に責任要素でもあるとせねばならぬ。㈡つぎの疑問は彼らの違法観である。彼らは実質的違法観念についてはあまり注意を払っていないようにみえるが、違法の本質を法益の侵害または脅威に求めることはまったく従来の通説と同様である。ウォルフにみられた法益侵害以外になお人格的欠損を実質的違法に関して認めるというような考えは彼らには存在しない。しかも故意過失を違法に入れる以上、その故意過失が行為の法益侵害（または脅威）性に新たな何ものを加えるかについて当然積極的証明が必要なはずである。しかし彼らのこの点の論証は、故意過失は責任に属しないが故に違法に属すといわざるをえないという安易な消極的論法であり（しかもこの主張は上述のように誤りである）、また未遂において犯罪を遂行しようとする故意が違法要素である以上既遂においても同様でなければならぬという手軽な一般化である。かかる心理的違法論の論理は、これまで同じ問題を扱った多くの学者が一つ一つ細心に「この主観的要素は行為の法益侵害性にどのような意味で影響を与えるか」を考察した態度に較べて、粗雑であるといわねばならぬ。それが一般の賛成を得ていないのは当然のことだと考えられる。[一]

（一）　Hellmuth von Weber, Grundriss des tschechoslovakischen Strafrechts, 1929, Das Notstandsproblem, 1925, Zentralblatt, f. d. jur. Praxis, 1932, S. 490 ff., Deutsche jur. Zeitung, 1931, S. 663 ff., Zum Aufbau des Strafrechtsystems, 1935, Käpernik, Die Akzessorietät der Teilnahme und sog. mittelbare Täterschaft, 1932, S. 74 ff.

（二）　Weber, DJZ. 1931, S. 666 ff., Käpernik, Die Akzessorietät, S. 82 ff.

（三）　Käpernik, Die Akzessorietät, S. 89 ff. ウェーバーも不能犯および類型欠缺の場合に関して、選ばれたる手段または客体の性質上結果発生の危険があるとは考えられずむしろ滑稽だと思われるような場合には法的平和の侵害なく処罰の必要もないとする。しかしこの危険性は未遂の概念に属することなくその処罰条件だというのである。
Weber, Zum Aufbau des Strafrechtsystems, S. 14 ff.

（四）　オーストリアでは共犯は正犯が責任能力者でなくても成立すると考えられる。しかし多くの学者は正犯は心理的故意を有せねばならぬとし、この心理的故意さえ有せぬ者の行為への加担は間接正犯だとするのである。

Käpernik, Die Akzessorietät, S. 28 ff., 108 ff.

四　以上の見解に比しもっと重要なのはナチス的見解から主観的違法要素の問題に対し深刻な疑問を向けるいわゆるキール学派の学説である。

シャフスタインは従来の主観的違法要素論が基礎にもっているところの実質的違法論自体に批判の矢を向ける。（一）けだし従来の実質的違法論は違法の実質を法益（Rechtsgut）の侵害または脅威のなかにみるのであるが、さらに深くその根底を探るとそれは方法論としての目的論的概念構成論に帰着する。かつこの目的論は内容的には私法学上の利益法学と同一物であり、その本質は功利主義であり唯物論・合理主義である。リストの目的刑論が性格責任論に到達し遂に責任の本質たる倫理性（非合理性）を失わせた経過は最もよくこれを示す。だが刑罰または責任はもちろんのこと、その他の刑法上の一切の概念はみな合理的要素と非合理的要素との弁証法的統一であって、ひたすら合理的要素のみを追う今までの目的論は断じて正当ということをえない。またこの目的論的概念構成はウィンデルバント、リッカートの哲学の影響のため目的論的方法と個別化的方法を単純に同視する誤謬を冒しその目的論の刑法解釈への適用にあたっては各個の刑罰法規の特殊目的、すなわち保護法益を強調し、主観的に選択された単一の法規目的（法益保護）の専制をもたらし、他の副次的目的の併合的考察を怠らしめ、全体として解釈論を著しく主観的にしてしまった。しかし各法規の保護しようとする利益は単一でなく、むしろ競合する幾多の利益があり反対利益も簡単に無視されてはならぬ。（二）特に重要なことは法益保護観念からしては結局十分に顧慮されえないような目的・価値があるということである。例えば常にかつどこででも顧慮されるべき抽象的普遍的目的理念としての法的安全・法的平等・公平・実際性・了解しやすいこと・継続性など（三）や法益保護主義の簡単な徹底を妨げる反対利益としての個人の活動の自由の尊重・処罰すべき必要と価値があることなどがある。（四）またシャフスタインによるとそもそも右の目的観念を与えるところの法益観念が、結局国家を単なる人間の目的団体となしその任務は個人の利益の保護にあるとする個人主義的「政治的内実の覆いに過ぎず、その外見上の普遍妥当性によりそれに永久的存在を与えようとする」ものである。法益とは個人の権利の別名であり、さらにその個人の権利はまた私有財産の衣に過ぎぬ。国家の法益とか社会の法益とかいう観念が用いられるが、そこに法益観念の欺瞞的性質がはっきり現われていると説いて、法益観念に著しい反情を示すのである。

この法益保護観念の不十分なことを示す最も著しい例の一つが主観的違法要素である。もっともそのなかには行為の法益侵害性を現実に左右するものもあるけれども、他方「行為の法益侵害性・反社会性の構成要素」であるとはいい難いようなものがたくさんある。例えば正当防衛やドイツ刑法一九三条の場合に防衛意思その他の主観的要件を必要とすることは判例・通説の認めるところであるが、この防衛意思などは行為の法益侵害性または法益維持作用とは無関係だから、法益侵害を違法の唯一の実質とする立場からはついにこれを説明することができない。かかる主観的違法（阻却）要素を認めるかぎり、国家のための緊急避難（Staatsnotstand）において「祖国愛から行為した」ことという要件を認めても必らずしも不当でない。その他主観的未遂論で不能犯をなお可罰未遂とするかぎり、そこにも法益侵害性と関係のない主観的違法要素があることになる。また目的が主観的違法要素だとされる場合でも窃盗の「不法領得の目的」などが違法要素であることは法益侵害説からも一応説明できるが、詐欺の「利得の目的」に至ると行為の法益侵害性とは全く関係があるまい。しかもこれを違法要素とするかぎり「行為者の心情」（Gesinnung）に違法要素としての意味を認めねばならぬ。違法性もまた合理的要素（法益侵害性）と非合理的要素（心情の倫理的評価）との融合からのみ理解されうるのである。[五]

シャフスタインは以上のような考察の後なお進んでわれわれが従来責任の客体の類型化と考えているもののなかにも違法要素があるのではないか、否そもそも違法と責任とは対立するのでなく、例えば刑罰阻却事由では違法的観点と責任的見地とが同時に相ともに作用することもありはせぬかという問題を提出している。また別の論文では意思刑法は義務違反の観念を犯罪論の中心におかねばならぬとして刑法体系の基本的変革がなされねばならぬ旨を説いている。（六）しかしながら彼のこの点の所論は全く覚え書きの程度を出でず、それがいかなる展開をとるか未だ不明である。われわれはここで彼がウォルフと同じく行為の法益侵害性と関係なき主観的違法要素を認め、それを行為者の心情に求めたことに注意せねばならぬ。ただし行為の法益侵害性と無関係なかかる主観的要素が、何故になお違法要素のなかに入らねばならぬかの積極的理由づけは未だブランクである。彼が目的論的概念構成の欠点を指摘するところは一応かなり説得的であるが、肝要な自説の理論構築——特に違法と責任の観念の新構成——はひどく貧弱かつ不十分であるといわざるをえない。

（一）　Friedrich Schaffstein, Zur Problematik der teleologischen Begriffsbildung im Strafrecht, 1934, S. 7 ff., 13 ff., 18 ff.

（二）　これは特にシュウィンゲおよびホーニッヒに向けられた非難である。もっともこれらの学者も法益の概念は「法学的思惟がそれでもって各個の刑罰法規の意味と目的を圧縮した形で把握しようと努めるところの範疇的綜合」である（ホーニッヒ）といい、それは「立法者が個個の刑罰法規の中で認めた目的を最も簡単な形式で示す」ものにほかならぬというから、本文の非難は当らぬようにみえるかも知れぬがそうではない。このホーニッヒの言葉は文字通りにとれば確かに一切の対立利益や競合利益を含むが、真にこの意味で用いるかぎりそれが法学的概念構成で演ずるといわれる選択標準としての作用は失われてしまう。ホーニッヒにしろシュウィンゲにせよ、実際に法益概念の解釈上の効用を示す際には、常にこれを狭義に、すなわち本文に述べた非難のあたるような意味で用いており、正にそこに法益観念の本質がひそんでいるとされるのである。Schaffstein, Zur Problematik, S. 15 ff., Honig, Einwilligung des Verletzten, 1919, S. 94, Schwinge, Teleologische Begriffsbildung im Strafrecht, 1930, S. 31 ff.

（三）　これらはヘーグラーがはるか以前に注意したところである。彼は前に述べた一九一五年の論文で形式的目的論的見地（mehrformalteleologischer Gesichtspunkt）と実質的目的論的見地（material-teleologischer Gesichtspunkt）を分ち、前者は常にかつどこでも働くべきものであり、後者は「法の各部分の特殊な色づけを受けた目的的見地」であるとした。刑法学上その後発達した目的論は前者を軽視または拒否して、後者のみを偏重し法文の語句が数個の解釈の仕方を許すときその何れを選択すべきかの選択原理をこれだけに求めるに至った。シャフスタインは財物概念を法益保護説からのみ考えると物の効用または価値が財物なりということになり（しかも主観的効用説または主観的価値説をとることになる）、非実際的な結果になることなどを指摘している。彼によると実際性の要求は概念をここまで拡げることを拒むのである。Schaffstein, Zur Problematik, S. 17 ff., Hegler, ZStW. Bd. 36, S. 20, Anm. 4.

（四）　不作為による作為犯を認めるべき範囲、または実行と予備の限界規定などにおいて偏よった法益保護説は処罰の拡張に導く。その他財産犯において経済的活動の自由を尊重すること、また名誉罪または政治犯において思想の自由を認める程度により、それらの犯罪の成立範囲があるいは広くなり、あるいは狭くなることはいうを俟たないと説かれている。Schaffstein, Zur Problematik, S. 18 ff.

（五）　Schaffstein, Zur Problematik, S. 19 ff., 23 ff.

（六）　Schaffstein, Zur Problematik, S. 26 ff., Das Verbrechen eine Rechtsgutsverletzung? Deutsches Strafrecht, 1935, S. 97 ff. なお Zeitschrift für gesammte Strafrechtswissenschaft, Bd. 55, S. 31 ff. も同様。これの批判として H. Mayer, Das Strafrecht des deutschen Volks, S. 224.

五　ブラウンは近く右のシャフスタインの立場を祖述し、もってナチスドイツの採ろうとする意思刑法の体系に対し主観的違法要素の有する意味を吟味しようと試みた。彼によると従来違法の実質は法益の侵害または脅威にあり、したがって逆に行為の法益侵害性に関係ある要素はすべて（かつそれのみが）違法要素であるとされ、主観的違法要素もこの見地からのみ考察されたが、ナチス的意思刑法は国民共同体に対する義務違反の点に犯罪の本質をみるのであるから、違法の観念も自ら異ならざるをえず、「行為者の心情と犯罪意思は意思刑法的違法性の構成的部分だ」と考えることになる。「行為の法益侵害性に何ら影響しない主観的違法要素」の是認はあたかもこの意思刑法における違法の実質を示すものである。「国民共同体の観念を嘲笑する心情」の類型化たる主観的要素は、行為の法益侵害性を左右することがなくても、違法要素と考えねばならぬというのである。（一）

詐欺（ドイツ刑法二六三条）は利得の目的を要する。この目的はメツガーによると主観的違法要素であり、ツィンマールによると行為の法益侵害性と関係がないから主観的違法要素でないとされるが、詐欺の法益侵害性は財産上の損害の惹起にあり、利得目的はこれと無関係だ。しかしこの故にそれを責任要素となすをえない。けだし責任は心理的事態としての故意過失・責任能力・正常な動機状態の三条件から成立ち、右の目的が責任に属するためにはこの三つの何れかに入らねばならぬ。しかるにまず「心理的要素（故意）はただ客観的要件の反映に過ぎず、それ以上の何物をも含まぬ」から、右の目的は故意に入らず、またそれが責任能力に入らぬことはいうまでもない。結局それが責任に入るとすれば動機づけのなかであるが、目的は動機と異なり、両者混同すべきでない。動機とはそれから行為が生ずる原因であり、目的とはそれに行為が向けられる目標である。責任に入るのは動機で目的ではない。目的はむしろ右に述べた行為者の心情の類型化たる主観的違法要素と考うべきである。（二）このほか「自己の利益を図り」（ドイツ刑法一八〇条・第一八一条a）・「自己の利益のため」（二五七条―二五九条）・「利得の目的」（二三三条二項・三〇一条・三〇二条）なども同様である。またドイツ刑法二二三条bが扶養義務者が「自己の義務を悪意（böswillig）で懈怠し、よってそれらの者の健康を毀損したるとき」というのも、悪意は行為の法益侵害性と無関係であり、他面またそれは動機でないから責任とも関係なく、結局それは行為者の危険な心情の類型化たる違法要素とするほかはない。（三）ドイツ刑法一三四条a・一三四条b・一〇三条a・一三四条・一三五条の「悪意をもって」というのも同様である。また「営業・慣習または職業的に行う」ことを要求する一連の犯罪においても、それは法益侵害性と関係なく、またそれを責任に入れると性格の危険性を責任要素とすることになって行為責任の立場と矛盾するから、これまた行為の法益侵害性と関係なき主観的違法要素とせねばならぬ。その他集団的強盗・窃盗（二四三条六号）の「連続して犯そうとする目的」・二一四条の「犯罪遂行の妨害を除きまたは逮捕を免れるため」・三六三条の旅券などの偽造における「よき生活条件を得るため」・三七〇条五号の小額窃盗の「即時消費の目的」・または一九三四年一二月二〇日の法律二条の「憎むべく使嗾的なまた

切る義務違反的心情などみな同様であるとされている。(四)

は低劣な心情に出でた」という要件や、国家の機密漏泄罪（八〇条以下八八条以下）の予想する国家の信頼を裏

　さらに違法阻却事由が主観的要素を含むことがあるという事実は益々かかる要素の存在を疑うべからざるものとするものである。まず正当防衛には防衛者の側に不正侵害の認識と防衛意思の存在を必要とすることは判例の確定するところである。その他、違法阻却事由である超法規的緊急避難においても行為者の危険状態の認知のほかその「事態の義務に適合した良心的な検討」のあったことが必要である。ドイツ刑法一九三条の名誉毀損に関する例外規定も行為者の正当利益維持の意思と自己の主張する事実の真実性の確信をもってその違法阻却作用の要件とする。治療行為は単に客観的に医療行為として欠けるところがないだけでなく、主観的に治療目的に出でた場合にかぎり適法である。また公務員の裁量行為の適法性は「公務員が客観的裁量権の範囲内で主観的に義務に適合した裁量により行為するか否か」に繫っている。懲戒行為も全く同様に教育目的に出でたものでなければならぬ。――すべてこれらの違法阻却事由についてかかる主観的要件の存在を認めることには、法益侵害を違法の実質とする立場からは異論なきをえまい。ザウアーやヘーグラーの純客観的見地は法益保護説からは当然の論理的帰結であり、他の学者が法益保護説をとりつつ右の阻却事由の全部または一部に主観的要件の存在を認めようとするのは矛盾である。けだし例えば正当防衛では不正侵害者の法益は相手方の法益に対し劣弱な地位に立つ。したがってその優越的利益が侵害者の利益を犠牲にして保護されたという事実があれば、それですでに違法は阻却されるのであって、その上なお主観的要件を掲げてももはや阻却すべき何物もないからである。右に述べられた他のすべての主観的要件も同様に行為の法益侵害性とは無関係である。しかも、それらが違法阻却事由の要件であることは疑いないから、ここにも「行為者類型化たる不法要素」があるとなさざるをえない。この点に関するブラウンの所説は多岐にわたるが、結局彼も裁量・懲戒その他違法阻却事由の客観的限界の存在はこれを承認するのであって、ただこの限界内において裁量・懲戒等それぞれの趣旨にかなう主観的態度があるときにのみ行

為の適法性を認めるというのである。（五）

さらに行為者の心情の類型化たる主観的要素が違法要素であることは、適法行為利用の間接正犯が最もよくこれを証明する。虚偽の申告をして公務員に嫌疑を抱かせ他人を逮捕せしめた者・代官ゲスラーがウィルヘルム・テルに子供の頭上の林檎を射させた時（テルの行為は違法阻却的緊急避難と考えられる）、上官が違法命令により部下に犯罪を犯させたときなどがその例とされている。最後の違法命令に従う部下は上官の欲する事実が重罪または軽罪となることを知らぬかぎり（ドイツ軍刑法四七条）適法だとされるところは注目を要する。（六）通説はこれを期待不可能を理由とする責任阻却事由とするのである。

不能犯・構成要件の欠缺――それは意思刑法上罰するのが原則だ――も行為者の心情の類型化たる主観的違法要素の何よりの証拠である。法益保護説からすれば、ここには具体的危険がないので、その違法性を否定するほかはない。あるいは従来、相対不能と絶対不能に分ち、前者は「その行為の他人への印象により法益の安全性の動揺が生ずる」として違法性が認められ（メッガー）、あるいはさらに進んで相対不能、絶対不能の区別を否定し原則として不能犯もみな「法秩序および平和秩序」の脅威でありまたは最高法益たる法秩序の確実性の侵害であるというように危険観念を抽象化して違法性を認められているが（ヒッペル、クレー）、ブラウンによると法益概念をここまで広げるのは不当であって、むしろここにも行為の法益侵害性とは関係のない行為者類型的主観的違法要素を認めるべきである。犯罪を犯そうとする決心をその有効と信じた仕方で示す者は、自らその危険な心情を表明したもので、ここに不能犯の違法性の根拠がある。ただしブラウンにおいても全く主観的心情の表現のみでは足りないのであって、なお客観的なある結果の発生を要する。それは法の「妥当性侵害」（Geltungs-widrigkeit）ともいうべきもので、一般世人の法秩序の確実性に対する信頼と遵法観念の動揺（ゲンミンゲン）である。迷信犯などのむしろ「滑稽かつ迷信的」方法を有効と信じて行為する者によっては、法の妥当性は侵されることはなくただ同情的微笑が向けられるのみであるから、可罰的未遂でないと説かれる（フライスラー）。（七）

ブラウンによると主観的違法要素はそれが行為の法益侵害性と関係あるものか否かにより共犯関係で結論を異にする。法益侵害性を左右するものについては従来の理論が大体適用されるが（主観的違法要素を自ら備える者はすべて正犯、また実行行為をなす者は主観的違法要素を自ら有しなくても、共犯者が有することを知ればなお正犯）、行為者の心情の類型化たる主観的違法要素はただそれを有する者のみが正犯であり、自らこれを備えぬかぎり共犯者がこれを備えることを知っても正犯となりえない。故にその主観的要素が行為を始めて違法にする場合には、教唆者または直接実行者でありながら、この主観的要素を自ら具備せぬため無罪となる者がありうる。(八)

以上述べた諸学説、なかんずくシャフスタイン、ブラウンの理論は自ら新しい意思刑法の理論たらんとする自負をもって現われ、かつ実際にも相当の影響力を有するであろうと考えられる。われわれの問題にとり重要なのは、それらが行為の法益侵害性に関係のない主観的違法要素を認め、それを行為者の心情に基礎づけようとする傾向である。かかる主張はキール学派が他方においてより根本的な違法と責任の区別に関して根強い疑惑を向け、むしろ両観念の統一されることに最後の目標をおくことと連関して一層複雑な観念の錯綜を含む。以下少しくこれらの点を分析してみよう。㈠　キール学派は違法の本質を法益侵害（脅威）にみる従来の見解を排斥し、違法はむしろ民族共同体に対する義務違反たるところにその本質があるとする。それが現在刑法学が用いている法益観念の歴史的・発生論的意味を明らかにし、その個人主義的・功利主義的由来を示したことは（特にシャフスタイン）、その大きな功績である。しかしそれが進んで法益観念はその歴史的使命を終ったとし、またそれは個人主義的・功利的でしかありえないとしてその限界を強調するところに行き過ぎがあるのではあるまいか。けだし現在刑法学が用いている法益観念はその歴史的原型たる個人的利益にとどまらず、むしろその個人的利益もそれが全体としての国家共同体の存在および利益と調和するかぎりにおいて、かつそれと調和するが故に始めて法益となるとすることは疑いないところだからである。(九)だから問題は法益観念の法律学からの追放でなく、それが経てきた右のような意味変化の明確化にあるであろう。(一〇)㈡　またそれは違法観念の中心に義務違反を据えねばならぬと主張し、そうすることにより違法論の法益観念からの解放が可能になるとするのであるが、これまた論理的には疑なきをえない。けだし義務という観念は常にそれの充足により実現せらるべき価値を予想するといわねばならぬし、右に述べたように現在刑法学が考えている法益とはこの義務の論理的前提としての価値より以外のものではありえないからである。義務観念を中心におく違法観も法益観念を拒否する訳にはゆかないであろう。㈢さらにこの一派の論者の説く違法と責任の調和統一の要求もまた、現在現われた理論の程度でははなはだ疑わしいといわざるをえない。けだしこの違法と責任という対立の統一として第一に考えられるのはわが宮本教授年来の主張たる主観的違法論である。ところがキール学派の人達は口を揃えて、自分らの主張する違法と責任の統一は「すでに克服し去られた主観的違法論に帰ることではない」と揚言し、何かそれとは別個の新しい形式での両観念の統一が生れるもののように説いている。しかしこれは今までのところ単なる宣言または要請に止まっていて、未だ構成された理論となっていない。かつまた主観的違法論のほかにかかる新たな綜合形式がありうるということ自体も私にははなはだ疑わしいものに考えられる。さりとて主観的違法論をとれば、またかつての評価と命令の論理的前後に関する論争がむしかえされることになるであろう[一]。

右のような次第であるから、キール学派の全理論は基礎工事の終らぬ上に建てられた理論的上層建築であるといわねばならぬ。しかしそこから汲み取るべき教訓が種々存することも否定すべきではない。その違法の義務侵害性の主張は、われわれに不作為の問題につき改めて反省する機会を与えるであろうし、また心情の違法要素性[2]の主張は行為者の危険な性格の刑法理論体系中の地位につき従来見落されている問題を自覚させるごときである。

（一）　Werner Braun, Die Bedeutung der subjektiven Unrechtselemente für das System eines Willensstrafrechts, 1936, S. 22 ff.

（二）　Braun, Die Bedeutung, S. 25 ff. ここだけをみると目的は責任の要件のいずれにも入りえないから責任と全く無関係だと考えられているように見えるが、別の個所ではそれは責任要素としての故意には属せぬが、「責任非難の対象には超過的目的も勿論属する」といっている。ただしこれは「他の客観的違法条件も同じことで、ただこれらは責任非難の対象たるには故意に包含されるを要するが、超過的目的はすでに行為者の心理の構成部分だからこの必要はない。このことは他の主観的違法要素にも同様に当嵌る」というのである。二つの疑問が起る。まず故意過失・責任能力・正当な動機づけのいずれとも関係なくしたがって責任概念のどこにも居所なしとして追放された目的などは、責任が非難であるという一句によって責任のなかに復帰せしめることはできない。それは一種の理論的密輸入である。つぎに主観的違法要素は当然責任非難の対象になるが、他の客観的違法要素は行為者の予見または予見可能を通じてのみ責任に関係しうるということは、しかく単純な区別ではなく、むしろ本質的な相違である。この誤りは、ウェーバーらと同じく、責任論においても法および学問は類型的思惟を離れえないこととの不理解に基づく。上述したように（上述二三四頁）責任能力と故意過失とは責任判断を成立たせる原則型である。正常な動機状態・期待可能性はこの原則型の充足が可能にする一応の推定（結論もしくは判断）である。故にこの二者と正常な動機づけを責任の三つの要件として平面的に並べることは、結論とその前提とを同列におくという非難を免れないであろう。また責任要素を故意過失と責任能力だけに限るのも不当である。責任は軽重の段階を付しうる観念であるから、この軽重（期待可能の程度）を徴表する諸要素も顧慮せねばならぬ。目的などは正しくこれなのである。

(三)　その後メツガーは「行為の人格的関係」もまた法益としての観察に属すとし、瀆職罪が「職務の純粋性」を法益とすることのみならず本問の「悪意の義務懈怠」その他一切の刑を科せられた「心情表現」(Gesinnungsäusserung) をも法益侵害の観点よりみうるとするに至った (ZStW. 57, S. 697)。

(四)　Braun, Die Bedeutung, S. 22 ff., 40 ff., 33, 37, 38 ff., 45 ff.

(五)　Braun, Die Bedeutung, S. 45-69.

(六)　Braun, Die Bedeutung, S. 69 ff. もし通説のように解するならば、部下は命令に拘束されるから命令を拒めば抗命の点で違法行為をなすことになり、またこれに従えば従ったで違法命令の実行として違法行為をなすことになり（ただ責任は阻却される）、どっちにしても違法行為しか行えないことになるのは不当だというのである。しかしブラウンの説をとれば相手方たる一般人は正当防衛もなしえず、ただ空しく部下の違法命令の遂行を甘受せねばならなくなるという別のもっと耐えがたい不都合が生ずる。
（七）　Braun, Die Bedeutung, S. 69 ff. ここでブラウンが迷信犯を可罰的未遂から除外するために客観的な法妥当性侵害をもちだすのは、あるいは違法性の義務違反的要素を示そうとするためであろうが、彼の本来の立場からいえばこれは有効な証明でない。むしろ宮本教授の性格の危険性の欠如に求められる方法が一貫的である。
（八）　Braun, Die Bedeutung, S. 90 ff. この結論は実際的には不当であり、また理論的には違法要素より責任要素の作用により近接するもののごとき観がある。
（九）　Zimmerl, Auflau, S. 45, E. Wolf, der A. D. R. 1936, S. 361 も同様。
（一〇）　メツガーは重ねて法益観念の重要性をキール学派の非難に対し掩護している（Deutsches Strafrecht, Ein Leitfaden, 1936, S. 49, 50, Die Straftat als Ganzes, ZStW. 57, S. 696 ff.）。
（一一）　かかる違法と責任との調和をもたらそうとする企てについて Braun, Die Bedeutung, S. 102 ff. 参照。なおベルゲスは右の評価は命令に先行するという命題を克服しようと企てたが成功していない。Deutsches Strafrecht, 1934, S. 239 ff., 1935, S. 441 ff., Derselbe, Der Gegenwärtige Stand der Lehre vom dolosen Werkzeug, 1934. なおキール学派の批判としては Klee, Das Verbrechen als Rechtsguts- und als Pflichtsverletzung, Deutsches Strafrecht, 1936, S. 1 ff. 参照。Gallas, Zur Kritik der Lehre vom Verbrechen als Rechtsgutsverletzung (Gegenwartsfragen der Strafrechtswissenschaft, S. 50 ff.) もシャフスタインらの行き過ぎをナチスの立場よりいましめている。またヘルムート・マイヤーは、同じく違法と責任の統一を論じながらなお区別を認むべしとし、しかもこの区別は犯罪の客観的外部的側面は違法に、犯罪の心理的内心的方面は責任に属することだとする。主観的違法要素といわれる場合も、内心的目的の客観化、すなわち客観的に外部から認識できるような違法目的への傾向を帯びた外部的行為が必要だというのである。しかし、彼によれば、行為概念が本来「目的的な性質」(finale Natur) のもので、客観的違法といっても、それは法益侵害としてでなく「悪しき意思」(böser Wille) の実現たることを本質とするのである（H. Mayer, Das Strafrecht des deutschen Volks, S. 228 ff.）。

四　わが刑法上の主観的違法要素

私は上来得られた諸教訓を顧慮しながら以下わが現行刑法典における主観的違法要素と考えられる場合を例示し、そこから従来の総論の理論に対し生ずべき一、二の反省を抽出するよう努めてみたい。

一　表現犯[一]。これは行為者が自分の心内に起っている精神現象を一定の方法で外部に向って表現し、または法の要求する表現を怠ることにより成立する犯罪である（メツガー）。(イ)　例えばわが判例によれば偽証罪（一六九条）の成立には「証人が故らにその記憶に反したる陳述をなしたる」をもって足り、その証言がたまたま事実に適合したとしてもその成立を阻却しないとされている。すなわち偽証罪の行為たる虚偽の陳述とは自己の主観的確信と相違する陳述なのであって、その違法性は正にこの確信違反という主観的要素に繋っているのである。反対説は陳述の客観的真実に反することをもって本罪の違法性の理由とすべきものとし、しからざれば何らの法益侵害または脅威なしと説くが、判例は本罪をもって抽象的危険犯とし、かつこの抽象的危険は証人の宣誓違反により生ずるものと考えるのである。証人制度が設けられた趣旨は、事件がそれと特定の関係にあったその証人にどのような印象を与えたかの報告を素材として、裁判官が独自の立場から判断するためであるから、証人が自己の経験をそのまま述べてくれることが大切なのである。故に私は判例の立場が正当であると考える[二]。(ロ)　その他一七二条の誣告罪は「人ヲシテ刑事又ハ懲戒ノ処分ヲ受ケシムル目的ヲ以テ虚偽ノ申告ヲ為」すことにより成立する。目的については一般的にはつぎに述べるが、判例は本罪の目的を解して「他人をして刑事若くは懲戒の処分を受けしむる結果を発生すべき事の認識の下に不実の申告あるを以て足り、必ずしも之を欲望する事を要せざるもの」としている。この判例を是認して考えると結局本罪は事実でないことを知りながら他人に犯罪その他の不法行為があると申告することである。それでは本罪の違法性は単に申告事実の客観的虚偽にあるかというに、そう考えることはできない。けだし刑事訴訟法二六九条は「何人ト雖犯罪アリト思料スルトキハ告発ヲ為スコトヲ得」と定め、場合によっては告発義務をすら認めている。「犯罪アリト思料スル」かぎり告発は権利または義務で違法でない。これはその思料が事後の取調べで事実に反することが証明されても同様である。故にわれわれは右の誣告罪でもその違法の決定的理由は行為者が虚偽の申告をなしたこと、すなわち事実に反することを知りながら行った点にこれを求めざるをえないであろう。(三)(ハ)わが爆発物取締罰則八条は一定の爆発物に関する「犯罪アルコトヲ認知シタル時ハ直ニ警察官吏若クハ危害ヲ被ムラントスル人ニ告知ス可シ違フ者ハ五年以下ノ懲役又ハ禁錮ニ処ス」と規定している。その他警察犯処罰令二条一〇号も同様な不申告を罰している。これらの場合には違法性は行為者が現実に犯罪その他の存在を認知したにも拘わらず告知・申告せぬことに存するのであって、これらの事実を知らなかったため申告しなかったとしても本罪の予想する違法性はない。この主観的認知という事実を抜きにしては、これらの犯罪の予想する違法行為の類型はこれを観念しえないのである。(四)

この最後の不申告罪はメツガー以来主観的違法要素の存在を証明する最も有力な例とされている。しかしこれが有する意味は単にそれのみに止まらない。私はかつてこの種犯罪と不作為犯一般との関係を指摘したが、(五)今この点から少し考察を加えたい。右の不申告罪は不作為犯、しかもいわゆる真正不作為犯の一場合である。それでは主観的要素を抜きにしてはその態度の違法性が考えられぬということは、果して従来考えられているようにただこれらの特殊の不作為のみであろうか。私はむしろすべての不作為はある主観的要素なしにはその違法性を云曰しえないと考える。この主観的要素とは、なすことを怠られた当該作為の主観的可能性、すなわち能力である。不作為という観念は作為の可能を予想せずしてなお存在しうるとしても、少なくともその違法性はただ彼がその作為をなしえたといえる場合にのみ云曰しうる。右の不申告罪の主観的認知も実はそれがあって始めて申告（作為）の可能が生ずるのであり、この可能な申告が実際なされたなら警官または被害者たるべき人は適当な方策を講じ、その難を避けえたであろうと判断しうるところに、その不申告の違法が理由づけられるのである。すなわち認知は単なる認知としてでなく、正に作為の可能の要件としてこの不作為犯の違法性に属するのである。かようにして不作為の違法要件として行為者の作為能力を措定することは宮本教授の主観的違法論の立場から年来主張されているところであり、また最近ドイツでもグリューンフート、シャフスタインらにより不作為では期待可能性は責任要件たる前に違法要素なりという形でようやく注目され始めている。ただこれを認めることは違法を客観的に考える立場にとっては、正に自殺的論法であるというように考えられ、また事実そう説かれてもいることを注意せねばならぬ。[六] しかし私は仮りに客観的違法論をとり、法の評価的作用と命令的作用を論理的に区別するとしても、右のように説くことは一向差支えがないと思う。けだし不作為の際には、作為によって一定の結果を発生または防止しうる者が（しかも防止しうる者のみが）、これを容易になしうる状況の下にありながら敢えて立ち上らず拱手傍観することは好ましくないという評価が先行するから（論理的）、そこで始めて彼に立って行為せよという命令が発せられるのであって、ここでも評価と命令は論理的には容易に区別しうるのである——かようにしてわれわれは客観的違法論の立場からもまた不作為犯一般をもって主観的違法要素の最も明白なる場合であるといいうるであろう。[七]

（一）　ヘーグラーはこれらを行為者の心理状態または心理効果が前提とされている場合と称した。Franks Festgabe, Bd. I, S. 308 ff. 佐伯・論叢二九巻三三八頁以下参照。

（二）　大判明治四四年一〇月三一日刑録一七輯一八二四頁、大正三年四月二九日刑録二〇輯六五四頁、昭和七年三月一〇日刑集一一巻二八六頁。本文と同趣旨、宮本・刑法大綱五〇五頁以下。反対、滝川・刑法各論二八頁、小野・刑法講義三五三頁、牧野・志林三一巻七四八頁。

（三）　大判大正六年二月八日刑録二三輯四一頁。滝川・最近の大審院刑事判例研究一三九頁は本文と趣きを異にし、本罪の目的をもって単なる故意にあらずして主観的違法要素であると説かれる。私が本文で述べるところは目的犯としてではない。

（四）　Mezger, Vom Sinn der strafrechtlichen Tatbestände, S. 16 a, Hegler, Franks Festgabe, Bd. I, S. 267, 308 ff. ヘーグラーはこの表現犯の主観的違法要素の発見をもってメツガーの最大の功績とした。なお佐伯論叢二九巻三三八頁参照。島田教授はわが刑法上表現犯は認められないと考えておられるようである。同・刑法の基礎的理論一六三頁、一六八頁参照。同様なことは準現行犯人の逮捕、行政執行法上の犯罪ありと思料した家への侵入などで問題になる。なお、祈禱などの適法性は本人の確信の有無にあるという趣旨の判例もある（新聞一〇五一号二七頁大阪区裁大正四年九月二四日判決）

（五）佐伯・論叢二九巻三三九頁註一、「二つの正犯概念」論叢三二巻一一六三頁註二参照。

（六）宮本・刑法大綱七四頁。Grünhut, ZStW. Bd. 51, S. 467, JW. 1932, S. 1381, Wachinger, Franks Festgabe, Bd. I, S. 495, Schaffstein Die Nichtzumutbarkeit als allgemeiner übergesetzlicher Schuldausschliessungsgrund, 1933, S. 11, 16 ff. これらドイツの学説は不真正不作為犯にあっては責任阻却的緊急避難を理由づける事態、すなわち他の行為の期待不可能なことは場合により行為すべき法律義務を除去し、かくて責任を阻却する前に違法を阻却することになるというのである。――義務をここで云曰することはすでに作為の主観的可能性の存在が作為義務の前提であることを予想するものであり、それを推進めればかかる能力のあるときにのみ不作為は違法（危険）と評価されるということが明らかとなる。

（七）〔本論文執筆後発表された改正刑法仮案各則は爆発物取締罰則の犯罪を取入れたが（二四九条以下）、その際右の不申告の罪のみは採り入れなかった。それは、むしろ仮案総則の不作為犯の規定（一三条）や各則三四二条（緊急救助義務違反）などと相並んで存続することとなり、不作為犯の問題はいよいよ複雑になっていった。それにつれて不作為と主観的違法要素との関係も現実味をおびてきた。〕

二 傾向犯(一)。これは行為が行為者の主観的傾向の実現である場合である。(イ) 九二条は「外国ニ対シ侮辱ヲ加フル目的ヲ以テ其国ノ国旗其他ノ国章ヲ損壊、除去又ハ汚穢」することを犯罪としているが、これは通常の毀棄罪および侮辱罪に対する特殊の違法類型である。かつその特殊性は攻撃の向けられる客体（外国の国旗など）の特殊性によるだけでなく、正にその客体の表現する国家（外国）に対して「侮辱ヲ加フル目的」の存在によるであろう。(二) (ロ) 同じく二三一条は「事実ヲ摘示セスト雖モ公然人ヲ侮辱」することを犯罪とする。判例によるとこの侮辱行為は「他人の社会的地位を軽蔑する犯人自己の抽象的判断を公然発表することにより成立」し、またローゼンフェルトによると単に他人の判断を伝達するだけでは足りぬ。すなわち本罪の行為は客観的に正当な範囲を越え名誉感情を侵害する一般的性質を有するだけでなく、さらに犯人自身の主観的軽蔑感情の存在することを必要とすると解される。したがって主観的侮蔑意思は正に侮辱罪行為の概念要素であり、それを抜きにしては侮辱としての違法性に欠くるところが出てくるとせねばならぬ。(三) (ハ) 賄賂罪（一九七条・一九八条）は賄賂の収受要求約束または交付提供などを内容とする犯罪であるが、すべてこれらの行為にあたって行為者はその利益が賄賂すなわち「自己（又は相手方）の職務に関する違法なる報酬」である旨の認識がなければならぬ。贈賄者の方では賄賂の意思をもって行為したが、「仲介者が公務員に之を交付するに当り賄賂なることを示してその収受を促し又は公務員に於て賄賂なる事を了知し得べき事情の下に其の収受を促す事なく、賄賂提供の意思表示が公務員に伝達せられざる時は、たとひ該金銭が公務員に交付せらるるも」収賄罪は勿論贈賄罪も成立しない。利益は賄賂なる旨を表示して提供せられ、これを理解して収受されねば賄賂ではない。けだしかかる意味を含まぬ贈答は公務員の清廉と国家作用の公正を疑わしめる怖なく、国家の品位の失墜を来たすことがないからである。ここでも行為者の主観的意思が態度の違法行為としての意味を規定する。(四) (ニ) 二二七条は「前三条ノ罪ヲ犯シタル者ヲ幇助スル目的ヲ以テ被拐取者又ハ被売者ヲ収受若クハ蔵匿シ又ハ隠避セシメ」る行為を犯罪としているが、これは略取誘拐罪の幇助の一場合である。ここでも右(イ)の場合と同じく目的という語が用いられているが、この目的はつぎに述べる超過的内心傾向としての目的と同じでない。あたかも外国国旗等を毀損すること自体が外国に侮辱を加える目的の実現であるように、ここでも収受などの行為をなすことが正に幇助を与えることなのである。すなわち目的は客観的要件たる態度の範囲を超えるのでなく、その範囲内に止まりかつそれに特定の意味を付与するのである。(五)

（一）　ヘーグラーはこれを行為に意味を付与する目的犯と呼んだ。Franks Festgabe, Bd. I, S. 310 ff. これらの犯罪では目的は客観的要素たる態度の範囲内にあって、特定の仕方で表動してこの態度を規定し、その意味を限定するのである。彼は窃盗罪の「不法領得の目的」を解して、行為者が窃取すればすでに領得も実現するとなすが故に、その領得目的はこの行為に意味を付与する目的だとするのである。けだし同じ行為を行っても単に一時使用の目的にすぎぬ場合は窃盗罪とはならぬからである。その他、横領および兵役または自己の船員としての任務を免れる目的をもってなされる逃走（ドイツ刑法二九八条・一四〇条）等々がこれに属せしめられている。なお佐伯・論叢二九巻三四〇頁参照。

(二)　滝川・刑法各論一三頁。佐伯・論叢二九巻三四一頁。

(三)　大判大正一五年七月五日刑集五巻三〇三頁。宮本・刑法大綱三一二頁以下、小野・刑法における名誉の保護三〇二頁以下。Rosenfeld, Franks Festgabe, Bd. II, S. 170 ff.

(四)　大判昭和七年七月一日刑集一一巻九九九頁。

(五)　その他メッガーは猥褻罪をこの例に掲げている。わが国においても猥褻とは「性慾の満足または挑発を目的とする行為にして通常人に羞恥または汚辱の感を与えるもの」という定義が用いられるが、右の満足または挑発を目的とするというのは行為者自身が主観的にこの目的をもつこととも解されうるし、また行為の客観的性質がこれに適することとも考えられる。あるいはわが刑法上「公然」性を要求する猥褻罪については客観的に、そうでない猥褻罪は主観的に解釈するという区別も考ええよう。なお本稿二〇九頁参照。

三　目的犯。刑法はしばしば一定の外部的行為が将来に属する他の目的実現のために行われることを犯罪要件として要求する。これは右の傾向犯または意味付与的目的犯と異なり、ヘーグラーのいわゆる超過的内心傾向の犯罪にあたる。かかる目的は明示的なこともあれば、黙示的なこともある（少なくとも窃盗その他の不法領得の目的に関する判例および通説を認めるかぎりそうである）。わが判例および通説はこの目的の多くを故意と同視しており、また一部の学説はこれを動機と同一視するようであるが、ここで大切なことはこれらの目的が単なる予見であるか、または動機であるかということでなく、その目的が当該犯罪類型の要求する客観的事実より以上のものに向けられており、したがって通常の故意のようにそれに対応する客観的事実の発生を要せぬということである。この目的犯は二種類に分れる。

㈠　ある目的犯にあっては外部的行為は目的内容たる第二の結果の客観的原因と考えられている。内乱罪（七七条）が「政府ヲ顚覆シ又ハ邦土ヲ僭窃シ其他朝憲ヲ紊乱スルコトヲ目的トシテ暴動ヲ為」すことを要件とし、また外患罪（八三条）が「敵国ヲ利スル為メ要塞、陣営、艦船、兵器、弾薬、汽車、電車、鉄道、電線其他軍用ニ供スル場所又ハ物ヲ損壊シ又ハ使用スルコト能ハザルニ至ラシ」むる行為を罰し、あるいは詐欺破産（破産法三七四条以下）が「債務者……自己若クハ他人ノ利益ヲ図リ又ハ債権者ヲ害スル目的ヲ以テ」財産隠匿、帳簿の不正記載などの行為をなすことを要件とし、背任罪（二四七条）が「他人ノ為メ其事務ヲ処理スル者自己若クハ第三者ノ利益ヲ図リ又ハ本人ニ損害ヲ加フル目的ヲ以テ」任務に背きたる行為をなし本人に財産上の損害を加えることを要件とするなどがこれである。――すべてこれらの犯罪では目的とされた事実が実際現出したことは必要でない（とくに内乱ではもし目的が実現すればもはや国家は刑罰権を行使し難いであろう）。しからばこれらの目的はいかなる意味をもつか。果して行為の違法性を左右する力があるか。この点について東京控訴院は内乱罪に関連して興味ある見解を示した。いわく「内乱罪の構成要件たる多衆の暴動は直接に国家の基本制度を破壊し以て帝国の内的安固を侵害すべき危険ある程度の多数人にして、且其の程度の暴行たることを要し、単に一地方の静謐を害する程度を以ては足らざるものと解するを相当とすべし」と。これは内乱の暴動となるには客観的に朝憲紊乱に至る可能性を包含することを要すとするものである。学説が内乱の暴動は騒擾罪の多衆の暴行脅迫以上の程度のものを意味するというのも同趣旨であろう[二]。つぎの外患の行為もそれらのいずれの一つがなされても敵国は当然利益を受ける客観的危険性を十分にもつ。しからばわれわれはこれらの場合にはツィンマールが説いたように、行為自体が客観的にみてこれらの目的達成に十分なだけの潜在的可能性、すなわち危険性を有せねばならぬと説くべきもののようにみえる。また詐欺破産や背任で掲げられている目的の内容ははなはだ網羅的でほとんどすべての場合を包含する。客観的要件たる態度がなされれば当然そのいずれかが生ずる可能性があろう。故にこれまたその違法性の要点は客観的財産侵害と背任の点にあるように考えられる。したがってここでもそれらの目的が行為の法益侵害性を左右すると考えることには疑いがある。(二)――以上の諸場合にはツィンマールのやったように目的を客観化し行為自体が目的内容を実現する可能性を客観的に有したことを要すると解釈すべきものではあるまいか。なお詳しく考えたい。

(二)　他の目的犯にあっては客観的要素たる態度は、行為者自身または第三者の側からの新たなる行為の手段または地盤として意欲される。その最もよい例は通貨偽造・文書偽造・有価証券偽造・印章偽造罪などの「行使ノ目的ヲ以テ」偽造変造するという場合である。その他公務執行妨害（九五条二項）の「公務員ヲシテ或処分ヲ為サシメ若クハ為ササラシムル為メ又ハ其職ヲ辞セシムル為メ」、逃走罪（一〇〇条）の「法令ニ因リ拘禁セラレタル者ヲ逃走セシムル目的ヲ以テ」、阿片煙またはその「吸食器具ノ販売ノ目的ヲ以テ」する所持（一三六条以下）、一八二条の「営利ノ目的ヲ以テ淫行ノ常習ナキ婦女ヲ勧誘シテ姦淫セシ」める行為、略取誘拐罪（二二五条・二二六条）の「営利、猥褻又ハ結婚ノ目的ヲ以テ」、「帝国外ニ移送スル目的ヲ以テ」などのほか、判例通説のように窃盗・強盗・詐欺に「領得の目的」を必要とすればこれまた同様であろう。また各種予備罪が「……ノ目的ヲ以テ予備ヲ為シタル者ハ」となすのが同じ構造のものであることはいうまでもあるまい（七八条・八八条・九三条・一一三条・一五三条・二〇一条・二三七条）。治安維持法・暴力行為等処罰に関する法律（二条三条）、爆発物取締罰則（一条二条）などにも同様の犯罪が認められている。――これらの犯罪においてはツィンマールがなしたように客観化して、行為自体の傾向が目的実現に向っていることを要するという風に考えることはできぬ。けだし目的内容は正に自己または他人の行為であり、外部的行為に内在する一般的傾向または可能性の包含しうる以上のものであるからである。この目的は行為の違法性・危険性を理由づける主観的違法要素である。けだしかかる行為者の目的が加わることにより、その外部的行為はあるいは始めて法秩序に対する危険性を帯びまたはすでに帯びていた危険性を増大すると考えられるからである。このことは特に諸種の予備罪の行為および一八二条の姦淫勧誘は、単にそれだけでは（それぞれ法定された目的がなければ）罰せられることのない行為であることを考えれば、容易に理解しうるであろう。

（一）　大判昭和一〇年一〇月二四日刑集一四巻一二八八頁。なお、宮本・刑法大綱四八二頁、泉二・刑法大要三七〇頁・四一〇頁。もし本罪の暴動が騒擾罪の行為の程度で足るというのであったら、ここにも目的が違法性を強めるという関係が認められるであろう。事実かかる見解をとるは滝川・刑法各論三九頁。

（二）　大判大正三年一〇月一六日刑録二〇輯一八六九頁は本罪の目的を動機を指すとするもののようである。なお、宮本・刑法大綱三九四頁参照。――メッガーは教科書においてはこれらビンディングのいわゆる kupierte Erfolgsdelikte をすべて傾向犯に属せしめた。これらの目的を違法要素とするならば、この方が正当であろう。

四　この目的犯の構造はわれわれに広く未遂犯および予備罪についての理解を可能にする。従来客観的未遂論は未遂の本質をもって危険（客観的な法益侵害の可能性）にありとし、この危険の存在を客観的に規定しようと努力してきた。しかしそのある論者が危険性の有無がときに主観的要素により決まることもあるという事実まで否定するに至ったのは反省を要する。ここでも法の評価的作用は主観的要素にもおよびうるのである。例えば、(イ)行為者が彼の財布と彼の師匠の財布が一緒に入っている引出しの中に手を入れたとしよう。行為者の態度は窃盗未遂かどうか。(ロ)　兵士が銃の狙いを定めた。その前方には敵と味方が肉弾戦を演じている。彼の行為は殺人未遂かどうか（ツィンマール）。(ハ)　人が犬を連れて歩いている。行為者の射た矢がこの人と犬の間を通って飛んだ。射手の行為は刑法上どう判断すべきか（ブルンス）。すべてこれらの場合には、行為者が何を意思したかを考えないでは、その行為の危険性、違法性、可罰類型性について判断することは不可能である。(イ)(ロ)の例においては窃盗の意思またはかねて含むところある味方の兵士を殺す意思があれば窃盗または殺人未遂であり、反対に自分の財布を出す心算もしくは味方を援護するために敵を狙ったとすれば適法行為である。(ハ)の場合はいずれにせよ違法ではあるが、殺人意思があれば殺人未遂で罰されるが、犬を殺す意思または全く害意なき過失だったならそれぞれ毀棄未遂または結果なき過失行為となってともに無罪である（ただし警察犯処罰令二条三号または三条四号に該当すれば別である）。

以上の場合は外部的態度自体はそれが一定の目的をもってなされるかぎり、現実に目的実現の可能があり、いわば有効な態度であった。しかしいわゆる不能犯になると事情が異なる。不能が相対的なら客観説も可罰未遂となすし、主観説はまた原則として一切の不能犯の場合を可罰未遂とする。だがここには法益の具体的脅威は始めから存しない。故にその未遂としての危険をあるいは「計画の危険性」に求め、または「行為の他人に与える印象」にありとし、あるいは法律秩序、平和秩序の脅威にありとし、法の妥当性（世人の法に対する信頼）の侵害に求めるというような様々の試みは、結局その危険性を行為者の犯罪的心情で基礎づけるものである。また主観的未遂論が犯意に重点をおくことはいうまでもない。さらにこのほかにあたかもこの不能犯と類似の構造を示すと考えられるのは違法阻却事由における主観的要素の有無の問題である。違法阻却事由があることを認識せずに客観的には阻却事由に該当する行為をした者、あるいは客観的に違法阻却事由の条件を充たしかつそれを認識した者が主観的には個別の違法目的を追求した場合をいかに解決するかがこれである。(イ)　甲が仲の悪い乙の姿を森の木蔭に見出し、これを射殺した。ところが後で乙もその一瞬前から甲に狙いをつけて発射しようとしていたことが判明したという場合は前の例である。(ロ)　喧嘩の仲裁に入った甲に喧嘩していた一方が摑みかかった。好意を無にされて怒った甲はこれを突倒して負傷せしめたという場合（本稿冒頭の判例）は後の例である。同様の問題は懲戒、裁量行為その他一般に権利濫用と呼ばれる場合（一）にしばしば生ずる。これらは違法阻却作用を失わせるもの（negatio negationis）として単に消極的に考えるだけでは足りないのであって、右の不能犯におけると同じ積極的考察が必要である。またかかる場合を法上客観的に違法阻却に必要な条件が具備するかぎり行為者は良き意思をもって行為したものと看做すべきであると説くだけでは問題の解決を後日に延ばすだけである。訴訟法上自由心証主義をとる以上は、裁判所がかかる悪意を認定することは不可能でないし、また実際問題としてかかる事態の発生することも決して稀れではない。これらの場合は上述したように未遂としての不能犯に似ているが、それよりもう一つ複雑である。けだしここではあたかも法がその事態の解決として肯定するところと同一（少なくとも外見上）の結果（不法侵害者の犠牲における利益の維持・行儀の悪い子供の相当程度における懲戒・客観的に公益に合致する行政処分）が、当該の行為によって生ぜしめられているからである。しかし不能犯において主観的違法要素を認める以上、ここでも態度を異にするわけには行くまい（この点私はなお考察を要すると考えるから疑を存しておく）。ただし違法阻却事由や権利濫用に主観的要素を認めれば、この要素がない限り相手方はこれを忍受する義務がないことになり、錯誤と連関して問題を錯綜せしめるであろうこと、およびそれが犯罪となる場合には既遂なのか未遂なのかから問題となることを覚悟せねばならぬ。(二) また問題は行為者が法の予定する目的意思と全く別個の不法な目的のみを追う場合に生ずるのであって、行為者がその阻却事由の予想する目的と他の目的を同時に有するときにまで広げるべきではない。したがって右の例の(イ)は明らかに違法目的のみであるからその態度は違法であるが、(ロ)の場合には直ちにそうはいえない。むしろ私は「防衛の意思」という法上の概念は、上述判例の場合の行為者の心的態度をも含むものと解するのが妥当ではないかと思う（これは心理的事実の法概念への当嵌めの問題である）。――以上、不能犯・違法阻却事由の両場合について主観的違法要素の可能を認めることは、まだ決してその行為が可罰的違法であることを意味するものでない。それぞれの犯罪の未遂類型または既遂類型が予想するところの違法性の程度・性質・内容がそれらの場合に充されているか否かは、さらに各個に精密に検討せらるべき問題である。すなわち「主観的要素はこの犯罪類型においてはどの程度まで客観的事実を代替しうるか（未遂）、または客観的事実の意味を消却しうるか（違法阻却）」という形で各論的研究がなされねばならぬ。上述の例(ロ)に関する判例はこの点からも考慮を要するものがあるのではあるまいか。

このような考えを貫くと、主観的違法要素とされるのは意思だけでなくまた行為者の性格も違法要素となりうるであろう。不能犯中迷信犯を可罰的未遂としないことは学説・草案のほとんど一致するところであるが、その理由は結局この行為者の性格が危険でないためであるとされるのはそれである。その他、少年法四条（旧）は「……刑罰法令ニ触ルル行為ヲ為ス虞アル少年」に保護処分を科することとし、改正刑法仮案も保安処分に関し同様な規定を設けている（一三九条）。ここでは行為は処分の条件ではなく、行為者が犯罪行為をなすおそれある人間であることが条件なのであって、彼の存在自体が法秩序の脅威と目せられているのである。この見地を推し進めると常習性（一八六条）、職業性なども違法性と関係があるというべきことになり、従来の行為と行為者の対立をもって違法と責任の対立と同視した方法まで問題性を帯びてくる。――これは甚だ重要かつ困難な問題であるが、詳細は他日に期したい。(3)

（一）　誣告された者が告訴の意思なきに拘わらず、誣告者を畏怖させる目的のために告訴をなすべき旨の通告をなしたることを脅迫罪とした判例（大正三年一二月一日刑録二〇輯二三〇三頁）もある。

（二）　牧野教授は右の判例に対する批評中において、この場合には違法なる傷害の結果の発生なきが故に（けだし不正侵害者の負傷は客観的には正当防衛行為として欠くるところなき行為により生じた）傷害の既遂の成立なくせいぜいその未遂が問題になるとされ、かつわが刑法は傷害未遂を罰しないために結局無罪を言渡すべきものとされた。法学協会雑誌五五巻一三八八頁以下参照。

（昭和一二年七・八月）

(1)　後に（一九四〇年）ウェルツェルによって展開された故意は常に主観的違法要素であるという主張とか、故意についてのいわゆる責任説の原型がこのウェーバーらの主張にみられることに注目すべきである。

(2)　キール学派の刑法理論の総括的検討として、佐伯「刑法に於けるキール学派に就て」論叢三八巻二八六頁以下、五二六頁以下（昭和一三年）がある。

(3)　この問題の本稿後の展開は佐伯「期待可能性と性格の危険性」（昭和一四年）刑法に於ける期待可能性五二五頁以下、特に六一四頁以下参照。

〔以上の注は、『刑法における違法性の理論』への所収にあたって追加されたものである――編者〕

6　刑法犯と警察犯

一　はしがき

一　私は本稿において刑法典の規定する犯罪類型と警察犯処罰令の規定する犯罪類型との類型的関係を研究したいと思う。けだしこれを研究することには刑法論上種々の意味があると考えられるからである。まず第一に刑法各論の研究や説明に当っては、ほとんど到るところで刑法所定の犯罪と刑法以外の刑罰法規所定の犯罪との関連の問題につき当り、しかもこの関連は各種の難問となってしばしば研究者を悩ませるのであって、刑法各論の真の理解はそれとこれら特別刑罰法規との関連および相互関係を眼中に置いてのみ達成せられうるところである。そして警察犯処罰令はこれら無数の特別刑罰法規の中で刑法典との関係が最も深く、またその定める犯罪行為の領域からみても最も広汎なものであるから、刑法典と警察犯処罰令との犯罪類型の関係を分析し究明して行けば、個々の犯罪類型の各論的問題の解明に資するところ少なくないはずである。第二にその研究の効果は単に各論の領域のみに止らず、また同時にそれら各個の研究結果の綜合は刑法総論の一基本問題たる可罰的違法類型論（または構成要件論および違法論）や実行行為論に対しても重要な示唆を与えるもののように考えられる。けだし警察犯処罰令所定の行為中には刑法犯と類型的に重複するものや、一見刑法犯の未遂類型に該当するものがあるが、両者の刑の著しい相違はわれわれに事態のより深い研究を要請するからである。

このように本稿が警察犯処罰令と刑法との関係を問題とするかぎり、自らまた刑事犯と行政犯との区別に関する争いが想起されよう。しかし本稿はこの問題を正面から扱うものではない。ただ若干の一般的問題を本稿の三において論ずるにあたり傍論的に触れるに止める。

二　警察犯処罰令は旧刑法四二五条以下に違警罪として規定されていたものと大体同一の内容であって、現行刑法典の制定とともに刑法典から形式上分離されて内務省令として発布されたものであり、大正八年に若干の改正を受けて現在に至っている。一条より三条にかけて五八個のいわゆる警察犯の類型を規定し、これに対しあるいは拘留のみを、もしくは拘留または科料を、または科料のみを科している。そして刑法八条は「本条ノ総則ハ他ノ法令ニ於テ刑ヲ定メタルモノニ亦之ヲ適用ス但基法令ニ特別ノ規定アルトキハ此限ニ在ラス」となすが故に、右の警察犯にも刑法総則が適用されるわけである。ただ警察犯処罰令四条は「本令ニ規定シタル違反行為ヲ教唆シ又ハ幇助シタル者ハ各本条ニ照シ之ヲ罰ス但シ情状ニ依リ其ノ刑ヲ免除スルコトヲ得」と定めて、刑法総則六四条の規定の適用を排除している。なお明治一八年太政官布告たる違警罪即決令は現在も効力を有しているが、そのいわゆる違警罪とは拘留または科料に該る罪をいうのであるから（刑法施行法三一条）、結局警察犯処罰令の定める警察犯も違警罪として即決処分に服するわけであり、これまた一種の特別な扱いである。その他の刑法の拘留または科料に該る罪についての種々な特別扱いは当然警察犯にも適用があるわけである。例えば没収に関する刑法一九条・二〇条・刑の時効に関する三二条（なお公訴の時効に関しては刑事訴訟法二八一条）・犯人蔵匿の一〇三条・国外行為の原則的不処罰（一条以下）などがそれである。

二　刑法犯と警察犯の関連の分析

警察犯処罰令の規定する個々の警察犯の類型は右に述べたように、その大部分が何らかの形で刑法典の犯罪類型と関連する。刑法の定める犯罪が警察犯処罰令の定める犯罪の特殊な場合であったり、逆に警察犯の特殊な場合であったり、または刑法と警察犯処罰令の犯罪の類型が重複したりするほか、また警察犯が刑法犯の未遂的類型でありあるいは刑法犯と手段結果の関係に立つこともある。そしてすべてかかる関連と区別とはそれらの類型的構造（構成要素の結合の仕方）の如何によるわけであるから、われわれは両法典の犯罪類型の構造上の関連を一定の見地から分析することに努めねばならぬ。私はつぎに両者の関連を、まず第一に行為の主体、行為の客体および被害法益、行為の手段方法、行為事情、主観的違法要素（特に目的）、結果の要否および行為発展の段階等の可罰的違法類型としての構造の観点から逐次分析し、さらにもし必要あれば第二に両者の責任類型・特に故意過失の点についての異同を究明すべく試みようと思う。そして逐次明らかになって行くはずであるが、私は右の二つの観点のうち特に第一の違法類型としての構造の相違の分析を重視すべきものと考えるのであるから、本稿の説明でも自らこの方面に重点がおかれる。また記述の順序は刑法典の順序に従う。警察犯処罰令の順序に従わないのは本稿の目的の性質の故でもあるが、また他面、警察犯処罰令は相関連する諸行為を彼方此方に散在せしめているために、それの順序に従うとしばしば重要な議論の重複を余儀なくされるからである。——なおまた刑法と警察犯処罰令との間に存在しうる一切の関連を尽くすということは、もちろん限られた本稿のよくするところではない。以下の論述がその重要なもののみの考察に限られるのはけだしやむをえないところである。

一　放火罪・失火罪と関連する警察犯

警察犯処罰令二条二七号「水火災其ノ他ノ事変ニ際シ……官吏ヨリ援助ノ求ヲ受ケタルニ拘ラス傍観シテ之ニ応セサル者」とあるのは刑法の放火罪（一〇八条以下）・鎮火妨害罪（一一四条）・溢水罪（一一九条以下）・水防妨害罪（一二一条）等と関連する。かつ刑法理論上、放火・鎮火妨害等が不作為によっても犯されうることは現在一般に異論のないところであり、本号の官吏より援助の求を受けたる者はそれによって消防または水防に協力すべき法律上の義務を負うわけだから、これに応じない者は不作為による放火罪または鎮火妨害罪等の犯罪を構成することになるのではないかが当然考えられねばならぬわけである。しかしこの問題のより詳細な考察は後段（三の三）に譲る。われわれはここではただ本号の行為の主体が「水火災其の他の事変に際し官吏より援助の求を受けたるに拘らず傍観して之に応ぜざる者」と規定せられており、したがって援助の求を受けながら傍観した者ではなくて、逃げ去ってこれに応じなかった者はすでに本号の主体でないと解釈されていることを指摘しておけばよい。（一）

警察犯処罰令三条四号「濫ニ銃砲ノ発射ヲ為シ又ハ火薬其ノ他劇発スヘキ物ヲ玩ヒタル者」、同五号「家屋其ノ他ノ建造物若ハ引火シ易キ物ノ近傍又ハ山野ニ於テ濫ニ火ヲ焚ク者」、同六号「石灰其ノ他自然発火ノ虞アル物ノ取扱ヲ忽ニシタル者」は故意を欠きまたは結果（焼毀・公共危険）の発生なき点で放火罪・失火罪と異なるけれども、純外部的行為としてはそれらと区別がない。もしこれらの処罰令の行為から建造物その他の物の焼毀・損壊・公共危険の発生等の結果が生ずるに至ったときは、もはや処罰令の適用はなく刑法失火罪（一一六条・一一七条）が適用されるのである。またかかる焼毀の結果の発生がなくても、右の劇発物を玩《もてあそ》び焚火をしまたは自然発火物等の取扱を忽《おろそか》にする者において放火罪の故意、すなわちその行為が人の住居に使用しまたは人の現在する建造物・汽車・電車・艦船もしくは鉱坑、もしくは現に人の住居に使用せずまたは人の現在せざる建造物・艦船もしくは鉱坑を焼毀するに至ることを予見、認容しておれば、刑法放火罪の未遂である（一一二条）。さらにこれら以外の客体に対する放火未遂は刑法上は罰せられないが、右の処罰令の条項のいずれかに該当するかぎり警察犯としてこれを処罰しうるのである。こう考えてくると右の処罰令の諸類型は刑法の未遂の罰されない放火罪（一一〇条）および失火罪の未遂の特殊類型であると解すべきものである。（二）

（一）　谷津・警察法義解一一九頁、塩野・警察犯処罰令釈義一二〇頁。反対、有光・警察犯処罰令精義下巻一三六頁。
（二）　塩野・釈義一六九頁・一七二頁・一七四頁。警察犯が過失犯の未遂類型たる場合あることにつき宮本・刑法学粋一六九頁註三参照。処罰令が濫に玩ぶ、濫に火を焚くまたは忽にするというのは、いずれもその行為から生じうる結果に対し当然講ずべき予防手段等を講じないでこれをなすという意味である。故に結果の認識あるかぎり刑法の放火未遂罪が成立するといわねばならぬ。

二　溢水罪および水利妨害罪と関連する警察犯

警察犯処罰令二条二七号が溢水罪および水防妨害罪と関連することは右に述べたが、それには放火罪との関連についてと同様の観察が当て嵌り別に論ずべきことはない。しかし処罰令三条一六号の「橋梁又ハ堤防ヲ損壊スルノ虞アル場所ニ舟筏ヲ繋キタル者」とあるのは刑法一二三条に「堤防ヲ決潰シ、水閘ヲ破壊シ其他水利ノ防害ト為ル可キ行為又ハ溢水セシムヘキ行為ヲ為シタル者」とあるのと少なくとも外観上は区別がないようにみえる。ここでも刑法は故意の場合を予想し、処罰令は過失の場合を指すとして区別を認めるべきかにみえるが、これはそう解すべきでない。むしろ刑法は堤防や橋梁が当該行為により破壊されて溢水等を生ずべき具体的危険を要求するのであるが、処罰令はかかる具体的危険を要求するものでないと解すべきであろう。処罰令の予想する行為はそれ自身としては直接かかる危険を含まぬが、それが多数繰返されることにより堤防等が遂には損壊するにいたる怖れがあるようなものであろう。なお警察犯処罰令二条二三号の「河川、溝渠又ハ下水路ノ疎通ヲ妨クヘキ行為ヲ為シタル者」とあるのも右の刑法規定と関連するようであるが、これまた単に水路の疎通の妨害となる程度の行為を指し、刑法のように堤防決潰等のような溢水の危険ある程度に達せざるものの類型化であろう。すなわちこれらはともにその予想する行為の危険性の程度が刑法犯のそれに及ばないものであって、単に責任形式を異にするものではない。

三　往来妨害罪と関連する警察犯

警察犯処罰令二条一一号「公衆ノ自由ニ交通シ得ル場所ニ於テ喧噪シ、横臥シ又ハ泥酔シテ徘徊シタル者」、同一二号「公衆ノ自由ニ交通シ得ル場所ニ於テ濫ニ車馬舟筏其ノ他ノ物件ヲ置キ又ハ交通ノ妨害ト為ルヘキ行為ヲ為シタル者」、同二三号「河川、溝渠又ハ下水路ノ疎通ヲ妨クヘキ行為ヲ為シタル者」など（右三条一六号はこの見地からも問題になる）は刑法往来妨害罪（一二四条）の「陸路、水路又ハ橋梁ヲ損壊又ハ壅塞シテ往来ノ妨害ヲ生セシメタル者」という類型と関連する。特に刑法の陸路または水路の壅塞という観念の中には右の処罰令の諸行為も包含されるようにみえるのである。もしこれを肯定すれば、それらと刑法往来妨害罪との区別は、往来妨害の結果が発生したか否か、およびその結果を予見していたか否かに基づくことになり、結果を予見してそれらの行為をなした以上往来妨害の未遂罪（一二八条）になるわけである。しかし右の処罰令の諸行為はかかる強力な行為でなく、その程度以下の軽い危険行為の類型化である。故に裁判所は現実に行われた行為がかかる強度のものであったか否か検討して事を決すべきであって、形式的に右の処罰令のいずれかに該当するからといって直に刑法の適用を拒むべきではないであろう[（二）]。

（二）　大審院は一一号につきいわく。「本号ノ成立ニハ公衆ノ自由ニ交通シ得ル場所ニ於テ喧噪シ、横臥シ又ハ泥酔シテ徘徊即チウロツキ歩ク行為アルヲ以テ足リ、所論ノ如ク公衆ノ交通ノ自由ヲ妨害スル程度ニ於ケルブラツキナルコトヲ必要トセズ」と（昭和七年一一月一五日刑集一一巻一五八三頁）。また一二号につきいわく。刑法一二四条ハ「其ノ犯罪ノ成立ニハ特ニ其ノ手段トシテ陸路・水路又ハ橋梁ヲ損壊又ハ壅塞スル事ヲ要スルト同時ニ、其ノ行為ノ結果往来ノ妨害ヲ生ゼシムルコトヲ要スルモノニシテ、従テ犯人ハ其ノ行為ノ結果タル往来ノ妨害ニ付認識アルコトヲ要スルモノナルニ反シ、警察犯処罰令第二条第一二号ノ罪ハ公衆ノ自由ニ交通シ得ル場所ニ於テ濫リニ車馬、舟筏其他ノ物件ヲ置キ又ハ交通ノ妨害トナルベキ行為ヲ為ス事ヲ要件トシ、其ノ犯罪ノ成立ニハ特ニ前者ノ如ク其ノ行為ノ結果トシテ往来ノ妨害ヲ生ゼシムル事ヲ要スルモノニ非ズ」と（昭和三年五月三一日刑集七巻四二〇頁）。なお大判大正五年六月二六日刑録二二輯一一八七頁参照。

四　住居侵入罪と関連する警察犯

ここで問題になるのは警察犯処罰令一条一号・二条二五号・同二七号・三条一七号などである。一条一号は「故ナク人ノ居住若ハ看守セサル邸宅、建造物及船舶内ニ潜伏シタル者」を罰するのであるが、これは刑法一三

○条が「人ノ住居シ又ハ人ノ看守スル邸宅」等を客体とするのに対応するものである。二条二五号の「出入ヲ禁止シタル場所ニ濫ニ出入シタル者」の処罰は刑法住居侵入罪に対し普通法の地位にあるものであろう。その他「水火災其ノ他ノ事変ニ際シ制止ヲ肯セスシテ其ノ現場ニ立入リ若ハ其ノ場所ヨリ退去セス」（同二七号）、または「通路ナキ他人ノ田圃ヲ通行シ又ハ此ニ牛馬諸車ヲ牽入レ」（三条一七号）というのは共に客体の特殊性（二七号はなお行為事情も特殊である）による類型化である。処罰にそれぞれ軽重があるのは、各客体の代表する価値、したがってそれを侵害する行為の違法性の大小に基づくというべきであろう。

五　飲料水に関する犯罪と関連する警察犯

警察犯処罰令二条二二号に「人ノ飲用ニ供スル浄水ヲ汚穢シ又ハ其ノ使用ヲ妨ケ若ハ其ノ水路ニ障碍ヲ為シタル者」とある前段の「人ノ飲用ニ供スル浄水ヲ汚穢」する行為は、刑法一四二条の「人ノ飲料ニ供スル浄水ヲ汚穢シ因テ之ヲ用フルコト能ハサルニ至ラシメタル者」というのと、使用不能の結果を生じたことを要するか否かにより区別される。また後段の「水路ニ障碍ヲ為シタル」とあるのは刑法一四七条の「公衆ノ飲料ニ供スル浄水ノ水道ヲ損壊又ハ壅塞シタル者」とあるのと、まず後者が公衆の飲料に供する浄水の水道に関する点で区別されるが（前者は単に人の飲用に供するとある）、最も重要なことは処罰令のいう障碍行為は単なる障碍であって、損壊または壅塞の程度に至らないものであることにあろう。刑法一四七条は処罰令二条二二号に対し、客体および方法の双方につき特別法の地位にあり、違法性の程度の高いものの類型化であるとなすべきである。（二）

（二）　塩野・釈義一〇七頁。

六　文書偽造罪・偽証罪・誣告罪と関連する警察犯

警察犯処罰令二条二一号「官公署ニ対シ不実ノ申述ヲ為シ又ハ其ノ義務アル者ニシテ故ナク申述ヲ肯セサル者」とある前段はまず刑法文書偽造罪中の「公務員ニ対シ虚偽ノ申立ヲ為シ権利、義務ニ関スル公正証書ノ原本（又ハ免状・鑑札又は旅券）ニ不実ノ記載ヲ為サシメ」る行為（一五七条）と関連するが、原本への不実記載なる結果の有無により両者区別される。またそれは偽証罪・誣告罪とも関連する。しかし偽証罪はただ「法律ニ依リ宣誓シタル証人」（一六九条）または「法律ニ依リ宣誓シタル鑑定人又ハ通事」（一七一条）のみが犯しうるように主体の制限があるのに対し、本号は広く官公署に対し不実の申述をなしたる一切の者を主体とする点で異なっている。（一）また誣告罪（一七二条）は「人ヲシテ刑事又ハ懲戒ノ処分ヲ受ケシムル目的ヲ以テ」虚偽の申述をなすことを要するも、本号の行為はかかる目的を有したことを要しないところに相違がある。（二）――このように本号と刑法犯とはあるいは結果の有無・行為の主体たる者の制限または特定の目的（主観的違法要素）の有無により異なるが、これらはいずれも結局、行為の違法性の大小軽重による区別と解すべきである。（三）

（一）　大審院はいわく。「法律ニ依リ宣誓シタル証人ガ虚偽ノ陳述ヲ為ストキハ、該陳述ガ事件ノ裁判ノ結果ニ影響ヲ及ボス虞アルト否トニ論ナク偽証罪ヲ構成スルモノニシテ、明治四一年内務省令第五六号警察犯処罰令第二条第二一号ノ規定ニ触ルルモノニ非ズ」と（大正一二年一二月一一日刑集二巻九五九頁）。なお谷津・義解一一二頁、塩野・釈義一〇五頁以下。

（二）　誣告罪では申告は行為者が進んでなすか少なくとも当該公務員の一般的発問に対するものであることを要し、具体的質問に対する受動的な答にすぎぬ場合を含まぬと説かれるが、本号にはかかる区別はない。牧野・日本刑法七八九頁、泉二・刑法大要三八三頁、宮本・刑法大綱五一五頁。なお右の誣告罪における目的が違法類型を構成する要素であること、および一般に違法要素は客観的要素のみに限らないことについては佐伯「主観的違法要素」論叢三七巻二七頁以下参照。

（三）　本号後段の申述を肯ぜざる罪は刑事訴訟法二一〇条・民事訴訟法二八四等条とも関連する。

七　猥褻・姦淫および重婚の罪と関連する警察犯

ここで問題になるのは警察犯処罰令一条二号・三号等である。（一）一条二号前後の「密売淫ヲ為シ」たること自体は刑法上罰条がない。もし公然密売淫がなされたるときは、刑法一七四条の公然猥褻罪としてもみられうるが、処罰は一七四条より警察犯処罰令一条の方が重いから（刑法一七四条は科料・処罰令一条は拘留）、その場合もやはり本号が適用されることとなる。なお処罰令三条二号の「公衆ノ目ニ触ルヘキ場所ニ於テ袒裼、裸裎シ又ハ臀部、股部ヲ露ハシ其ノ他醜態ヲ為シタル者」、同三号の「街路ニ於テ屎尿ヲ為シ又ハ為サシメタル者」とあるのも、右の刑法公然猥褻罪と行為の外形としては異なるところがない。同じ形の態度があるいは処罰令のいわゆる醜態となり、あるいは刑法の公然猥褻行為となるわけであるが、その区別は当該の態度が「猥褻」な意味・すなわち性慾の満足または挑発を目的として有するか否かによるのである。ただしこの区別も刑法・本号共に処罰同一であるからその実益は乏しい。[二]

なお処罰令一条二号後段の密売淫の「媒合若ハ容止ヲ為シタル者」は刑法一八二条の姦淫勧誘罪と密接な関係に立つ。[三] ただ刑法一八二条は「営利ノ目的ヲ以テ淫行ノ常習ナキ婦女ヲ勧誘シテ姦淫セシ」めることを要するから、それはかかる客体および目的の制限のない右の処罰令の密売淫の媒合に対し特別法の関係に立つわけである。これらの客体および目的の制限（主観的違法要素）は処罰令の媒合行為に比し刑法の姦淫勧誘行為の違法性を遙かに高めるものと解すべきである。なお一八二条に当らなくとも、媒合または容止された密売淫者が一三歳未満の者であるか、または有夫の婦であった場合には、その媒合容止は刑法一七六条後段・一七七条後段・一八三条の犯罪の教唆犯または従犯であるから、刑法五四条一項により重いこれらの刑法規定により処断される。これまた客体の代表する特別な価値または保護の必要の大きなことに基づくもので、結局違法性の程度の相違に帰せしめるべきである。

（一）　公然たる密売淫とは形容矛盾のような観があるがそうではない。けだし密売淫の密とは公許なくしての意味で、他人の見聞しないようにという意味ではないからである。なお谷津・義解八九頁。

（二）　私がかつて共犯論に関し従来の通説たる従属犯論を否認し、責任なき者の行為に対する加担も共犯として考えるのがわが刑法の解釈として正しいとなしたのに対し、滝川教授は（法と経済七巻五一七頁）そのように解すると無能力者に公然猥褻行為を行わせても無罪となる不都合があると教示された（けだし刑法六四条は拘留科料のみに当る罪の教唆従犯を罰せぬと定めているからである)。一般にかかる行為の処罰の必要の有無は別論として、少なくとも右の警察犯処罰令三条二号・同四条は私の見解をとるとしてもそれらの必要なかぎりでの処罰を可能ならしめている。

(三)　大判大正八年四月二四日刑録二五輯五九八頁。谷津・義解九一頁、塩野・釈義一二頁・一八頁。なお媒合とは「周旋・勧誘其他凡テノ方法ヲ以テ密売淫ノ実行ニ付機会ヲ与フルコトヲ意味シ、其容止ヲ為ストハ密売淫ノ場所ヲ提供スルコトヲ意味スルモノ」である(大正五年一月二〇日刑録二二輯一四頁)。

八　礼拝所等に関する犯罪と関連する警察犯

ここで問題になるのは警察犯処罰令二条九号・一〇号・三三号・三四号・三条一号等の規定である。まず処罰令二条九号は「祭事、祝儀又ハ其ノ行列ニ対シ悪戯又ハ妨害ヲ為シタル者」とあり(一)、刑法一八八条二項の「説教、礼拝又ハ葬式ヲ妨害シタル者」というのと対応しているが、客体の相違は両者の刑を著しく相違せしめることを注意すべきである(刑法の刑は一年以下の懲役禁錮または一〇〇円以下の罰金なのに対し、処罰令の刑は拘留または科料である)。

処罰令二条三三号「神祠、仏堂、礼拝所、墓所、碑表、形象其ノ他之ニ類スル物ヲ汚瀆シタル者」というのは刑法一八八条一項に「神祠、仏堂、墓所其他礼拝所ニ対シ公然不敬ノ行為アリタル者」とあるのと関連する。前者は客体において後者より多少広い観があるが、通常はむしろ行為方法の区別が重視され、刑法の不敬行為は一切の不敬な態度を含むが、本号は汚瀆行為、すなわち「毀棄の程度に達せざる有形的冒瀆行為」を指し、また本号は刑法と異なり公然行われることを要せぬ点で区別ありとされている(二)。しかしおもうに本号の汚瀆は神社仏閣の柱や楼門に参拝記念の貼札をしあるいは姓名を落書するような行為を指すのであって、客観的には一つの冒瀆であるが主観的には不敬の意思のない場合であろう。もしそうであるなら両者区別の要点は主観的なものに求めねばならぬ。私はかかる見地よりして、不敬冒瀆的意思の表現として行われるかぎり(同時に公然性の要件が備れば)、刑法一八八条の罪を構成し、またかかる意思のない限りたとえ公然なされても本号の罪であると解したい。そしてこの主観的要素は行為の危険性を左右するものとしてまた一つの主観的違法要素となるであろう。

さらに処罰令二条三四号「人ノ死屍又ハ死胎ヲ隠匿シ又ハ他物ニ紛ハシク擬装シタル者」、三条一号「許可ナクシテ人ノ死屍又ハ死胎ヲ解剖シ又ハ之カ保存ヲ為シタル者」、あるいは二条一〇号「前項ノ死屍、死胎ニ対シ警察官吏ノ指揮ナキニ其ノ現場ヲ変更シタル者」などは刑法の「死体、遺骨、遺髪（又ハ棺内ニ蔵置シタル物）ヲ損壊、遺棄又ハ領得」する犯罪（一九〇条・一九一条）や「検視ヲ経スシテ変死者ヲ葬」る罪（一九二条）と関連する。そしてここでも処罰令の隠匿・擬装・解剖・現場変更と刑法の損壊・遺棄・埋葬とは、行為の外形のみをもってしては区別することができないのである。[三] ある行為が死体の損壊ではなくて解剖または擬装であったり、遺棄ではなくて隠匿・現場変更または埋葬であるということの判定には、行為の際の周囲の状況（とくに解剖が医学上の法則に従ってなされたか否か）等を顧慮せねばならぬこともちろんであるが、私はここでも行為者の主観的意思が最も大切であると考える。すなわち刑法の損壊や遺棄は死者に対する敬虔の感情の欠如または蔑視を伴うものであり、処罰令の予想する隠匿・擬装・解剖・現場変更等はかかる主観的傾向を伴わないものであろう。そうであるならばわれわれはここにも主観的違法要素の存在を認めうることになる。

(一)　いわゆる祭事の意義については大判昭和四年三月六日刑集八巻一〇四頁参照。なお谷津・義解一〇二頁、塩野・釈義六四頁。

(二)　谷津・義解一二三頁。塩野氏は処罰令二条三三号と刑法一八八条一項の区別を公然性の有無に繋らせられる(釈義一三七頁)。

(三)　判例はいわく。「法令又ハ習慣ニ依リ埋葬ヲ行フニ非ズシテ死体ヲ放置シタルトキハ、仮令土中ニ埋メタルトキト雖モ死体遺棄罪ヲ構成シ死体隠匿罪ヲ構成セザルモノトス」と（大正八年五月三一日刑録二五輯七三〇頁）。同じ行為が隠匿・無免許埋葬・遺棄という三つの観点からみられうるのである。塩野氏は隠匿と遺棄は「犯人の意思が単なる隠匿に存するや又は遺棄に存するやに因って区別する外はない」とし（釈義一四〇頁）、無許可解剖と損壊の区別については「医学の知識なき者が死体に向って刀を加へる場合は死体の解剖に非ずして、刑法一九〇条の死体損壊罪に触ることに為る」と説かれる（釈義一五八頁）。

九　生命身体に対する犯罪と関連する警察犯

警察犯処罰令二条一九号「濫ニ催眠術ヲ施シタル者」は拘留または科料に処せられることになっているが、刑法学上は通常催眠術の施術は刑法二〇八条の暴行の一種であると説かれている。(一)従って暴行のうち催眠術の施術のみが何故に刑法暴行罪から除外されて本号により軽く罰されるのかが当然に疑問となろう。しかし催眠術の形による暴行のみが他の暴行より軽く罰される合理的根拠の発見は困難である。私はこの関係を合理化するために、催眠術が相手方の同意を得ない時は常に刑法上の暴行であり、本号は同意を得たが社会観念上その正当理由ありといえない場合——不健全な好奇心に基づくような——を含むものと解したいと思う。これと同じ問題を含む規定は他にもある。警察犯処罰令二条二四号の「自己又ハ他人ノ身体ニ刺文シタル者」というのも、自傷および同意傷害に該る場合のみを含むのであって、同意しない他人の身体に刺文をなすことはもはや本号の罪でなく刑法の通常の傷害罪（二〇四条）を成立せしめるのである。(二)同意傷害または同意暴行のうちこれらの情重き場合のみが特別な犯罪類型に形成せられ、しかもその処罰は通常の暴行罪・傷害罪の処罰より遙かに低いという事実は（他の刑法二一二条・兵役法七四条等の同様な規定と相俟って）、わが刑法の傷害罪および暴行罪はただ被害者の同意なき場合のみを含むという解釈を必然的ならしめる。これがさらに刑法総論における違法阻却事由としての被害者の同意の余りに高踏的な従来の取扱いに対する批判を可能にしていることは、改めてここに繰返すまでもないことであろう。(三)

以上の場合と異なり処罰令二条三一号の「濫ニ他人ノ身辺ニ立塞リ又ハ追随シタル者」というのは、刑法の暴行罪を構成するに至らない程度の軽微な行為の類型化である。しかし三二号「他人ノ身体、物件又ハ之ニ害ヲ及ホスヘキ場所ニ対シ物件ヲ抛澆シ又ハ放射シタル者」、三条四号「濫ニ銃砲ノ発射ヲ為シ又ハ火薬其ノ他劇発スヘキ物ヲ玩ヒタル者」はその行為を純外面的にみるかぎり暴行・傷害または殺人の方法とも区別はない。これらの行為が殺人の故意をもってなされたならば殺人罪の未遂であり、暴行・傷害の意思に出でたなら暴行または傷害の未遂である。しかし刑法は暴行傷害の未遂を罰しないから、他に該当罰条がないかぎり、それらもまた本号で罰される。ただしこれらの警察犯処罰令規定の予想する主要な場合は一種の過失の未遂に当る行為である。行為者は殺傷の故意を有せず、かつまた現実にも殺傷の結果が生じない場合を予想するのである。故にこの結果が生じたなら過失致死致傷の罪が成立するわけである。そのほか二条一八号・一九号・三五号・三六号、三条五号・六号・九号ないし一三号も同様の解釈を許すであろう。

なお警察犯処罰令二条一〇号に「自己占有ノ場所内ニ老幼、不具又ハ疾病ノ為扶助ヲ要スル者……アルコトヲ知リテ速ニ警察官吏ニ申告セサル者」とあるのは、刑法二一七条の遺棄罪と関連する。両犯罪ともに主体は保護責任はないが遺棄してはならない義務を負う者であり、客体は扶助を要する者である。ただ刑法二一七条は積極的に被害者の場所を移す行為を予想するに対し、本号は単に速に警察官吏に申告せぬという不作為を内容とする点で異なる。かかる申告義務はおそらく右の扶助を要すべき者に対する官憲の救護の発動を促すために認められたものであろう。しからばこの不申告の結果、救われえたはずの者が死亡したという場合には、不申告者はその故意の有無により殺人罪または過失致死罪を不作為により犯したことになるかという問題が生ずるわけである。なお二条一三号の「公衆ノ自由ニ交通シ得ル場所ニ於テ危険ノ虞アルトキ点燈其ノ他予防ノ装置ヲ為スノ義務ヲ怠リタル者」とあるのも同様の問題を生ずるであろう。すべてこれらの問題の解決は本稿の後段（三の三）に譲らねばならぬ。

（一）　小野・刑法講義四八七頁、滝川・刑法各論九七頁。なおわが改正刑法仮案（昭和六年）は「暴行ニハ……抗拒ヲ妨クル為催眠術其ノ他ノ手段ヲ施用スル行為ヲ包含ス」と定めている（七条四項）。

（二）　同説、谷津・義解一一五頁以下。塩野・釈義一一一頁も同様のようである。
（三）　宮本・刑法大綱一二五頁・二八九頁、佐伯「タートベスタント序論」法学論叢二九巻三二八頁以下。

一〇　自由に対する犯罪と関連する警察犯

警察犯処罰令二条三〇号「使用者ニシテ労役者ニ対シ故ナク其ノ自由ヲ妨ケ又ハ苛酷ノ取扱ヲ為シタル者」とあるなかで、「自由ヲ妨ケ」る行為は刑法の逮捕監禁罪（二二〇条・二二一条）と関連し、「苛酷ノ取扱」は暴行・傷害・遺棄の諸罪と関連する。それらとの区別の要点は本号の行為はいずれもこれら刑法犯の類型が予想する行為の程度に達しない軽微なもののみを含むところにあろう。（一）すなわち本号の類型もこれら刑法犯の下の限界を画する意味をもつのである。

処罰令一条四号「故ナク面会ヲ強請シ又ハ強談威迫ノ行為ヲ為シタル者」というのは刑法脅迫罪（二二二条以下）および暴力行為等処罰に関する法律二条の犯罪と関連する。本号の強請・強談とは自己の要求を容れることをうるさく要求することであって、脅迫に至らぬ程度のものである。威迫とは広く他人に対し言語挙動をもって気勢を示し不安の念を生じさせる行為であるが、これと刑法の脅迫との区別は後者が相手方またはその親族の「生命、身体、自由、名誉又は財産に対し害を加ふべきこと」をもって恐怖させようとするものであるに対し前者はかかる方法以外のものである点にあるとされている。（二）なお処罰令二条一七号の「妄ニ吉凶禍福ヲ説キ又ハ祈禱、符呪等ヲ為シ……人ヲ惑ハシタル者」が、もし他人を畏怖させるために右の行為をなしたる場合（例えば相手を祈り殺すと明言して祈禱符呪をなす場合）には、刑法脅迫罪を構成するか否かが問題となる。これは迷信犯のような外観をもつがそうでない。けだしかかる行為は表面上の目的（相手方の死亡）達成手段としてはいかにも不能的であるが、内心の真の目的（相手を恐怖さすこと）の手段としては十分有効であるからである。故に脅迫罪を成立せしめうると解すべきである。（三）

(一)　塩野・釈義一二六頁以下。
(二)　大判大正三年六月二日刑録二〇輯一一〇三頁、大正一一年一〇月三日刑集一巻五一五頁、なお昭和八年三月六日刑集一二巻二〇七頁。谷津・義解九三頁、塩野・釈義二五頁はこれまた程度の相違であるとされる。
(三)　宮本・刑法大綱三〇四頁、牧野・法学協会雑誌五三巻三七〇頁以下、大判昭和七年一一月一一日刑集一一巻一五七二頁。小野教授は「脅迫は害を加ふべきことの通知である」という理由で、滝川教授は「通知の内容が或る程度の具体性を帯びることを必要とする」という理由で、ともに単に吉凶禍福を説くがごときは脅迫罪を構成せぬとなされる（刑法講義五一八頁、刑法各論一一二頁）。脅迫内容たる害悪を脅迫者が左右しうるものとして告げるか否かと関係するわけである。右昭和七年の判例と趣きを異にし、これを必要とする大判昭和一〇年一一月二二日刑集一四巻一二四〇頁の判例を注意すべきである。

二　業務妨害罪と関連する警察犯

警察犯処罰令二条五号「他人ノ業務ニ対シ悪戯又ハ妨害ヲ為シタル者」は刑法の「虚偽ノ風説ヲ流布シ又ハ偽計ヲ用ヒ」（二三三条）もしくは「威力ヲ用ヒ」て（二三四条）他人の業務を妨害する業務妨害罪と関連する。その他、処罰令二条四号の入札の妨害も同様である。右の処罰令二条五号は刑法の業務妨害に対し普通法の地位に立つわけであるが、通常両者の区別の標準は刑法の業務妨害罪は「特殊の手段又は威力を用ふるを要」する点にあるとされる。すなわち刑法の偽計を用いとは、広く「欺罔誘惑等陰険な手段を用ひる」ことをいい、威力を用いとは人の意思を制圧する勢力の行使を指すに対し、処罰令の悪戯とはかかる陰険性または意思に対する制圧性のない行為を指すのである。これもまた結局行為に内在する危険性の程度の相違、したがって違法性の程度の相違に帰着することになるのであろう。なお処罰令二条一六号「人ヲ誑惑セシムヘキ流言浮説又ハ虚報ヲ為シタル者」とあるのは業務妨害の虚偽の風説流布と重複するが、行為者の故意および結果の欠如によりそれと区別されるのである(一)。

(一)　大判大正一五年三月二二日刑集五巻一一七頁、昭和二年二月二五日刑集六巻六二頁、谷津・義解九七頁・九九

頁、塩野・釈義四一頁・四四頁。なお注意すべきは大審院が近く刑法業務妨害罪は「虚偽ノ風説ヲ流布シ又ハ偽計ヲ用ヒ人ノ業務ノ執行又ハ其ノ経営ニ対シ妨害ノ結果ヲ発生セシムベキ虞アル行為ヲ為スニ依リ成立シ、現実ニ妨害ノ結果ヲ生ゼシメタルコトヲ必要トセズ」と論じ、従来の見解を改めたように見えることである（昭和一一年五月七日刑集一五巻五七三頁）。

一二　窃盗罪と関連する警察犯

警察犯処罰令二条二六号・二九号・三七号、三条一五号等がここに問題となる。これらのうち最も重要なものは処罰令二条二九号であるが、それは「他人ノ田野、園囿ニ於テ菜果ヲ採摘シ又ハ花卉ヲ採折シタル者」と定めている。そして通常この採摘または採折が「窃盗の意思に出づれば窃盗罪を以て罰すべく、又損壊の意思を以てすれば器物毀棄罪を以て罰すべくして、本犯を以て論ずべきでない」と説かれている。二条二六号、三条一五号のいう榜標撤去行為や、二条三七号の他人の繋いだ舟筏・牛馬等の獣類を解放する行為についても同様に行為者に不法領得意思または毀棄の意思があれば、それぞれ窃盗罪か毀棄罪となるというのが通説であろう。（一）かかる通説の見解は窃盗罪に関するかぎり一般的に正当であろうが、毀棄罪についてはなお多少の考察を要するものがある。これについては後段に譲り、ここには特に二条二九号の規定につき考えることにする。けだしそれは他のものと異なり窃盗罪との関係においてもある特殊性をもつように見えるからである。

いまその菜果花卉の採摘採折について考えるに、一体領得か毀棄の意思に当嵌らぬ意思でなされるときがあるであろうか。いやしくも意識的行為としての採摘採折であるかぎり法の目からみれば、領得の意思かまたは毀棄の意思に出ないものはないであろう。したがって通説の立場をとるかぎり「本号の適用を見るべき場合は絶対に之を予想すること能はざるべし」という谷津氏の言葉を認めざるをえまい。（二）そうだとすれば両者の区別は意思より他の点に求めねばならぬ。大審院はかつてつぎのような判決を下したことがある。「警察犯処罰令第二条第二九号ハ略《ほぼ》旧刑法第四二九条第一六号ト意義ヲ同ジクスルモノタルニ過ギズ。畑地ニ生育スル他人所有ノ桑葉約十貫匁ヲ窃取スルガ如キハ菜果ノ採摘ニアラズシテ、旧刑法ニ於テ其第三七二条規定中ノ産物窃取ニ該当スルモノニシテ、刑法ニ於テハ別ニ田野盗ノ規定ヲ設ケザルヲ以テ叙上ノ窃取行為ハ同法第二三五条ノ他人ノ財物ヲ窃取シタルモノニ該当ス」と。(三) いかにも旧刑法三七二条は窃盗の一態様として「田野ニ於テ穀類菜果其他ノ産物ヲ窃取シタル者ハ一月以上一年以下ノ重禁錮ニ処ス」と定め、なお四二九条一六号は違警罪として「他人ノ田野園囿ニ於テ菜果ヲ採食シ又ハ花卉ヲ採折シタル者」を五銭以上五〇銭以下の科料に処していた。右の判例は田野盗の規定なき現行法に関して解釈上この旧刑法と同じ区別を認めようとするものであるが、かかる判例の立場に立ってもまた種々の困難を免れるわけにはゆかない。まず判例はいかなる標準によって処罰令の採摘採折と産物窃取とを区別するのであるかが疑問である。まさか桑葉は菜果花卉でないから二九号に含まれないというような形式論で区別するのではあるまい。あるいは処罰令二条二九号は通常「其被害の程度軽微なるを以て窃盗罪又は毀棄罪に問擬するは苛酷に失するとの理由に出でたるもの」とするのであるかも知れぬ。かかる区別は理論的には可能であるが、判例は必ずしも常に被害軽微を斟酌せざること、および仮りにこれを認めたとしても「如何なる程度を以て刑法の犯罪と為すか又は本号の罪と為すか、之を区別するの標準に苦しむ」べきことを指摘せざるをえぬ。(四) つぎに旧刑法の田野盗は現行法の窃盗罪だとするとその刑は一〇年以下の懲役であるが、これは旧刑法が田野盗と並べて同一の刑を科していた森林窃盗が現在ではその最も重い場合すら三年以下の懲役および贓額以上その二倍以下の罰金に過ぎぬこと（森林法八三条以下）と比較し著しくその権衡を失うことになる。そうかといって谷津氏のように処罰令二条二九号を単に「本号は理論上不当の規定なりと断言」するだけではわれわれの任務は果されない。私はこれらの諸矛盾を次のように解釈したい。旧刑法の田野盗および森林窃盗（または現行森林法の森林窃盗）と普通の窃盗罪との著しい区別に、まずそれらの行為の向けられる客体の存在の仕方、すなわち破られる占有形式の相違にある。窃盗罪は通常他人の占有（事実的支配）を破って自己または第三者の支配を樹立する点に本質があるといわれるが、この破られる占有は右の田野森林の産物については、それ以外の携帯されまたは店頭屋内におかれた物に対する占有に比し、遙かに弱いものである。通常考えられている占有の観念はあるいはこれらの客体についてはもはや当嵌らないとすらいえるかも知れないのである。森林窃盗や旧刑法の田野盗の刑が軽い理由は、正にそれらがかような弱い占有を破って行われる領得であって、他のより強い占有を破ってなされる領得より行為の危険性・違法性が低いからである。（五）さらに旧刑法が田野盗・森林窃盗のほかに違警罪として菜果花卉の採食採折の類型を認めた理由を考えるときに始めて被害法益の大小ということが問題となるのである。それらの間の区別は一応対象（田野盗は産物とあり違警罪は菜果花卉とある）・行為（田野盗は窃取となっているし違警罪は採食採折となっている）の方面からもできそうであるが、究極するところ被害法益の軽微と行為の侵害性の僅少ということに帰着するほかはない。これらは田野盗の規定のない現行刑法および警察犯処罰令の解釈においても十分顧慮されるべき点である。まず田野盗の規定がないからといって旧刑法の田野盗に当る一切の場合を処罰令二条二九号の採摘採折に含ませることは、形式論としてはとにかく実質的に当を得たものであるまい。いな森林法は旧刑法が田野盗と同一に処罰した森林窃盗に独特の地位を与えているのをみれば、かかる解釈は形式論としても不当である。故に現行法上も旧刑法の田野盗に当るべき場合は処罰令二条二九号の含むところでなく、むしろ刑法二三五条の窃盗罪であると解すべきであろう。ただその刑の量定に当っては旧刑法上それと同じ刑を科せられた森林窃盗（現森林法八三条以下）の刑を超えない程度において刑を量定するよう裁判官の注意が要請せられるわけである。このように窃盗罪をもって目すべきものと処罰令を適用すべきものとの限界は現在では一層困難であるが、結局それは被害法益の大小の程度によるべきものである。（六）侵害方法は区別の標準にならない（けだし旧法は採食採折と制限していたが、警察犯処罰令は採摘採折と広くしてしまった）。右の被害法益の程度によるということが標準として曖昧なことはこれを認めざるをえないが、実際には慣例・判例により自らその一定するものが成立しつつあると考える。

（一）　谷津・義解一一八頁・一二〇頁・一三八頁、塩野・釈義一二三頁・一二五頁・一五四頁・二〇六頁。

（二）谷津・義解一二〇頁。
（三）大判大正四年六月二四日刑録二一輯九〇一頁。
（四）旧刑法時代にこれに関しては様々の疑義が生じ請訓がたくさんきたらしく、これに対する内訓はいささかの被害は不問または違警罪とし、また他方盗情の如何を顧慮すべきものとしたらしい。参照、刑法訓令類纂六四八頁以下・六六〇頁以下等。なお谷津・義解一二〇頁以下。氏は被害法益の大小を標準とすることに対し、さらに別個の見地からも非難していわく。「新刑法の立法主義は被害の大小を以て罪の軽重を定めたりといはんよりは却って犯人の主観的状態を主として罪の軽重を定めたるものと云はざるべからず」と。なお本稿**三**の**二**参照。
（五）Erik Wolf, Der Sachbegriff im Strafrecht, Reichsgerichtspraxis im deutschen Rechtsleben, V. Bd. S. 41 ff. なお競売せられた桑園や稲立毛に関して窃盗を認めた判例がある。大正一五年七月一六日刑集五巻三一六頁、昭和二年六月一四日刑集六巻三〇四頁。
（六）もっとも判例は窃盗罪の客体たる「財物トハ財産権殊ニ所有権ノ目的トナルコトヲ得ベキ物ヲ謂ヒ、金銭的価値ヲ有スルヤ否ヤハ問フ所ニアラザルモノ」といい（大正三年三月二三日刑録二〇輯三二六頁）、また消印済の収入印紙（昭和四年七月四日刑集八巻三八六頁）・価格二銭位の石塊（大正元年一一月二五日刑録一八輯一四二一頁）等金銭価値の低い物にも窃盗を認めた。金銭的価値が財物か否かを決する唯一の標準でなく、なお所有者のその物に対しておく主観的価値あるいは消極的価値も財産としての保護に値することもちろんである。本文は特定の田野園囿にある財物に関するもので、これらの判例と直接の関連はないが、右消印済収入印紙は毀棄としてみた方がより妥当であり、石塊は可罰的価値があるか問題だと思われる。一般論としてはなお後述**三**の**二**参照。

一三　詐欺罪と関連する警察犯

警察犯処罰令二条六号の「新聞紙、雑誌其ノ他ノ方法ヲ以テ誇大又ハ虚偽ノ広告ヲ為シ不正ノ利ヲ図リタル者」というのは一見詐欺罪の未遂、すなわち「人ヲ欺罔シテ財物ヲ騙取」しようとした者にほかならぬようにみえる。しかしそれが詐欺未遂にほかならぬとすれば前者の刑が特に著しく軽い理由（拘留、科料）が明かにされねばならぬが、前者の手段方法は刑罰加重の理由にこそなれ減軽処罰の理由とはならぬように考えられる。そこで判例は本号の行為と詐欺罪の行為とは別個のものであるという解釈をとり、本号の行為は「欺罔手段ヲ以テ財物ヲ騙取スルコトヲ目的トセズ、止ダ事実ヲ誇張シ又ハ虚構シテ新聞紙雑誌其他ノ方法ニ依リ其事実ヲ広告シ以テ不正ノ利ヲ得ンコトヲ図リタル所為ナリトス」といい、さらに最近はより明確に「取引上ニ於テ苟クモ適当ナル方法ヲ以テ其ノ内容ノ虚実ヲ究明スルコトヲ得ベキ具体的ノ事実ヲ虚構シテ物品ノ価値判断ヲ誤ラシメ買受ノ決意ヲ為サシムル如キハ固ヨリ欺罔手段ナリト為スベキモノニシテ、漠然トシテ捕捉スルニ由ナキ誇大広告ノ類ト同一視スベキニ非ルナリ」としている。（一）前の判例はその真意不明であるが、もしそれが騙取意思の有無を標準とし、行為者が該広告による他人の買受の決意とその決意の実行を目的とするかぎりすべて詐欺罪を構成するという意味であるなら、右の六号の適用の場合はほとんど考えられないことになろう。（二）また後の判例が示すのは虚構と誇大の区別にすぎず、処罰令六号は虚偽と誇大を並べていることを注意すべきである。これについて刑法の欺罔は一般的にみて世人を錯誤に陥らしめるに適するものであるが処罰令の虚偽はかかる程度に至らぬものとするのも理論上不能ではないが適用上困難を免れまい。（三）私はむしろ処罰令二条六号の行為は詐欺罪の欺罔行為自体でなく、それに先き立つ予備的段階のものと解すべきであると考える。このことは右六号と同じ構造を示す二条三五号「一定ノ飲食物ニ他物ヲ混シテ不正ノ利ヲ図リタル者」、三六号「不熟ノ果物、腐敗ノ肉類其ノ他健康ヲ害スヘキ飲食物ヲ営利ノ用ニ供シタル者」とある規定を考え併せれば明かになろう。それらの規定は不正混合飲食物や健康上有害な飲食物を黙秘して正当な商品のように粧い販売しようとする場合であると説かれているから、ここにも通常行為者には詐欺的意思があるわけだが、これら不正の利を図り、または営利の用に供する罪は店頭に販売のために陳列しただけですでに成立する。（四）しかしこの単なる陳列を目して欺罔の著手であるとする者はないであろう。この著手は特定人が買受けに立寄ったのに対し正当な商品として売却しようとするときに始めて存しよう。右の広告の場合も結局これらと同じわけである。したがってもし広告者または陳列者が現実にそれらの物品を販売した場合には、詐欺罪を認めて差支えないことになる。以上の解釈が許されるならば、右の処罰令の諸規定は一般には罰せられない詐欺罪の予備のうちその方法の特に危険なものを処罰したものであると説明することができよう。

以上と別の関係で詐欺と関連する警察犯も少なくない。二条二号の「乞丐ヲ為シ又ハ為サシメタル者」は人の同情心に訴えるために大なり小なりの欺罔行為を伴うのが普通である。詐欺罪と乞丐行為との区別はあるいは、(1) 財物恵与者が欺罔されたために財物交付の意思を生じたのか、またはうるささを免れるために欺罔とは関係なしに恵んだのであるかによると説かれ、または、(2) 財物恵与者が自己の財産に損害が生ずることにつき認識を有しながら与えたかぎり詐欺でなく乞丐への恵与であると説かれる。だがこれらは詐欺罪の既遂の有無についての理論であって、既遂は成立しなくてもなお未遂は認められるのであるから区別の問題は依然残るわけである。私は自己または近親者の生活の用に供する旨を表示して財物または財産上の利益の無償給付を求める者は乞丐であって、仮りに彼が虚構の言辞を弄しても詐欺にはならないと考えたい。[五] ――なお二条一六号「人ヲシテ誑惑セシムヘキ流言浮説又ハ虚報ヲ為シタル者」、一七号「妄ニ吉凶禍福ヲ説キ又ハ祈禱、符呪等ヲ為シ若ハ守札類ヲ授与シテ人ヲ惑ハシタル者」、二〇号「官職、位記、勲爵、学位ヲ詐リ又ハ法令ノ定ムル服飾、徽章ヲ僭用シ若ハ之ニ類似ノモノヲ使用シタル者」等はいずれも刑法詐欺罪の欺罔手段として用いられうる行為である。故に行為者において詐欺の意思があるかぎり詐欺の実行である。[六] 右諸号はかかる意思がなくても、これらの行為は単にそれだけとしても放任すべからざる危険があるとして罰したものである。

(一)　大判明治四二年一月三日刑録一五輯一六頁、昭和六年一一月二六日刑集一〇巻六三二頁。

(二)　かくて谷津氏は次のように論じられた。「誇大又は虚偽の広告を為し不正の利を図りたるときは是れ刑法の要求する人を欺罔するの条件を具備するものにあらざるなきか。果して然らば其広告を為したる行為は詐欺取財の著手行為なるを以て、詐欺取財罪の未遂犯を成立すべし。左れば本号の如き場合は殆んど想像すること難く予輩は何故斯る規定の設けられたるやを疑ふものなり。予輩は不正利益の獲得の目的なく単に誇大又は虚偽の広告を為したるのみにて処罰に値すべきものなりと信ず」と（義解九九頁以下）。谷津氏のこの立法的要求は売薬法一六条・九条に実現されている。それは「売薬に関する広告、売薬の容器若くは被包又は売薬に添付し又は添付せずして頒布する文書に虚偽誇大の書面若くは医師其他の者が効能を保証したるものと世人をして誤信せしむる虞ある記事」を掲載する行為を二〇〇円以下の罰金に処している。

（三）　判例の趣旨に賛成、小野・刑法講義五八一頁。なお刑法詐欺罪の欺罔行為は一般世人を欺罔するに足るべき性質のものと認むべきものであり、処罰令の誇大虚偽広告はその程度のものでないと解するのがむしろわが通説であろう。例えば大場・刑法各論上巻五六三頁以下、泉二・日本刑法論各論七八八頁、滝川・刑法各論（法学全集二七巻）四五二頁。これに反対、牧野・日本刑法八九七頁。なお勝本・刑法析義下巻三七三頁参照。

（四）　谷津・義解一二五頁、塩野・釈義四七頁以下・一四八頁以下・一五一頁参照。

（五）　前説はドイツ従来の通説で、わが国でこれをとるは大場・刑法各論上巻五七二頁、泉二・日本刑法論各論七八八頁、滝川・刑法各論（法学全集二七巻）四五三頁等であり、大場・泉二両博士は詐欺罪の既遂とならざるもその未遂は成立すると明言される。第二説はフランク（Strafgesetzbuch, 18 Auflage, S. 593）、E・シュミット（Liszt-Schmidt, Lehrbuch des deutschen Strafrechts, 25 Auflage, S. 671）により説かれる説である。

（六）　泉二・日本刑法論各論八二二頁以下参照。右一七号に相当する旧刑法四二七条一二号につき判例がある。いわく。「本条第一二号ハ人ヲ欺罔シテ財物ヲ騙取スルノ意思アルコトナク、自ラ信ジテ吉凶福禍ノ説示又ハ祈禱符呪ヲ為シ之ガ為メニ人ニ惑ヲ生セシムベキ恐アル行為ヲ処罰スルノ法意ナリトス」（明治三七年五月一二日刑録一〇輯一〇三三頁）。ただしこれらのうち祈禱等に関しては必ずしも罰すべきでない場合がある。犯人自らそれを有効と信じまた実際にも無稽だといえないときがそれである。この点につき大判大正三年一〇月一四日判例評論三巻刑法二四五頁、および姓名判断につき無罪を言い渡した大阪区判大正四年九月二三日法律新聞一〇五一号二七頁参照。

一四　恐喝罪と関連する警察犯

警察犯処罰令二条一号「合力、喜捨ヲ強請シ又ハ強テ物品ノ購買ヲ求メタル者」、同三号「濫ニ寄付ヲ強請シ又ハ収利ノ目的ヲ以テ強テ物品、入場券等ヲ配付シタル者」、同四号「共同入札ヲ強請シ若ハ落札人ニ対シ其ノ事業又ハ利益ノ分配若ハ金品ヲ強請シタル者」、同七号「新聞紙、雑誌其ノ他ノ出版物ノ購読又ハ広告掲載ニ付強テ其ノ申込ヲ求メタル者」等の規定は、いずれも財物または財産上の利益を強いて求める行為であり、刑法恐喝罪の人を恐喝して財物を交付せしめまたは財産上不法の利益を得または得せしめる行為と関連する（二四六条）。両者の区別は行為の強度の相違にある。すなわち処罰令に「強テ」とか「強請」とかあるのは、上述したように（上述一〇）、刑法の脅迫の程度に達しない行為を指し、結局相手方の欲しないことが明かであるにも拘わらず、なお執拗に勧誘を継続し相手方の本意を曲げて承諾または申込をなさしめようとする態度である。それが相手方を畏怖せしむべき害悪の告知、すなわち脅迫となればもはや恐喝罪の著手ありというべきである。(一) なお二条八号の「申込ナキ新聞紙、雑誌其ノ他ノ出版物ヲ配布シ又ハ申込ナキ広告ヲナシ其ノ代料ヲ請求シタル者」というのは何ら脅迫的方法に出でない場合を指し、もしその請求にあたり脅迫等を用いればもちろん恐喝罪となる。ここにも処罰令は刑法の可罰的違法類型の下の限界を画する任務を果していることを見る。

（一）　大判大正七年四月二九日刑録二四輯三五四頁、大正八年七月八日刑録二五輯八四四頁、昭和四年六月二〇日刑集八巻三七二頁、谷津・義解九四頁・九八頁・一〇〇頁、塩野・釈義三一頁以下・五七頁。

一五　毀棄罪と関連する警察犯

警察犯処罰令二条二六号「官公署ノ榜示シ若ハ官公署ノ指揮ニ依リ榜示セル禁条ヲ犯シ又ハ其ノ設置ニ係ル榜標ヲ汚瀆シ若ハ撤去シタル者」、同二八号「濫ニ他人ノ標燈又ハ社寺、道路、公園其ノ他ノ公衆用ノ常燈ヲ消シタル者」、同三三号「神祠、仏堂、礼拝所、墓所、碑表、形象其ノ他之ニ類スル物ヲ汚瀆シタル者」、三条一五号「濫ニ他人ノ家屋其ノ他ノ工作物ヲ汚瀆シ若ハ之ニ貼紙ヲ為シ又ハ他人ノ標札、招牌、売貸家札其ノ他榜標ノ類ヲ汚瀆シ若ハ撤去シタル者」等にいわゆる汚瀆・撤去・消燈・貼紙という行為は刑法毀棄罪（二五八条以下）の毀棄・損壊・傷害・隠匿等の行為といかなる関係に立つであろうか。これらの類型的分化に当り被害法益または侵害の客体の如何がある重要性をもつことは刑法毀棄罪の諸類型をみれば明らかであるが、なお処罰令でも同じ榜標が公共的のものか私人的なものかで区別されているのも同じ理由からであろう。しかし処罰令の右の諸類型と刑法犯たる毀棄罪とを客体のみにより分けることは正当でない。けだし処罰令の客体中にも刑法犯のそれに劣らず保護に価するものが多いからである。その区別はむしろ両法規の予想する行為の侵害性の大小にあるといわねばならぬ。（一）処罰令の汚瀆・貼紙というのはそれらの物の効用を滅失または著しく毀損する程度に至らぬ行為である。なお撤去というのもこれに準じて考えるべきで例えば学生が酒興に乗じて店の看板を外したり掛代えたりする程度のものを指すとすべきである。したがってこの程度を超えれば毀棄である。また他人の標燈や常燈を消す行為が単に処罰令で罰されるに止るのは刑法毀棄罪の行為がいかなる程度の効用毀損でなければならぬかを示唆するものというべきであろう。二条三七号の「濫ニ他人ノ繋キタル舟筏、牛馬其ノ他ノ獣類ヲ解放シタル者」というのも、単に解放行為のみを予想しているのであって、そのため舟筏等が行方不明になれば毀棄罪（二六一条）である（二）（それらが領得の意思に出れば常に窃盗罪であることは上述した通りである）。なお二条二九号の菜果花卉の採摘採折は毀棄罪とも関連するが、私は同号の行為は領得的場合と毀棄的場合の双方を含むと考える。

（一）谷津・義解一一八頁・一二〇頁・一三八頁、塩野・釈義一一六頁・一三六頁・二〇五頁。

（二）水門を取外して養魚を流出させ、または飲食用の器具に放尿して感情上使用不能にすることを毀棄とした判例（明治四二年四月一六日刑録一五輯四五二頁、同四四年二月二七日刑録一七輯一九七頁）を想起すべきである。

以上述べたようにほとんどすべての警察犯はいずれかの刑法犯と何らかの関係に立つ。右に顧慮されないで残ったわずかの警察犯中でも二条一五号「雑踏ノ場所ニ於テ制止ヲ肯セス混乱ヲ増スノ行為ヲ為シタル者」、同一四号「劇場、寄席其ノ他公衆合同ノ場所ニ於テ会衆ノ妨害ヲ為シタル者」等は騒擾罪または暴行罪の程度に達しない類似の行為である。ただ一条三号「一定ノ住居又ハ生業ナクシテ諸方ニ徘徊スル者」、三条八号「故ナク官公署ノ召喚ニ応セサル者」、一四号「公衆ノ目ニ触ルヘキ場所ニ於テ牛馬其ノ他ノ動物ヲ虐待シタル者」等は直接関連する刑法犯がない。おもうにこれらも刑法が干渉すべき程度の違法性なきものと考えられたのであろう。

三　若干の一般論

一　私は上来警察犯と刑法犯とが同一の世界に属し単に量的に異なるものとしてその相互関係を眺めて来た。だがかかる態度は果して正しいであろうか。あるいはむしろ警察犯と刑法犯は質的に異なるものではあるまいか。われわれはこの方面に若干の反省を払わねばならぬ。

さて警察犯処罰令の定める行為には特定の結果、あるいは法益に対する実害が発生したことを要求せぬものが多いが、一派の学者はこの点に注目して警察犯を刑事犯と性質を異にする別個の非行であると考えようとした。たとえばビンディングのように犯罪を実害犯（Verletzungsdelikte）・危険犯（Gefährdungsdelikte）・不従順犯（Ungehorsamsdelikte）の三つに分ち、警察犯は大体最後の不従順犯であって、これにあっては法益の侵害（実害）脅威（危険）は概念要素でないとするような考えはこれである。しかしかような意味で警察犯を独立の犯罪群とすることは不当である。いわゆる警察犯と危険犯との間に相違があるとすれば、それは質的なものではなくてむしろ量的なものである。すなわち右の警察犯もなお一種の危険犯であってただその危険が重大かつ直接的でないだけである。概念上はそれは一種の抽象的危険犯にほかならない。ただこれらの抽象的危険犯は、一般の抽象的危険犯のように行為自体が原則として危険なために具体的場合における危険の現実の発生を要しないというほどのものではなく、むしろその行為自体は個別的にみるかぎり危険性僅少であるが、それらが多数繰り返されることによって重大な実害が生ずるおそれあるが故に罰される点に特殊性がある。すなわちわれわれはこれらと他の犯罪との間には単に行為の危険性、したがってまた違法性の量的相違があるのみと考えるべきである。従来一般の学説が警察犯を軽微事件（Bagatellsache）と称したのもこの意味では正当であったといわねばならぬ。（二）

あるいはまた行政犯と刑事犯の区別を論じて刑事犯は法益侵害であるが行政犯は法益の侵害でなく、行政法上の義務違反にその実質的要件ありとし、かつ警察犯は大体この行政犯だとする主張がある。刑事犯と行政犯の問題は独立に研究するを要し、ここで詳細に論じえないが、私が右の主張について疑いとする点は行政上の義務違反か法益侵害かという標準には論理的に十分でないものがあるのではないかという事実である。けだし行政法上の義務とは行政主体が価値ありと考えた事態または関係を維持し実現するために科するものにほかならぬが、かかる価値およびそれを実現する行為がなされることについての関心（利益）は理論上また一個の法益にほかならず、したがって行政犯もまた法益の侵害脅威であり、ただその侵害脅威される法益の性質が行政的なそれであるというだけのことである。(二) そこで刑事犯と行政犯の法益はどう異なるかがさらに問われるわけであるが、結局それは刑事犯は個人的法益に関し、行政犯は一般的社会的利益の侵害だというに帰着するようである。例えばこの点につきゴールトシュミットは法（Verfassung, Rechtsordnung）と行政（Verwaltung）を分ち、前者は個人またはこれと同視すべき法人格たる団体の意思支配範囲（法益）の維持に任ずるものでその侵害（脅威）が違法であって刑事犯の内容をなし、後者は公共福祉の増進に向けられた国家活動でそれを支持する義務を怠ることが行政違反で行政犯の内容をなすとした。(三) しかしかように行政と法律秩序とを分裂対立さすことおよび行政観念のこのような規定がすでに問題であるのみならず、またこの立場が刑事犯により侵害される法益は実は個人的利益に過ぎないと考えていることは全く不当である。けだしこれでは刑事犯たる国家に対する犯罪と個人に対する犯罪との区別は抹殺され、また個人の利益を直接の被害法益とする刑事犯にあっても、その違法性の重点はそれが個人的利益を侵すところにあるのではなく、正にそれが国家および全体社会の安寧と利益を脅かすにあることが注意されないからである。(四) なおまた従来の直接の被害法益が国家・社会・個人のいずれに属するかによる犯罪分類が示しているように、刑法が保護しようとする法益の種類は実に様々だから、特に行政的利益を保護する処罰法を切離してその残余だけを刑事犯とすることも問題である。(五) とにかくそれはわが実定法上の刑法犯と警察犯との一般的区別標準とは別個の問題であろう。さらにまた刑事犯と行政犯の区別を自然犯と法定犯の区別と同じとし、前者は社会道徳上すでに非行とされるものであるが、後者は倫理的には無色で法律により始めて非行の色づけを受けるものであるという説が有力な学者により唱えられているが、これも結局程度問題で解釈論としては常に疑問を免れぬだろうし、またここに問題たる刑法犯と警察犯の区別を与えるものでもない。——以上のとおりであるから、われわれはやはりわが警察犯と刑法犯との相違は、右に個別的研究に当ってなされたように、まず行為の有する侵害性の大小、すなわち違法性の軽微ということに求めるべきであると考える。(六)

(一)　Binding, Die Normen und ihre Übertretung, 2 Aufl. 1 Bd. S. 364 ff., 407, Hipel, Deutsches Strafrecht, II Bd. S. 100 ff. ザウアーも警察的不法は何ら原則的特殊性をもつのでなく不法の程度が軽いのみだとし（Grundlagen des Strafrechts, S. 314 ff.）、H・マイヤーも刑事犯と警察犯とは「ただ不法内容の量によってのみ」区別されるとし、警察犯は「国民的道徳秩序の忍び難い侵害という程のものでなく」、したがって応報の必要のためというより、むしろ他に制裁方法がないために刑を科せられるのだとする（Das Strafrecht des deutschen Volkes, S. 84 ff.）。

(二)　美濃部・日本行政法上巻三一八頁以下、佐々木「行政犯の性質を論じて警察犯に及ぶ」京都法学会雑誌四巻三八〇頁以下、法律学辞典一巻四六一頁、中谷「行政罰の概念及びその性質に就て」公法雑誌二巻の下一三九五頁以下。佐々木博士の右論文はつぎのゴールトシュミットの理論の批判であって未完ながら必読の文字である。

(三)　Goldschmidt, Verwaltungsstrafrecht, 1902, S. 527 ff., E. Wolf, Die Stellung der Verwaltungsdelikte im Strafrechtssystem（Franks Festgabe, II Bd.）S. 569 ff. なお須貝「刑事犯と行政犯」法学論叢三三巻九六三頁以下。ウォルフの意見は遙かに無難で彼によると刑事犯と行政犯は形式的犯罪概念としては全く同じくただ実質的に異なるところがあるとする。㈠　行政犯の犯罪類型に関しては意思表動なき犯罪（無意識の過失による不作為犯）・結果なき挙動犯・客体なき犯罪等アブノーマルな構造が多い。㈡　行政犯の違法は実質的には刑事犯より軽いが、法益侵害にあらずとはいえない。その違法の実質的特徴は人または物と無関係なこと、侵害結果が無形的であることおよびそれが具体化された国家命令の不履行であることである。彼によると、刑事犯を司る司法の最高価値としての国家は人民の消極的態度（盗まず殺さず）で満足するが、行政の最高価値としての国家は法的人格としての積極的協力を要求する。㈢　責任においても特殊化が生じ刑事犯では責任能力者である乞丐や確信犯人も行政犯上は責任無能力である。行政犯の故意は結果の予見でなく違法の認識を中核とするから、故意の範囲は刑事犯より狭くなる。行政犯は過失で足るなどいうのは最も不当である。しかし過失が罰されるときはその過失の認められる範囲は刑事犯におけるより広い。なお行政義務は刑事犯の要求よりもより困難な要求だから非難可能性は低い。——わが牧野博士・滝川教授は行政犯の故意は違法の認識を要するも刑事犯の故意にはこれを要せず（または条理違反の認識で足る）という区別ありとして、両者の区別を認められるが、その区別標準は明確でない。牧野・日本刑法一九二頁、滝川・一三八頁。

（四）かつて民事上の不法との関係について——今は克服されたが——同じような問題が提起されたことを想起せよ（Sauer, Grundlagen, S. 133 ff.）なお論者の多くが用いる法益の観念が不知不識の間に個人的利益の別名に堕しているることは、最近のドイツにおける法益観念の個人主義的沿革の闡明批判と想い合せて興味深きものがある。また論者は多く侵害を云々して脅威（危険）を説かないが、これらの点についての曖昧さをトロプスが批判したのは当然である。Trops, Begriff und Wert eines Verwaltungsstrafrechts, S. 50 ff., 71 ff.

（五）Frank, Strafgesetzbuch, 18 Aufl. S. 758 ff.

（六）佐々木・上掲京都法学会雑誌四巻三九六頁以下。なお、以上すべての点について宮本・刑法学粋一六七頁以下参照。

二　右のような私の主張はその根底において違法の観念は軽重大小の段階を付しうるものであるという前提に立つ。違法を単に形式的に法規範に対する違反と解するかぎり、それに軽重の差等のあること等を認める余地はないが、これを実質的に観察するときは右の認識は当然の結果として生ずるはずである。そしてこの違法性の軽重の標準は実定法秩序から帰納的に得られるべきである。重要な犯罪についてのみ未遂犯を認める結果重視的な現行刑法の立前や警察犯処罰令その他諸法との関連からすれば、同一の法益（価値）に対する実害（反国家的反社会的事態の現実的発生）は危険（反国家的反社会的事実の発生の蓋然性）より違法性重く、また同一法益に対する実害または危険行為の中でもその実害または危険の程度の異なるによってその違法性にも大小の差を来すと解すべきである。別個の法益に対する侵害脅威はその程度が同じでなければ、違法性の大小の区別は困難なことが多いであろうが、その故に違法の差等あることを否認すべきではない。右に刑法犯と警察犯との類型的関連をみた場合に、われわれがとったところの行為の主体・行為の客体・行為方法（手段・行為事情・行為の強度・目的）行為の段階（結果の要否・既遂未遂）等の観点は、あたかもそれぞれの違法類型の構成要素についての比較だったのであって、右の本稿の二の全部がそれらの構成要素の様々の結合の仕方が行為の違法の類型性と程度とをいかに規定するかの説明であったわけである。（一）

以上述べた警察犯と刑法犯との関連が示すように違法性には大小軽重の差等が付せられるという主張が幸いにして是認されるならば、さらにいま一歩進んで処罰不処罰の区別（単に処罰の軽重の区別でなく）についても同じ考え方を貫徹すべきではないかが問われねばならぬ。これに関し少し長くなるが大審院の有名な一厘事件についての判例を引用したい。（二）

「按ズルニ凡ソ純然タル物理学上ノ原則ニ従ヒ判断ヲ下スベキ物界ノ現象トシテ事物ヲ観察スルトキハ、其有無ノ間ニハ人意ヲ以テ動カスコトヲ得ザル截然タル分界アリ。秋毫ノ末ト雖モ苟クモ実在セルモノナル以上ハ常ニ必ラズ之ヲ有的ノモノトナスコトヲ要シ、事ノ零細ニ渉ルガ為メニ無的ノモノトシテ之ヲ閑却スルコトヲ許サズト雖モ、国民共同ノ生活関係上ヨリ事物ヲ観察スルニ当リテハ、常ニ必ラズシモ物理的観念ノミニ準拠スルコトヲ得ズ。而シテ此見地ヨリスルトキハ人類非行ノ零細ナルモノハ悪性ノ特ニ認ムベキモノナキ限リハ、其人生ニ及ボス害悪極メテ僅少ナルヲ以テ之ヲ計算外ニ置キテ全然不問ニ付スルヲ常態トスル所ナリ。是レ他ナシ。此種非行ハ之ヲ問フノ必要ナク又之ヲ問フニ因リテ被ムル損失ハ之ヲ問ハザルガ為ニ生ズル害悪ニ比シテ遥カニ大ナルモノアレバナリ。是レ国民ノ共同生活上ニ於テ一般ニ認メラルル所ノ観念ナリトス。刑法其他ノ刑罰法ヲ解釈スルニ当リテハ物理学上ノ観念ノミニ従フベキヤ、若クハ共同生活上ノ観念ニ依ルベキヤ。若シ夫レ単ニ前者ノミニ従フベシトスルトキハ一粒ノ粟一滴ノ水ト雖モ、尚刑罰法ニ於テ之ヲ侵害スルコトヲ禁ズル法益タルニ妨ゲナク、之ヲ侵害シタル者アルニ当リテハ場合ノ如何ニ拘ラズ之ニ対シテ当該条規ヲ適用シ、刑罰ヲ当行シテ寸毫モ仮借スル所ナキニ至ルベシ。然レドモ刑罰法ハ斯ル場合ヲ予想シテ制裁ヲ設ケタルモノニアラザルハ何人ト雖モ之ヲ争フコトヲ得ザル所ナリ。抑モ刑罰法ハ共同生活ノ条件ヲ規定シタル法規ニシテ、国家ノ秩序ヲ維持スルヲ以テ唯一ノ目的トス。果シテ然ラバ之ヲ解釈スルニ当リテ亦主トシテ其国ニ於テ発現セル共同生活上ノ観念ヲ照準トスベク、単ニ物理学上ノ観念ノミニ依ルコトヲ得ズ。然シテ零細ナル反法行為ハ犯人ニ危険性アリト認ムベキ特殊ノ情況ノ下ニ決行セラレタルモノニアラザル限リ、共同生活上ノ観念ニ於テ刑罰ノ制裁ノ下ニ法律ノ保護ヲ要求スベキ法益ノ侵害ト認メザル以上ハ、之ニ臨ムニ刑罰法ヲ以テシ刑罰ノ制裁ヲ加フルノ必要ナク、立法ノ趣旨モ亦此点ニ存スルモノト謂ハザルヲ得ズ。故ニ共同生活ニ危害ヲ及ボサザル零細ナル不法行為ヲ不問ニ付スルハ、犯罪ノ検挙ニ関スル問題ニアラズシテ、刑罰法ノ解釈ニ関スル問題ニ属シ、之ヲ問ハザルヲ以テ立法ノ精神ニ適シ、解釈法ノ原理ニ合スルモノトス。従テ此種ノ反法行為ハ刑罰法条ニ規定スル物的条件ヲ具フルモ罪ヲ構成セザルモノト断定スベク、其行為ノ零細ニシテ而モ危険性ヲ有セザルガ為メ犯罪ヲ構成セザルヤ否ヤハ法律上ノ問題ニシテ、其分界ハ物理的ニ之ヲ設クルヲ得ズ、健全ナル共同生活ノ観念ヲ標準トシテ之ヲ決スルノ外ナシトス」。

宮本教授はこの判例の趣旨を肯定し、広く「被害法益の価値が極めて軽微なる場合」をもって可罰（犯罪）類型阻却事由（または刑罰阻却原因）とせられた。「散歩の際他人の生籬の花一輪を摘み、又は郊外の畠に於て麦一穂を抜くが如きは、其行為は他人の所有権に対する侵害にして一般規範上違法なるも、刑法上窃盗罪を構成せぬ」。かつ「其如何なる程度までが罪とならざるかは、一般社会観念に由りて決すべき問題にして、犯罪の種類に因りて」一様でないが、特に注意すべきは「此種の場合に於ける被害法益の価値の大小は違法行為に因りて脅威せらるる法益の大小に付て論ずべく、現に発生したる結果の大小に付て考ふべきものでない」ということである。(三)

私もまたこの根本的見地に従おうと欲するものであるが、より一般的にそれぞれの犯罪類型の予想する程度の違法性に達しないことをもって一つの刑罰阻却事由であるとしたい。すなわち各個の犯罪類型はそれぞれ一つの可罰的違法類型を定めているのであって、ある行為が犯罪たるためには単に条文に外面的に当嵌るだけでなく、さらに実質的にその類型が予想する程度の違法性を具備していなければならぬのである。おそらくわれわれは違法阻却事由のほかに違法減少事由という範疇を樹立すべきであろう。例えば同意傷害など原則として違法性を失わないが、それが通常罰されぬのは可罰的違法性がないためである。また刑法二四四条が親族相盗の刑を免除するのもその行為を適法だとするのではなく、ただ窃盗として罰すべき程度の違法性が欠けているのである(四)。右の判例はかかる違法減少事由を広く一般的に認めたものにほかならぬのである。もっとも右の判例が「人類非行の零細なるものは悪性の特に認むべきものなき限りは」とか「零細なる反法行為は犯人に危険性ありと認むべき特殊の情況の下に遂行せられたるものにあらざる限り」とか特に制限しているのは、文字的には犯罪徴表説を採用する趣旨だけのことのようであるが(五)、これは別段右のような解釈の妨げにはならない。けだし危険性ありと認めるべき特殊の情況とは、結局のところ、行為の方法や行為の行われたさいの諸事情等の特殊性を指すことになり、しかもそれらは右に見たように行為の違法性を左右する諸事情であろうからである。犯罪徴表説といえども危険性を徴表する危険な行為の存在を要求することには原則として異論はないのである。

以上のような観察は本来軽微な犯罪のために存する警察犯処罰令のようなものについてもまた必要である。「蓋し形式上類型的に軽微なる犯罪に於ても、亦其中特に問題視するに足らざる軽微なる場合あるべきが故」である。

(一) Sauer, Grundlagen des Strafrechts, S. 133, 314 ff., 350, Zimmerl, Zur Lehre vom Tatbestand, S. 6, 70 ff., Derselbe, Aufbau des Strafrechtssystems, S. 42 ff., 65 ff. ツィンマールは違法と不法を分ち、違法（Rechtswidrigkeit）には軽重の段階がないが、不法（Unrecht = rechtswidrige Sozialschädlichkeit）にはこれありとなす。

(二) 大判明治四三年一〇月一一日刑録一六輯一六二〇頁以下。

（三）　宮本・刑法学粋三五三頁以下、同・刑法大綱一二六頁以下。

（四）　ツィンマールは以前から不法減少事由（Unrechtsminderungsgrund）の観念を認めている（Zur Lehre vom Tatbestand, S. 70, Aufbau, S. 57, 77 ff.）なお佐伯「一身的刑罰阻却原因」論叢三四巻三九八頁以下〔刑法に於ける期待可能性の思想所収〕参照。

（五）　右の判例の制限は牧野博士の犯罪徴表説の思想的影響を受けたものであろうか。なお宮本教授も右の判例について「被害法益の軽微といふことは、そのこと自体が直ちに客観的に見て意味を有するのでなく、軽微な法益をさやうなものと意識して軽視するといふ主観的事情に意味があるのであって、刑法はそれだけの意味ではまだ可罰的なものと見るに足らないとしてゐるのである」と徴表説の立場から解説を与えていられる。徴表説をとればそうでない場合より可罰行為を認められる範囲が広くなることは事実である（例えば不能犯の危険性を性格の危険性により理由づけその一切を可罰未遂に入れるように）。しかしそれにしても単なる嫌疑による不当な処罰を避けんとする要求は性格の危険性の徴表としてのそれ自体危険な行為という要件を否認できないものとする。否これはむしろ徴表という言葉（概念）自身に内在する本質的要件であるともいえるであろう。Tesar, Die Symptomatische Bedeutung des Verbrecherischen Verhaltens, S. 263 ff.

三　以上の違法性に大小高低の段階があるという思想がおのずから現れていると考えられる問題がある。それはまた刑法犯と警察犯との関連について残された最後の問題でもある。例えば「自己占有ノ場所内ニ老幼、不具又ハ疾病ノ為扶助ヲ要スル者……アルコトヲ知リテ速ニ警察官吏ニ申告セサル者」（警察犯処罰令二条一〇号）があった場合に、その扶助を要する者が死亡したとしよう。かつその死亡はその場所の占有者が速かに警察官吏に申告したならば、救助が適当の時期にもたらされ、これを防止しえたものであると仮定しよう。この場合不申告者は単に本号の刑（拘留または科料）を受けるに止まるか、または彼が右の結果を予見したなら殺人罪（または傷害罪）であり、過失により予見しなかったなら過失致死（致傷）罪の責を負うことになるか。あるいはまた「公衆ノ自由ニ交通シ得ル場所ニ於テ危険ノ虞アルトキ点燈其ノ他予防ノ装置ヲ為スノ義務ヲ怠リタル者」（同二条一三号）、「監置ニ係ル精神病者ノ監護ヲ怠リ屋外ニ徘徊セシメタル者」（同三条一一号）、「狂犬、猛獣等ノ繋鎖ヲ怠リ逸走セシメタル者」（同三条一三号）、「開業ノ産婆故ナク妊婦、産婦ノ招キニ応セサル者」（同三条七号）等についても全く同様の問題が起りうるし、また現在警察犯処罰令には含まれないが医師の不応招も同じである。さらにまた「水火災其他ノ事変ニ際シ……官吏ヨリ援助ノ求ヲ受ケタルニ拘ラス傍観シテ之ニ応セサル者」（二条二七号）は、彼が援助の求めに応じて活動したなら火勢が弱り消防が容易にされたであろう（または水防が容易にされたであろう）と考えられるかぎり刑法一一四条の鎮火妨害罪（または一二一条の水防妨害罪）の責を負うべきではないか。否それだけでなくむしろ不作為による放火罪（または溢水罪）を犯すものといいうるのではないかという問題がある。（一）——すべてこれらは不作為を内容とする場合であるが、ここではたとえ結果および故意（過失）が生じても作為の場合のように直ちに殺人罪・放火罪等を成立せしめるといい切れぬものが感ぜられる。これは不作為の特殊性に基づく当然の成行きであって、そこに多少研究すべきものがあるわけである。

この点に関し現在のわが通説は不作為者が違反した作為義務の内容により区別すべきものとしている。牧野博士はつとにこの点の詳細な研究を試み「義務違反が独り其の義務に違反する点のみならず、又其の結果に対する関係に於て公の秩序善良の風俗に反する場合」と「不作為が只、其の義務の違反たる点に於てのみ、公の秩序善良の風俗に反するものと認められ、其の結果に対する関係が看過せらるべき場合」とを分ち、前の場合にのみ不作為による作為犯が成立するとされた。「義務違反が右の如何なる種類に属するかは、規定の各個に付其精神を論じて決定すべきもの」であって、右の諸場合につきいえば二条一〇号・一三号・二七号・三条七号においては不作為による殺人罪の成立なきも、三条一一号（精神病者の監護を怠り徘徊さすこと）・一三号（狂犬猛獣を逸走さすこと）などは不作為による殺人罪を構成する。ただしこれらは「単に公の秩序にのみ関するものではなくして、又同時に個人の利益を保護して居るもの」と思われるからである。（二）小野教授も不作為が一定犯罪の実行行為（不作為の構成要件該当性）となるためには、その作為義務は当該犯罪の「構成要件的結果の発生を防止すべき法律上の義務」でなければならぬとし、特に放火罪に関しつぎのように述べておられる。「警察的作為義務ある場合に於て、必らずしも刑法上犯罪構成要件的結果の発生を防止する義務あるものとは謂へない。例へば、火災の際其の場に在る者は官吏の求に因り消火に尽力すべき一般的警察義務を有する。其の官吏の求を受けたるに拘らず傍観して応ぜざるときは警察犯処罰令第二条第二七号に該当する。しかし之を以て直に不作為に依る放火罪なりとは謂ふことを得ぬ」。それはまた鎮火妨害罪ですらない。けだし鎮火妨害たる不作為とは「鎮火せしむべき法律上の責任ある者が適当の報告を為さざる如き」場合のみを指すからである。(三)ドイツの学界の大勢も大体わが国のそれと同様であるということができる。(四)

ただかように警察義務をもって「一般的のものとし、これに違反しても結果に対して責任がないと説く」通説に対して「反対の意見を有す」といわれる宮本教授の所説がここに注目されねばならぬ。教授によると「開業の医師正当の事由なくして診察治療の需を拒みたる場合に於て、若し患者其れが為めに死亡したりと見るべきとは、医師は法律上不作為に由りて患者を死に致したるもの」であり、また「水火災其の他の事変に際し、官吏より援助の求めを受けたるに拘らず、傍観して之に応ぜざる場合の如きも、若し之れが為めに火勢又は水勢を阻止し得ざりとすれば、亦同様に論ぜざるべからず」。このような見解の相違は通説が作為義務をその一般的性質において把握するに対し、教授はこれをいわばその歴史的個別性において摑まれることに由来する。教授においては問題となった当該の具体的場合においてその作為義務の履行（または不履行）が有した意味・重要性が大切なのである。だから「例へば数十百人の傍観者が一斉に援助を為す〔に〕於ては優に手押ポンプ一台を操縦するに足るやうな事情の下に於て、何人も援助の求に応じなかったとすれば、傍観者各自の態度は明かに鎮火妨害罪を構成するものといはなければならない。ただ火が燃えさかってゐる際に、一二人の者が求めに応じなかったやうな場合に於ては、その影響は価値的に見て殆ど問題とするに足らない。従て斯やうな場合には刑法上少くとも鎮火妨害罪としては可罰類型性を欠く。即ち斯やうな場合に限って主として軽微な法益脅威を実体とする警察犯としての責を生ずるに過ぎない」（五）。

このような通説と宮本教授との争いは、理論上ならびに実際上はなはだ重要な問題に関している（六）。しかしそのいずれを採るにせよ、われわれが右に警察犯と刑法犯との類型的関連の分析から得たところの違法性に軽重大小の段階があるという認識は、この不作為の実行行為性の問題において最も明らかに現われているということができるのである（七）（1）。

（一）　なお三条九号・一〇号でも同じ問題がありうるし、また警察犯処罰令ではないが爆発物取締罰則八条の「第一条乃至第五条ノ犯罪アルコトヲ認知シタル時ハ直ニ警察官吏若クハ危害ヲ被ムラントスル人ニ告知スヘシ違フ者ハ五年以下ノ懲役又ハ禁錮ニ処ス」という場合にも刑は処罰令よりはるかに重いがなお刑法との間に同様の問題を生じうる。

（二）　牧野・行為の違法・不作為の違法性八九頁・一二三頁・一三六頁、同・日本刑法一一六頁註五。

（三）　小野・刑法講義九〇頁以下・三八五頁・三九〇頁。

（四）　Liszt-Schmidt, Lehrbuch des deutschen Strafrechts, 26 Aufl. S. 190, Hippel, Deutsches Strafrecht, II Bd. S. 161 ff., Mezger, Strafrecht, S. 140, Kissin, Die Rechtspflicht zum Handeln bei der Unterlassungsdelikte, 1933, S. 97 ff., Schaffstein, Die unechten Unterlassungsdelikte im System des neuen Strafrecht, in Gegenwartfragen der Strafrechtswissenschaft, S. 70 ff., Drost, Der Aufbau der Unterlassungsdelikte, Gerichtssaal, 109 Bd. S. 35 ff.

（五）　宮本・刑法学粋二〇八頁・三五三頁・七一一頁、同・刑法大綱五〇頁・一二六頁・四三九頁。

（六）　改正刑法仮案一三条（予備草案一三条）は「罪ト為ルヘキ事実ノ発生ヲ防止スル法律上ノ義務アル者其ノ発生ヲ防止セサルトキハ作為ニ因リ其ノ事実ヲ発生セシメタル者ト同シク之ヲ罰ス」といい、また予備草案は各則殺人罪の章中に「生命身体ニ対スル急迫ノ危難ニ遭遇シタル者アルニ当リ自ラ之ヲ救助スルニ非サレハ其ノ者死ニ至ルヘキコトヲ知リ且容易ニ之ヲ救助シ得ルニ拘ラス放任シテ死ニ至ラシメタル者ハ三年以下ノ懲役ニ処ス」という新しい規定をおいている〔二六三条・これは後に仮案三四二条に引継がれた〕。右の火災の際の傍観者が放火罪でなく鎮火妨害罪の限度で罰されるとする立場からもこれに賛成すべきであろうが、草案が全体として通説の立場に立つことは明らかである。ドイツでも一九一三年以来右の一三条と同じ規定があったが三〇年案では削除された。ナチスになって一時一切の不作為を作為と同一に扱うことが説かれたが、今日はそうでないことは、右のシャフスタインやドロストの論文からも明らかである。なお一九三五年六月二八日の法律により刑法三三〇条として挿入された規定につき牧野・警察研究七巻四号一六頁参照。

（七）　本稿は違法性の大小の観点からの観察に終り、責任の観点からの考察が乏しい。これは警察犯と刑法犯との関係上むしろ当然のことであるが、なおこの関係においても可罰的違法性が備わりながら責任の可罰性なきために刑法の刑罰を免れて警察犯処罰令の程度で罰されるに止まるものがありうることを否定するものではない。**二の一・二・九・一一**等に述べたものはかかる場合であるといえるであろう。

（昭和一三年三月）

（1）　警察犯処罰令は敗戦後廃止せられたが、これにかわって制定された現行軽犯罪法（昭和二三年）もこれと共通する部分が多く（両者の対照については熊倉・軽犯罪（昭和二五年）など参照）、本稿で扱った問題はなお今日的意義を失っていないと思われる。なお、もともとは処罰令二条二九号との関係で考えられていた野荒しの敗戦直後における可罰的評価の変化を扱ったものとして、佐伯「食糧難の刑法的一側面」刑事裁判と人権一七九頁以下参照。
〔この注は、『刑法における違法性の理論』への所収にあたって追加されたものである――編者〕

7　必要的共犯

一　経済犯罪における共犯と必要的共犯

一　近時の経済統制の発展に伴なって、刑事法の領域においてもさまざまの問題が登場してきた。例えば経済統制に違反する犯罪、すなわち経済犯罪の本質が刑事犯であるか行政犯であるか、さらに遡ってそもそも行政犯の本質とは何であるかとか、経済刑法の時間的または場所的効力なかでも限時法の問題とか、経済犯罪における故意・とくに違法の認識の問題などがわが刑法学者の間に熾烈な討論を惹き起したことは人のよく記憶するところであろう。しかし経済刑法の問題は、決してそれで論じ尽されたものではない。そこにはなお多くの究明を要する困難な問題が残っているのである。経済犯罪の共犯に関する問題もこれらの中の一つである。

多くの経済刑法の犯罪類型に共通する構造上の特徴は、通常、それらが行為主体として、特殊な人々を、すなわちそれぞれの経済統制法規によってその経済活動に直接に統制を加えられる業務者・営業者等を予定しているということである。このことは、例えば「借地又ハ借家ノ貸主ハ借地又ハ借家ニ付左ノ各号ニ規定スル地代又ハ家賃ヲ超エテ地代又ハ家賃ヲ定ムルコトヲ得ズ」（（旧）地代家賃統制令三条）というように、法文が始めから業務者（貸主）の行為だけを対象として非業務者（借主）の行為を除外しているときには特に明白であるが、しかしまた（旧）価格等統制令のように「価格等（価格、運送賃、保管料、損害保険料、賃貸料又は加工賃）ハ昭和十四年九月十八日ニ於ケル額ヲ超エテ之ヲ契約シ、支払ヒ又ハ受領スルコトヲ得ズ」（二条）、といって一応一切の行為を禁止しながら、後にいたって他の条文をもって「本令ハ契約ノ当事者ニシテ営利ヲ目的トシテ当該契約ヲ為スニ非ザルモノニハ之ヲ適用セズ。但シ当該契約ヲ為スコトガ自己ノ業務ニ属スル者ニ付テハ此ノ限ニ在ラス」（一三条）と制限を加えるものにおいても同様である。これらの場合、地代家賃統制令は地主または家主の行為を統制するけれども、これらの地主または家主から地代家賃統制令に違反する地代、家賃でそれらを借り受けた者には及ばない。また価格等統制令は闇取引をする商人の行為に適用されるけれども、その相手方として彼から公定価格以上で商品を買い受けた直接消費者には及ばないのである。同じことは(旧)賃金臨時措置令の定める賃金据置に違反して賃金を増額した雇傭主と労務者との間においても生じえたはずである。これらの統制違反について処罰されるのは商人、貸主、雇傭主だけで、相手方である消費者、借主、労務者は何ら処罰されることがない。それらの経済犯罪は、この意味で刑法六五条のいわゆる「身分ニ因リ構成ス可キ犯罪」の一種だといえるのである。それではこの種の経済犯罪について非身分者の共犯ということが考えられるか。これが当然に問題となるはずである。しかもこの問題はその加担する非身分者が誰であるか、およびその加担方法がどんなものであるかによって種々その意味あいを異にしていて、その解決も一様ではありえないのである。(1)

（1）経済犯罪の理論一般に関しては大隅・佐伯共編・新法学の課題〔昭一七〕中に所収の拙稿「経済犯罪の理論」（同書二五三頁以下）において概説しておいた。ここに問題とされている経済犯罪に対する共犯に関しても、そこで一応論じてある。

二　われわれは問題を明らかにするために、まず、非業務者の加担の態様を分類して考えよう。

（一）　非業務者甲は業務者乙を教唆・幇助して消費者（非業務者）丙に対して公定価格以上をもって商品を販売させた。この場合、甲の刑法上の地位はどうなるか。刑法的にみれば、これはまさに刑法六五条一項の「犯人ノ身分ニ因リ構成ス可キ犯罪行為ニ加功シタルトキハ其身分ナキ者ト雖モ仍ホ共犯トス」という規定が当てはまる典型的な場合であるが、しかも同条をこれに適用するについては行政法学上有力な反対意見がありうる。(1) それは経済犯罪をもっていわゆる行政犯の一種とし、さらに行政犯については、行政義務者以外の者は共同正犯としてはもちろん、教唆犯・従犯としてもそれに加担しえないとする立場からするものである。この考えによれば、共犯としての処罰が可能なためには、その共犯の加担行為をとくに禁止する法意が表示されていなければならない。しかし経済統制法規にはそのような趣旨は窺われないし、むしろ反対に、法は経済統制のためにはただ身分者の行為を禁止すれば足るとし、非業務者はたとえ業務者の行為の当然の相手方として予想される場合にも、これを禁止の外においたのであって、すなわち彼にはそれを避ける義務はないのだと解すべきことになろう。また価格等統制令一三条が「本令ハ契約ノ当事者ニシテ営利ヲ目的トシテ当該契約ヲ為スニ非ザルモノニハ之ヲ適用セズ」といっているのは、あたかもこの解釈を支持するもののようにさえ思われる。しかし私はこのような主張は不当であると信じる。右の価格等統制令が「之ヲ適用セズ」というのは（その他の始めから業務者の行為だけを包含するように作られた法規も同様である）、それらの非業務者の行為はそれぞれの統制法規の統制の「直接の対象」となるものでないことを示そうとしただけであって、さらに進んで刑法六五条一項の規定の適用までも排除する趣旨ではないと思うのである。むしろ、反対に、刑法六五条一項は、右の各種の統制令の直接には業務者だけに向けられた規範の妥当範囲を、非業務者にまで拡張することを本来の使命とするものなのである。――この場合、非業務者甲が業務者乙の価格等統制令違反の犯罪に対する教唆犯または従犯として刑事責任を負うべきことは当然である。ただし経済犯罪の共犯に関する刑法学上の問題は、実は、これで終ったのでなく、むしろここから新しく始まるのである。

(二)　商人乙は消費者（非業務者）丙に対して、公定価格以上の代価によってでなければその保有する商品を販売しない旨を告げた。そこで丙はやむなく公定価格以上の対価を支払ってその商品を買い受けた。あるいはまた貸主丁は借家人戊に対して、地代家賃統制令の規定する家賃以上でなければ貸借に応じないといったので、戊はやむなく規定以上の家賃を支払うことにして家を借り受けた。これらの場合に商人乙なり、貸主丁の行為が価格統制令または地代家賃統制令違反の犯罪であることは明らかであるが、消費者丙、借家人戊の運命はどうなるか。まずこれらの者の行為は右の統制令の直接の対象となるものでないから——これは地代家賃統制令が「借地又ハ借家ノ貸主ハ……コトヲ得ズ」とし、また価格等統制令が「本令ハ契約ノ当事者ニシテ営利ヲ目的トシテ当該契約ヲ為スニ非ザルモノニハ之ヲ適用セズ」としていることから明白である——それらの統制令違反の直接正犯として罰せられることはない。それでは右の商人または貸主の統制令違反罪の共犯として罰せられるかというと、これも否定しなければならない。その理由は、元来これらの者の買受けまたは借受け行為は他方の者の販売または貸付け行為（それは犯罪として罰されている）が成立するために必ずなければならない行為で、両者は元来不可分的な関係にある。それにも拘らず立法者が、とくにその中の一方だけを選んで可罰的であると宣言し、他方については沈黙しているということは、後者はこれを前者の共犯としても罰しないという趣旨によるものと推論する外はないからである。この点に関する限り学者の見解は一致しているとみてよい。

(三)　商人乙は始めは闇取引の意思をもたず、顧客である消費者丙の希望を容れようとしなかった。そこで丙は乙に対し公定価格を遥かに超える対価を支払うといって誘惑し、遂に乙にその希望を容れさせた。また貸主丁は始め地代家賃統制令違反の意思がなく、家を借りにきた借家人戊の希望を拒絶した。戊は、そこで統制令の規定するより高額の家賃を支払うからと申し出て、結局丁に家を貸すことに承諾させた。これらの場合にも商人乙、貸主丁がそれぞれ統制令違反行為について罰されることはいうまでもないが、消費者丙、借家人戊は（二）の場合と同様に刑罰を免れることができるか。この場合を（二）の場合と比較すると、（二）においては専ら受動的な地位にあった消費者、借主が、ここでは積極的に働いて、元来犯罪意思をもたなかった商人、貸主を誘惑して犯罪行為を犯させたという点が著しく異なっている。（二）の場合にこれらの者を処罰から免れさせた事情はここには存在していないようにみえる。むしろ彼らは商人、貸主の犯罪の共犯として罰すべきではないか。これが

最後の、かつ最も解決の困難な問題である。これについては、いままでのところ、はっきりした議論は発表されていない。(2)

われわれが本稿で取り扱おうと考えるのは、この（三）の問題である。しかしながらこの（三）の問題は、すでに右に述べたところからも推知されるように、実は（二）の行為の不処罰の実質的理由の解明をまって始めて解決が可能となるのであって、それだけを切り離して考えることはできない。というのは（三）の場合に消費者、借家人の可罰的共犯が可能であるかどうかは、そのような積極的加担行為があった場合には、もはや（二）の受動的加担について認められた不処罰の理由は存在しないといえるかどうかということに外ならず、さらにこの後の疑問点の決定は、われわれが（二）の場合の不処罰の理由を単なる法規の形式に求めるに止まらず、一歩進んで法はどのような実質的理由から、それらが商人または貸主の犯罪行為の当然の相手方であるにも拘らず処罰の対象外に放置したのであるかを問うことによってのみ、可能となるからである。

（1）美濃部博士・行政刑法概論八三頁、とくに八八頁以下、九四頁以下、一〇一頁以下、同「行政犯罪に対する刑法総則の適用」法律時報一〇巻二号一〇頁以下、瀧川教授「刑法六五条第一項と選挙」法と経済第八巻二号一〇一頁、草野判事・刑事判例研究」四巻一五八頁以下。なお共犯と身分との関係に関する一般刑法理論上の問題については拙稿「共犯と身分」法学論叢第三三巻二二七頁以下、四二七頁以下を参照されたい。

（2）拙稿「経済犯罪の理論」上掲新法学の課題二九四頁以下はこの方向に向ってのささやかな開拓の努力である。

三

しかしながら、実はこの種の問題はなにも経済刑法によって始めて提出されるにいたったものではない。刑法はすでに随分以前から同種の問題を種々の関連において提供していたし、刑法理論もそれについて多くの考慮を重ねてきたのである。いわゆる「必要的共犯」の問題こそは正にそれである。右の経済犯罪の共犯の問題も、この必要的共犯の一場合としてみることによって始めて充分な理論的解決を望みうるのである。それでは必要的共犯とは何を指すか。

「必要的共犯」というその名称は一見それが刑法総則の問題のように思い誤らせやすいが、実はそれは刑法各則における特殊な構造をもった犯罪群に対する呼称である。(1) すなわちそれはその成立のために数人の行為者の加担関与が当然のこととして予想されるような犯罪であって、それはさらに二つの種類に分けられる。集団犯、すなわちその数人の加担行為が共通の目標の方向に向って併行し集中する場合——例えば内乱罪、騒擾罪——と、対向犯、すなわち各加担者の行為が相互に相呼応しまたは相交錯して行われる場合——賄賂罪、(旧)姦通罪、重婚罪——とがそれである。そして前の集団犯においては、例えば内乱罪に関する刑法七七条が首魁、謀議参与者、群衆指揮者、その他諸般の職務に従事した者、附和随行者、単純なる暴動関与者などの各加担者について一々刑罰を規定していることから知られるように、法律はその必要的加担者各自の罪責に応じてそれぞれに科されるべき刑罰を定めているのが通常である。これに対して対向犯にあっては、あるいは（一）その加担者の双方が同一法定刑を科されていることがあり——姦通罪、重婚罪、決闘罪——、あるいは（二）その双方に対する法定刑が異ることがあり——賄賂罪における収賄者と贈賄者——、さらにまた（三）必要的加担者の一方だけが処罰され他方については罰条を欠く場合がある。刑法一七五条の猥褻の文書図画等を頒布もしくは販売する罪や(旧)警察犯処罰令一条二号の密売淫をする罪などは、この最後の対向犯の例であって、その際、猥褻文書の頒布を受けまたは買い受けた者や密売淫の相手となった遊客については罰条がない。上述の経済犯罪も理論的にはこの種の対向犯の一つの場合に外ならなかった訳である。

さてこれらの必要的加担犯のうち最後の（三）の対向犯を除けば、いずれも各本条が各加担者の刑責について直接規定しているから、そのままでは別に刑法の共犯規定を適用する余地はない。この意味で、宮本博士が「必要的共犯は所謂共犯にあらずと謂ふも妨なし」とされ、また滝川教授が「必要的共犯という概念には異論の余地がある。必要的関与者は必ずしも常に可罰的ではなく……罰せられる場合においても、共犯としてではなく、常に正犯としてである」とされるのは(2) 正当である。ただ対向犯の最後の場合、すなわち必要的加担者の一方についてだけ処罰規定が設けられている場合については、われわれがさきに経済犯罪について示しておいたように、なお刑法共犯規定の適用が問題となりうる場合があるのである。

（一）　旧刑法は賄賂罪に関して単に収賄の行為を罰する旨を規定するだけで贈賄の行為については何らの規定も設けていなかったので「贈賄は収賄の共犯として処罰せらるべきか」に関して争いを生じた。牧野博士はこれについて「蓋、必要的共犯の場合に於ては、論理上犯罪者の複数なることを予定せざるべからざるが故に、法律が単に其の一方に付てのみ処罰の規定を設けたる場合に於ては、他の一方は之を処罰せざるものと解するを穏当とすべし」と説かれた。(3) 必要的共犯は「論理上犯罪者の複数なることを予定する」という博士の理論的前提からすれば、必要的加担者の一方が罰されない場合は、もはや必要的共犯ではないのであろうが、問題となる旧刑法上の贈賄者が収賄の共犯としても罰せられないということは、実は、そのような必要的共犯の概念から出てくるものではないであろう。それは、むしろ、立法者が必要的加担行為である賄賂につき収賄者についてだけ特に罰則を設け、贈賄者については何ら規定しなかったということは、正に後者の贈賄行為そのものは前者の共犯としても罰しないつもりなのであるというように、当該刑罰法規自体の解釈から直接に出てくるものである。それは実は実定法そのものによって共犯規定の適用が排除されている場合なのである。

（二）　法律により特に処罰から除外された必要的加担者の共犯の成否は、実はその者がその犯罪の成立上当然予定される加担行為の程度を超えて行為したときに、例えば右の旧刑法上の賄賂罪において贈賄者が相手方の官吏を積極的に誘惑して彼が最初にもたなかった賄賂収受の意思を起させたようなときに始めて問題となるのである。滝川教授はこの問題に考察を向けられ、「必要的共犯の概念に存する凹凸」から「考慮に価ひする一つの原則」が導き出されると説かれるのである。それは「法律が必要的に関与した二人の中の一人のみを罰する場合には、他の一人が概念上必要であるよりも以上の行為を行うたとしても罰せらるべきではないといふ原則」である。そしてこのような原則が基づくところは「正犯として罰せられない者は共犯――教唆または従犯――として罰せられないことに一層強い理由がある」という思想なのである。(4) すなわち法律が必要的加担犯の一方についてだけ処罰を規定した場合には、他の一方の加担者は、その必要的加担の程度に止まる行為についてはもちろんのこと、また仮りにその必要の程度を超えて可罰的加担者に教唆・幇助等の行為をしたとしても、一切罰されることはないということになる。そして、この滝川教授の主張は、おそらく、今日におけるこの問題についての通説的理論であるということができよう。

さきにわれわれが経済刑法において直面した問題と、ここに掲げた必要的共犯の問題とを対比すれば、われわれは前の問題が、実は、後の問題の一つの場面に過ぎないことを容易に理解しうるであろう。そしてわれわれが必要的共犯に関する右の通説をそのまま受け容れうるとするならば、右の経済犯罪の共犯の問題も別になんらの困難ももたらすものではない。それによれば右のように、闇取引の買手である消費者や地代家賃統制令違反の場合の借家人は、彼らが必要的加担の程度に止まろうと、あるいはその程度を超えて加担しようと、常に不可罰的だといえば済むからである。しかし今日の問題は、正に、このような結論を生じる従来の必要的共犯の理論が、果して、そのままわれわれによって受け容れられてよいかどうかということにある。私は今日この必要的共犯の理論が経済犯罪の共犯というような現実的な形で切実な問題性を帯びてきたことは、正しくそれが再検討、再吟味を受けるべき時期に達したことを意味すると思うのである。経済犯罪の共犯の問題は、実は、われわれをこのようなより一般的な必要的共犯の理論の再検討という問題に注目させるものとして、刑法理論上重要な意義を発揮することになるのである。

われわれは以下において、必要的共犯の右のような意味での研究を試みる。ただし、われわれの研究は、われわれの問題の性質上、必要的共犯の一切にわたるものでなく、むしろ対向犯だけに、しかもその中の一方の加担者だけについて処罰規定があるものに限定される。というのは、その他の必要的共犯は大した問題性をもたないか、または、もつとしても、われわれが取り扱う犯罪群について認められる理論が大体そのまま当てはまるからである。――なおわれわれの研究は考察の順序として二段に分けられる。その第一段はそれらの必要的加担犯において、なぜ、加担者の一方だけが処罰され、他方の加担者は処罰されないかという実質的理由の究明であり、第二段はそれらの当然には処罰されない必要的加担者も必要的加担の程度を超えれば可罰的共犯となるのではないかどうかの検討である。第一段は、むしろ、刑法各論的であり、第二段は刑法総論的であるが、しかも後者は前者の正確な解決を不可欠の前提条件として予定しているのである。

（1）　必要的共犯（Notwendige Teilnahme, Concursus Necessarius）は後述するクリース以来「その概念上数人の加担を必要とする犯罪」というように定義されるのが通例であるが、フロイデンタールはこれを、一面狭きに失するとともに、他面広過ぎると批判した。彼によると、まず必要的共犯は概念上数人の関与の必要な犯罪（重婚、騒擾、猥褻文書図画の販売）だけでなく、さらにまた単に犯罪類型上数人の関与が必要とされるに過ぎないもの（共同逃走罪その他共同行為が加重事情となる犯罪）をも含むのである。また他の一面において、必要的共犯は刑の科せられた行為をするについて数人の協力を要する場合に限るから、単に犯罪行為の結果として別人の行為の存在を要する場合（強要罪、ドイツ刑法一七六条三号の猥褻行為への誘致、同一八二条の性交への誘惑）はそれに入らないし、また嘱託殺人や同意した未成年者の誘拐（ドイツ刑法二三七条）なども犯罪の実行自体に数人の加担を要するものでないからこれに入らないのである。その他、加重的媒合罪において猥褻行為がそれに基づいて行われることも単に処罰条件的意味をもつに過ぎないとされるのである。こうして、フロイデンタールは「必要的加担犯とはその法定の犯罪類型上刑を科せられた行為をするについて数人の協力を予想する犯罪である」と定義した（Freudenthal, Die notwendige Teilnahme am Verbrechen, 1901, S. 98ff. 100, 117ff.参照）。わが学説において、瀧川教授が「或犯罪を行ふにあたり概念上数人の関与を必要とする場合が必要的共犯である」（犯罪論序説三一六頁）とされるのはクリースの説に近く、牧野博士が「法律上数人の共同を必要とする場合」（日本刑法四四〇頁以下）といい、また宮本博士が「刑法上原則として共犯の成立が予想せらるゝ場合」（刑法学粋三九四頁）といわれるのは、むしろフロイデンタールに近い。――私は研究の出発点においては問題のあらましを把握させる程度の概念規定が与えられていれば十分であって、始めから厳格な必要的共犯の定義は無用であると考える。現にフロイデンタールも一度は右のように、概念を限定したものの、後になるとその概念に含まれないが、しかもそれと同じ問題を生じ同じ解決を受けるべき場合のあることを認めているのである。重要なことは、ランゲのいうとおりに、既成の概念から出発することでなくて、むしろ問題の統一性から出発することである。必要的共犯という学問的概念は、実はこれから始めて概念内容を賦与されるべきもので、それに達するまではいろいろな解釈を容れうるところの慣用的な表現に過ぎない。こう考えれば「数人の加担において、法律がその者の行為を正犯としての観点から不処罰と宣言した場合に、その者を共犯として罰することができるか」という問題が生じる場合は、全てこれをわれわれの問題に含ませて差支えないのである（Lange, Die notwendige Teilnahme, 1940, S. 5)。

（2）宮本博士・刑法学粋三九五頁、滝川教授・犯罪論序説三一六頁。

（3）牧野博士・日本刑法論上巻四四一頁注一七。

（4）瀧川教授・犯罪論序説三一六頁以下。

二　必要的共犯への不可罰的加担

一　われわれはまず、わが実定法において必要的加担者の一方だけについて処罰の規定されている対向犯の実例を拾い上げてみよう。——上述のように旧刑法の九章「官吏瀆職ノ罪」のうち二八四条以下は賄賂罪について「官吏ノ嘱託ヲ受け賄賂ヲ受ケ賄賂ヲ収受シ又ハ之ヲ聴許シタル者ハ」というように規定するだけで、贈賄をした非公務員に関してはなんら規定していなかった。そこで贈賄者は公務員の収賄罪の共犯として処罰されうるかどうかが実際上問題となったのである。しかしながら現行刑法は贈賄についてとくに一九八条をおくことにしたから、現行法上は賄賂罪はこの例とはされない。現行刑法および他の特別刑罰法規中に含まれるこの種の犯罪はつぎのようなものがある。

（一）刑法一七五条は「猥褻ノ文書、図画其他ノ物ヲ頒布若クハ販売シ……タル者ハ五百円以下ノ罰金又ハ科料ニ処ス……」と規定している。ここにいわゆる頒布もしくは販売は、頒布を受ける者または買手の存在を予想する観念である。それにも拘らず、本条が頒布者または販売者だけについて刑を規定し、受領者または買手について沈黙を守っているのはこれらを処罰しないという法意と解しなければならない。

（二）　事情は、阿片煙または阿片煙吸食器具の販売（一三六条・一三七条）についても同様である。それらを買い受けた者は、その結果としてそれらの物を所持し（一四〇条）、または阿片煙を吸食した行為（一三九条一項）について処罰されることがあるのは別論として、買い受ける行為自体については、別段処罰されないものとされているのである。

（三）　また通貨偽造罪において「偽造、変造ノ貨幣、紙幣又ハ銀行券ヲ……行使ノ目的ヲ以テ之ヲ人ニ交付」する場合（一四八条二項・一四九条二項）にも、いわゆるその交付は「偽貨であることの情を告げて」その所持を移転することであると解する以上は、(1)同様の事態が生じうる。交付を受けた者は、彼の行為が、さらに、一五〇条の「行使ノ目的ヲ以テ偽造、変造ノ貨幣、紙幣又ハ銀行券ヲ収得シタル者」という類型に該当しない限り――通常該当するが常にそうであるとはいえない――罰されないからである。

（1）　大審院明治四三年三月一〇日判決刑事判決録一六輯四一〇頁。この判決は「……同条項ニ依レバ偽貨ナル実ヲ告ゲ他人ヲシテ行使セシムル為メ之ヲ交付スル所為ヲ以テ独立罪ト為シタルコト明ナルガ故ニ、被交付者ガ行使ノ目的ヲ実行セザルトキト雖モ、交付者ハ尚同条項ノ責任ヲ免カルルコトヲ得ズ。又之ヲ実行シタルトキト雖モ、教唆ノ法条ヲ適用スベキモノニ非ズ」としている。

（四）　未成年者喫煙禁止法および未成年者飲酒禁止法はともに煙草またはその器具あるいは酒類を販売する者が、未成年者がその自用に供するものであることを知ってこれらを販売する行為（酒を供与する行為も同じ）に対し一定の制裁を科している（喫煙禁止法四条、飲酒禁止法三条）。しかしながら、ここでも煙草や酒を買い受ける未成年者の行為そのものは処罰されないのである。このことは両法がともに各一条において「未成年者ハ煙草ヲ喫スルコトヲ得ス」または「未成年者ハ酒類ヲ飲用スルコトヲ得ス」と明文をおき、もしこれに違反したときはその未成年者が喫煙または飲用の目的で所有または所持していた酒・煙草およびその器具を行政処分をもって没収し廃棄することができることを規定している（喫煙禁止法二条・飲酒禁止法二条）ことと対比し注目されてよい。

（五）　刑法二〇二条の同意殺人罪の規定中「……被殺者ノ嘱託ヲ受ケ若クハ其承諾ヲ得テ之ヲ殺シタル者ハ六月以上七年以下ノ懲役又ハ禁錮ニ処ス」とあるものについても、その同意殺人行為が未遂に終った場合（二〇三条はその未遂をも罰する）において同様な問題が生じる。すなわち自己の殺害を嘱託する者またはそれを承諾する者がなければ本罪の犯罪類型は実現できないし、しかもこれらの必要的加担者は本条の処罰から除外されているのである。これらの者は殺害行為そのものに加担するのではないから、フロイデンタールらはそれを必要的共犯の概念に属しないものと説くけれども、それにより提出される問題そのものは同様なのである。(1)

（1）　ただこの場合には、通常の必要的加担犯におけるように必要な程度の加担に止まった場合と必要の程度を超えた加担（むしろ相手方の可罰行為の教唆というべき場合）との区別は認められない。嘱託というときは、それはまだ犯罪意思をもたない者に犯意を惹起すること、すなわち教唆を意味することは明らかだからである。

（六）　警察犯処罰令一条二号は「密売淫ヲ為シ又ハ其ノ媒合若ハ容止ヲ為シタル者」を三〇日未満の拘留に処している。ここでも密売淫の相手方となった遊客は処罰されないのである。また媒合、容止はいずれも密売淫者以外の者がする密売淫の幇助行為で、とくに媒合とは「周旋・勧誘其他凡テノ方法ヲ以テ密売淫ノ実行ニ付機会ヲ与フルコト」であるから(1)、それについて周旋・勧誘をうけてこれに応じる遊客、密売淫の相手方の存在が予想されている訳であるが、遊客はこの関係においても罰されることがない（売春防止法六条の周旋罪がこれに対応する）。

（1）　大審院大正五年一月二〇日判決刑事判決録二二輯一四頁。

（七）　右と同じ問題は刑法一八二条の姦淫勧誘罪が「営利ノ目的ヲ以テ淫行ノ常習ナキ婦女ヲ勧誘シテ姦淫セ

シメタル者ハ三年以下ノ懲役又ハ五百円以下ノ罰金ニ処ス」と規定する場合にも発生する。この勧誘に負けて姦淫するにいたった婦女は、その行為が右の警察犯処罰令の密売淫その他の犯罪類型に該当しない限り、その勧誘に基づき姦淫をしたこと自体について罰されることはないのである（売春防止法は売春行為自体は可罰的としていない）。

（八）　破産法三七五条三号は債務者が「破産ノ原因タル事実アルコトヲ知ルニ拘ラズ或債権者ニ特別ノ利益ヲ与フル目的ヲ以テ為シタル担保ノ供与又ハ債務ノ消滅ニ関スル行為ニシテ債務者ノ義務ニ属セズ又ハ其ノ方法若ハ時期ガ債務者ノ義務ニ属セザルモノ」について、破産宣告の確定を条件として五年以下の懲役又は五〇〇〇円以下の罰金を規定している。そして債務者が右の行為をした時期は破産宣告の前後を問わないが、それはその当然の相手方として、その者の利益のために担保の供与その他の行為がなされる債権者の存在を予想している。しかし本条が処罰するのは破産債務者だけで、彼によって特別な利益を与えられる債権者ではない。これが必要的加担者の一方だけしか罰されない対向犯の一つの場合であることは明らかである。

（九）　なお本稿の冒頭に述べたように、最近の経済刑法はしばしば同様の構造の犯罪を含んでいる。価格等統制令の違反について、例えば違反した商人その他の業務者は処罰されるけれども、その相手方である買手（消費者）は処罰の対象外におかれており、また地代家賃統制令もそれに違反した地主、家主等貸主の行為を処罰しながら、その当然の相手方である借主の態度は処罰しないのである。その他、賃金臨時措置令の定めた賃金据置きに違反して賃金を増額した雇傭主と、その増額をうけた労務者との間においても、前者だけが罰されて、後者は処罰されないという同一の関係が生じえたはずである。

（一〇）　最後に刑法二五六条の贓物罪においても同じような関係がみられる。同条の規定する犯罪に贓物の収受・運搬・寄蔵・故買・牙保である。そしてここに収受というのは贓物を無償で受けること、運搬とは贓物の所在を移転すること、寄蔵とは寄託を引き受けることであって、後の両者はともに有償・無償を問わない。また故買とは贓物の有償取得であり、牙保とは売買・質入等の周旋をすることをいう。以上いずれも贓物であることの情を知りながら、なされることを要する。そしてこれらのうち収受・寄蔵・故買・牙保は、いずれも相手方の存在を予想する行為であって、例えば収受というときは交付する者があるはずであり、寄蔵には寄託する者がなければならず、故買には売り付ける者が、牙保には周旋を頼む者が各々存在しなければならないが、刑法はこれらの一方だけを罰して、当然の相手方である交付者・寄託者・売り付ける者・周旋を頼む者は罰していない。もちろん、ある行為が売り付ける行為であると同時に牙保に該当するというような場合には、牙保として罰されうることはいうまでもない。しかし例えば本犯が自分の贓物を他人に贈与しまたは売り付けたり、または保管を依頼し、あるいは売却を頼んだりする場合には、それに応じた者が罰されるだけで、彼自身が罰されることはないのである。この限りにおいては、それも以上に掲げてきた犯罪と同一の事情を呈するものといわねばならない訳である。

二　それでは法はなぜこれらの必要的加担者の一方だけを処罰して他方を処罰から除外するのであろうか。この差別的取扱いの実質的理由が、つぎに探求されねばならない。私はこの点について、かつてこれらの理由は必ずしも単一なものではないと思われるとして、つぎのように説いたことがある。(1)

(イ)　それはその必要的加担者が法により罰される側の者の共同者というよりも、むしろ、後者の行為の「被害者」というべき地位にあることに基づくことがあるであろう。嘱託殺人における嘱託者(被殺者)、誘拐罪における被拐取者(同意している場合)や、また闇取引における買手である消費者、地代家賃統制令違反の場合の借地借家人は通常これである。

(ロ)　またある場合にはその行為の犯罪性(なかでも違法性)が善良の風俗を紊乱し、または公職の清廉性を汚濁する点にあり、問題となる必要的加担者の行為もこの紊乱または汚濁に多少の関係をもっていて、単なる被害者とはみられないけれど、しかしそれには他方の法が可罰的と評価した側の者——例えば密売淫者、猥褻の文書図書の販売者、旧刑法の賄賂罪における収賄者――の行為がもつような重大な侵害性・義務違反性（可罰的違法性）がないということに基づくこともあろう。

（ハ）　さらに、ある場合には、その者は、むしろ、他人の犯罪による間接の利得者に過ぎないと考えられることによる場合もあるであろう。雇傭主の賃金臨時措置令による賃金の据置きに違反した賃金増額を受けた労務者の地位は、それであって、彼の地位は、例えば殺人罪の結果、相続の次順位者がせり上って相続権者となった場合と似ているといえるのである。

このように考えてくると、これらの場合に必要的加担者の一方が罰されない理由はさまざまであるけれども、どれにもそれぞれ相当な実質的な理由がある訳で、彼らは真実な意味において可罰的行為者ではないのであるというのが、その当時の結論であった。

この私見は、犯罪の理論的構造との関連において、なほ一層の展開を必要とする。

（1）　拙稿「経済犯罪の理論」上掲新法学の課題二九八頁以下。なお、それより以前にも「経済犯罪と刑法理論」法律時報一二巻一二号〔昭一七〕三頁以下でも同趣旨のことを論じた。

三　右の必要的加担者の一方が罰せられないというのは、法規の形式上彼が当該犯罪類型の予想する犯罪主体に属しないということに外ならない訳で、この意味でベーリンクがそれらの者の行為は構成要件該当性（Tatbestandsmässigkeit）をもたないといったのは正当である。(1) しかし問題は、彼の行為が相手方の罰される行為と対応し、相互に補足し合う必要的加担行為であるにも拘らず、なぜに彼だけが構成要件の枠の外におかれたのであるかという点にある訳である。ベーリンクはこの点について、違法や責任と無関係な一身的刑罰阻却原因があるものと考えようとしたのであるが、これは当時の違法論や責任論の発達の程度をもってしてはやむをえなかったとはいえ、正当でない。私見によれば、この点の実質的説明は、その行為は純外観的には他方の可罰的加担者の行為と同じ犯罪性をもつもののようにみえるけれども、その実は、違法性・責任性等の可罰価値において不充分なものがあるから、立法者はそれを可罰類型から除外したのだという外ないように思われる。もし、そうだとすれば、われわれの努力は、これらの者の態度について、可罰的違法性を失わせる事情または可罰的責任性を阻却減軽する事情はどこに存在するかということの究明に集中させねばならないことになる訳である。

しかし、このような方法をとることについては、有力な異論がありうる。従来の一般学説はいうまでもなくこれを肯定しないであろうし、また例えば、近時ドイツにおいてランゲによって唱えられている理論などもそれである。(2) ランゲは一九四〇年にこの問題の再検討を試みた著書の中で、これらの者の不処罰の理由は、構成要件該当性とか違法性・責任性とかが欠如しているということに帰すべきでなく、むしろ、それらの行為要件と並ぶ「行為者性」の欠如、あるいは「消極的行為者性」に求めるべきだというのである。彼によると、従来の犯罪概念は、その主体である行為者から切り離された抽象的な行為概念を中心に構想され、違法性や責任性も専らこのような抽象的な行為の属性としてだけ考えられてきたが、実はこの行為の属性に還元できない可罰性の要件が厳存するのであって、彼のいわゆる行為者性は、正に、このようなものに外ならないとされるのである。従来の刑法論が果してそういうものであったかどうかが、まず、それ自身一つの問題であるが――われわれは後にその点にも触れる――われわれはここではまず素直に、彼の論じるところを整理し理解することにしよう。

(1)　Beling, Die Lehre vom Verbrechen, 1906, S. 434.

(2)　Lange, Die notwendige Teilnahme, 1940, S. 12ff. 本書については拙稿「ランゲ『必要的共犯』」法学論叢四六巻二号（昭一七）二六五頁以下の紹介参照。

(一)　対向犯においては、集団犯におけるように同じ方向に同じ種類の行為が行われるのでなく、各必要的加担者の態度は例えば売手と買手、提供者と受領者、男性と女性というように、相互に対応し合いまたは補足し合う関係にあって、各加担者の行為が実体と鏡の中の映像のようにそっくり同じことは例外である。そのような同一性は僅かに決闘罪等の場合に稀にみられるだけである。これからみると、各加担者の取扱いが異るのは、彼らの行為の類型的相違（例えば積極的と消極的）に基づくものであって、右の決闘罪の各加担者が同じように罰されるのは、反面からこのことを証明しているようにも思われよう。しかしながらそれは誤りである。（イ）処罰されない加担者の側の行為も結果に対する一条件であったことおよび法益の侵害であることは明らかであって、行為とは結果に対する条件設定に外ならないという従来の行為論の立場をとる限り――さらに、われわれは、法定の構成要件がすなわち結果であるというM・E・マイヤーの主張、およびこの立場を貫いて一切の条件設定行為は原則として全て正犯であるべきだと断言するにいたったいわゆる拡張的正犯論のことを想起したい――それも可罰類型に該当する違法行為であるといわねばならない。もしそれらの者が責任能力および故意をもつときは、彼の行為は類型該当性・違法性・責任性という犯罪の要件を全部具備することになり、犯罪をもって専ら行為類型であるとする立場に止まる限り、われわれはこれらの者も処罰されるべきだという結論を避けえないはずである。[1] そこに、すでに問題は行為類型の見地からでなく、むしろ行為者類型の見地からだけ解決されうることが暗示されているとされるのである。（ロ）類型的行為の外見上の相違がその立法者による評価の相違を説明するものでないことは(旧)「純血保護法」の犯罪類型が明らかに示している。同法は二条においてドイツ人の血統をひく者とユダヤ人との間の婚姻外の性交自体を禁止した。すなわち男も女もこの禁止規範の相手方であるにも拘らず同法五条二項は男子だけを罰して、女子は共犯としても罰しない（われわれは右にわが未成年者喫煙禁止法および未成年者飲酒禁止法にも同じ規定方法がとられていることを指摘しておいた）。行為の類型性の相違がこの取扱いの区別の理由でないことは明らかである。さらにまた加担方法が外面上積極的か消極的かということをもって説明しようとする企てもありうるが、これも正当でない。このことは、われわれが消極的態度の方が積極的態度よりも却って広く罰される賄賂罪のあることを考えれば明瞭である。

（1） Lange, Die notwendige Teilnahme, S. 13ff. なお拡張的正犯論については拙稿「二つの正犯概念」法学論叢第三二巻七三七頁以下、一一三七頁以下参照。

(二)　以上のことがらは、犯罪の中には、その行為が類型に該当し違法有責であるというだけでは不充分であって、完全な犯罪性が成立するためには、さらに「行為者性」(Täterschaftsmässigkeit)という可罰性の要件が加わらねばならぬものであることを物語るものとされるのである。そしてこの行為者性の要件は、(イ)行為類型性、違法性、責任性のいずれにも還元されえないところの新たな可罰性の要件である。(ロ)しかもそれは従来の刑法論上のいわゆる狭義の「処罰条件」とも同じでない。この狭義の処罰条件というものは、実は、従来の刑法理論が「その本質を説明できないままに種々のものをごっちゃに投げ込んだものの集合名称」に外ならず、その性質も行為の犯罪性とは無関係で、その不存在は犯罪の不成立をきたすことなく単に刑罰を科せられなくするだけだと説明されている。これに反してここにいう行為者性の要件は、むしろ、実質的な犯罪要素であって、それがない以上は、仮りに行為自体は一切の犯罪要件(類型性・違法性・責任性)を具備していても、犯罪は成立しないとされるのである。それは、元来、「……シタル者ハ」というような無限定な人(者)を行為者として予想する抽象的意味の行為に属するものでなくて、むしろ、犯罪の概念を行為より別個の範域にまで拡大させるような要素である。――すなわちここで問題となるのは行為と関係するのではなく、むしろ行為者の一身と何らかの仕方で関係するところの犯罪要素があるということである。しかもそれは「責任性の要件(責任阻却原因)における各個の場合に具備する特別な理由が一般的に存在すべき責任(Verantwortlichkeit)を欠如するにいたらせるのでなく、むしろ、一般的類型化的にその行為者は、始めから、法がその呼びかけに答え答責すべき者として予定した人に属しないという意味であって、換言すれば、彼の行為は行為類型には該当するが(tatbestandsmässig)行為者該当性(Täterschaftsmässigkeit)をもたないという意味である。」従って、可罰的不法を完全に性格づけようとする犯罪概念は、行為を類型化するだけでなく行為者をもまたその類型的特性において把えなければならない。というのは、行為の社会的意味に関して行為者のもつ意義は、多数の犯罪類型中の「……ヲ為シタル者ハ」という言葉の示すように、いつでもその存在を予定しうるような要件としてだけでなく、ときには行為者の一身的特性、性質、彼の共同体の内部で占める地位などが当該犯罪の全体的構造を始めて成り立たせる要件として現れることもあるからである。——正犯、共犯などあらゆる犯罪の態様を包含すべき犯罪概念は類型該当的な違法・有責の行為が誰の行為であるかを、すなわち「答責すべき人」はどのような人であるかということを明らかにするものでなければならない(1)。

(1)　Lange, Die notwendige Teilnahme, S. 15ff. なお従来の刑法論で用いられた処罰条件に同様な批判を試みたものとして拙稿「客観的処罰条件」法学論叢三六巻四四頁以下、二四八頁以下〔刑法における違法性の理論一四九頁以下〕参照。

(三)　そこで必要的共犯の領域を注意深く眺めると、そこにはつぎの三つの行為者類型の区別が看取できる(1)。

第一の類型はその特別な行為支配と決意の自由、またはその相手方に対する優越性ないしはそのとくに負担した特別な義務により特徴づけられているものである。例えば近親姦における尊属、価格統制違反の犯罪における販売者、純血保護法違反の男子、誘拐罪の誘拐犯人などがこれである。近親姦では尊属の権威的地位は卑属に対する優越性と特別な行為支配を理由づけ、また最高価格が規定されるということは、すでにその商品が品薄で需要が大きいことを予想するものであるから、従ってそれを販売する者は需要者に較べ遥かに有力な地位に立っているといえるし、純血保護法の男女間でも同様なことがいえるのである。「通例この種の行為においては男子が積極的部分または発動力であって、犯罪行為への主動《イニシアチヴ》は彼の側からでる」からである。

第二の類型は単に消極的に、当該の被害法益に対して特別な行為者性的な関係がないことにより特徴づけられている。例えば姦通罪の相姦者（未婚者であるとき）や重婚罪における未婚者である相手方がこれである。これらは婚姻関係に基づく特別な義務を負担する者でなく、むしろ他人の婚姻関係、またはその関係に基づく貞節義務の履行を一種の加害対象（法益）として、これに外部から攻撃を加える者であって、この相姦者の地位は通常の刑罰法規の「……ヲ為シタル者」とある無限定な行為者と同じである。刑法典がこれらに対する法定刑とその婚姻した相手の者に対するそれとの間に軽重の差を設けていなくとも、裁判官は量刑に当りこれに顧慮を払わなければならない（なお、ランゲによるとこの種の加担者は一般に身分により構成すべき犯罪に対する非身分者である共犯者の地位の典型をなすのである。これについては後述する）。

第三の類型は、再び、特別な一身的関係の内部にある人として現れ、その事実の社会的構造からみてその行為に対して特別に近い関係をもつものであるが、ただその関係は第一の行為者類型のそれと正反対の意味におけるものである。すなわち彼の行為支配は妨げられ、彼の決意の自由は打ちかちにくい動機の圧力の下に立っており、彼の地位は、彼自身の身分（一身的関係）に基づく絶対的劣弱性により、あるいは相手方による相対的な抑圧により特色づけられている。こうして彼は彼を駆り立ててその行為をさせた他の加担者の、または、特別な事情の単なる客体に過ぎないものと考えられるのである。近親姦における一八歳未満の卑属、誘拐罪における被拐取者などが処罰されないのは「彼らが特別な行為支配をもたないというだけでなく、むしろ相手方の行為支配に対応する劣弱な地位（Unterlegenheitssituation）にあり、他人の有力な地位は正に彼自身に向けられ、彼は社会的な力の発揮において共同者として現れるのでなく、むしろ他人の活動の客体、目的物として現れるという」理由によるのである。ここに、われわれは行為者を答責すべき人の範囲から除外する「消極的行為者性」の存在を認めなければならないとされるのである。

（1）Lange, Die notwendige Teilnahme, S. 19ff. 30ff.

（四）しかしながらこの行為者性の要素は、立法者、従ってまた実定法によって意識的、無意識的に無視されることがある[1]。最近のドイツの〔旧〕価格規制違反に対する刑罰および刑事手続に関する命令一条（一九三九年六月三日）が、それまでは売手だけが罰され買手は罰されなかったのを改めて、売手だけでなく買手も罰することにしたのは、全面的な法益保護の重要性を顧慮して買手の消極的行為者性（一身的事情）を背後に押しやったのである。かつてドイツの破産法においては逆の過程をたどったことがある。すなわち、以前には、破産債務者が特定の債権者だけに不当な利益を提供したときは、債務者だけでなく受領した債権者も処罰されたのであるが、後にドイツ現行破産法はこの債権者を罰しないこととした。その際、債権者はとにかく自分の権利を追求しているのであるということ、および彼をその利益の受領に駆り立てる動機の強いことが、彼の消極的行為者性の認められた理由である。しかしながら現行法の姦通罪、重婚罪において両加担者の法定刑が同一であるのは、むしろ、立法者の不注意によって行為者性の相違が無視されたのであるといわれるのである。しかしこれらの場合にも行為者性の相違は現実に存するのであるから、裁判官は量刑に当ってそれらを顧慮せねばならないのである。

なお法律は猥褻の文書図画を買った者も処罰していないが、彼には右に述べたような劣弱性または客体的地位は認められない。そのために理論的困難があるように思われるかも知れないが、これも消極的行為者性がある場合である。というのは彼の行為は多くは一回きりでそれ自体として可罰性がない。これに反して販売者は、むしろ、その販売行為を反覆するのが常であって、彼は絶えない危険の源泉となるものである。その行為はこの行為者性の要素と結合するときに始めて処罰の必要な程度に達するのであって、買手にはこの要素がないから罰されないのだと解するのである（ここにみられる行為者性とさきに掲げられた行為者性との相違は、やがて、心情または性格の危険性を実質とする刑事学的行為者型（kriminologischer Tätertypus）と、特別な義務的地位といったものを核心とする客観的行為者性（objektiv-Täterschaft）との区別とあい通じ、つぎの共犯の問題について重要な相違をもたらすことになるのである）。

（1）　Lange, Die notwendige Teilnahme, S. 23ff. 85.

（五）　以上は各加担者がいずれも法益侵害としての犯罪を実現する点では区別はないが、ただ行為者性の見地から区別される場合であった。しかし体系的考察としては、このほか法益侵害性および行為者性の二点ともに両加担者において同一な場合、およびその反対に行為者性の見地からだけでなく、また法益侵害の見地からも両加担者が異っている場合についても考えておかねばならない。これらを顧慮して必要的加担犯の内部における分類

を試みれば、およそ、つぎのようになるとされるのである。(1)

第一類　これは各加担者の行為者該当性もまた犯罪類型該当性（法益侵害性）も同一であるか、または同価値であるような犯罪を含む。これの例は決闘罪および男子間の不自然な猥褻罪（ドイツ刑法二〇五条・一七五条）である。

第二類　これは加担者の法益侵害行為は同一であるか、または対応するものであるけれども、その行為者的地位が異っている場合である。実定法上これにはさらに三つの態様が可能である。

（イ）立法者がこの一身的相違を、あるいは意識的に（上述の新価格刑法）、あるいは無意識的に（姦通・重婚）無視した場合。

（ロ）立法者はまた、一方の加担者の減軽された答責性を顧慮して犯罪類型を区別したり、あるいは法定刑を異ならせたりしていることがある。近親姦の一八歳以上の卑属（ドイツ刑法一七三条一項）、または近時の消費規制罰則における消費者の違反に対する特別規定などがそれである。

（ハ）立法者はまた、一方の加担者の一身的な客体的地位を重視してこの者を無答責とすることもある。ドイツ人の純血保護法における婦女、近親姦における一八歳未満の卑属（ドイツ刑法一七三条四項）などがそれである。

第三類　これは各加担者の地位が法益侵害の見地からしても、また一身的地位からみても異なっている場合を含む。この例は高利貸の重利（Wucher）または従属的地位にある者との猥褻罪（ドイツ刑法一七四条）である。これらの刑罰規定は通常その必要的加担者（高利の金を借りた者・従属的地位にある者）を保護するための規定であると解されているのであるが、それらにあって本質的なことは、むしろ、その際の保護法益である財産とか性的完全性が、当該の必要的加担者の一身または彼の財産の中に化体していて、法益侵害行為は彼のうちにその侵害の客体を見出すということである。しかしこの区別は誇張されてはならない。何となれば、右の第二類に属する犯罪にあっても、このような保護的見地が同時に含まれているし（価格違反・近親姦）、また逆にここに掲げた犯罪にあっても消極的行為者性の要素は同様に働いているからである。ドイツ判例は、ここに掲げたような保護的刑罰規定における不可罰的加担者は共犯としても罰されないけれども、その他の必要的加担犯にあっては必要の程度を超えた限り共犯として罰すべきだとするが、このような差別は、これらの間の構造上の共通点が多いことを考えれば、すでにそれだけで疑問視されるべきであるというのである。

（1） Lange, Die notwendige Teilnahme, S. 32ff.

四　右のランゲの研究はドイツにおいて勃興しつつある新しい刑法思想——義務違反としての犯罪観、行為者性の理論、新しい行為論等々——がいまや刑法の解釈理論の領域に進出し始めた徴候として注目に値する。とくにその消極的行為者性の理論がわれわれの必要的共犯の問題を具体的に生き生きと把握している点はその大きな特色といわねばならない。われわれは従来の学説、思想に対する彼の批判や彼自身の建設的意見から示唆を受ける点が少くない。しかし、それにも拘らず、彼が従来の犯罪類型該当性、違法性および責任性に還元させられない行為者性の範疇なるものを認め、右の対向犯の中の必要的加担者の一方が罰せられないものを——その全部ではないが——この行為者性（消極的行為者性）の問題として理解しようとする理論構成には大いに異論があるのである。以下にこの点について積極的、消極的の両方面から論じてみよう。

（一）ランゲは行為者性の要件を構成要件該当性（Tatbestandsmässigkeit）、違法性、責任性と並存する——あるいはそれらを圧倒する——重要な可罰性の条件だというが、その主張が非常にあいまいで不十分である。まずTatbestandの概念から始めよう。ランゲはこれを行為者から切り離された抽象的行為類型の意味に解し、さらに、最近の一派の理論に従って、ある行為がTatbestandに該当することと、その行為がその犯罪の結果惹起に対する一条件であったことを同一視するため、問題の対向犯の場合には、不可罰者の行為は構成要件に該当するにも拘らず、消極的行為者性のため処罰されないと説くことになる。しかし、これはTatbestandという概念の従来一般の用法からみても、明らかに不当な狭隘化である。それらの者が必要的加担者であるにも拘らず、法によってとくに処罰から除外されていることは、まさしくそれが法定の犯罪類型に該当しないということに外ならない。この場合には Tatbestand は「一定行為者の一定の態度」の類型化を意味しているのであって、行為者の特性（身分）は正にその犯罪類型の最重要な構成要素に外ならないのである。もし行為者を行為から切り離せば、その犯罪類型はもはや存在しないのである。ランゲの例の純血保護法において、ドイツ人とユダヤ人の婚姻外の性関係が男女を問わずともに法の禁止するところであるのに拘らず、処罰は男子だけに限られているということも、婦人の行為は Tatbestand に該当するが消極的行為者性のために罰されないのだというべきでなく、むしろ婦人の行為は違法ではあるけれども同法の犯罪の Tatbestand は「男子の行為」だけを含み、婦人のそれは含まない（類型該当性がない）からだというべきである。

私見によれば、従来から犯罪類型が可罰的行為の類型であるという場合にも、行為者から切り離された行為を意味するのでなく、むしろ常に行為主体の存在を予定しているのである。ただ一般の犯罪にあっては「……ヲ為シタル者ハ」というように無限定な、いわば代替性のある行為者が予定され、その行為者がとくに犯罪類型において限定され特徴づけられるのは、身分犯とか、ここで問題とされている対向犯などの特殊の場合に限られているという相違があるだけである。つぎに違法性や責任性というものも、このような犯罪類型を構成する要素に対する法的価値の見地からの実質的評価、考察に外ならないのであるから、それらの評価の向けられるものもまた、このような「行為者の行為」であって、決して行為者から切り離された抽象的行為であるのではないのである。このように行為者の特性が違法性、責任性そのものを規定するものであって、ランゲの考えるように両方が分離されうるものでないことは、私が従来から常に強調しているところであるが、つぎに、若干それについて私見を述べることにしよう。

違法性に関していえば、（イ）瀆職罪、秘密漏泄罪、背任罪、または医師の堕胎罪などにおいて、その可罰的違法性がそれぞれの行為者がもつ特に重要な地位、身分（公務員、業務上他人の秘密を取り扱う職業に従事していること、他人の委託により事務を処理する地位、他人の生命健康を保護すべき職業）により規定され、決定されることは、おそらく何人も異存があるまいと思う。また（ロ）共犯と身分に関する刑法六五条の「身分ニ因リ構成ス可キ犯罪」とか「身分ニ因リ特ニ刑ノ軽重アルトキ」というのも、その身分がその犯罪の違法性の要素である場合を指すと解して、始めて、正当な解釈に達しうることはしばしば述べたとおりである。さらに（ハ）主観的違法要素の存在なかでも「刑罰法令ニ触ルル行為ヲ為ス虞アル」こととか（旧）少年法四条）、常習性（一八六条）・職業性などが主観的違法要素と解されること、とくに右の少年法において行為が処分の条件ではなく、むしろ、その者が犯罪行為をする虞のある人間であることが条件とされ、彼の存在自体が法秩序の脅威であり、違法評価の決定的要素であることは、最もよく行為者と違法性の不可分性を示しているであろう。[2]（ニ）この行為者の特性、身分は違法性を阻却または減軽する事由として作用することも少くない。例えば武器を携帯することは一般に禁止され、従って違法とみるべきであるが、軍人とか警官とか一定の身分を有する者が行う場合には違法でなく、またある種の狩猟行為は当然には違法であり許されないが、とくにその狩猟行為の免許を受けた者が自ら行う限り適法であり、あるいはまた議会その他の議員選挙に当り特定候補者のために選挙運動をすることは（第三者の選挙運動として特に許された行為以外は）選挙事務長その他の法定の選挙運動者が行う場合に限り適法とされるなど全て身分（行為者性）が違法阻却事由である場合である。そのほか親族間の窃盗罪、詐欺罪、横領罪がその刑を免除されるのは（刑法二四四条・二五一条・二五五条）、親族という身分が違法減軽的に作用して、それを結局、可罰的違法の域に達しないものとするからであり、また懐胎の婦女自身の堕胎が軽く罰されるのも（二一二条）、その身分が違法減軽的に働いている場合である（それは婦女自身にとっては一つの自傷であり法益の放棄である）。

責任性においても事情は同様である。むしろ、ここでは行為者の特性、身分との不可分性は一層著しいのである。責任という観念自体が、行われた違法行為はその行為者の行為として彼に帰責されうるか、彼はその行為の真の主体といえるかどうか、彼は人格的にその違法行為について非難されうるかどうかという評価を内容とするものであって、それ自体、人格的であり、行為者的であって、決して行為者から切り離された抽象的な評価ではないのである。このような行為者の特性、身分と責任評価の密接な関係は、特につぎのような場合に明らかである。（イ）親族間において犯人の利益のためになされた犯人蔵匿や証憑湮滅は「之ヲ罰セズ」とされ（刑法〔旧〕一〇五条）。（ロ）また親族間の贓物の収受、運搬、寄蔵、故買、牙保などの行為は「其刑ヲ免除ス」とされている（刑法二五七条）。これらの行為は、いずれもそれぞれの犯罪類型の予想する違法性を備えており、また行為者には責任能力や故意（行為、結果および違法の認識）も存在するのであるが、しかもそれらが親族相互間において行われる（あるいは行為者が被蔵匿者、本犯の親族である）という事実が他の適法行為の期待を不可能にするのである。すなわちこれらの場合には、刑法上は責任が存在しないのであって、このように責任を阻却する事由は行為者の親族という身分（行為者性）である。（ハ）同じ思想は刑を全く免れさせるまでにはいたらないが、刑を減軽する理由としても働いていることがある。囚人自身のする逃走（刑法九九条）や善意で偽貨を収得した後でこれを偽貨と知りながら行使した者（一五二条）などが、通常の逃走罪、偽造通貨行使罪よりも軽く処罰されるのは、彼らの囚人また善意の取得者という地位が責任減軽的に作用し、他の適法行為の期待可能性を若干低下させているからである。懐胎の婦女自身の堕胎行為が減軽的に処罰される場合にも、彼女の身分は、違法減軽的に作用すると同時に（その行為の違法は胎児自身ならびに、胎児の出生について存在する国家の法益の侵害である点に重点があり、婦女自身は自分一個の法益を放棄しているのである）また期待可能性を低下するように作用している場合が少なくないであろう（例えば私通に基づく懐胎の場合）。これらの場合に行為自体は類型性、違法性、責任性を完全に備えているけれど、それ以外の消極的行為者性によって刑罰が減軽免除されるだけだと考えるべきではないのである。[3] 事情は必要的共犯においても同様である。[4]

（1）　拙稿「共犯と身分」法学論叢三三巻二一七頁以下、四二七頁以下とくに四五〇頁以下。

（2）　拙稿「主観的違法要素」法学論叢三七巻三四九頁〔刑法における違法性の理論二七三頁〕、「責任と危険性」法学論叢四一巻九八頁以下〔刑法に於ける期待可能性の思想五二五頁以下、とくに六一四頁以下〕。

（3）　拙稿「一身的刑罰阻却原因」法学論叢三四巻四〇一頁〔前掲期待可能性の思想四四五頁〕。

（4）　拙稿「消極的身分と共犯」法律時報一四巻一〇号一八頁以下。

（二）　私は右のような違法性、責任性への還元が、必要的共犯の一方が処罰されない場合の理解についても行われうるし、また行われねばならないと信じるのであるが、ランゲはこれと反対に、それらが違法、責任要素に還元されえない消極的行為者性であることを強調してやまない。しかし、この点に関する彼の論証はきわめて簡単であり、しかもあいまいである。彼の論理はつぎのようなものである。「ここで問題となるのは、行為とではなく、むしろ行為者の人格と何らかの仕方で関係する犯罪要素があるということである。しかもそれは責任性の要件におけるように、各個の場合に特別な理由から一般的に存在した責任が欠如するにいたるというのでなく、むしろ一般的類型化的にその行為者は始めから法がその呼びかけに答え答責すべきものとして予定した人に属しないという意味であり、換言すれば彼の行為は類型該当的ではあるが、行為者該当的でないという意味である。」また「まず、それは単に個別的場合における無責任が認められたことによるのでもない。なぜなら、それは個別的でなく、むしろ類型化的規定に関しているからである。またそれは緊急避難のような一般的責任阻却原因、すなわち責任非難一般の限界でもない」というのである。すなわち彼は違法、責任、なかでも責任阻却原因の個別性、一回性に対して、消極的行為者性の一般性、類型性を対立させているが、このようなことは全く理由のない区別である。確かに、責任だけでなく違法性の評価も評価としては全く一回的である。しかし責任評価が一回的であることは、その評価の基準を与える責任類型の類型性、一般化性を決して妨げるものではない。現に彼も緊急避難の規定については、そのことを認めているのである。ただ彼は消極的行為者性の場合には、行為者がまだなにも行為しない前から「答責すべきでない人」として除外されているといいたいのであろうが、これに対しても、われわれは、責任無能力者に関する刑法典の諸規定は同様に一般化的・類型的であるにも拘らず、それが正に責任「無能力者」の類型であり、責任の問題であることを妨げないことを指摘しなければならない。元来、個別的と一般的の対立は、責任的なものとそうでないものとの区別の標準にはなりえないのである。私は、行為者性の理論は、われわれが従来から努力してきた犯罪要件である行為者の一身的特質や身分の違法要素および責任要素への還元を妨げうるものではないと信じる。

それだけでなく、ランゲの行為者性の理論は、刑法学がやっと到達した実質的違法論および実質的責任論を放棄して、再び違法および責任概念の形式化、無内容化を惹起する危険を孕んでいる。この危険は、すでにキール学派のシャッフスタインがその既成刑法学に対する批判から到達した責任概念の新構成の内容の空虚なことにも現れていたが、ランゲにいたって益々著しくなったのである。実質的違法論・実質的責任論は、違法や責任の評価は行為者の身分、義務的地位などの一身的事情を離れては存在しえない場合がしばしばあるということを認めるもので、そこにはすでに、犯罪類型は抽象的な、行為者から切り離された、いわば空中に浮遊する行為類型としてでなく、正になんらかの行為者（主体）の行為の類型化であるということの洞察への通路が開かれている。いまランゲのように、この不可分的な行為者と行為とを分割し、違法および責任を専ら行為の属性と考えるなら、その行為者概念も行為概念も血の気を失った死物と化し、違法や責任は無内容な名目と堕してしまうのは必定である。私は、他の場合にあれほど事物の全体性的把握を強調し、分別的思惟を排斥する学問的傾向の人々が、この最も重要な問題について、元来、不可分的な行為者と行為とを切り離そうと懸命に努力するのを不思議に思うのである。繰り返していうが、行為は行為者の行為であり、犯罪は犯罪者の犯罪である。犯罪の実質を把握する価値概念である違法および責任が行為とその主体である行為者を全一体として包含しようとするのは当然であるといわなければならない。

さらに私見によれば、ランゲの消極的行為者性の理論にはいま一つの致命的欠陥がある。それは、消極的行為者性のある者は、そもそも法がその呼びかけに対し答責すべき人から除外した者であるとすることにより、その不可罰的地位を絶対化するということである。あたかも責任無能力者がどのような行為についても罰されないように、消極的行為者性のある者は、彼が必要的加担の程度を超えて行為した場合にも常に不可罰的だという結論になる。しかしわれわれのように、それも違法、責任、なかでも責任阻却または減軽事由の問題と解する立場からは、改めてそこに期待可能性の有無を問うて事態を解決すべきものとする余地がある。必要的加担の程度を超えた行為についても、なお、期待可能性が否定されるべきかどうかは、われわれからすれば別個独立の問題なのであって、決して必要的加担行為の不可罰性からの安易な一般化により答えられうるような問題ではない。私は、この点において消極的行為者性は、実は従来のフロイデンタール流の安易な一般化的理論が単に扮装を新たにして現れたに過ぎないと考える。しかも、この点は、われわれが次節において検討すべき第二の問題に関連してくるのである。

三　不可罰的加担と可罰的加担への転化

一　われわれは、これまで、必要的加担者の一方だけが罰されて、他方は罰されない対向犯の犯罪類型について、そのような差別的な法律上の取扱いがどのような実質的理由に基づくかを問題としてきた。いまや、われわれは一歩進んで、この当然には不可罰的な必要的加担者が、その必要な加担の程度を超えて相手方（可罰的な必要的加担者）に対し教唆、幇助などの行為をしたときには、後者の可罰的行為の共犯として処罰されうるか、あるいはこの場合にも依然として処罰を免れるのかというわれわれの本来の問題を解決しなければならない。——この問題の解決は、一方においていままで論じてきた必要的共犯の犯罪類型の構造の理解を不可欠の前提として予定すると同時に、さらに他面においては、一体共犯はなぜ処罰されるのかという共犯の処罰根拠についての反省を予定している。

元来、共犯論の領域は刑法学において最も議論の多いところであるが、右の最も根本的な問題について論じたものは意外にもきわめて僅少である。われわれは、ここではまず、この問題の解決に対して払われた数多くはないが、しかも貴重な先人の努力の跡をたどることによって自らの解決を準備することにしよう。この種の問題について理論的関心を示しているのはドイツの刑法学界であるが、そこでもそれが真剣に問題とされ始めたのは、実はきわめて近時のことに属するのである。従ってわれわれの問題史的研究もまた現行ドイツ刑法成立後の学説史を検討すれば足り、必ずしも古代や中世にまで遡る必要はないのである。

二　クリース　以上のような意味において、われわれの問題を最初に実定法に即して論じたものは、クリースの「共犯論への一つの寄与」("Ein Beitrag zu der Lehre von der Teilnahme." ZStW. 7. S. 521ff.) という論文――一八八七年――であった。彼のこの研究はその後、今日にいたっても、依然として必要的共犯論に対する指南車としての権威を認められているのである。

クリースはすでにその論文の標題が示すように、問題を共犯論との密接な関連において切り開こうとした。彼の問題の提起はつぎのように行われるのである。――（イ）ドイツ刑法典の共犯規定は、共犯（教唆犯・従犯）を犯罪の「無形的惹起者」(intellektueller Urheber)――いわば広義の間接正犯――とみないで、むしろ、正犯者である他人の犯罪に対する加担者すなわち共犯とみる立場に立っているのである。従って、まず、正犯者の行為がどのような犯罪を構成するかさえ確定すれば、共犯の刑罰は共犯規定によって自ら決まってくるのが原則である。（ロ）しかしながら、この共犯の従属性（クリースがこのような言葉を用いている訳ではないが）には刑法自体によって重大な制限が付されている。その第一は「共犯と身分」に関するドイツ刑法五〇条の規定であって、それによれば刑罰を加重減軽する一身的事情および関係（身分）はただその存在する者（正犯または共犯）についてだけ効力を発揮し、非身分者にはその加重減軽作用は及ばない。第二は各則の親族相盗例（ドイツ刑法二四七条）である。これによると一定の親族間における窃盗や横領は処罰されることなく、しかもその規定は親族でない共犯者には適用されない。さらに、この場合、親族という身分者は単に正犯であるときに処罰されないだけでなく、教唆・従犯としても処罰されないのである。すなわちこれらの場合には身分者、親族等の行為の可罰性は正犯行為のそれによって評価されないで、それと独立な見地から評価されることになる。（八）それでは共犯規定の例外はこれらの場合だけに限られるのであろうか。それともこれら以外にもなお共犯規定の適用のない場合が認められるか。ドイツの判例は後に述べるようにこれに対して非常に消極的な態度をとり、できるだけ共犯規定の例外を拡げまいとしているが、クリースによれば、それは理由のないことであって、共犯に関する一般原則は右の明文ある場合以外にも種々の関係から適用が除外されることがある。そしてこの除外例を生じるものとしてつぎの三つの見地が挙げられるのである。

（二）　第一の例外は、ある刑罰法規がその人を保護するために設けられたものであるときは、その人は決してその刑罰法規の違反に対する共犯として罰されないということである。(1)たとえば暴利罪がその適例であるとされる。「疑いもなく、事実上は非常にしばしば、むしろその大部分の場合において、暴利罪の被害者（債務者）の行為は教唆となるであろう。世の高利貸といわれる者の十中八、九まではさんざん相手に懇願を重ねさせた後でやっと貸借行為の締結に同意するからである。すなわちそれは教唆行為に該当する。しかもこの高利貸行為の性質、その違法性なども債務者には十分に知られているであろう。しかしそれにも拘らず、何人もこの高利をとられた者が真に教唆犯として罰されるべきであるという意見をとりはしないであろう。」これは暴利罪の刑罰規定が元来債務者の保護を目的とするものだからである。また自己の監督下にある者との性交も同様で、この際、目下の者がその行為に同意したとしても――それらの者が目上の者に対し自分との性交を教唆・幇助するときは当然この同意もある訳である――それは目上の者の行為の違法性を阻却するものではない。その他、未成年者の智慮浅薄に乗じた搾取罪、自己の勢力下にある者と他人との性関係の媒合、嘱託殺人（ドイツ刑法二一六条）、遺棄罪（ドイツ刑法二三五条）、誘拐罪、なかでも被拐取者の承諾はあるがその両親または後見人の同意のない誘拐罪（ドイツ刑法二三五条、二三七条）などもこの種類に属するものとされている。

（1）　Kries, Ein Beitrag zu der Lehre von der Teilnahme, ZStW. 7, S. 527ff.

（二）　第二の例外は、仮りに同一人が同一の犯罪に何とおりもの仕方で加担してもただ一度しか処罰されない――すなわち同一人が他人を教唆して自分とともにある犯罪を共同で実行させ、あるいは他人を教唆して犯罪を実行させるとともに、その実行を幇助したとしても、ただ重い共同正犯または教唆犯につき処罰されるだけである――という共犯に関し広く承認された原則から引き出される。(1) クリースによるとこの共犯理論の原則は、仮りにその共犯行為が実定法上独立犯化されている場合にも依然妥当するのであって、従って第三者ならこの独立犯化された共犯行為にさらに教唆、従犯として加担しうるけれども、本来主たる行為者とみられるべき者や、その外のより重い形式で行為に加担する者は、さらにそれに（より軽い形式の）共犯として加担する余地はないといわねばならないからである。この例外が認められる理由は、これらの場合には「大体ただ一個の行為が存在するだけであるか、少くとも一方の行為が他方の行為を吸収してしまう」からというところにある。例えば、決闘を挑んだ者――ドイツ刑法二〇一条の犯罪――が果し状を相手方に届けるよう他人に依頼（教唆）しても（この依頼に応じ、またそれを遂行した者は決闘仲介者 Kartellträger として二〇三条により処罰される）、別に二〇三条の罪の教唆犯として罰されることはない（何となれば、決闘の仲介は一応独立犯化されてはいるが、実質は決闘罪または決闘を挑む罪の幇助に過ぎないからである）。これは本来の主な行為が可罰的な場合であるが、主な行為が罰されない場合でも事情は同様である。例えばドイツ刑法上は囚人自身の単純逃走行為は罪とならないが、他人が逃走させまたは逃走を容易にすれば処罰される（ドイツ刑法二二二条）。いま囚人が他人を教唆して自己の単純逃走を幇助させたとしても、囚人を二二二条の罪の教唆犯として罰することはできないのである（二二二条の犯罪もまた囚人の逃走を主な行為とする加担行為の独立罪化されたものに過ぎない）。その他、犯罪を犯した者が、他人を教唆して自己を蔵匿隠避させるとき（犯人庇護は犯人が刑罰を免れ、または犯罪による利益を確保することを幇助する行為であり、それがドイツ刑法二五七条により独立犯とされたのである）、財産犯の犯人が他人に自己の贓物につき収受、運搬、寄蔵、故買、牙保などの贓物行為を行わせる場合や（ドイツ刑法二五七条、二五八条）、あるいは他人に自己のために淫行の相手となる女性を周旋させる場合（一八〇条は慣習として、もしくは利己心から淫行の媒合をし、またはそのための機会を附与、作成することにより淫行を助けた者、すなわち他人の淫行に対する幇助行為を独立罪としている）にも、同じ関係が見出されるというのである。

（1）　Kries, Ein Beitrag, ZStW. 7, S. 534ff.

（三）　第三の例外は「法規の構成から、あるいは法条の連関から、ある特定の人間は罰されるべきでないということが結論される」ということによって特徴づけられる。この場合には、それらの人を処罰しないとする法の趣旨が、それらの人を他人の犯罪の共犯として取り扱うことによって蹂躙されてはならないとされるのである。[1]――クリースによれば、この典型的な例は単純贈賄である。ドイツ刑法が贈賄行為を瀆職罪の加担行為としてでなく、むしろ独立の犯罪として考えていること、だからまた贈賄行為を罰すべきときはこれに独立の刑罰を科していることは明瞭である。従ってその三三一条が収賄についてだけ罰条を設け、贈賄については何も規定していないことから、われわれは立法者は後者を罰しない趣旨であると結論してよいとされる。また破産法では破産債務者が特定の債権者をとくに優遇するために後者にその請求権のない保障や満足を与えたときはその債務者は処罰されるし（ドイツ破産法二四一条）、また破産債権者が、債権者集会において一定の投票をすることの対価として債務者その他に特別な利益を提供・約束させたものも同様である（同二四三条）。しかしこれらの場合にその保障また満足を受領した債権者、または特別な利益を提供約束した債務者は、それらの者の共犯としても処罰されることはないのである。――クリースはさらにこれらのことがらを一括して「立法者がある一人の行為だけに刑を科し、当然予想される他の者の行為について沈黙している場合には、後者は共犯の見地からも処罰されるべきではないと断言してよい」と語っているが、それはまさにわれわれが問題とする対向犯に該当するのである。

(1)　Kries, Ein Beitrag, ZStW. 7, S. 534ff.

クリースの理論は、さすが独創的なひらめきに充ちている。しかしその三つの原則の間の内面的連関や理由づけからみると、種々の不整合を免れないと思う。私見によれば、彼の第三の原則（法規の構造または連関から特定人の不処罰が推論される）は、われわれが前節二で検討した必要的加担者の一方だけに刑罰を科している犯罪類型の構造上の特徴を説くもので、第一の原則は実は第三の原則の妥当する一つの場合を取り出してみたものに外ならない。そしてこれらの二者がいずれも個別的犯罪類型、すなわち各則の問題であるのに対して、彼の第二の原則は同一人が同一行為にたとえ何重にも加担してもただ一回しか罰されることはないという一般総則上の議論である。これは例えば、ある人が他人を語らって（教唆）、共同に殺人行為を実行した（共同正犯）場合にも共同正犯および教唆犯として二重の処罰を受けることはないという限りで正しいけれども、同様のことが独立犯化された加担行為の場合にもそのまま妥当すると主張できるかどうかは大いに問題であるといわねばならない。それらが本来他人の主な行為に対する従属的加担行為であるとしても、いやしくも一たび実定法により独立犯化された以上は、それは独立の犯罪として取り扱われるべきであって、従って主な行為者もその主な行為者としての地位においては処罰から除外されていても、その他の教唆犯または従犯などの形で前者に加担した場合には、なお有効にそれに対する可罰的共犯が成立するという解釈も成り立ちうるからである。また右の第三の原則から、不可罰的な必要的加担者はその必要な加担の程度を超えた場合にも処罰されることはないという結論を抽出するとすれば、そのこともそのままでは論理の飛躍である。というのは、法はこの場合その者が必要的加担の程度を超えなかったという点にその不処罰の理由を見出したのであって、その程度を超えた以上、彼を不可罰的にした理由も消滅するということも大いにありうるからである。――われわれが本節で当面した問題に関する限り、クリースの結論は維持されないか、または維持されうるにしてもその理由は何か別のところに新たに求められなければならない。[1] しかしこの方向に目を向ける前に、われわれはクリースの理論がドイツ刑法学界および判例にどのような影響を与えたかを一応概観しておくべきであろう。

(1) クリースの三つの原則が総則の領域と各則の領域の双方にまたがっているということは、われわれの問題が総則と各論との双方からの考案によって始めて解決されうることを暗示しているようで興味深い。

三　クリースの理論の影響

まず学界に対する影響からみると、それは実に大きな反響を呼び起した。ある刑罰法規がその人の保護のために定められた人、および法律の趣旨からみて罰されるべきでない人は共犯としても処罰されないというクリースの第一、第三の原則は、殆ど全ての学者によってそのまま復唱され、ただ僅かに彼の第二の原則について若干の異論が出された位であった。しかもこの異論というのもクリースの結論を争うものでなく、単にその理由づけに関するものが多かったのである。このクリースの影響は今日のドイツ刑法学においてもきわめて強いのであって、現にリスト・シュミットのドイツ刑法教科書の二六版や、ヒッペルの教科書、またはアルフェルトの教科書の最近版（九版）などのような代表的な書物も、依然としてクリースの学説を殆どそのまま祖述しているのである。[1] それに対して批判的な態度をとるフロイデンタールやランゲらの学説も、深く考究すれば、やはり、クリースの思想的支配下にあることはわれわれが後にみるとおりである。

(1) Liszt = Schmidt, Lehrbuch des deutschen Strafrechts, Allg. Teil, 26. Aufl. S. 323ff. Hippel, Deutsches Strafrecht, 2. Bd. S. 486ff. Allfeld, Lehrbuch des deutschen Strafrechts. 9. Aufl. S. 212ff.

これに反してドイツの判例は、クリースの第一の命題を認めただけで、第二の命題に対しては全く反対の態度を一貫しており、また第三の命題についても、その不処罰は、その者がその犯罪類型の充足にとって必要な行為の程度を超えなかった限りにおいて与えられるのであって、この程度を超えれば一般の共犯原則に照して処断しなければならないとしているのである。フロイデンタールは、つぎのような判例を挙げて、このことを明らかにしている。

（一）　クリースの第一原則を認めた判例というのはドイツ刑法二三五条の未成年者誘拐罪に関するものである。[1] 事案は未成年者である被拐取者が自己を誘拐する行為に加担したというのであった。判例は誘拐罪における直接の被害法益は両親その他の監護権者の監督権であるが、この監督権はまた結局、未成年者自身の利益のために保護されるのである。従ってそれは第三者による侵害に対してこそ保護されるべきであり、未成年者自身による侵害に対してまで保護される必要はない。従って未成年者が自己の誘拐に協力加担しても、それを誘拐罪の共犯として罰する訳にはゆかないとされ、結局、「個々の刑罰規定が正にその者を特に保護するために定められたものであるときは」その者に対しては刑法の共犯規定の適用はないとされたのである。

（1）　Entsch. des II. Strafsen. vom 27/30. 11. 1888. E. 18. 273.

（二）　クリースの第二の原則に対する判例の否定的態度は種々の犯罪について明らかにされている。例えばドイツ刑法(旧)二一九条は対価をえて懐胎の婦女に堕胎手段を提供・施用または教授した者を処罰していたが、それは堕胎に対する幇助行為の独立犯化されたものに外ならない訳である。ところがドイツ判例は、これについて、少なくとも独立罪とされた以上は「一切の独立的犯罪と同様にそれに対してさらに各種の共犯が成立しうるのであって、懐胎の婦女自身であってもその共犯者となりうる」というのである。また一二〇条は囚人を逃走させる犯罪であるが、囚人が他人に自己を逃走させた事案について、大審院〔最高裁――編者〕は、法律が囚人自身の逃亡を罰しないのは「人道的理由から人間の自由本能も顧慮せねばならないと信じたからであるが、これは、ただ、自己を自由にするために他人の犯罪行為を惹起するような彼の行為までも刑罰を免れさせる結果となるのではない」としているのである。その他、犯人庇護罪や媒合罪についても同様である。[1]

（1）　Entsch. des III. Strafsen. vom 10. 4. 1880. Entsch. des I. Strafsen. vom 29. 11. 1880. E. 3, 140, E. 4, 812, 60, 252, E. 25, 369, E. 23, 69, E. 6, 286.

（三）　クリースの第三の原則については、ドイツの判例は、犯罪類型の上で数人の加担が予想されるのに、その一方だけが処罰され処罰の対象とされるときは、他方の加担者は彼が必要的加担の程度を超えない限り処罰されることがないが、その程度を超えたときは一般の共犯規定によって処罰されるという立場をとることは上述した。例えば破産債務者が不当な保障や満足を特定債権者に提供したときは、その債務者は処罰されるが、それを受け取った債権者については処罰規定がない。これについて大審院は、債権者の「単純なる受領」は、保障または満足が提供されるために当然必要な加担行為であって、その限りでは罪とならないが（この限りではクリースと同じ）、一歩この程度を超えたなら債務者の犯罪の教唆犯または従犯としての処罰を免れないとする。破産債権者の投票売込みも同様で、債務者が「それなしには犯罪の遂行を考えられないような行為をしただけなら」（すなわち単純な買収行為）罰されないが、その限界を超えて、例えば債権者に働きかけて彼がそれまでもたなかった意思を惹起したりすれば、彼は債権者の犯罪の共犯の責任を免れないとされる。フロイデンタールにならっていえば、ドイツ最高裁の見解は、結局、「法律の意思によれば、罰されないのは法がとくに処罰から除外した必要的加担者の必要的加担行為なのであって、必要的加担者その人が必要の程度を超えた加担行為をしても罰されないのではない」のである。[1]

（1）　E. 2, 439, E. 5, 276, 4, 1. Freudenthal, Die notwendige Teilnahme am Verbrechen, 1901, S. 95ff.

四　フロイデンタール　この問題についてクリース以来最も深く研究し学界に大きな影響を与えたのはフロイデンタールの「犯罪に対する必要的共犯」(Die notwendige Teilnahme am Verbrechen, 1901) という著書であった。彼はその中で「必要的共犯とはその法定の犯罪類型上数人の協力を予想する犯罪である」と定義して考察の範囲を限定するとともに、従来の学説・判例を巧みに整理し批評している。クリースの三個の原則についても、その一つ一つについて詳細な検討が加えられるのである。まずそれをみよう。

（一）　クリースの第一原則、すなわち特定人を保護するための刑罰法規はその被保護者の共犯としての処罰をも妨げるという命題は、結論としてはそれでよいけれども、それはまだ十分には理由づけられていないとされる。というのは、被保護者であっても自ら他人の可罰的行為を惹起した以上は、一般の共犯原則に照して処断されるべきだという主張をたてることも決して不可能ではないからである。

第二の本来主たる行為者となる者は、実質上彼の加担行為に過ぎない行為に対しては、たとえ後者が独立罪に高められた場合でも後者の共犯として処罰されるべきでないという原則に対しても、最高裁のいうように法以前の関係がどうであろうとも、いやしくも法律が独立罪とした以上は、主たる行為者もそれに対する共犯者として罰されるべきだという議論が対立しうる。ただし、ここでもクリースの結論は実際的には妥当であるから、結局、形式的にみれば疑いもなく可能な共犯規定の適用を阻止する「法律の意思に由来する実質的事情」が探究されねばならないとされるのである。

クリースの第三原則——法の趣旨からある加担者が不可罰的であることが推論されるときは、その者は共犯としても罰されない——だけは、法学的に支持されうる。ただし、これもただその者が必要的加担の程度を超えない限りにおいて当てはまるのであって、その程度を超えたときまでも当然に不可罰的にするものではないから、必要の程度を超えたときの処分がどうあるべきかは、さらに別個の問題として考究しなければならないとされるのである。(1)

以上のクリースに対する批判がすでに示しているように、フロイデンタールはクリースの実際的な結論そのものは承認しながら、その理由づけは大体否定し、別に独自の理由づけを与えようと試みるのである。

（1）　Freudenthal, Die notwendige Teilnahme am Verbrechen, S. 97ff.

(二)　クリースは共犯理論の例外を三つのそれぞれ別個の原則に照して考えようとした。しかし、フロイデンタールによれば、これは不当であって、むしろ一切の例外の場合に当てはまる統一的な見地が樹立されねばならないのである。そして彼はクリースの第三原則にいう「法律の意味と目的」からこの統一的な原理が引き出されるとするのである。もっともクリースの理論そのままでは必要的共犯行為の不処罰が推論されるだけで、ここで問題となる教唆および従犯行為については直接なんらの結論も生じないのであるから、それが根本的な変形を経なければならないのはいうまでもない。これらの行為にまで妥当する規準を与えるためには、それはつぎのように修正されるべきである。「法律の意思に照して、ある人（A）のある法益に対するより重い攻撃が、それがたとえ他の可罰的な人（B）と共同して行われたとしても刑罰が科されないとすれば、その人（A）によりなされたより軽い攻撃はなお一層処罰されるべきでない。そして必要的共犯行為が表現するより重い攻撃は具体的法益の侵害または脅威にあるであろうし、他人（B）により行われるその法益に対する可罰的攻撃への教唆または幇助はより軽い攻撃となるのである」と。[1]――われわれは、さらに、詳しく彼の説明を聞くことにしよう。

まず必要的共犯において、必要的加担者が必要の程度を超えて行為した場合（相手方に対する教唆・幇助）から始めよう。フロイデンタールによると、この問題は同一人が同一可罰行為に数個の加担行為をした場合（XがYと犯罪を共同して実行しただけでなく、またYにこの共同実行を教唆し、または幇助したとき）に生じる問題と性質を同じくしている。彼によれば必要的共犯はその性質上共同正犯に外ならないからである。――このように同一犯罪に対し同人の共同正犯行為と教唆または幇助行為とが競合する場合には、共同正犯としての面だけが表面に現れ、教唆や幇助となる面は無視されるのが、判例であり、通説である。しかしこのように無視される理由の説明はさまざまであって、あるいは（一）それは自分の行為の予備に過ぎず、他人の正犯行為を予想する共犯の概念には当てはまらないからであるとか、（二）想像的競合であるとか、（三）法条競合であるなどと説明され、さらにその法条競合も吸収関係であるか補充関係であるかが議論されるのである。[2]フロイデンタールによれば、最後の補充関係の理論が正しい解決策を示しているのであるが、彼の理論の特色はこの補充関係を実害犯と危険犯の関係との比較から引き出してくる点にあるのである。実害犯と危険犯の間の補充関係は、同一犯罪の既遂と未遂の間にもみられるのであって、ある犯罪の未遂は、その既遂が認められない場合に始めて問題となるのであるが、

同一人の共同正犯行為と教唆・従犯行為との間にも同様な関係が見出されるというのである。(3)

そこでまず実害犯、すなわちある法益の侵害を結果とする犯罪について考えると、(一) AがBに対し自分と共同してXを謀殺するように教唆したとする。その教唆により惹起される結果はBの決意に過ぎない。それでは法益の保護を目的とする刑法は、なぜこの決意の惹起、すなわち教唆を処罰するのかというと、それはBの決意によって法益、この場合にはXの生命が脅威され危険にさらされるからである。Xの生命はAの教唆行為により侵害されはしないが(なぜなら、現行法は、フロイデンタールによれば、因果関係中断の思想により教唆者を原因設定者とは認めないからである)、しかしそれによって脅威される(危険にさらされる)ことは事実である。なぜかといえば行為者の精神の中で犯罪遂行の決意が一度喚起されれば、彼がその決意を現実に実行する可能性、すなわち刑法が保護しようとする法益を侵害する危険が生じるからである。(二) 従犯にあっても事情は同じである。従犯の結果は正犯の犯罪実行の促進であり、法益の侵害を含まない。現行法では法益侵害を遂行する者は正犯であって、従犯ではないからである。しかし従犯の行為も教唆と同様に法益に対する脅威を含んでおり、ただこの脅威は教唆に比較して現行法の上ではより軽微な脅威とみなされ、そのため刑罰も軽くされている。すなわち教唆も従犯も正犯の攻撃する法益を脅威するが、ただ前者の脅威は後者のそれより一層重いという相違があるだけである。――このとおりであるから、ある人がある犯罪の教唆者または幇助者であるとともに共同正犯者でもある場合には、同一の法益に対する同一人の実害行為と危険行為が競合的に成立している訳である。従ってここでも教唆、従犯に関する規定は危険犯に関する法規がそうであるように、侵害行為である共同正犯行為に対する法律が適用されない場合に限り適用されるといわなければならない(もちろんそれを刑罰量定に当り顧慮することは差支えない)。

なお、以上の補充性は実害犯と危険犯の関係においてだけでなく、また同じ危険犯相互の間においても、その危険の大小、軽重、直接・間接によって認められる。より重い危険行為である教唆犯とより軽い危険行為である従犯行為との間にも、この理由によって補充性の関係が成立するとされるのである。

必要的共犯者は共同正犯であり、法益の侵害者（あるいは重い脅威者）である。このことは必要的加担者の一方だけが処罰され、他方は処罰されない対向犯の犯罪類型においても同様である。従ってその者は法益に対する侵害行為またはより重い危険行為（実行行為）をしてさえも罰されないのであるから、同じ人が同じ事情の下において同じ法益に対して単なる脅威またはより軽い危険行為（教唆または幇助）を加えたとしても、罰されないことには一層強い理由があるといわねばならない。すなわち、同じ事情の下において他人と共同して正犯行為を遂行してさえ罰されない者の必要的加担行為に属しない教唆または幇助行為は、なおさらのこと罰されるべきではないということになるのである。(4)

フロイデンタールはこのことを未成年者搾取罪（ドイツ刑法三〇一条）、暴利罪（ドイツ刑法三〇二条）、破産犯罪、外国政府通謀罪（ドイツ刑法八四条、八七条）、猥褻文書販売罪（ドイツ刑法一八四条、三六七条三・七号）、決闘介添罪（ドイツ刑法二〇三条）、賄賂罪（三三一条、三三二条）その他の「必要的共犯」である犯罪について一々例を挙げて説明している。しかしながら、彼の考えによれば、右の原則は、実は、なにも必要的共犯についてだけ認められるものではない。それは、むしろ、クリースが共犯論の例外と称した他の二つの部類にも当てはまるべきものなのである。すなわち彼は説いて「必要的加担の事実はこれまで単に法律の意思を確認するための手段に外ならなかった。従って、結局のところ、右の結論が引き出された根源は、必要的加担という事実ではなくて、むしろ、法律の意思だったのである。だが、一定の人によって一定の手段方法をもって遂行されたある法益の侵害脅威が罰されるべきでないということが法律の意思であるのは、なにも必要的加担の場合だけに限られるのではない。このことから必要的加担について妥当する命題は、それ以外の場合にも拡張されうるという結論が生じるのである」という。「法律の意思として、ある人が他人と共同して一の法益を侵害（脅威）しても処罰されないということが認められる場合には、その人がその他人の当該法益の侵害（脅威）を教唆したとしてもやはり罰されるべきではない。その教唆行為はその主な行為（法益侵害）に比較すれば、単にその法益の（遠いまたは軽い）脅威を含むに過ぎないからである。」要約すれば「ある人が一つの法益を他の人と共同して侵害または脅威しても処罰されないとすれば、彼がそのことをその他人を教唆または幇助することによって、単に脅威しまたは単により軽く脅威したに止まる場合にはなおさら処罰されるべきでない」ということになる。例えば、ドイツ刑法では囚人自ら逃走しても罰されないが、囚人以外の者が囚人を逃走させれば一二〇条で処罰される。この場合に囚人が他人を教唆して自分を逃走させたときは、囚人の行為は形式上一二〇条の教唆犯に該当するが、囚人は自ら逃走しても（すなわち法益を侵害しても）罰されないのだから、その程度に達しない単なる危険行為（自己を逃走させる行為の教唆）により罰されるはずはない。また犯人は自ら処罰を免れ、または自己の犯罪による利益を確保する行為をしても罰されないが、犯人以外の者が犯人にこれらの行為をしてやると犯人庇護罪（ドイツ刑法二五七条）として処罰される。そしてこの場合に犯人が他人を教唆して自分のために二五七条を犯させたとしても右と同様の理由から処罰されることはないのである。その他、男をそそのかして自分と駆落ちさせた誘拐罪の被拐取者、媒合犯人に自己の淫行の相手を世話するように教唆幇助した放蕩者、近親姦における不可罰的な側の者（卑属）の可罰的な側（尊属）に対する挑発的行為もまた、いずれも必要的加担犯ではないが、全く同様な解決に服すべきものとされるのである。

（1）　Freudenthal, Die notwendige Teilnahme am Verbrechen, S. 121.
（2）　Freudenthal, a. a. O. S. 49ff.
（3）　Freudenthal, a. a. O. S. 78ff.
（4）　Freudenthal, a. a. O. S. 109ff.

（三）　フロイデンタールの右の原則は、実はクリースの第二の原則を第三原則にいう「法の意味と目的」の見地の拡大により理由づけようとしたものに過ぎない。しかもその理由づけが求められる地盤は、（一）犯罪の本質は法益に対する侵害脅威にあるという法益観念中心の刑法論であり、さらに（二）教唆・従犯は犯罪的結果の原因でなく、ただ実行行為だけが原因であるという因果関係中断論、原因条件区別説なのである。つまり、教唆・従犯は、それが成立した場合でも結果の原因、すなわち法益侵害行為ではなく、単にそれに間接的条件を与える危険行為に過ぎないから、もしある人が一つの法益に対して侵害行為（実行行為）をしても不可罰的であるとされる以上は、彼が同じ法益に対する危険行為（教唆・幇助）をしても罰されないことは当然であるという論理がそこから生れてくるのである。これは一見まことに魅力のある思想であって、理解しやすく、かつ普遍妥当性をもつように見え、また、従来の刑法理論の基本概念との体系的調和を保障するように思われる点において、その反対説なかでも最高裁の必要的共犯にも共犯規定の適用を禁止する明文はないというような形式論理に比較し遥かに優れてみえることは否定できない。それが学界において容易に受け容れられ通説となったことも当然であろう。例えばフランクが最近も、その原因と条件を区別する独特の因果関係論から「原因の設定（正犯）の不処罰から単なる条件設定の不処罰が結果する」と主張し、また滝川教授により代表されるわが国の通説が「正犯として罰せられない者は共犯——教唆または従犯——として罰せられないことに一層強い理由がある」と説くところにも、その考えの広がり方が想像されるであろう[(1)]。

（1）　Frank, Deutsches Strafgesetzbuch, 18 Aufl. S. 111, 135, 139, 145, 146. 瀧川教授・犯罪論序説三一七頁。

五　ベーリンク　しかしこの状態にあっても、フロイデンタールの学説を否定し、判例の立場を擁護しようとする学説がなかった訳ではない。例えばベーリンクなどは、フロイデンタールの方法そのものに対して、私見からすれば、きわめて正当有力な批判を加えた後、法的に当然には処罰されない必要的加担者も彼が必要やむをえない加担の程度を一歩でも踏み超えれば、可罰的な一方の者の犯罪の共犯として刑罰を免れないということを理由づけようとして、独特の理論を構成しているのである。彼のこの点に関する主張は、一つは全刑法学雑誌の判例概観の中に、一つはさらにこれを修正展開した「犯罪論」（Die Leher vom Verbrechen）中の所論により伺うことができる。

（一）　彼の判例評釈は「共犯者の可罰性は、彼の行為がそれ自体としてみられた場合には彼にとって不可罰的であるとしても、そのことにより阻却されるものでない」という一八九二年四月一三日の第一刑事部の判決に対するものであった。事件は被告人が数人の婦人と性交をしたことに関するものであるが、これらの性交は彼と同時に正犯として起訴された女が彼の人物についてこれらの婦人に対して虚構の事柄を述べるという偽計によって、彼に可能になったものであった。しかも、この被告人はこの欺罔についてそれに適わしい態度によって協力したために、〔旧〕ドイツ刑法一八一条の加重的媒合罪の従犯として有罪を言い渡されたのであるが、彼の上告は右のような理由で棄却された。この判決は、他人に自己を逃走させるよう誘致した囚人をドイツ刑法一二〇条の罪の教唆犯として罰した従前の判例（一八八〇年一一月二九日判決）と一致する。――これらについてベーリンクはいうのである。[1]

「これら二つの判決は私見（ベーリンク）によれば全く正当である。なぜならドイツ刑法の共犯は正に他人の行為に対する加担としての性質において、しかもただこの性質においてだけ罰されるのであるからである。教唆犯や従犯が罰されるのは、彼が正犯者を罪責と刑罰に陥らせるからである。単に淫行にふけり、あるいはひとりで拘禁場から逃走する者は処罰されない（後の点はわが刑法と異なる）。しかし彼がこれらをするに当り、第三者の可罰的行為を利用したとすれば、すなわち彼は可罰的手段を選んだのであって、この見地において処罰を免れない。このことは、それ自体として可罰的でない目的の達成に暴力や犯罪をもってする脅迫等を手段として用いた者が処罰を免れないのと同断である。後者が「汝は暴力や犯罪をもってする脅迫を用いてはならない」という規範を侵害しているように、前者は「汝は他人を罪責と刑罰にいたらせてはならない」という規範を侵害したものである。この規範は、もしその者がその行為をする積極的な権利をもつ場合には、もちろん働かないであろうが、最高裁がまことに正当に強調しているように、単に禁じられず罰されない行為は、まだ直ちに権利行為ではない。

そして、ここに裁判された事件においては、被告人の右の行為をなす権利を問題とする余地のないことは一見して明瞭である。」

（1）　Beling, Rechtsprechung des Reichsgerichts, ZStW. 18, S. 271ff. Entsch. des RG. 23, 69, 3, 140.

（二）　ベーリンクは、さらに「犯罪論」において、フロイデンタールの研究を「細心である上に明敏」と称讃しながら、しかもそれに対して刑法体系的な批判を与えている。彼によれば「ある人を一つの行為について罰してはならないと説く者は、どの点において可罰性が欠けているかについて説明を与えなければならない。そして可罰的行為者とは構成要件に該当し違法有責であり処罰条件を充す行為をした者であって、しかも一身的刑罰阻却原因を具備しない者をいうのであるから、不可罰性の基づく理由もまた、行為が存在しないか、または行為が構成要件に該当しないか、それが違法でないか、有責でないか、または処罰条件を欠くか、一身的刑罰阻却原因が存在するかのいずれかでなければならない。」従ってまた必要的加担者の一方の不可罰性を認めようとする者は、その行為が非類型的であるために、不可罰的なのか、またはそれが違法性、有責性その他の欠缺のために罰されないのかを明らかにしなければならないはずである。しかし従来の「学説はこの構成的な課題を避けており、少くとも種々の見方の明確な討論はいままでのところ見当らない。」フロイデンタールの理論もこのような欠陥を露呈しているとされるのである。

そこでこの点を検討すると、（一）まず刑罰法規が必要的加担者の一方について沈黙しているということ（ドイツ刑法三〇二条以下の暴利をとられた者、一二〇条の逃走させられた囚人）は、まず差し当ってはただ彼の行為については法定の構成要件がないことを意味するだけである。彼の行為は類型化されていないので、従って彼は正犯（共同正犯）となることができないのである。（二）しかし彼が正犯となりえないことは、まだ当然に彼の共犯が不可能であることを意味しない。この場合の共犯成否は、犯罪の態様としての共犯規定の要件が具備しているかどうかで決する外はないが、もし彼が教唆または幇助をしておれば、彼は当然共犯の構成要件を充足しているのである。このことは、その者の法益が正に当該構成要件上の保護客体である必要的加担者においても同様である。客体はただ正犯者にとって有効な客体であれば足るからである。(三) そこでつぎにはその必要的加担行為が違法かどうかが問題となる順序であるが、この問題もまた肯定されるべきである。共犯の違法性は、正にそれが他人の違法行為に対する加担である点に存するからである。この場合、被害者（必要的加担者）の同意ということが問題となりえようが（もし被害者がその処分権の範囲内にある法益侵害に同意したとすれば、それは正犯行為の違法性を阻却し、それに対する共犯も問題とならなくなる）、いずれにしても必要的共犯行為そのものの違法性を否定する理由はない。もっともフロイデンタールの補充性の理論は（それは一種の勿論解釈 Argumentum a fortiori であるが）、あるいはこの違法性の領域における議論かとも考えられる。すなわち「(イ) 必要的加担が類型化されていないということは、その必要的加担者の実行行為・法益侵害行為が違法でないことを意味している。そして (ロ) 単なる共犯と正犯とは単純な法益脅威と法益侵害との関係に立つ。いまこの法益侵害が違法でないとすれば、法益脅威（共犯）はなおさら違法でないといわねばならない」という理論構成であろうとも思われる。しかしながらこれは誤りである。実行（正犯）行為が類型化されていないということは決してそれが違法でないことを意味するものではない。ある必要的共犯者の行為が違法であるにも拘らず、しかも処罰されないということは十分ありうることであるからである。このようにその前提がすでに維持されえないだけでなく、また仮りにそれを肯定したとしても、共犯行為と正犯行為との違法性は、決して単なる量的な大小の関係に立つものではないのである。共犯行為の違法性は全くそれに固有の違法性であって、それは「彼が構成要件を実現するから違法なのでなく（彼はそのような行為は全くしていない）、むしろ彼が他人の違法性の構築を助けるから違法なのである」といわねばならない。従って違法性の点においても必要的共犯者を処罰から解放できる理由はなにもないのである。(四) さらに責任の方面においても欠けるところは見出されないから、結局、その不処罰の理由としては処罰条件の欠如（客観的刑罰阻却原因）かまたは一身的刑罰阻却原因の存在を考える外はないことになる。それではそのいずれを認めるべきかといえば、それはもちろん一身的刑罰阻却原因でなければならない。この場合の不処罰にとって決定的なのは行為者の一身的事情だからである。すなわちベーリンクによると問題の「必要的加担者は完全に犯罪を行うものであって、ただ彼の一身が可罰的でないに止まるのである。」そこでベーリンクは結論するのである。「これによって彼の不可罰性がどのようなものかが特徴づけられた。それは単純な寛恕と衡平の考慮に基づく不処罰に過ぎず、それ以外の何物でもない。またそれはこのようなものであるために、ただ法の沈黙がその不処罰の趣旨であると認識される狭い限界内においてのみ与えられるべきものであり、すなわちそれは、行為が暗黙の間に前提された加担行為であると考えられる範囲においてだけ与えらるべきである。その程度を一歩超えれば可罰性が存続するのである。」「もしフロイデンタールが主な加担者が法典に掲げられていないのは、彼がその一切の行為につき全然罰されないことを結果すると論じるならば、それは、上述したように、法の沈黙は、それだけでは、単に彼に対する固有の類型がないことを意味するに過ぎないということを見忘れているのである。この際、法の精神は、確かに彼はその場合他の加担者について樹立された類型に対する共犯としても罰されないという結論に導くであろうが、それはただ彼が他の者がその行為を行いうるために（抽象的に）必要な行為以上のことを行わない限りにおいてだけ認められることなのである。」

（1） Beling, Die Lehre vom Verbrechen, 1906, S. 433ff. なおベーリンクは前の刑法学雑誌の所論は「結論においては修正を要しないけれども、その理由づけにおいて正犯と共犯に対する規範をもってした限りにおいては修正を要する」といっている（S. 439 Anm. 1)。

（三）　以上のベーリンクの理論は二つの点で注目し尊重されるべきものを含んでいる。その第一は、彼が必要的加担者でありながら罰されない者について、その不処罰の理由が明らかにされねばならないとして、犯罪論の構成に従って、その行為の類型該当性、違法性、有責性などの有無を検討しようとしたことである。これはフロイデンタールらの理論が全く触れようとしなかった点で、それを問題として採り上げたことは、――彼が、結局、一身的刑罰阻却原因というそれ自体問題を含む観念にその解決を求めたことの不十分さはしばらくおいて――非常な慧眼だったといわねばならない。私はこの彼の問いをさらに問い抜くことによって、彼とも、またフロイデンタールとも、あるいは後に述べるランゲらとも異なる理論的立場（結論ではベーリンクと同じであるが）が打ち樹てられうると考えるのである。しかしこのことの詳細な議論は後段に譲ろう。

ここでわれわれが注目しなければならないのは、むしろ、彼が共犯の処罰根拠を共犯者が他人を「罪責と刑罰をうける」にいたらせる点にあるとすることによって、クレーのいわゆる「責任共犯論」の復活者となるにいたった点である。大体、共犯――とりわけ、教唆犯――はなぜ罰されるのかということの説明を学説史的に探究してみると、昔はむしろこの責任共犯論が通説であったといわれるのである。ファリナシュウスはすでに教唆はその本質上「精神的殺人」（Seelenmord）であるという観念を抱いていたといわれるし、ドイツ普通法時代にもカルプツォフらはこれを祖述して、教唆の処罰根拠は行為者の精神に対する腐敗的影響（verderbliche Einwirkung）にあると考えた。必要的共犯について最初の単行論文を書いたシュッツェ（Schutze）もまたこの――その後徐々に忘却されてしまった――学説を再興しようとしたのであった。彼によると全ての共犯者は彼自身の孤立的加担部分の外に、なお、彼が自己の犯罪意思をもって他人の意思に作用することにより自ら負うにいたった加担部分についても、責任を負い刑罰を受けねばならないのであって、しかもこの原則は必要的共犯にもそのまま当てはまると論じられたのであった。ベーリンクはドイツ判例を理論づけるために、この古い思考方法に結合することになったのである。しかし当時の法益中心的で因果関係論を重視した学界はもちろん判例もまたそれを受け容れようとはしなかった。例えばドイツ最高裁自体が当時の通説に従って、ドイツ刑法上の共犯は「結果の共同惹起」である点を本質とするものと考え、つぎのような言葉でベーリンクの考えを斥けている。「刑法典が教唆犯や従犯を罰するのは、彼らが、他人が可罰的となり有罪を宣告されるにいたったことについて、単独のまたは共同の責任を負うからではなく、むしろ、彼らが刑法典第二部の中で刑を科された危険行為の中のいずれか一つがなされることに加担したためである」[1]と。ベーリンク説は、こうして、何年かの間、学界からもまた実務界からも無視されて過ぎて行ったのである。ところが近時になって、彼の責任共犯論は、再び二、三の有力な学者によって復活させられようとするにいたった。[2]メツガー、コールラウシュ、ヘルムート・マイヤーらがそれである。なかでも後の二人は、いずれも従来の刑法学における法益侵害的見地の支配に対し、ナチス刑法学界で新たに勢力を示してきた義務侵害としての犯罪論をその基礎として措定したことによって、われわれの特別な関心を惹くのである。

（1）　Entsch. des RG. 15. 3/5. Hippel, Deutsches Strafrecht, Bd. II. S. 449.

（2）　Mezger, Strafrecht, S. 454ff. 彼も、（一）当該法規により保護された者（暴利をとられた債務者）は常に――教唆・幇助をしても――不可罰的であるが、（二）数人の加担者の中で積極的加担者だけが罰される場合の消極的加担者（ドイツ刑法一二〇条の囚人を逃走させる犯罪における逃走させられた囚人、媒合罪における被媒合者）、（三）必要的加担犯中の一方だけが罰される場合における不可罰加担者は、彼らが必要の程度を超えて行為した限り、それぞれ共犯としての処罰を免れないとするのである。

六　コールラウシュ、ヘルムート・マイヤー

（一）　コールラウシュは、少くとも、刑罰が責任に対する贖罪であることを疑わない限り、一個の可罰的行為に対する数人の加担においても、各加担者はそれぞれただ自分自身の責任に照らして処罰されるべきことについて異論があるはずはないとしながら、ただそのいわゆる責任が結果の共同惹起について存在するのか、それとも他人に対する働きかけまたは協力について存在するかについては、今日もなお、疑問が残っているという。これは上述のシュッツェの「共同責任の部分」という考え方を想起させる問題の提起であるが、コールラウシュ自身は、他人との共同という事実は責任非難に決定的な影響を与えるということ、すなわち他人の罪責に対する加担は、自己自身の責任にとって無関係ではないというのである。そして「常にそうであるという訳ではないが、教

唆犯または従犯は非常にしばしば彼らが罪責を負うにいたらせた正犯者に対しても罪を犯すのである」という。しかもこの主張は従来の同様な主張と異なり、最近における犯罪概念そのものの変遷の当然の結果として樹立されているところにその重要性がある。このことは身分による刑の軽重と共犯との関係についてのドイツ刑法五〇条の解釈に関する彼の説にとくによく現れている。彼はここで義務違反の連帯性とでもいうべき主張をしている。すなわち、彼によれば、常習犯の加重や限定責任能力の減軽は一身的に作用し他の共犯者には及ばないが、ある義務違反が加重事由となる場合にはその作用は連帯的であって、この義務を負わない他の共犯者にも加重刑が科されるべきである。非義務者は自分自身は義務を負わないが、他の義務を負う者の義務違反に加担した以上は、その点についても責任を負うのが相当だとされるのである。従って委託物横領（ドイツ刑法二四六条一項後段）の共犯者は単純横領（同一項前段）の刑をもって処罰されるべきではないのであって、従来の学説がこれと反対なのは、その犯罪観が義務違反的見地でなく、法益侵害的見地にとらわれていることの証拠に外ならないとする。コールラウシュによると、こうして始めて行為者の身分により構成する犯罪における非身分者の共犯としての処罰が理解できるとされるのである。

（1）Kohlrausch, Täterschuld und Teilnehmerschuld, in Festschrift für Bumke. 1940, S. 48. auch, Strafgesetzbuch, 35. Aufl. S. 148ff, 166ff.

（二）ヘルムート・マイヤーもまた、従来の教唆犯が専ら被教唆者の行為より生じた損害だけを重視して、教唆者が被教唆者を犯罪者となるにいたらせたという点を副次的な事柄のように考えることに反対している[1]。しかも彼はこの際はっきりとカルプツォフを援用して、教唆者は一方では法益に対して侵害を加えるとともに、他面では正犯者に対しても罪を犯すことにより、二重の罪悪を犯すといっている。少くとも、犯罪の本質が、外部的損害の惹起である点よりも、むしろ、道義的秩序に対する侵犯である点にあるという見解をとる者は、この誘惑的要素が客観的な法益侵害より原則として重要であるとさえ考えるであろう。そして教唆者の類型的態度そのものはたとえ正犯者のそれと異り、外部的損害との関係においてより間接的であり軽微であろうとも、右の誘惑的契機はこの点を補うに足るものというべきで、少くとも教唆犯を正犯と同じ犯罪性をもつものとするというのである。

（1）Hellmut Mayer, Strafrecht des Deutschen Volkes. S. 326ff, 333ff. Deutsches Strafrecht, 1938, S. 89.

（三）　以上のような見解――もちろんその中にはさまざまの種差が見出されるが、――はそれを徹底させれば、教唆の結果はそれが被教唆者に行為の決心をさせたときに発生するのであり、それは他人の遵法心に対する攻撃として、それ自体の中にその処罰根拠をもつということになるであろう。もし、そうであるとすれば、必要的加担者として、正犯者の見地からすれば不可罰的な人も、少くとも彼が必要的加担の程度を超えて行為した以上は、教唆者としての責任を負わされるべきであるという結論が容易に引き出されるであろう。必要的加担者の正犯としての不処罰からは、それと全く別個の他の可罰的行為者に対する堕落的働きかけ、彼に対する罪過、あるいは彼の遵法心の毀損という方向からの評価に対しては、なんらの影響もありえないからである。この処罰根拠は、その根本において共犯の処罰は正犯行為の結果に依存するという意味の従属性から全然切り離されている。というのは、その場合、法益――この場合は遵法心――は行為者の内心における犯罪的決意の構成によりすでに侵害されているからである。自己の正犯行為の不処罰と、他人の犯罪への誘致の可罰性との間には、従ってなんらの関係もないはずである。――責任共犯論が必要的加担の程度を超えた者（元来は不可罰的な必要的加担者）の共犯としての可罰性を主張する学者から唱えられたということには全く必然的な理由があったといわねばならない。(1)

（1）　コールラウシュのこの点の主張は彼の註釈書の中に窺うことができる。彼はそこで「ある可罰類型の実現が数人の加担を前提とするが、その中の一定の加担者だけが刑を科されているときは、他の加担者は彼らが右の概念上必要な態度の程度を超えない限りは、処罰されないという結論が生じる。従って認可されていない酒場で酒を飲む客人や、定められた最高価格以上を支払う者は、法律がただ酒屋の主人または販売者だけを処罰している限り、これらの従犯としても罰されることはないのである。しかしながら、その客人がなお他の飲み仲間を連れてきたり、または買手が単なる超過価格の提供または承諾の程度を超えて、可罰的行為を促進したとき、例えば一定の甘言をもって販売者に価格超過の応諾を勧めた場合（教唆）には事情は変ってくる（罰される）としている（Kohlrausch, Deutsches Strafgesetzbuch. 35 Aufl. 1940, S. 148）。

七　ランゲ

ランゲは、同様に、ナチス的刑法思想の立場から、従来のフロイデンタール流の必要的共犯論は、犯罪を専ら法益侵害であるとする考察、および因果関係中断論またはその亜種のように誤った因果関係論を基礎とするものであって、最近の行為論、共犯論その他刑法論一般の発達からみて深刻なる再検討を要するものがあるとして、われわれの問題に対して、新しく根本的研究を企てた。彼はそこでフロイデンタールの法益中心の思想や因果関係観を否定しているが、他面においてベーリンクやコールラウシュらの責任共犯論からの解決策をも否定してしまうのである。彼の結論だけを切り離してみると、それはクリースやフロイデンタールと殆ど同じこと――法がその者の処罰について沈黙する必要的加担者はたとえ必要な程度以上の加担（教唆・幇助）をしても処罰されることはないということ――に帰着するのである。われわれは最後に彼の見解を検討しなければならない。

（一）　さて上述したように、責任共犯論が最近にいたってコールラウシュやマイヤーにより復活させられたのは、それがナチス刑法学の義務観念および道義的秩序の重視と調和するという理由に基づいていた。それでは、同じナチス刑法学の流れに属するランゲがなぜこの責任共犯論を否定するのであろうか。これがつぎに検討を要する第一点である。――ランゲによると、（イ）確かに他人の遵法心その他の健全な心情を保護しようとする刑罰規定があることは疑いないが、だからといって共犯規定の全体を常にこのような遵法心の侵害に対する刑罰規定と考えることは誤りだといわねばならないのである。現行刑法上教唆、従犯の重点は単に他人に行為を「決意させ」またはそれを「幇助」することにあるのでなく、むしろ他人を教唆または幇助して一定の行為を遂行させ、結果を惹起させるところにある。もし反対に「教唆の結果は正犯が決意することであって、正犯の教唆された行為により生じた結果ではないとすれば、なぜ法律が教唆犯の要件として被教唆者の行為の結果を要求するのか、それを要件とするにしてもなぜ単なる処罰条件に過ぎないとしないかが理解されないし、さらにまたなぜ正犯を堕落させた者の刑罰範囲が堕落させられた者のする可罰行為のそれに依存させられるかを理解できないであろう。」(1)（ロ）またH・マイヤーが犯罪を道義的秩序の侵犯とする以上、教唆においても、その誘惑的要素が客観的侵害性より重いとしなければならないということも肯定できない。というのは、倫理的考察からは特別な非難的要素が見出される場合でも――この場合の誘惑的要素はそうであろう――それが必らず法規的に表現されねばならないという結論は生じないからである。法は少くとも、それが形をとって現れる以上、常に合理的課題を充たさねばならないのであって、決してその非合理的根底の純粋な表現ではありえないのである。二つの要請が競合する場合には、むしろ、その一方だけによって法的概念を構成し、他方は裁判官の量刑の際における適当な顧慮に委ねられることも少くない。共犯規定もそれであって、その形式からは、あくまで客観的結果惹起への加担が共犯の実体であるというべきであり、他の誘惑的要素のような非合理的要素は、むしろ、裁判官の刑罰量定の際に適当に顧慮すれば足るというのである。(2)

その他、解釈論としてみても責任共犯論にはつぎのような欠陥があるとされる。(3)

(1)　この責任共犯論の立場をとる以上、一般に教唆の未遂を罰しなければならない。なぜなら直接行為者に対する犯罪としての教唆は、行為としては、被教唆者に対する意思決定を惹き起そうとする企てによりすでに完了しているからである。しかしドイツ刑法は原則として教唆未遂を罰していない。

(2)　右の説を貫けば、さらに未遂犯への教唆、従っていわゆるアジャン・プロヴォカトェールの場合も例外なしに罰しなければならない。たとえ教唆者の意思は始めから正犯が犯罪類型の実現に失敗することを予想しているとしても、彼はやはりその正犯を罪責と刑罰に引っ張りこんでいることは同じだからである。しかしこれもまたドイツ刑法の原則的立場ではない。

(3)　この理論は、さらに、それが制限従属形式の採用を妨げるという欠点がある。罪責と刑罰に引き込まれうる者はただ有責な正犯者だけで、責任無能力者や錯誤に陥っている者についてはこのことは認めにくいからである。しかし、まさにこれらの者に対しても共犯、従ってまた教唆犯の成立を認めようとするのがドイツ刑法改正事業における前後一貫した方針なのである。

(4)　さらに責任共犯論は共犯と身分に関する実定法（および将来の刑法）の規定を説明できないことになる。共犯の本質が正犯を罪責と刑罰に陥らせるところにあるとすれば、正犯の身分、とくにその特別義務から生ずる刑罰の加重減軽は、当然に共犯者の責任にも反映してこなければならないからである。コールラウシュは上述のように現にそのような結論を引き出すにいたったが、それは責任共犯論の当然の結論であると同時にまた、それが現行法の立場と一致しないことの暴露に外ならないのである。――ランゲによれば、元来、義務・従ってまた義務違反はいわば一身専属的なもので、その義務者、義務違反者の一身、人格と不可分的である。外部から義務者に働きかけて義務違反を行わせる者は、直ちに自らも同じ義務違反者となる訳ではない。もちろん、この誘致者の責任がより重くなることは事実であるけれども、そのことはただ法益侵害の見地を拡張することによって――すなわちその義務履行は非義務者である誘致者にとっては外部から攻撃を加えられうる一個の法益と観念されることによって――始めて可能となるのである。一身専属的義務も非義務者にとっては一個の尊重すべき法益であり、まさにそれを法益として侵害することが、身分犯に対する非身分者の共犯行為の実体なのである[4]。従って一人の義務を直ちに他人に移して、後者についても前者と同じ意味で義務違反を問題とするコールラウシュの立論は支持されえないとされるのである（その誘惑的側面が量刑に当り適当に顧慮されるべきことはもちろんである）。

（1）　Lange, Die notwendige Teilnahme, S. 42.

（2）　Lange, a. a. O. S. 45ff.

（3）　Lange, a. a. O. S. 47ff.

（4）　Lange, a. a. O. S. 54ff. ――ランゲは、さらに、行為と結果の惹起とを同一視するために、ついに正犯と共犯の区別を抹殺するにいたるもう一つの立場に対しても厳格な批判を加えている（S. 59ff.）。

（二）　つぎにランゲ自身の共犯論、とりわけ正犯と共犯の関係についての見解をみなければならないが、彼はこれを行為者性の問題と関連させて非常に重視するのである。(1) 上述のように、彼によると、犯罪類型の中にはその行為者（正犯）として特殊の人（行為者性）を予想するものがあり、この種の犯罪にあっては、その正犯（行為者）でありうる人は始めから限定されている。それらにおいては他の者は決してその正犯にはなれないとともに（間接正犯も不可能）、反面においてそれが予想する行為者性をもつ人はそれに関与する限り常にただ正犯（行為者）となり共犯とはなりえないのである。そして前者（行為者性をもたない他人）はただ後者の共犯として後者の犯罪に加担しうるに止まる。この共犯において積極的要素とみるべきものは法益に対する外部的侵害性――もっともさきに述べたように正犯者自身の義務も非義務者である共犯にとっては外部から攻撃を加えられうる一個の法益に過ぎない――だけである（結果の惹起への加担）。むしろ彼には正犯にみられるような一切の一身的特殊性がないということと、その行為に対していわば圏外者として対立しているという消極性こそは、共犯の特徴なのである（正犯者となるべき者の範囲が狭少になればなるだけ、それに対する共犯の成立しうる範囲も広がらねばならないという要求もここから由来する）。

いまこの見地からわれわれの本来の問題――法がとくに処罰から除外した必要的加担者もその必要の程度を超えて行為した場合にには共犯として処罰されるべきかという問題――を眺めてみると、その結論は明らかに消極的である。この必要的加担者は共犯のように当該犯罪行為に対して単なる第三者、圏外者として対立しているのでなく、まさにその特殊な一身的関係によって当該犯罪と不可分的に結合されているからである。彼はその犯罪行為に対立しているのでなく、まさにその真只中に立っているのである。その行為は行為的にみる限り正に彼の行為である。共犯と異り彼は具体的な場合に行為者でありうるし、またであろうと欲しているのであるが、法がこれを可罰的正犯としなかっただけである。法が彼を正犯として罰しないのは、彼の一身的地位に基づくのであって、この一身的地位は彼を単なる外部からの加担者である共犯と区別された、いわば相手方の「客体」などの地位に立たせるのである。しかし客体とはいうものの、その行為は正に彼の行為であって、他人の行為ではない。従って彼はその本質上、共犯と異なるところの、従ってまた共犯として処罰されえない人である。彼の行為が外見上は共犯行為のいずれかの類型に該当しても共犯となりえないことは、丁度、彼が実行行為（結果を惹起する行為）を共同にするにも拘らず可罰的正犯でないのと同様である。(2)

右の「客体性」のような消極的行為者類型は、単なる立法者の恣意の産物でなく、むしろ法的概念の背後にある「根源的な価値的存在」または「形成的存在」に由来するものである。法概念はこれらを単に与えられたものとして受け取り、または見出すだけである。このように、それは、いわば法のもう一つ基礎にある実体に基づくものであるから、法の解釈に当っても、それを抹殺しないようにしなければならない。そこからやがてランゲの第二の議論が引き出されてくる。それは右の必要的加担者の必要の程度を超えた行為も、実は、他人の犯罪行為に対する加担ではなく、むしろ「自分自身の行為（必要的加担犯の実行々為）の予備」に過ぎないという主張である。このことは共同正犯との比較によって説明される。もちろん、必要的加担者は厳格な実定法的意味では共同正犯でないが、(3)社会的、法理的に同一の意味統一体としての行為の共同的主体であることは同じである。そして共同正犯の場合において、甲が乙を誘って（教唆）共同実行をしたとしても、甲は自己の正犯としての責任の外に乙に対する教唆の責任を問われることがないと同様に、必要的加担犯にあっても姦通、近親姦、価格違反はそれぞれ不可分的な――もちろん各加担者の立場からそれぞれ別個の――意味統一体であって、それをさらに自己の行為部分と（彼の共犯行為が関係する）他人の行為部分とに分割することはできないのである。姦通のように加担者双方が罰される場合にはこのことは何人からも承認されているところであるが、この論理は加担者の一方だけが処罰される場合にも貫かれねばならない。――そしてこれらの理由は、結局右に述べたように、それらの共犯者、共同者に対する教唆は、教唆者自身にとっては自己の行為に対する予備に過ぎないという点に求める外はない。問題の必要的加担者は実行々為についても罰されない。そうであれば、その単なる予備行為について罰されることはなおさらありえないというのが、ランゲの結論なのである。

（1） Lange, Die notwendige Teilnahme, S. 63ff.

（2） Lange, a. a. O. S. 65ff.

（3） Lange, a. a. O. S. 79. ランゲによると必要的共犯と共同正犯との区別は、まず（一）行為類型においては共同正犯の行為は併行して行われるが、対向犯である必要的共犯においては対向的に行われ、つぎに（二）行為者類型の方面では共同正犯の各自は同じ地位に立つが、必要的共犯の大部分はその人的地位が不同である点にあるとされる。

(三) ランゲがベーリンクやコールラウシュのいわゆる責任共犯論を現行ドイツ刑法典の解釈として支持できないとした点は正当である。そしてそれは、わが刑法典についても同様なのである。これはわが改正仮案やまたわれわれのように共犯について正犯者の有責性を要求すべきでないと考える者にとっては[1]、とくにそうなのである。他人を罪責と刑罰に陥れるという誘惑的側面は、もちろん、有罪と認定された後の刑の量定等に当って顧慮されるべきであるけれども、それはまだ共犯の成立・不成立を決定するものではないであろう。さらにランゲが共犯の成立を規定するものは法益侵害への加担という違法性の見地であるべきで、正犯者自身にとっての一身的義務も共犯者にとっては外部から攻撃しうる一個の法益と観念されると主張し、またある犯罪類型が行為者の特殊な義務その他の一身的要件を含んでいて直接正犯となりうる者の範囲が限縮されていればいるだけ、共犯の成立範囲は広がらねばならないということも正当だといわねばならない。

しかし、責任共犯論が崩壊することは、まだ必らずしもそれが支持しようとした結論——必要的共犯として罰されない者も、その必要の程度を超えて加担する限り可罰的であるという結論——を支持する根拠が全て消滅したことを意味するものでも、また逆にランゲらの必要的共犯論の真理であることを証明するものでもない。むしろ、ランゲの必要的共犯論の採用できないことは、その基礎となっている行為者性、とくに消極的行為者性の理論の上述したような弱点からみてもすでに明らかであると思うが、以下これを彼の必要的共犯論の側面から論じることにしよう。

（1）　拙稿「共犯の従属性と期待可能性の理論」法学論叢四二巻五号四〇八頁以下。

(1)　ランゲの必要的共犯論はまず、不当な一般化である。彼は必要的共犯の問題考察に当りフロイデンタールらのとった抽象的な思考態度を非難し、総論的見地からする考察とともに、また各論の個々の犯罪類型の特殊構造からする考察の必要を強調し、具体的考慮を重んじるにも拘らず、決定的な点になると自らもこれを忘れ去るのである。法が沈黙している方の必要的加担者は元来無答責なのだから、必要な加担の程度をどのように超えようとも可罰的共犯でありえないという主張や、あるいはまた、この種の行為はむしろ自分自身の罰されない実行々為の予備に過ぎないなどという議論は、フロイデンタールの法益を侵害しても罰されない者は法益を脅威しても罰されるはずがないという議論や、あるいはフランクの原因設定行為について罰されない以上単なる条件の設定についても罰される訳はないという理論と全く質的に異なるものではない。それは単に装いを新たにして現れた旧い思想に過ぎないのである。われわれはドイツの判例が、学説の反対にも拘らず必要的加担者（不可罰的な）の必要の程度を超えた態度を可罰的共犯として一貫して処罰していることをもって、判例の誤謬または迷妄と断定すべきでなく、むしろ逆にこのような判例の頑固な態度の中に、かえって直感のない学者には捉えることのできない具体的真実と健全な国民感情が現れていると信じる。ランゲだけでなく、この点に関する通説の理論には、必要的加担者の罰されない理由についての具体的考察の欠如、従ってまたその不処罰のそれと事情が異る場合への「安易で不当な一般化」が存するのである。とくにランゲの説は、私には「行為者性の理論」は健全な国民感情の上からみて正に罰されて当然な類いの者をむやみに刑罰を免れさせる結果となって甚だ不都合であるというドイツの学界や実務家の側から最近しばしば向けられている非難が必らずしも不当でなかったことを思わせるのである。

(2)　結局右と同一に帰着するが、ランゲが以前からの例にならって、通常の共同正犯においては一共同正犯者が他の共犯者に自分との共同実行を教唆・幇助したとしても、彼はその共同実行についての責任（正犯としての責任）の外に、別に教唆犯、従犯としての責任を問われることはないということを、自己の立論の根拠としようとする企ても維持できないものである。なぜなら、共同正犯にあっては、彼は正犯として処罰されることによって、すでに彼の行為全体についての法的評価を与えられたといえるが、必要的加担者の一方について法が沈黙している場合には、その沈黙の示す法的評価の解釈は極めて慎重であることを要するからである。それは、あるいはその者のその法益の侵害に関係するあらゆる態度を全て不問にする趣旨のこともあるであろう（暴利をとられた債務者、喫煙飲酒をした未成年者、親族相盗の親族）。しかし、通例の事態としては、その不処罰はただその犯罪類型の実現に絶対的に必要であると考えられる程度の加担行為に限るものと解釈するのが正しいのであって、その必要の程度を超えた行為については別個に考えるというのでなければならない。ある法益をある仕方で侵害脅威しても罰されないということは、まだその法益に対する他のあらゆる方法による侵害脅威の不可罰性を当然に内含するものと断定させるものではないのである。例えば犯人が逮捕を免れるために逃げ廻ることの不処罰は、まだ逮捕に向った警官に対し殺傷を加えることの不処罰を意味せず、またすでに拘禁された後における逃走の不可罰性を結果するものではない。同様にまた性欲の満足自体の不可罰性は、いまだ強姦・幼女姦・姦通その他ごのような方法をもって性欲を充しても罰されないということを意味してはいないであろう。この点はとくに重要であるから、なお後に論及する機会があろう。

(3)　その外、ランゲの理論には内面的な矛盾が含まれている。彼によれば、まず行為者性、とくに消極的行為者性は立法前の、あるいはむしろ立法の根底となる社会的価値観念であって、立法者がそれを否定できるものではなく、裁判官もまたそれを（たとえ法規の明文に現れていないときでも）裁判に当り考慮しなければならないとされる。しかし他面において、彼はまたこの行為者性的見地が「特別に切実な法益保護の要求から」時には立法者により意識的に無視されることがあるのを認めている。しかもこの行為者性の立法者による意識的無視または超越は、例えばドイツでは先般の法規の改正によって、価格統制違反について今までのように違反した売手だけでなく買手もまた罰されることに改められたという例が示しているように、近時ますます増加する傾向にあることも肯定されているのである。しかし、これは矛盾である。もちろん、彼はこれらの場合にも裁判官は刑の量定において消極的行為者性を顧慮して刑を軽くすべきであるとはいうのであるが、彼の立場からすれば、問題は正に罰されるか全く罰されないかの二者択一について存在するはずであって、決して単なる刑の量定問題に止まるべきではないのである。さらにまた、他面からみれば、このように立法者による行為者性の超越の必要があるということは、同時にまた法解釈にとっても、場合によって、この種の超越が要請される場合があるのではないかという問題を含むものといわねばならない。それなら、このこともまたランゲの理論にとって致命的な意義をもちうることとなるのである。

四　自説の展開と具体的適用

私はこれまで、必要的加担犯の加担者の一方だけに処罰規定がある場合には、他方の法が沈黙している必要的加担者は不可罰的と解釈すべきこと、およびその不可罰性の理由は違法または責任の阻却減軽事由が存在することに基づくと考えるべきこと、ならびにこれらの不可罰的な必要的加担者がその必要的加担の程度を超えて相手方（可罰的加担者）に対し教唆、幇助などをしたときはどのように解決すべきかについて従来樹立された諸種の学説には、いずれもそのままでは従えないことを論じてきた。いまや、私自らの立場を展開すべき順序である。

私は、以下において、従来の諸説と少し行き方をかえて、問題を専ら「共犯と身分」の関係の見地から考察することによって、自分の——もちろん一つの未熟な試論に過ぎないが——考えを明らかにしたいと思う。(1)

(1)　以下の所論については、拙稿「消極的身分と共犯」法律時報一四巻一〇号一八頁以下を、また共犯と身分の間の関係一般については拙稿「共犯と身分」法学論叢三三巻二二七頁以下、四二七頁以下を参照。

一　いま右の不可罰的必要的加担者の可罰的共犯の能否の問題を考えると、これらの者が必要な加担行為の程度では罰されない理由として、行為者の身分が重要な意味をもっていることは疑う余地はない。ベーリングがそれを一身的刑罰阻却原因と称したのは、これに関する通説的見解の帰結を表明したものということができよう。この立場からすれば、われわれの問題はこのように自己の一身に刑罰阻却原因を具備する人が、その消極的身分のない者の可罰行為に加担したときも依然として刑罰を免れうるのか、それとも共犯として処罰されるのかという形で提出されることになるのである。そして刑法六五条はその一項、二項において、それぞれ身分が犯罪構成要素であり、または刑罰加重減軽事由である場合については、その身分のない者の共犯行為に関して規定を設けているけれども、この消極的身分者がこのような身分をもたない者の犯罪に加担した場合に関しては規定していない。従来の学説の立場からは、これについてつぎのように説くことになろうと思う。
（一）　一身的刑罰阻却原因のある者の行為に、その身分のない者が加担すれば、後者については可罰的共犯が成立する。一身的刑罰阻却原因はただ行為者の刑を免れさせるだけで、彼の行為の犯罪性を失わせるものではないとされるからである。この種の例として刑法二四四条二項、二五七条二項などが掲げられる。
（二）　逆に一身的刑罰阻却原因のある者が、その身分をもたない者の可罰行為に加担しても、彼は可罰的共犯とはならない。例えば子が他人を教唆して自分の父親の財物を窃取させ、または犯人の妻が他人を教唆・幇助して夫の贓物の牙保や故買をさせた場合にも、親族という身分に基づく刑罰阻却原因は依然として彼または彼女に本刑を免れさせるとされるのである。この立場を貫けば、フロイデンタールやランゲの必要の程度をこえた加担も不可罰的だという結論が肯定されそうにみえる。

しかしながら、私見によれば、まず、このように違法性または責任性に還元されえない一身的刑罰阻却原因というものの存在が疑われるべきであって、正確に検討すれば、それらは違法阻却（減軽）原因か責任阻却（減軽）原因かのいずれかに解消されうるし、また、解消されるべきものである。(1) わが刑法六五条の解釈なども、そのいわゆる身分の実体的意義の解明を、まず第一に努めるべきであるのに、従来の刑法理論はこの努力を怠ったために、全く実りのない形式的議論に堕していると思うのである。私の考えるところによれば、「共犯と身分」に関する右の六五条の規定は、身分が行為の違法性を左右する場合に関する規定である。この場合には（正犯行為の）違法は一応各関係者に連帯的に作用する（六五条一項）。しかし厳格にいえば、身分本来の性質として、それを一身に備えている者とそうでない者とでは、同様に加担行為をした場合にも、その行為の法的価値には自ら軽重の差が生じるはずである。六五条二項はこのことをただ刑の軽重を左右する身分についてだけ認めているが、この精神は実は右の一項の構成的身分に関する規定の解釈上も尊重されるべきであって、すなわち同項に該当する場合においても非身分者には酌量減軽（六六条以下）が与えられうるし与えられねばならないのである。この違法要素である身分と反対に、責任要素である身分、とくに責任阻却または減軽事由である身分（刑法一〇五条、二五七条）の作用は、責任の本来の性質からみて当然に個別的であるべきであって、それが存在する者だけに限られ、それ以外の者に及ぶことはないのである。そこで私は従来、六五条はこのような当然の事理に関するものではないであろうと考えている。(2)

そこで、私見によれば、われわれの問題については、

（一）　まず不可罰的な必要的加担者の不処罰の理由は、これを違法性または責任性の阻却減軽の事由である点

に求めねばならない（ベーリンクの結論を否定し方法を生かすこと）。

（二）　またその者の必要の程度を超えた加担が、相手方に対する教唆、従犯の型に該当する限り一応これを共犯とみるべきであり（ベーリンクと同じ）、ただそれらが共犯として可罰的であるかどうかは、その必要の程度を超えた加担行為について、さきに必要的加担行為について彼を不可罰的とした違法または責任の阻却減軽事由がなお、妥当するかどうかを検討して決すべきである。必要的加担行為をして罰されないからといって、必要の程度を超えた教唆、幇助行為についても当然に処罰されえないとするようなことは断じて正当でない。前者が罰されないことには罰されないだけの相当の理由（適法性、責任性の欠陥）があるからで、同じ事情は後者についても当然に存在するということはできないからである。

（1）　拙稿「一身的刑罰阻却原因」法学論叢三四巻三七一頁（刑法に於ける期待可能性の思想三九九頁）以下はこの点について、それらの身分の違法または責任阻却（減軽）事由への還元を試みたものである。

（2）　拙稿「共犯と身分」法学論叢三三巻四四九頁以下。なお瀧川教授・犯罪論序説三三五頁以下も私と同じ志向に立つものであるが、ただ教授によれば六五条一項は違法性の要素である身分に関するものであり、二項は責任要素である身分に関するものであるとされ、一項、二項が分割される点において私の見解と異っている。

二　右は私の一家言である。しかしながら、実は、わが大審院の判例の中にも、すでにこれと同一の方向に向って明確な一歩を踏み出しているものがある。われわれはつぎにそれに目を向けよう。

（一）　被告人甲は甲種狩猟免許を有する者であったが、免状を有しない乙を傭って狩猟鳥類を捕獲させた。これについて判例は右乙の行為をもって無免許狩猟の犯罪を構成するものとし、甲の行為はこの乙の犯罪の教唆犯に該当すると断定したのである。「被告人甲ノ狩猟免状ハ同人自ラ狩猟鳥獣ヲ捕獲シ得ルノ免許ニシテ、他人ヲシテ之ヲ捕獲セシムルノ権限ヲ包含セズ。従テ被告人甲ニ於テ狩猟鳥獣ヲ捕獲スルコトハ固ヨリ其ノ自由ニ属スト雖、他人ヲ教唆シテ他人ニ捕獲セシムルニ至リテハ免許権ノ範囲を逸脱セル違法ノモノト断ゼザルヲ得ズ。原判決ガ之ヲ教唆者トシテ判示法条ニ問擬処断シタルコト正当ナリ」(1)と。上告理由は被告人が狩猟免許を有していて単独で狩猟行為を行うことを許されている者である以上、他人に同種の狩猟行為を行わせても無免許狩猟の教唆犯として罰されるはずがないと主張したのであるが、それは大審院の容れるところとならなかった。――これはもちろん正当である。それだけでなく、よく注意すればわれわれはここに違法阻却原因の特殊な類型の存在を見出すのである。狩猟免状を有する者が自ら狩猟を行う行為はいうまでもなく適法であって、彼の狩猟免状所有者としての身分は一般的に禁止され、従ってまた違法であるべき行為を適法に行う権限を彼に与えている。それは身分による違法阻却原因とも称すべきものである。しかしこの身分による違法阻却原因の違法阻却的作用は、その身分者が自ら狩猟行為を行う場合に限られているのであって、免状を有しない他人を自己のために単独に狩猟させる場合にまで及ぶものでない。(2)正犯として罰されない者は共犯として罰されないことに一層強い理由があるという命題は、このような違法阻却原因の存在する場合に当てはまらないことは明らかである。私は右の抽象的命題を維持するために、この種の違法阻却原因の存在を無視すべきではないと思う。反対に、われわれはこのような身分による違法阻却原因の存在を肯定して、その上で現実的な刑法理論を樹立すべきである。

(1)　大審院昭和一四年七月一九日第一刑事部判決刑事判例集一八巻四一七頁以下。ただしこれと異って「共同シテ行ヒタルトキハ免許者ノ犯罪ノ共同正犯トシテ処罰スルコト能ハズト謂ハザルベカラズ」とする大正一〇年一二月二四日の法曹会決議がある（判例体系総則九五八頁）。

(2)　上告理由は、さらに狩猟免許を有する者が狩猟をするに当り補助者を使用できるかどうかを論じ、さらに「網即チ霞網ノ如キ又復流黐縄ノ如キ狩猟方法ニ依ル場合ハ狩猟免状受有者一人ノ能ク為シ能ハザル場合多ク従テ之ガ補助者ヲ必要トスルヤ言ヲ俟タザル所ナリ。即チ猟具ノ運搬取付ノ如キ或ハ山腹ニ網ヲ張リ下方ヨリ兎ヲ追出シ捕獲スル場合ニ所謂補助者トシテ勢子ヲ必要トスルガ如キ何レモ一定ノ範囲ニ於テ補助者ヲ必要トシ使用スルコトハ甲種狩猟免許者ニ対シテハ慣習上当然黙認シ来リタル所ナリ」といっている。本件はもちろんこのような補助者使用の場合には該当しない（甲は全然家を出かけてもいないのである）。大審院がこれを否定したのは相当である。しかしながら、大審院がさらに進んで、〔旧〕狩猟法が狩猟者は狩猟に当り狩猟免状または許可証の携帯を命じ（一九条）、または免状、許可証を他人に使用させた者を罰する（二一条五号）ことなどを理由にして、補助者助手等の類を使用することができるというような主張は法の精神を没却する結果を招来し到底許されるべき筋合のものでないとしたのは、少し行き過ぎであると思う。

（二）　同じ問題は選挙法についても発生した。〔旧〕衆議院議員選挙法によれば議員候補者、選挙事務長または選挙委員でなければ選挙運動をすることができない。これらの資格のない者の選挙運動は無資格者の選挙運動として処罰されるのである（同法九六条、一二九条）。そこで右の候補者、選挙事務長、選挙委員等の有資格者が、無資格者と共謀し、または教唆、幇助して無資格選挙運動を行わせたときは、彼らも無資格運動の罪の共犯として処罰されるべきかが問題となるのである。これに関して判例は「衆議院議員選挙ニ際シ、選挙委員ガ無資格運動者ト共謀シ、議員候補者ニ当選ヲ得セシムル目的ヲ以テ金員ヲ選挙運動者ニ供与シタルトキハ、選挙委員モ亦無資格運動ヲ為シタルモノトシテ、衆議院議員選挙法第九六条第一項ノ罪責ヲ免レザルモノトス(1)」としている。ここでも一般的には禁止され、従って違法であるべき行為が候補者、選挙事務長または選挙委員としての身分者については適法とされるのであって、身分による違法阻却原因が存在するのである。その違法阻却作用が身分者自ら行為する場合に限定されていることも、右の狩猟免状受有者の場合と同じである。そして、この際、無資格者の選挙運動は処罰されるのであるが、この犯罪は別に刑法六五条一項にいわゆる「犯人の身分に因り構成する可き犯罪」というべきではない（候補者、事務長、選挙委員等の一般的でない地位は身分といえるが、このような地位に立っていないという事実は、むしろ社会的に通常一般の事態であって身分と観念されるものでない）。この点を顧慮して別の判例は、またつぎのように述べている。「衆議院議員選挙ニ際シ選挙事務長ガ無資格選挙運動者ト共謀シ議員候補者ニ当選ヲ得シムル目的ヲ以テ、金員ヲ選挙運動者ニ供与シタルトキハ刑法第六十条第一項ノ精神ニ則リ選挙事務長モ亦無資格運動ヲ為シタルモノトシテ衆議院議員選挙法第九十三条第一項ヲ適用スベキモノナルモ、刑法第六十五条第一項ヲ直接適用スベキモノニ非ズ(2)」と。

（1）　大審院昭和一二年二月一七日第三刑事部判決刑事判例集一六巻九二頁以下。

（2）　大審院昭和一二年一〇月二九日第三刑事部判決刑事判例集一六巻一四一七頁以下。これに関して美濃部博士・法律時報第一〇巻二号一二頁、草野判事・刑事判例研究四巻一五八頁、瀧川教授・法と経済八巻二号一〇一頁、竹田教授・法と経済九巻二号一二六頁以下の研究参照。

（三）　以上は違法阻却原因に関するものであった。責任阻却原因についても同様の考え方を示す判例が少くない。とくに著しいのは、刑事被告人が自己の刑責を免れるために、自分の被告事件に関して証人として召喚された者を教唆して自己に有利なように偽証させる場合の処断である。わが刑法は犯罪者が自己の犯罪の証憑を自ら湮滅したり、あるいは刑事被告人となった後に裁判所に対し自ら虚偽の陳述をしても処罰しないが、通説はこのことから、さらに、彼が他人を教唆して証憑を湮滅させまたは偽証をさせても処罰すべきでないと推論するのである。しかし判例は一貫してこの通説を否定し、これを教唆犯として処罰すべきものとしているのである。例えば証憑湮滅の教唆について「犯人が自己ノ刑事被告事件ニ関スル証憑ヲ湮滅スル為他人ヲ教唆シテ証憑湮滅ノ行為ヲ為サシメタルトキハ、刑法第百四条証憑湮滅罪ノ教唆犯ヲ以テ論ズベキモノトナルコト、既ニ久シク本院ノ判例トシテ是認スルトコロナリトス。蓋シ証憑湮滅罪ハ国家刑罰権ノ行使ヲ阻害スルノ罪ニシテ、公訴事実ノ有無ヲ判断スル妨ト為ルべキ一切ノ行為ヲ処罰ノ対象ト為シタルモノナルモ、犯人自ラ為シタル証憑湮滅ノ行為ヲ罰スベシト為スハ人情ニ悖リ被告人ノ刑事訴訟法ニ於ケル防禦ノ地位ト相容レザルモノアリトシ、刑事政策上之ニ可罰性ヲ認メザルモノニ係ル。然ルニ他人ノ刑事被告事件ニ関スル証憑ヲ湮滅スルノ行為アリタルトキハ刑法第百四条ノ罪ヲ構成シ、而シテ其ノ証憑湮滅ノ行為ニ出デタル目的ガ刑事被告人ヲ庇護スル為其ノ利益ヲ図ルニ在リタリトスルモ、同罪ノ成立ヲ容認スベキモノナル以上、自己ノ刑事被告事件ニ関スル証憑ヲ湮滅セシムル為他人ヲ教唆シテ犯罪ヲ実行セシメタル者ニ対シテハ、教唆犯の罪責ヲ負担セシムルヲ以テ正当ト為セバナリ」という。[1] 同様の思想は一〇五条の犯人の親族のなす蔵匿隠避に関する規定の解釈にも貫かれるのである。「刑法ガ其ノ第百三条ニ於テ罰金以上ノ刑ニ該ル罪ヲ犯シタル者ヲ隠避セシメタル者ヲ処罰スル旨規定シタルニ拘ラズ、(旧)第百五条ニ於テ犯人ノ親族ニシテ犯人ノ利益ノ為ニ第百三条ノ罪ヲ犯シタルトキハ之ヲ罰セザル旨規定シタル所以ノモノハ、親族互ニ相扶ケ相憐ムハ人情ノ自然ニシテ、斯ノ如キ場合ヲモ処罰スルハ酷ニ失スル嫌アルヲ以テ、之ヲ寛仮シテ庇護ノ自由ヲ認メタル例外的規定ナルト同時ニ、何人モ他人ヲ教唆シテ犯罪ヲ実行セシムルコトヲ得ザルハ言ヲ俟タザル所ナレバ、縦令親族タル犯人ヲ庇護スル目的ニ出デタリトスルモ、他人ヲ教唆シテ犯人隠避ノ罪ヲ犯サシムルガ如キハ、所謂庇護ノ濫用ニシテ法律ノ定ムル庇護ノ範囲ヲ逸脱シタルモノト謂ハザルヲ得ザルニヨリ、犯人隠避教唆ノ罪責ニ任ゼザルベカラザルヤ論ヲ俟タズ。然ラバ犯人ノ親族ガ他人ヲ教唆シテ犯人ヲ隠避セシムルモ教唆ノ罪責ヲ負フベキモノニ非ザル旨ノ所論ハ不当ニシテ、之ヲ根拠トシテ原判決ヲ攻撃スルハ肯綮ヲ失スルモノト謂ハザルベカラズ」[2]と。

これらはいずれも違法阻却事由の問題ではない。犯人自ら、または犯人の親族が証憑湮滅をする場合にも国家の司法作用は等しく侵害されるのであって、違法性の点においては他の可罰的な湮滅と異なるところはないからである。ただこれらの者に対してはこれをしないことを期待しえないという理由に基づいて、すなわち責任阻却原因のあることがその処罰されない理由である。しかしこの期待不可能は無限に認められるものでなく、むしろそれが認められるには一定の限界があるであろう。自ら証憑を湮滅しても罰されない者は、他人を教唆して湮滅しても罰されるべきでないという通説の論理には、この点の認識不足に基づく安易な一般化がある。私は判例が他人を教唆して証憑を湮滅させた限りは、これらの者も可罰的であると断定する態度に具体的な正しさがあると信ずる。この点をとくにはっきり把握しているのは、次の自己の刑事被告事件について偽証を教唆した被告人の刑事責任に関する判例である。「按ズルニ被告人ガ自己ノ刑事被告事件ニ付虚偽ノ陳述ヲ為スモ何等ノ犯罪ヲ構成スルモノニ非ザルコト、洵ニ所論ノ如シト雖、是レ決シテ右虚偽ノ陳述ヲ為ス行為ヲ目シテ被告人ノ権利ニ属スルモノト解スルガ為ニ非ザルハ勿論、条理違反性ヲ有セザルモノト解スルガ為ニモ非ズシテ、唯被告人タルノ身分ニ顧ミテ真実ノ陳述ヲ為スベキコトヲ期待スルコトノ不可能事ニ属スルガ故ニ、責任阻却事由アル一場合トシテ、法律上之ヲ不問ニ付スルノミ。サレバ、此ノ如キ責任阻却ノ事由ハ被告人単独ニテ虚偽ノ陳述ヲ為ス場合ニノミ認メラルベキモノニシテ、他人ヲ教唆シテ虚偽ノ陳述ヲ為サシムル偽証教唆ノ如キ場合ニマデ拡張セラルベキモノニ非ズ。蓋シ被告人ノ教唆ニ因リテ偽証シタル他人専ラ刑セラレ、之ヲ教唆シタル被告人独リ免ルルガ如キハ、国民道義ノ観念上許サルベキコトニ非ザレバナリ。従来、本院判例ガ刑事被告人ニ於テ自己ノ刑事被告事件ニ付他人ヲ教唆シテ偽証セシムルハ弁護権ノ範囲ヲ逸脱シタルモノトシテ其ノ刑責ヲ認メザルベカラズト為ス所以ハ、全ク此ノ謂ニ外ナラズ。然ルニ、被告人自ラ自己ノ刑事被告事件ニ付虚偽ノ陳述ヲ為スモ罪ト為ラザル以上他人ヲ教唆シテ偽証セシメタレバトテ刑責ヲ負フ理由ナシト主張スル所論ノ如キニ至リテハ、畢竟国民道義観念ニ徹セザル囈語ノミ(3)」と。草野判事はこの判決批評に関連して「単独犯に於ける身分による責任阻却事由は、共犯関係を生ずることに因って脱落して仕舞ふ」という命題を提出されたが、私は、むしろ、それを期待不可能性を理由にする責任阻却原因の拡張（一種の超法規的責任阻却原因）の問題であると考え、それは法の上で予想されているような期待不可能的事由がなお妥当するか、むしろ法の認める期待不可能の限界を超えるものではないかを検討して決すべきものと考えるのである。

（1）　大審院昭和一〇年九月二八日第三刑事部判決刑事判例集一四巻一〇二九頁。なお同趣旨の判例として明治四五年一月一五日判決刑事判決録一八輯六頁。
（2）　大審院昭和八年一〇月一八日第三刑事部判決刑事判例集一二巻一八二六頁。
（3）　大審院昭和一一年一一月二一日第三刑事部判決刑事判例集一五巻一五〇一頁以下。

三　これらの身分による違法および責任阻却原因を具備する者の可罰的共犯の能否の問題は、あたかも、法がその者の処罰につき沈黙を守っている必要的加担者の必要の程度を超えた行為が可罰的共犯となりうるかどうかというわれわれの本来の問題と、理論的に、同じ性質をもつのであって、私は後者についても前者の解決にならうことができると考える。またこの場合に必要的加担犯の犯罪類型的特殊性——犯罪類型上数人の者の加担、関与が予定されているということ——も何ら問題の特殊性をもたらすことはないのである（このことはフロイデンタールやランゲらも認めているところである）。——すなわち必要的加担犯において法が沈黙している側の者は、彼が必要な程度の加担行為に止まる限り不可罰的であるが、その程度を踏み超えて可罰的な相手方を教唆・幇助したときは、もはや、後者の可罰的共犯として処罰するのを原則とすべきである。ただし、この結論は、彼の必要的加担行為について存した違法または責任の阻却減軽事由は、彼が必要的加担の程度を超えるとともに妥当しなくなるということに基づくのであるから、もしその必要の程度を超えた行為についても、依然として違法や責任を阻却すべき事由が認められる限り、共犯としても罰すべきでないのはいうまでもないのである。また彼らが共犯として罰されるときにも、彼らが元来もつ消極的身分は消滅してしまう訳ではないから、裁判官は刑の量定に当りこれを一つの減軽的事情として顧慮すべきことは、刑法六五条二項の精神などからみて当然であろう。そこで、結局、われわれの問題は個々の必要的加担犯の犯罪類型的構造、およびその違法性、責任性についての厳格な理解を前提とすることなくしては解決されえないということになるのである。これは、しかしながら、決して問題をその場その場的な非理論的解決に委ねようというのではない。むしろ反対に刑法理論を生き生きとした具体性を抹殺した上に築かれた抽象的普遍とすることから免れさせようとするものである。ドイツの判例が、一般的には必要の程度を超えた者の可罰的共犯を認めながら、ただその刑罰法規がまさにその者を保護することを目的としている加担者についてだけは共犯の成立を否定していることも、その根本において私と同様な見地に立つものと考えるのである。

大切なのは右の原則である。この原則をとって、個々の必要的加担犯において一方の加担者が罰されない理由を違法性または責任性の方面に求めるとしても、その実際的結論は、もちろん、人々によってさまざまでありえようし、またそれらの者の可罰的共犯の能否に関する結論も異なることは稀であるまい。だがそれはそれでよいのであって、それらの相違があることはなんら右の一般原則自体の運命を左右するものではないのである。――そこで私は、つぎに従来からわれわれのように可罰的共犯を認める立場にとって特に困難をもたらすとされる場合を中心にして、右の原則の適用を論じてみることにしよう。

（一）可罰的共犯の可能な場合として、われわれはつぎのものを挙げうる。

(1) 破産法三七五条三号によれば、債務者が特定の債権者に特別の利益を与える目的をもって、元来その義務に属せずまたはその方法もしくは時期がその義務に属しない担保の供与または債務消滅に関する行為をした場合には、その債務者は処罰されるが、これを受けた債権者は処罰されない。これは、この債権者の受領行為も違法ではあるが、しかしそれは全債権者に対し公平に弁済をする義務を負う債務者の右の行為と同じ可罰的違法ではないということ、および責任の方面からみても、例えばすでに破産原因があって、通常の方法では完全な債権の満足がえられないことを知った債権者にとって、債務者の方から提供してきた弁済を拒絶せよとは期待し難いということが顧慮されたのである。しかし債権者が受身の受領者としての状態を超え、むしろ、自分の方から債務者に対して右の行為を要求したとすれば、事情は一変する。ここにいたると、もはや、彼は債務者の身分により構成すべき犯罪の教唆犯としての地位に立つことになる。上述したように、この場合に正犯行為の違法性は共犯者の行為にも一応連帯的に作用するのであって、後者の非身分者としての地位は一応、違法（従って刑罰）減軽的に働くが、その可罰的違法性までも失わせる力はない。また責任の方面からいっても、期待可能性の有無に対する法の顧慮は前記のような事情がある場合に限られるべきであって、この場合にまで拡張されうるものではないであろう。従って、債権者の右のような所為は共犯として処罰されねばならないのである。

(2) 賃金臨時措置令による賃金据置き違反における労務者の地位も同様である。雇傭主の側から提供された賃金増額を単に受領しただけであるなら、労務者は不可罰的である。そしてこの場合の不処罰もまた、違法および責任、なかでも期待可能性の有無が顧慮されたことに基づく。しかしもしも労務者が消極的な受領者の程度を超えて、雇傭主に対し積極的に増額を要求した結果、後者がこれをするにいたった場合には、右の不可罰性はもはや消滅するというべきである。ここでも法の認める期待不可能性は労務者が提供された利益に誘惑されたといえる限度において認められるのであって、一歩でもこれを踏み超え不法な増額を要求した場合にまでそれを拡張することは、もはや、法の意思を無視するものというべきである。

(3)　警察犯処罰令一条二号に「密売淫ヲ為シ又ハ其ノ媒合若ハ容止ヲ為シタル者」とされている犯罪についても同様である。これには、まず密売淫者の相手方である遊客が、相手の女を金品をもって誘惑して密売淫を承諾させた場合と、直接売淫者に対して働きかけるのでなく、むしろ、媒合者を教唆して自己の淫行の相手となるべき女を周旋させる場合とがあるであろう。また、後の場合については、ドイツの判例が終始それを共犯（教唆・従犯）として処罰していることは前にも述べたとおりであるが、わが国法の解釈としては、前後二つの場合ともこれを共犯として処罰すべきものと考える。また刑法一七五条の猥褻の文書・図画その他の物の頒布・販売罪において、それらの物の頒布を受けまたは買い受けた者の処遇も同様でなければならない。——これらの場合における密売淫者、媒合容止者、猥褻文書の頒布販売者は、いずれもこの種の風俗を紊乱しあるいは公衆の健康を害する行為の絶えない源泉であって、その違法性（危険性）はそれらの者の相手方（遊客・買手）の反覆性がなく、積極性もない偶発的行為に較べ遥かに強大である。また適法行為の期待可能性も後者にあっては遥かに低く評価されているであろう。しかしこのような事情は、これらの者が消極的、受動的地位を去って積極的なる造意者として密売淫者、媒合容止者、販売者に働きかける場合には、もはや、これを認めることはできないのである。ここにいたれば、彼の地位は不可罰的な必要的加担者のそれでなく、むしろ刑法六五条一項の「身分ニ因リ構成ス可キ犯罪ニ加功シタル」非身分者のそれに準ずべきものとなるといわねばならないのである。

(4) 事情は、必要的加担犯ではないが、刑法二五七条の贓物罪における親族についても同じである。本条によれば、例えば窃盗犯人の親族が犯人のために贓物の運搬、寄蔵、牙保などをしたとしても、贓物罪として処罰されることはなくその刑を免除されるのである。この刑罰免除の理由は、私が従来しばしば説いたように、その親族の行為の違法性が他の可罰的贓物犯人の行為のそれに及ばないという点にあるのでなくて、むしろ親族には他の行為の期待可能性がないということにあるのである。しかしながら、この場合に親族がもしも自ら贓物行為をしないで他人を教唆してこれを行わせたとするなら、それはもはや法の認めた期待不可能性の限界を超えたものであり、共犯としてこれを処罰すべきである。これは上述したわが判例が、親族の犯人蔵匿を不可罰的とする刑法一〇五条の解釈として表明した意見とも合致すると思う[1]。

（1）　ただし本条のこのような解釈と後に述べる二四四条のやや異る解釈とは非常に微妙な問題を含むであろう。

(5) 最後に、私は価格等統制令による公定価格違反のいわゆる闇取引において売手である業者だけが処罰されて、消費者である買手は処罰されないという事情についても同じ見地が働くと思う。価格等統制令の主要目的が広く全般的な経済統制の確立と運行の円滑を保護する点にあることはいうまでもない。しかしながら、それが消費者である買手を処罰しないことについては、以上の諸犯罪にみられない考慮が、すなわち、彼は業者の犯罪の共犯というよりも、むしろ客体または被害者であって前者に対し保護されるべき人であるという考慮が働いている。この点は後に述べる保護的刑罰規定と一脈を通じるものがある訳である。しかし消費者が売手の無理な売価をやむなく承諾したのでなく、むしろ、その意思をもたない商人に対して、自分の方から働きかけ、自己の富力に委せて公定価格以上の対価を支払うともちかけて誘惑し、結局、それに応じさせたという場合には、彼はもはや保護されるべき客体、被害者として現れるということはできないから、これを共犯として処罰するのは当然であろうと思う[1]。

（1）　われわれは、ドイツで、始めには売手だけを罰して買手である消費者を処罰しなかったが、近時これを改めて売手、買手の両者をともに可罰的としたという事実を想起する。

（二）可罰的共犯の成立不能な場合も必ずしも少くはない。しかもそれを不能にする理由は、あるいはその犯罪類型の構造上当然にそうなるとされる場合があるとともに、また他面においては違法性、責任性の方面における事由に基づくものもあってさまざまである。

(1) その犯罪類型の構造の上で程度を超えた加担が問題となりえないものの第一の例は刑法二〇二条の嘱託殺人罪である。これは「被殺者ノ嘱託ヲ受ケ……之ヲ殺ス」ことにより成立し、その未遂もまた罪となる（二〇三条）。しかし本条で罰されるのは殺人者だけであって、彼に自己の殺害を嘱託した者は未遂のときも罰されることはない（既遂の場合にはもちろん問題の起る余地はない）。しかも本罪における被殺者の行為は、まさに自己の殺害を犯人に嘱託すること、すなわち教唆行為であり、犯意のない者に対して自己に対する殺人意思を起させる行為である（犯人が始めから殺意をもっていたとすれば「被殺者ノ承諾ヲ得テ」というものに該当する）。従って、そこでは、上述（一）の諸場合と異り、必要な加担行為と必要の程度を超えた加担行為（それについて可罰的共犯が問題となる）とを分けることはできないのである。上述したように（本稿三〇八頁）嘱託者は常に無罪でなければならない。[1]

（1）宮本博士・刑法大綱五〇四頁はこの場合とさきの犯人が他人を教唆して自己を蔵匿させた場合とを同一視されているが、私は両者は少し事情が異るように考えるのである。同説、草野判事・刑事判例研究三巻一五五頁。

(2) なお刑法一八二条の姦淫勧誘罪も「淫行ノ常習ナキ婦女ヲ勧誘シテ姦淫セシムル」ことによって成立するが、刑法はここでも勧誘者だけを罰して、勧誘に応じて淫行をした婦女はそれが同時に密売淫その他の特別な刑罰規定に該当すれば格別、単にそれだけでは処罰されない。それだけでなく、上述の例にならって、婦女の側から自己の淫行について他人に周旋を依頼し、相手方がそれに応じたような場合を想定してみても、後者の行為は、もはや、一八二条の婦女を勧誘して姦淫させたという類型には当てはまらないであろう。従って本罪もまたその類型構造が、すでに勧誘される婦女の側からの必要の程度を超えた加担の問題が発生する余地をなくしているといわねばならないのである。もっとも、その際の婦女の行為が、例えば右の警察犯である媒合容止の共犯として罰されるかどうかは自ずから別問題である（警察犯処罰令四条参照）。

(3)　刑法二五三条の贓物罪において罪とされるのは、贓物の収受、運搬、寄蔵、故買、牙保である。しかもその中の収受、寄蔵、故買、牙保は、それぞれ相手方の交付、寄託、売却質入れなどの行為を予想する。すなわちそれは必要的加担犯の一方だけが罰される場合であるが、ここでもこれらの者の可罰的共犯は問題とならない。というのは、それらの交付、寄託、売込みなどはいずれも贓物であることの情を明らかにして行われるだけでなく、また同時に相手方に対する収受、寄蔵、故買などの教唆とみるべき態度も一緒に行われるのが通例であると考えられるし、本条はこれらの一切を処罰の対象外においたものと解釈すべきだからである。

(4)　刑法一四八条二項、一四九条二項の行使の目的をもって偽貨を交付する罪においても同様である。この場合、交付を受けた者はそれだけでは可罰的でない。もっともここでは交付を受ける者が交付者（犯人）に偽貨をくれるよう（交付の教唆）要求することも考えられないことではない。しかし刑法は別に一五〇条を設けて「行使ノ目的ヲ以テ……収得シタル者」の処罰を特別に規定しているから、右の教唆行為なども、それが本条の収得行為に該当すれば収得罪として罰されるのであって、そうでない限り（行使の目的がないとき）依然として不可罰的であるとする外はないのである。

(5)　フロイデンタールやランゲらは自分たちの説が正しく反対説が維持すべきでないことを証明する有力な証拠として、高利貸と債務者の関係を掲げるのである（ドイツ刑法は高利貸を罰しながら債務者は処罰の圏外におく）。もし必要的加担の程度を超えた者は共犯として罰すべきものとすれば、高利貸に借金を懇願してやっと貸して貰った債務者は、その高利貸の暴利罪の教唆犯として罰されねばならないことになるが、それは非常識であるというのである。この非難は一見正当なように思えるけれども、実はそうでないのである。というのは、この場合に債務者が罰されないのは、彼がその不利なことがよく分っているにも拘らず、みすみすそれを甘受しなければならないような窮境に陥っており、高利貸はまさに彼のこの窮境につけ込み、これを搾取していると考えられたからである。すなわち債務者は高利貸の犯罪の加担者というべきでなく、むしろ、彼の犯罪の客体であり被害者に過ぎない。そしてこの窮迫状態は債務者が高利貸に対し、自己に対する高利の貸借行為をなすように懇願、すなわち教唆する場合にも少しも減少していない。むしろ、窮迫が切実であればあるほど、彼はどうしても借りようと焦って高利貸に対し哀訴・嘆願を重ねるであろう。他方、高利貸はまた高利貸でさんざん借手に叩頭させた後で、やっと渋々貸借に応じるということも稀ではないであろう。従ってこれは、少くとも、形の上では教唆行為に該当するが、しかしこの場合にも、より正確にいえばこの場合こそ、借り手に対して他の行為を期待することはいよいよ困難な訳であるから、彼は教唆犯としても可罰的でないといわねばならない。私はこの犯罪にあっても、右の嘱託殺人その他におけると同じように債務者の高利貸に対する教唆行為は、むしろ、高利の金を借りる債務者の必要的加担行為の当然の、または少なくとも通例の構成部分として始めから予想されているものと思うのである。——それはわれわれの立場にとっては、その正しいことの一つの証拠となっても、決してそれを覆えす理由とはなりえないのである。

(6) さらに私は近時の〔旧〕地代家賃統制令違反についても同じことがいえるのではないかと考える。本令はそれが経済統制法令であり、全体的経済の統制運営の保障を任務とすること、決して個々の借地人、借家人の保護をその唯一の目的とするものでないことは、前述の価格等統制令と同じである。しかしその統制が関係する借地、借家、とくに借家を求めることは、現在の都市の住宅難のために、その需要者にとっては非常に切実な問題であることは周知の事実であろう。これらの点を顧慮して、私はここでは価格等統制令と異って、借主の貸主に対する教唆行為も期待可能性のない場合としてすでに法が予想するもの、すなわち可罰的共犯とならないものと解したいと考えるのである。

(7)　未成年者喫煙禁止法や未成年者飲酒禁止法において、自用に供することを知りながら未成年者に煙草または酒を「販売」または「供与」する者を処罰するときにも同じ問題が生じる。ここでも可罰的行為は販売または供与であるが、この場合の違法性はさきの猥褻文書販売者のそれ（反覆継続性と害悪の源泉性）とは若干異っているであろう。ここでは未成年者を喫煙や飲酒の悪習から守ることが問題であって、そのためには公務員や親権者その他の監督権者だけでなく、またそれを販売する者もこれに協力すべきであり、少くとも未成年者にこれらの物品を販売、供与しないようにしなければならないとされる。本罪の違法はこの国家の要求に違反するところに成り立つ。しかし未成年者自身を処罰する必要がないだけでなく、むしろ、処罰してはならない理由がある。というのは、彼らは強い好奇心、自己を大人として表現したい一種の独立心、その他の青少年特有の心理状態から——そこに少年または青年の人格の不安定が生じる——喫煙や飲酒等の悪習に堕して行くのであるが、このような脱線の原因となる人格的不安定は青年期を過ぎるとともに、ひとりでに、次第に均衡のとれた完成人格へと成長して行く。従って青少年期の個々の脱線行為にいちいち刑罰をもって臨むようなことは、多くは無用有害であってかえって自暴自棄に陥らせる危険さえ内含している。青少年には青少年の本質に適した寛厳よろしきをえた処置——それは決して自由放任であってはならず、厳格性もなければならぬが——が成年者に対する刑罰の外に考案されねばならないと考えられるのである。すなわち右の不処罰はこのような意味において一種の責任無能力的観念に基づくものというべきである。そしてその意味において未成年者を保護すべき必要は、彼が業者の販売や供与の申出に応じて買い受けまたは受領した場合であろうと、あるいは自らこれらを要求（教唆）してえた場合であろうと同じであろう。保護的刑罰規定に関するクリースやドイツ最高裁の見解はとくにこの場合に適切であると思う。(1)

（1）　なおドイツ刑法の近親姦で尊属親だけが罰され相姦者である卑属は罰されないものについて、卑属が尊属を誘惑して自己と淫行をさせたような場合もこれと同様に考えるべきであろう。

(8)　必要的共犯ではないが、それと同様の問題を提出する犯罪について考えよう。その第一は誘拐罪において被拐取者が自己の略取誘拐を教唆幇助した場合である。本罪は被拐取者本人がそれに同意しまたは自ら積極的に出たとしても、被拐取者の監督権者（それがある限り）の同意がない限り依然として成立するから、被拐取者はこの場合、自己に対する略取誘拐罪の教唆犯、従犯となりうるかが問題となるのである。私はこれは否定されるべきものと考える。略取誘拐罪処罰の目的は、宮本博士の説かれるとおり[(1)]、被拐取者または被売者自身の保護にあるものというべきであり、いま、この者が監督権者の意思に反して他人（犯人）と駆落ちしたとしても、それはその者の思慮の浅薄なこと、換言すればその監督保護の必要があることをますます強く示すことになるだけだからである。ここでも、その者の責任無能力者的性質がその共犯としての処罰を阻む理由だということになる。

（1）　宮本博士・刑法大綱三〇七頁。

(9)　最後にわれわれは刑法二四四条の親族相盗例において不可罰的とされる親族は、彼が自ら直接に親族の財物を窃取するのでなく、むしろ他人を教唆して自己の親族の財物を窃取させた場合にも罰せられないのであるかどうかを問題としなければならない。この場合も共犯として罰すべきものと解釈すれば何ら別段の問題はないが[(1)]、通常の解釈に従ってこれを不可罰的としなければならないとすると、それをどう説明するか困難な問題となる。――私見によれば親族相盗の不処罰は違法性の減軽に基づく。それは違法でないのではないが、窃盗罪として刑罰を科すべきほどの行為ではないとされるのである。この点は、さきの狩猟免許状保有者や選挙事務長の身分のような一身的違法阻却事由と同一範疇に属するが、しかしそれらと全く同一ではない。すなわち、まず第一に前者は一般的には禁止され処罰される行為が特定身分者についてだけ適法とされる場合であるが、親族相盗においては違法が減軽されて可罰性の域以下に押し下げられるに過ぎない。つぎに第二に、それが問題であるが、私はその減軽事由は彼自身の直接の窃取行為についてだけでなく、また彼の教唆行為についても依然として作用する（すなわち前の二者に比し力は弱いが作用する範囲は広い）点において特徴があると思うのである。その理由として親族としての身分は免状保有者または選挙事務長としての身分のように、一時的・一面的なものでなく、継続的・全面的であることを挙げることができるであろう。――以上のような理由で、私は一応右のように考えるが、これについてはなお、さらに考察を重ねたいと思う。

（1）　草野判事のように一身的刑罰阻却原因は非身分者との共犯関係が成立するときには脱落すると考えると、二四四条の親族相盗における刑の免除は親族の単独正犯行為だけに適用されることになる。あるいは非身分者との共同正犯行為までその適用が拡張されるかも知れないが、少くとも非身分者を教唆、幇助する場合にはこれを処罰すべきことになろうと思う。草野判事・刑事判例研究三巻一三五頁、拙稿「消極的身分と共犯」法律時報一四巻一〇号二二二頁参照。

五　経済刑法についての一つの立法問題

一　私は、まず、通常闇取引と呼ばれている犯罪群、正確には価格等統制令や地代家賃統制令などの経済統制法令の違反行為が含んでいる問題から出発し、それを従来から刑法学の一難問とされた必要的共犯の理論と結びつけ、さらにそれを違法および責任阻却原因の理論に注入させ、それに対して一とおりの理論的解釈を与えた。いま本稿を結ぶ前に、もう一度この冒頭の経済刑法の問題に立ち帰って若干の言葉を費したいと思う。

今日わが国は大東亜戦争の決戦につぐ決戦の連続を戦い抜くために、国のあらゆる力を動員し全国民生活をこの戦争目的の一点に集中させるような組織を確立しなければならないといわれている。このことは、いまさらここでいうまでもないが、そのような国家の要請は自ずから経済刑法の世界にも微妙に反映してきて、例えば各種の経済統制を強化徹底するとともに、またその効果を保障するために経済犯罪に対する刑罰を一層拡大加重しなければならないという声が強くなっているのである。そして、このような傾向を明確に表明したものとして、私は昨年末に翼賛会調査局第四小委員会が政府に建議することに決定したと伝えられる「経済秩序維持法」の要綱なるものを想起するのである（昭和一七年一二月二五日大阪朝日新聞所載）。それには「(1)統制令違反の取引（労務の闇取引を含む）品質ならびに加工の不当低下および計量の作為的不正、荷抜き、売惜み、買溜めなどを特別に取締ること、(2)国内経済財政ならびにその運行に関する流言蜚語を取締ること、(3)官庁、統制会、各種統制団体、会社役員その他経済統制事務に従事する公務員の瀆職、機密の漏洩または窃用を取締ること、(4)刑罰の新たなる最高限を規定すると共に闇取引の売主はもとより買主も処罰する」とあり、闇取引の買主の処罰が求められている（これだけがここでの問題である）。

これはまさに、われわれがこれまで考察してきた問題を一挙に立法手段によって解決しようとする意見である。ここにいたって、われわれは本稿の取り扱った問題が一見非常に現実遊離的であるにも拘らず、実はかえって極度に現実政治的であったことを知るのである。従って私としては、さらに、この立法上の問題について自分自身の意見を展開する責務があると感じないではおれない。これがここに本節を設ける理由である。

二　価格等統制令や地代家賃統制令等の違反において、売手である商人、貸主である地主・家主が処罰されるにも拘らず、彼らの違反行為の必要的加担者の消費者である買主（業務上買い受ける者についてはすでに罰則がある）、借主は当然には処罰から除外されているという現状についてはすでに述べた。しかし、いまでは、これらの者が必要的加担者であるにも拘らず、このように処罰の圏外に放置されてよいかどうか、そのようなことで今日要請されているような挙国的決戦態勢を確立しうるかどうかが改めて問題として提起された訳である。しかも大勢にそれではは不十分であるとし、これらも売主、貸主と同様にどしどし処罰されうるように法規を改正しなければならないと考えるように傾いてきたのである。考えてみれば、これは当然の成り行きであろう。しかし刑法家の一人として、私は右の発案者はもとより、政府当局および一般世間に対して若干考慮を求めねばならない事項があると信じるのである。つぎに簡単に私見を述べてみよう。

（一）　まず、右のように従来は不処罰のままで放任された者が、しばしば目に余る行動にでて、そのために統制の徹底を阻害し、またそれを見聞する一般国民に対して思想的にも非常に面白くない影響を及ぼしつつあり、それらを放置できないとする考えが出てきたのは、上述したように、当然のことで全く正しいといわなければならない。

（二）　しかしながら、この場合われわれは、従来わが国の立法者が、それらに対して刑罰を加える法規を制定しようと思えばなんでもないことなのに拘らず、とくに立法技術的な困難を忍んでまで、それを処罰から除外してきたのはなぜであろうかということを考えてみる必要がある。それはこれまで本稿が詳細に述べてきたように、それらの消費者または借主になる人々は、通例、売手または貸主に比べ弱い立場にあって、後者が自分の優越的地位を濫用して理不尽な要求を持ち出した場合にもそれを甘受する外はないような地位にあるとされたからである。このことは経済統制というものは物資・住宅などがあり余るところには必要がなく、逆に統制が行われるというときは、当然に物資・住宅などの供給が需要に比べ窮屈であることを意味すること、従ってまたそんな場合には物資や住宅などを握っている供給者は自然に需要者より優勢になるということを考えれば納得されることである。

（三）　しかし、いまやこれらの者も処罰されるべきであると主張されるにいたったことは、空前の大戦遂行の要請がいよいよ切実になってきて、国家は国民に今までより一層大きい献身奉公と犠牲の甘受とを要求するにいたったことが反映したものである。われわれは、ここに、今までは「無理もない」とされ「他の行為の期待可能性なし」と判断された消費者や借主らの行為も、今日にいたっては「やっぱりいけない」とされ「しかもなお他の行為を期待すべきである」とされるようになったのだと考えなければならないのである。国家の運命の切迫は当然にまた刑法的な責任（期待可能性）評価の基準の厳格化を伴うのである。(1) 私は、この意味において（二）に述べたような寛大さはそのままでは今日認めにくいと考え、また、その限りで（一）の要請は正しいというのである。

（1）これらの点については拙稿「期待可能性の標準」法学論叢四五巻二〇九頁〔刑法に於ける期待可能性の思想二九五頁〕以下・および「経済犯罪の理論」（新法学の課題所収）三三八頁以下。

（四）しかしながら、このように国家の国民に対する要請が一段と加重され、またそれを受けて刑法における責任評価の基準がより厳重になって、今までそれを避けることを期待することはできないとされたことも今日では期待可能とされるにいたったとしても、国家・従ってまた刑法は（二）の精神を全く忘れ去ってはならないのである。消費者、借主らの統制違反関与行為の中には、今日でも、やはり法の涙に値するものもあることを予想しておかなければならない。しかもそのような場合は数において必ずしも少くはなかろうと思われる。にも拘らず、いま、右の新しい主張のいうままに、闇取引の相手方である一切の消費者、借主などを処罰するような法規を設けたとすれば、これらの本来は可罰的価値のない者までも処罰することにならざるをえないであろう。もしまた可罰的なものと不可罰なものとを分けるというのなら、それは立法技術上どうすれば可能であるか。これについては、例えば一般的な罰則を設けるとともに期待可能性のない場合には処罰しない旨の例外規定をおく方法が考えられるが、これも期待可能性の有無を判定する標準などについて立法技術上、解釈上さらにさまざまの困難を含んでいる。しかしこれらの困難はその克服が絶対に不可能だというほどのものでもないし、またその重要性においても致命的なものではない。

（五）真の困難は、むしろ、このような法規が制定された後、その実現過程にあるのである。とくに重要なのはこれらの犯罪検挙の著しい困難さである。すなわち、仮りに右の闇取引の相手方を処罰する法規が制定されたとしても、買手の数は無数であり、しかも不定であるから、違反に関係した一切の買手を検挙することは事実不可能であって、実際は検挙されるのが例外で大部分は発覚しないで終るであろう。このことは今日から十分予想することができる。あるいは全部または大部分を検挙することは始めから意図しないと答えられるかも知れないが、問題はまさに、そのようにその違反の少くない部分がその適用を免れるであろうことを始めから予定するような刑罰規定を作ることが、一体、国家のために採るべき方策であるかどうかという点にあるのである。読者は未成年者喫煙禁止法、未成年者飲酒禁止法が従来から殆ど空文に帰していることを承知しているであろうが、そのようにそれらが励行されないで単に紙の上にだけ存在することが、どんなに国法一般の権威を失墜させ、わが国民の遵法心の強化を妨げているであろうか。さらにまた私はかつて、甘言をもって婦女の貞操を蹂躙した男子に対する刑罰法規を制定せよとか、強姦による妊娠については堕胎を許す法律を作れというような主張があったことを想起する。しかし、もしこれらに従ってそれぞれの法律が作られたとしたら――わが優秀なる立法者がどのようにその立法技術の粋をふるったとしても――必らず前者においてはその法を利用する悪質の恐喝罪（いわゆる美人局など）の増加を、また後者では強姦に名を借りる不法な堕胎の続出を招来し、論者の善良な意図とは似ても似つかない不都合な事態が現出したであろうと考える。[1]――このように、それ自体としては正しい要請も、必ずそれに立法の形式を与えねばならないとは限らないのであって、事柄によってはかえって立法以外の方策に訴えねばならないものもあるのである。元来、立法に適しないことを強いて立法すれば、あるいは当初に意図した結果と違った思いもかけない結果の発生に幻滅の悲哀を味わい、または国法の権威を泥土に汚すようなことになりかねないのである。私は右の闇取引の相手方となる消費者や借主などを処罰するために特別な立法をすべきであるという主張についても、その検挙の困難を考えると、同じような疑惑を禁じえないのである。

（1）　私も（一）未成年者の喫煙または飲酒を禁止する法律がそれらの事項について若干の社会教育的機能を果していることまでも否定するものではない。ただ少くともそれが国法として存する以上は官民ともにそれをもっと真面目に励行すべきであって、そうでない限りそれは国法の権威を失墜させるというのである。また（二）甘言による貞操蹂躙についてはまず私法上の慰藉料請求権を与えることで足るのでないかどうかを熟慮すべきである。わが刑法は強姦罪の外に、一三歳未満の婦女の姦淫は全て（従って同意の上で行うときも）罰し（一七七条）、また婦女の心神喪失もしくは抗拒不能に乗じまたはこれらの状態を作って姦淫する行為も処罰している（一七八条）。甘言による貞操蹂躙が問題になるのはこれら以外の場合であるから、被害者である婦女は相当の弁別力があるものとみなし、その種の行為については婦女自身にも責任を負わすことは必ずしも不当でないと考える。（三）最後の強姦による妊娠と堕胎の問題は、仮りにそんな事態が発生したとしても、それをどのように処遇するかは検事の起訴猶予権の発動に委ねるのが最も妥当なのである。

（六）それでは、右の正しい要請はこれを廃棄すべきであるか。それとも他になんらかこれを実現する良い方法があるか。これが最後の問題であるが、私は、これこそまさに、法の適用にあたる裁判官ならびに検事とともにまた法の理論的研究を使命とする法学者の担当すべき任務であると信じるのである。

私見によれば、この問題を解決するには、なんら立法的手段は必要でない。単にわれわれが数節にわたって考察してきたところに従って、闇取引の相手方となる消費者、買主らは単にそれだけでは不可罰的であるけれども、彼らが本来の必要的加担行為の程度を著しく超えたならば、商人、売主らの闇取引犯罪の可罰的共犯であるとして、これに共犯の刑罰を加えれば足るのである。論者にそれらの者を不処罰のまま放任してはならないと考えさせるにいたった著しく悪質な所業は、おそらく全部この元来は不可罰的な必要的加担者の必要の程度を超えた加担行為の中に包含されるであろうからである。――ただし現在のところ警察官も、検事もこの問題に関しては極めて慎重であって、これらの者を可罰的共犯として検挙することを敢えてしないでいる。これは通説の説くところに拘泥しているのである。しかし、それも可罰的だという私見は、実は、わが大審院が他の場合にしばしば表明している見地を同性質のこの問題にまで延長または拡大したものに過ぎないのであって、決してそう突飛な議論ではない。もし私見のような立場が採用されて、真に目に余る種類の消費者などが若干検挙され処断されたなら、それは、今日の新聞その他の宣伝教化力とあいまって、比較的短期間の中に消費者層の闇取引行為をかなりの程度まで収縮させうるであろうと信ずる。というのは、これらの者は、自分の行為の不法なことはよく知りながら、自分たち消費者は決して罰されることがないという意識で行為しつつあるのであるから、現行法のままでもそれが罰されうるのだということを明らかにすることによりこの意識を抹殺してしまうことは決して望みのないことではないからである。

（昭和一九年）

8　違法性の理論

一　適法と違法および違法評価の客観性

一　適法と違法および放任行為

われわれの行為は法的に見れば適法であるか、違法であるかのいずれかである。適法な行為としてはまず公法上私法上の権利行為または義務行為あるいは職務行為等々のように明確に類型化されたものが注目されるけれども、しかし常にそうであるとは限らず、そのほかに各個人の自由に委ねられた広汎な適法行為の領域がある。これに対して違法な行為は、例えば犯罪行為、行政法上の秩序違反あるいは私法上の不法行為等々として、寛厳の差こそあれ、常に類型化されており、このような違法行為の類型のいずれにも当嵌らぬ限り、その行為は違法ではなく適法であると考えてよい（右の広汎な自由の領域）。この意味で人間の行為は適法であるか違法であるかのいずれかであって、適法でも違法でもないというような中間の行為は存在しないというのである。しかしこのような立場に対しては有力な反対論がある。それは適法または違法と判断される行為のほかに何ら法の関心をひかぬ行為があると主張し、例えばわれわれが散歩したり睡眠をとったりする行為は正しくかような法の関心の外にある行為であり、すなわち放任行為または自然行為であるというのである。（一）これによれば適法な行為、違法な行為のほかにさらにそのいずれにも属しない第三の行為の範疇があることになる。これは一見いかにももっともな議論のように思われる。散歩したり、睡ったりすることは、いかにもわれわれの自由に委ねられていることで、法はそれらの行為をせよともするなともいわないのが普通である。しかし法がこのように積極的に干渉しないということは、いまだ直ちにそれらが法的関心の外にあることを意味するものではない。これはそれらの睡眠や散歩がひとたびいわれのない妨害を蒙った場合を考えてみれば明らかである。当事者はその妨害の停止および賠償の請求をなしうると共に場合によっては実力をもってこれを排除することすら許され（正当防衛）、さらに法を代表する公権力はこの自由の侵害に対して被害者を保護するために必要な活動を開始するであろう。これはそれらの睡眠や散歩が法的には個人の自由権の行使であり法はそれらが自由に妨害されないで行われうることに強い関心をもっているからである。この意味においてそれらも法的に意味をもつ行為であるといわなければならない。しかもその意味は法秩序によってその価値が肯定せられ、保護に値するものとされるというところにあるのだから、それらは当然適法行為の領域に属せしめらるべきものなのである。

以上のような考え方はまた近代法の構造および性格からの当然の結論でもある。けだし近代法の理念が、まず個人の自由の——ならびに平等の——実現と保障に存することは争いのないところであるが、かかる自由はなによりもまず各個人がその欲するところに従って住居を定め、職業を営み、信条を奉じ、意見を発表しうること等々の自由でなければならず、それは結局個人の生活に対する公権力の干渉を最少限度に止めようとするところに存する。約言すれば、近代法の見地からは人は原則として何をしようと自由であって、法が特に制限し禁止している行為でないかぎり、すべて適法なものと考えられるということである。——本来このような思想の基盤となった古典的自由主義の時代はすでに終ったとしても、この「禁じられていないかぎり適法である」とする法的思惟は、なお今日の法秩序をも貫いているといわざるをえないのである。法が正しくその保障を目的とする自由の領域の大部分を法的無として法学的思惟から放逐するような前記の考え方が、とうてい近代法的思惟といいえないことは明らかであろう。

右のような次第であるから法の明文上明らかに許されもまた禁じられもしていない態度があるとすれば、これはすでに適法行為の領域に属するものであり、適法行為の一態様にほかならぬのである。しかし普通に放任行為といわれるものの中には、このほかにさらに例えば法益同価値の場合の緊急避難のように、実は違法であるが責任がないために刑罰を科せられないだけの行為も含まれていることを注意しなければならない。(二)

(一) 宮本・刑法大綱四三頁、一〇一頁、牧野・日本刑法上巻三四五頁、尾高「法と事実の関係について」法協六一巻一〇号一三六〇頁、一三七一頁。

(二) 牧野博士は、放任行為はその行為より損害を受けようとする者に対しては権利の行使でないからその者においてその行為者に対し自己の権利を対抗することを妨げないが、その行為者自身より論ずるときは放任行為として違法性をかくこと権利行為と同じであるから権利行為と放任行為とを併せて権利行為と称することを妨げぬとされる。上掲三四六頁註一七を参照。

二 主観的違法・客観的違法・法規範の構造

ある行為が違法であるとは、それが法の客観的規範に矛盾するということである。この場合、法は維持されるべき客観的生活秩序として考えられ、かかる秩序の存在を侵害または脅威する事実が違法であると判断されるのである、法規範の第一の作用はいかなる事実がかかる客観的法秩序と調和・合致し、いかなる事実がそれと矛盾反撥するかという点について法的評価の標準を示すことにある。かかる法的評価の対象たりうるがためには、それがわれわれの法的なしたがってまた国家的な共同生活の関係にある事象であることを要するが、同時にまた、それをもって足るのである。したがってそれが責任能力者の行為であるか責任無能力者の行為であるかを問わないし、さらにまた人間以外の動物の態度や自然現象といえども、いやしくもそれが右の共同生活に関係がある以上は、この評価を受けうるのである。(一) この立場からはいわゆる違法状態の存在も是認しなければならない。これが客観的違法論である。

このような客観的違法論に対しては有力な反対説がある。この反対説によれば、法規範の本質はそれが人の意思に対する命令または禁止たる点に存し（命令説 Imperativentheorie）、違法とはこの命令禁止の違反にほかならぬとされるのである。しかもこのように人の意思に向けられた命令禁止としての法規範は、それを理解しかつそれにしたがって自分の意思を決定しうる者すなわち責任能力者または規範意識能力者に対してしか意味をもたないはずである。したがってそのような理解および意思の能力を備えていない者すなわち責任無能力者や動物または自然現象は法規範の受命者たりえず、それらの者の行動は適法違法の評価の埒外に存することになるのである。これによれば違法といいうるのは、右のような責任能力を有する人の故意過失に基づく態度だけであって、無能力者の行為は法的に意味をもたぬ自然行為だということになる。前記の客観的違法論に対して、これは主観的違法論と呼ばれる。（二）

おもうに法規範の最も重要な作用が、主観的違法論の説くような命令規範（Bestimmmungsnorm）としての作用、すなわち受命者の意思に向けられた命令禁止としてその者をして一定の意思決定をなさしめようとするところにあることはいうをまたない。またこのような命令規範がその相手方として予想するものがその命令禁止の内容を理解しそれに従って決意する能力者に限るということもそのとおりであろう。しかしながらもしも法規範の作用が単にかかる命令規範としての働きだけに尽きるものと考えるならば、それは認識としていまだ至らないものがあるといわなければならぬ。法が命令規範であるとして、そもそもそれは何故にある態度を命じまたは禁止するのであるか？　それは要するに法がその命令しまたは禁止する事項（その行為そのものまたはその行為により惹起される事実）をその立場（法自体）よりして好ましくまたは好ましくないと判断し評価するからであろう。この「何故に」という問い、ならびにそれに対するこのような説明を単に法以前の問題（または立法の動機論）だと考えることは正しくない。それはそのような立法の動機すなわち法の成立過程（ゲネシス）の問題として考えられるのみならず、さらに法の成立後においてもその法規範の意味ある全体としての論理構造の問題としても考えられうるのであり、右にのべた命令禁止にさきだつ評価はまさしく後の法成立後の問題として考えられているのであり、それはあくまで法自らの評価と考えるべきである（評価の命令に対する先行性）。

このような法規範の論理構造の分析は、われわれに法規範にはその命令規範としての作用のほかに、理論上、それにさきだって、評価規範（Bewertungsnorm）としての作用があることを理解せしめる。しかして、この評価規範としての作用は、前述のように、ある事実（または行為）が法律の予想する生活秩序と調和するか、または矛盾（侵害脅威）するかということに関する客観的判断を与えることにある。かようにそれは客観的な評価規範であるから、それが人の行為に対して働らく場合にもその行為者の責任能力の有無、故意過失のいかんと関係なしに進められるのが通例である。ここから違法と責任を分つ理論的根拠が与えられる。違法論はかかる法の評価規範としての作用に関して成立し、責任の理論はかくのごとくして行為の違法性が確定せられたことを前提として、さらにそのさい行為者に対し法の命令規範としての作用が可能であったかどうか、彼を命令規範に対する違反のゆえに非難しうるかどうかを問うときに成立するのである。さきにみた主観的違法論は、実は違法論ではなくて、この責任の理論構成を与えるものだったのである。(三)

(一)　Mezger, Strafrecht, S. 162 ff. 滝川・犯罪論序説九一頁、佐伯・刑法総論（旧）一五五頁以下。刑法学における大部分の客観的違法論者は自然現象や動物の挙動が違法評価に服するということを否定する。その根拠は法は人間の共同生活の規範であるが、われわれは動物や自然現象とは共同関係に立たないからだというのである。Liszt-Schmidt, Lehrbuch des Deutschen Strafrecht, 26 Aufl. S. 175 しかしそれと共同関係に立たぬということと、共同関係に立たぬものからも共同生活が脅威を受けうるということとは別のことである。

(二)　宮本・刑法大綱六九頁以下、Hold von Fernek, Die Rechtswidrigkeit, I. II. Bd.

(三)　Mezger, Gerichtssaal, 89 Bd. S. 207 ff., Strafrecht, S. 163 ff., Liszt-Schmidt, Lehrbuch des Deutschen Strafrechts, 26 Aufl. S. 174 ff. 末川・権利侵害論二〇〇頁以下、佐伯「主観的違法と客観的違法」論叢二一巻七七頁以下、同・刑法に於ける期待可能性の思想二四七頁以下、同・刑法総論（旧）一五五頁以下、滝川・犯罪論序説九一頁以下。

三　違法が客観的であるということの意味

右のように違法評価の対象は元来必ずしも人の態度のみに限るものではないが（違法状態の観念の肯定）、その主要な対象が人の態度または行為であることはいうまでもない。ただ人の行為を対象とする場合にも、それは行為を行為者の人格、主体性からいちおう切離して見た場合に、それが客観的生活秩序としての法に矛盾する――具体的には何らかの法益を侵害または脅威する――という価値判断であり、この意味で客観的であるというのである。これに対して責任は右のように違法とされた行為を行為者の人格と結びつけ、または逆に行為者の人格、主体性をこの態度において把握することによって生ずる行為者（人格）に対する非難的価値判断であり、この意味で主観的であるといいうる。客観的と称し主観的と呼ぶのはこれ以外のことを意味するものではない。しかるに、従来は違法が客観的で責任が主観的であるということを、物理的と心理的ということと同一だと考え行為者の心理内の事実はすべて責任だけに属し、それ以外の外部的事実（物理的事実および心理的事実でも行為者以外の者の心理に属する場合にはこれにはいる）は違法のみに属するとする理論が支配してきた。この主張は一般的傾向を説くものとしてはいちおう当っているといいうるが、論理的にはそれは元来全く別個の二つの対立を同一名称で呼ぶという誤りをおかしている。――まずそれは、一般的傾向を説くものとしてはいちおう正当である。例えば、ガソリン倉庫のなかで煙草をふかしたり、乗物の窓から物を捨てたり、赤痢患者の汚物のついた着物を河の流れで洗濯したりするような行為はいずれも他人の生命財産等の法益に対する重大な侵害を惹起する危険な行為であり、その意味で客観的に違法だといいうるのであるが、そのような行為の危険性（実害はもちろんのこと）の有無は、行為をそれ自体として、行為者の意思や人格と切離しても判断することができる。これが原則なのである。しかしそれはあくまで一般的傾向としてそうだというだけで、つねにそうだというわけではない。むしろここに述べるような意味で客観的な違法は、場合により、行為者の心理的事実により規定されることがある。例えば店の少年店員が主人の机の引出しに手をかけたところを発見されたとして、もしそれがそのなかにはいっている主人の財布を盗もうとする意思で手をかけたのだとすれば、主人の財産に対する侵害の着手すなわち危険な行為として違法であるが、そうでなくそのなかに一緒に入れて貰ってあった自分の財布をとろうとしていたのだとすれば、何ら法益に対する危険のない行為であって違法とはいえない。ほかにもこのように行為者の内心的事実が行為の違法性を決定する場合はたくさん考えられうるし、他面、行為者の心理外の事実で責任を左右するものもありうるのである。これが、主観的違法要素（後述）および客観的責任要素や一身的刑罰阻却事由の問題である。

二　実質的違法性

一　実質的違法——違法評価の究極的規準・違法評価の流動性（時代性）

違法とは、上述のように、客観的生活秩序として考えられた実定法秩序に矛盾し、その存在を侵害または脅威するということである。しかし単にこういっただけでは、違法とは法に違反することだという形式的な循環論に過ぎぬという批評に服せざるをえないであろう。理論上、違法評価の本質についてのもっと実質的な把握が希望せられるのは当然であって、さらに実際上もまた違法阻却事由の理解についてその必要が生ずるのである。

違法の実質については、前世紀後半までこれを権利侵害のなかにみようとする立場が有力であった。しかしその後この見地は全く廃れて、今日ではむしろ違法を形式的と実質的とにわかち、形式的違法とは行為が形式的に法規範に違反することであり、実質的違法とはそれが法益を侵害脅威することであるというような説明がもっとも広く行われている。しかし、さらにそのいわゆる法益とは何であるかと問うと、それは法の保護する生活利益であると答えられるだけである。法解釈の実際問題としてこの法の保護しようとする生活利益の何であるかが箇単に見出されることもあるが、つねにそうとは限らない。そこで一体、法はいかなる標準によって保護を与えるべき生活利益とそうでない生活利益とを選り分けるのであるか、すなわち単なる生活利益がよってもって法益に高められる規準は何であるかと重ねて問う必要が生ずるのであるが、これに対しては、通常単にそれは法が保護の価値ありと考えるかどうかによるのだと答えられるだけである。しかしこれでは循環論であって、（二）違法の実質は依然としてちっとも明らかにされてはいないのである。これは、違法の実質を反社会性、もしくは社会侵害にありとする見解についても同様であって、かりにこの説に従うとしても、法はどのような規準または立場から反社会性の有無を判断するのであるかが答えられなければならぬ。なぜならば一つの行為であっても――例えば先頃問題となった労働者の生産管理を考えれば明かなように――立場の異るにつれて、社会的であるともまた反社会的であるとも考えられるからである。この問題に終局的に答えるためには、われわれは違法評価の歴史的・社会的制約というものを念頭におかなければならない。すべての法秩序はみな歴史的・社会的に制約されたものであるから、違法評価もまた当然にかかる歴史的・社会的制約に服しているのである。実質的違法の問題はまさしくこの法秩序の歴史的・社会的制約の問題なのである。けだし違法の実質を反社会性にあるといっても、あるいはまた法益の侵害脅威であるとしても、いやしくもそれが法律問題として論じられる以上、それは正にその時その場所を支配している法秩序の立場から見た反社会性であり法益の侵害脅威であるわけであって、結局それらはそれぞれの法秩序が体顕する現実の具体的な個々の国家の有する歴史的・社会的構造によって根本的に規定されていると考えざるをえないからである。ところで現実の国家は、あるいはその社会経済機構として資本主義・私有財産制度を前提とする国家であるか、または社会主義もしくは共産主義を理想とする国家であるか、あるいはさらに個人の自由と人格の尊厳を最高理念とする個人主義的国家であるか、それとも個人をこえた民族または国家の発展に最高価値を認める全体主義国家であるかなどさまざまであって、かかる国家構造の特質は、当然にそれぞれの国家において妥当する法秩序の評価の規準を規定してくるのである。この意味で、違法性の実質の問題の究明もまたそれぞれの国家の具体的な歴史的性格の究明にまで下降せざるをえないのである。すなわちある生活利益は現存する国家がそれを自己の存立発展に必要有益であると見るところと矛盾せず、あるいは積極的にそれを助長すると見るときに、法益、すなわち法の保護に値いする生活利益とされるのである。また社会侵害性ということも、単に人類社会の永久的利益に反するという抽象的な意味でなく、むしろそれがそれぞれの具体的、歴史的な現実の国家秩序にまとめ上げられた特定社会のあり方と矛盾するという意味においてはじめて違法の実質をなすのである。実質的違法とは、このようにそれぞれの国家自身の存立・発展を、または国家の承認した団体または個人の生活利益（すなわち法益）を侵害脅威することであるということができるであろう。右にちょっと触れた労働者の生産管理の適法・違法に関する争いがついに法廷においてそれを違法とする立場の勝利に終ったこと、およびその理由が、結局、生産管理は労働者の罷業権――それは単に労務の提供を拒むという債務の不履行の肯定にすぎぬとされる――の範囲を逸脱するもので、しかもそれは今日の法秩序の基幹をなす私有財産制度の否認に帰着するがゆえにとうてい適法たりえないということに求められたことは、以上のような違法評価の歴史的・社会的性格をもっとも端的に現わすものである。(二)

以上のような意味で違法性は歴史的・社会的制約に服するものであるが、このことは、さらにいま一つの事実の認識を要請する。それは違法評価が固定したものでなく、時代とともに推移するものであるということである。けだし法および国家の基盤にある現実社会の構造は決して不動でなく絶えず変化しているものであって、その変化は当然、法的評価にも反映してこざるをえないからである。例えば――すでに大審院時代の判例が指摘したように――古来のわが伝習によれば、男女の抱擁接吻を描写するようなことは風俗壊乱、すなわち違法であるとされたが、今日においては別にそのようなものとしては評価されないように変ってきているし、(三)なおこのような長い時間の経過を経なくとも、例えば上述の生産管理について、当初の間はむしろその原則的合法性を肯定する見解が優勢なようにみえたにもかかわらず、やがて形勢逆転して遂にその原則的違法性の是認におちついていった経緯などは、法的評価が刻々に動いてゆく社会事情を微妙に反映するものであることを示している。この違法評価の流動性は、敗戦後のわが国にみられたような大きな変革の際には特に顕著であって、例えばわれわれは天皇制の批判を含めた言論の自由、あるいは労働者の団結、団体交渉および争議の自由の肯定とその再制限への傾向というように幾多の重要な問題について目まぐるしい法的評価の変転を見ているのである。

(一)　Liszt-Schmidt, Lehrbuch d. D. strafrechts, 26, Aufl. S. 4 ff., Mezger, Strafrecht, S. 197 ff. 宮本・刑法大綱七九頁、滝川・犯罪論序説一〇六頁。

(二)　昭和二五年一一月一五日大法廷判決刑集四巻二二六二頁参照。その他「正当な目的を達するための正当な手段」であるかどうかによるべしとする立場（ドーナ）についても、同じ批評が向けられうるであろう。しかし「国家的に承認せられた文化規範」（M. E. Mayer, Der Allgemeine Teil des deutschen Strafrechts, 38 ff. 180）——滝川・刑法講義八三頁が「国家的条理」というのも同じ——の違反をもって違法の実質とする立場になると、遥かに実質的になっていることは認めざるをえないが、それが「国家的に承認せられた」と限定する限りやはり本文に述べた批判を免れることはできないのである。さらに「公の秩序善良の風俗」に対する違反をもって違法の実質とする見方（牧野・日本刑法（上巻）三四二頁、同・刑法各論一四五頁）についても事情は同様である。

(三)　すでに大審院は大正三年二月一四日の判決（刑録第二〇輯一四五頁）でこのことを指摘し、次のように述べていた。いわく「……男女両性が互に握手し相抱擁し相接吻するは、社交上の礼儀として又其相愛の至情を表彰するの形式として欧米文明諸国の風俗慣習に於て一般に認められ、欧米人の道義的良心は之が為め毫も傷けられることなしと雖も我国古来の伝習に於ては之を以て一種の淫猥なる動作とし、健全なる道義心を有する者をして顰蹙せしめたる所なり。是れ東西其風俗慣習を異にし、従って是等男女両性間の動作の道徳性に付き彼我其感想を異にせるが為めなり。然れども欧米文明国との交際漸く親密となり彼我の往来亦従って頻繁となるに及び、欧米諸国の風俗慣習其思想感情が我国民の理解する所となると同時に、道徳風俗に関する思想に一転機を来たし、現今の道徳思想は男女両性間に交換せらるる此種の表情的動作を以て絶対的に淫猥の行為なりとせず。斯る背徳の観念を離れて之を観察することを可能なりとするに至れるを以て、最早是等の動作を絶対的に醜陋視したる我国の伝習的道徳観のみを照準として其動作の善悪美醜を判断することを得ず。……其男女両性相愛の心情を表彰するに止まる者は、仮令我国古来の慣習に適せず又之を穏健なる道義的良心に訴へて其批判に多少の余地を存するものとするも、之を以て風俗を壊乱すべき醜行とし之に対するに淫猥なる行為の名称を以てすることを得ず」。

三 違法評価の事後性とそのディナミイク

一 違法評価の原則的事後性とその例外

違法評価は事後（ex post）の判断であって、事前（ex ante）のそれではないのを原則とする。けだし違法性について決定的なものは、その行為が現実にどのような行為であったか、特にそれが現実に惹起しあるいは惹起するおそれのある法益の侵害、結果であるからである。故に裁判官は違法性の判断については、公判審理の結果明らかになったところに従って判断すべきであって、自ら行為の当時にいあわせたと仮定してどのような判断に到達したであろうかによるべきではない。例えば行為者が正当防衛の条件が具備していないにもかかわらず、これがあると誤信して行為したとしても、単にその誤信によって――仮りにその誤信が無理からぬものであったとしても――その行為が適法な正当防衛となることはない。その誤信は行為者の責任を減軽または阻却することがあるだけである。

ただし、この原則は法が行為者に裁量的判断を命じまたは許している場合にはいささか修正を蒙らなければならない。裁量の余地がある限り、事後の判断でなく、事前の、すなわち行為のときに裁判官がその行為者がおかれたと同じ状態にあったとすればどう判断したであろうかという客観的評価が決定しなければならぬ。その他、司法警察職員がある人の身体被服に返り血と思われるものがべったりついており明らかに罪を行い終ってから間がない者であると認めて現行犯としての逮捕をしたときも（刑訴二一二条二項三号）、それは適法であって、かりに後で実はその人が現行犯人でなかったことが判明したとしても、そのことの故にさかのぼって逮捕そのものが違法となるのではない。すなわちこれらの場合には法定の客観的条件があり行為者がそのように判断し行動したことに無理がないと考えられる以上、かりにその判断に錯誤があったとしても行為を違法ならしめることはないのである。このような関係は、裁判その他公務員の職務行為についてもっとも多く考えられるが、公務でない私人の行為であっても、例えば事務管理とか、医師の治療行為とかについて同様な問題が起りうるであろう。(一)

(一) Hippel, Deutsches Strafrecht, II, Bd. S. 194. 通常、訴訟法の理論の動的なのに対し、実体刑法の理論は静的であるといわれるが、後者にあっても決して静的な考察だけでは十分な理解に達しえないことを知るべきである。

四　違法類型・可罰的違法類型（犯罪類型）・可罰的違法性

一　違法類型・その一種としての犯罪類型

違法な行為は、現実には、殺人とか放火、窃盗、横領等々の犯罪行為として、あるいは一旦与えられた免許、許可の取消原因となる行政違反または損害賠償の原因となる民法上の不法行為というような形をもって、すなわち類型的行為として現われ、単なる違法行為一般というものは存しないのである。

なお違法類型という以上、もちろんそれは法上の観念であり、法の作成物である。しかしながら、法は決して勝手に違法類型を作りあげるのではなく、むしろ法はその妥当する社会の現実生活のなかですでに形成されている多数の反社会的態度の類型を見出し、それに法的な再構成と精錬を加えることによってその違法類型を樹立するのである。この違法類型はそれぞれの法の要求に従って、あるいは軽犯罪法の諸類型のように素材となった社会的類型からあまり離れていない極めて形象的なものであることがあり、また刑法の犯罪類型のようにやや抽象性の優ったものがあり、さらに民法の不法行為の規定のように一段と抽象化が高められているものもある。最後の民法の規定（七〇九条）では、「故意又は過失により他人の権利を侵害したる者は」というように極めて広汎な定義が与えられているが、こうなればもはや類型というよりむしろ概念と呼ぶのが適わしいであろう。しかしその民法の不法行為にあっても、実際問題として、ある行為が不法行為になるかどうかは、判例により確立せられた多数のより形象的な不法行為の類型に訴えることによって始めて決定せられているのであって、その関係は個々の犯罪行為と刑法の犯罪類型との関係と等しいのである。類型という点だけからいえば、その区別は、それ（類型）が法により直接規定せられているのか、あるいは判例や学説による類型樹立に委ねられているのかという違いだけである。

二　不法行為と犯罪類型・可罰的違法性

形式的にみれば、刑法上の犯罪と民法上の不法行為との相違は、単に、右に述べたように、その行為が刑法の定めた犯罪類型に該当するかどうかということだけのように思われる。しかし、その場合にも、ある種の違法な行為は何故に単に民法上の不法行為とされるにとどまらず、わざわざ犯罪類型として法定されているのかという問いが提起されることになると、われわれの考察はおのずから形式を超えて類型化される違法行為の実質に関するものとならざるをえない。リストはとくにこの問題について論じ、国家が違法な行為に対し特に刑罰という手段に訴えるのは、民法その他の回復作用（履行強制・原状回復・損害賠償）のみでは不十分なことがあるからであると説いていた。彼によれば、(1)　窃盗罪におけるように、多くは無資産な犯人に対して損害賠償の強制は不可能であり、また、(2)　殺人罪、強姦罪等の犯罪においては私法上の損害賠償のみをもってしては生ぜしめられた法益侵害の均衡を回復することは不可能であり、さらに、(3)　法秩序がその侵害された法益を特別に高く評価し、したがってその侵害の不当なことを特に深く国民に印象づけようと欲することがあり、最後に、(4)　ある侵害の頻繁性またはある犯罪の増加的傾向が刑罰の威嚇による反対動機の設定を必要ならしめるときは、刑罰に訴えるほかはないとされるのである。巧みなわかりやすい説明であるが、現象面の事例の羅列に終っている。われわれの考えるところでは、両者の区別はもっと深いところに根を張っているのである。それは不法行為の場合には加害者と被害者との私人相互間の関係が問題であって、行為もおおむね被害者の満足を目的とする損害賠償義務の原因として注目されるのであるから、そこで重んぜられるのは、行為によって生じた私人相互間の財産関係の不均衡の是正、回復であるのに対して、犯罪の場合には、刑罰を科する国家権力と国民（犯罪者）との関係が重視せられ、行為も犯罪者自身に対してその責任を自覚させ法の権威を承認せしめようとする刑罰権の原因として考えられるのであるから、ここでは国家と犯人との間のむしろ精神的関係が問題とされるということである。つまり、そこでは、民事上単に損害賠償または原状回復の義務を負わせ、あるいは行政上一旦与えた免許、許可を取消しまたは過料を科するだけでは足りず、まさに刑罰という強烈な処置を加える必要があり、しかもそれに適するような違法性――それを可罰的違法性という――をその行為がそなえているかどうかが問われるのである。民法上の不法行為では発生した結果、特に損害の額の多少が重視せられるのに、刑法では結果の大小よりも行為と行為の方法その他の事情が重視せられ、進んで行為者の責任や人格が注目せられるという相違が生ずるのもそのためである。さらに、民法上の不法行為では故意と過失とが大体同じ価値のものとして取扱われるのに対して、刑法では両者が著しく価値を異にするものとして取扱われるのも、右の事情から生ずる当然の結果である。しかしとくに重要なことは、刑罰を科するということは国民の権利と自由とに対して極めて重大な侵害を科することであるから、その利用には最大の慎重さが要求される、特に刑罰を用いる必要が明かな場合でなければ犯罪類型にまで高められるべきではないということである（刑法の謙抑主義）。犯罪類型が社会的有害行為の中から抽出され再構成せられるときには、実は右のような刑法特有の評価（可罰的評価）が働いているのであって、実定法の規定する犯罪類型は正しく可罰的違法性をもった行為の法的類型にほかならないのである。

（一）　Liszt-Schmidt, Lehrbuch des Deutschen Strafrechts, 25. Aufl., S. 278.

三　犯罪類型と規範的要素

右にみたように、ある行為はそれがなんらかの意味で違法だというのみでは犯罪たるに十分でない。そのためには、それは刑法所定のいずれかの犯罪類型に該当するものでなければならぬ。これは、右の謙抑主義とともに罪刑法定主義の要求に基づく近代刑法の基本原則である。この原則は、個人の自由を官憲の専断から防ぐために、いかなる行為が犯罪となり、またそれにはどのような種類および程度の刑罰が科せられるかということを、行為の前に法律をもって宣言しておかねばならぬとするものであって、これはまた、当然に、法律の定める犯罪類型は一義的に明確でその内容について疑義の生じないようなものであるべきだという要請を生み、そのためには、それはできるだけ裁判官の主観的評価から独立している事実的概念を用いて構成されるべきだと考えられてきた。(二) しかし実はこのような要求を完全に貫くことはとうてい不可能であって、規範的・価値的概念がある程度に使用されることはやむをえないところである。この種の犯罪類型の要素を規範的類型要素と称する。わが刑法にはこの種の要素の用いられていることが特別に多いようである。これらの規範的要素の判断にあたっては、裁判官は単なる事実の認識を有するだけでは足りないのであって、さらにそこに用いられている価値的概念を諒解していることが必要であり、また場合によっては自分自身の評価をもって法を補充することすら要求されるのである。例えば、法が詐欺罪について「欺罔」といい（刑法二四六条）、信用毀損において「虚偽の風説」というとき（二三三条）、あるいは「危険」という概念を用いている場合（一〇九条）にも、すでに真偽または危険の有無という評価に近い判断が要求されているのであるが、それが窃盗罪の「他人の財物」（二三五条）、遺棄罪の「保護す可き責任ある者」（二一八条）とか、その他、瀆職罪の「公務員」（一九三条）、通貨偽造罪の「通貨」（一四八条）、文書偽造罪の「文書」（一五五条）というような文句になると、刑法以外の法律上の概念が用いられており、それらは明らかに規範的要素である。さらにまた「猥褻」（一七四条）・「淫行の常習なき婦女」（一八二条）・「名誉」（二三〇条）・「侮辱」（二三一条）・「信用」（二三三条）というように法律以外の社会的文化的な評価を予想する概念が使用されていることも稀れではない。さらに、その他にも、殺人罪の客体たる人の存在はいつから始まるか

──それは堕胎罪と嬰児殺との限界について重要である（一九九条）──住居侵入の「故なく」とは何か（一三〇条）などの問題になると、どこまでが胎児でどこからが嬰児というべきか、またはどこまでが許された訪問でどこからさきが故なき侵入侵害であるかという判断──それは質的相違の依存すべき量的評価である──が裁判官に委ねられているのである。

（一）　佐伯「啓蒙時代と犯罪類型」論叢三九巻三六九頁以下。啓蒙時代の刑事立法において、しばしばその解釈を刑罰の制裁をもって禁止しようとすら試みられたということも、この事実と関係がある。

四　可罰的違法類型と違法阻却事由

犯罪類型は、刑法がそれに該当する行為を犯罪とする行為の型である。ところで、犯罪はまず違法な行為であり、さらに有責な行為であるから、犯罪類型もまた行為の違法性および責任性を規定する諸要素から合成される極めて複雑な構造をもった行為類型である。この犯罪類型はわが国では通常構成要件という言葉で呼ばれている。何も用語に拘泥する必要はないが、構成要件という言葉では、犯罪の類型的構造を十分に示しえないし、さらにその用法も学者によって区々であってその内容の適確な把握も容易でないので（一）、われわれは特に犯罪類型という言葉を用いるのである。

さて犯罪類型は右のように複雑な構造をもつものであるが、これを違法性の見地から見るときは、その一つ一つがそれぞれ刑罰を科せられるべき違法行為──すなわち可罰的違法行為──の類型をなしているということができる。そこで、われわれはこの違法性の方面から見た犯罪類型を可罰的違法類型と呼ぶことにしている。

かように犯罪類型がそれぞれ一つの可罰的違法類型であるとすれば、われわれは逆にある具体的行為が刑法所定のいずれかの犯罪類型に該当するということさえ確定すれば、一応その行為は違法（可罰的違法）であると推定することができるわけである。このような意味において、犯罪類型は、行為の違法性の認定について重要な意味をもつのである。しかしながら、総じて類型というものは人間の経験的思惟による一般化・抽象化の産物であるから、ある行為が一個の犯罪類型に該当するということから推論しうる事柄もまた類型的思惟一般に課せられた限界を超ええないのはもとより当然である。この限界とは、犯罪類型の許す違法性の判断は単に一応の推定たるに止まり、終局的確定的な判断ではないということである。すなわち、可罰的違法類型の示すところは、それに該当する態度は他に何らかその行為を法上肯定されるべきものたらしめる特別の事情がない限り、違法であるということだけである。しかし、現実の個々の具体的行為は、一面において違法類型に該当すると同時に、なおそのほかに特殊な事情を伴い、かつこの特殊な事情が右の違法性の一応の推定を破って、かえってその行為を適法ならしめるという場合も存在しうるはずである。例えば、甲が乙を斬殺したが――それは殺人罪の行為類型に該当する――実はそれは乙が甲を待伏せていて理由のない攻撃を加えてきたためだったのであって、甲は自分の生命を守るためにやむなく行ったものであるという事情が判明したとすると、甲の行為は殺人ではあるが違法行為ではないとされるのがそれである。しかして、かかる例外的事情もまたそれぞれ実定法または判例・学説によって類型化せられている（右の設例の場合は、刑法三六条に想定された正当防衛にあたる）。前の違法性の一応の推定を許す可罰的違法類型を原則型と称するならば、後の一応の推定を破って当該の行為を適法行為たらしめ、あるいは可罰的違法性を失わしめる特殊事情の類型はこれを例外型と称すべきである。刑法理論は、かような見地から、可罰的違法類型の許す違法性の一応の推定を破る例外型を違法阻却事由（および違法減軽事由、可罰的違法阻却事由）として観念することにしている。

（一）　構成要件理論の創始者といわれるベーリンクの本来の見解は、Tatbestand――構成要件はその訳語である――を行為の違法や責任と混同してはならない独立の観念としており、さらにその内容についても、ある面では犯罪の客観的要素のみを、それも故意（過失）の予見内容にあたる要素のみを指すかのように――客観的処罰条件は、この意味でそれから除外される――あるいは、それぞれの犯罪を個別化する要素の集合として考えられているようにもとれるなど、必ずしも明確な把握は困難である（Beling, Lehre vom Verbrechen, SS. 112, 178 ff. 81, 179, 196 ff. S. 3.)。近来のドイツ刑法学では違法類型としてそれを見る傾向が有力である。これらの点につき佐伯「タートベスタント序論」論叢二九巻二〇三頁以下。わが国における構成要件理論の代表者である小野博士も構成要件該当性を違法や責任の前に論ぜられているが、そのいわゆる構成要件はむしろ本文の犯罪類型に近い（もっとも処罰要件を除外する点で全く同一ではない）。小野・刑法（講義）上巻八六頁以下。さらに滝川教授もかつては構成要件該当性を違法論と別にその前に論じておられたが、今日ではそれを違法類型として説明しておられる。滝川・犯罪論序説五九頁、七六頁、同・刑法講話一六四頁。

五　可罰的違法類型

一　可罰的違法類型の構造（一）

右のように、ある行為が可罰的違法類型に該当すればそれは一応違法であると推定され、かつ、その可罰的違法類型は刑法では実定法により予め規定されているというと、刑法上行為の違法性を決定することはすこぶる簡単な仕事のように聞えるかも知れない。しかし実は決してそうではないのである。けだし、犯罪類型は、上述したように、違法性の要素のみならず責任性の要素をも包含するところの極めて複雑な構造のものであって、しかもそれらの要素のなかには、もともと犯罪類型がわれわれの日常生活の中に見出される社会的な侵害行為の型を素材としそれに修正加工を加えて作られたものであるという関係上、その存在が暗黙のうちに予定され、必ずしも法規中に明言せられていないものもしばしばあるからである。何が犯罪類型の要素であるか、およびその犯罪類型の要素のうち可罰的違法類型を構成するのはどれとどれであるかということは、個々の刑罰法規の適用にあたってしばしば非常に困難な解釈問題を発生せしめるのである。

そこでまず起ってくる問題は、右のように犯罪類型を構成する種々雑多な要素について行為の違法性を規定する要素と責任性に関係する要素とを選り分ける標準は何かということである。これは結局、違法と責任との関係を明瞭にすること、特に違法評価の実質的規準を明かにすることを前提とするが、この点については右に主観的違法と客観的違法および実質的違法について論じた際に一応触れた。違法性とは、要するに問題となっている態度が、当該犯罪類型を含む刑罰法規の保護しようとする法益——殺人罪においては被害者の生命、窃盗罪においては被害者の財産、瀆職罪においては公務の清廉——を侵害または脅威するような傾向をもっていて、究極において現存法秩序と両立しないものであるかどうかの判断であり、責任性の判断はかかる侵害的または脅威的態度についてその行為者を人格的に非難しうるかどうかに関するものである。ある犯罪類型の要素はそれが問題となっている行為の法益に対する侵害脅威性を左右するものであると考えられる限り可罰的違法類型の要素と見られ、人格的非難を左右するものと見られる限り責任要素である。なおこの際上述したように違法要素と責任要素との関係は決して単純な物理的と心理的の区別と同一ではないということ、ならびに同じ要素が同時に違法要素でも責任要素でもある場合もありうるということを注意すべきである（後述の目的などの主観的違法要素）。

なお最後にいま一つ注意しておかねばならぬことがある。それは、いままでわれわれが犯罪類型または可罰的違法類型と呼んで一括してきたもののうちには実は様々の種類があるということである。刑法は犯罪類型を定めるにあたりまず各則において、それぞれの種類の犯罪について一人の行為者が完全に犯罪を行い終った典型的な行為形式に着目して類型を樹立した。単独犯の既遂の類型がこれである（基本的犯罪類型）。次にこの類型を規準として、行為としての発展段階においてそれに劣るがなお可罰的であると考えられるものにつき予備罪・陰謀罪および未遂罪の類型を定め——既遂類型に対する——また数人の行為者が共同的にまたは教唆、幇助の関係において罪を犯す場合について共犯の類型——単独犯の類型に対する——を作り上げた。これらのうち未遂罪および共犯については刑法の総則編に一般的規定が設けられているが、それらが現実化するためには右の各則の定める各犯罪の基本的類型と関連せしめられねばならぬ。そして観念的にはどの犯罪についても予備・陰謀・未遂・既遂・正犯・共同正犯・教唆犯・従犯という態様が考えられうる訳であるが、実際においてその予備陰謀や未遂、従犯が罰せられるのは刑法が特にその旨を定めている重要な犯罪だけに限られている。いずれにしても基本となる犯罪類型は右にも述べたように刑法各則の定める単独犯の既遂の類型である。以下の可罰的違法類型の構造の分析においてももっぱらこの基本的犯罪類型が対象とされる。

二　可罰的違法類型の構造（二）

刑法が可罰的違法類型を構成するにあたりその構成要素として注目するものは通常、行為の主体、行為の客体、行為の態様、なかでも行為の方法および結果である。

(1)　行為の主体　　刑法は主体を示すにあたっては、例えば「人を殺したる者は」（一九九条）というような表現を用い、行為者について何ら限定することなく何人でも犯罪行為の主体たりうることを原則としている。しかし稀には行為者が特定の身分を有することをもって犯罪構成の要件とされる場合もある。いわゆる身分犯がこれであって、この種の犯罪においては、非身分者は単独かつ直接にはその正犯となりえないのである。一九三条の職権濫用罪がその主体を公務員に限り、また二一二条の堕胎罪がその主体を懐胎の婦女に限定するなどがこれである。しかしこれらの犯人の身分により構成する犯罪についても、非身分者の共犯としての加担はもちろん可能である。なお刑法理論の問題としては、等しく身分といっても、あるいは行為をして始めて違法たらしめるものもあれば（重婚罪における既婚者たる身分）、反対に行為をして違法ならざるものたらしめるものもあり（武器携帯における警察員たる身分）、さらに行為の違法性を大または小ならしめることがあり（たとえば二〇〇条の尊属親殺・二四四条の親族相盗はそれである）、あるいはまた行為の違法性とは無関係に、専ら行為者の責任を阻却減軽するものもあって（たとえば一〇五条の犯人蔵匿、二五七条の贓物罪がそれである）、必ずしも一律に論じ難いということを注意せねばならぬ。

(2)　行為の客体　　これは類型上行為の向けられる事実的客体である。殺人罪の「人」（一九九条）、窃盗罪の

「他人の財物」（二三五条）等がそれで、これと当該刑罰法規の保護の向けられる目的物、すなわち法益とは観念上別個のものであって、彼此混同してはならない。もっとも殺人罪や窃盗罪等では客体（生命・財物）が同時に被害法益を体現するのでこのことが必ずしも明らかでないが、公務執行妨害罪――その客体は個々の公務員、法益は公務の円滑な執行――や放火罪――その客体は建造物等々、法益はまず第一に公共の安全――を見ればこの関係は明瞭であろう。

(3)　行為とその態様（一）　可罰的違法類型の中心的要素が行為であり、かつその行為が通常意思表動たる身体の挙動静止――作為または不作為――であることはいうまでもない。ところで違法性の評価は行為者がその際抱いている意思その他の主観的（心理的）要素と離れても行なわれうることが多いが、逆にそれらを離れては違法評価のできぬ場合も少くない。これが次に述べる主観的違法要素の問題である。なお刑法は罪となるべき行為を示すにあたって「……を為したる者は」という表現をとって、ある結果を惹起する行為を要求するのが普通であって、その際行為の態様、すなわち用いられる手段方法、行為の時または場所、その他の関係については特別に明言しないことが多い。しかしその反対の場合も少くないのである。例えば偽造変造の通貨を「収得したる後」（一五二条）とか「外国交戦の際」（九四条）とかに犯罪の成立を限定するのは犯罪行為の時間の制限であり、「犯罪の現場に於て」（二〇六条）とか「帝国に滞在する外国の君主、大統領」（旧九〇条）というのは場所の制限である。また「暴行脅迫を以て」（二三六条）、「公然」（一七四条・一七五条）、「欺罔」（二四六条）などは行為の手段方法の限定である。さらに犯人蔵匿罪（一〇三条）、贓物罪（二五六条）などに見るように他人の犯罪との一定の関係が予想されている場合もあるのである――これらの行為の態様についてもまた違法要素たるものと責任要素たるものとの選別がいちおう問題になるが、ここに掲げたものはおおむね違法要素と解して差支えない。ただその中で一五二条の偽造変造の通貨を「収得したる後」というのは行為の危険性とは関係がなく、むしろ行為者の責任を減軽する要素（責任減軽要素）と考えるべきである。

(4)　行為の結果（行為とその態様（二））　犯罪の中には例えば刑法一七四条の「公然猥褻の行為を為したる者」といい、一四〇条の「阿片煙……を所持したる者」というように、単にある挙動をなすだけで成立するもの（挙動犯）と、挙動の外に一定の結果の惹起を要件とするもの（結果犯）とがある。結果犯が通常の犯罪の形態である。刑法はこれを示すにあたっては通常「人を殺したる者」（一九九条）とか「他人の財物を窃取したる者」（二三五条）というように規定し、その惹起される径路・方法について別段の制限を加えないのが通常である。ところが、結果惹起にはさまざまの条件が競合して働くのが通常であって、結果に対して何らかの条件を与えた行為がすべて可罰的違法類型に該当するのではない。ある行為者が当該犯罪にいう「……を為したる者」にあたるかどうかは実は極めて困難な問題をふくんでいるのである。例えば殺人者に兇器を貸与したり、窃盗犯人を被害者宅付近まで自転車に相乗りさせてやった者も、それぞれの結果の惹起に一つの条件を与えたものであるには違いないが、だからといってこれを人を殺したる者または他人の財物を窃取したる者ということはできないのである。前記の予備、陰謀と未遂との区別ならびに正犯と共犯との区別がここに述べた問題と関連してくる。なおいわゆる不真正不作為犯の問題、すなわち不作為によっても結果犯の実現ができるか、できるとすればそれはどのような場合かということも、これに関連する問題である。最後になお特殊な結果犯の態様としていわゆる加重的結果犯の存在を指摘しておかなければならない。加重的結果犯とは例えば刑法二〇四条、二〇五条のような場合で、それらにあっては暴行の結果人を傷害し、または傷害の結果人を死に致した者は基本たる暴行、または傷害の点についての認識さえあれば、よって生じた重い傷害または致死の結果については認識していなくても加重的処罰を科せられるのである。この種の犯罪については、加重的結果が発生しさえすればよいという説、その加重的結果は基本たる行為と相当因果関係に立たねばならぬとする説、さらにその重い結果が行為者にとって予見可能であったことを要するという説が分れている。

三　可罰的違法類型の特殊形態

可罰的違法類型の分類として特に次のものに注意すべきである。

(1)　結果犯と挙動犯（一四〇条・一七四条、軽犯罪法一条一号ないし四号・二〇号など）　この区別については上述した（**五**の**二**の(4)）。

(2)　実害犯と危険犯　法益に対する現実の侵害の発生を要件とするか、またはそれに対する危険の発生をもって足るかの区別である。危険犯はさらに具体的危険犯と抽象的危険犯とに分けられる。具体的危険犯とは個々の場合に危険の生じたことの証明が必要な犯罪（一一〇条・一二〇条）であり、また抽象的危険犯とはその行為自体がすでに危険を表現するものとされ、別に危険の証明を要しない犯罪（一六九条・一七二条）である。

(3)　基準的犯罪とその加重減軽犯　これは同一範疇に属する犯罪の間における通常なものと特別な事情の具備によって刑罰を加重減軽せられるものとの区別である。例えば一九九条の通常殺人に対し、二〇〇条の尊属親殺人罪は加重犯であり、二〇二条の同意殺人罪は減軽犯である。なかには類型的構成としては独立の犯罪として構成せられているものもある（偽造通貨行使罪における一五二条）。

(4)　即時犯と継続犯　即時犯とは、一定の要件が備われば直ちに既遂となる犯罪であり（殺人罪、放火罪、窃盗罪）継続犯とは一定の事実が備わってなおその状態が相当期間継続することが予想せられる犯罪である。不法監禁（二二〇条）がそれである。通常の犯罪は即時犯である。なおこの継続犯と似て非なるものに状態犯というものがある。これは例えば窃盗犯が盗取した洋服を着用しているような場合で、犯罪による違法状態の継続ではあるが犯罪自体の成立とは関係がないのである。

(5)　単一犯と複成犯　複成犯とは、(イ)結合犯、すなわちそれぞれ単独でも犯罪たるべき二個以上の行為の結合により構成せられた犯罪（例えば強盗罪は暴行脅迫と財物盗取とから合成せられている）、(ロ)集合犯、すなわち数多の同様の行為が同一の意思傾向に基づいて行われる点に着目して構成せられた犯罪類型（一七五条のような営業犯・職業犯、一八六条のような慣習犯）および、(ハ)処分的一罪のようなものを指す。

(6) 白地刑法　例えば九四条の中立命令違反罪のようなものがそれで、これらにあっては罪となるべき行為の具体的内容は外国交戦に際してその都度発せられる局外中立に関する命令によって補充されることによって初めて確定するのである。

(7) その他特殊な犯罪の種類として身分犯、目的犯、危険犯、加重的結果犯、離隔犯などがある。

六　主観的違法要素と客観的処罰条件

なお可罰的違法類型の要素たるやにつき争いがあり、またはその要素として特殊性を有するものとして特に考究すべきものがある。主観的違法要素および客観的処罰条件がそれである。

一　主観的違法要素

ここに主観的要素というのは行為者の心理内の要素という意味であるが、かかる行為者の主観に属する事実の性質については、従来は行為の違法性とは関係なくすべて責任の要素であるとするのが通例であった(一)。しかし、すでに述べたように、このような見地は違法と責任という法的評価の対立を物理的と心理的の対立と混同する自然主義的考察方法の結果に過ぎない。客観的違法論の立場からしても、ある外部的行為の法益侵害性（違法性）は、それが行為者の特定の主観的心理内容・傾向・目的に基づく場合には、それらに基づかぬ場合と全く異なることがありうるのである。例えば爆発物に関する犯罪があることを認知した者は、直ちにこれを警察官吏もしくは危害を被ろうとする人に告知することを要し、これに違反すれば、処罰せられるが（爆発物取締罰則八条）、この場合における不告知の違法性は、行為者が犯罪あることを知ったにも拘らずこれを告知しなかったということに存するのであって、すなわち彼の主観的認識を予想して始めて存在するのである。また判例によれば、偽証罪（一六九条）は法律により宣誓した証人等が自己の確信に反する陳述をなすことにより成立するが、ここでも主観的な確信違反を離れてはその陳述の違法性を考えることはできないのである。その他、内乱罪の「朝憲紊乱の目的」（七七条）、詐欺破産の「自己若くは他人の利益を図り又は債権者を害する目的」（破産法三七四条）、偽造罪の「行使の目的」（一四八条以下）、あるいは一三六条・一三七条の「販売の目的」、九二条の「外国に対し侮辱を加ふる目的」なども、みなそれぞれあるいは行為の違法性を理由づけ、あるいはそれを高める要素である。なお、不作為犯において不作為者が当該の期待せられた作為をなすことができたこと（主観的能力）もまた右の爆発物に関する犯罪における主観的認識と同じ意味において一つの主観的違法要素である。未遂罪の中にも主観的違法要素が認められねばならぬ場合がある。前にも例にあげたが商店の少年店員が引出しに手をかけたのが、単に自分の財布から小遣銭を取出そうとする意思の表動であったとすればそれは適法な行為であるが、もしそれが主人の財布から金を盗もうとする意思に基づくものだったとすれば違法なる窃盗の未遂といわなければならないし、さらにまた行為者の発射した弾丸が相手方とその連れていた犬との中間を通過したという場合を考えてみると、その射撃行為は、行為者が相手方（人）を射殺する意思だったとすれば重き殺人未遂罪としての違法性を有し、また犬を狙ったのだとすれば罪とならない毀棄未遂の程度の軽き違法性（もちろん人に対する未必の故意もない場合のことである）しか有しないことになる。なお不能犯（迷信犯を除き）または構成要件の欠缺をも可罰的未遂とする場合、あるいは慣習性が犯罪の構成要素または刑罰加重事情とされる場合においては、行為者の危険な性格を主観的違法要素であると考える余地もあると思われる。

（一）　佐伯「主観的違法要素」論叢三七巻二七頁以下・三一一頁以下。

二　客観的処罰条件

通説は客観的処罰条件という特別な観念を認めている。それは犯罪そのものとは関係がなくてしかも処罰の要件となるもの、すなわち行為の違法性および責任性と無関係であるが、しかも実体的な刑罰請求権の条件であり、単に訴訟を提起するための訴訟条件とも異るとされるものである。（一）通例、詐欺破産における破産宣告の確定（破産法三七四条）がその適例とされている。しかしわれわれはこの客観的処罰条件という観念の存在理由を疑うものである。けだし理論体系の冒頭においては、犯罪をもって具体的刑罰権を法律効果とする法律要件であり、その実体は犯罪類型（構成要件）に該当する違法有責なる行為であると説きながら、後に至って突如として行為の犯罪性（類型性・違法・責任）と何ら関係がなくしかも刑罰権の存在を決定する条件を認めようとするのは、一貫性を生命とする理論体系にとっては自殺に等しい矛盾であるからである。いやしくも、それが単なる訴訟条件でなくて、実体法上の刑罰権の条件であるとすれば、それは必ず犯罪の実質、すなわち行為の違法性か、または行為者の責任性と密接な関係を有するものと考えなければならぬ。ただし従来のように形式的な違法および責任の観念はそれらを包含することができない。実はこのことがそれらの体系上の地位を不明ならしめ、結局、独立の客観的処罰条件なる概念を構成させるに至った理由であるが、方法論的には、むしろ、それらを包含し得ない自己の違法または責任の観念についてさらに反省を重ねるべきだったのである。われわれの見解によれば、いわゆる客観的処罰条件と称せられるものも、実際は必ずしも違法または責任と無関係なものでなく、そのいずれかの要素に還元せられうるし、またせられねばならぬのである。そして右の破産宣告の確定は行為者の行為の帯びていた違法性の特別な重さを徴表するものと解すべきである。その他、爆発物取締罰則八条の不申告罪や旧兵役法七四条の徴兵忌避罪についても、学説または判例は、爆発物に関する犯罪のあったこと、もしくは徴兵検査における不合格の言渡しがあったことをもって処罰条件と認めていたが、それらもまた同じ意味において違法要素にほかならぬのである。通説はさらにそれらが違法要素でなく単純なる処罰条件に過ぎぬ根拠として、いわゆる処罰条件にあっては行為者の故意は必ずしもそれらにまで及ぶ必要がないということを掲げる（違法要素なら故意により包含されねばならぬというのである）。しかし、まず第一にわが実定法上処罰条件とされるものの大部分は行為者が予見していることを当然の前提とする場合であるし、第二に予見されることを要しないということは、必ずしも違法要素たることと絶対に相い容れないことではないから（加重的結果犯の加重的結果）、この議論もまた正当でないといわねばならぬ。

（二）　佐伯「客観的処罰条件」論叢三六巻四四頁以下・二四八頁以下。刑法一九七条二項が「公務員又は仲裁人たらんとする者其担当すべき職務に関し請託を受けて賄賂を収受し又は之を要求若くは約束したるときは公務員又は仲裁人と為りたる場合に於て三年以下の懲役に処す」と定めたのも客観的処罰条件的である。

七　不作為の違法性

一　不作為の違法性

不作為の違法性についてはすでに主観的違法要素に関して少し述べたが、これに関してはそのほかにも述べるべきことがある。そもそも不作為とは社会的に期待せられた行為をなさないことであるが、社会的に期待せられた行為は未だ直ちに法上命ぜられた行為ではない。したがってある態度が不作為だといっても、それは必ずしもその行為が違法であることを意味しない。不作為が違法性を帯びるのはその期待せられた行為に出でぬ態度が法秩序の立場より見て好ましからぬ態度であるという価値否定の判断を受けるべきとき、逆にいえば当該の作為があたかも法律秩序により意欲せられている場合である。われわれはかかる場合として次のようなものを数えることができる（一）。

(1)　法律に直接の規定ある場合（例えば行政法上の公務員の職務や民法上の親族間の扶養義務・民法七五二条・八二〇条・八七七条以下）、あるいは私法上の契約または事務管理により一定の作為義務を負担した場合。

(2)　違法行為をなした者は、その行為より生ずべき結果を阻止するための作為をなす義務を負う。したがって違法な結社に加入した者はそれより脱退する義務を負い、火を失した者はそれを消し止める義務があり、誤って人を監禁した者は直ちにこれを解放する義務がある。もしこれを怠ったならば、それらの事由に気付いたときから不作為による故意の犯罪を犯すことになる。

(3)　社会観念に基づき、ある作為義務が生ずることもある。例えば買主が誤って余分の代金を支払い、または疵のある商品を気付かないで持ち帰ろうとするときには、売主はこれに注意を与える義務がある。もし売主が気付きながらそれを怠れば、それは不作為の詐欺罪を構成する。

なおこれらの違法な不作為がある犯罪の実行行為といいうるかどうかについては、さらに考察を要するものがあることはさきに不真正不作為犯について一言した（**五**の**二**の(4)）。例えば自己の占有する場所に扶助を必要とする行路病者があることを知りながら速かに公務員に申し出ないことは軽犯罪法一条一八号の犯罪であるが、もし速かに申し出れば助かったはずのものが申し出がなかったために死んだとすれば、その不作為者は刑法の殺人罪（刑一九九条）を犯したことになるであろうか。また火災の現場で公務員から援助を求められて応じない者もまた同法同条八号により処罰されるが、この者も場合によってはその不作為の故に刑法一〇八条の放火罪または一一四条等の鎮火妨害罪の実行者ということになるかという問題があるのである。これは結局それぞれの犯罪類型ならびにそれらの作為義務を課した法規の精神解釈の問題であるが、ここでもわれわれは結果に対する一切の条件設定行為すなわち犯罪の実行行為であるとする安易な考え方が通用しないことを記憶すべきである。（二）

（一）　牧野・日本刑法（上巻）二四頁以下、宮本・刑法大綱六七頁以下、佐伯・刑法総論（旧）一七〇頁以下。

（二）　牧野・上掲一三一頁以下、木村「不作為犯に於ける作為義務」牧野博士還暦祝賀刑事論集七三頁以下、佐伯「刑法犯と警察犯」同上三三六頁以下、柏木「作為犯と不作為犯」小野博士還暦記念・刑事法の理論と現実（一）七五頁以下。

（昭和二七年三月）

9 可罰的違法序説――違法概念の形式化による刑罰権濫用阻止のために

一 はしがき

一 犯罪とは、刑罰を科せられる非行である。刑罰が科せられない以上は、いかに非行性の強い行為であっても、犯罪とはいわない。そして、どのような非行に、どのような刑罰が科せられるか――すなわち、どのような非行が「犯罪」とされるか――ということは、あらかじめ法律の明文をもって規定せられていなければならない。逆にいえば、実定法に、それを犯罪として刑罰を科する旨の明文のない行為は、それがいかに重大な非行であっても、犯罪として処罰されることはないのである。これがいわゆる罪刑法定主義の原則であって、それは、官憲の専断に対して国民の権利・自由を守ろうとする近代国家における最も大切な刑法原則の一つとされているのである。このような刑法特有の事情があるために、前記のように、刑法上の基本的な範疇であるところの「犯罪」と「刑罰」とが、ともに、徹頭徹尾、実定法的な存在とされているのであって、今日の法秩序においては、実定法の刑罰規定との結びつきを離れては、犯罪も刑罰も考えられないのである（刑法では、類推によって、新しい犯罪を作り出すことは禁じられている）。

二 しからば、その実定刑法における犯罪の定め方はどうなっているか。刑法をみると、例えば公務執行妨害罪は、「公務員の職務を執行するに当り之に対して暴行又は脅迫を加えたる者は三年以下の懲役又は禁錮に処す」

（刑九五条一項）とあり、殺人罪は「人を殺したる者は死刑又は無期若くは三年以上の懲役に処す」（刑一九九条）とあり、詐欺罪は「人を欺罔して財物を騙取したる者は十年以下の懲役に処す」（刑二四六条一項）とある。すべてこのようなやり方で、刑法のなかには、犯罪とされる行為の型と、それに——正確にはそれに該当する行為——に科せられる刑罰の種類および程度（法定刑＝刑罰の枠）を定める条文が、社会生活の各領域にわたって、たくさん並べられているのである。このように法によって定められている罪となるべき行為の型を「犯罪類型」と呼ぶのである。刑法典、特にその各則は、このようにいろいろな犯罪類型とそれに対する刑罰の枠を並べているので、商品のカタログに喩えられるのである。

刑法は、このように犯罪のカタログを提供すると同時に、他方では、法令または正当の業務によってなした行為（三五条）とか、正当防衛（三六条）、緊急避難（三七条）として行われた行為は罰しないというような例外規定を設けることによって、仮にある行為が、刑法の定めるどれかの犯罪類型に当嵌っても、さらにこれらの例外規定の定めるような特殊事情があれば、もはや刑罰を科せられることなく、すなわち、犯罪ではないことになるとしているのである。前の各則の各犯罪類型は、行為がそれに当嵌れば、犯罪が成立するとの「一応の推定」を受けるという意味で、犯罪の原則型ということができ、これに対して後の正当防衛等々は、右のような一応の推定を破る例外事情の類型化であるから、これを、例外型と呼ぶのである。民法でも七二〇条などに、同様な例外型の規定がある。この例外型は、それが破る推定の違いによって、違法阻却事由とか責任阻却事由とかに分けられるが、そのいずれの場合にも、それに関する法律の態度は、原則型の場合と違って、著しくその取扱いが寛大になっている。すなわち、原則型たる犯罪類型については、前述したように、法は厳重に限定的にこれを規定しており、解釈によって勝手に新しい犯罪類型を作り出したりすることは許されないけれども、この例外型たる阻却事由については、刑法が、その主だったものについて一応規定してはいるけれども、それは限定的、制限的な規定でなく、むしろ例示的な規定であることを原則とし、判例学説により補充されることが、当然のこととして、予定されているのである。これは、罪刑法定主義と些かも矛盾するものではない。けだし、罪刑法定主義は、官憲の専断的処罰に対して国民を守ろうとするものであるから、処罰を拡大する方向には抑制的に働くけれども、不当な処罰を阻止しようとする方向に対しては、何ら抑制を加える必要がないからである。ここでは、超法規的な阻却事由を認めることが可能である。

ところで、本稿における考察の中心におかれるのは、右の二つの型のうち、前の原則型としての犯罪類型である。この犯罪類型は、わが国では、従来、犯罪構成要件あるいは単に構成要件と呼ばれてきた。別に名称にこだわるわけではないが、構成要件という言葉では、犯罪類型を成立たせる個々の要件が示されるだけで、それらが集って一つの可罰行為の類型を構成しているのだということを示す用語としては、必ずしも適当でない。そのうえ、いわゆる構成要件という用語に盛られる意味内容も、それを用いる学者によって必ずしも同一でないのである。例えば、ある学者は、それをもって犯罪の客観的要素のみを意味せしめ、他の学者は、それをもって故意の予見内容たる客観的事実の総体を意味せしめ、あるいは行為を違法ならしめる要素の総体を指すものとなし、さらに、故意・過失のような責任要素までもそれに含ませる（それによれば構成要件は違法にして有責な行為の類型である）一方、客観的処罰条件はそれから除外する学説もあるというように、その意味が必ずしも一定しないのである。そこで、われわれは、この多義的な用語を避けて、端的に犯罪類型という用語を用いているのである。(一)今日では、この犯罪類型という用語も、わが刑法学界において一応の市民権を獲得したように思われる。(二)

三　右に述べたように、刑法の領域では、カタログ以外の商品（犯罪）はないのであって、ある行為が犯罪となるかどうかは、それが当嵌るような犯罪類型がこの各則のカタログのなかに見出されるかどうかによって決まるのである（類推による処罰禁止）。もっとも、実際には、ある行為が法定の犯罪類型のどれかに当嵌るかどうかということは、必ずしも常に一目瞭然であるというわけにはいかない。そうあることが、罪刑法定主義のもともとの要請ではあったのであるが――そしてフランスの革命刑法やフォイエルバッハのバイエルン刑法などは、いずれも、この要請に忠実であろうとして、一種のカズイスティクに陥ることさえ敢えて辞さなかったほどであるが——現実には、その要請を百パーセントまで充すことは、不可能である。例えば、できるだけ事実的記述的な用語を用いるという要請も、国語の性質上、あるいは表現を簡潔にする必要上、または罰せらるべき行為を法の網の目から洩らさないため等々の理由から、ある程度、価値概念（規範的構成要素）を用いないわけにはいかないのである。さらにまたどの犯罪についても要求されるような要件は、これを一括して総則のなかに規定することにするとか、また他の犯罪規定との関係から論理的に推測できる要件は、これを条文中に明言することが避けられるというような具合で、出来上った法文は、素人には、どうしても分りにくいものになってしまうのである。かくして、現実の刑法典の犯罪類型は——特にわが国のそれは——その条文を一読しただけでは、その内容を正確に摑むことが困難であって、そのためには、法律家による専門的な解釈を必要とすることが多いのである。このことは、わが刑法の殺人罪の規定を眺めただけで、明らかとなるであろう。刑法一九九条には「人を殺したる者は死刑又は無期若くは三年以上の懲役に処す」と規定されている。これは、一見、何ら解釈の必要もないほど明白な規定のように思われる。しかし、例えばその「人を殺したる者」という場合の「人」とは、自分以外の他人を指すものであること（自殺は罪とならない、二〇二条）、さらに、自分以外といっても、尊属はそれに含まれず（それについては、別に二〇〇条がある）、殺されることに同意している他人も、それから除外されるということ（同意もしくは嘱託による殺人については、二〇二条に特別規定がある）とか、また「殺したる」者というのも、故意に殺した場合のみを指すのであって、過失で殺した場合は——文法上は、それも人を殺したのに相違ないが——そのなかには含まれないこと（二一〇条・三八条一項）、さらに殺人の教唆や幇助行為も、それには含まれていないのだということなど、解釈によって始めて明らかになる事項が、たくさんあるのである。かような事項は、一九九条の法文自体には、表明せられておらず、むしろ、それによって暗黙に予定せられている事項である。

四　かように、どの犯罪についてみても、犯罪類型は、それに関する法文の解釈によって始めて明らかにされるものであって、法文と犯罪類型あるいは構成要件とを簡単に同一視し、法文すなわち構成要件であると考えてはならないのである。そんなことは自明の理であるという向きがあるかも知れないが、実際には、この法文といわゆる構成要件との同一視がしばしば行われており、そのために無用な理論の混乱をひき起すことが少なくないので、あえて一言しておく次第である。刑罰法規中に「不法に」とか、「故なく」とかある場合に限り、「不法に」「故なく」が構成要件だという古い議論は、その適例であるが、近頃でも、例えばウェルツェルとそのエピゴーネンが重視する「閉された構成要件」（geschlossener Tatbestand）と「開かれた構成要件」（offener Tatbestand）の区別の根底にも、この法文と構成要件との同一視がひそんでいるように思われる。[三] 彼らによると、前者（閉された構成要件）においては、法律自体が禁止される態度の事実的特徴を余すところなく記述しているが、後者（開かれた構成要件）にあっては、法律（刑罰規定）の与えている犯罪行為の事実的記述だけでは、まだ違法行為の記述としては不十分であって、そのためには、さらに裁判官の評価による補足が必要であるといわれるのである。しかし、裁判官による補足の必要なのは、何も開かれた構成要件に限るのではない。ウェルツェルが閉された構成要件の例にあげる殺人罪の規定にしても、やはりそれを解釈することによって、始めて、それが予想する構成要件の内容が明らかになることは、右に述べた通りである。こういえば、あるいは右の開かれた構成要件で問題となるのは、このような単なる補足でなく、「評価による補足」が問題なのだといわれるかも知れない。しかし、実は、このように直ぐに裁判官の「評価」による補足を持出すことが飛躍なのである。必要なことは、その不完全な法律の事実記述に、さらにいかなる事情が付け加わることによってその法条が予想する不法類型となるかということの探究である。それを探究し、明確にすることが法解釈の任務なのである。開かれた構成要件でも、法はそのような不法類型を指示し、志向しているのであって、ただその法文の直接的な文章的表現（行為記述）が不完全（省略的）なだけである。その規定（あるいは指示）する不法類型そのものが不完全なわけではない。したがって、この場合にも、法律家は、解釈によって、その法条が指示し志向しているところの構成要件＝犯罪類型の明確な把握と表現に努力しなければならないのである。

(一)　佐伯・刑法総論（昭和一九年）一二三頁以下。

(二)　滝川・刑法講話一〇頁、団藤・刑法綱要六〇・八〇頁（犯罪定型という）、木村・刑法総論一三三頁、同・新刑法読本五五頁。

(三)　Welzel, Neue Bild des Strafrechtssystems, 4. Aufl. 1961, S. 16 ; Derselbe, Das Deutsche Strafrecht, 3. Aufl. S. 59 ff. 4. Aufl. S. 60 ff. 5 Aufl. S. 69 ff.　いわゆる開かれた構成要件の適例は、ドイツ刑法二四〇条の強要罪だといわれる。その規定は、「他人を実力または重大な害悪をもってする威嚇によって、ある行為をなすように或いは忍受しまたはなさないように強要した者は」というのであるが、ウェルツェルによれば、そのなかの「重大な害悪をもってする威嚇」という表現は、それだけでは、原則として違法な行為の記述としては不十分だとされるのである。何故ならば、現実の社会生活では、いうことをきかなければ重大な害悪を加えるぞと告知することにより人に或ることを強要しても、違法でない場合がいくらもあるからである（例えば、債務を支払わねば訴えるといって支払をさせる場合）。同条の二項に「追求されている目的のために実力を行使しまたは害悪を告知することが、非難せらるべきものと認められるときは、その行為は違法である」という明文がおかれているのは、そのためだ（だから、害悪を加えると告知することにより、相手に言うことをきくよう強要したという事実の証明のほかに、その際のそのような強要が違法とみられうることが必要である）とされるのである。しかし、法律学の任務は、そのひとしく目的実現のために行われる害悪告知のなかで、許されない害悪告知と許される害悪告知とを区別し、前者をできるだけ記述的に——法文の不完全な表現を補充して——類型化して明示することでなければなるまい。このことは、同じく、開かれた構成要件に属するといわれる過失犯の注意義務や、不真正不作為犯における保障責任者の立場（それが作為義務の土台である）等についても同様である。

二　犯罪類型とその他の法的非行類型

一　犯罪類型は、右のような意味で、徹頭徹尾、実定法上の存在であり、法の作成物である。しかし、そのことは、いまだ、犯罪類型が、現実の社会生活から遊離した立法者の恣意の産物であることを意味するものではない。話はむしろ逆である。犯罪類型の直接の作成者は、もちろん立法者（起案者と立法機関）であるが、しかし、その立法者は、現実の社会生活から遊離して存在するのではなく、むしろその真っ唯中に生きているのであるから、その立法作業――犯罪類型作成作業――も決してこの社会生活の現実から遊離して行われるのでなく、逆にその社会の各階層の要求や悩みあるいは訴えを反映し、あるいはこれを先取して行われるのである。もっと端的にいえば、立法者が犯罪類型を作り上げるより以前に、その作業の原型となるような非行の類型化が、すでに、現実の社会生活のなかで進行しているのが通常であって、立法者は、これら既存の社会的非行類型を与えられたものとして受取り、そのなかにおいて選択を行い、さらに法的精製と再構成を行うのである。かような立法者の取捨選択と再構成を喚起するものは、それらに対する刑罰的干渉を要求する社会の声である。先年来の不動産窃盗の立法化が、戦災都市における焼あとの土地の不法占拠に対する激しい世論におされて実現したことや、最近の交通難の現実が、スピード違反や駐車違反に対する罰則の強化整備を立法者に押しつけている事実は、法律の犯罪類型と、それを生み出す社会生活の基盤との関係をよく示しているであろう。

二　しかし、犯罪類型――あるいは犯罪――だけが、法律の規定する反社会的行為なのではない。犯罪は、法律が、許されないものとして排斥する反社会的行為のなかの一部分――ただし最も重要な――にすぎないのである。そのほかにも、民法上の損害賠償の原因になる不法行為とか強制執行の原因となる債務不履行、あるいは法律上無効だとされる公序良俗違反の行為などがあり、行政法上も、あるいは与えられた免許、許可の取消原因となり、あるいは制裁としてあるいは義務履行を強制するために、過科などの制裁を科せられる様々の行政違反がある。これらは、刑罰を科せられないという点では、犯罪と異なるけれども、法律によって許されない行為とされるのは、同じことである。なおこれらの法的非行のうち、最後の行政違反のなかには、法がそれを禁止し、行政違反と銘うつことによって、始めて非行性を帯びてくるものもあるけれども——その場合にも、そのような規制の社会的要求は存在するのである——その他の大部分のものは、犯罪の場合と同様に、その原型となるところの社会的非行類型が、法的非行類型化に先行しているのである。

三　右に立法者は、社会的非行類型について、選別と精製、再構成を行うといったが、この選別と再構成の過程は、実は決して単純一本調子に進行するものではない。けだし、そのような立法活動の土台をなす社会的要求というものが、現実社会の分裂を反映して、単純ではないからである。今日の社会は、人々の所属する階級、政党、職業あるいは地域が異るにつれて、深刻な対立と分裂を示しており、同じ事項についても、しばしば相反する立法的要請がある。社会の一部からは排斥もしくは鎮圧されるべき非行類型と見られるものが、他の部分からはそれに値しないだけではなく、そもそも非行ですらないと考えられることも稀れではない。例えば、公務員や公益事業従業員の争議行為の可否に関する世論の分裂は、その適例であろう。かように対立し矛盾する社会の各方面からの要求に直面しつつ、立法者は、それらのどれかをとり、どれかを排斥するという決断を行わなければならない。したがって、一つの立法——法的非行類型の樹立——に当っても、社会が——それを反映して立法機関としての国会もまた——その支持者と反対者とに、分裂することも少くないのである。かような立法者の選択と決断を指導し規定する終局の力が何であるかということは、法社会学の重要な課題であるが、それはわれわれの当面の問題ではない。ここでは、ただ、そのような法的非行類型の社会的基盤を指摘しておけば足りるであろう。

三　犯罪類型の構造上の特質

われわれのここでの問題は、立法者が既存の社会的非行類型に対して行う取捨選択と法的精製および再構成の仕方——法的非行類型の構成方法——がどのようなものかということである。これは、それぞれの法の領域によって必ずしも一様ではない。あるいは、民法の不法行為のように、その素材（原型）とされた社会的非行類型に対して極めて高度の一般化、抽象化が加えられることもあれば、軽犯罪法のように、その原型が大した加工もなしに法文化されることもあって、その間には様々の段階がみられるのである。例えば、軽犯罪法の犯罪類型は、「正当な理由がなくて合かぎ、のみ、ガラス切りその他他人の邸宅又は建物に侵入するのに使用されるような器具を隠して携帯していた者」（一条三号）とか、「相当の注意をしないで、建物、森林その他燃えるような物の付近で火をたき、又はガソリンその他引火し易い物の付近で火気を用いた者」（同九号）、あるいは「公務員の制止をきかずに、人声、楽器、ラジオなどの音を異常に大きく出して静穏を害し近隣に迷惑をかけた者」（同一四号）というように極めて具象的《ビルトリッヒ》に構成せられており、それの素材あるいは原型となった社会的非行類型との距離が極めて近い。ところが、他方、民法の不法行為の規定をみると「故意又は過失に因りて他人の権利を侵害したる者は之に因りて生じたる損害を賠償する責に任ず」（民七〇九条）とあって、その規定は、極めて抽象的、一般的で、ほとんど具象性がない。この程度に抽象化されると、もはやそれを、類型と呼ぶことは適当でなく、むしろ概念と呼ぶのが適しい。ところで、上記の刑法の犯罪類型は、あたかもこの両者の中間に位いするもののようにみえるのである。それは、軽犯罪法のそれに較べれば、やや抽象性が勝っているが、民法の不法行為のそれに比すれば、まだ濃厚に具象的、事実記載的な行為類型の性質をもっているといえるのである。このように、法の非行類型には、その法域の異るにつれて、その具象性と抽象性に様々の相違と段階のあることが、看取されるのである。

刑法の領域でも、もしやろうと思えば、犯罪についても、民法の不法行為についてみられるのと同じ程度の抽象化、概念化を行うことは、決して不可能ではない。例えば、ウェルツェルのいうように「民主主義あるいは社会主義もしくは共産主義の社会秩序に有責に背いた者は、これこれの刑罰を科する」というような一般的刑罰規定を設けることもできるであろう。それなのに何故、刑法ではこのような抽象的な犯罪規定の仕方をしないで、前述のようにひとつひとつの犯罪類型を列挙するという一見まことに面倒で不便なやり方が採られるかというと、それは、いうまでもなく、前記の罪刑法定主義が、ここでは右のような一般条項的犯罪規定の採用を拒むからである。一般条項的な規定だけでは、国民は、個々の場合において、自分の行為が果して犯罪になるかどうかについてあらかじめ明確な判断をもつことができず、いつも心もとない状態におかれることになる。裁判官にしても、明確な裁判の規準を欠き、その裁判が裁判官の主観的判断に依存する度合が大きくなり、ひいては、法の適用の主観化と濫用の危険に門戸を開くことになる。それでは、国民の権利、自由の保障が十分でなくなるので、犯罪として処罰される行為は、個々に具象的な犯罪類型の形で明確化されていて、裁判官が濫りにそれを新設したりできないようにしておく必要があるとされるのである(一)。

もっとも、民法の不法行為にしたところで、その実際的運用に当っては、前記のような不法行為の一般条項的規定だけでは、具体的問題の解決には不適当である。実際には、そこでも、判例と学説とによって、右の抽象的な法文に該当する不法行為の類型化が行われているのである。ある行為が不法行為となるかどうかは、実際には、まずこれらの判例学説が提供する不法行為の類型のどれかに、それが当嵌るかどうかの検討から始められるのである。そのことは、あたかも犯罪の成否の問題が、その行為の該当する犯罪類型の有無の検討から始まるのと同様である。ただ、刑法の犯罪類型は、実定法によって厳重に限定せられており、解釈による新設拡大が禁じられるに対して、不法行為の類型は、むしろ判例と学説によるそのたえざる形成と新設が予定されているという点が違うだけである(二)。

（一）　Welzel, Neue Bild des Strafrechtssystems, S. 15.　敗戦後の連合国軍隊による占領中のいわゆるポツダム政令の一つである「占領目的阻害行為処罰令」（昭和二五年一〇月三一日政令三二五号）は「占領目的に有害な行為をなした者は、十年以下の懲役若しくは二十万円以下の罰金又は拘留若しくは科料に処する」という規定（二条）を設けていたが、これは正しくこの種の抽象的刑罰規定であった。

（二）　佐伯「違法性の理論」刑事法講座一巻二〇〇頁（昭和二七年）。

四　違法と責任・特に違法性について

一　われわれは、これまで、犯罪、不法行為あるいは行政違反などのすべてを、単に「非行」あるいは「反社会的態度」として特徴づけてきた。いまや、その「非行性」あるいは「反社会性」といわれるものの内容について、解明が与えられなければならない。非行あるいは反社会的態度という表現が、その行為（態度）に対する消極的評価あるいはその反価値性（それは単なる無価値（ゼロ）ではなくて、マイナスである）を示すものであることは明白であるが、かような消極的評価（反価値性）は、法的には、通常「違法」と「責任」という二重の評価の形をとって現れるのである。犯罪が構成要件（犯罪類型）に該当する違法で有責な行為として定義されることは周知のとおりであるが、民法上の不法行為にしても、故意または過失によって他人の権利を侵害し損害を生ぜしめることを要するとされ（民七〇九条）、さらに正当防衛や物的緊急避難による加害行為は損害賠償義務を発生せしめず（民七二〇条）、また心神喪失の間に他人に損害を加えた者は、それが当人の故意過失によって招いた一時の心神喪失でない限りは、賠償責任がないとされること（民七一三条）などから伺えるように、同様に違法性と責任性とをその要件としていると考えられるのである。権利侵害と損害の発生の要件は——正当防衛、緊急避難の規定とともに——明らかに行為の違法性を指示するものであり、一方、行為者が能力者であること（心神喪失者でないこと）や故意過失で行為したことという要件は、責任性を指示しているのである（もっとも近時の目的行為論によると、故意過失も違法要素だということになる）。これは、債務不履行（民四一五条）や公序良俗違反の行為（民九〇条）にあっても同様であろうし、行政違反の場合にも同じであろう。

二　このように、違法と責任とは、法的非行の非行性の内実をなすものであるが、それはまた法が社会的非行のなかから、犯罪あるいは不法行為等々とすべきものを選び出す際の、評価選択の尺度としての役目をも果しているのである。それらは、共に法秩序――それぞれの社会のその時々の法秩序――の立場からなされるところの法的評価である。まず、違法性の評価は、その行為が――場合によっては、その存在（人・物または状態）が――当該の法秩序を侵害脅威する性質をもつこと（あるいは法秩序が保護し維持しようとする価値・生活利益すなわち法益を侵害し――実害――または脅威――危険――する行為の性質）を指し、責任性とは、このように違法と評価された行為の主体、行為者が、さらにそのことについて人格的に非難せらるべきことを意味する（無能力者の行為や、不可抗力による行為については、それがいかに法益に対して侵害脅威的であっても、行為者を非難することはできないであろう）。犯罪のみならず、民法の不法行為等々も、行政違反も、みな、かような違法性と責任性をそなえているると考えられるのである。この違法と責任は、法秩序全体の立場から下される統一的な評価であって、その根底においては同一であるが、現象的には、民法、刑法、行政法などの各法域の特殊性に応じてそれぞれ特殊化されて現われるのである。

犯罪類型は、このような違法・責任の刑法的特殊形態であるが、そのような特殊化は、違法で有責な行為のうちから――それは、まことに広汎でかつ多彩である――立法者にとって、特に重大で、刑罰という強力な対策を用いる必要があり、しかもそれに適すると考えられるものがとりあげられ、行為類型化されたものである。刑罰を必要とし、刑罰に適する違法であり、責任であるという意味で、それは、可罰的違法性・可罰的責任性と呼ばれる。犯罪類型はこのような可罰的違法性と可罰的責任性を帯びた行為の類型であるということができる。本稿では、そのうちの可罰的違法性が問題とされる(一)。

三　犯罪は、右のように、違法な行為の一部であって、特に可罰的な違法行為である。しかし、可罰的違法について述べるまえに、違法一般についてのわれわれの見解を、もう少しくわしく述べておくことが必要であろう(二)。違法とは——右にも一言したように——その行為自体が、法の維持し実現しようとしている社会生活の秩序を、あるいは現実に侵害し、あるいは脅威するものだという評価である。それは、あるいは直接に法秩序の担い手たる国家そのものの存在を脅かし（内乱罪・外患罪）、あるいは公共の平穏または秩序を害し（騒擾罪・賭博罪・風俗犯）、あるいは直接には個人の生活を侵害することによって、ひいては社会秩序そのものを脅威することになる（殺人罪・傷害罪・名誉毀損罪・窃盗罪・強盗罪等）など様々の現象形態をとるであろう。しかし、いずれの場合にも、それは法秩序が保護するところの価値、すなわち「法益」を「侵害」または「脅威」するが故に、違法とされるのである。例えば、人の生命、財産を害することは、精神病者がそれを行おうとあるいは子供がやろうと、法の保護する人の生命、財産という法益の侵害たる点において、すなわち違法である点においては、常に同じである（それらの者が罰せられないのは、無能力者の行為として責任がないからである）。なお、違法性は、現実の法益侵害の場合にのみ存するのではなく、法益侵害の危険をもたらすだけの場合にも認められる。例えば、ガソリン倉庫のなかで煙草に火をつけ、人が大勢集っているところで弾丸の入っている銃の引金をもてあそび、猛犬を繋がないで町中に放置するような行為は、いずれも他人の生命、財産に対する重大な危険を内含する行為であって、幸いにそれから何の実害も生じなかったとしても、さらにまた行為者がその危険性を意識していたかどうかに拘らず、常に法益に対する危険（脅威）として違法なのである（ガソリン倉庫のなかで火を弄ぶ行為は、行為者がその危険を意識して行為しているかどうかに拘わりなく常に危険であり、違法なのであって、それを意識しているかどうかは、違法とは関係のない責任の問題である）。

四　もっとも違法を、右のように法益に対する侵害（実害）または脅威（危険）として把えることに対しては、ドイツではナチス刑法学以来の反対があって、違法の本質は法益侵害のなかにでなく義務違反のなかに求めなければならぬとか、(三)あるいは法益侵害という結果の反価値性（Erfolgsunwert）だけでなく行為自体の反価値性（Handlungsunwert）にこそ違法の重点を求めるべきであり、さらに行為者を離れて行為はありえないのだから、行為の評価としての違法も、当然に行為者と関係づけられた「人的不法」（personales Unrecht）でなければならぬなどと説かれており、わが国の刑法学者のなかにも、それに賛成する人が相当出ているようである。(四)しかし、義務違反という考えを徹底せしめれば、主観的違法論に到達せざるをえず、その結果は、違法と責任との区別を放棄しなければならぬことになる。この区別を維持しようとする限り、やはり法益侵害の見地に止るほかはない。ここに、法益とは、法の保護する生活利益、あるいは価値としてとらえられているのであって、ドイツ語のいわゆる Rechtsgut が Gut であるということから誘発されるいろいろな非難は、ここにいう法益概念には、必ずしも当らないのである。また、行為無価値と結果無価値を区別したり、行為は行為者の行為でしかないという議論には、確かに相当な理由があるが、(五)それだからといって、法益の侵害脅威をもって違法の基盤とする考えを棄てねばならぬことになるとは思われない。けだし、財産という法益の侵害一般が犯罪とされるのでなく、窃取、強取、詐欺、横領というような態様における侵害行為のみが、犯罪とされるとしても（行為無価値）、それらの態様は、占有、自由あるいは信頼関係の侵害という別個の法益侵害に還元されるからである。(六)さらにまた、結果無価値が法益の侵害すなわち実害であるのに対し、行為無価値は、法益に対する脅威すなわち危険を指すものにほかならぬ場合が多いと考えられる。この際は、いわゆる行為無価値は、結果無価値を惹起する危険があるからこそ無価値とされるのであって、実は先取された結果無価値（あるいは結果発生の危険のある行為）ということに帰着するであろう。また人的不法といわれるものも、その例として掲げられる身分と共犯の例から看取されるように――それによれば身分により刑の軽重のある犯罪に加担した非身分者に通常の刑が科せられるのは、身分者の負担する特別な法的義務が彼の行為の違法性を一段と重からしめる（あるいは軽からしめる）からだとされる――決して法益説に還元できないものでなく、法益説の考え方と質的に違うものでもないのである。われわれは、違法性の実質が、法益に対する侵害（実害）に存するだけでなく、むしろ法益に対する危険（脅威）のなかに存することを看取することによって、社会的現実のなかにしっかりと根をおろした違法論を樹立すべきである。（七） 法益説は唯物論だというようなナチスばりの批評にたじろぐことはない。

（一）　私は、以前から犯罪類型を、このように違法でかつ有責な行為の類型として理解している。小野博士が、私の見解とメツガーのそれとを同視され、私がそれを単なる違法行為の類型とするもののように述べられて以来、それをそのまま受け売りする人が多いが、これは誤解である。私にあっては、犯罪類型は「刑罰を科するに値するという法的評価を表明するところの違法にして有責なる行為の類型である」（刑法に於ける期待可能性の思想三五七頁）。唯、その理解に当っては、それをまず違法の方面から可罰的違法類型として考察し、次いで責任の方面から可罰的責任類型として眺めるというまでである。この機会に誤解をといておく。

（二）　違法論については、佐伯「違法性の理論」刑事法講座一巻一八九頁以下参照。

（三）　ダームやシャフスタインのキール学派の理論がそうであった。例えばDahm, Der Methodenstreit in der heutigen Strafrechtswissenschaft, ZStW, 57. Bd. S. 225 ff., Schaffstein Rechtswidrigkeit und Schuld im Aufbau des neuen Strafrechtssystems, ZStw, 57. Bd. S. 295 ff. その批判として、佐伯「キール学派の刑法理論」論叢三八巻二八六頁以下、六二六頁以下。

（四）　Welzel, Das Deutsche Strafrecht, 5 Aufl. S. 52 ff. 人的不法の観念については、藤尾「いわゆるPersonales Unrechtについて」都立大学創立十周年記念論文集二二五頁以下参照。

（五）　私自身も、以前から常習性や職業性の主観的違法要素としての理解に関連して、犯罪類型を行為者から切離された行為の類型と考えることが誤りであって、犯罪は、むしろある行為者の行為であるから「犯罪類型、従ってまたその理論たる違法論や責任論が、行為と区別された行為者の性質にも及ぶことは当然であって些かも怪むに当らない」と説いてきた。しかも、それは、違法を法益に対する侵害脅威とする立場から、説かれたものである。佐伯「主観的違法要素」論叢三七巻三四九頁、期待可能性の思想六一六頁。

（六）　平野「故意について」法協六七巻三五八頁以下。

（七）　ウェルツェル自身も、法益侵害説を決して排斥するのではなく、唯それだけでは違法の全体的理解が困難であって、さらに行為無価値とか人的不法的な見地で補充しなければならぬというのである。その限りでは、本文でのべたところと内容的な違いはない。しかし、その目的行為論が、さらに進んで主観的違法要素論の必然的結論と称して、すべての故意を違法要素と説き、さらに義務違反を違法要素に数えることによって、違法論を実質化すると称する点において、それは逆に違法を形式化し、さらに主観化させる危険を孕んでいると思われるのである。私見によれば、主観的要素が違法の要素といえるかどうかは、それが存することによって、行為の法益に対する侵害・脅威性が始めて理由づけられ、あるいは既存の侵害・脅威性が一段と高められるかどうかにかかっているのである。この意味で、それはメツガーのいうように、あくまで例外現象でなければならない。この選別基準を離れては、違法と責任の区別は全く空に浮いたものになってしまうであろう。ウェルツェルらの目的行為論が、実質的違法の問題を軽視する傾向があるのは、実はそれが、このように違法を観念的にのみ理解することの当然の結果である。なお法益説については、日沖「法益論」刑事法講座一巻一二五頁以下。

五　可罰的違法

一　犯罪類型を違法の側面から眺めた場合に、それが可罰的違法行為の類型——可罰的違法類型——として現れるということは、われわれにはほとんど自明のことのように思われる。しかし、これに対して、木村教授は、違法な行為は、さらに責任が加わって始めて可罰的になるのであるから、特に可罰的違法という観念を用いる必要はないといわれるのである。（一）しかし、それは教授が可罰的という用語を有責な違法の意味で用いられるから、そうなるのである。だがわれわれが「可罰的」違法というのは、単に有責な違法という意味ではない。犯罪、すなわち刑罰を科せられる違法行為と、そうでない違法行為——民法上の不法行為・債務不履行・公序良俗違反の行為や単純な行政違反——との間には、違法性自体において違いがあるのではないかということを問題にしているのである。それは、違法性というものが、根本においては、法秩序全体に通ずる統一的なものでありながら——したがって民法上は適法であるが、刑法上は違法だというようなことは認められない——その現象形態においては、様々の種別があり、さらにまた軽重の段階がある——しかも量の変化もまた、それがある程度に達すると質の変化となる（量より質への転化）——という認識に立つものである。(二)　かような理解は、犯罪の理解が——したがってまた刑法の解釈運用が——形式的なものとなり、刑罰権の濫用に陥るのを防ぐために、きわめて必要であると考えられる。

可罰的違法性とは、行為の違法性が、刑罰という強力な対策を必要とし、かつまたそれに適するような質と量をもっているということである。わが刑法学界で、この可罰的違法という観念を、最も早く唱えられたのは、故宮本博士であった。博士は、後述の一厘事件の判例を高く評価され、それを一般化して「被害法益の価値が極めて軽微な場合」という可罰類型阻却事由を構成されたのである。例えば、散歩の際に路傍の生墻の花一輪を摘みとり、あるいは直ぐに返すつもりで行われるいわゆる使用窃盗などがそれで、それらはいずれも他人の所有権を侵害する行為として違法ではあるが、被害法益の価値がきわめて軽微なために、窃盗罪を構成することのない場合だとされたのである。博士は、このほかさらに「行為の通常性」——金銭債務の不履行などのように、法益侵害の程度と事情のいかんにかかわらず、その行為が処罰するには余りに普通の事実であること——という可罰類型阻却事由をも構想されていた。(三)ただ、博士においては、その主観主義刑法理論と独自の主観的違法論の立場からして、右の被害法益の軽微という客観的事実も、それ自体で直ちに意味を有するのではなく、むしろ軽微な法益をそのようなものと意識して軽視するという主観的事情に意味があるとされた点に——後でみるように一厘事件の判例も、そのような表現を用いている——特色がある。しかし、主観的違法論をとらず、客観的違法論に従うわれわれの立場からは、率直に、被害法益の軽微そのものが、行為の可罰的違法性を失わせるのだと考えてよ

いであろう。(四)

二　以下、われわれの理解する可罰的違法性の観念について、簡単な素描を試みておきたい。この素描は、上記のような可罰的違法性の性格に応じて、違法性の質と量の問題に分って行うことが便宜である。

（一）　可罰的違法の量の問題

被害法益の軽微が可罰的違法性を失わせるという考えの萌芽は、前述のように、明治四三年の一厘事件の大審院判決のなかにすでに現れている。(五)これは、ある煙草耕作者が、その作った葉煙草のうち僅か七分程のものを政府に納入しなかったという煙草専売法違反被告事件についての判決であるが、大審院はこの程度の「零細な反法行為」を「費用と手段を顧みずして之を誅求するは却て税法の精神に背戻し寧ろ之を不問に付するの勝れるに如かず」、としたのである。けだし「零細なる反法行為は犯人に危険性ありと認むべき特殊の情況の下に決行せられたるものにあらざる限り、共同生活上の観念において刑罰の制裁の下に法律の保護を要求すべき法益の侵害と認めざる以上」刑罰の制裁をもって臨む必要はないからである。しかも、ここで「不問に付する」というのは、「犯罪を構成せざる」ものとみるという意味であって、ことは単なる「犯罪の検挙に関する問題にあらずして、刑罰法の解釈に関する問題」だというのである。なお、かように不問に付すべき零細な反法行為かどうかの「其分界は物理的に之を設くる事を得ず健全なる共同生活上の観念を標準としてこれを決す」べきものとされた。

これは、結局、それぞれの犯罪には、一定の重さの違法性が予定されており、仮りに形式上行為がある罰条に当嵌るようにみえても、その違法性がきわめて軽微で法の予定している程度のものでないときには、犯罪は成立しないとするものである。宮本博士が、それを一般化して、被害法益の軽微という可罰類型阻却事由を構成せられたこと、ただし判例や博士の「犯人に危険性ありと認むべき特殊の情況の下に決行せられたるにあらざる限り」という主観的な絞りは、これを客観化して、その行為そのものを危険なものと考えさせるような特殊の情況がない限りはというように解釈し直すべきことは、上述した通りである。

このように「零細な反法行為」は不問に付すべきだという判例の態度は、その後かなり動揺していて、あるいはそれが放棄されたのかと思わせるような事例もあるが、やはり根本において維持せられ（六）、次のような最高裁判所の判例にまで連っていると考えてよいであろう。

(1) 昭和三一年一二月一一日の三友炭坑事件の判決（七）　これは、北九州の小炭坑でのストライキ中、会社側に寝返って炭車を動かそうとした連中に対して、大勢の組合員が、それを阻止しようとして、その炭車の前の線路上に立ち塞がり、あるいは坐りこんだりして「ここを通るなら自分達を轢き殺して通れ」などと怒号しているところに、組合の婦人部長があとからやってきて参加し、同じことをやったのが威力業務妨害として起訴された事件である。その事件の一審裁判所は、被告人の行為は正当な争議行為の範囲を逸脱していないという理由で無罪を言渡し、控訴審では、違法ではあるが、他の適法行為の期待可能性がないという理由で同じく無罪が言渡された。それに対する検事上告に対して、最高裁判所は「かかる情況のもとに行われた被告人の判示行為は、いまだ違法に刑法二三四条にいう威力を用いて人の業務を妨害したものというに足りず」と述べ、原審の無罪判決を、結論的に維持したのである。右の判決の文言だけをみると、最高裁判所は、被告人の行為を全然違法でなく適法な行為とみているようにもみえるが、果して最高裁判所がそこまで踏み切ったものと解しうるか、多少疑問の余地がある。むしろ垂水裁判官が、補足意見として、被告人が参加してからの所為はきわめて短時間のものにすぎず、「結局軽微のものとみられる」からという点を強調しているところに、その真意が示されているように見える。そうだとすれば、それは違法ではあるが、唯それが刑法二三四条の予想する可罰的違法性の程度に達していないために、結局罪とならないとされたのだということになる。

(2) 昭和二六年三月一五日の旧警察犯処罰令二条二九号と窃盗罪の区別に関する判決（八）　旧警察犯処罰令二条二九号は「他人の田野、園囿に於て菜果を採摘し又は花卉を採折したる者」を、拘留・科料に処していた。それと刑法二三五条の窃盗罪との区別は、従来から解釈上の難問の一つであったが、最高裁判所は、右の判決で、こ

れに対し次のような解決を与えたのである。いわく、

「この警察犯処罰令の規定は、軽微な犯罪を対象とし、被害法益の零細軽微なものに対して警察的取締をすることを目的とするものであることは、前記法条の字句に照しても、また立法の沿革に徴しても明白である。窃盗罪との区別は、被害法益の大小軽重によって決すべきものとするのが妥当である。その被害法益が『財物』として保護さるべき程度に達するときは窃盗罪を構成し、然らざるときは警察犯として野荒しとなるのである。結局は社会通念に従って裁判官が判定すべき事柄である」。

かように、両者の区別をもっぱら被害法益の大小軽重にかからしめることが、理論的に妥当かどうかについては疑問があるが──両者の区別は、むしろその行為によって破られる占有（事実的支配）の強弱に依存するところが大きい（九）──最高裁判所が、可罰的違法性という考え方をとっていることは明らかであろう。

この野荒しと窃盗罪の例が暗示しているように、違法性の量、あるいは軽重という見地は、可罰的違法の内部において、基準的犯罪類型（例えば通常殺人罪）とその加重類型（例えば尊属殺）もしくは減軽類型（例えば同意殺人・自殺関与）との関係を理解するうえにおいて、きわめて有益である。さらに刑法犯と軽犯罪との間にも、同様に可罰的違法性の軽重が微妙に反映していることが看取されるのである。

(二)　可罰的違法性の質の問題

以上述べたところは、違法性の軽重の相違が、可罰的違法性にどのように影響するかということであった。この可罰的違法性のいわば量の問題のほかに、さらに可罰的違法性の質の問題がある。これは、違法性の軽微とは関係なしに、その違法の質が可罰的違法性を阻む場合である。

(1)　わが刑法典は、以前から、近親姦に対する刑罰規定を設けていない。外国の立法例のなかには、それを処罰するものが少くないが（例・西ドイツ刑法一七三条）、わが国では、それは犯罪とされてはいないのである。しかし、これが近親姦を適法視する結果でないことはもちろんであろう。わが法秩序のもとにおいても、それは、

人倫の基本を紊す行為として、その違法性はきわめて重いのである。しかし、そのような親族内部の、しかも秘密に属する性生活にまで、国家が刑罰権をもって干渉することは好ましくないという一種の刑罰謙抑主義が存するるのである。同じことは、姦通罪の規定の廃止についても当嵌る。刑法は、もともと妻の姦通だけを犯罪として処罰していたが、昭和二三年の刑法改正でこの姦通罪は廃止せられ、今日では夫婦のいずれの側の姦通も刑罰を科せられることはないのである。立法例のなかには、逆に夫婦双方の姦通をともに犯罪としているものもあるけれども（例・西ドイツ刑法一七二条）、今日のわが刑法では、姦通が犯罪でないことは確かである。しかし、これも、姦通が適法視されることになったためではない。それは、依然として違法であって、そのことは、民法が、裁判上の離婚原因の第一にそれを掲げている点からみても明らかである（民法七七〇条一項一号）。それは、夫婦間の信頼を破る重大な違法行為であり、責任非難にも十分値するけれども、これについても、法は、国家権力が刑罰の制裁をもって介入することを適当でない——すなわち可罰的違法でない——としているのである。このように、われわれは、重大な違法であることが明らかであるにも拘らず、刑罰に親しまない行為の領域が存することを肯定しなければならない。

その他、刑罰を科せられる行為相互の間においても、可罰的違法性の質の相違が問題となる場合が少くない。例えば無免許医業は、医師法三一条一号により二年以下の懲役または二万円以下の罰金に処せられる犯罪であるが、それは医師でなくて医業を営んだという点に関する違法であって、この違法があるからといって、その行った医療行為が——仮りに身体を切開するような行為で傷害の犯罪類型に当嵌るようにみえても——傷害罪としての可罰的違法性をもつわけではないのである。（一〇）

(2) 右のような可罰的違法性の質の問題は、さらに行政違反と刑法犯との関係を正常化する上にも大きな意味をもっている。従来から、いわゆる行政犯と刑事犯の区別がやかましく論議せられ、両者は本質的に異るものであるから、刑法の総則をそのまま行政犯に適用するのは不当であって、むしろ行政犯固有の総則が必要であるという説が有力であった。現にオーストリヤや西ドイツでは、行政違反に関する特別立法が実現している。(一一)しかし、行政犯に関する最も重大な問題は、それに対する制裁がいかなるものであるべきかということである。もしそれが、本当に刑事犯と質的に異るものであるならば、それに対する制裁もまた、当然に、刑事犯に対するそれとは異るものでなければならぬ。反対にそれに対する制裁が、ともに同じ刑罰である以上は、行政犯についても、刑事犯について要求されるのと少くとも同じ要件が要求されなければならぬのであって、(一二)その成立要件を刑事犯より寛大にすることは、人権保障の立場からして、容易に承認しがたいのである。右のオーストリヤや西ドイツの行政罰法が、ともに、行政違反に対する制裁を、刑罰とは全然別箇のものとして構成しながら、その要件や制裁手続等の保障規定に関しては、刑罰が科せられる場合のそれに、できるだけ近づけようと努力している点は、まことに妥当な立法の態度というべきであろう。ところが、わが国の行政違反取扱いの現状は、まるでその反対で、刑罰以外の制裁としては免許、許可の取消しなどのほかに「過料」などがあるけれども、ほとんどの行政違法は、正しく「行政犯」として、何の顧慮もなく、刑事犯と同一の「刑罰」が科せられており、そこには、まことにおそるべき刑罰の濫用がみられるのである。このことが、学界でほとんど問題にされていないようにみえることは、まことに不思議である。行政犯が論者のいうように、刑事犯と本質的に異るものであるならば、右に一言したように、当然、それに対する制裁もまた、刑罰以外のもっとその行政違反の本質に適合した別箇の有効なものが工夫されてしかるべきである。行政違反に対して、刑罰を科すべきかどうかは、それが果して刑罰に適しまた刑罰を必要とする可罰的違法性を有するかどうかに依存するのである。私は、いわゆる行政犯のうちの多くのものは、刑罰に適しないもの――すなわち可罰的違法性のないもの――であって、それらについては、右のように刑罰以外のもっと有効でしかも侵害性の少いものが、その手続規定とともに、真剣に研究実施されるべき段階にきていると考えるものである。前記の西ドイツやオーストリヤの立法が、参考とされるべきである。

(3)　最後に、労働刑法の領域においても、同様な現象があることに注意しなければならない。けだし、そこには、一般の公務員のように、その争議行為は禁止せられ違法とされているが、それは馘首の理由となるだけで、刑罰を科せられることはなく、ただそれを共謀し、あおり、そそのかし等した者だけが処罰されるに過ぎないものがあり、さらに国鉄や電々公社の職員の場合には、このあおり、そそのかしさえ犯罪とならないとされているからである。昭和二三年のマッカーサー書翰に基き制定された「政令二〇一号」は、これらの公務員（当時は、国鉄や電々公社の職員もみな公務員であった）から争議権を剝奪するとともに、その違反者――争議参加者――全員に刑罰の制裁を科した。しかし、それは、当初から国家公務員法の改正や、公共企業体労働関係法の制定が至急に行われることを予想しており、それまでの一時的立法として制定せられたものであった。そして、(イ) この予定通りに間もなく、それにとって代った改正国家公務員法（やや遅れて成立した地方公務員法も同様である）によれば、一般公務員の争議行為は、依然、禁止せられ、その違反者は馘首されうるけれども、その争議行為そのものは、再び刑罰制裁の外におかれることとなったのであって、ただ争議行為の「遂行を共謀し、そそのかし、若しくはあおった者（およびこれらの共謀、そそのかし、あおり行為を企てた者）」だけが、処罰されることになったのである（国公法一一〇条一項一七号、地公法六一条四号）。(ロ) 他方、いわゆる現業として、もともと権力行使と関係のない国鉄職員等については、日本国有鉄道法あるいは各公社法等によって、一般公務員から外され――あるいは郵便局員のように公務員の身分をもったまま――その労働関係については、別に公共企業体労働関係法、あるいは地方公営企業労働関係法が制定せられ、争議行為が禁止せられ、違反者が馘首されうることは同様であるが、制裁はそれだけで、刑罰的制裁は、争議を共謀し、そそのかし、あおった者についても存しないことになったのである（公労法一七条・一八条）。すなわち、これらの者の争議行為は、違法ではあるが――それを違法とすることにも、大きな問題があることに、ここでは別論としよう――可罰的違法行為ではないのである[二三]。このことは、一般に争議行為というものが、単に形式的にみれば、刑法の威力業務妨害（二三四条）とか、強要罪（二二三条）、不退去罪（一三〇条）などの刑法の犯罪類型に該当するようにみえることがあり、さらに特別刑法の罰則に該当するようにみえることも少くないために——例えば、郵便法七九条の「殊更に郵便の取扱いをせず、又はこれを遅延させたとき」の処罰——特に重要な意味をもつのである。けだし、これらの者の争議行為が、仮りにそれらの犯罪類型に該当しても、それが争議行為本来の枠内にとどまるものである限り、可罰的違法性を欠くところの単なる違法行為として、刑罰を科せられることはないと解しなければならぬからである。このことは、政令二〇一号以来の立法の沿革に照しても、また前項の現行法令の明文からみて明瞭なはずであるが、近時ややもすれば、この当然の事理が無視せられ、形式的な構成要件該当性と争議行為の違法性とを結びつけて、何かといえば争議行為に刑罰を科そうとする傾向があるようにみえることは、戒心を要するところである。ここにもまた、別の刑罰に親しまない違法があるのだということを強調しなければならない。電気事業、石炭鉱業の労働者の争議権を制限したいわゆるスト規制法（電気事業及び石炭鉱業における争議行為の方法の規制に関する法律）についても同じ問題がある。

　この点について、近く東京地裁の二つの部で下された無罪判決は注目に値する。その一つは、都教組幹部の地方公務員法六一条四号違反事件に関するものであり、いま一つは東京中郵の郵便法七九条違反被告事件に関するものである。（一四）それらは、何れも、右の地方公務員もしくは公企体職員の争議行為自体が、違法ではあっても、可罰的違法でないということの明確なる認識の上に立って、前者は、組合の決議に従って単に指令を伝達した組合幹部の行為は、いわば争議行為と一体をなすものであって、法が処罰するあおり、そそのかし行為は、かような争議行為に通常随伴する方法より一段と違法性の強いものでなければならぬという解釈を明示し、後者は、公労法一七条が、単に争議行為を違法とし、馘首されることがあると規定するのみで、罰則を定めていないのは、立法の沿革に鑑み、また一般公務員に対する法の規定との対比からみて、その争議行為はもちろん、あおり、そそのかしも可罰的違法性のないものとする趣旨であると解しなければならぬことを宣言しているのである。いずれも、誠に正しい判決であって、可罰的違法性の観念が、刑罰法の形式的解釈による刑罰権の濫用防止にいかに必

要であるかを示すものだということができるであろう。(1)

(一)　木村・刑法総論二三七頁、同「刑法総論入門」法学セミナー一九六一年九号一六・七頁。
(二)　末川「違法の段階と種別」所有権契約その他の研究三二三頁以下。
(三)　宮本・刑法大綱一二六頁以下、一三四頁。
(四)　佐伯「タートベスタント序論」(昭和八年)論叢二九巻一九五頁以下、三二四頁、同「刑法犯と警察犯」牧野教授還暦祝賀刑事論集(昭和一三年)三三一頁以下。なお、ここにいう被害法益の軽微は、行為の違法性を減少させるだけで、違法性を阻却するものではないことを注意しなければならない。「旅館業を営む者が、宿泊客等から煙草の購入方を依頼されるのを予想し、予め小売人から煙草を購入し置き、客の依頼のある都度、これを取り出し客に小売価格にて交付しても、それが社会共同生活の上において許容さるべきものと認められる以上、たばこ専売法第七一条第五号所定の販売罪または販売準備罪は成立しない」とした最高裁判例(昭和三二年三月二八日刑集八巻一二七五頁)や、飲食店の主人が「客の依頼によりその客の嗜好に応ずるためその場で自ら製造の清酒と市販焼酎とを調和混合してこれに提供する行為は酒税法上の酒類の製造に当らない」とした同判例(昭和三三年五月一五日裁判所時報二五五号六七頁)は、ちょっとみると本文にいう被害法益の軽微な場合に当るように見えるかもしれないが、それとは全然別で、これらの場合には、行為の違法性は完全に阻却されているのである。それらの摘発検挙は税法罰則の濫用の適例である。
(五)　大判明治四三年一〇月一一日刑録一六輯一六二〇頁。
(六)　例えば大判大正四年六月二二日刑録二一輯八七九頁は、神社の本社内に安置してある木像一体と石塊一個を窃取したという事案について、「盗罪の如きは其贓額の零細なるが故に其行為自体を以て犯人の危険性を推測するに足らずと論じ其無罪を主張するは蓋し当らず」として、前記判例を援用した上告を斥けているし、それ以前にも「財物とは財産権殊に所有権の目的となることを得べき物を謂い、金銭的価値を有するや否やは問う所にあらざるもの」といい(大正三年三月二三日刑録二〇輯三二六頁)、また公正証書に貼付されまたは裁判所に保管されている書類に貼布されている消印済の収入印紙、(明治四四年八月五日刑録一七輯一四八八頁・昭和四年七月四日刑集八巻三八六頁）、価格二銭位の石塊（大正元年一一月二五日刑録一八輯一四二一頁）、あるいは畑地に生育する他人所有の桑葉約十貫余匁の摘取りに対して、それぞれ窃盗罪の成立が認められている。しかし、それら判例の事案は、客体の金銭的に見積られた価値は低くとも、あるいは礼拝等の対象物であり、あるいはそれが権利の証明等につき重要な意味を有し、あるいはその侵害行為の方法や形態が零細な反法行為として看逃がせない違法性をもつと認められるものである、という風に（上述の行為そのものを危険なものと考えさせる特殊な情況がある場合）、必ずしも、右の原則が放棄されたものとみる必要はないものが多い。その他、戦時中の統制違反に関する昭和一五年一一月七日大審院判決（新聞四六三四号一六頁）、同一六年四月九日判決（新聞四七〇三号二八頁）なども同様である。

（七）　最判刑集一〇巻一六〇七頁以下。

（八）　最判刑集五巻五一二頁。

（九）　佐伯前掲「刑法犯と警察犯」三一三頁以下、同「食糧難の刑法的一側面—野荒しの刑法理論」刑事裁判と人権一七九頁以下。今日では、警察犯処罰令は廃止せられ軽犯罪法にとって代られたが、後者には野荒しに関する規定がない。そこで、今日では、すべての野荒しが刑法の窃盗罪となるのかという問題が存するのであるが、われわれは零細な反法行為は罪とならないという上記の理論は今日も妥当すると信じる。

（一〇）　宮本・刑法大綱五〇頁、一七三頁、佐伯・刑法総論七一頁、二〇六頁以下。

（一一）　オーストリヤでは、一九五〇年制定の Verwaltungsstrafgesetz, Allgemeines Verwaltungsverfahrensgesetz, Verwaltungsvollsteckungsgesetz の各法律、ドイツでは一九五二年の Gesetz über Ordnungswidrigkeiten がある。なお中川訳「オーストリア行政法処罰」立命館法学一七号六八頁以下、波多野訳「オーストリア一般行政手続法」同上二七号九七頁以下参照。

（一二）　Eb. Schmidt, Kriminalpolitische und Strafrechtsdogmatische Probleme usw. ZStW. Bd. 69, S. 362 ff. シュミットは、（一）可罰的違法と可罰的責任——彼はそれらを刑事的不法（kriminelles Unrecht）・刑事的責任（kriminelles Schuld）と呼ぶ——は、その社会的実質からみて、行政的不法（Verwaltungsunrecht）あるいは秩序違反（Ordnungswidrigkeit）と質的に異るものであって、それにも拘らず、後者に前者と同じ刑罰を科することは、それに値しないものに刑罰を科するものだという意味で均衡を失しているから正義に反し、さらに刑罰の過度の濫用であるという意味で刑罰自体の効果を弱めると主張し、(二)西ドイツの刑法草案が、違警罪の規定を含まないことにしたのには、刑事犯と行政違反の質的相違の認識に基くプログラム的意義があると述べている。彼によれば、(三)行政違反を刑罰から切離すことによって、始めて、今日耐えがたい程度に達している刑罰肥大症を治し、刑事司法の負担過重を解決し、さらに財産刑の換刑処分の結果として生ずる短期自由刑の負担から行刑機関を解放することができるとされるのである。(四)なお、彼によると、乞食、浮浪人、売春婦などの無力的非行者達も、これを刑罰の対象として把えることは誤りであって、すなわちそれらの生活形式も可罰的違法ではないとされるのである。

(一三) 佐伯「禁止規定(例えば公労法一七条、国家公務員法九八条五項、スト規制法等)に違反するストライキにはいわゆる刑事免責(労組法一条二項)は認められないかどうか」法律時報三〇巻九号二九頁以下、藤木「労働刑法における違法性の概念」同上一八頁以下、荘子・労働刑法一六〇頁以下。異説、神山・労働刑法三三〇頁以下。

(一四) 東京地裁第四刑事部判決昭和三七年四月一八日(都教組事件)、同第二刑事部判決昭和三七年五月三〇日(全逓東京中郵事件)。

(昭和三七年一一月)

(1) この二つの東京地裁判決は、ともに控訴審で覆されたが、それがさらに、いわゆる一〇・二六判決と四・二判決の二つの最高裁判決で再転したことはよく知られている。これらの経過については、本書四九〇頁以下、「可罰的違法性」『刑法における違法性の理論』四一七頁以下参照。なお四・二の都教組判決は、さらにその後昭和四八年四月二五日の全農林事件ほか二件の最高裁判決で大きく逆転したが、可罰的違法性の理論の関係においては変化はないのである。

〔この注は、『刑法における違法性の理論』への所収にあたって追加されたものである――編者〕

10 共謀共同正犯

一 はしがき

共謀共同正犯の問題は、改正刑法準備草案二六条二項がそれについての明文をおくことを提案して以来、ふたたび刑法学当面の重要問題として脚光を浴びることとなった。数多くの論文が、ほとんど応接に暇のないほど、相次いで発表されている。(1) しかも、そこには、従前の刑法学界におけるそれと著しく変った論調の進出が目立つのである。たとえば、従前の学界の主流は、当初、知能犯に限って認められた共謀共同正犯の観念を順次実力犯に拡げて行き、はてにはほとんど一切の犯罪にそれを拡大していった判例の動向に反対して、共謀共同正犯の観念を真向から否定し、それも教唆、従犯に還元されるべきであり、もし還元できない場合は不可罰的なものとせねばならぬと主張してきたのであるが、近頃の論文の多くは、これほど固まってしまった共謀共同正犯の判例をいまさら否定しようとしてもできる話ではないから、学説としてもむしろそれを認め、その理論づけに協力すべきであるとし、ただ判例の共謀共同正犯の観念はあまりに曖昧で濫用されやすいから、その観念を限界づけ明確化することによって、その濫用の防止に努めるべきであるというのである。かつていささか奇矯な理論として孤立させられていた故草野判事の共同意思主体説が、なにもおかしな理論ではなく、むしろ十分学問的に成立しうる立派な学説だと再評価され、その他、古い陰謀理論（Komplott）や英法の共同謀議論（Conspiracy）、あるいは近頃西ドイツの一部で唱えられている行為支配説、無形的共同正犯論による理由づけなど様々な共謀共同正犯肯定論も登場しているのである。それは、わが刑法学界における思潮の交替を示すものとさえされている。すなわち、従前の学界では、学者は自分の立場を世界観の根底から吟味して一貫したものとすることに努力し――したがって自分の立場を決定するのには長い年月がかかった――一度立場を決めた後では、実務や判例がいかに異なろうとも、それに対する批判的立場を堅持し一歩も妥協しないことが学者としての節操であると考えられたけれども、今日ではそれはむしろ固陋視され、学問は実務と切断されたものでないとされる。そこでももちろん、実務に対し批判的なことが要求されるけれども、それも結局は実務に協力するためで、それを否定するためではないという態度が強くなったように見えるのである。それは判例を重視し、推移する判例の綜合的研究からこそ生きた法律が見出されるとする綜合判例研究の流行――英米法の影響もあるが、綜合判例研究叢書の発行がこれを促進した感があり、これについては、私もその編輯者のひとりとして責任がある――により強められたと思われる。かような傾向自体も決して悪いことではない。ただ、批判的態度とは、場合によっては実務に対し否定的態度をとることもありうることを予定するものであって、それを忘れると、学問の判例、実務への従属、屈従となり、理論をまげてまで実務の裳の裾を捧げもつ権力の侍女に転落する危険があるのである。実務に対し否といううことを忘れ権力の侍女となり下った法理論は、だが、もはや学問の名には値しないであろう。最近の共謀共同正犯問題の扱いには、若干そのような危険が感ぜられる。以下、準備草案の検討を介して、この問題についての私見を述べておきたい。

（1）　刑法改正準備会の発足当時の法律時報二九巻二号（昭和三二・二）の刑法改正特集号に、吉川経夫、伊達秋雄、藤木英雄各教授の共謀共同正犯論が発表されて以来の文献を拾うと、次のとおりである。岩田誠「共謀共同正犯の要件および自白」ジュリスト一六〇号（昭和三三・八・一五）二八頁以下、中野次雄「共謀共同正犯の問題点」法律のひろば一三巻一号（昭和三五・一）九頁以下、風早八十二「共謀共同正犯」日本刑法学会編・改正刑法準備草案（昭和三六・三）九五頁以下、植松正「共謀共同正犯」刑法講座四巻（昭和三八・一二）一〇五頁以下、荘子邦雄「共謀共同正犯と共同正犯の本質」法律のひろば一七巻二号（昭和三九・二）一〇頁以下、石川才顕「共謀共同正犯の意義と訴訟上の諸問題」日本法学二九巻（昭和三九・二）七八二頁以下。藤木英雄「共謀共同正犯の根拠と要件」法協七八巻六号一頁以下、七九巻一号一頁以下（昭和三九・六・七）、西原春夫「共同正犯における犯罪の実行」現代の共犯理論（昭和三九・一〇）一一九頁以下、本田正義「共謀共同正犯に関する諸問題」同上一八七頁以下、竜岡資久「共謀共同正犯に関する諸問題」同上二〇九頁以下、田宮裕「共謀共同正犯における共謀の立証について」同上五八頁以下、木村亀二「共謀共同正犯の再検討」刑法改正と世界思潮（昭和四〇・二）一六九頁以下、荻原太郎「改正刑法準備草案二六条二項における謀議の意義」ジュリスト三一三号（昭和四〇）一三頁以下、荒川正三郎「共謀共同正犯補論」判例タイムス一七巻一号～三号（昭和四一・一～三）、石川才顕、内田文昭、田宮裕、藤尾彰教授等の法律時報三八巻六号（昭和四一・六）に寄せられた「共謀共同正犯をめぐって」の各論文。伊達秋雄「共謀共同正犯立法について」自由と正義一七巻七号（昭和四一・七）一二頁以下。

二　改正刑法準備草案の共謀共同正犯

一　改正刑法準備草案二六条は、まず一項において、現行刑法六〇条と同じく「二人以上共同して犯罪を実行した者は、みな正犯とする」と規定し、次いで二項に「二人以上で犯罪の実行を共謀し、共謀者の或る者が共同の意思に基づいてこれを実行したときは、他の共謀者もまた正犯とする」という共謀共同正犯の規定をおこうと提案している。これは、昭和二年の刑法改正予備草案二五条に「二人以上共同シテ犯罪ヲ実行シタル者ハ皆正犯トス、他人ト通謀シテ犯罪ヲ実行スルニ至ラシメタル者亦同ジ」とあったのを――昭和一五年のいわゆる改正刑法仮案（二五条）はそれを削除してしまった――復活したものである。もっとも、準備草案では予備草案の「犯罪ヲ実行スルニ至ラシメタル者」という、むしろ教唆犯的表現が避けられているが、それによっても共謀者は犯罪の実行者ではないとされるのだから——それは、他の場合の正犯はすべて犯罪の実行者であるとするにもかかわらず（二五条、二六条一項）、共同正犯の共謀者だけは実行者でない正犯だとしているのであって、そこには平野教授の指摘されるとおり「正犯概念と実行概念との間に分裂が生じ」ている——実体はやはり通謀の結果、他人をして犯罪を実行せしめる者にほかならないのである。

なお、右のような二項の明文をおいた結果、現行刑法六〇条と同じ文句を用いている一項の普通の共同正犯は、実行が分担された場合のみを含むことになった。これは、現行刑法六〇条について今日一部に行なわれている解釈、すなわちそれが「二人以上共同シテ犯罪ヲ実行シタル者ハ」というのは、なにも共同者全員の実行分担を要求するものでなく、そのうちの一人が実行に当ったとしても、それが彼を含む共同者全員（共同意思主体）の行為と考えられる以上は、全員が共同して実行した者といえるのだという解釈が、同条の口語訳にすぎない準備草案二六条一項の解釈としては全く通用しないことを意味するのであって、あわせて注意しておく必要があるであろう。

二　さて右のような共謀共同正犯の規定をおくことになった理由は、「理由書」によれば、(1)「いかに学説が峻烈にこれを批判しても、判例が変わり、共謀共同正犯を消滅することはほとんど期待できない。そうだとすれば、立法によって合理的な限界を劃するように努力するのが、妥当なやり方だと思われた」からである。それに「最高裁判所は大審院以来の共謀共同正犯概念を受けついではいるが、その内容はそれほど広いものではない。ところが共謀共同正犯の概念が明確に定義されていないために、下級裁判所の中には、ただ犯行の計画を洩らされていた程度の者まで、共謀共同正犯として処罰するものがある。このような極端な拡大を防ぐためにも、立法は有益である。」また、かように「共謀共同正犯の概念が明確にされていない理由の一つは、ほとんどすべての学説が全面的にこれを否定し、その内容を検討して適当な限界をひくという作業に協力していない点にある。共謀共同正犯の規定を設ければ、その解釈について学説が発展し判例が採用できるような適当な限界がひかれるようになるだろう」というわけである。

そこで、草案二六条二項がおかれたのであるが、それによれば、二人以上で犯罪の「謀議」をなし、それによって生じた共同意思に基づいて共謀者中のある者が実行したことが必要であって、「謀議」――未定稿では「共謀」とあった――に重点がおかれている。それは共謀共同正犯では、単に共謀しただけの者に共同正犯としての刑責を負わせるのであるから、そのいわゆる共謀は実行共同正犯の場合における共同加功の意思というものより「もっと明確な内容をもったものでなければならない」からである。謀議とは、犯罪実行について、数人の間に「たがいに意思を通じあう行為」があることを指す。もちろん、それには一緒に集って話し合わなくてもいわゆる順次共謀ででも足りるし、また言葉に出さずとも暗黙の間に行なわれることもあるであろうが、「とにかく意思を通じあう行為が存在しなければならない」のである。しかも、それは「罪となるべき事実に属するのであって、厳格な証明が必要である。」いわゆる共同意思主体説からは、共同意思主体の存在すなわち「心理的結合の状態」さえあれば、それがいつ成立したかは問題とならず、したがって「謀議」の存在の証明も不要となるのであるが、(2) 草案は「このような立場はとらなかった。最高裁判所の見解も同様だと思われる」とされている。おそらく練馬事件判決等が考えられているのであろう。このように共謀共同正犯においては実行行為をしない共謀者も、「共同の意思に参与していなければならず、ただ、犯行の意向を洩らされて知っていたというだけでは、共謀共同正犯ではない、という点にこの規定の意味がある」というのである。

理由書の説明はよく分る。しかし、この理由書の意図――特に従犯まで引きずり込んで処罰の範囲を不当に拡大することの防止――が、はたして前記の草案二六条二項によって完全に実現されているかというと、大いに疑問がある。また、従来、共謀共同正犯の概念が不明確だったのは、単に、学説がその明確化に協力しなかったからだけなのか、それとも共謀共同正犯の観念自体のなかにとうてい概念的に明確化されえないものが内含されているからではないかということも、考慮しておく必要がある。これらは、ひいては刑法典や準備草案の予想する単独犯と共犯および集団犯の犯罪類型としての構造とその相互関係、さらにその犯罪体系全体が、はたして共謀共同正犯という観念を許容するようにできているかどうかとも関係してくるのである。

（1）　改正刑法準備草案附同理由書一一二頁以下。これは平野教授の執筆である。

（2）　松川事件第一次上告判決（昭和三四年八月一〇日）の謀議は罪となるべき事実に属するとする多数意見に対して、田中耕太郎裁判官の少数意見は、「共同意思はただ存在が確認せられればよいのであって、その成立の過程は問題ではない。要求されるのは、単なる意見の合致だけである。……いわゆる共同謀議は意思の合致を招来する一つの経過、一つの方法にすぎない」と述べ、垂水裁判官もこれに同調している（刑集一三巻一四四七頁、一四六九頁参照）。藤木教授の見解も結局それと同一に帰着すると思われる（前掲法協七九巻一号一頁以下）。

三　その批評とそれに対する修正案の検討

一　準備草案の共謀共同正犯の規定は「謀議」という用語をもって、単に、犯罪の計画を洩らされて知っていた程度の者（共犯でない者）まで処罰されることを避けようとした。それは一応成功したといえるであろう。しかし、共謀共同正犯と他の共犯、特に教唆犯、および従犯との限界はどうなるであろうか。謀議、あるいはその結果成立する共同意思主体においても、その全員が全く対等平等の関係にあるような場合はほとんど考えられず、そこには原則として主唱者その他の主動的人物とそれに動かされて率いられる受動的人物とがあるのが通常である。刑法的には前者は教唆犯、後者は従犯の範疇に属し、さらにそれらが実行行為の分担を伴ったかどうかによって正犯との境界が確定されるのである。ところで、共謀共同正犯におけるいわゆる「謀議」は、その謀議者の正犯としての刑責を理由づけるものだといわれるのであるから、それはまず、実行を分担する実行共同正犯と区別され、さらに他人に犯意を起させて犯罪を実行させる教唆犯と区別され、最後に、従犯からも区別されなければばならぬ。このうち教唆か共同正犯かという問題は、処罰の点だけからいえばそのいずれになっても違いはないけれども、刑法の体系、犯罪類型の理解の仕方から、ひいては罪刑法定主義の維持か緩慢な放棄かにまで響いてくると思われるから、無視はできないのである。これに較べて、それと従犯との区別の問題は、従犯は正犯に比しその刑を減軽されるのであるから、その結果はただちに処罰の軽重を来すことになり、実際上もきわめて切実な問題性を帯びている。さきの犯行の計画を知らされて知っていただけの者は、従犯ですらないのであるから、それが除外されることは当然であるが、立法問題としてはさらに単なる従犯にすぎぬ者がそれに巻き込まれて不当に重い処罰を受けることのないように努めなければならないのである。だが、右の「謀議」という用語の使用だけで、従犯が共謀共同正犯から除外されることになるであろうか。たとえば、暴力団の殴込みの相談の場に居合せた三下が、「これはえらいことになった。困ったな」と思ったが、反対もならず結局賛成した形になった。しかし、幸いに殴込みの実行担当者となることは免れたというような場合は、せいぜい従犯にすぎないであろうが、これを謀議にあずからなかったといえようか。あずかった以上は、正犯である。そうならないという保障はどこにもないのである。このことは、現に本来従犯であるべき者が、はなはだしばしば共同正犯として起訴され、処罰されているという非難――共謀共同正犯概念の濫用とはそれを指していたのである――があたかもこの共謀共同正犯の明文を設けることに踏み切られた理由だとされる以上、草案にとって、まさに致命的だといわなければならない。人々は、共謀共同正犯の観念が必要な理由として、自らは裏面にあって実行者を操っている背後の黒幕処罰の必要性を強調するが、それらは実は、現行法によっても教唆、従犯として処罰されうるのであって、決して法網を免れているのではない。共謀共同正犯論者は、これを「正犯」として罰したいのだというのであるが、こうなると実定法の解釈適用とは無関係ないわば論者の執念がおどっているのである。実定法を離れた執念を満足させるために作りあげられた広漠不明確な共謀共同正犯概念の容赦なき適用によって、実は黒幕でも大物でもない単なる従犯にすぎぬ多くの人々が、正犯として不当に重く処罰されている現実が、準備草案の審議においてさえ、放置されていたかに見えることは全く不可解である。この点に関して、大阪弁護士会の「準備草案に対する意見書」（昭和三八年）は、とっくに「実際上、現在の共謀共同正犯の判例に対する最も大きな非難が、せいぜい従犯にしかすぎない者までも共謀共同正犯の網の目でとらえられ、正犯の刑が科せられるという点に存する」にもかかわらず、草案がこの問題をすこしも解決していないと批判していたが(1)、最近、この改正刑法準備会の有力な一員としてかつて共謀共同正犯の明文化を主張しかつ強力にそれを推進させた伊達教授が、同じ見地から準備草案を批評して、「幇助の意思をもって正犯者と犯罪の実行について意思を通じ合う場合も一応謀議したものといえないことはないから、この規定からは、かような幇助的謀議者を正犯から除外することができない。ここに草案の致命的欠陥があるとみられるのであって、この規定が適用されることになれば、それはたちどころに暴露されるに違いないと思われる」と述べておられることに注目したい(2)。

二　右の共謀共同正犯の規定については、その後の法制審議会刑事法特別部会の審議に際しては、第一小委員会でさらに工夫された五つの別案が提出されている。準備草案のそれを第一案、として合計六案あるわけである。それらの各案については、右の第一小委員会議事要録(二)（二〇四頁以下）に示されている(3)。以下それについて、簡単に検討しておこう。

これらの各案のうち第二案ないし第三案は、第一案たる準備草案二六条二項の字句の修正にすぎぬ。すなわち第二案は「謀議」をもとの未定稿当時の「共謀」に戻そうとするものである。第三案は「共謀者の或る者が共同の意思に基づいてこれを実行したとき」とあるのを「その謀議に基づいて」に改め、さらに「他の共謀者もまた正犯とする」を「実行に出なかった者は、正犯に準ずる」と改めようとするもので、絞ろうとする意図は明瞭であるが、ここで問題としている点に関しては、別に展開を示していない。

第四案は、まず通常の共同正犯概念を拡大し（二六条）「二人以上共同して犯罪を実行した者、又はみずから犯罪を実行しなくてもその実行に重要な行為をした者は、みな正犯とする」と定め、共謀共同正犯については

（二六条の二）「二人以上で犯罪の実行を謀議し、共謀者の或る者がその謀議に基づいてこれを実行したときは、他の者は正犯に準ずる」と定めようというのである。実行者のほか実行にとって重要な行為をした者も普通の共同正犯のなかに入るから、共謀共同正犯は謀議以外にはなんら重要な行為をしなかった者だということになる。しかも、その「謀議」が従犯的関与者を除外できないこと上述のとおりであるから、これまた前記の準備草案と同じ批判をそのままフルに受けなければならないのである。

以上の諸案と違って、第五案と第六案は、共謀者が共同正犯として処罰されるためには、単に謀議に与るだけでなく、自らなんらかの行動に出なければならぬとする点において、準備草案および従来の共謀共同正犯概念に対する実質的な修正となっている。まず、第六案からみると、それは「二人以上で犯罪の実行を謀議し、共謀者の或る者が共同の意思に基づいてこれを実行したときは、実行を容易にする行為に出た他の共謀者もまた正犯とする」（謀議しを共謀しと改める案も考えられる）と定めようというのである。これは、木村教授の意見を採ったもので、謀議行為のほかに、さらに実行を容易にする行為を要求することによって共謀共同正犯の過度の拡大を防ごうとする点に特色がある。しかし、実行を容易にする行為とは幇助行為に外ならない。このことと、前述の「謀議」概念は単なる従犯的関与者を除外できないという事実とを考え併せると、この案もまたせいぜい従犯にしかすぎない者まで正犯として処罰する結果となるのである。提案者の苦心は諒とするが、賛成することはできない。

次に第五条は、「犯罪を実行することにつき二人以上の者の間で意思が一致し、その中の或る者がこれを実行した場合において、他の者が犯罪の実行に準ずる重要な役割を果たしたと認められるときは、その者もまた正犯とする」と規定しようとするのである。この案ならば、確かに従犯にすぎぬ者は共謀共同正犯から除外されよう。しかし「犯罪の実行に準ずる重要な役割を果たしたと認められるとき」という規定の仕方――それは旧第九案に「他の者がその犯罪に対する利害関係、実行に対する影響力その他の事情からみずから犯罪を実行した者と同視すべき地位にあると評価されるときは」とあったのを改めたものであるが、「認められる」としてもそれが評価を離れては存しえないことは明らかである――は、すべてを裁判官の評価に委ねようとするもので、実質上立法的努力を放棄するすこぶる危険な提案である。法の世界で裁判官による規範的評価をすべて排除するわけにいかぬことはもちろんであるが、法律がそれを用いる場合には、どこかにその評価の基準が示されていなければならない。しかし、この場合には、むしろその基準を示しえないためにそれが用いられた感があるから問題なのである。この場合に限らず、最近なにかといえば規範的評価という言葉を持ち出して基準提供と論証の責任を免れようとする傾向があるのは戒心を要する。

それはそれとして、ここに犯罪の実行に準ずる重要な役割を果したと認められるときとしたのは、おそらく謀議の主謀者、張本人とか、現場で指揮したりその他重要な役割を演じた者を指しているのであろう。しかし、それらは、厳密にいえば、教唆犯もしくは共同実行者に還元されるものであって、前者はおそらく教唆犯であり、後者は共同実行者とみうることが多いと思われる。学界の一部には、実行行為をひどく窮屈に解することによって、共謀共同正犯の必要性を強調する向きがあるが、そもそも判例が当初、知能犯について共謀共同正犯を認めたのも、それらにおいては「精神的加工ヲ要求スル場合」がすこぶる多く精神的加工すなわち実行行為への関与といえると解されたからだという事実が想起されるべきである。実行行為に属するか否かは、個々の犯罪類型ごとに吟味されるべき問題であるが、それは必ずしも右のような場合を包含しえないほど狭いものではないはずである。(4)

また教唆犯への還元については、たとえば数人が雑談中、誰いうとなく犯罪的意思が醸成され籤引によってそのうちの一人が実行担当者と決まったような場合には、教唆とすることは困難があるように見える。しかしこの場合も、籤引をするまでは、めいめい籤が当れば実行を担当しなければならぬという不安定な意思状態にあるのであって、当籤者はその当籤という事実によってはじめて実行を確定的に決意することになるのであり、その他の者はそれを教唆しているのである。そうでなくて、一人がすでに実行を決意しており、他の者は実行方法その他について相談にあずかり、助言を与えただけだという場合は、明らかに従犯である。共謀共同正犯論者は、この後の場合をも共同正犯にしようとするために、前記の如く正犯と従犯の限界を見失ってしまうのである。

伊達教授は、この第五案をさらに工夫することによって完全な共謀共同正犯規定の実現をみるに至ることを希望しておられるが、(5) われわれは、その希望はおそらく単なる希望に終るであろうと考える。したがって、残るところは、ただひとつ、共謀共同正犯に関する立法を諦めて、共謀者はこれを教唆犯または従犯（場合によっては実行共同正犯）に還元することである。

（1）「改正刑法準備草案」に対する大阪弁護士会の意見（昭和三八・一一）二〇頁。

（2）伊達・上揚自由と正義一七巻七号一四頁、本田・上掲一九五頁。佐伯「改正刑法準備草案について」立命館法学三四号（昭和三五）八六頁「刑法の全面改正？」自由と正義一七巻七号（昭和四一年）四、五頁。

（3）当初は九つの案が提出されていたのであるが（第一小委員会議事録）㈡七一頁以下）、後に六つの案に整理されたのである（一〇四頁以下）。前記の伊達教授の論文は、整理前の九つの案についての検討を試みられたもので、同教授のいわゆる第九案は現在では第五案となり、同じく第六ないし七案は現在は第六案ということになるのである。

（4）岩田・上掲ジュリスト一六〇号二九頁、中野・上掲ひろば一三巻一号一三頁。

（5）伊達・上掲自由と正義一七巻七号一五頁。

四　刑法体系と共謀共同正犯——共謀共同正犯の生まれる真の理由

一　単独犯でなく二人以上の者が関与協力している場合の取扱いについて、刑法典は——この点に関する限り、準備草案も全く同様である——二つの型を定めている。一つは、総則における共犯形式で、関与者を共同正犯、教唆犯、従犯という区別によって処理するやり方であり、いま一つは内乱罪や騒擾罪のような各則に設けられている集団犯的処理形式で（現行刑法七七条以下・一〇六条以下、準備草案一二九条以下・一八九条以下）、この場合には、関与者は首魁（首謀者）、謀議参与者、群衆指揮者、職務従事者、率先助勢者、附和随行者等の区別によって処罰されるのである。この二つの形式は、ともに複数人関与の場合の処理に関するものではあるが、すこぶる異なった構造をもっている。それは、前の共犯にあっては、実行行為が区別の中心におかれ、共同して実行すれば共同正犯、他人の実行行為を誘発すれば教唆犯、他人の実行を単に幇助しただけなら従犯とされるのであるが、後者の集団犯においては、各関与者がその中で演じた役割の重要度によって首魁、謀議参与者、指揮者、職務従事者、率先助勢者、附和随行者等々に区別され刑の軽重が生ずるのであって、ここでは実行行為を行なった者が誰であるか、ということは決定的な意味をもたないのである。内乱罪の暴動には殺人や放火を含むと解されるが、それらの行為をやった者でも、また騒擾罪の暴行脅迫を実行した者であっても、集団における彼の地位が単なる附和随行者である限り、彼は、単なる附和随行者としての軽い処罰を受けるに止まるのである（準備草案の騒動罪の規定は、暴行者を附和随行から外して謀議参与者等と同列におこうとしているが、その刑は首謀者より軽いし、内乱罪の規定は現行法と同じである）。これは、普通の共犯においては、二人以上の者の加担関与があっても、それは各自の行動の意味を抹殺するまでに至らないのに対して、集団犯の場合には、集団の雰囲気がいわば個々の実際行動者の個性的意義を吸収し無名化する作用を演ずるからである。ここでは首魁、首謀者、黒幕等が大きな意義をもつものとして登場するのである。われわれは、この二つの法現象の間の区別を重視しなければならない。共謀共同正犯を擁護する人々が、共同正犯には実行の分担が必要であるとする通説に対して、しばしばそれでは騒擾罪の首魁の重い処罰をどう説明するのかと詰め寄るのは、両者の間に存する右の重要な区別を看過しているからであって、そのこと自体が、実は、共謀共同正犯が総則の予定する共同正犯でありえないこと（集団犯的見地からしか認められえないこと）を自白するものである。総則の共同正犯は、あくまで実行を分担するものとして構成されなければならない。

二　共謀共同正犯の理由づけとして、一部の学者により、いわゆる共同意思主体説が強調されるが、それも十分な理由づけとはいえない。それというのは、共同意思主体説は、もともと、共犯はもちろん集団犯までひっくるめた犯罪における共同現象あるいは集団現象を一括して理解しようとするもので、この全部を共同意思主体の活動として観念し、その成員中の誰かが共同意思を体して行動に出た以上、それは共同意思主体そのものの行為だとみられることになるというのである。ただしと、それについての刑事責任は、共同意思主体が犯罪を目的とする違法な一時的存在である関係上、それを構成する各個人について論ずるほかはないとされるのである。かように、それは単に共謀共同正犯だけでなく、実行を分担する共同正犯や、教唆犯、従犯にも通ずるものとして、さらに、内乱罪や騒擾罪等の集団犯にも当てはまる一般理論として主張されるのである。すなわち、それはいわば類概念であって、そのなかの種に当る共謀共同正犯の特徴、それを他の種である集団犯、教唆犯、従犯から区別させる種差については、何も語ってはいないのである。中野判事がいわれるように、[1]「つまり、共同意思主体説は、共犯一般についての理論なのであって、特に共謀共同正犯だけを正当化するための理論でもないし、逆に、共同意思主体説をとることが共謀共同正犯という共犯類型を必然たらしめるものでもないのである。」共同意思主体論者たる草野、斎藤教授等も、実際にはこのことを意識されていて、実行を分担しない共同意思主体の構成員のすべてが共謀共同正犯になるとするのでなく、ただ、そのうちの重要な役割を演じもしくは主役的地位にある共謀者のみがそうだと論じられるのである。[2]この陣営の新鋭西原教授が、共謀共同正犯となるためには、単なる共同犯行の意識では足らず、さらに「行為者の主観的意欲、客観的な行動、共同意思主体の活動に対するその役割などを綜合したもの」としてのそれがなければならぬとされるのも同様である。[3]

すなわち、共同意思主体説にあっても、共謀共同正犯を理由づけるものは、共同意思主体そのものではなくて、その中で当該の共謀者が主役を演じあるいは重要な役割を演じたという事実なのである。しかし、そのいわゆる重要な役割論が、前記のように騒擾罪等の集団犯の首魁を念頭において構成されているとすれば、集団犯との間の質的区別を見落していることになるし、さらに現実には――ことに立法論としては――教唆犯や従犯との限界、ことに単なる従犯がそれから除外されるような概念規定がなされねばならないのに、実際にはそれが困難なことは、上述したとおりである。

三　かように様々の困難があり、教唆犯、従犯との明確な限界づけがほとんど不可能なほど困難であるにもかかわらず、あくまでも共謀共同正犯を認めねばならぬとされる真の理由は何であろうか。

これが次の問題である。これについては、法制審議会の刑事法特別部会第一小委員会でも、一応論議がなされたようである。議事要録によると、(4) そこでも、実務上共謀共同正犯という観念がなぜ必要か、共謀したが実行行為に加担しなかった者は教唆犯または従犯として処罰することとし、これらのうちのある場合には、単独正犯の場合よりも刑を重くするか、または刑の減軽を裁量的なものにすれば共謀共同正犯という観念は不必要となるのではないか、という点が一つの問題として検討されたが、これに対して、「とくに暴力団の親分、乾分の関係に立つ者のような場合には、親分の精神的、無形的な圧力のもとに乾分が実行行為に出る場合が多く、また、乾分が犯行の決意をして実行に出る場合も、親分の同意を条件としていることが多いので、この両者の関係は通常の教唆または従犯の類型とはその実質を異にし、実務的感覚では、親分がいわば間接的正犯にも類すべき正犯であると考えられている」という指摘や、「共謀者を重く見るということは東洋的思想にも発している」とする意見、あるいは「実務家の間には、教唆、幇助は、やはり正犯より軽いという一般的感覚があり、実現された犯罪の中心的人物は正犯としたいという傾向のあること」が指摘された。これらに対しては、さらに「犯罪の定型という点から見ると、全く実行行為に出ない共謀者は、むしろ教唆犯に近く、少なくとも正犯とは考えられないから、親分乾分の関係のような場合とか、共犯者が多数のような場合には、教唆犯を正犯より重く罰する方向で解決できないか」という意見もあったということである。

学説において、共謀共同正犯が必要だとされる場合の説明も、大体、右の第一小委員会におけるそれと同様であるが、(5) さらに現場に出かけたが、自ら実行せずに指揮、監督あるいは見張り行為等によって、重要な役割を演じた共謀者が加えられることもある。なお観念的であるが、前述したように数名が話し合っているうちに犯罪の相談ができ、そのうちの一人を籤引で実行担当者と決めたような場合も、それだということになるであろう。(6)

しかし、それらの指摘は、いずれも共謀共同正犯の概念を不可欠のものたらしめるものではない。まず、(a)それらのうちで、最もそれを必要らしく思わせるものは、最後の雑談中に誰いうとなく犯罪の相談ができたという場合であろうが、この場合も、上述したように実行担当者は籤引その他によって実行担当者に決まったときはじめて犯罪実行の決意を固めるのであって、他の共謀者は教唆犯に該るのである。次に、(b)現場で手下に対して指揮監督しその他重要な役割を演じた共謀者は、むしろ実行行為をした者と見られるであろうし、正犯としての処罰は、その場合だけに限らなければならない。(c)その他の場合は、いずれも教唆犯に外ならないのであって、それから外して正犯として扱おうとすることは、実定法を無視した専断である。すなわち、暴力団の親分等も、彼が真に乾分を教唆したことが証明された場合には教唆犯として、単に幇助したにすぎぬときは従犯として処罰されるべきである。暴力団の親分だからといって、乾分の行為の一切について、つねにこれを支配しているという擬制のもとにみだりに刑事責任を追求することは、今日の法律制度下において許されることではないのである(ただ訴訟では事実上の推定が働き、彼が支配し行動せしめたであろうという認定のなされることが多かろうとは思われる)。「実務的感覚」は、親分を間接正犯に類する正犯と考えているといわれるが、乾分が能力者であり故意の行為者である限り、彼を使った親分は間接正犯でなく教唆犯でしかありえないし、実際上も教唆犯として重く量刑すれば足るのである。教唆犯の刑は正犯に準じられ決して軽くはない。教唆は正犯より軽いという感覚から、どうしても正犯として罰したいという告白がもし真実ならば、それはわが実務家の感覚がいかに実定法を無視しているかということを示すのである。さらに、それが、法的には明らかに従犯であるべき者を、その役割が重要だからという理由で、正犯として罰するというに至っては、いわゆる実務的感覚が自らを法律以上のものと思い上っていることを示すものであって、とうてい許されることではない。昔「朕が国家であり法律である」といった王があったそうであるが、共謀共同正犯論はわが国の裁判官にそれと同じことを今日いわせようとするのであろうか。

以上のようにみてくると、どうしても共謀共同正犯を認めなければならぬ理由もまた必要も存しない。それにもかかわらず、それがわが裁判の実務においてはびこり広がり牢固として抜くべからざる勢力を有することの真の理由は、実は、教唆犯または従犯としての事実の認定や判示が――さらに遡って検察官にとっても起訴状に教唆・幇助を事実的に特定して明確に記載することが――共謀共同正犯としての処理に比し面倒だからである。そんな面倒な処理をしなくても、共謀共同正犯とすれば「被告人等は共謀の上」といういうきまり文句で、具体的事実の記載も全部省略できるとなれば、忙しい実務がその方向に流れるのは、むしろ当然であろう。始め知能犯に関し実行行為の意味で用いられた共謀共同正犯の観念が、短期間のうちに刑法の全領域を占拠してしまったこと、そして現実には年二万数千件にものぼる共犯事件中教唆犯として処理されるものは数十件に止まり、従犯のそれも百数十件にすぎず、ほとんどの共犯事件は共同正犯として処理されているという現実は、なにものよりも雄弁にこれを物語っているであろう。(7) ここでも、いたずらにきれいごとや素人にはさっぱり理解できない難解晦渋な観念の遊戯に耽ることなく、みにくくても、あるがままの現実を直視することから始めなければならない。

(1)　中野・上掲ひろば一三巻一号一三頁。

(2)　草野豹一郎・刑法総則講義（昭和一〇・六）二〇二頁、二〇四頁、二一四頁、斎藤・共犯理論の研究（昭和二九・三）一七四頁、同・共犯判例と共犯正犯（昭和三四・一〇）六〇頁、同「共謀共同正犯」総合判例研究叢書刑法(2)三七頁、佐瀬昌三・刑法大意（昭和一二）二六二頁、小泉英一・改訂刑法要論総論（昭和一八）二七七頁。

（3）西原・上掲現代の共犯理論一五七頁。
（4）第一小委員会議事要録(二)六六頁以下。
（5）中野・上掲ひろば一七巻一号一〇頁、本田・上掲現代の共犯理論二〇四頁以下、植松・上掲講座四巻一一六頁、木村・上掲刑法改正と世界思想二二一頁、平場「刑法総論」一五七頁、伊達・上掲自由と正義一七巻七号一二頁。
（6）佐伯「刑法総論」（昭和一九）三三六頁註四は、このような場合を想定して、それも教唆だとしたが、その後、中野・上掲ひろば一三巻一号一三頁、本田・上掲現代の共犯理論二〇四頁もこのような場合を指摘している。しかし、それは共謀共同正犯の観念の不可欠性の証明のためである。
（7）風早・上掲一〇四頁以下、石川・上掲日本法学二九巻八〇〇頁以下、これらの点を鋭く指摘している。また本田・上掲一九〇頁は、司法統計年報によって、昭和三五年度の共犯事件二万四、四二八件のうち共同正犯として処理されたものが二万四、二二三件で、教唆として処理されたのは四二件にすぎず、従犯もまたわずか一六三件であったと述べている。

五　共謀共同正犯の消滅

以上のようなわれわれの見解に対しては、それではこのように弊害の多い共謀共同正犯の判例になんらの絞りをかけないでそのまま放置するのかという詰問が向けられている(1)。それを認めないから、それについての立法をさせないという結論は、反対にそれに絞りをかけられては困るからその明文化には反対だと主張する検察官側の言い分と、結果において、同一に帰着し、結局弊害の多い現状をそのまま肯定することになるではないかというわけである。そこで、最後に、この詰問に対して答えておこう。

われわれは、決して現状をそのまま存続させようというのではない。反対に、それを限縮し消滅させようと考えているのである。しかし、理由書もいうように、学説がいかに反対しようともこれほど根を張った共謀共同正犯の判例が変ろうとは思われないから、それは全くドンキホーテ的希望ではないかといわれるに違いない。しかし、われわれは、決して実現不可能の夢を語っているのではない。それには、ちゃんとした成算があるのである。何をもってそのように大言するのかというと、わが最高裁判所の判例の中には、すでにその兆しが現われていると見るからである。

最高裁判所は、昭和三三年五月二八日の練馬事件判決において、「いわゆる共謀共同正犯が成立するには、二人以上の者が特定の犯罪を行なうため、共同意思の下に一体となって互に他人の行為を利用し、各自の意思を実行に移すことを内容とする謀議をなし、よって犯罪を実行した事実が存しなければならない」とするとともに、その「共謀または謀議は、共同正犯における罪となるべき事実にほかならず、これを認めるためには、厳格な証明によらなければならない」と判示し、それは、松川事件の第一次上告審判決（昭和三四年八月一〇日）によって再確認された。これはきわめて重要な変化である。準備草案の規定も明らかにこの判例の線に沿うて作られているけれども、それはこの判決の内含する意味を十分に引き出していない。その内含する意味を全部引き出して展開すれば、共謀共同正犯の観念はひとりでに消滅することになると思われるのである。これを明らかにするにはもっと詳しい説明が要るが、それは今日ではすでに石川、田宮教授や竜岡判事によって詳説されているところでもあり(2)、ここには、それについての私見を箇条書き的に列挙するに止めたい。

(1)　謀議が厳格な証明を要する罪となるべき事実であるならば、それは、まず、起訴状においても日時、場所および方法を明示してその共謀とされる行為事実が特定されるべきであるとしなければならない。「被告人は誰れと共謀の上」これこれをしたものであるというように、実行行為は特定記載するが、共謀の点については全然特定しないで済ますような現在のやり方は許されないことになる。現在ではそれが許されているために、共謀の点だけで起訴された者は、自分のどの行動が共謀といわれるのか全然見当がつかず、公判で検察官に求釈明しても「冒頭陳述で明らかにします」といってその明示を拒否され、裁判所もそれを承認するというやり方が通っている。しかしこれでは認否できない。認否は冒陳以前の手続であるから、冒陳で始めて明らかにされても間に合わないのである。右の判例の趣旨を貫けば、こういうやり方はとうてい許されないはずで、共謀の事実が的確に明らかにされなければ、公訴棄却を言渡さなければならぬのである。

(2)　このことは、有罪判決の罪となるべき事実の判示についてもそのままあてはまる。共謀は、当然、判決において具体的に特定して判示されていなければならない。練馬事件の判決は、この点に関する限り不徹底で、折角、右のように正しい見解を示しながら、判示の点については「共謀の事実が厳格な証明によって認められ、その証拠が判決に挙示されている以上、共謀の判示は、前示の趣旨において成立したことが明らかにされれば足り、さらに進んで、謀議の行なわれた日時、場所またはその内容の詳細、すなわち実行の方法、各人の行為の分担役割等についていちいち具体的に判示することを要するものではない。」としている。この意味は必ずしも明瞭でないが――という意味は、それも共謀が「前示の趣旨で成立したこと」が明らかにされていればという条件づきになっているからである――共謀とされる行為事実の具体的特定を要しないという趣旨に理解され易いことは事実であり、特に判決要旨（四）はそういう表現をとっている。しかし、判決の趣旨を貫けば、右に起訴状について述べたと同じく、ここでも――否、ここでは一層――共謀とされる事実の具体的特定がなされねばならないことになる。

(3)　次に共謀、謀議の存在、成立を認定するための証拠に関しても、右判決は他の共犯者の自白のみによってこれを認定しても差支えないとしている。かつては、最高裁判所は、共犯者は、自分の責任を免れるため他にこれを転嫁することがありがちであるから、共犯者甲の自白のみによって共犯者乙を有罪と認定することは危険であるといい、いわゆる「ハーフプルーフ」の理論をとっていたが、現在ではこれを放棄し、共犯者の自白といえども被告人以外の者の供述にほかならないから、刑訴三一九条二項の適用はなく、それのみによって有罪の認定をしても差支えない、とするのである。(3)　しかし、これは形式論理である。いかに論理の形式を弄ぼうと、共犯者の自白のみで有罪の認定をすることの危険は依然として現存するのである。したがって、この点についても現在の判例は改められなければならない。

さて、以上のような方向に練馬事件判決の線を押し進め延長して行くとすれば――それは当然延長され押し進められねばならない――どういうことになるであろうか。検察官や裁判官は、共謀共同正犯として起訴し、有罪判決を下すためには、いわゆる共謀、謀議の事実を具体的に特定して示さなければならなくなるが、そのためには、そのいわゆる共謀、謀議が教唆にも当らず、従犯にも該当しないで、まさしく共謀であり、謀議であることが一目瞭然であるように記載し判示されねばならぬことになる。しかし、実は、そのような作業はきわめて困難で、ほとんど不可能に近いであろう。具体的に特定してみれば、それは教唆犯であり、あるいは従犯にすぎないという結論に落ち着くに相違ないのである。また、もともと教唆犯としての特定記載あるいは判示が面倒なので、簡単な記載で済む共謀共同正犯に逃げ込んだ実務が、共謀共同正犯としての起訴、認定が、教唆犯、従犯としてのそれ以上に複雑面倒な手数を要するということになれば、共謀共同正犯の使用を諦めるに至ることも必定だと思われる。私はかつて、次のように述べた[(4)]ことがあるが、ここでもそれを引いて本論のまとめの言葉としたい。

「判例は動かぬというが、実は、その判例も、共謀共同正犯における共謀は罪となるべき事実であるから厳格な証明を要するとするところまで動いてきているのである。だが、かようにそれが厳格な証明を要する罪となるべき事実であるということになれば、当然起訴状にも『共謀の上』と書くだけでは足りず、その共謀とせられる事実を具体的に記載せねばならぬことになり、さらに有罪判決の罪となるべき事実の判示においても、同様に共謀とされる事実の具体的記載が必要となってくる。これは、右の判例の動きからの論理上必然の結論である。それをかように推し進めるのは、これまた実務と理論の両域における法曹の任務である。だが、この問題がこのように推し進められるならば――われわれの見込みでは――検察官も、判決裁判官も『共謀』概念の使用上甚しい困難に直面することになる。蓋し教唆でも幇助でもない『共謀』というものを、具体的に記述することは、多くの場合において甚だ困難であって、結局、いままでのいわゆる『共謀』の大部分は、これを教唆または幇助とするより仕方がなくなるだろうと思われるのである（教唆または幇助としての記載の方が遥かに容易である）。かような共謀共同正犯の規定をおくことが有害無益であるという所以である。」

（一九六七年四月）

（1）　刑法学会や法制審議会刑事法部会で、しばしば私はかような質問に出合うのである。

（2）　石川・上掲日本法学二九巻八〇〇頁以下、竜岡・上掲現代の共犯理論二〇九頁以下、田宮・同上五八五頁以下。

（3）　最高昭和二四年五月一八日判決刑集三巻七三四頁。それは共同審理を受けている共同被告人の供述（自白）は被告人の供述（自白）を補強する場合に、はじめて完全な証拠能力を形成するものとした。それとこの練馬事件判決一七二四頁とを対比せよ。

（4）　佐伯「刑法の全面改正？」自由と正義一七巻七号五頁。

〔本稿は、佐伯先生ご自身が原文を補正されたものである――編者〕

11　可罰的違法性の理論の擁護——木村教授の批判に答える

一　はじめに

木村亀二教授は一九六八年の法学セミナー一二月号ないし九月号にわたる大論文において、可罰的違法性の理論に対する批判を発表せられた。さらに、その後一九六九年三月号にも「違法性の統一性の理論」と題して同じ問題を扱っておられる。教授は、そこで、まず、ドイツ刑法学の歴史からみて、可罰的違法性というような考え方は、すでに今世紀初頭に克服し去られた過去の亡霊的理論であって問題にならぬと主張し（二月号）、ついでわが刑法学界でこの可罰的違法性の理論を説いている諸学者——宮本、団藤、大塚、藤木の諸教授ならびに私——の理論を逐一検討批判し（三—五月号）、最後に、この可罰的違法性の理論から理解せられている一厘事件と、さらにその理論をとったものと考えられている昭和四一年一〇月二六日の東京中郵事件に関する最高裁判決に対する批評を行うことによって、その理論に対する否定的立場を宣言せられているのである。この論文のうちで、特に一号（四月号）を割いて私に対する批評に費されたことに対し、私としては深く感謝しなければならない。しかし、理論的な批判に対しては、単に感謝するだけでなく、よくそれを味読し、必要な点についてはお答えするのが礼儀であろう。以下、われわれ可罰的違法性の理論を従来説いてきた者の立場から、この教授の批評に対してお答えしようと思う。このお答えも、教授の論文の構成に応じて三つの部分に分かれる。第一は、今日のドイツ刑法学における可罰的違法性の扱いが、はたして、教授のいわれるように過去の亡霊に対するようなそれであるかどうかということの検討であり、第二は、わが国の可罰的違法性の理論に対する教授の批判が、はたして的を射たものであるかどうかの吟味であり、第三は、教授の一厘事件および中郵事件判決に対する理解もしくは批評の再批判である。

二　ドイツ刑法学と可罰的違法性

一　木村教授は、ドイツ刑法学におけるひと昔前のStrafunrecht（刑事的不法）またはStrafrechtswidrigkeit（刑事的違法性）と今日わが国で説かれている可罰的違法性とは同じものだという前提のうえで議論を進められている。しかし、この前提が実は間違いである。というのは、教授も説明されるように、ドイツ刑法学史における刑事的不法、刑事的違法論と、それを否定した違法の統一性の理論の争いは、違法性を刑法と民法等とではぜんぜん別個に考えようとする立場と、そうでなく違法は全法秩序を通じて統一的だとする見解との争いであって、違法は根本においては全法秩序を通じて統一的だが、それが刑罰を法的効果として伴う場合には、その違法自体も特殊性を帯びてくるのではないかということを問題とする今日のわれわれの可罰的違法性論とは同じでないからである。このような類（違法性一般）と種（可罰的違法性）の関係は、むしろ当時のドイツ刑法学が論じ残した問題なのである。したがって今日の可罰的違法性の理論を攻撃するために、右のような古いドイツの学説史を持ち出してみても、何の役にも立たないといわなければならないのである。

このことは、教授が引用されるドイツ学者の議論の推移からも看取される。教授によると、ビンディンクは、「刑罰を科せられた違法行為すなわち可罰的違法性と損害賠償義務を科せられた違法行為すなわち民法的違法性が本質的に区別せられ、両者はそれぞれ別個・独立のものであり、これを統一的に違法行為と解することは不可能」としたが、それがメルケル、イェーリング、イェリネックとか、ドーナ、ベーリンク等の刑法学者やチーテルマン、フィッシャー等の民法学者によって批判せられ、「違法性の本質は違法行為に対する法的効果によって区別せられるものではなく、客観的な法の本質から統一的なものと解すべきだとする見解が強力」になったとされるのである。それはそうであろう。しかし、単にそのように違法性が全法秩序を通じて統一的だというだけでは、違法行為の法的効果が法域を異にするにつれて異なるのはなぜかということ、たとえばある違法行為は民法上法的効果として損害賠償義務を伴うだけなのに、他の違法行為は刑法上刑罰をも法的効果とするのはなぜかを説明することができない。前提条件としての違法性が全法秩序を通じて同じであり区別がないのなら、それからはこのような法的効果の相違が生ずるはずはない。なお、教授は、違法以外の責任についても、可罰的責任という観念を否定されるようだから――それを認めるのなら違法についても可罰的違法を認めなければ論理が一貫しない――それは責任の違いによるともいえない。これについては、おそらくそれが該当する犯罪構成要件があるかどうかによるのだという答えのかえってくることが予想されるが、同じく構成要件に該当する違法有責な行為でも、他の法の領域では法的効果を伴わなかったりするのはなぜか、および、等しく違法で有責な行為のなかから、なにゆえに構成要件に該当するものだけが特に取り出されて、犯罪とせられ、刑罰を科されるのかが答えられねばならぬ。木村教授は、この問題について、「違法性の統一性の概念と法的効果の相対性の問題は別個の問題」であるといい、「法的効果を付与するか否かは、それぞれの法の領域における目的にしたがって相対的なもの」であると説かれるようであるが（法学セミナー一五〇号三七頁）、これは、違法性（および責任等の法的効果の前提条件）とは別個のそれぞれの法の領域における「目的」が、法的効果を決定するのだという意味にしかとれない。そう解してよいであろうか。それでは、しかし、法的効果の前提条件と呼ばれる違法や責任は、実は何ら法的効果の前提条件ではなくて、本当に法的効果を決定するものは、むしろそれらの外にある目的だという不合理をきたすことになるではないか。

そうではなくて、法的効果を規定するものは、あくまで違法性を含めた前提条件であり、いわゆる法の目的なども、むしろこの前提条件のなかに吸収包含せられて始めて作用しうるものと理解すべきではないか（これについては、後段の三、四で再論する）。いま問題を違法性のみに限っていえば、いかにも全法秩序の立場から違法は統一的であって、民法上は適法だが刑法上は違法だというような矛盾は認められないのであるが――私はかつて一度もそんな主張をしたことはない――その違法の統一性というものも、その統一的違法の内部には種々の種差があって、その種差がある違法行為には損害賠償義務のみを法的効果として結びつけ、他の違法行為には法的効果として刑罰制裁を結びつけ、さらに他の違法行為には損害賠償と刑罰との双方を伴わせるのだと理解することを、何ら妨げるものではないのである。われわれの可罰的違法性の理論は、このような形で問題を提起するのである。したがってそれは、違法を単に行為と法秩序との矛盾として形式的にとらえるだけでなく、当然その違法性の内容、実質にまで立ち入って検討しようとする実質的違法性の理論を予定しているのである。

このような実質的考察は、単に違法性についてだけでなく、責任性についても貫ぬかれるべきであって（可罰的責任）、いわゆる構成要件（犯罪類型）は正しくこのように可罰的違法性を有しかつ可罰的責任のある行為の類型としてとらえられなければならないのである。

二　以上のようなわれわれの見解は、木村教授によると、今日のドイツ刑法学でもぜんぜん認められていないことになるらしい。しかし、われわれはこの点においても、教授とまったく異なった理解をもっている。われわれの見るところでは、ドイツにも、われわれのいうような可罰的違法性の問題への学問的志向は絶えずかつ有力に存在しているのである。

(1)　ドイツ刑法学の実質的違法論も正当に育っていたなら、この方向に豊かな実りを示したであろうと思われるが、ここでは、まず、ゴールトシュミットからE・ウォルフやE・シュミットへと連っている「行政刑法」の理論を注目したい。すでにビンディングは、法益の侵害脅威を実質とする刑事犯と形式的な不従順または立法者の権威侵害を実質とする警察犯とを区別したが、ゴールトシュミットは、さらに問題を深めて法と行政とを対立するものとしてとらえ、前者は個人またはこれと同視すべき法人格たる団体の意思支配範囲——それが法益である——の維持に任ずるもので、その侵害脅威が違法であって刑事犯の内容をなし、後者は公共福祉の増進に向けられた国家活動で、それを支持する義務を怠ることが行政違反でこれが行政犯の内容をなすと説き（彼も究極においては、法と行政が調和するものであることは認めるのである）、刑事犯の違法と行政犯の違法の質的相違を強調する行政刑法の理論をうち立てたこと、E・ウォルフがフランク祝賀論文において、このゴールトシュミットの行政刑法の思想を受けつぎ展開せしめたことは、よく知られている。[一] これらの行政犯は刑事犯とは違法の質を異にするのだという行政刑法の理論は、今日のドイツではすでに実定法化され、一九五二年制定の「秩序違反法」(Gesetz über Ordnungswidrigkeiten) として活用されているのである。そして、この法律は、秩序違反行為（行政違反）に対する制裁として、刑罰でない過科（Geldbusse）を規定しており（二マルク以上一〇〇〇マルク以下）、またその科せられる手続も、刑事手続に準ずるものではあるが、それと全く別個になっている。[二]

（一）　Binding, Die Normen und ihre Übertretung, I Bd. 2. Aufl. S. 364 ff., 407, Goldschmidt, Verwaltungsstrafrecht, 1902, S. 527 ff., E. Wolf, Die Stellung der Verwaltungsdelikte im Strafrechtssystem, 1930, Franks Festgabe, II Bd. S. 569 ff. 佐伯「刑法犯と警察犯」牧野教授還暦祝賀刑事論集（昭和一三年）三三六頁以下、「経済犯罪の理論」新法学の課題（昭和一七年）二八一頁以下。なお新しい文献として福田・行政刑法三頁以下。Michels, Strafbare Handlung und Zuwiderhandlung, Versuch einer materiellen Unterscheidung zwischen Kriminal-und Verwaltungsstrafrechts, 1963. これについて中川「ハンス・ゲルハルト・ミッヘルス・可罰的行為と違反行為——刑事刑法との間の実質的区別論」龍谷法学一巻一号一二〇頁以下。

（二）　土屋「西独の秩序違反法について」警察研究三二巻六号・七号・九号、福田・行政刑法二一頁以下、中川「行政刑法序説」犯罪と刑罰上一八一頁以下。

(2)　さらに、戦後のドイツ刑法改正事業では、従来のいわゆる違警罪（Ubertretung）が固有の刑法の領域から排除せられ、秩序違反の領域に移されることになっているのである。E・シュミットやH・マイヤーのような刑法学の大家が、これらの立法の動向を極力促進すべく論陣を張ってきたことも周知のところである。(一)

まずシュミットからみてゆくことにすると、彼は、この問題についてつぎのように説いているのである。

(イ)　可罰的違法と可罰的責任――彼はこれを刑事的不法（kriminelles Unrecht）、刑事的責任（kriminelle Schuld）と呼ぶ――はその社会的実質からみて、行政的不法（Verwaltungsunrecht）あるいは秩序違反（Ordnungswidrigkeit）と質的に異なるものであって、それにもかかわらず、後者に前者と同じ刑罰を科することは、それに値いしないものに刑罰を科するものだという意味で均衡を失しているから正義に反し、さらに刑罰の過度の濫用だという意味で刑罰自体の効果を弱めることになる。

(ロ)　西ドイツ刑法草案が、違警罪の規定を含まないことにしたのには、刑事犯と行政違反の質的相違の認識に基づくプログラム的意義がある。

(ハ)　行政違反を刑罰から切り離すことによって、始めて、今日の耐えがたい程度に到達している刑罰肥大症（Hypertrophie staatlichen Strafens）を治癒せしめ、刑事司法の負担過重を解決し、さらに財産刑の換刑処分の結果として生ずる短期自由刑の負担から行刑機関を解放することができる。

(ニ)　なお、乞食、浮浪人、売春婦などの無力的非行者たちも、これを刑罰の対象として把えることは誤りであって、それらの生活形式も可罰的違法ではない。

ヘルムート・マイヤーも『今日および明日の刑法改正』（Strafrechtsreform für Heute und Morgen）という著書（一九六二年）のなかで、「現在の刑法インフレーション」を抑制するためには、現行の刑罰法規のすくなくとも三分の一を削る必要があると強調しているが、(二) それに関連してつぎのように述べている。

「今日は、そもそも刑法的保護がどの範囲にまで拡げらるべきかということについての真の刑事政策的考慮が欠如している。一九世紀の始め頃までは、まだ民事上の不法と刑事的不法とをいかに限界づけるべきかということが真剣に問題とせられていた。しかし、この問題は恰かも刑事政策家フランツ・フォン・リストによって放棄されてしまった。

こうして何らの刑事政策的考慮もなしに、歴史的に偶然な理由から刑法は過度に拡大せられ、かつこの刑法のインフレーションは最高に有害な作用を及ぼしているのである」。

マイヤーは、この刑法インフレを抑制するために種々の興味ある提案を試みているが、その一つとして、シュミットと同様に違警罪の刑法からの排除を主張するとともに、さらに一歩進んで現在まで刑事犯の一種として扱われてきた軽罪（Vergehen）のなかにも、実質上刑事犯的性質を欠き刑罰に値いしないものが少なくないとして――たとえばすぐ食べるために少量の食物を盗む行為（Mundraub）[三]とか、無賃乗車、自動機械のごまかし等――それらも刑法から排除すべきだと主張しているのである。もっとも、マイヤーは、ゴールトシュミットやE・シュミットと同じ意味で刑事犯と行政犯の質的相違を強調することには反対であるが、その反対理由も、そのような行政理論は、右の刑法の領域から排除するのが適当だと思われる軽微犯罪もそれが単に行政違反でないというだけで、無理に刑法の領域に押しとどめる結果になり、かえって有害だということにあるのである。刑事的不法と行政違反との間の違いは、マイヤーによると、むしろ量的な違いにすぎないのであるが、一が刑罰に値いし、他が刑罰に値いしないとせられるかぎりにおいては、両者の間にやはり本質的な違いが認められるのである。

いずれにしても、違法の統一性を説くだけで違法の種差による処遇の区別を考えない形式的違法論からは、健全な法的生活の実現は望むべくもないことが示されているといってよいであろう。

（一）Eb. Schmidt, Kriminalpolitische und Strafrechtsdogmatische Problem in der deutschen Strafrechtsreform, ZStW. 69 Bd. S. 362 ff. シュミットについては佐伯「可罰的違法序説」末川古稀記念・権利の濫用（上）二四六頁

以下。

（二）　H. Mayer, Strafrechtsreform für Heute und Morgen, 1962, S. 57 ff., 61, 65 ff. これについては、昭和三八年の日本弁護士連合会の研修叢書二五〇頁以下に簡単に紹介しておいた。

（三）　この少量の食物窃盗は、従来のドイツ刑法典では三七〇条五号に違警罪として規定されていたが、一九六〇年草案では二四二条二項として軽罪に移された。

(3)

さらに最近のドイツ刑法学においても、われわれの可罰的違法性と相通ずる理論が、現役のもしくは若い学者たちによって、重要な問題としてとりあげられつつあることを指摘しなければならない。

たとえば、ランク・ヒンリクセン（Dritrich Lang-Hinrichsen）は「団体による不法」（Verbandsunrecht）を論じた論文（一九六六年のH・マイヤー祝賀論文集）において団体の処罰を刑事問題としては否定し、それを犯罪、刑事的不法（kriminelles Unrecht）の問題としてでなく、むしろそれと質的に異なる秩序違反としてとらえ、ゴールトシュミット、ウォルフ、E・シュミットの線に立って論じている。彼によると、秩序違反の不法は刑事犯のそれと単に量的にでなく質的に異なるのである。その特質は、刑事犯のような社会倫理的反価値（sozialethischer Unwert）を含まず――たとえばある財貨の注文、申告、報告を怠ること、質問に答えずあるいは検視または調査を妨げ、もしくは特定の牧場の牛乳を注文せずまたは注文することというような――単なる行政円滑のための規定や命令に従わず、行政に対する積極的協力態度をとらぬことにあり、それに対応してその責任や制裁もまた犯罪のそれとは異なるものである。すなわちその制裁は刑罰のもつ倫理的パトスをもたず、単に違反者に対して警告し将来は規則を守らせようとするだけで、応報性がないというのである。（一）

これに対して、クリュンペルマン（Krümpelmann）は、同じ年に出た『軽微犯罪』（Die Bagatelldelikte）という著書のなかで、シュミットが問題とした違警罪だけでなく、いわゆる軽罪中にもその違法内容が軽微で違警罪と同じく軽い処罰を相当とするものがあるとし、かつそれらについて、刑事犯の違法性との質的相違でなく量的相違、つまり違法の軽微性を重視すべきものと論じている。(二) そこには、前記のヘルムート・マイヤーの理論との類似がみられる。なお、そのさい彼がもっぱら念頭におき批判の対象とするのは、ゴールトシュミット以来の法と行政を対立せしめ、法益と行政違反とを峻別するやり方であって、彼はそれらの対立を絶対視することを拒み、むしろ両者とも危険の観念において統一されるとし、倫理的に無色かどうかということも共同体侵害という点では区別がなく、他人の法益を脅かすというかぎりでは倫理的に無色ともいえぬとなし、結局、両者の違いは違法性の軽重の区別で、質的な区別ではないとするのである。しかし、結論としては、違警罪および軽微な軽罪の刑法からの排除と秩序違反法への解消を主張する点では、シュミットやマイヤーと同様である。

われわれも、年来、社会倫理的反価値を含むかどうか、あるいはわれわれの言葉でいえば、道徳の裏打ちがあるかどうかで刑事犯と行政犯とを区別することについては、批判的態度をとってきた。このかぎりでは、クリュンペルマンの所論は、われわれの見解と一致するのである。しかし、われわれは、この問題を単に静態的にでなく、動態的な社会的歴史的視野のもとにとらえるべきものと考えているのであって、いわゆる行政犯という法現象は、社会生活の複雑化につれて、いままで放置されてきた生活分野が新たに法的規制に服するに至ったような場合に出現するのであって、その出現の当座はその行為を非とする特定した道徳感情はまだ成立してはいない——したがってその法規にはまだ道徳の裏打ちがない——ということはありうるけれども、この場合にも、法としてはやがて自分に即応した道徳感情の成立することを期待しているわけであり、さらに、このことを離れても、法は一般に遵守されるべきものだという一般的道徳感情があることは争えないから、そのかぎりでは行政違反にも道徳的否定が結びつきうるとするのである。ただ、右のように、それが新たに法規として制定、公布せられたが、まだそれを裏打ちする道徳感情の形成されない間は、それが刑事犯あるいは自然犯と異なった性格、構造をもつことを認めなければならず、かつその質的な相違は当然にそれに対する法的効果、制裁にも反映してくるのではないかと考えているのである。(三) クリュンペルマンの理論には、このような問題に対する歴史的あるいは動的な見方が欠けているように感じられる。

さらに、彼の刑事犯と行政犯の区別否定は、われわれの提起した可罰的違法性の質の問題を解消するものでもない。行政的な軽微犯のみに目をとられ、その刑事犯との質的相違の否定だけに専念し、その他の、たとえば姦通罪の廃止とか、後で問題となる郵便法などの事業法の罰則と争議行為不処罰の関係などでみられる可罰的違法の質の問題は、単に違法の軽微という視角でとらえることはできないのである。(四) それだけではない。質的にまったく同じものであるならば、なにゆえにそれに対する法的効果が質的に異なるのかという問題に答えることは困難であろう。それは結局、量の変化もある段階に達すると質の変化をきたすという量より質への弁証法的変化として考えるほかはない。このことは、特に彼がいままで法的効果として刑罰を伴うとされた違警罪を、刑法から秩序違反法のなかに移し、それに対する制裁をも刑罰とは異なるものたらしめようとするのだから、いっそう重大なはずである。

(一) Lang-Hinrichsen, Verbandsunrecht, Beiträge zur Gesamten StW. Festschrift für H. Mayer, 1966, S. 49 ff.

(二) Krümpelmann, Die Bagatelldelikte, 1966, S. 166-177. これについて大野「軽微な犯罪――程度を付しうる概念としての犯罪の研究」判例タイムズ二二五号四三頁以下。クリュンペルマンは違法性の段階についてのケルンの論文（ZStW. 69. 255 ff.）を画期的なそれのように扱っているが、同様の思想はすでに一九二〇年代にザウアー（Grundragen des Strafrechts, S. 133, 314 ff.）やツィンマール（Zur Lehre Vom Tatbestand, S. 6, 70 ff.）によって展開されており、佐伯・前掲「刑法犯と警察犯」もその立場に立っていた。

(三) 佐伯・前掲「刑法犯と警察犯」三二六頁以下、「経済犯罪の理論」三九〇頁以下、刑法講義（総論）（昭和四三年）三八八頁以下。

(四) 佐伯「可罰的違法序説」二四〇頁以下、刑法講義（総論）一七九頁以下。

(4) 刑法の理論体系に関する研究の領域でも可罰的違法性という観念を強調する学者がある。たとえばシュワイケルト（Schweikert）は、『ベーリンク以後の構成要件の変遷』（Die Wandlungen der Tatbestandslehre seit Be-

ling）という著書（一九五七年）のなかで、まず、構成要件を定義して「構成要件とは、ある態度をその社会にとって堪えがたい性質の故に刑事的違法（strafrechtswidrig）として特徴づける人間態度の抽象的特徴の総括である」となし、ついで、そこで用いられた刑事的違法あるいは刑法違反という概念について説明しているが、それは正しくわれわれの可罰的違法性と同じものなのである。（二）いわく。

「なおまた、以下本書でしばしば刑事的違法性という概念が用いられるが、それはなにも刑法には独自の不法観があるということを表現するためではないことを注意しておこう。むしろ、それによって示されるのは、ただ、違法な態度の広汎な範囲のなかから選び出された一定の態様（現象形態）のみが、それも、その有する可罰価値（Strafwürdigkeit）のゆえに構成要件によって特に限定せられた態度の仕方のみが可罰的不法（strafbares Unrecht）として刑法上の意味をもつ（strafrechtlich relevant）のだということなのである。もっとも刑事的違法だという宣言は、原則として、態度の反社会性（Gemeinshaftswidrigkeit）を理由としてなされるといわなければならぬ。しかし、それだからといって刑事的不法が他の不法と実質的に全然別のものだというわけではない。なぜなら、この反社会性という見地だけがいつでも刑法で決定的役割を演ずるのだとはいえないし（たとえば一般予防の目的がリードすることもある）、他面、他の不法も反社会的でありうるからだ。だが、刑事的違法性という観念は、ある態度は一つの不法構成要件の一部を充足しただけでも違法ではありうるが（たとえば、不法領得の目的を伴わない他人の動産の単純な奪取）、しかし、この違法性はまだ刑法的には——犯罪となるためには——意味がないということがあるために不可欠である」。

他人の動産の単なる奪取の違法性は、私法上あるいは正当防衛の関係では意味があるかもしれぬが、刑法の「窃盗罪の関係では、違法性の判断は、その奪取が不法領得の目的で行われたということが確定せられたとき初めて意味をもつのである。けだし、それによって始めてその違法性は社会にとってたえがたいものの程度に達し、かつまた刑法上意味のあるものとなるからである。もしも構成要件が違法性の推定を含むべきものとすれば、そ

れは刑法上重要な違法性の推定であるべきで単なる違法性一般の推定であってはならぬはずである」という。[二]
刑事的違法性または可罰的違法性という言葉は、決して今日のドイツ刑法学において死語となっているのではなく、かつまた、その意味も他の法域における違法性と没交渉なものとして（したがって民法上は適法でも刑法上は違法なことがありうるというような違法の統一性を否定する観念として）でなく、むしろわれわれのいうような統一的な違法の刑法の領域における特殊化として理解せられ、使用せられていることが——それも若い学者によって意識的に使用せられていることが——明らかであろう。

（一）　Schweikert, Die Wandlungen der Tatbestandslehre seit Beling, 1957, S. 3/4, 145.
（二）　Schweikert, a. a. O., S. 46.

(5)　そこで、最後に挙げておきたいのはガルラスの理論である。彼は一昨年（一九六八年）『犯罪論への寄与』(Beiträge zur Verbrechenslehre) という著書を世に贈ったが、その巻頭の論文は「可罰性の根拠と限界」(Gründe und Grenzen der Strafbarkeit) と題せられ、正しくわれわれと同じ視角から可罰的違法性の量と質の問題を扱っているのである。彼は、犯罪と他の違法行為との区別に関するヘーゲル学派以来の学説の流れを概観した後「ある行為について固有の犯罪的なものを決定するものは何か。刑事的不法 (kriminelles Unrecht) を他の民事的または警察法的効果を呼び起こすにすぎない不法から区別するものは何かという問題は、いまも以前と同じように解決されないまま残されている」と断定するのである。[一] 彼によるとその種の行為を阻止するために刑罰というもっとも厳しい手段が必要な行為が犯罪とせられるのであって、そこに犯罪の特別な道徳的反価値性 (moralischer Unwert) がある。その実質は、犯罪を単に法規範違反とみるだけではとらえられず、これをとらえるためにはその底にある法益の侵害脅威として眺めなければならぬ。こうしてはじめて違法の軽重を考えることができるのである。しかし、単に法益の侵害脅威というだけならば、非刑事的不法も同様であって、それだけではまだ刑事的不法を他の不法から区別させるものを明らかにすることはできない。「刑事的不法を非刑事的不法から区別する特徴は、その法益侵害（脅威）の特別な量と質（Quantität und Qualität）のなかに始めて見出される」のである。[二] しかもその際の重点は、その量、ことに被害法益の価値の大小よりも、むしろその質、特に法益侵害の方法と強さに求められる。たとえば、窃盗も詐欺も単なる債務不履行も、財産的法益の侵害たる点においてはみな同じなのに、なにゆえに前の二者だけが犯罪として刑罰を科せられ、後者はそうでないのかということを考えてみると、それがよく分かる。そのことの理由は、後者では被害者にはなお民事裁判に訴えて損害を回復する途が残されているのに対して、前の二者はこの道まで塞いでしまう邪悪な侵害方法であって、しかもはなはだ誘惑的だというところにある。こういう場合には、刑罰が介入せざるをえないのである。ガルラスによると、窃盗や詐欺の犯罪的性格は、その財産侵害方法の特別な危険性と、さらにその特別な邪悪性（Verwerflichkeit）、あるいは反良俗性（Sittenwidrigkeit）にある。[三] もっともこの危険性と邪悪性の組み合わせ、あるいは割合は、犯罪によって決して一様でないことはもちろんである。

「犯罪とは、簡潔に公式化すると、その実質からみて可罰的価値のある有責な不法行為である（strafwürdiges schuldhaftes Unrecht）。可罰的価値のあるとは、危険でかつ邪悪で、反社会的態度の例として我慢できないものであるために、社会全体の保護のために、（それに対して）国家的強制のもっとも厳しい手段としての、また社会的否認の最も強い表現としての刑罰をもって反応することが必要でかつ妥当だと考えられるということを意味する」。[四]

そこには、われわれの可罰的違法性の理論と正しく同じ思考が、ドイツ刑法学の今日の問題として展開せられていることが明らかである。

（一）　Gallas, Beiträge zur Verbrechenslehre, 1968, S. 5.
（二）　Gallas, a. a. O., S. 8.
（三）　Gallas, a. a. O., S. 11, 12.
（四）　Gallas, a. a. O., S. 16.　ガルラスはなお、近時の行政罰の氾濫についても、ヘルムート・マイヤーらと同じく、その刑法の領域からの排除を主張している。a. a. O., S. 17.

三　以上手もとにあるドイツ刑法学の文献を若干調べてみたのであるが、それだけからみても現在のドイツ刑法学界は、必ずしも木村教授のお説のように、可罰的違法性の問題をすでに克服せられた過去の議論として扱っているとはいえず、むしろ、逆に、われわれと同じく、全法秩序を通じての違法の統一性を肯定しつつ、しかもその統一的な違法が法域を異にするにつれて特殊化してゆき、刑法では正しく可罰的違法性として現われるという見方が勢力を得つつあるように思われるのである。

三　わが刑法学と可罰的違法性

さきに見たようなドイツ刑法学の状況についての説明ののち、木村教授は、いよいよわが刑法学界における可罰的違法性の理論の批判にとりかかられる。教授のこの点についての議論は、法学セミナー一九六八年三月（一四四）号から五月（一四六）号に至る三号にわたっており、三月号では宮本博士の批判を中心としてさらに団藤、大塚教授の理論が批判せられ、四月号は私の理論の、五月号は藤木教授の理論の批判に当てられている。木村教授に対する私のこの答えも、また、大体その順序に従って——ただし若干順序を変えるところもある——進めることにしたい。ただ、教授の批判にいきなり答えを対置しただけでは、本当の問題の所在が分かりにくいと思われるところがあり、あるいは重複することにもなるので、必要に応じて、学説の補足的紹介を行ない、あるいは問題によっては一個所でまとめて論じ、他の個所ではそれを援用することにしたい。

一　まず、一四四号から始めよう。

(1)　木村教授は、そこで、わが刑法学界において、牧野、小野、滝川博士が、それぞれ、違法性は全法秩序の立場からする統一的なものであると説かれたことをもって、可罰的違法性を否定されたものと主張しておられる。

右の三博士がはたしてそれを肯定されるかどうか、そのご意見をうかがってみなければ分からないが(二)、すくなくとも故滝川博士の見解は、木村教授の解釈とは違っていたように思われる。けだし滝川博士は、「違法な態度が悉く犯罪となるのではない。それが法益を害することの大きいため、刑罰を以て対抗する必要ありと認められる場合に犯罪となる」とされ、たとえば「隣家の生垣の花一輪を盗むことは違法であり、二三五条の構成要件に該当する……また判事が判決書作成に使用すべき裁判用紙を以て、私信を書くことは違法であり、二五三条の構成要件に該当する。しかし、上の例について窃盗罪または業務上横領罪の成立を認めることは出来ない。違法は違法であるが、罰すべき違法を備えて居るといい得ないからである」（現代法学全集刑法総論一〇三頁・昭和四年）と説かれていたからである。この滝川博士の言葉は、私にはむしろ可罰的違法性の理論の先駆的表現のように思われるのであるが、いかがであろうか。

(2)　木村教授が、その批判に最も重点をおかれるのは、宮本博士の理論に対してである。ところが、そこでは、後の可罰的違法性の理論に最も大きな影響を与えた宮本博士の「被害法益の軽微」もしくは「行為の通常性」を理由とする「可罰類型阻却原因」（刑罰阻却原因）についての理論が全然論じられていない。これでは、宮本理論の批評として適切だとはいえないであろう。そこで、われわれは、まず宮本博士のその点についての説明を紹介することにしよう。

宮本博士は「刑の免除」等を考慮しながら「刑法上一般的に観察して一定の可罰類型に該当する行為であっても、事情によっては刑を科しないことが適当である場合もあるわけであって、刑法は斯ような場合をも規定することを忘れてはいない。而して斯ような場合のその特殊事情は、一般にこれを積極的に観察して可罰類型阻却原因（または刑罰阻却原因）と称する」（刑法大綱一二二頁）と説き、それらは「単に可罰類型性のみを阻却するものであるから、行為が根本に於て違法である限り、これ等の原因の存するに拘らず、この行為は依然として違法たるを免れない」（つまり違法ではあるが、可罰的違法ではない）とせられた。そしてこれに属するものとして、(一)天皇や国会議員の院内における発言等の政治上の理由による免責（これは違法阻却原因に属する）、㈡不可罰未遂や拘留、科料のみに処すべき罪の教唆、従犯等の伝統を理由とする刑法の譲歩、㈢親族間の犯人蔵匿、証憑湮滅《しょうひょういんめつ》や親族相盗、親族間の贓物行為等親族間の情誼を理由とする不処罰または刑の免除、㈣自殺未遂や同意傷害のような被害者の意思を理由とする不処罰のほかに、㈤「その他の情状を理由とするもの」として、(イ)過剰防衛、過剰避難、放火や殺人の予備の刑の免除、(ロ)状態犯の不処罰、(ハ)期待不可能性（博士はそれを強要不当性と呼ばれた）と並べて、㈡「被害法益の価値が極めて軽微なる場合」というのを掲げ、これについてつぎのように説かれたのである（大綱一二六頁以下、その最初に説かれたのは刑法学綱要、昭和二年、四二三頁以下である）。

「ハ、被害法益の価値が極めて軽微なる場合。この場合は法律上明文はないが、解釈上一様に可罰類型阻却原因の存する場合と考うべきである。例えば散歩の際路傍の生墻の花一輪を摘むが如きことは、他人の所有権に対する侵害であって一般規範上違法ではあっても、刑法上窃盗罪を構成しない（その稍々程度の大なる場合にあっては、警察犯処罰令第二条第二九号に該当することもあるが、それでもなお窃盗罪にはならない）。謂わゆる使用窃盗が罪とならないのも同理である。但しその罪とならない程度は犯罪の種類に依って一様でない。そしてそれは何れの場合に於ても社会観念に依って決すべき問題であるが、この場合に注意を要することは被害法益の軽微ということは、そのこと自体が直ちに客観的に見て意味を有するのでなく、軽微な法益をさようなものと意識して軽視するという主観的事情に意味があることであって、刑法はそれだけの意思では未だ可罰的なものと見るに足らないとしているのである。従って未遂罪の如き場合が、全然現実に何等の結果も発生しないからといって、この場合に該るものと考えてはならない。尤も右に例示した路傍の花を摘むような場合（財産的侵害）に在っては、その行為が違法性を有しないとか、或は被害者の意思に反しないとかの理由に依って、罪とならずと説く見解が普通であるが、予は法益の軽微を可罰類型阻却事由と見るが故に、たとえこの行為が被害者の意思に反し違法であっても、尚罪とならずと解する。この趣旨は判例に於ても、さきに有名な一厘事件の判決（明治四三年一〇月一一日宣告煙草専売法違反被告事件判決）に於て認められている」。

宮本博士は、このほかさらに、「例えば金銭債務の不履行の場合の如く、法益侵害の程度と事情の如何に拘らず、その行為が処罰すべく余りに普通の事実であること、即ち行為の通常性ともいうべき事情」をも、一つの可罰類型阻却原因とみることができるだろうとしておられた（大綱一三四頁）。

可罰的違法性の理論に関連して宮本博士を批判しようとする以上、右の所論と対決することが不可欠だと思われるのであるが、木村教授の批判は、前記のようにそれについては触れるところがない。木村教授が、宮本理論について論じられるところは、まず第一に、宮本博士も違法の統一性を認められるけれども――いな、むしろ宮本博士こそはわが国で最も早く違法の統一性を強調した学者ではなかったか（前記刑法学綱要二二八頁以下）――それは主観的違法論の立場からのものだから、客観的違法論に立つ今日の通説とは異なるということである。主観的違法か客観的違法かということは、それ自体問題ではあるが、要するに立場の相違で、ここでの問題たる可罰的違法性と直接の関係はない。特に右の被害法益の軽微という可罰類型阻却原因では、むしろ客観的外部的要素が問題となっているのであって、ただそれが博士の主観的違法論により巧妙に再構成せられているのである。

木村教授の第二の論点は、宮本博士の独特の用語論に関連し、博士の形式的犯罪概念と実質的犯罪概念の区別は、違法論では一般規範的違法と「刑法上可罰的と判断されたもの」との区別になるが、かような区別は理解しにくいということのようである（一四四号五五頁）。しかし、ここには宮本理論の誤解が存するようである。教授が実質的犯罪概念の内容と解される「可罰的と判断されたもの」とか「可罰的な範囲内にある違法行為」は、宮本博士にあってはまだ形式的犯罪概念に属するのである。このことは、宮本博士が犯罪の「形式的意義」の説明として「刑法が刑を科するには一定の条件を必要とする。その条件は即ち犯罪の要件である」といい、かつその要件として、㈠違法性（一般規範的違法）、㈡可罰能力性（可罰性の一）、すなわち規範的責任能力以上に発育し、刑罰に適しかつそれを必要とする程度に充実した責任能力、㈢可罰類型性（可罰性の二）、すなわち意思と行為、結果が一定の可罰類型に適合することを掲げられていることから明らかであろう（大綱四二頁以下）。木村教授が引用される「単純な違法行為」と「可罰的な範囲内にある違法行為」との区別（大綱一〇六頁）も、形式的犯罪概念の展開の一場面であって、一般規範的違法が可罰的評価を経て犯罪となってゆく（規範的責任能力が可罰的責任能力に、また具体的符合を要求する規範的故意が可罰的符合で足る可罰的故意となるように）ことが説かれているのである。なお、宮本理論では、可罰的評価は、常に、実定法によって可罰的責任能力あるいは可罰類型として与えられていることを付言しておこう。

木村教授の第三の論点は、宮本博士の「いわゆる可罰類型的な違法概念を肯定するならば、それは可罰性という犯罪に対する法的効果によって、その法的効果の発生の前提条件であり根拠たる犯罪の成立要件を限定することを意味し、犯罪と刑罰の論理的関係を顛倒する誤謬を犯」すことになるという批判である（同五六頁）、これはたしかに可罰的違法性の理論に対面する正面からの批判のようにみえる。教授自身によっても、それは最も有力な攻撃と考えられているらしく、たびたびくりかえされる議論であるから、ここで一言しておこう。まず、一般論として、前提とその効果、あるいは原因と結果とが混同せらるべきでないということは、全く異存がない。ただしかし、存在の世界を把える原因・結果の範疇と、価値的で目的論的な構造をもつ法規範の世界に属する法律要件（教授の前提条件あるいは成立要件）と法律効果（教授の法的効果）のそれとでは、問題は質的に異なることが注意されねばならない。後者にあっては、いわゆる目的論的概念構成が支配し、法律要件はそのそもそもの成立からして法律効果（目的）に向けられ、それを志向するものとして構成されているのである。刑罰という法律効果を伴う法律要件である犯罪の場合も同様で、それは違法で有責な無数の非行のなかから、立法者にとって刑罰に値いすると考えられたもののみが選び出され類型化されたもの——可罰類型・犯罪類型あるいは構成要件——である。可罰的違法性の理論は、この実定法上の所与である可罰類型、すなわち法がそれに該当する行為をなした者には刑罰を科すると定めている違法行為の類型について、それが予想している違法性の実質、内容はどのようなものであるか、特にそれと他の不可罰的な違法行為との間にはどのような異同があるかを確かめようとしているのである。法が現に刑を科し罰すべきものとしている違法だから可罰的違法というのであって、それはすでに実定法として与えられているものの理解と明確化への努力である。そうではなく法解釈者が勝手な主観的判断で刑罰に値いするかどうかを決め、それによって可罰的違法性があるとかないとかいうのであればともかく、右に述べたような実定法の解釈論としての可罰的違法性の理論にとっては、右の木村教授の非難は全く的なきを射るものといわなければならない。

(3)　つぎに、木村教授は、団藤教授が「違法性は法秩序の全体を基礎として考えられなければならないが、しかも法域によって目的論的な相対性が認められる。不法行為と刑法とは目的を異にし、ちがう原理に支配される。たとえば……刑法で緊急避難として犯罪の成立が否定される場合にも民法上不法行為の責任を免れないことがある」とされ（二）（刑法綱要総論一三六頁註2）、あるいは大塚教授が刑法で犯罪の違法性が問題とされる場合には、それは「全法秩序の観点から違法と認められるものの中、量的に一定の程度以上の重さを有し、かつ質的に刑罰的制裁を適当とするものがとりあげられているのである」として（刑法概説二二五頁）、それぞれ可罰的違法性の観念を認められることに対しても、その意味が明確でないと非難されている。しかし、両教授の意味するところが、木村教授の第二の意味すなわち「違法であるが可罰性がない」ものの存在を認める趣旨であることは明らかである。木村教授はこれらに対して、もしそうならば「可罰的違法性という特殊な違法性があるのではなく、違法性には可罰的なものと不可罰的なものが区別せられるというだけで、刑法的に特殊な違法性の存在を主張することにならない」といわれるが（一四四号五七頁）、「刑法的に特殊な違法性」など始めから誰も主張してはいないのである。両教授を始め可罰的違法性を説く者は、みな、正しく「違法性には可罰的なものと不可罰的なものが区別せられる」ということを重視しそこに法域の相違による違法性の「目的論的相対性」とか「刑罰に値する質と量をもった違法性」とかを構想しているのである。ただそのさい、ある違法行為が可罰的かどうかを決めるものは、それが刑法所定のいずれかの犯罪構成要件に該当するかどうかということだけの形式的な説明で満足せず、さらに、それが刑罰を科せらるべきものとしてそのように構成要件（犯罪類型）に纏めあげられるのはなぜかという実質的な理由を問題とするところから、可罰的違法性の理論が始まるのである。これを拒否するかぎり、人は無内容な形式的違法論を脱することはできないであろう。

可罰的と当罰的の区別に関する大塚教授論難については、佐伯批判と一緒に検討する。

（一）　小野・刑法演習各論七六頁は、刑法二三〇条二項の「死者ノ名誉毀損ハ誣罔ニ出ズルニ非レバ之ヲ罰セズ」の解釈として、真実の報導は適法だから罰されないのだが、虚偽を虚偽と知らず真実と軽信してやったような場合誣罔に出でたものでないから罰せられないが、その理由は「熟知に反して名誉を毀損するのでなければ可罰的な違法性がないとするのである」と述べている。やはり、われわれと同じなのである。

（二）　実は、このように緊急避難を不法行為とすることによって理論的困難が生ずるが、それについては**四**で論ずる。

二　法学セミナー一四六号は藤木教授の理論に対する批判である。

藤木教授によると「可罰的違法性の理論とは、刑罰法規の構成要件に該当する形式、外観を呈する行為についてその行為が当該構成要件が予想する可罰的程度の実質的違法性を欠くということを根拠にその構成要件該当性を否定すべき場合を肯定する理論」であって「実質的な違法性が、可罰的な程度に至らぬほど微弱であるということを理由として、違法性の阻却でなく、行為の構成要件該当性そのものを否定する場合がある」と主張されるのである（可罰的違法性の理論二〇頁）。それは「犯罪の種別によっては構成要件該当性すなわち行為の類型性の判断にあたり、行為の実質的違法性に関する評価を完全に排除することができず、実質的違法性に関する判断にある程度まで立ち入ってはじめて行為の類型性、構成要件該当性を確定し得るものであるという基本的な認識に立脚して、そのような犯罪について、当該構成要件を定めた刑罰法規の法益保護の目的にてらし社会生活上看過されて然るべきほどに処罰に値しない程度の軽微な違法性を有するに止まる行為は当該構成要件にあたる行為として処罰を予定されたものでないとして、その構成要件該当性を否定すべき旨を主張する」（理論二〇頁以下）ものだとされる。

それに対する木村教授の批評は、まず、藤木教授が、ウェルツェルの社会相当性の理論――その初期および最近の形態における――が「社会相当性の限界内にある法益侵害は、この法益侵害を類型化した構成要件との関係においては、構成要件該当性を欠くものとした」とし、さらにこの「社会相当性の理論と可罰的違法性の理論とは、その基礎を共通にし、かつ表裏一体の関係に立つものである」とされる点（理論二三頁、二八頁以下）に集中し、それがウェルツェルの理論の正確な理解でないということに終始している。木村教授によると、そのことはウェルツェルが「刑法に特殊な違法行為はあるが、違法性という無価値判断は法秩序全体に共通で統一的なものと解し、いわゆる可罰的違法性の概念を問題にしないことから言っても、明らかではなかろうか」ということになるのである（一四六号三三頁）。

そのほか、前提条件と法的効果の論理関係の混同とか、立法論としての当罰性と解釈論としての可罰性の混同とかが、ここでもくり返されている。

木村教授の藤木教授批判のうち、ウェルツェルの誤解うんぬんはさておき、可罰性という法的効果とその前提条件たる違法性との論理関係の混同という批判は、刑罰に値いする違法性の有無を検討して構成要件該当性の有無を決めるという藤木理論に関するかぎり一応当たっているようにみえるが、さきにみた法秩序の目的論的構造からすれば、前提条件は当然に法的効果を先取しているのであって、別に矛盾ではないのである。

なお、藤木教授が、違法の統一性との関係について「全法秩序的意味に於て、違法ということは、何らかの法律上の不利益がその事実を原因として行為者に帰属するという意味であり、或る方面において不利益効果を生ずるが、他の方面において不利益効果を生じないということはいくらもあり得ることである」（理論二九頁）と指摘されるのに対して、木村教授は、それは「法的効果の相対性で、その効果を付与する前提条件たる行為の違法性の相対性ではない」と答えられる（同三三頁）。しかし、法的効果の相違をきたすものが前提条件の違いでないとすれば、その相違は一体どこからくるのかが答えられなければならない。木村教授によると、それは、結局、「それぞれの法の領域における目的」だということになるようであるが（一五〇号三七頁）、法的効果を決定するものが、それぞれの法の定める前提条件の外にある目的だということになれば、前提条件はもはや前提条件ではなくなってしまうという不合理が生ずるのではあるまいか。これらの点については、さきにも一言したが（本書四七六頁）、さらに**四**で再論する予定である。可罰的違法性の理論は――藤木教授のそれをも含めて――、法目的と前提条件をそのように切り離すのでなく、むしろ、法目的も前提条件（構成要件該当行為の違法性および有責性）のなかに化体しているものとして、その把握に努めているのである。

私見によれば、藤木教授の理論にとってより重要なのは、つぎの諸点である。

(イ)　藤木教授だけでなく、多くの学者が可罰的違法性を単に違法の軽重、程度の問題としてのみ考えているけれども、そこにはさらに違法の質の問題もあることを考えなければなるまい。

(ロ)　行為がある犯罪の構成要件に該当するようにみえるけれども、実は、それが予想する量（程度）または質の違法性を有しない場合を常に構成要件該当性なしとすることは、行き過ぎのように思われる。ことに、それでは構成要件そのものを不明確にするおそれがある（二）。そのような行為は、構成要件該当でない場合もあれば、構成要件該当性を有する場合もあるとしておくほうが妥当である。そのいずれであるかは、一にその構成要件を規定している罰条解釈の問題である。たとえば、他家の生垣の花一輪を摘み取る行為も、いちおう、刑法二三五条の窃盗罪にあてはまるといえそうであるが、しかしまたそれよりはるかに被害の大きい森林窃盗についてさえずっと軽い刑罰を定めている森林法一九七条、一九八条との関係からみると、右のような行為は始めから刑法の窃盗罪の構成要件には含まれていないのだと解すべきことになるであろう。しかし、可罰的違法性の否定がいつも構成要件該当性を失わせるというわけにはいかない。たとえば公労法一七条によって争議行為を禁止されている郵政職員がその禁止に違反して郵便業務を行なわなかったとすれば、郵便法七九条の「郵便の業務に従事する者がことさらに郵便の取扱をせず」という構成要件にいちおうあてはまるといわざるをえないし、違法でさえあるのだが（公労法が違憲でないとされる以上）、その違法（争議禁止の違反）は刑罰の制裁を科せられる違法（可罰的違法）でないから、同条の犯罪とはならないというがごときである（東京中郵判決）。

(ハ)　この後の構成要件該当性を失わないとされる行為については、むしろ正当防衛等の正当化事由と並んで、その行為を全く適法化するには至らないけれどもその違法性を可罰的な程度に達せしめず、またはそれを異質の違法たらしめる例外型としての違法減軽事由または可罰的違法阻却事由が存在するのだと考えれば足るのである。

(ニ)　藤木理論は、すくなくとも部分的に、従来の構成要件該当性—違法性—責任性という理論体系を、違法性—構成要件該当性—有責性という体系に変えることになり、それが多くの議論を呼び起こしているのであるが、以上のように考えてくると、いずれの場合にも、別にそのように従来の体系を動かす必要もなくなるのである。

（一）　裁判の実際でも、藤木教授式の可罰的違法性理論は構成要件の限界を不明ならしめるという非難が、検察官の側から出されることが度度ある。

三　法学セミナー一四五号は、筆者（佐伯）に対する批判であるが、ここでも、それを検討する前に、教授の批判の対象とされた筆者の可罰的違法性の理論(一)そのものの略説を許して頂きたい。

(1)　犯罪は違法な行為であるが、違法な行為のすべてが犯罪となるわけではない。犯罪となるのは、違法な行為のうちの一部分にすぎないのである。そしてある違法行為が、犯罪であるためには、それが法律の定めるいずれかの犯罪類型にあてはまることを要するが、この犯罪類型は——ことを違法に限っていえば——刑罰に値いする違法行為の類型化されたもの（可罰的違法類型）であり、違法は、このように可罰的違法として、刑法的特殊性をおびてくるのである。それは、犯罪すなわち刑罰を科せられる違法行為と、そうでない違法行為との間には、違法性自体においてちがいがあるのではないかということを問題とするもので、つまり、違法性というものが、根本においては、法秩序全体に通ずる統一的なものでありながら（したがって民法上は適法であるが、刑法上は違法だというような矛盾は認められない）、その発現形式においては、さまざまの種別があり、また軽重の段階があるという認識に立つものである。こうみてくると、可罰的違法性とは、行為の違法性が、刑罰という強力な対策を必要とし、かつまた、それに適するような質と量をもっていることだとすることができる。

(イ)　まず、量の問題としての可罰的違法性について考えると、そのような問題意識は、すこぶる古く、さきに宮本博士が指摘せられた一厘事件の大審院判決のなかにすでに現われている。これは、わずか七分ほどの屑煙草を納入しなかった煙草耕作者の専売法違反被告事件に関する判例であるが、大審院はその程度の零細な反法行為を「費用ト手段ヲ顧ミスシテ之ヲ誅求スルハ却テ税法ノ精神ニ背戻シ寧ロ之ヲ不問ニ付スルノ勝レルニ如カス」とし、しかもこの「不問ニ付ス」とは「犯罪ヲ構成セサル」ものとみるという意味で、ことは単に「犯罪ノ検挙ニ関スル問題ニアラスシテ、刑罰法ノ解釈ニ関スル問題」だとしたのである（大判明治四三年一〇月一一日刑録一六輯一六二〇頁）。それは「零細ナル反法行為ハ犯人ニ危険性アリト認ムヘキ特殊ノ情況ノ下ニ決行セラレタルモノニアラサル限リ、共同生活上ノ観念ニ於テ刑罰ノ制裁ノ下ニ法律ノ保護ヲ要求スヘキ法益ノ侵害ト認メサル以上」刑罰の制裁をもって臨む必要はないとしたのであって、結局、それぞれの犯罪には、一定の重さの違法性が予定されており、行為がかりに犯罪類型に該当するように見えても、その違法性がきわめて軽微で、法の予定している程度に達しないときは、犯罪の成立なしとするものである。もっとも、それが「零細ナル反法行為」という要件に、さらに「犯人ニ危険性アリト認ムヘキ特殊ノ情況ノ下ニ決行セラレタルモノニアラサル限リ」という主観的な絞りをかけている点——それは宮本博士によってさらに深化発展せしめられたが——に問題がある。われわれの客観的違法性論の立場からはむしろ率直に、被害法益の軽微そのものが、行為の可罰的違法性を失わせるものと考えるべきであろう。なお、この可罰的違法性がなくなる場合の法的態様としては、あるいは、もはやそれが犯罪類型の枠外にあるもの（構成要件該当性なし）として扱われることもあろうし、また犯罪類型にはいちおうあてはまるが（構成要件該当性はあるが）、例外型としての違法減軽事由または可罰的違法阻却事由がある場合だという扱いを受けることもあって、一律ではない。

(ロ)　可罰的違法性は、さらに違法性の質の問題である場合もある。たとえば近親姦や同性間の猥褻行為についても、これを犯罪として刑罰を科する立法例が少なくないが、わが刑法典はこれを犯罪としていない。しかし、それはこれらの行為を適法視するからではなく、むしろ違法ではあるが、ただそのような親族内部あるいは同性間の、元来秘密に属する性生活にまで、国家が刑罰をもって干渉することは好ましくなく有効でもないという考えが、その理由になっているであろう。同じことは、戦後廃止せられた姦通罪の処罰についてもいえることで、その不処罰を(イ)と同様に違法性の軽微で説明することは困難である。これらの場合には、違法性が軽微だとはいえないが、その違法行為の質が、刑罰に適しないと考えられているのであって、それはまさしく可罰的違法性の質の問題である。同じことが、質を異にするといわれる刑事犯と行政違反の関係についても考えられるし、また争議行為を禁止されている公務員や公共企業体職員の禁止違反の争議行為と、公務員法または事業法の罰則との関係についても見られるのである（この点についても**四**で再論する）。なお、それらの場合と犯罪類型（構成要件該当性）との関係も(イ)の場合と同様である。

（一）　古くは佐伯「刑法犯と警察犯」牧野博士還暦祝賀刑事論集（昭和一三年）二八九頁以下、近くは「可罰的違法序説」末川先生古稀記念・権利の濫用（上）（昭和三七年）二二一頁以下、刑法講義（総論）（昭和四三年）一七八頁以下。

(2)　私としては右のような私見に対する木村教授の正面からの批判を期待したのであるが、それは期待はずれに終った。教授の批判は、つぎのようなむしろ形式的、概念的なそれにとどまった。

(イ)　私のように、犯罪類型を、刑罰に値いすると考えられた違法で有責な行為の類型であるとすることは、教授によると「概念の混同」ということになるらしい（一四五号七一頁）。正直なところ、私はその意味がよく理解できないのであるが、その前に「違法性の評価の対象」と「対象の評価すなわち無価値判断としての違法性」の区別が強調され「犯罪類型をもって違法性の評価の対象と解するならば、結論として、違法と評価せられた犯罪類型該当行為が違法な行為とせられ、これに反し、違法でないと評価せられ違法性が阻却せられた犯罪類型該当行為もあり、その意味で犯罪類型該当行為の範囲と違法行為の範囲とは一致しないはずである」と述べられているのが（四七〇頁）、どうも、右の概念混同論の理由らしい。しかし、違法評価について、評価の対象と対象の評価（評価自体）とを区別するといった分かりきった形式論理は、ここで問題となっている犯罪類型の理解については重要でない。けだし、犯罪類型というのは、行為がある犯罪としての可罰性を帯びていると認められるために、通常、備えていなければならぬ諸特徴をひとつの行為の型として構想したものであって、その型にあてはまる行為はそれだけでその種の犯罪としての違法性（および有責性）を有するものといちおう推定せられ、ただ例外的に違法（または責任）阻却事由（それ自体また多くは例外型として類型化されている）があれば、行為の類型該当性からの違法性（または責任性）のいちおうの推定は破られることになる。この意味で、それらは違法（または責任）の原則型と呼ばれるのである。すなわち、ここでは、対象の評価と、評価の対象とは切り離され対立させられるのでなくて、違法と評価される対象――責任も同様であるが、以下違法のみに限定する――が類型化され、形象化され、それにあてはまれば原則として（あるいは通常）違法と評価される行為の型――違法評価の手段――が考えられているのである。犯罪類型にあてはまる行為が原則として違法と評価され、あるいは例外事情を伴うために違法でないと評価されることがあるのは、当然である。それは、むしろ類型というものの本来の機能が発揮されることであって、概念の混同などはどこにも存しない。（二）

（二）　木村教授は、「普通、犯罪類型といわれるのは……通説的用語をもって換言すると『構成要件該当で違法かつ有責な行為』の意味である」とされるが（七一頁）、不正確である。それはむしろわれわれの犯罪類型該当行為に相当するもので、犯罪類型に対応するものは構成要件そのものである。そこには構成要件または犯罪類型と構成要件該当行為（犯罪類型該当行為）との区別ということすら見失われているようにみえる。

(ロ)　木村教授の第二の問題は――これまた要約しにくいが――「可罰的」(strafbar) とか「可罰性」(Strafbarkeit) とかいう用語は「構成要件該当の違法かつ有責な行為としての犯罪類型を具備した行為を全体として可罰的というのが普通であり、そのような犯罪を成立させる行為の違法性だけを可罰的違法性といったり、有責性だけを可罰的責任といったりしないのが普通である」から、そんな普通の呼び方とちがう佐伯らの可罰的違法性論（可罰的責任性についても同様）は妥当でないということである（同七一頁）。これだけでは、それは単なる呼び名、名称の争いにすぎないが、ここでも、さらに、前記の可罰性は違法性を前提条件とする法的効果であるから、可罰的違法性ということは、法的効果をもって前提条件を制約するという論理的誤謬をおかすものだという非難が繰り返されている。しかし、この非難が的はずれであることは、右に宮本博士の理論に関連して述べたとおりである。

(ハ)　木村教授は、さらに、私が、犯罪類型とは「立法者にとって、特に、重要で刑罰という強力な対策を用いる必要があり、しかもそれに適すると考えられるもの（違法）が、とりあげられ、行為類型化されたものである」とするのに対して、それは当罰的（strafwürdig）ということか、それとも可罰的（strafbar）という意味かと迫り、もし当罰的を意味するものだとすると、これは「単なる立法論であり、教授（佐伯）にあっては立法論と解釈論が混同せられているのではないか」といわれる。しかし、実は、私のほうからも、木村教授は、当罰的と可罰的の区別を、立法論と解釈論のそれと同視されるように思えるが、そう解してよいかどうか伺いたいと考えている。strafwürdig を当罰的と訳することが広く行われているが、その意味は必ずしも明確ではない。しかし、それが「刑罰に値いする」という意味であることは争いないであろう。ところで、刑罰に値いするとは、われわれの場合には、もちろん、実定法上刑罰に値いするという意味で、法制定当時の立法者の抱いていた評価も、それが現行法の内容として解しうるかぎりにおいて考慮されるのである。このような、実定法の根底にある（ratio legis としての）当罰性は、しかし、けっして現行法の解釈と無関係な立法論でなく、むしろ解釈を指導すべきものである。いわゆる可罰性は、実定法上、当罰性を予定せずには存在しえず、また実定法上、可罰性として顕現しない当罰性は単なる書斎の観念論で、実定法とは無関係である。教授が援用されるザウアー自身、いわゆる当罰性は立法者による立法の際に働くのみでなく、裁判所の刑の量定（したがって裁判）に当たっても考慮せらるるべき旨を明言しているのである。当罰性と可罰性とを切り離し、前者はもっぱら立法論だとするかのごとき教授の立場にこそ問題があろう。

さらに、教授は私の可罰的違法性の理論と違法阻却事由との関係が理解しにくいといわれるが、私の立場からは、全法秩序の立場から統一的に理解される違法性が全然存在しない正当化事由――のほかに、違法性を全然なくするのではないが、その程度（量）を逓減し、結局可罰的な違法でないものとする違法減軽事由、あるいは違法の質を異ならしめる狭義の可罰的違法阻却事由（たとえば手術行為が無免許医師のそれであるという違法性は、その手術の傷害罪としての違法性ではない）を考えるのだということだけをお答えしておこう（詳細は刑法講義（総論）二二一頁以下参照）。

㈡　最後に、木村教授が、可罰的違法性の理論からは「可罰的違法性はないが、刑法を含む法秩序全体の見地から統一的に違法と解せられる意味における違法性は当然残ることになり、刑法的に特殊な違法性は阻却せられるが、依然として刑法的には違法だという」「はなはだ奇妙な結論」になるといわれること（一四五号七五頁）について一言しておこう。その奇妙さは、教授が、可罰的違法性の理論を、可罰的違法が刑法の世界における違法のすべてだと説くものと誤解されるところから生ずるものである。しかし、われわれにとっては、債務不履行のように違法ではあるが可罰的違法ではないものが他の法域にあることが自明なように、刑法の世界でも、犯罪となる可罰的違法行為のほかに、たとえば正当防衛の相手方の急迫不正の侵害のように、必ずしも可罰的でない違法行為がありうることは当然のことである。そこには、奇妙な何ものも存しないのである。

以上のとおりであるから、私としては、せっかくの木村教授のご批判であるけれども、全く承服しかねるのである。

四　判例と可罰的違法性

木村教授は、ついで、可罰的違法性の立場から理解せられまたはそれをとったものと解されている判例として、明治四三年一〇月一一日の大審院のいわゆる一厘事件（大判刑録一六輯一六二〇頁以下）の判決と、昭和四一年一〇月二六日の最高裁判所の東京中郵事件判決（最判刑集二〇巻九〇一頁以下）とをとりあげ、法学セミナー一九六八年六月号（一四七号）から九月号（一五〇号）の四号にわたって検討を試みておられる。可罰的違法性の理論をとった判例は、このほかにもとくに下級審で数え切れぬほど存するし、今日ではさらに昭和四四年四月二日の都教組事件に対する最高裁判決（最判刑集二三巻五号三〇五頁以下）が加わったことを指摘しなければならない。しかし、これらの判例の詳細については、近く別の機会に総合的な分析を行なう予定であるから、ここではもっぱら木村教授が問題とせられた右の二つの判例だけに、議論を限定することにしたい。

一　一厘事件判決

まず、一厘事件に関する木村教授の議論から始めよう（法学セミナー一四七号七〇頁以下）。これは、わずか七分、価格にして一厘相当の煙草の葉を専売局に納めなかった煙草耕作者が煙草専売法（旧）四八条一項違反として起訴せられた事件に関する判例で、大審院は、それについて「零細ナル反法行為ハ犯人ニ危険性アリト認ムヘキ特殊ノ情況ノ下ニ決行セラレタルモノニアラサル限リ共同生活上ノ観念ニ於テ刑罰ノ制裁ノ下ニ法律ノ保護ヲ要求スヘキ法益ノ侵害ト認メサル以上ハ之ニ臨ムニ刑罰法ヲ以テシ刑罰ノ制裁ヲ加フルノ必要ナク立法ノ趣旨モ亦此点ニ存スルモノト謂ハサルヲ得ス」と説き、それは「犯罪ヲ構成セサルモノ」として、原判決を破棄自判し無罪の言渡をした。この判例が、宮本博士によって「被害法益の軽微」という可罰類型阻却原因として理論化され、またわれわれがそれを可罰的違法性の量の問題の適例として扱っていることは上述したとおりである。木村教授も、この判例が「刑罰ノ制裁ノ下ニ法律ノ保護ヲ要求スヘキ法益ノ侵害」と認めざる以上は、といっていることの意味が、もし「刑罰的制裁を必要とする程度の法益の侵害」という意味なら、それは可罰的違法性の見地から理解することも可能であろうとされるが、教授によると、それは、そう解釈すべきではなく、むしろ、「単純に、『違法な法益の侵害』という意味」（同七一頁）に解すべきものであって、結局、右の判決はこの場合には「違法性がなく、犯罪不成立であり、したがって無罪としたものだ」（同七二頁）ということになるのである。はたしてそうであろうか。

(1)　まず、判例の文章を素直にみれば、右の「刑罰ノ制裁ノ下ニ法律ノ保護ヲ要求スヘキ法益ノ侵害ト認メサル以上」という文句は、冒頭の「零細ナル反法行為ハ」とあるのを受けたものであって、刑罰制裁を必要とするような法益侵害と認められない限りは、としか読めないのである。右の文句の上に「共同生活上ノ観念ニ於テ」とあるから、「単純に違法な法益の侵害」という意味にもとれるし、そうとらねばならぬという教授の議論は、私には、無理なこじつけとしか受け取れない。そして、そのようなこじつけが必要になるのは、教授の可罰的違法性の理論を否定する立場そのものからくるのである。けだし、教授の立場からは、零細な反法行為の場合に犯罪が成立せず無罪となることの説明としては、違法性がないというほかはない。しかし、この判例が「犯罪ヲ構成セサル」ものとしたのは、決してその行為が違法でない——ということは適法だということである——としたためではない。現に、判決自体それを「零細ナル反法行為」と称し、また、そのような「零細ナ反法行為ハ……之ニ臨ムニ刑罰法ヲ以テシ刑罰ノ裁制ヲ加フルノ必要ナク立法ノ趣旨モ亦此点ニ存ス」とも述べているのであって、それを違法でない（適法だ）とするどころか、むしろ明らかに反法的（違法）でありさらにその専売法違反の罪の構成要件にも該当することも認めながら、ただ、その反法性が零細・軽微であるために、それに刑罰の制裁を科するのは適当でなく、むしろ刑事的にはそれを不問に付するのが立法の趣旨であり精神であるとしているのである。すなわち、それは、違法は違法だが刑罰に値いする違法——可罰的違法——でないとしたものとしか理解できないのである。

(2)　教授は、それが違法でないという理由づけに、たとえ旧煙草専売法四八条一項の「構成要件に該当した消費行為であるとしても、喫煙によって嗜好を満足させるということは、今日はもちろん、当時においても、国家的に承認せられた社会生活の目的であり、その目的達成のため、僅か七分で価格一厘にあたるに過ぎない零細な分量の煙草を使用したとしても不相当なものとはいいえないから」（同七二頁）といわれるが、これはなんら理由にならない。ここでは嗜好を満足させるための喫煙一般あるいは少量の煙草の使用が問題なのでなく、そのために専売法に違反してもよいかということが問題なのである。右の教授の議論を貫ぬけば、零細な反法行為は非反法行為であり適法行為だということになり、また被害法益の軽微は正当化事由だということに帰着するが、はたしてそれでよいであろうか。現に教授が援用される軽微犯罪の立法例にしても、正当化事由とするものはひとつもないではないか。

教授は、さらにその違法でないという主張の支柱として刑法一八五条但書の、単に「一時の娯楽に供する物」を賭けた場合の賭博を援用しておられるが（同七二頁）、これは問題の混同である。この場合は正しく社会的相当行為として、違法性が阻却されるとみうるけれども、前者は零細ながらなお反法性を帯びている行為なのである。

(3)　なお、ここでも、教授は可罰的違法性の理論を攻撃するために、(イ)可罰的違法性というのは違法性という前提条件の中に可罰性という法的効果を先取りするという概念的混同を含むとか、(ロ)可罰的違法性がなくても違法性はあるということが言葉として正確でなく、むしろ違法性に関する可罰的阻却事由とでもいうべきだとか、(ハ)可罰的違法かどうかの区別標準が明らかでなく、もし法益侵害または危殆化の程度、分量の程度によるのだとすれば、それは違法性の程度分量を基準とするもので、可罰性そのものとは別だとか述べられている（同七三・

七四頁)。これらの主張のうち、(イ)についてはすでに述べたし、(ロ)はむしろ言葉の争いである。そこで、(ハ)のみについて一言すると、可罰的違法性があるかどうかは、われわれにあっては個々の罰条と犯罪類型(構成要件)の解釈問題である。個々の場合における限界の問題はもちろん存するが、それはなにもこの場合に限ったことではなく結局、右の一厘事件の判決がいうように「其行為ノ零細ニシテ而モ危険性ヲ有セサルカ為メ犯罪ヲ構成セサルヤ否ヤハ法律上ノ問題ニシテ其分界ハ物理的ニ之ヲ設クルコトヲ得ス健全ナル共同生活上ノ観念ヲ標準トシテ之ヲ決スルノ外ナシトス」ということになるのである。

二　中郵判決

木村教授は、つぎに法学セミナー一四八号、一四九号の二号にわたって中郵判決を紹介した後、一五〇号でその批判にとりかかられる。しかし、その判決の理解においてすでにわれわれと異なる点があるようなので、われわれの立場から右の判決の内容を――問題と関連する限りで――簡単に整理しておきたい。

(1)　多数意見　周知のように本件の一審判決(東京地裁昭和三七年五月三〇日)は、郵政職員の争議行為も郵便法七九条一項の構成要件に該当するが、公労法一七条が単に争議行為を違法としその違反者は馘首されることがあると規定するのみで罰則を定めておらず、むしろ三条で労組法一条二項の適用ありとしているのは、立法の沿革にかんがみ、また一般公務員に対する法の規定との対比からみて、その争議行為そのものは「刑罰をもってのぞむべき特別の公益上の必要性ある違法行為」あるいは可罰的違法行為でないものとする趣旨であると解して無罪とした。ところが、同事件の控訴審判決(東京高裁昭和三八年一一月二七日)は、昭和三八年三月一五日のいわゆる三・一五最高裁判決に従って、公共企業体の職員は、公労法一七条一項によって争議行為を禁止され、争議権自体を否定されているのであるから、もしそれが郵便法七九条一項前段違反の構成要件に該当するとすれば、その争議行為について正当性の限界いかんを論ずる余地はなく、労組法一条二項の適用もないはずだとして、右一審判決を破棄したのである。本最高裁判決は、右の三・一五判決の判例を変更し、原控訴判決を破棄し、結論として一審判決を支持したのである。

本判決（多数意見）の注目すべき論点は次のとおりである。

(イ)　公務員は全体の奉仕者で一部の奉仕者でないとする憲法一五条から、公務員や公企体職員の労働基本権をすべて否定することはできない（最判刑集二〇巻八号九〇六頁）。

(ロ)　しかし労働基本権も無制約ではなく、国民生活全体の利益の保障という見地から制約を受けることは当然だが「この制限は、合理性の認められる必要最小限度のものにとどめなければならない」（九〇七頁）。

(ハ)　そのような労働基本権の制限は、その職務または業務の特質が公共性の強いものであり、国民生活に対する重大な障害を「避けるために必要やむを得ない場合」でなければならない（九〇七頁）。

(ニ)　それに対する法律効果、不利益もまた「必要な限度をこえないように、十分な配慮がなされねばならず」、「とくに勤労者の争議行為に対して刑事制裁を科することは、必要やむを得ない場合に限られるべきであり、同盟罷業、怠業のような単純な不作為を刑罰の対象とするについては、特別に慎重でなければならない。けだし、現行法上、契約上の債務の単なる不履行は、債務不履行の問題として、これに契約の解除、損害賠償責任等の民事的法律効果が伴うにとどまり、刑事上の問題としてこれに刑罰が科せられないのが原則である。このことは、人権尊重の近代的思想からも刑事制裁は反社会性の強いもののみを対象とすべきであるとの刑事政策の理想からも当然のことにほかならない。それは債務が雇傭契約ないし労働契約上のものである場合でも異なるところがなく、労務者がたんに労務を供給せず（罷業）もしくは不完全にしか供給しない（怠業）ことがあっても、それだけでは、一般的にいって、刑事制裁をもってこれに臨むべき筋合ではない」（九〇八頁）。ここに、可罰的違法性の思想がはっきりと打ち出されている。

(ホ)　やむをえず労働基本権を制限するときは、これに見合う代償措置が講ぜられねばならない（九〇八頁）。

(ヘ)　以上は立法原理であるとともに解釈原理でもある（九〇八頁）。

(ト)　なお、公労法一七条が争議行為を禁止し、また三条で損害賠償義務の不存在に関する労組法八条の適用をとくに除外しながら同法一条二項の適用はこれを除外していないことの意味について、判決は、公労法の「争議行為禁止違反が違法であるというのは、これらの民事責任を免れないとの意味においてである」とし（九一一頁）、さらに「公労法三条が労組法一条二項の適用があるものとしているのは、争議行為が労組法一条一項の目的を達成するためのものであり、かつたんなる罷業または怠業等の不作為が存在するにとどまり、暴力の行使その他の不当性を伴わない場合には、刑事制裁の対象とはならないと解するのが相当である」（九一三頁）とか、「争議行為が労組法一条一項の目的のためであり、暴力の行使その他の不当性を伴わないときは、前に述べたように、正当な争議行為として刑事制裁を科せられないものであり労組法一条二項が明かにしているとおり、郵便法の罰則は適用されないことになる」（九一四頁）とか述べている。もっとも、これらの結論は、単に三条が労組法一条二項の適用を除外していないとか、公労法上罰則がないとかいうような形式的理由からだけでなく、むしろ、さらに、敗戦後の労働立法の沿革（九〇八頁以下）および非現業の一般公務員の争議行為については、争議行為自体は処罰されず、ただ、あおり・そそのかし等の「積極的に争議行為を指導した者」だけが罰せられることになっていること（国公法一一〇条一項一七号、地公法六一条四号）との比較などの実質的理由によって裏づけられていることに注意しなければならない。

(チ)　なおまた、右の最後の引用文の「正当な争議行為として」という一句は、反対意見およびそれに同調する木村教授に、違法の統一性を否定するものという非難の口実を与えることになった。しかし、それも実は表現が不正確なだけで、その真意は、むしろ、「公企体職員の争議行為は、違法ではあっても、それが一般の労働者がやれば、正当な争議行為として認められる範囲内のものであるかぎり、単に解雇等の理由となりうるだけで、刑罰の制裁からはずされた不可罰的違法行為として取扱われているものとみざるを得ない」という趣旨と解すべきである。すなわち、それは違法の統一性まで否定するものととる必要はないのである。

右の判示は、さらに争議制限の実定法をいささか不当に拡大した点でも問題を含んでいる。たとえば、労組法一条二項は、単に「暴力の行使」はいかなる場合にも労組の正当な行為と解釈されてはならないというだけなのに、判決は、さらに、(a)「第一条の目的のためでなくして政治的目的のために行われたような場合」と、(b)「社会の通念に照らして不当に長期に及ぶときのように国民生活に重大な障害をもたらす場合」を加え、これらも暴力行使の場合と同じく「争議行為としての正当性の限界をこえるもので、刑事制裁を免れないといわなければならない」（九一三頁）としている。しかしまず、(a)の政治ストは、単に労組法その他労働三法による保護を受けないというだけのことで、債務不履行の問題はありえようが、それも国民の一般的な表現・団結・政治活動の自由には属するのである。(b)の長期のストも、それだけでは、どこにも処罰規定はない。これらを違法で刑罰に値いするというのは、実定法の解釈論でなく、単なる立法論であって（最高裁も裁判所であって立法機関ではない）、この点は最高裁の論理の混迷が指摘せられねばならない。

(リ)　判決は、一、二審判決と同じく、本件のような郵政職員等の職場大会参加のための職場離脱等の争議行為は郵便法七九条の構成要件に該当し、したがってそれを促した行為は同条の罪の教唆になることはこれを認めている。すなわち構成要件該当性を認めながら、労組法一条二項のいう正当な争議行為の枠内にとどまっているかぎり「郵便法の罰則は適用されないことになる」とするのである（九一四頁）。ここに、可罰的違法性のない場合を、すべて構成要件該当性がないものとして理解しようとする理論の限界――それからはこの判決は理解できない――が示されているのである。この点についてのわれわれの立場もさきに述べた。

(2)　補足意見　(イ)　松田裁判官の補足意見は、三・一五判決が違法の統一性を誇張しているのに対し、違法が根本では全法秩序に通ずる統一的なものであるとしても、同じ民事法の領域での「行為を無効ならしめる場合の違法性と不法行為の要件としての行為の違法性は、その反社会性の程度において必ずしも同一ではあり得ない。いわんや、法域を異にする場合、それぞれの法域において問題となる違法性の程度は、当該法規の趣旨目的に照らして決定されるところであり、したがって刑法において違法とされるか否かは、他の法域における違法性とは無関係ではないが、しかし別個独立に考察さるべき問題なのである」（九一六頁）として、労働法規違反の違法は、それだけで当然「刑罰法規における違法性、すなわちいわゆる可罰的違法性をも帯びているということはできない」（九一六頁）と述べ、はっきり「可罰的違法性」という言葉を用いている。

ただ、この松田意見についても、左の二点を注意する必要がある。

(a)　松田意見は、問題をもっぱら「違法性の程度」あるいは「反社会性の程度」として扱い「刑罰法規の要求する違法性は他の法域におけるより一般に高度の反社会性を帯びたものであるべきである」（九一六頁）とするが、前述のように可罰的違法性の問題は、単に違法の程度すなわち量の問題であるだけでなく、またその質の問題でもあることが指摘されねばならぬ。これについては、さきに三の三（本稿四八三頁）で述べた。

(b)　松田意見の末尾にも、反対意見（したがってまた木村教授）に、あげ足をとられそうな表現がある。いわく「その行為が刑罰法規の構成要件に該当する場合においても、それが争議行為の正当な範囲内にとどまるかぎり、刑罰を科するに足る高度の反社会性を欠くものとしてその違法性は阻却されるものというべきである」（九一七頁）と。違法性が阻却されるというと、あたかも正当化事由のある場合として適法になるかのように誤解されるおそれがあるが（その意味でないことは明らかであるが）、これについては、右に多数意見について述べたところを参照されたい。

(ロ)　岩田裁判官の補足意見は、多数意見を、戦後の公共企業体職員、特に郵政職員の争議行為に対する法制の変遷に照らし、郵便法七九条の罰則の適用がありえないゆえんをすこぶる説得的に説明している（九一七頁以下）。

(3)　反対意見　　多数意見に対しては、奥野、草鹿、石田三裁判官の反対意見と五鬼上裁判官の反対意見がある。ここで重要なのは前の三人の裁判官のそれである。それは、後の木村教授の主張を先取して、違法性は全法秩序を通じて一義的（統一的）だということを強調し、そのうえに反対論を樹立している。それによると、「苟もある法律によって一切の争議行為が禁止せられ、違法なものとされている以上他の法域において、それが適法であるということは許されない。けだし行為の違法性はすべての法域を通じて一義的に決されるべきものであり、公労法上違法とされた行為が刑事法上違法性を欠くということきは理論上あり得ないからである」（九二二頁）とされ、また「労組法一条二項の刑事上の免責規定は、争議行為についてみると、本来適法に争議権が認められている労働組合の争議行為において、その行為が労組法一条一項の目的を達成するためにした正当なものである場合に限って、たとえ、その行為が犯罪構成要件に該当していても、その違法性が阻却さるべきことを規定したものであって、当初より争議権を有しない者の違法、不当な争議行為については、その適用の余地はないものというべく、また当初より正当性のない争議行為につき、その正当性の限界如何を論ずる余地もない」ことになる（九二三頁）。

「公労法一七条違反の場合につき、同法が刑事上の制裁を科せず、民事上の解雇のみを規定しているからといって、右一七条はその禁止に違反しても、単に解雇の制裁を科し得るだけで、刑事法上は適法、正当なものとして、これを許容しているものとは到底解し得られない」のであって（九二二頁）、労組法一条二項の適用は、それらの職員にも与えられている団体交渉、団結権の関係で存するのみだというのである（九二二頁）。

この議論は、それ自体としては筋がとおっている。ただ、つぎのような批判を受けなければならない。

(イ)　多数意見が、違法の一義性・統一性を否定するのでなく、それを肯定したうえで、ただ、違法のうちにも民事的効果のみを呼ぶものもあれば、刑罰的効果を呼ぶものもあり、あるいはその双方と結びつくものもあるというように同じ違法のなかの種別・段階を考えているのだとしたら、それは的を失ったものとなるはずである。しかも上述したように、多数意見の真意は、そこにあるのだから、反対意見の非難は、結局当たらないことになる。反対意見の一人である草鹿裁判官も、もし一応違法と認めたうえで「本件の所為がなんらかの理由で可罰価値を欠くというならばそれは別論である」とされているのである（九二八頁）。

(ロ)　労組法一条二項は違法阻却事由の規定と解するのが普通であるが、そうすれば違法な争議行為には適用の余地がないというのも一応もっともである。しかし公企体職員の争議行為が刑罰を科せられないということは、公労法がこの労組法一条二項を適用しているからはじめてそうだというわけではなく、むしろ法秩序全体の構造や戦後の労働法制の沿革からみて、そう解せざるをえないというのが多数意見の論理の中心なのであって、それは、まったく正しいことなのである。(一)　そしてこのように、それらの争議行為が不可罰だということから、公労法三条によって排除されていない労組法一条二項の準用の意味も理解されねばならぬことになるのである。つまり、労組法一条二項の意味はそれを準用する公労法にふさわしく修正せられ、上述したように、これらの職員の争議行為はいちおう違法ではあるが、もしそれが民間の労働者がやったのであれば適法な争議行為であるべきものであるならば、それは可罰的違法ではないのだという趣旨に解すべきことになるのである。多数意見の真意もそこにあると解することは決して無理ではないはずである。

（一）　かような理解は、佐伯「労働刑法について」法律時報三〇巻九号二九頁以下ですでに表明し、さらに三・一五判決が違法な争議行為には労組法一条二項の適用の余地なしとしたことに関連して、重ねて労働法律旬報昭和三八年四月上旬号四三頁以下で展開しておいたところである。それらの争議行為の不可罰性は可罰的違法性がないことに基づくものなので、正当化事由と解せられる刑法三五条（労組法一条二項の準用する）の適用の有無とは直接の関係はないとしたのである。ともに佐伯・法曹と人権感覚一九三頁以下、二〇六頁以下所収。

(4)　木村教授の中郵判決批判　木村教授の批判（一五〇号三二頁以下）は、(イ)判決が、公労法一七条違反の争議行為についても、同法三条により労組法一条二項の準用があり、かりにそれが郵便法七九条の罰則の構成要件に該当しても、刑事制裁には服しないとしたのは、可罰的違法性を認めたものであり、かつそれは「公労法的、民事法的違法性」はあるが「刑法上の違法性」はないとするもので、全法秩序に通じて統一的であるべき違法の統一性と矛盾するということ、(ロ)そもそも公労法一七条違反の争議行為について違法阻却事由の規定たる労組法一条二項の適用を認めるということが矛盾であるということ、および、(ハ)公労法違反の争議行為は郵便法七九条の構成要件にははじめから該当しないもので、判決がそれに一応該当するとしたことが間違いであるという三点である。これだけで明らかなように、木村教授の立場は(イ)、(ロ)の二点については判決における反対意見と同じであり、ただ(ハ)についてはそれとも異なって構成要件該当性自体がないとする点で、むしろ藤木説と同じい。以下、それぞれについてその当否を検討することにしよう。

(イ)　まず、第一の判決の可罰的違法性論に対する批判について。松田裁判官は確かにはっきり可罰的違法性という言葉を用いられているが、多数意見は「刑事制裁はこれを科さない趣旨」というようないい方をしているにすぎない。しかし、それが可罰的違法性と同じ考え方に立っていることは、木村教授のいわれるとおりである。ただ、ここでの教授の説明をみると、判決は、あたかも公労法に罰則がないというだけの理由で、公企体職員の争議行為が刑罰に値いしないとするもののような印象を受けるが、決してそうではない。その結論は、上述したように、戦後の労働法制の沿革、特に政令二〇一号以来の公務員・公企体職員の争議行為に関する法制の歴史を踏まえ、また一般公務員の場合に争議行為自体は処罰されず、それをあおり・そそのかしなどした積極的指導者の行為のみが処罰されることとの対比などの実質的考慮を根拠とするものであることに注意しなければならない。

なお、木村教授は、判決の可罰的違法性を、(a)「法律上規定せられた刑罰、すなわち罰則がなく、単に解雇、損害賠償だけが規定せられるにとどまる場合には、公労法的、民事法的には違法ではあるが、刑法上は違法でないと解する」ものとなし、また(b)「罰則がなければ可罰性がなく、可罰性がなければ刑法上の意味における違法性、すなわち、いわゆる可罰的違法性がない」とするものと解し（一五〇号三二頁）、(a)については違法性の統一性を否定するものとして反対意見に同調し、(b)については刑法上問題となる違法性を可罰的違法性のみと即断するものと非難し、たとえば、逮捕監禁や毀棄の未遂は処罰されない（可罰的違法ではない）が、それに対しても正当防衛は可能（したがって刑法上も違法）ではないかといわれるのである。

判決が一、二の箇所で、違法の一義性・統一性を否定するものと誤解されそうな不用意な表現をしていることは、さきにわれわれも指摘しておいた。しかし、判決全体の趣旨・真意は、そうでなく、違法の統一性を別段否定したものと解する必要がないことも上述したとおりである。ここでは、教授が判決は可罰的違法性が刑法上問題となる唯一の違法性だと説くものとされることが誤解であって、その批判も、この誤解のうえにたつものであることを指摘しなければならない。判決も、また可罰的違法性論も、そんなことは主張していないのである。刑罰を科せられない違法行為が沢山あること（むしろ刑罰を科せられるのは違法行為のうちの少部分にとどまること）、それらについても刑法上正当防衛がなされうることは、むしろ自明の事実である。判決も決してそれを否定したりしてはいないのである。むしろ、われわれとしては教授に対して、右のように逮捕監禁や毀棄の既遂のみが罰せられ、それらの未遂は違法ではあるけれども刑罰を科せられないという事実は、教授の立場から一体どう説明されるのか伺いたいと考える。これに対する答えとしては、多分、そのあてはまる罰則がないからとか、あるいは構成要件がないからというような説明がかえってくることが予想されるが、そんな形式的説明でなく、何故に法はそれらについて罰則、構成要件を設けていないのかという実質的理由が伺いたいのである。かような実質的理由としては、それらが法益の侵害（実害）でなく単なる脅威・危険にすぎないというような違法性の軽微にそれを求めるほかあるまいが、それは結局、同種の違法行為のなかにも、刑罰に値いするもの（可罰的違法）とそうでないものとの区別があることの肯定にほかならない。われわれは、正しくこのような実定法上の区別を率直に認めて、刑罰を伴う逮捕監禁や毀棄の既遂の違法性は可罰的違法であり、刑罰を伴わないそれらの未遂は不可罰的違法だというのである。どこにも矛盾はなく、これほど分かりやすい話はないと思うのであるが、どうしてこれが教授のご理解をえられないのであろうか。

その他、判決や可罰的違法性の理論が、違法性の有無と分量・程度の問題を混同しているとか（同三五頁）、論理的順序を逆転しているとかいう非難（同三三頁）が、まったく的はずれであることも、いままでの説明によって容易に理解されるであろう。可罰性と当罰性の区別云々についての非難（同三五頁）が筋違いであることも、前に述べたから、ここに繰返さない。ここでは、ただ、違法の統一性のみを強調してその内部における種別を否定する教授の立場から、法域によって法的効果が異なること（法的効果の相対性）の説明がはたしてできるかという問題がさすがに教授にも強く意識せられていることに注意しよう。しかし、それについての教授の説明は、「法的効果を附与するか否かは、それぞれの法の領域における目的にしたがって相対的なものであり、同一の違法な事実（行為）に対して、刑法上の効果として刑罰を規定すると同時に、さらに、他の法の領域において民事法的な効果としての損害賠償を規定している場合もあり、また、右のいずれかの法的効果だけを規定するにとどめている場合もある。そして、そのことによっても理解しうるように、違法性の統一性の概念と法的効果の相対性の問題とは別個の問題であることはいうまでもなかろう」というにとどまる（同三七頁）。これは説明というより、説明の放棄である。それによると、法的効果を決定するものは、それぞれの法の領域における目的であって、統一的な違法性などの前提条件ではない。違法性などが含まれる教授のいわゆる前提条件あるいは法律要件は、実は、なんら法的効果を規定するものでなく、たかだかかの客観的処罰条件と似た副次的な役目を果たすものにすぎなくなってしまう。はたしてそれでよいであろうか。そうは思われない。法的効果を規定するものは、あくまでも法律要件あるいは前提条件としての行為の違法や責任であるべきで、いわゆる法の目的もかような法律要件として化体することによってはじめて法的効果に作用しうるものであると解しなければならぬ。かような理解が、本来目的論的構造をもつ法の世界においては、むしろ当然のことである点については、本稿の冒頭ですでに述べておいた（一）（本稿四六二頁）。違法の統一性を守るためには可罰的違法性の理論を否定せねばならぬという考えに対する教授の固執が、ここでも問題の正しい把握を妨げているように思われる。

以上のように、木村教授の見解と私見とはことごとに対立するのであるが、ただ一点、緊急避難の性質についての理解に関してだけは、結論を同じくしているようである。教授は、通常の緊急避難の説明が、刑法上は違法阻却事由であるが、民事上損害賠償義務を伴う限りにおいては不法行為であるとしてその違法性を認める結果、違法の統一性を放棄する結果となっていることを非難し、それは民法上も違法阻却事由であって、ただその違法阻却は損害賠償を条件としているだけだとされるようである。こう解してよいとすれば、私も賛成である（ただし法益同価値の場合を除く）。ただ、教授がその説明に当たって、「緊急避難行為によって急迫な危難を惹起する原因となった他人の物を毀損した場合に関し、民法第七二〇条第二項は避難行為者に対し、被害者に損害賠償請求権を認めている」とされているのはどうであろうか（同三七頁）。民法七二〇条は、対物防衛あるいは対物避難に関する限りでは損害賠償の義務なしと定めているのであって、その反面解釈として、それ以外の緊急避難の場合には、賠償義務を認める趣旨であろうという判例（大正三年一〇月二日大判刑録二〇輯一七六四頁）とそれを受けた解釈論が存するのみである。しかし、この場合損害賠償義務を伴うとしても、だからその緊急避難は当然不法行為であり違法だとまでする必要はない。それはたとえば、民法一九四条が盗品・遺失物の善意取得者に対しても、被害者・遺失主の回復請求権を認め、ただそれに善意取得者の払った対価を弁償することという条件を付しているのと同じだと解すればよい。適法だが、対価・損害賠償だけは支払えというまでのことである。われわれの可罰的違法性の理論が違法の統一性と矛盾しないことは、これでも明らかであろう。（二）

（二）　われわれはかような見地から、たとえば刑法の犯罪と民法の不法行為との区別について次のように述べたことがある。「その区別の重点は、不法行為は、被害者の満足を目的とする損害賠償義務の原因であって、それにあって注目されるのは、私人相互の関係であるのに対して、犯罪は、犯人自身にその非難に値することを自覚させ、法の権威を承認させようとする国家刑罰権の原因であって、ここでは法あるいは国家と犯人との間の精神的関係が重視されるという点にある。これから、さらに、不法行為では、発生した損害の額の多少が重要視されるが、刑法では結果の大小よりもむしろ行為とその方法その他の事情が重視され、進んで行為者の責任や人格が注目されるという相違が生ずるのである。犯罪類型が広汎な違法行為のなかから抽出され構成されるというときにも、実は、右のような刑法特有の評価（可罰的評価）が働いているのであって、可罰的違法、可罰的責任は、その表現にほかならない」と。佐伯・刑法講義（総論）一二三頁註一。

（二）　佐伯・刑法講義（総論）二〇九頁註一参照。

(ロ)　第二の公労法違反の争議行為にも労組法一条二項の適用があるという判示に対する批評は、結局、判決における反対意見と同じく、違法は全法秩序を通じて統一的だから、一の法域で違法とされたものが、他の法域で違法でないということはありえず、したがって労組法一条二項の準用も、公企体職員については団結権と団体交渉権の行使について存しうるだけだというのである。なお、木村教授はこれについて、判決は、問題の争議行為を「可罰的違法性を有せず、したがって、右の争議行為は刑法上は当然違法ではないという見解を明らかにしている」にもかかわらず、さらに、「労組法第一条第二項の適用ありとするのは屋上に屋を架するに等しく、むしろ労組法第一条第二項の適用はないとする方が、可罰的違法性論をとる判例の見解としては論理的であるのではないか」といわれるのである。違法でないことが明らかな以上、労組法一条二項の違法阻却事由の適用は無用だというのであろう。この議論が、労組法一条二項を行為の違法性を全然阻却し、適法行為たらしめる正当化事由としてのみ理解する立場に立ってのものであること、かつその立場からは論旨一貫していること、しかしそれは必ずしもそう解するほかないものでないことは、上述したとおりである（本稿四九二頁）。また、労組法一条二項そのものも、実は、刑法三五条は、「労働組合の団体交渉その他の行為であって前項に掲げる目的を達成するためにした正当なものについて適用があるものとする」と正しく当然のことを規定したものなのである。そこから教授のいわれるような可罰的違法性の自己矛盾などは、生じてこないのである。

(ハ)　最後に、公企体職員の争議行為と郵便法七九条違反の罪の構成要件該当性との関係についての教授の見解をみなければならないが、教授は、本件の一審以来疑われたことのない行為の構成要件該当性を、こともなげに否定し、それには構成要件該当性がないものとして無罪とすればよかったのだと教えられるのである。だが「郵便の業務に従事する者がことさらに郵便の取扱いをせず、又はこれを遅延させたとき」という法文に、法上禁止された争議行為としての職場放棄が当初からあてはまらないという解釈がそう容易にできるであろうか。それができるほどならば、捜査官も一審以来の裁判官や弁護人もあれほど苦労はしなかったのである。現にそのような構成要件の縮小的解釈で行為の構成要件該当性が否定され無罪とせられる例もないわけではなく、本件全逓中郵事件では郵便法七九条の構成要件該当性を認めつつ可罰的違法性なしという理由で無罪を言い渡した同じ東京地裁第二刑事部が、争議行為の「あおり」が問題となった全農林事件の判決（昭和三七年五月三〇日判例タイムズ一三二号七五頁以下）では、構成要件該当性を否定して無罪とするというような繊細な考慮を払っているのである。本件判決とその後の都教組事件の最高裁判決（昭和四四年四月二日）の関係も同様である。このように、実務の世界は、構成要件の縮小解釈によって不可罰的行為を処罰から外すことを知らぬわけではないのである。むしろ、それを充分承知のうえで、「あおり」については、それを用い、本件郵便法違反については、それによらなかったのである。かような細心な考慮は、構成要件の明確性という罪刑法定主義の要求からみてまことに理由のあることである。本件についても構成要件該当性を否定することは、具体的な事件のその場限りの処理としては、被告人が無罪となって結構なようであるが、そのために構成要件・犯罪類型の限界が不明確になり、裁判官の恣意に門戸を開くようなこととなるのがおそれられているのである。われわれは、判決が郵便法七九条の構成要件に該当するとしながら、終戦以来の立法の沿革に鑑みて、それは刑罰制裁からは除外された違法行為なのだとしたことを、まことに正しかったと考えるものである。それは、構成要件該当性の問題でなく、むしろ正当防衛などの正当化事由や可罰的違法性を失わせる違法減軽事由と並ぶところの違法の質を異ならしめる狭義の可罰的違法阻却事由の存する場合と理解すればよいのである。

最後にいまひとつ。木村教授は、それが構成要件該当性を有しないとする理由として、それも郵便法七九条によって処罰されるとすれば「争議行為そのものは罰することなく、単に、争議行為を企て、共謀し、そそのかし、または、あおる行為だけを処罰するにとどめた国家公務員法第一一〇条第一七号や、地方公務員法第六一条第四号と比較して、はなはだしく権衡がとれないし」、また、一方ではそそのかし等は独立犯として処罰されるのに、他方では刑法の教唆犯・幇助犯の規定が適用されることになり「はなはだ不合理な結果となる」ということをあげておられる。不合理だという後の理由も、前の不権衡論（実は本判決自体がそれを問題としていたことは前述のとおりである）の一つの展開にはほかならないのであるが、このような理由づけは、一体教授の議論の全体とどう調和するのであろうか。教授も、本件争議行為が形式上は郵便法七九条に該当することは否定されないであろう（そうでなければ構成要件該当性を否定するための特別な議論すら不要なはずである）。さらに、その争議行為が禁止せられ、違法なことも、教授の強調されるところである。しかし、それにもかかわらず、それを処罰されるものとすると、国公法・地公法の刑罰規定との比較上はなはだしく権衡を失するから、処罰されると解すべきでなく、したがってそれはむしろ郵便法七九条の構成要件にも含まれないものと解すべきだと進行する論理は、正しく刑罰に値いするかどうかの判断を構成要件該当性の有無の判断の根拠としているものではないか。だが、その刑罰に値いするかどうかの判断は、実は、行為の違法性（あるいは責任性）が当該罰条の予想するそれであるかどうかという判断の先行を予定している。それではしかし、藤木理論と同一に帰着し、木村教授が可罰的違法性の理論に対し、くり返し浴せてこられた法的効果と前提条件との論理的順序の逆転とか、当罰性と可罰性の混同という非難にみずからをさらすことになるのではあるまいか。

それは、教授の立場にとっては正しく自殺論法のようにみえる。しかし、問題の実体的解決方法としては——結論はともかく——それでよいのである。くりかえし述べるように、法の世界のような目的論的構造をもつ領域では、効果は前提を踏まえて規定せられ、前提はまた効果を予定して構成せられているので、それらが相即し、相通じあう関係にあるのは当たり前なのである。

違法の統一性ということは、何ら可罰的違法性の理論を否定する理由とはならないのであり、木村教授もまた、結局のところ、この理論と同じ基盤の上に立っておられるのである。

（昭和四五年三・四・五月）

12　公安条例と抽象的危険犯

一　はじめに

最高裁判所も、かつては、昭和四一年一〇月二六日の中郵事件判決や昭和四四年四月二日の都教組事件判決にみられるようなリベラルな姿勢を、いわゆる公安労働事件についても（直接には、公労法、公務員法、郵便法関係の事件であるが）、示したことがあった。しかし、それもいまや「あった」と過去形で語らねばならぬようになってしまった。都教組判決から四年後の昭和四八年四月二五日のいわゆる労働三事件についての大法廷判決（全農林警職法闘争事件、全農林長崎事件、国労久留米駅事件）が都教組事件の判例を（国公法の関係で）逆転させて以来、労働事件、公安事件に関する最高裁判所の硬化した姿勢は今日まで続いている。一昨年（昭和五〇年）秋に相次いで出された各地のいわゆる公安条例（正確には「集会、集団行進及び集団示威運動に関する条例」（東京・京都）とか、「行進及び集団示威運動に関する条例」（大阪・愛知）、「集団行進及び集団示威運動に関する条例」（徳島）などというのであるが、以下通称に従って公安条例と略称する）違反事件についての一連の裁判例（昭和五〇年九月一〇日大法廷判決、同九月二五日二小決定、同九月三〇日三小決定、同一〇月二四日の二小法廷の二つの判決・刑集二九巻八号四八九頁以下、六一〇頁以下、六五七頁以下、七〇二頁以下、同九号七七七頁以下）もまたそのように硬く厳しい最高裁判所の姿勢をさらに延長した線上に立っているものと考えられる。それというのは、周知のように、敗戦後占領下に集団行動の規制のため各地で制定された公安条例は、当初からその合憲性と合理性に対して大きな疑惑が向けられ、そのことはそれに対する下級審裁判所の拒否的もしくは制限的な裁判例の強い流れとなって現われていた。この下級審裁判所の流れは、これまでにすくなくとも、三度大きな波となって最高裁判所に押寄せたが、最高裁判所はその都度これを斥け去ったのである。一度目は、昭和二九年一一月二四日の大法廷判決、二度目は昭和三五年七月二〇日の大法廷判決、そして三度目が昭和五〇年九月一〇日の大法廷判決およびそれに続く一連の裁判である。しかも最高裁判所の態度は、斥けても斥けても、その都度、陣容を建て直し新しい観点から問題を提起してくる下級審判決の波に出会うたびに、だんだんとゆとりを失い硬化したものとなっていった。右の五〇年九月以降の一連の裁判例ではそれがますますはなはだしくなったようにみえるのである。それらのなかにリベラルな動きへの萌芽をみようとする論者もあるが、いささか楽観にすぎるように思われる。

最高裁の硬化した法論理は、さらに昨年（昭和五一年）に入ってからも、五月二一日の二つの学力テスト事件に関する大法廷判決等によってさらに押し進められ、特に岩手県教組事件についてのそれは、さきに四・二五事件で国家公務員法の争議行為のあおりについて展開された論理を地方公務員法のそれに拡大してきたのである。これらは、右にみたような四・二五判決以来の最高裁判所の姿勢からすれば当然のなりゆきであろうが、それによって保守勢力により張りめぐらされた治安機構はいよいよその安泰を最高裁判所によって保証された形となっていることも明らかである。ただ、裁判所の外では、その保守勢力は自らの腐敗のために音をたてて自壊作用を始める気配が見えているのに、最高裁判所がいつまでその頑固な姿勢を続けることができるか、多分に問題であるといわなければならない。

本稿では、もっぱら右の最高裁判所の公安条例に関する判例の動向についてすこし論じてみたい。もっとも、この問題の一般的状況については、既に多くの論者によりほとんど論じ尽されたかの感があるので、ここでは、まだ論議が尽されていない公安条例違反の罪の本質を具体的危険犯とみるか、抽象的危険犯とみるかという問題、特にそれを抽象的危険犯と解することによりその処罰を合理化しようとする新しい（？）動きに焦点を絞って考えてみたい。前記のように公安条例による処罰の不当な拡大を拒もうとした下級審裁判所が、最後にいきついたのは、可罰的違法性の理論による公安条例の限定解釈であったし、特にそれと表裏の関係において公安条例違反の罪を具体的危険犯として理解することにより処罰を適当に絞ろうとする動きであった。公安条例違反をめぐる裁判上の争いは、最後には、これらの可罰的違法性の理論と具体的危険犯説による限定解釈と、それらを否定するために公安条例違反は抽象的危険犯であるとする解釈論との間において争われたのである。公安条例に関する五〇年秋の最高裁判決の最後の二つ（一〇月二四日の羽田空港ロビイ事件、大阪公安条例違反デモ事件の判決）がともにこの問題に関するものであったこと、それらが共に、可罰的違法性の理論と具体的危険犯説の結合による限定解釈を否定して、抽象的危険犯説をとったものと解釈されていることは、このことを示しているものといえるであろう。それらの解釈によると、公安条例違反の問題は、抽象的危険犯説に辿りつくことによって最後の安らぎの場所を得たかのごとくである。だが、抽象的危険犯という観念が、果たして現存の公安条例違反の罪のために安住の地を保障するものたりうるのであろうか。まさしくそれが問われなければならないのである。

二　公安条例に対する下級審裁判所の根強い警戒心

一　昭和四二年頃からの無罪判決の増加の指摘（香城論文）とその原因

右の一昨年秋の最高裁判所の一連の裁判の対象となった公安条例違反事件のうちには、最高裁判所で争点となり否定されたような理由で、一審または原審では、無罪とされたものが少なくないのである。そのことは、下級審の多くの裁判官が各地に現存する公安条例の在り方または運用に対して依然批判的な態度をとっていたことを示すものである。このように公安条例違反事件について下級審裁判所による無罪判決が続出したのは、さきに述べたようにこれが最初でなく三度目であるが、今度それが出始めた時期を調べてみると、昭和四二年以降に急激に増え始めているようにみえるのである（右の一連の最高裁判例についてみても、昭和四二年一一月三〇日の徳島地裁の同市公安条例事件に対する無罪判決が最初である）。法律雑誌はいち早くこの下級審裁判所の新しい動向に注目し、本誌（法律時報）も昭和四二年一〇月の臨時増刊として「公安条例」特集号を発行しているが、このような下級審裁判の動向は、その後もますます強まり拡がっていった。法務省刑事局の香城検事は、昭和四四年四月号の「警察研究」で「近時における公安条例違反事件の判決の特徴として、昭和四二年以降無罪判決が続発し、しかもそれらの大部分が証拠の不足からではなく、公安条例による集団行動の種々の規制に対する否定的な法的評価によることを指摘することができるであろう」と述べ、さらに「このような傾向を導いた要因は固より単純ではなかろうが、一つの重要な背景として、東京中央郵便局事件に対する最高裁判所大法廷の判決（昭和四一年一〇月二六日、中郵判決と呼ぶ）の影響を挙げることができると思う」と述べているのである。(1)当時の法務省刑事局の資料によると、昭和四〇年初めから四三年末までに言渡しのあった公安条例違反事件についての地方裁判所の判決は三四件で、このうち有罪判決は二三件（六七・七％）、一部無罪判決は四件（一一・八％）、無罪判決は七件（二〇・六％）であって、この判決結果を中郵判決の前後約二年間ずつに区分すると、中郵判決後に無罪判決が集中し、その無罪率が著しく高いことが分かる（一部無罪率は中郵判決以前一四・三％、以後一〇％だが無罪率になると中郵以前は零、以後は三五％）。しかも、中郵以前の一部無罪判決はいずれも一部被告人について犯罪に加わった証拠がないという理由からであるのに対し、中郵判決以後の九件の一部無罪と無罪の判決は、「すべて許可制もしくは許可条件による規制に対する否定的な法的評価に起因している」ことが指摘されている。香城検事に指摘されたような下級審裁判所の動向は、その後も引き続き強まり拡がる一方で、治安当局と検察当局は防戦に大わらわであったが、最後に、最高裁判所が検察官側に組みし、右の下級審裁判の行手に立ちはだかり、それらを一挙に押し返し道を閉ざしてしまった。それが前記の最近の最高裁判所の一連の判決、決定だったということになるのである。

それでは、四二年頃から、何故そのような下級審裁判所の裁判の新しい動向が起こったのかという理由が、当然問題となるが、この点についても、香城検事は考察を怠らず、前記のように中郵判決の影響というものを重視しているのである。同検事のいう中郵判決の影響とは、第一に、公労法の制定趣旨を理由としながらも、公労法一七条違反の争議行為について可罰的違法性の考え方を採用した点で、可罰の範囲を限定的に解する一般的傾向を助長したこと、第二に、それが労働基本権の意義を強調し、その制限と違反に対する制裁、特に刑罰について慎重であるべきことを示した点で、憲法上の法益に対する慎重な配慮と刑罰を抑制する傾向をうながしたこと、第三に、それは三年前の三・一五判決を覆したものであって、そのように三年間の短期間に最高裁判所がその判例を変更した点で、最高裁判所の判例変更をせまる下級審判決の傾向を生んだのだというのである。

確かに中郵判決のそのような影響があったであろうし、それはさらに昭和四四年四月二日の都教組判決の構成要件の限定解釈の手法によっていっそう強められたであろうと考えられる。しかし、それらの判例も、影響される側にそれを受け容れあるいはそれを援用すべき事情がなければ、影響を与えることはできなかったはずである。現に香城検事自身も「公安条例関係事件を除くいわゆる公安関係事件に関する前記四年間の判決結果をみると……中郵判決の前後により差異はない」と述べ、その影響を受けていない分野もあることを認めているのである。公安条例関係の事件についてのみ特に中郵判決、都教組判決が影響を及ぼしたとすれば、その理由は公安条例違反事件そのものの内側に、まず、求めなければなるまい。そのような理由は確かにある。それは各地の公安条例そのものが、国民の基本的権利たる集会、結社及び集団行動による表現の自由に対する重大な介入を許すものでありながら、現存する各地の公安条例はその規定の仕方から運用の実際に至るまで依然として矛盾だらけで問題に充ちているという現実である。一番必要なことは、これらの公安条例の側にあって中郵判決等の影響を呼び起こした事情を明らかにし、除去することであったろう。前記の法律時報四二年一〇月の臨時特別号はまさしくそれを試みたものであった。詳細はそれに譲るほかないが、本稿でも、一応、右のような下級審裁判所の動きを、公安条例自体およびその運用の実際に対する批判と是正への努力（あるいは動かぬ現実に対する抵抗）の現われとして、その歴史的な流れにおいて概観しておきたい。

（1）香城敏麿「集団行動の規制をめぐる諸問題——公安条例と道路交通法を中心として」警察研究四〇巻四号七七頁以下。

二　公安条例に対する下級審判例の制限的態度の展開過程

公安条例は地方自治法（一四条一項、五項）に基づいて各地方公共団体が制定したものであるが、今日その大部分のものは、集会、集団行動、集団示威運動等について、主催者が公安委員会の許可を事前に求むべきものとして許可制をとるとともに、公安委員会は、それの実施が「公共の安全に対する直接の危険をもつことが明白な場合」以外は許可しなければならぬと定める一方、許可する場合には自ら必要と認める条件をつけることができることとし、これらに違反した場合（無許可または条件違反の集団行動）に対してはかなり重い刑罰（通常、一年以下の懲役または禁錮または五万円以下の罰金）を科することにしている。稀れには許可制でなく届出制の条例もあるが（埼玉、群馬、千葉、佐賀、徳島、四二年現在）、そこでも集団行動を禁止し、あるいは条件をつけることができるとされるから、実際には同じようなことになるのである。ところでこれらの公安条例の内容を検討してみると、まず規制の対象となる集団行動の範囲が問題となり（集会も含むか、その集会は屋内集会も含むか。集会、集団行動である以上人数には制限がないか、何人以下では除外するという規定をおくか等々）、また通常禁止する場合の要件は厳しいが、禁止しないで許可する場合につけられる条件についての規制はそれより緩かで、交通秩序維持に関する条件とか、集団行動の秩序保持に関する事項とか夜間の静ひつ保持、公共の秩序または公衆の衛生保持等のための進路、場所の変更などもできることになっているものがあり（東京都条例三条一項）、それらの条件の内容や範囲についても疑問の生ずることが多い。また道路上の行進の規制に関しては、道路交通法（七七条、一一九条一項二三号）によるデモ等の規制と重なり合う場合が多く、しかもその刑罰は通常条例のそれが法律たる道交法のそれ（三月以下の懲役または三万円以下の罰金）より重いので、両者の関係についても疑問が生ずる。その他、事前に許可申請をしたが、その実施までに公安委員会から許否の返事がない場合についても、何らの救済方法をも規定していない条例がほとんどであり、（新潟県条例四条四項は二四時間前に返事がなければ許可のあったものとして行動してよいと定めているが、これは例外である）、また、法定刑も、不許可になったにもかかわらず敢行された場合のそれと、単に許可を受けなかっただけの場合との区別がなく、さらにそれらと許可条件に違反した場合の法定刑も同一である条例が多いが、それらの可罰価値は果たして同一であるかどうかという具合に、多くの問題を内包しているのである。

Ⅰ　公安条例の出現当初からの問題点

そのような次第で、公安条例については、当初からその合憲性、有効性について裁判上争われることが多かった。当初は、特に、集会、集団行動等の表現の自由を、公安委員会の許可にかからせることの合憲性が中心的な争点であったのであるから、それに対する反撥が強かったことも当然であった。このことは、今日でこそ許可制が当然の原則のようになっているけれども、わが国では、元来、戦前でも集団行動については、届出制がとられていたのであって（治安警察法二条、四条）、またその違反に対する制裁も罰金（三〇円または二〇円以下）にすぎず（同二〇条、二二条）、無届の集団行動もただ安寧秩序を害する場合に限り制止や解散が命ぜられるにとどまり（同八条）、それに違反した場合に始めて軽い自由制（二月以下の軽禁錮または三〇円以下の罰金・同二三条）が科せられるにとどまっていたことを考えれば、それが重大な国民の自由権の制限として受け取られたことが理解できるであろう。昭和二六年に布施辰治、長野国助、海野普吉氏らによって提唱された東京都公安条例廃止要求や、中野重治氏らにより提起された福井市条例無効確認請求訴訟等は、まさしくその現れであったといえるであろう。(1)

さらに民訴法学者として令名高かった兼子一博士が、公安条例を法律化しようとした昭和二七年の「集団示威運動等の秩序保持に関する法律」案（それは届出制で、「公共の安寧」でなく「公衆の生命」等とあって、在来の公安条例より心をつかっていた）を評して「表現や集会による政治的活動の自由を正面から取締の対象として、事前にこれを規制しようとするところに、根本の問題がある。即ちその態度は、大衆は暴民化するものとの先入主の下に頭から政治運動や労働運動を危険視して、他の集会や運動と差別して取扱おうとする点で、警察国家的な考え方に立っていると批評しないわけにはいかない」と述べていたことも想起されてよいであろう。(2) 公安条例の制定以来、各地でその違反として起訴せられた事件について、公安条例の違憲、無効がさまざまの角度から主張せられ、いくつかの裁判所において無罪判決が下されているのである。(3)

（1） 法律時報昭和四二年一〇月臨増「公安条例」三六七頁以下にそれらの資料が採録されている。

（2）「私説法制意見局、立法批評・集団示威取締法案」ジュリスト一五号、二八頁以下。なお、これらの点については、右の本誌（法律時報——編者）「公安条例」中の和田「憲法と公安条例——その総説的考察」一九頁以下、星野「公安条例の運用の実態とその変遷」ジュリスト二〇八号六八頁以下参照。

（3） これらの判例の概観も、右の「公安条例」三八一頁以下、ジュリスト三七七号七二頁以下（江橋崇氏）に与えられている。

II 昭和二九年一一月二四日の最高裁大法廷判決と藤田少数意見・及びその後の下級審裁判例

しかし、この問題は昭和二九年一一月二四日の新潟県条例に関する最高裁の大法廷判決によって、一応、結論が出された（刑集八巻一一号一八六六頁以下）。それによると、「行列行進又は公衆の集団示威運動は、公共の福祉に反するような不当な目的又は方法によらないかぎり、本来国民の自由とするところであるから、条例においてこれらの行動につき単なる届出制を定めることは格別、そうでなく一般的な許可制を定めてこれを事前に抑制することは、憲法の趣旨に反し許されないと解するを相当とする。しかしこれらの行動といえども公共の秩序を保持し、又は公共の福祉が著しく侵されることを防止するため、特定の場所又は方法につき、合理的かつ明確な基準の下に、予じめ許可を受けしめ、又は届出をなさしめてこのような場合にはこれを禁止することができる旨の規定を条例に設けても、これをもって直ちに憲法の保障する国民の自由を不当に制限するものと解することはできない」とせられたのである。そして、問題の新潟県条例については、それが許可対象を「行列行進又は公衆の集団示威運動（徒歩又は車輛で道路公園その他公衆の自由に交通することができる場所を行進し又は占拠しようとするもの）」（一条）と定めた立言は「なお一般的」であり、また許可条件についても「その行列または示威運動が公安を害する虞がない」という「きわめて抽象的な基準を掲げ」るだけで（四条一項）、これでは「公安委員会の裁量の範囲がいちじるしく広く解されるおそれ」があり、「かかる一般的抽象的な基準を唯一の根拠とすれば、本件条例は憲法の趣旨に適合するものでないといわなければならない」と一応批判的態度をとっているのである。しかし、結局は、それらの規定も「条例の各条項及び附属法規全体を有機的な一体として考察し」て解釈適用されるものだから（同条例四条四項には、珍らしく行動開始日時の二四時間前までに許可条件または不許可の意思表示をしないときは許可のあったものとして行動することができる旨の明文がおかれている）、違憲とまではいえないとして救済してしまった。これに対して藤田裁判官が少数意見を書き、「判決の論理を貫けば、右条例は場所又は方法の特定もなく、また明確な基準もないままに、すべてを公安委員会の極めて広汎な自由裁量に委ねている点において、正しく一般的禁止にほかならない」と指摘したのは、当然であった。

右の大法廷判決は――特に藤田少数意見を介して――下級審に対して、問題の公安条例が一般的許可制をとったものではないか、そうでないとしても場所、方法について特定されているといえるほど明確な基準が与えられているか等の点から、個々の公安条例に対して厳格な吟味を加える糸口を与えた。多くの下級審裁判所が、問題となった公安条例について、一般的許可制をとったものであるとか、「場所のいかんを問はず」などと規定している点で場所、方法の特定を欠くとか、また許可の決定基準が明確でなくすべてを公安委員会の自由裁量に委ねているとか、または許可申請をしたが公安委員会から行動開始前に許否の返事がない場合の救済方法が規定されていないとかの理由で、それらを違憲無効とする判決を続々と言渡し始めたのである。それらの主なものを示すと次のごとくである。

(1)　昭和三二年七月一九日札幌地裁判決は札幌市条例（昭和二五年）の関係で、無許可の道路上の幻燈映写会について、それは紙芝居程度のもので、地方公共の安寧もしくは秩序を妨げるおそれはなかったから、公安委の許可を要しないとしている（無罪・刑事裁判資料七一—五一三）。

(2)　昭和三三年五月六日東京地裁判決（蒲田事件）は、東京都条例では、規制対象が一般的であり、許可の基準が不明確であり、みなし許可の救済規定を欠くから違憲だとした（公安条例無罪・刑集一〇巻三号一七五頁）。

(3)　昭和三三年八月二九日の東京地裁判決（巣鴨事件）は、条例の集団示威運動に関する部分は、場所および方法の限定がないので違憲だとし、なお他の部分についても合憲と解するためには、(イ)本条例の許可は確認行為にすぎず、(ロ)許可不許可の裁決は行動開始二四時間前までになすべきであり、また(ハ)公安委が許否いずれの処分をも示さないときは黙示の許可があったものとすべきだとした（有罪・判例時報一六四号一〇頁）。

(4)　昭和三四年八月八日東京地裁判決（全学連事件）は、表現の自由の制約は、真にやむをえない場合に、必要最小限度で、合理的で明確な基準により画一的かつ平等の原則に従いなさるべきもので、都条例は、規制対象を限定せず許可の基準が不明確であり、みなし規定を欠くので、違憲であるとした（無罪・刑集一三巻八号一二一五頁）。

(5)　昭和三四年一〇月一三日東京地裁判決（東大生事件）は、都条例が集団行動をほとんど全面的に要許可の対象としており、許可通知のない場合に行動を行なえないので、その運用において届出制と同一であるといいえず、公安委員会による濫用の危険も大きいという理由で、違憲とした（無罪・労働法律旬報三六四号別冊二一頁）。

かような下級審の動きは右の昭和二九年一一月二四日の大法廷判決、特に藤田少数意見からの当然の発展でもあったのである。

III　昭和三五年七月二〇日の大法廷判決と藤田・垂水反対意見とその後の判例

しかしこの下級審裁判例の新しい動きは、最高裁判所の逆鱗に触れ、昭和三五年七月二〇日の大法廷判決によって鎮圧されてしまうのである（刑集一四巻九号一二四三頁以下）。それが、東京都条例を違憲とした東京地裁の判決（前項IIの(4)）に対していったんなされた検事控訴が、刑訴法二四七条、二四八条によって最高裁判所に移送された事件に対する判決であったということも、まことに示唆的である。ところで、この三五年七月二〇日判決も、条例の解釈に当たっては「条例全体の精神を実質的かつ有機的に考察しなければならない」といい、かつそのように有機的に問題の条例をみれば、(イ)集団行動の実施が「公共の安寧を保持する上に直接危険を及ぼすと明らかに認められる場合」のほかは公安委員会はこれを許可しなければならぬように義務づけられているから（三条）、その「実質において届出制とことなるところがない」といい、また、(ロ)その許否が公安委員会の裁量に属することも「それが諸般の情況を具体的に検討、考慮して判断すべき性質の事項であることから見て当然」であり、その他、(ハ)「場所のいかんを問わず」というように場所方法の特定を欠いていること」とか、行動実施日まで許否の決定が出ない場合の救済手段の規定がないことなども「止むを得ない事柄」であって（だが、どうしてやむをえないのか国民には分からない）、結局いずれも条例を違憲無効ならしめるものではないとするのである。その判断の根底にあるのは、要するに本条例の対象とする集団行進、とくに集団示威運動は、「本来平穏に秩序を重んじてなさるべき純粋なる表現の自日の行使の範囲を逸脱し、静ひつを乱し、暴力に発展する危険性のある物理力を内包しているものであり」、国家、社会が（表現の自由を最大限度に尊重しなければならないことはもちろんであるが）、「表現の自由を口実にして集団行動により平和と秩序を破壊するような行動またはかような傾向を帯びた行動を事前に予知し、不慮の事態に備え、適切な措置を講じうるようにすること」は止むをえないという考えである。それは、つまるところ集団行動、集団運動、否、集団そのものを潜在的暴徒として危険視し敵視する考え方にほかならない。そしてそのことは何よりも次の判決の文句に最もよく示されていた。

「……集団行動による思想等の表現は、単なる言論、出版等によるものとはことなって、現在する多数人の集合体自体の力、つまり潜在する一種の物理的力によって支持されていることを特徴とする。かような潜在的な力は、あるいは予定された計画に従い、あるいは突発的に内外からの刺激、せん動等によってきわめて容易に動員され得る性質のものである。この場合に平穏静粛な集団であっても、時に昂奮、激昂の渦中に巻きこまれ、著しい場合には一瞬にして暴徒と化し、勢いの赴くところ実力によって法と秩序を蹂躙し、集団行動の指揮者はもちろん警察力を以てしても如何ともし得ないような事態に発展する危険が存すること、群集心理の法則と現実の経験に徴して明らかである。従って地方公共団体が、純粋な意味における表現といえる出版等についての事前規制である検閲が憲法二一条二項によって禁止されているにかかわらず、集団行動による表現の自由に関するかぎり、いわゆる『公安条例』を以て、地方的情況その他諸般の事情を十分考慮に入れ、不測の事態に備え、法と秩序を維持するに必要かつ最小限度の措置を事前に講ずることは、けだし止むを得ない次第である。」

これが、その後今日に至るまで最高裁によって全国の裁判官に押しつけられている集団行動の本質観である。問題の重点が公安条例によって規制される集団行動、否、集団そのものの危険性の強調に移ってきていること（しかし公安条例濫用の危険は認めている）に気がつく。われわれには、それは同一民族によって構成されているわが国の裁判官の思想というより、むしろようやくその民衆の中での地盤を失い崩壊寸前の焦りにかられた独裁政権や、立ち上ってくる黒色の大衆にとりかこまれ自分達の足許が土台からゆらぐように感じているアフリカの南の国の白人支配者あたりにこそふさわしい思想のように思われる。さらに理論的にみても、そこには先頃来問題になっている都会の暴走族や野次馬達がひき起こす騒ぎや、真夏の山谷や釜ケ崎で時に起こる騒動とか、競輪場、競馬場で起こる群集の騒ぎのように、組織化されていない群衆が何かのきっかけで起こす暴動と、一つの問題意識あるいは共通の主張、要求等によって相互に心を通わせ共感を抱く人達の統制のとれた組織としての動きである集団行動の間に存する本質的区別さえ看過され、後者も前者も一緒くたに混同している思索の混乱さえ看取されるように思えるのである。「群衆心理の法則」とか「現実の経験」とかいう文句も、何とも浅薄に響くという感想をかくすことができない。かような集団観、集団行動観から出発して、民主的な公安条例の法理がうち立てられるはずがない。

藤田裁判官が再び、垂水裁判官とともにそれに対する反対意見を書かざるをえなかったのは当然であった。まず、藤田裁判官は、再びさきの二九年判決の場合と同じ立場から、公安条例による集団行動等の事前規制は「必要にしてやむを得ない限度の規制」にして始めて容認せられるのであって、届出制か許可制かの違いは本質的な問題に属し、右の多数意見のように東京都条例も規定の文面上は許可制だが、「その実質においては届出別とこ となるところがない」などといえるわけのものではないことを強調したまことに格調の高い意見を述べている。同意見によれば、さきの二九年判決の対象となった新潟県条例には一定時間前に許可不許可についての意思表示がなければ許可があったものとして行動できる旨の規定が存したのであるが、この東京都条例にはそのような規定も存しない。新潟県条例の場合にはかような規定があることを含めて、「有機的な一体として考察し」て「許可制であるにかかわらず、なお、かつこれを合憲と判断した」のであること、また「許否決定の基準」は公共の安寧保持上明白現在の危険があるかどうかによるというのであるが、その基準は明確でなく、その決定が公安委員会の二四時間も以前の判断に委ねられているところに、濫用の危険があり、この危険は多数意見も肯定するところであるにもかかわらず、なおそれが条例を違憲たらしめないというのは「法規の規範性を無視」するものであり、届出制とはいよいよ遠ざかるものだといい、逆に原判決が本条例の許可制をもって、たやすく、届出制と同視しえないとした説示は十分に首肯できると述べているのである。

次に垂水裁判官の反対意見は、本条例の集団示威運動に関する「場所のいかんをとわず」という文句を削り、また新潟県条例のように「公安委員会が当該行列行進または集団示威運動開始日時の二四時間前までに条件を附し又は許可を与えない旨の意思表示をしないときは、許可のあったものとして行動することができる」旨の規定を設けない限り、この条例の許可制、無許可または条件違反の集団示威運動の指導者等の処罰規定は憲法二一条一項違反だというのであって、その詳細な理由の説明はまことに説得的である。例えば、現に公安条例による許可制が濫用せられている事例をあげたり、多数意見が事前の対策の必要を強調して「不測、不慮の事態に備え」といった文句を羅列しているのを、「一見明白現在の危険」の基準さえ「若しかすると一擲したのではないか」と疑われる心配があると指摘し、また「表現の自由の制限は『公共の福祉のために』というような抽象的尺度ではいけない、それぞれの範疇の表現、集団表現行動なら集団表現行動に即した合理的な明確な基準によってなされなければならない」と強調しつつ、ただ集団のもつ力とそのもしかするともたらすかもしれない生命、身体、財産の破壊の「遠い抽象的な虞れ」にかんがみて「合理的かつ明確な基準の下に、集団行動を届出制ないし許可制によって軽く制限すること」は許されようと述べ、進んで場所の限定と合理的で明確な基準についての提案まで行っているのである。

本来ならば、公安条例をもっている各地方公共団体は、昭和二九年一一月二四日の判決あるいは藤田、垂水裁判官の意見に耳を傾け、合理的、合憲的な条例の改廃に務むべきだった、あるいは努めさすべきだったと思われるのであるが、現実の事態はそのようには動かなかったのである（都知事の交替の際そのような声があがったが、結局、掛声だけに終わった）。逆に学園紛争の拡大等によって、公安条例による街頭デモの規制はいよいよ厳しいものとなっていき、かの寺尾判決がいうように機動隊に表現される「国家に包摂された表現の自由」としかいいようのない過度に規制された集団行動が日常化していったのである。最高裁の集団観も、これにつれて、さらに一段と厳しさを加えていく。それは、右の昭和三五年七月二〇日の判決では、まだ「平穏静粛な集団であっても、時に昂奮、激昂の渦中に巻きこまれ、甚だしい場合には一瞬にして暴徒と化し」云々とあって、「時に」とか「甚しい場合には」とかいう限定がついていたのに、昭和四一年三月三日の判決（一小判、刑集二〇巻三号五七頁）に至ると、そのような限定がすべて放擲されているところに現れている。この判決は、無許可集団行動でもそれ自体はなんら実質的違法性を帯びるものではないという主張を斥けて、次のようにいい切っているのである。

「右条例（東京都条例）の対象とする集団行動は、本来平穏に、秩序を重んじてなさるべき純粋なる表現の自由の行使の範囲を逸脱し、静ひつを乱し、暴力に発展する危険性のある物理力を内包しているものであり、さればこそ、これに対しある程度の法的規制が必要とされる所以であって、決して所論のように、主催者の許可申請義務違反は、主催者だけの責任であり、右義務違反のもとでなされた集会、集団示威運動が、それ自体として何ら危険性はなく実質的違法性を欠くようなものでないこと、したがって所論違憲の主張の理由のないことは、当裁判所の判例の趣旨とするところである」

集団＝潜在的暴徒観と集団行動危険性論とはここに極限にまで達するのである。これが、その後、処罰を主張する検察官によって錦の御旗として援用、活用されることとなったのは当然であるが、現実の公安条例を常に合憲、有効とする立場をとろうとすれば、こうとでも説明するよりほかはなかったのであろうが、ここまでいってしまっては、後戻りがきわめて困難になったことも明らかである。

Ⅳ　中郵判決以後の下級審における無罪判決の状況

かくて、右の昭和三五年七月二〇日の大法廷判決は全国の警察と公安委員会および検察官からは大いに歓迎せられたが、下級審裁判所の裁判官——特に判例に盲従するのでなく、判例は理性的だからこそそれに従わねばならぬと考える裁判官――にとってはそれは必ずしも心服できる判例とは受け取られなかったようである。たとえば、東京地裁の昭和三六年一二月二二日――右の最高裁判決の一年半後である――の判決（横川敏雄裁判長）は、同じ東京都条例について、次のような見解を表明している。曰く

「公安条例については、これを合憲とする昭和三十五年七月二十日の最高裁の判例がある。この判例について弁護人主張のとおり識者の間に、これを疑問とする者が多いばかりでなく、最高裁自らが新潟県条例について示した違憲判断の基準（昭和二九年一一月二四日大法廷判決）に照しても疑問をまぬがれない。しかし、最高裁大法廷がまさに本件で問題となっている東京都公安条例を違憲でないと判断した以上、そしてその後これを異なる判断をしなければならない新たな事情が発生したと認められない以上、現行裁判制度のもとでは、関係者は、みなこの判断を尊重し、これに従わなければならない。当裁判所としても、最高裁が特に『条例の運用にあたる公安委員会が権限を濫用し、公共の安寧の保持を口実にして、平穏で秩序ある集団行動まで抑圧することのないよう極力戒心すべきである』と強調している点にかんがみ、公安委員会はもとより、実際上の事務にたずさわる警備当局等が万一にもその権限を濫用することのないよう期待しつつ、最高裁の判例に従い、同条例を違憲でないと判断する。」（裁判所時報三四五号一頁）。

三五年七月二〇日の大法廷判決の多数意見に説得されず同調できなかった裁判官――憲法上（七六条三項）「その良心に従ひ独立してその職務を行ふ」べきものとされながら、他方、上級裁判所の判断に拘束される（裁判所法四条）――の苦悩がそのまま現れている。さきに香城検事等により注目された昭和四二年頃からの公安条例に関する下級審裁判所の裁判例の新たな動きは、まさしくこのように考える裁判官のそれまでの鬱屈した苦悩と思索がほとばしり出たものだったのである。それらが、昭和四一年一〇月二六日の中郵事件大法廷判決に刺戟され、昭和四四年四月二日の都教組判決に鼓舞されたものであることはもちろんであろうが、特にそれが公安条例違反事件に対する下級審裁判例において著しかったという事実は、このようにしか理解できないであろう。そして、

それらの裁判例が、直接にはまだ昭和二九年一一月二四日の大法廷判決には残っていた憲法的思惟を想起しつつ、特に三五年七月二〇日の判決で藤田、垂水両裁判官が示した堂々たる憲法論と法理論に刺戟され勇気づけられたものであったことも争えないところであろう。

このような下級審裁判例の新しい流れを示すものとして、香城検事に注目されたのは、次のような裁判例であった。

(1) 京都市公安条例を真正面から憲法二一条の違反とした昭和四二年二月二三日の京都地裁判決（いわゆる第一次橋本判決、判例時報四八〇号二頁、下刑集九巻二号一四頁）、同じく (2) 昭和四三年四月三日京都地裁判決（第二次橋本判決、判例時報五一八号三七頁）、(3) 昭和四三年四月二七日京都地裁判決（第三次橋本判決）があり（ただし四四年一二月二四日最高裁大法廷判決で合憲確認・刑集二三巻一六二五頁）、(4) 昭和四二年四月二〇日の札幌地裁判決は、主催者が異なっても許可処分の効力は存続するとした（下刑集九巻四号四八三頁）。

(5) 昭和四二年五月一〇日の東京地裁判決（いわゆる寺尾判決）は、東京都公安条例の条件付許可処分の運用が総括的にみて憲法二一条に違反するとした（下刑集九巻六三八頁、判例時報四八二号二五頁）。これは集団示威運動に対する現実の規制の状況について、参加者は「機動隊員の命ずるところに従い、機動隊員のいわゆるサンドイッチ規制をも、甘受せざるをえないことになり、左右四列の機動隊員の中に五ないし六列の隊伍で参加者が集団行進をしている状態が現出し、まさに国家の包摂した表現の自由の奇観を呈する危険がある」と判示している。なお、この判決が、昭和三五年七月二〇日最高裁判決における藤田反対意見末尾の言葉（「これを治安対策の見地からみても、内容に疑義を包蔵する法律をもってしてはその実効は期し難い。憲法上疑義のない法規を整備して、事態に対処することこそ今日の急務であると信ずる」）をそのまま引用していることには、上記のわれわれの見解を裏づけているように思われる（下刑集上掲六五七頁、六六三頁）。もっとも、本判決は昭和四八年一月一六日東京高裁判決で破棄されている（判例タイムズ二八九号一七一頁）。

(6)　昭和四二年五月三〇日の東京地裁判決（いわゆる竜岡判決）は、「ことさらなかけ足行進」および「停滞」の意味を限定し、ことさらなかけ足行進とは「デモ隊が、既に、集団行動の主体として、本来、有すべき自己統制力を保持しないような状態ないし体勢にあり、これに伴う危険をかえりみず、なおかつ、かけ足行進を始め、あるいは、これを継続する場合を指すものと解するのが相当である」となし、また停滞も同様に「時間的にも幾分長い、ことさらな停止」を意味し、道路が混乱していたり、先行隊との間合いをとるための停止などのようにデモに通常随伴する隊列停止を含まないとした（判例時報四八三号一四頁、下刑集九巻五号六九九頁）。これも昭和四五年一二月二四日の東京高裁判決で破棄され有罪となる（判例時報六四〇号九四頁）。

(7)　昭和四二年七月二八日、八月二日の東京地裁判決は、「合唱、かけ声、シュプレヒコール等示威的な言動は行わないこと」という集団行進の条件は形式的にも、実質的にも不適法であるとして、この条件違反の訴因を無罪とした（下刑集九巻七号九三四頁、判例時報四九五号一五頁、これも四八年四月四日東京高裁判決で破棄される。判例時報七一三号三七頁）。

(8)　昭和四二年一一月三〇日の徳島地裁判決は、「交通秩序を維持すること」という届出制における法定条件が不明確であって憲法三一条に違反するとした（下刑集九巻一一号一四五八頁、判例時報五〇八号二四頁）。これは後に昭和五〇年九月一〇日最高裁大法廷判決で破棄されることになる。

(9)　昭和四二年五月二九日、広島高裁判決は県庁前広場は、広島県条例にいう「公共の場所」でないとした（下刑集九巻五号六二五頁）。これも昭和四五年七月一六日最高裁一小判決で破棄差戻される（刑集二四巻七号四三四頁）。

(10)　昭和四三年七月九日の横浜地裁判決は、集団行動の許可条件の内容を公安委員会に再委任するのは憲法三一条違反であり（委任する条例の規定はその限りで白地刑罰法規であり、罪となるべき行為の内容の決定をあげて公安委員会に再委任するものであるが、かような刑罰法規の再委任は法律の明文がなければ許されない）、その他許可条件のなかに憲法二一条、三一条に違反するものなど不適法な条件が多数混在するため、条例が全体として憲法二一条に違反するものとして、条件違反の訴因を無罪とした（下刑集一〇巻六号六七五頁、判例時報五三四号三四頁）。これも昭和四五年六月二二日東京高裁判決により破棄され、再委任も地方自治法の趣旨に反せず、また本規定は単純な白地刑罰規定ではなく、許可条件は本来相互独立して構成要件を補充し、一部の条件違憲を理由に条件全体を違憲とすることはできないとされ、さらに五〇年九月二六日の最高裁第二小法廷の決定に連なる。

以上を概観しても明らかなように、この時期の下級審裁判例の新しい動向は、藤田、垂水意見に示された憲法的思惟に従って、条件そのものまたはその運用を違憲と断定するものか、もしくは違憲の結論を避けるためにそれらの限定解釈の道を辿るもののいずれかであった。

三　下級審裁判例における具体的危険犯説と可罰的違法性説の登場

一　右の無罪判決の増加に対する反対論（香城論文）と上級審の拒否的姿勢

右に香城論文によって注目された昭和四二年以後の下級審裁判例を紹介したが、それらは、真正面から公安条例違憲ときめつけた京都地裁判決は別として、いずれも最高裁判決との抵触を避けて、あるいは公安条例の実際の運用を違憲とし、もしくは罰則の再委任について違憲性を認め、あるいは条例もしくは付せられた条件が不明確だとしたり、それらに限定もしくは縮小解釈を施す等の繊細な解釈技術を駆使して、被告人に有利な結論を導き出していたのである。香城論文は、このような下級審裁判例の動向に対して、検察官の立場から、種々の問題点を指摘し批判を加えているが、われわれの問題と関係のある論点は次のごとくである。(1)

(1)　許可条件の付与は罰則の再委任で許されないという裁判例（前記二IV(10)）に対して、公安委員会が付する許可条件は、いかにも犯罪構成要件を定める処分で罰則の再委任に当たるけれども、条例に一定範囲の罰則を設けることを授権した地方自治法一四五条五項は、当然にまた条例から下位規範への罰則の再委任をも認めたものといえるとする。

(2)　許可条件、法律条件の明確性と合理性を疑う裁判例（二Ⅳ(6)・(8)）についても、例えば「ことさらなかけ足行進」という許可条件も必ずしも不明確ではなく、それを交通混乱や不慮の事故防止のため禁止しても不当とはいえないし、竜岡判決のように「集団行動の主体として本来有すべき自己統制力を保持し得ないような状態のもとで行うこと」というように厳密に解する要もないとする。しかし、「ことさらなかけ足」という条件は、交通秩序を乱す行為の例示だから、この条件違反の処罰には、「単にかけ足が行われただけでは足りず、すすんで交通秩序を乱すおそれを生ぜしめたこと、いいかえれば交通秩序に具体的な危険を生ぜしめる程度の速度を伴ったことを必要とする」としている。また「交通秩序を維持すること」という徳島市条例の法律要件も、「集団行動が、その実施によって必然的にもたらされる交通秩序の阻害の程度を越えて、ことさらに、交通秩序を乱す行為に出る」ことと解すれば、必ずしも不明確ではなく、またそれが一般的、抽象的であることも、届出制をとり遵守事項を法定するタイプの条例としてはやむをえないことであるとする。なお、この場合も前の「ことさらなかけ足」と同様に「交通秩序に具体的な危険を生ぜしめる行為」の存在を要するとされるようである。

(3)　許可条件の基準と不許可の基準について、下級審裁判例のうちには、許可制の条例も実質的には届出制をとっているものと解すべきだから、許可条件も不許可の事態を回避するに足りる最小限に必要な限度を基準としてその付与の可否ないし内容の当否を決すべきであるとするもの（昭和四二年一〇月一六日東京地裁判決、判例時報五〇八号二八頁）があったのに対して、許可条件に関する法文（都条例三条一項但書）を素直に読めば、むしろ両者の基準は別で、集団行動を許可する場合には、所定の各事項に関し秩序保持に必要な限度で条件を付することができると解すべきであるとする。

(4)　条件の法律適合性に関しても、下級審裁判例のうちには、公安条例による許可条件が、法律とくに道交法に抵触し無効とするものがあるのに対して、いかにも許可条件のうちには、「隊列のことさらな停滞を行わないこと」とか「停滞など交通秩序を乱す行為をしないこと」など、道交法七六条四号の「道路において、交通の妨害となるような方法で、すわり、しゃがみ、又は立ちどまっていること」というのと同一もしくは重複するものがあり、また「交通秩序を維持すること」というのも、道交法七七条一項四号による許可条件（例えば「だ行進をしないこと」）と重なり合うけれども、道交法と公安条例は「それぞれ独立した存在意義を有する」のであるから、それぞれの立場で規制することも許され、両者は観念的競合の関係にあるとみるべきだとする。ただ、これらについても、公安条例違反の罪では、「交通秩序を乱す具体的な危険の発生が必要であろうが、後者（道交法の違反罪は、交通の安全等を図るための条件に違反する抽象的危険犯であると解される」とされるのである。(2)

このように批判された前記の下級審裁判例は、その後の上級審判決で破棄されるものが多かった。このことも、さきにそれらの裁判例を紹介する時に併せて指摘しておいたが（五一九頁二Ⅳ）、香城論文は、正に、それらが上級審で破棄されていく際の破棄理由を先取したものであったという感が強いのである。それとともに、本論のテーマとの関係では、それが公安条例違反でも条例違反の罪については、それを具体的危険犯として理解しようとしていたことを記憶すべきである。

（1） 香城「集団行動の規制をめぐる諸問題」警察研究四〇巻四号八二頁以下。

（2） 香城・前掲九五頁、八六頁、八九頁。

二 新たに公安条例違反について具体的危険犯説をとりまた可罰的違法性論を適用する裁判例の出現の指摘（小林論文）

右のように、昭和四二年頃からの下級審裁判例の新しい流れは、その後の上級審の裁判で否定されることが多かったが、しかしその後も、下級審裁判所の公安条例に対する厳しい姿勢は、一向に衰えをみせなかった。それどころか、香城論文から四年たった昭和四八年一二月、「司法研究論集」（一九七三Ⅱ）に発表された小林判事の

「公安条例に関する最近の裁判例の動向とその問題点」という論文は、この問題に関する下級審裁判例にさらに新しい動向が現れたことを指摘して、次のように述べているのである。[1]

「ところで、最近の各地の公安条例に関する裁判例は、右の昭和四二年当時の裁判例とは若干視点を異にするものである。すなわち、合憲性に関する最高裁判決との抵触を避けている点では共通しているけれども、寺尾判決のように公安条例の運用面には触れておらず、その意味では公安条例の規定の解釈を問題にしているといってよいが、表面的な構成要件の解釈の次元にとどまらず、公安条例の性質（抽象的危険犯か具体的危険犯か等）、隣接法規である道路交通法との関係等の広い視点からことを論ずるとともに、裁判実務に徐々に定着しつつあるといってもよいと思われる可罰的違法性の理論の適用の可否という観点から検討を加えているものが多い点において、竜岡判決等にもみられない特徴を有する。」（四六、七頁）。

香城論文の当時と異なる新しい動きとして、公安条例違反の罪を新たに具体的危険犯として理解し、さらに徐々に裁判実務に定着しつつあった可罰的違法性の理論を適用することによって、公安条例による処罰の過度の拡大に歯止めをかけようとする下級審裁判例の新しい動向が、道交法との関係の重視とともに注目されているのである。ここでは道交法との関係はしばらくおき、もっぱら具体的危険犯論の登場および可罰的違法性の理論の適用だけを問題としたい。この点からみれば、公安条例違反が「刑罰」――それも比較的に重い自由刑――の対象とせられる以上、それが犯罪（それも刑事犯）としての実質を備えたものでなければならぬとされることは当然である。この意味で、下級審の裁判において、それが具体的危険犯か抽象的危険犯かということが問題とされて具体的危険犯説が登場し、またその違法性の実質が問われて可罰的違法性の理論が適用されるに至ったことは、事物当然の発展であったというべきであろう。

しかし、より正確には、実は、具体的危険犯か、抽象的危険犯かだけを問題とするのでは不十分であって、その前にもう一つ解決されねばならぬ問題が存するはずである。それは、集団行動がそれ自体本来自由なものである以上、公安条例違反の行為の実質は、単に、とるべき許可申請の手続をとらずあるいは付せられた条件を守らなかったというだけの形式犯にすぎないのではないかという問題の決定である。判例は、その形式犯性をいとも手軽に否定し、それには犯罪としての実質的違法性があることを疑わないようであるが、そのような断定は、集団行動そのものを危険なものと前提してはじめていえることである。しかし、集団行動そのものを危険視すれば、それは原則として許されないもの（すなわち禁ぜられたもの）とせざるをえず、許可を受けてはじめて行ないうるものに転化してしまう。これは、しかし、憲法原理の否定である。さきの三五年七月二〇日の大法廷判決は、実は、かような憲法否定に連なる論理のうえに立ち、四一年三月三日の判例はさらにそれを推し進めていたのである。だが、集団行動について憲法的思惟を維持するかぎり、このような論理は容易に受けいれがたい。しかし、ここでの当面の問題は、公安条例違反が具体的危険犯かどうかということであるから、右の問題はしばらくおいて、われわれも、そちらに目を向けることにしよう。

（1）　小林「公安条例に関する最近の裁判例の動向とその問題点について」司法研修所論集一九七三II、四六一頁以下。

三　従来の裁判例における抽象的危険犯説と具体的危険犯説の萌芽

右のように、公安条例違反を具体的危険犯とみる裁判例が新たに登場したとされるのであるが、これは、反面にそれを抽象的危険犯とみる立場があったということである。事実、具体的危険犯説の登場以前には、むしろそれを抽象的危険犯とみることが、当然視されていたのであって、それだからこそそのことが明言されることもなくまた特別な論議の対象となることもなかったのである。[1]それでも、例えば昭和三八年一一月二七日の東京地裁のいわゆる安村判決（下刑集四巻五六二頁、刑集二〇巻一〇九頁、三七年六月二七日判決も同様）は、公安条例の規定は「敢えて許可申請しようとしない集団行動が公共の安寧を侵害する危険をはらんでいる点に着目し、これを法秩序上是認することなく違法性のある行為の中核として取り上げ、」その主催をする行為を可罰的な「違法行為類型として規定」するとともに、それを指導、煽動する行為をも「その中核的な違法性ある行為の実現に影響ある行為として、禁止する規範を定立し、その義務違反を処罰する抽象的危険犯であると解される」とし、ただし「許可申請を経由しなかったが、敢行された集団行動が秩序を害することなく平穏に為された場合は、都条例五条の違反は殆んど形式犯に接近する」としていたのである。

したがって公安条例違反として処罰される行為を具体的危険犯として理解しようとする裁判例は、抽象的危険犯説を当然の前提としてきた裁判例に対するアンチテーゼとして登場した新しい現象だということになるのである。しかし、これについても、先駆的な裁判例が、全然なかったというわけではない。例えば、昭和二六年三月三一日の福岡高裁判決は、届出制の佐賀県条例の下での無届デモに対して、無届という理由だけで解散を命ずることができるかという問題について、これを否定し、次のように判示していた。

「平穏な集団行進又は集団示威運動は憲法の保障の下に何人もこれをなし得るわけであるから、単に事前の届出をしなかったという形式的違反の一事によって直ちにこれを禁圧することは許されない。その集団行進……が暴行、脅迫、騒擾等、公安を乱し公共の福祉を害する危険が接近した場合において、これを防止するため該集団行進又は集団示威運動の解散を命じ、そのこれに応じない場合に実力を以て解散を強行することは、公安を維持すべき警察官又は警察吏員の職務権限に属するけれども、かような公共の危険が発生しないにかかわらず、単に事前の届出がないというだけの理由で直ちに、平穏な集団行進又は集団示威運動に対し解散を命じ又は実力を以て解散を強行することは違憲の行為であって、警察官等の抽象的職務権限に属するともいえない。」（刑集九巻一三七頁以下）。

これは、無届デモの規制について明文のない届出制の条例の下における無届デモの解散措置の当否を問題としたものであって、無届デモに対する同条例の罰則（五条一号）の適用を直接問題としたものではないが、具体的危険犯的発想であるとはいえるのであろう[2]。

なお、このような具体的危険犯説による裁判例の出現は、無許可の集団行為についてよりも、条件違反の事件についてより早く現れたように思われる。前記の香城論文の具体的危険犯説も実は、「だ行進」、「ことさらなかけ足行進」などの「交通秩序をみだす行為をしないこと」という許可条件について、それらは「交通秩序をみだすおそれのある、すなわち交通秩序に具体的な危険を生ぜしめる一切の行為を禁ずる趣旨であり、したがって右の『だ行進』等は単なる例示に過ぎないと解される」とした東京地裁昭和四二年一〇月一六日判決（判例時報五〇八号二八頁）を展開したものだったのである。(3) 条件違反の有無の問題は、公安条例の規定のしかたからみても具体的危険犯としての理解に親しむ面がより強いようである。しかし、無許可の集団行動についても、例えば大阪市条例（一条）のように、「行進若しくは集団示威運動で車馬又は徒歩で行列を行い、街路を占拠又は行進することによって、他人の個人的権利又は街路の使用を排除、若しくは妨害するに至るべきもの」については、許可を受けねばならないと限定的に規定されている場合には、具体的危険のない集団行動については、もともと許可は必要でないのだと解することも可能であり、(4) また都条例その他大部分の公安条例が「公共の安寧保持の上で」（東京都三条）――もしくは「公共の安全に」（大阪四条）、また「公衆の生命、身体、自由又は財産に対して」（京都六条）――「直接」または「差迫った危険を及ぼすと明らかに認められる場合の外は、これを許可しなければならない」と定めていることも、その反面解釈として、許可申請の手続はとらなかったがとっておれば必ず許可されたであろうような集団行動をやってしまった場合にも、その結果現に公共の安全等に対する何らの具体的危険も生ぜずに済んだものは、公安条例の刑事罰が本来の狙いとした対象外であるとする余地もある。抽象的危険犯説に立つ前記の安村判決さえも、かような場合は「殆んど形式犯に接近する」としていたのである。しかし、実は、それは単に形式犯に接近するだけでなくて、むしろ形式犯そのものではないかが問われているのである。

（1）小林・前掲四八頁。

（2）　西原・曽根「公安条例判決の最近の動向――下級審裁判例の動向」上・判例タイムズ二七七号（昭和四七年八月）一六頁、一二頁。
（3）　香城・前掲八五頁。
（4）　昭和四九年四月一六日大阪高裁判決（判例タイムズ三一一号二六六頁）は、自らは抽象的危険犯説をとりながら、本文のような解釈の可能なことを認めており、小林・前掲五一頁も同様である。

四　新しく具体的危険犯説をとった下級審裁判例の状況

以下、右の小林論文によって指摘された具体的危険犯説をとった下級審裁判例の流れを概観しておく。順序も、無許可集団行動に関する裁判例を先きに、条件違反のそれに関する裁判例を後にみることにする。

Ⅰ　無許可集団行動と具体的危険犯説

(1)　昭和四六年二月一五日の羽田空港ロビイ事件に関する東京高裁判決（江崎判決）は、通常、可罰的違法性がないとした判決として理解されているが、なぜ可罰的違法性がないとするのかという理由をみると、判決が具体的危険犯説に立つからだと考えられるのである。それは、一審判決が、被告事件は示威運動に突き進む手前の予備的段階における勢揃い的な行動にすぎなかったとして構成要件該当性を否定したのを斥け、当該集団の一連の行為は全体としての条例一条（許可制）にいう集団示威運動に当たるとしながら、しかし同条例の罰則（五条）の趣旨は、一条違反の無許可示威運動を指導した者に対しては、ことごとく、これに刑罰をもって臨もうとするものではなく、そこには、「可罰的違法性のような理論を採り容れる余地が残されているものと考えられ、」たとえ無許可の集団示威運動を指導したとしても、「そこに公共の安寧に対する直接且つ明白な危険がなく、可罰的な違法性が認められない限り」――あるいは三五年七年二〇日の最高裁判例のいう「暴力に発展する危険性のある物理力を包含しているものとは考えられない」ときは――「その者に対しては敢えて右のような重い刑罰を以って臨むべきものではないといわなければならない」と説き、右事案の集団行動は「示威運動としては、寧しろ比較的に犯情の軽微なものであった部類に属し、そこに公共の安寧に対する直接且つ明白な危険があったものとは考えられない」という理由で、それは「可罰的な違法性がない場合であって、そこには同条例第五条の構成要件該当性を欠く」としているのである（刑裁月報三巻二号八四頁以下）。なお、この判決は、検察官の、一審判決は条例の取締り対象を「暴力的な行為にまで発展する具体的な危険性を帯有するものに限定した」点で判例違反であり、法令の解釈適用を誤ったものであるという主張を斥たものであったことをも附言しておこう。この判決は、条例一条の無許可集団示威運動と五条の罰則が対象とする無許可集団示威運動とを区別し、当該事案は一条のそれには当たるが、五条のそれには該当しないとしたのであって、そのことはそれとして理解できるけれども、あたかもそのことが後に最高裁判所によって法令の解釈適用の誤りとされるきっかけとなったことは、それが犯罪の成立を否定するにもかかわらず、事案は「比較的犯情の軽微なもの」の「部類に属し」などと不用意な表現を用いたこととともに、惜しまれるところである。一条と五条の集団示威行進を同じものとし、事案は五条の構成要件にも該当するとしたところで、当該事案については可罰的違法性を失わせる特別な事情（可罰的違法阻却事由）があるとして、犯罪の成立を否定することもできたはずで、そうすれば法令解釈の誤りという理由で破棄することは難しかったと思われるからである。

(2)　昭和四六年四月一六日大阪地裁判決は、大阪市条例にいう集団示威運動とは、「地方公共の静ひつを乱し、暴力に発展する危険のある物理的力を内包しているもの」をいい、約四〇名位で単に道路の交通の安全と円滑を侵害するおそれがあるにとどまるものは、これに該当しないとした（判例タイムズ二六一号二九〇頁以下）。この条例も、他の多くの条例と同じく、集団の人数に関係なくすべて公安委員会の許可を得ねばならないとしているけれども、現に愛知県条例のように五〇〇人未満（ただし名古屋市その他では五〇人未満）の集団の場合には、許可を要しないとする例もあることを考えれば、わずか四〇名くらいの集団による平穏な無届デモを条例による処罰対象の外にあるとする判断はむしろ健全な法意識の表明だというべきであろう。

(3)　昭和四六年一〇月八日大阪地裁判決は、検察官の、大阪市条例一条違反の無許可集団示威運動は公安委員会に事前に検討の機会を与えないという点に違法性の根拠があり、公共の安全に対する具体的な危険の発生を要するものでないという主張――つまり抽象的危険犯説――を斥け、そのような見解は、同条例四条一項の「集団示威運動が公共の安全に差迫った危険を及ぼすことが明らかである場合の外は、これを許可しなければならない」という規定の文言からみて相当でなく、また、それでは現実に行なわれた集団示威運動が公共の安全に何らの危険を及ぼさず、全く平穏に行なわれた場合にも、単に許可申請の手続をしなかったことのみを理由に重い刑罰を科することを認める結果となるから、表現の自由を保障した憲法二一条に照らしても採用できないとして、次のように判示している。「大阪市条例一条で許可を要するものとされる集団示威運動とは、およそ集団示威運と称しうるものはすべてこれに該当するとみるべきではなく、当該集団の規模、集団行動の時間、場所その他諸般の情況からみて、地方公共の秩序を乱し、一般公衆に対し直接危険のおよぶことが明らかな集団示威運動をいうものと解すべきであり、単に道路における交通の安全と円滑を阻害するおそれがあるにすぎないようなものは、同条が規制の対象として予定している集団示威運動には含まれないというべきである。」（判例タイムズ二七一号三〇一頁以下）。

(4)　昭和四六年一一月二九日、大阪地裁判決は、（イ）集団行動は、思想表現の一形態であり、かつ、表現の自由は、民主主義社会の根幹に位置する権利として、憲法上最大限に尊重されねばならないものであって、特に代議制民主主義の理想が必ずしも十分に定着していない今日の社会において、それは、新聞、雑誌、ラジオ、テレビ等のマスメディアの利用につききわめて困難な民衆が、自らの意見、主張、思想を伝達する方法としてきわめて重要な意義をもっていること、（ロ）集団行動自体には、常に必ずしも本質的に暴徒と化する危険性は内在していないこと、（ハ）大阪市条例は、四条一項、三項の規定内容から明らかなように、集団行動が公共の安全に差迫った危険を及ぼすことを防止し、群衆の無秩序または暴行から、一般公衆を保護し、地方公共の静ひつを保持することを立法の趣旨とすることなどに鑑みれば、市条例の無許可集団示威行進指揮の罪は「当該集団示威運動がその目的、規模、態様、行われた日時、時所および周辺の状況等に照らし、地方公共の安全を害し、一般公衆の生命、身体、自由、財産に対し直接且つ明白な危険を及ぼすと認められるものでないかぎりは、その可罰的違法性は否定され、市条例第五条、第一条による処罰の対象からはずされるものといわなければならない」と制限的に解釈して具体的危険を構成要件要素とし、その理論的根拠を可罰的違法性の理論に求めた。本判決はなお道交法七七条の関係においても、それにより規制される集団行進は「一時交通にかなり高度な著しい影響を及ぼすような」ものに限るという解釈を示している（判例タイムズ二二七八号二七一頁以下）。

II　条件違反と具体的危険犯説

(1)　昭和四二年一〇月一六日の東京地裁判決は、「だ行進」や「ことさらなかけ足行進」等「交通秩序をみだす行為をしないこと」という許可条件について、それは「交通秩序をみだすおそれのある、すなわち交通秩序に具体的な危険を生ぜしめる行為の一切を禁ずる趣旨であり、したがって右のだ行進等々は単なる例示に過ぎないと解される」としており、それが、公安条例の条件違反は具体的危険犯であるという香城検事の見解に連なっていることは、上述したとおりである（判例時報五〇八号二八頁）。

(2)　昭和四五年三月三〇日、名古屋地裁判決は、条件違反のフランスデモ、かけ足、蛇行進について、条件は「公共の安全又は公衆の権利を保護するため」に付せられるのであるから、たとえ集団行動に形式的な条件違反があっても、「その結果、たとえば交通秩序に著しい障害又は危険をもたらしたとか、あるいは私生活の平穏を著しく害し、もしくは害する危険性の顕著な事態にまで立ち至らない場合」には、憲法の表現の自由の保障に照らし、「いまだ刑事罰をもって臨むほどの違法性がなく、したがって罰則の適用を受けないと解すべきである」

としている（判例時報六〇〇号一一九頁）。これは、昭和四六年二月二六日の名古屋高裁判決で否定されることになる（高刑集二四巻一号一六四頁以下）。

(3)　昭和四五年九月一四日、大阪地裁判決は、大阪市公安条例により付された「ジグザグ行進をしてはならない」という許可条件は、道交法七七条との関係（道交法の法定刑より条例のそれが重いこと）を考慮すれば「一般公衆に対して直接危害を及ぼすおそれのあるジグザグ行進という意味に制限的に解釈するのが相当である」としたうえで、当該ジグザグ行進は、「その規模、振幅、速度、気勢の程度などを総合すると比較的穏やかなジグザグ行進というべきであって、群衆の無秩序又は暴行により一般公衆に対し直接危害が及ぶおそれのある程度に達していると認めることができない」として、無罪とした（判例タイムズ二五六号一九六頁以下）。これに対する検事控訴に対して、昭和四七年五月三一日の大阪高裁判決は、許可条件をそのように制限的に解釈するのは誤りであるが、しかしこの場合の集団行進は比較的穏やかなものの部類に属し可罰的違法性がないとして、控訴を棄却したが、これは後に昭和五〇年一〇月二四日の最高裁二小判決によって破棄差戻されることになる（刑集二九巻九一七頁以下、八六〇頁以下、判例時報七九三号二〇頁）。

(4)　昭和四六年二月二五日、名古屋高裁判決も、集団行動が「公共の安全に対して直接危険を及ぼすことが明らかな事態を惹起すること」は、「県条例五条一項後段のいわゆる条件違反の罪が成立するための不可欠の構成要件要素というべきである」としている（高刑集二四巻一号一三〇頁以下）。

(5)　昭和四六年三月三一日の神戸地裁判決は、アメリカの原子力空母寄港反対のデモ隊一五〇名がアメリカ総領事館路上に約七分間すわり込むのを指導したとして、道交法（七七条）および公安条例違反で起訴されたのを、道交法違反の点は有罪だが、公安条例による条件違反の点は無罪とし、その理由として、集団示威運動は表現の自由の一形態であるから、「たとえ条件違反の集団示威運動を指導したとしても、そこに公共の安寧に対する直接かつ明白な危険がなく、可罰的な違法性が認められない限り、その者に対してはあえて前記のような重い刑罰の制裁をもって臨むべきではない」と、前記の羽田空港ロビイ事件についての東京高裁判決と同じ言葉で判示したうえ、当該事件のすわり込みは、交通量のあまり多くない路上で行なわれ、人数も多くなく、暴力的事態に発展する危険性は全くなかったこと、すわり込みの時間も短く交通に対する妨害の結果も僅少であったこと、それが参加者の平和を願う気持から出たものであること等から、可罰的な違法性がない場合だとしたのである（判例時報六五二号一〇二頁以下）。

(6)　昭和四六年一〇月七日京都地裁判決は、道交法違反の罪の「保護法益は道路交通秩序であって、規制、処罰の対象はそれに対するいわゆる抽象的危険犯であるのに対し」公安条例における保護法益は「公衆の生命、身体、自由又は財産」であって、規制、処罰の対象はそれらに対する「直接の危険を及ぼす行為」であるから、同条例（九条二項）により処罰されるジグザグ行進は「これによって一般車輛、一般歩行者が通行を阻害される台数、人数と時間等その他の態様により、それらに対し暴行、脅迫、殺傷、損壊等その他不測の事故をひきおこすおそれなどそれらの通行を著しく阻害する等し、または著しく阻害する等のおそれがある事態をひきおこし、公衆の生命、身体、自由又は財産にとって具体的に危険な行為をいうと解すべきである」とした（判例時報六四九号九九頁）。前記香城論文と同じ論法である。

(7)　前出の昭和四六年一〇月八日の大阪地裁判決は、条件違反についても、検察官の抽象的危険犯論を「あまりにも取締りの便宜に偏したものというべきで、憲法で保障された表現の自由をふみにじる結果となりかねない」として具体的危険犯説をとるとともに、その「具体的危険犯説においては、行為に具体的な態様、情況等から危険の有無を判断しなければならないのであって、単に実害発生の蓋然性があるからというだけで具体的危険があるとすることはできない」といい、当該事件は「公共の安全に差迫った危険をおよぼし、一般公衆に対して直接危険がおよぶことが明らかな集団示威運動とは認められない」として無罪とした（判例タイムズ二七一号三〇六頁）。「実害発生の蓋然性があるからというだけでは」とするのはいささか行過ぎで、実害発生の可能性があるというだけではとあるべきではあるまいか。

(8)　昭和四六年一〇月二六日、京都地裁判決も、京都市公安条例による許可条件違反のジグザグ行進の指導に関して、「条例が処罰の対象としている、集団行動における主催者、指導者らの行為は、それが単に許可条件に違背したというだけでは足らず、それが秩序を乱し、あるいは暴力を伴う等して、公衆の生命、身体、自由又は財産に対して直接の危険を及ぼすようなもの、すなわち、法益侵害の具体的な発生をその要件とするものと考える」(おそらく、これは具体的な危険の発生の意であろう。そうでなければ実害犯になってしまう)といい、その根拠を、かように厳密に解せず、条件違背即条例違反になるというような解釈に甘んじるときは、憲法二一条が保障した表現の自由を侵害する結果となるということ、および単純な条件違反は、むしろ道交法七七条一項四号による警察署長の道路使用許可条件の違反として同法一一九条一三号に該当するものであり、公安条例による許可条件とは区別されるべきものだということに求めている(刑裁月報三巻一〇号一四二一頁以下)。

(9)　昭和四六年一二月二二日、京都地裁判決(判例タイムズ二七七号三六二頁以下)は、前記(6)の判決とほとんど同じである。

(10)　昭和四七年一月八日、京都地裁判決も、「公安委員会がつけた条件に違反して成立する市条例九条二項の罪の構成要素としては、集団行動が単に公安委員会のつけた条件の文言に形式的に抵触するのみでは足らず、その集団行動の形態、方法が地方公共の秩序をみだし、あるいは公衆の生命、身体、自由または財産に対して直接の危険を及ぼすおそれのあるものであり、またその集団によって現に地方公共の秩序あるいは公衆の生命、身体、自由または財産に対する具体的危険を生じさせたものであることを必要とするものといわなければならない」として、被告人を無罪とした(判例タイムズ二七七号二六三頁以下)。

(11)　昭和四七年三月二七日、神戸地裁判決も、神戸市条例の「条件違反罪は具体的危険の発生即ち実害の現実的発生は必要でなくとも法益侵害の可能性を必要とする具体的危険犯と解するのが相当であって、本条例の保護法益とする一般社会の生命、身体、自由または財産に対して直接かつ明白な危険を及ぼすか否かは、当該集団的行動の目的、日時、場所、規模、態様等諸般の事情を具体的に考慮して判断するべきであり、一般公衆の生命、身体、自由または財産に対して直接かつ明白な危険を及ぼさない限りは、本条五条、三条の構成要件に該当しないといわざるを得ない」として、被告人等を無罪にした（判例時報七四六号一一六頁以下）。しかし、控訴審の大阪高裁、昭和四九年一月二五日判決は、事案は、原判決のような見解をとったとしても、構成要件該当性があるとして、破棄自判し有罪とした（判例時報七四六号一一三頁以下）。

⑿　昭和四七年一二月二五日、大阪高裁判決は、前記⑸の神戸の原子力空母寄港反対座り込み事件に対する控訴審判決であるが、検察官の条件違反の罪は抽象的危険犯であって、原判決のように公共の安寧に対する直接かつ明白な危険の発生を要件とするのは、条例の解釈を誤ったものであり、また、いわゆる可罰的違法性の理論を採用するのは、構成要件の範囲を不明確にするので誤っている等の主張に対し、「いわゆる抽象的危険犯というのは法令により当該行為それ自体公共の危険を発生させるものと擬制されているものであるから、抽象的危険犯というためには、当該行為が法令に具体的に規定せられ、かつその危険性が右の擬制に値する程度のものであると同時に、法令の規定そのものが右の擬制をしているものと解せられるものであることを要する」のに、神戸市条例は条件の具体的内容の決定をあげて公安委員会（実際は、さらに県警本部長または所轄警察署長）に委ねており、現に付された条件も、その違反が直ちに公共の安寧に対する危険を生ぜしめるものとは認められないものがあって、「条件違反の行為のすべてが抽象的危険犯としての実質を備えているものとは解せられない」といい、同「条例五条の許可条件違反の罪の成立には単に市条例三条一項但し書各号に基づき兵庫県公安委員会の付した許可条件に違反するだけでは足らず、さらに右条件違反の行為により公共の安寧に対する直接かつ明白な危険を生じたことを要するいわゆる具体的危険犯であると解するのが相当である」とした。しかも、その公共の安寧に対する直接かつ明白な危険が生じたとは、「集団自体が暴徒化したとか、集団の統制が紊れて混乱するなどした

結果、集団構成員以外の不特定多数人の生命身体自由又は重要な財産に対する侵害の蓋然性が明白で差し迫っている状態」をいうのであって、道路交通の関係についてみれば、「道路交通法違反の罪は条件違反の行動により交通の安全と円滑とが乱れた場合には直ちに成立するに反し、市条例違反の罪は当該集団により道路における車両の通行が阻害されただけではたらず、集団行動により交通が混乱する虞が発生し、ひいては車両相互の又は車両と人との衝突など人の殺傷、物の損壊が発生することが大きな可能性として認められる状態」が現出された場合でなければならないとして、本件座り込みではそのような危険があったことは認められないとしたのであった(判例時報七〇四号一一〇頁以下)。しかもそれは確定しているのである。

(13)　昭和四八年四月一七日の大阪地裁判決も、「いわゆるフランス式デモをしないこと」という条件について、それは「公共の安全に差し迫った危険を及ぼすようなフランス式デモを禁止するもの」と解し、当該デモでは現実にそのような危険は生じなかったとして、公安条例違反の点は無罪とした。もっとも、これは、後に、抽象的危険犯説をとる昭和五〇年二月二七日の大阪高裁判決により破棄されるのである。

五　可罰的違法性の理論を適用した裁判例

右の具体的危険犯説をとった裁判例と同じ頃から可罰的違法性の理論に立ち、無許可または許可条件違反の集団行動でもその目的、規模、態様、日時、場所および周囲の状況等からみて、公共の安寧に対する直接かつ明白な危険を生ぜしめるものではない場合には、可罰的違法性を欠くとして無罪を言渡す下級審の裁判例も続出している。しかも、それらの多くは、公安条例違反を具体的危険犯とみる見方と結びついているのであるが、反対に公安条例違反を抽象的危険犯とみる裁判例のなかにも、可罰的違法性の有無を問題として処罰範囲を限定しようとするものがみられるのである。

(1)　まず、具体的危険犯説と結びついて可罰的違法性の有無を問題とした裁判例としては、前記の羽田空港ロビイの無届デモ事件に対する昭和四六年二月一五日の東京高裁判決（上述Ⅰの(1)）、昭和四六年一〇月八日の大阪地裁判決（同上Ⅰ(3)）、同地裁の昭和四六年一一月二九日判決（同上Ⅰ(4)）、等の無許可集団行動に関する裁判例、あるいは昭和四五年三月三〇日の名古屋地裁判決（同上Ⅱ(2)）、昭和四六年三月三一日の神戸地裁判決（同上Ⅱ(5)）、昭和四七年五月三一日の大阪高裁判決（同上Ⅱ(3)）等の条件違反の集団行動に関する裁判例等がある。それらの多くについては、すでにそれぞれの個所で一言しておいたので、ここでは最後の大阪高裁判決を紹介しておこう。これは、一審の大阪地裁が問題のジグザグ行進は比較的穏やかなもので条例違反の構成要件該当性を欠くとしたのを誤りであるとしたうえで、次のように判示している。曰く

「してみると、被告人の本件行為は、外形的には、市条例五条の『公安委員会が付した条件に従わなかったもの』に該当するものということができるけれども、本件ジグザグ行進はその規模、速度、振幅、気勢、当時の交差点における交通状況等を総合考察すると、比較的穏やかなものの部類に属すること、および集団示威行進そのものは、表現の自由として憲法上保障されていることをあわせ考えると、社会の通念上、これに臨むに敢えて刑罰を加えなければならない程の違法性を具有するものとは考えられず、いわゆる可罰的違法性がない場合とみるのが相当であり、結局、市条例五条違反の犯罪は成立しないのである。」（刑集二九巻九二〇頁）。

さきの羽田空港ロビイ事件の東京高裁判決が、可罰的違法性がないから構成要件該当性もないとしたのに対して、本判決は、事案は構成要件に該当するけれども、それが予定する可罰的違法性に達していないから罪とならないとしているところに特色がある。なお、それが比較的穏やかなものとして可罰的違法性なしとした理由は、問題のジグザグ行進は、交差点の東側から西側に至る約二〇数米の間の短い距離で人数は約六〇名（三二〇〇名の集団の中央部に位置）で、交差点の「進め」の進号に従って条件に定められた経路、通行区分を守りながら、四列従隊のまま互いに腕、肩を組み、被告人の誘導で歩くより少し早い速度で掛声をかけながらジグザグ行進を三回行なって渡ったが、交差点の西側に達するや直進状態にもどっており、その所要時間は約二、三分にすぎず、

振幅も大きくなかったこと、時刻はラッシュ時をすぎるころで交通状況は西から来て右折（南行）するため待機した車輌一四、五輌、通行人もさほど多くなく、ジグザグによって特に交通秩序に著しい障害、危険等をもたらしたというほどのこともなく、また被告人等の右六〇名の梯団員がいたずらに気勢をあげ、集団自体の自己統制力に弛緩を生じ、通行車輌や通行人と衝突、接触するなど無秩序、また暴行等の越軌行動にまで発展するおそれがある状態ではなかったことが認められるというのであった。それが後に昭和五〇年一〇月二四日の最高裁判決で破られることになるのである。

(2)　昭和四六年二月二六日の名古屋高裁判決は、原判決の具体的危険犯説には法文上の根拠がないとして否定したが（四II(2)）、自らは、許可条件の付与は、それを付しなければ、その集団行動が公共の安寧に直接危険を及ぼすことが明らかな場合に限られ、またその内容も、その危険の除去に必要最小限のものたるべく、かつその中身は明確で遵守容易なものであることを要するとともに、それに「違反する行為が処罰するに足るものであるとの評価に耐え得るものでなければならない」として可罰的違法性論の立場にたった（高刑集二四巻一号一四六頁以下）。

(3)　次に、抽象的危険犯説をとりつつ、可罰的違法性の理論を適用した裁判例としては、京都地裁の昭和四八年二月一五日の二つの判決（刑裁月報五巻二〇号一三六頁以下、一四五頁以下）や、神戸地裁の昭和四八年三月三〇日の判決（刑裁月報五巻三号三四八頁、判例時報六五二号一〇二頁）がある。前の京都地裁の両判決は、ともに京都市条例の条件違反に対する罰則（九条二項）の趣旨について、次のように述べているのである。

「同条例第九条第二項の規定の趣旨は、同条例第六条第一項但書による許可条件に違反して行われた集団示威行進を指導した場合に、それが、およそ公共の安全に対して抽象的に危険を及ぼすおそれがある行為としての評価を免れ難いとはいうものの、右の行為のすべてに刑罰をもって臨もうとするにあるものというべきではなく、その集団示威行進の規模、態様ならびに公衆に与えた影響等の具体的事実を総合的に観察し、かつ、いわゆるデモの内包する本質に鑑みて、その違法性が極めて軽微で社会通念上容認された相当性の評価に耐えうるものとみられる場合には、右の指導者の行為は可罰的違法性がないものとして罪とならないものと解すべきである。」(刑裁月報五巻二号一四三頁、一四八頁)。[1]

両事案は、ともに条件違反の罪の「構成要件に該当する形態を具え」た抽象的危険性のある行為であり、かつ、一方は、二〇〇名または一二〇名の学生たちが市内の幹線道路で、五〇〇米または二〇〇米の間をフランス式デモまたはジグザグを二分間または一分間行なったもので、その規模、態様から決して穏やかなものの部類に属するものではなく、通行人や通行車輛等の接触、衝突するなどの思いがけない事故の発生することも予想される異常な状態にあったもので、その指導行為には可罰的違法性があるとして有罪とされ、他方は、約八〇名位の学生の約四〇米の区間での二分間位のジグザグであるが、比較的穏かに行なわれた部類に属し、通行人や通行車輛と接触、衝突するなど無秩序または暴行等の越軌行動にまで発展するおそれがある状態ではなかったことと、被告人の誘導の仕方も特に強い刺激を与えたものとは認められず、「その違法性が極めて軽微であって、さきに詳述したいわゆる可罰的違法性を欠く場合に該当するもの」として無罪とされた。

後の神戸地裁判決は、公安条例の条件違反と道交法のそれとの関係について、前者は具体的危険犯であり、後者は抽象的危険犯だとする見解に反対して、それらは、

「いずれも抽象的危険犯と解すべきであるが、一律に抽象的危険犯といっても、そこには何に対する危険性かという保護法益が予定されており、その保護法益の性質の差に従ってその危険性の内容、ひいてはその処罰の対象も異ってくる」といい、結局、公安条例は道交法よりも、

「許可条件の違反の程度につき高度のものをその構成要件として予定しているというべきで……そこには抽象的危険犯と具体的危険犯というようないわば質的差異とまで行かない……が、やはりその違法の程度につき一定の差異、いわば量的な差異があるというべきでつまり、両法益の差異に従って、道路交通法の許可条件違反罪と

条例のそれとでは構成要件として、その予定するところの所謂可罰的違法性の程度につき差異があり、後者は前者よりも強い可罰的違法性を要求しているものと解するのが相当である。」として、当該事案について、公安条例違反については無罪、道交法違反については有罪としたのである。

これらは、いずれも抽象的危険犯説をとりながら、可罰的違法性の理論によって、処罰の合理的制限をはかった例である。ちょっと考えると、抽象的危険犯説をとれば、構成要件に該当するかぎりすべて処罰しなければならぬこととなり、処罰を制限する余地はなさそうに思われる。しかし、実は、そのように抽象的危険犯説をそのまま文字どおりに適用すれば処罰の範囲が広がりすぎるということが、可罰的違法性の理論の適用その他の方法による自己抑制の必要を強く感ぜしめることになるのであって、そこに抽象的危険犯説の問題点が露呈されているのである。この点、具体的危険犯説では、具体的危険がないということが既に構成要件該当性を否定する理由となるのであって、別に可罰的違法性をうんぬんする必要は必ずしもないこと、かりに併せてそのことが述べられるとしても、それは具体的危険性がなければ構成要件該当性がないとされることの違法論的理由づけにすぎないことと事情が異なるのである。

（1）「社会通念上容認された相当性の評価に耐えうるものとみられる」という要件は、むしろ行為を正当化し適法化するもので、可罰的違法性の否定には必ずしも必要ではないであろう。

四　具体的危険犯説に対する反対の動き

一　具体的危険犯説に対抗し抽象的危険犯説を主張した下級審裁判例

以上、数年前から、公安条例違反の罪を具体的危険犯であるとし、またはそれに可罰的違法性の理論を適用する下級審裁判例の流れが現われてきた次第をみてきたが、一方ではまたそれに対抗して公安条例違反の罪の抽象的危険犯性を強調する裁判例も現われていたのである。いや、正確にいえば、むしろそれが従来から多くの裁判所によって暗黙のうちに当然の前提とされてきた見方で、なかにはそのことをはっきり明言する安村判決のような例もあったことは、さきに述べたとおりである（本稿三の三）。しかし、その抽象的危険犯説は、自己に対立する具体的危険犯説の抬頭によって、それまでの即自態からいわば自己を意識した抽象的危険犯となるに至ったのである。このような動きが目立ってきたのは昭和四八年以降のことであるが、それは下級審の裁判例として現われるとともに、またそれに対する理論づけの努力という形でも現われている。まず、裁判例からみてゆくことにしよう。

(1)　昭和四八年二月一五日の二つの京都地裁判決や、同年三月三〇日の神戸地裁判決が、具体的危険犯説をとる裁判例を意識しながら、あえて公安条例違反の罪を抽象的危険犯と解すると述べ、さらにそのような立場をとっても可罰的違法性の有無を問題とする余地があるとしたことは、さきにみたとおりである（本稿三の五(3)）。

(2)　昭和四八年七月一九日の広島高裁判決になると、「集団行動のもついわば潜在的な危険性」を重視し、無許可集団行動を主催する行為が処罰の対象とされる理由は、「その集団行動が公共の安全と秩序に対して直接危険を及ぼすことが明らかであるか否かを公安委員会が事前に検討する機会を奪い、あえてこの許可申請を経由することなく、集団行動を行なった点に求めらるべきであるから、たとえ無許可のまま行われた集団行動が現実に公共の安全と秩序に対して全くなんらの影響を与えなかったとしても、それが本条例四条の定める違法類型に該当するものであることは明らかである」といい切ることになる。しかし、この場合の県条例四条違反の行為は「その実質において、許可申請を経由しなかったという形式犯に殆んど接近するものとしてその違法性の量の評価において妥当な限度にとどめなければならない」とされ、さきの安村判決と同じ妥協的見解がとられるのである。形式犯にほとんど接近するが形式犯ではないとしたり、違法性の質でなく量の違いだけが問題だとするところに、抽象的危険犯説の考え方が伺えるようである（刑裁月報五巻七号一一一〇頁以下）。

(3)　昭和四八年一〇月二日の東京地裁判決は、東京都公安条例違反罪を具体的危険犯であるとする見解に対して、それが「道交法のいわゆる条例違反罪との区別を強調し、これとの矛盾抵触を避けて両者の独立した存在意義を認めうる点において長所があり、また、これを具体的危険犯と解することによって、集団行動の憲法二一条による保障を重からしめる点においても傾聴すべき見解ではあるが、しかし、条文の文言上かく解すべき根拠は十分でなく、また、実質的にも、集団行動の自由の保障に手厚い反面において、これによってそこなわれる一般公衆の利益を軽視する結果をきたし、さらに、公共の安寧に具体的危険を生ぜしめる犯罪とすれば、他の刑法所定の同一類型の犯罪と対比して、その法定刑が軽きにすぎるがごとくみえる点等を勘案するときは、これを具体的危険犯と解することは相当でなく、抽象的危険犯と解すべきである」としている。しかし、まず、単に条文の文言上具体的危険犯とは解しがたいということからは、だからそれは形式犯だと推論する余地もあり、当然にそれが抽象的危険犯だと結論できるわけではない。また、実害も具体的危険もないにもかかわらずそこなわれる一般公衆の利益とは一体何かということも疑問であるし、さらに刑法所定の同一類型の犯罪（たとえば騒擾）うんぬんも、もし刑法所定の犯罪類型に該当すれば、それとして処罰されるのであるから、条例の刑が軽すぎるという議論もあまり説得的ではないように思われる。真の理由づけは、おそらく、集団行動というものはすべて危険なものであるとする集団潜在的暴徒論に求めるほかないであろう（刑裁月報五巻一〇号一三九一頁）。

(4)　昭和四八年一〇月三日の東京高裁判決は、昭和三五年七月二〇日の大法廷判決のほか同四一年三月三日の第一小法廷判決をも援用し「右両判決の趣旨とするところは……都条例の対象とする集団行動の危険性およびその事前における規制の必要性から、公安委員会の付した条件に違反して行われた集団行動および公安委員会の許可申請を経ないでなされた集団行動は、その各集団行動自体に実質的違法性があることを認め、したがってこのような集団行動を指導した行為にも、実質的違法性があることを認めたものと解される」と述べて、問題の要点をずばりと明言している（刑裁月報五巻一〇号一三四三頁）。

(5)　昭和四九年一〇月一七日の東京高裁判決も、都条例による許可条件違反について、「条件は、集団行動による表現の自由の行使を尊重しながらも、他面集団行動が平穏に秩序を重んじて表現の自由を行使すべき本来の範囲を逸脱し、公共の安寧を阻害する非理性的行動に走る危険を防止するために付されるものであり、この条件に違反することは集団行動の非理性化の歯止めを排するものでそれ自体違法なものとされるべきであるから、条件違反の集団行動を指導することによって本条例五条違反の罪は成立し、現実に公共の安寧に対する具体的危険が発生することを要しないものと解すべきである」と割り切っている。これも右の(4)の判決も、また、それと明言してはいないが、集団行動そのものの潜在的危険性を考慮して、ともに、抽象的危険犯説の立場に立っているものと解される（高刑集二七巻二八三頁以下）。

(6)　昭和四九年三月一三日の大阪高裁判決も、一審判決の条件違反に関する具体的危険犯説（本稿三の四II(8)）をくつがえして抽象的危険犯説をとったものである。それによれば、条例による集団行動規制の目的、趣旨は、「集団行動に潜在する一種の物理的な力が、時に、公衆の生命、身体、自由または財産に不測の事態を生ぜしめる危険性があること、集団行動中に一般公衆に迷惑、危険を及ぼすような行為をなからしめんとする等々のためにその予防的な必要かつ最少限度の規制措置を講ずる途を開いた点にあることは明らかである。しからばかかる不測の事態を生じ易い行動類型を定め、これを行わないことを許可の条件とした以上、この条件違反に該当する行為がなされればあえて法益侵害の具体的な発生をまたず、直ちに条件違反の罪が成立するものと解しなければ、市条例所期の事前規制の措置として意味がないことになる」とされ（そこに「法益侵害の具体的な発生をまたず」とあるのは「法益侵害の具体的な危険の発生をまたず」の誤記であろう）、またジグザグ禁止の条件についても、「ジグザグ行進をするそのことが集団的意思表現にとって必ずしも絶対不可欠、本質的なものとは考えられないこと、そのジグザグ行進により阻害される公衆の通行上の不利益、あるいは本件のような多人数によってジグザグ行進を繰りかえすことにより徒らに集団の気勢をあげさせ、容易に集団を興奮の渦に巻き入れ、その結果、不測の事態に発展するおそれがないとは限らないことを考慮すれば、これに備え、法と秩序を維持するに必要かつ最少限度の規制措置」といえるとし、表現の自由の侵害でもないとしているのである。結局、条例は、許可条件違反の集団行動を「当然に公共の安寧を侵害する危険のあるものとし、これを指導する行為を違法行為類型として規定しているものであるから、右条件に違反する罪は公共の安寧に対する侵害のおそれを抽象的危険としてとらえた抽象的危険犯と解すべきである」と結論されるのである（刑裁月報六巻三号一八五頁以下）。

(7)　昭和四九年四月二四日の大阪高裁判決も同じ部（二刑）の判決で、右の(6)とそっくり同じである（刑裁月報六巻四号三五〇頁以下）。

(8)　昭和四九年四月一六日の大阪高裁判決も、無許可デモについて具体的危険犯説をとった一審判決（本稿三の四Ⅰ(4)）をくつがえした控訴審判決であるが、その理由として、まず罰条たる市条例五条には単に「第一条の規定に違反して許可を受けない行進もしくは集団示威運動を指揮したもの」とあるだけで、原判決のいうような要件（それが、地方公共の安全を害し、一般公衆の生命、身体、自由、財産に対し直接かつ明白な危険を及ぼすと認められること）が付加されていると解すべき条文上の根拠がなく、逆に条例四条一項は、公共の安全に差迫った危険を及ぼすことの明らかでない集団行動についても、許可申請を要するとしていることが明らかであるから、原判決のようにそれを具体的危険犯と解することは、条例の文理解釈上無理であるということをあげ、また、表現の自由といえども、他の個人の権利または自由との調和のうえに立って認められるものであるから、集団行動もそれが「公共の安全に対する差迫った危険」を招来し、あるいは「群衆の無秩序又は暴行」が存在してはじめてこれを規制しうるものではなく、かかる危険の発生を防止するために、そこに至る前段階において、合理的な範囲での事前の規制措置を採ることも必要でありかつ許されるものであって、許可制をとる市条例の規定はかかる事前の規制措置として合憲、合法であるとする。許可制の実質的理由は、結局、「集団行動による不測の事態の発生に備え、地方公共団体において集団行動の実施を予知し、事前にこれに対処する措置を講じさせ、不測の事態の発生を未然に防止して、公衆の生命、身体、自由または財産の安全を保護しようとする」点にあり、したがって、許可を受けないでなされた集団行動をそれのみで違法とみることも不合理ではなく、その違法性の実質は「ただ単に許可を受けなかったという形式的理由にあるだけでなく、許可を必要とする前記の理由、すなわち地方公共団体による事前の措置を講ずる機会を奪ったまま集団行動が実施されたという点にあるというべきであって、原判決のいうような具体的な危険の発生にこれを求めるのは、狭きに失すると考えられる」とするのである。そして「市条例五条、一条に違反する集団示威運動指揮の罪は、公安委員会の許可を受けない集団示威運動が行われた事実と、被告人においてこれを指揮した事実とがあれば成立し、かつ特段の事情のない限り、それにより可罰的違法性があるものと認むべきである」と結論されるのである。最後の「特段の事情のない限り」という限定の意味がはっきりしないが（これについては、次の(9)の判決参照）、抽象的危険犯説をとる趣旨であることは確かであろう。なお、（イ）本判決は、無許可集団示威運動の違法性の実質は、地方公共団体による事前の措置の機会が奪われる点にあり、単に許可を受けなかったというだけの形式的理由にあるのではないというが、事前措置としての不許可または条件付与の必要でない集団行動はいくらもある。それらでも許可を受けなければ処罰を免れないということの理由づけとしては、やはり、集団行動そのものが危険だというほかはないであろう。ところが、本判決は集団行動には「常に必ずしも本質的に暴徒と化する危険性は内在していない」とした原判決の見解をそのまま認め「原判決指摘のとおりである」とするので、話がわからなくなるのである。（ロ）さらに、判決は、具体的危険犯説には法文上の根拠がないとしてそれを斥けるにもかかわらず、他方では、自らも、市条例一条が許可を要求するのは「行進若しくは集団示威運動で車馬又は徒歩で行列を行い、街路を占拠又は行進することによって、他人の個人的権利又は街路の使用を排除、若しくは妨害するに至るべきもの」についてだけであるから、原判決のいうような具体的危険のない集団示威運動については、もともと許可を必要としないと解する余地があることをも認めているのであって、ただ、それでは「許可申請の要否の判断基準があいまいになって適当でない」というのである。結局、この判決は、具体的危険犯説にも実質的な理由があことを否定できず、むしろそれに心をひかれながら、無理に抽象的危険犯説の側に立ったもののように思われる（判例タイムズ三一一号二六八頁以下）。

(9)　昭和五〇年二月二七日の大阪高裁判決も、条件違反について具体的危険犯説をとった大阪地裁の一審判決（本稿三の四II(13)）を破ったもので、大阪「市条例五条の許可条件違反の罪は条件違反の行為があれば直ちに公共の安全に対する抽象的危険があるとしてこれを犯罪として条件を遵守させ、よってもって公共の安全を保持しようとしたもので、いわゆる抽象的危険犯と解するのが相当である」とし、それを具体的危険犯とした原判決の見解は、「表現の自由としての集団行進等を憲法二一条の趣旨にそってできるだけ広く認めようとするものではあるが、表現の自由を強調するあまり集団行進等の実施によりそこなわれる他人の個人的権利利益を軽視する結果をきたし、国民の権利と公共の福祉との調和を図ろうとする憲法の精神にもとることになり、市条例四条一項、五条の文言にも抵触する」とするのである。条例の文言に抵触するとされるのは、原判決が、四条三項の「群衆の無秩序、又は暴行から一般公衆を保護するため必要と認める適当な条件」とあるのにさらに同条一項の「公共の安全に差迫った危険を及ぼすことが明かである」という制限を重ねて、五条の条件違反の罪は、許可条件違反の結果現実に公共の安全に危険を及ぼしたことを要件とするとした点であって、この判決は、四条一項（不許可）と三項（許可条件）とは、別個の規定で重なるものではなく、また五条の法文には、すべての条件違反をただそれだけで処罰するとあって、差迫った危険の発生を要するものとはしていないというのである。そして、逆に抽象的危険犯と解する実質的理由は、「集団行進等がそれに内在する物理的力により時として一般公衆の生命、身体、自由又は財産に対する不測の事態に発生するおそれがないとはいえないところから、かようなことをなからしめるためその予防措置としてそれの許可に際し必要かつ最少限度の措置として適当な条件を付することができるものとして事前の規制を行なうことができることとしたものと解するのを相当とするから、これを認めた趣旨を没却しないためにも、公安委員会が付した右条件が集団行進等を事実上否定ないし無意味ならしめる等市条例四条三項の趣旨に違背する違法無効なものと解せられない限り、許可条件に違反した行為があれば直ちに市条例五条の許可条件違反の罪が成立するものと解するのが合理的であること」に求められるのである。集団行動に付せられた条件の内容が不合理で違法無効なときは、これに違反しても罪とならぬ場合のあることが肯定されているが、抽象的危険犯説をとれば、かような歯止めの必要が大きくなることが意識されたのであろう。同じような配慮は、昭和四八年四月四日の東京高裁判決（高刑集二六巻二号一一三頁）にもその先例がみられるところである。

二　その理論づけの努力（小林論文）

右のような下級審裁判例の動きと呼応するように、公安条例違反の罪を抽象的危険犯として理解しようとする理論的な努力も現われてきた。さきにみた小林判事の「公安条例に関する最近の裁判例の動向とその問題点」という「司法研修所論集」中の論文はまさしくそれである。この論文は、下級審裁判例における具体的危険犯説の抬頭をいち早く問題とした研究であったが、筆者自身の立場は、それに反対で、むしろ、その批判（直接には本稿三の四II(7)の大阪地裁判決を対象とした）を通じて抽象的危険犯説を理由づけるものであった。その要旨は、

(1)　まず、公安条例の文言は、具体的危険犯の類型とは異なるということである。すなわち、具体的危険犯の例としてしばしば引用される刑法一〇九条二項、一一〇条等においては、いずれも「よって公共の危険を生ぜしめた」等の文言によって、具体的危険の発生が要件となる趣旨が明白である。これに対し、公安条例の無許可集団行動の罪については、このような具体的危険の発生を必要とする趣旨の文言はない。もっとも、大阪市条例一条は、行列や行進で「他人の個人的権利又は街路の使用を排除しもしくは妨害するにいたるべきもの」は許可を受けなければならないと定めており、具体的危険犯説の一つの論拠となるかもしれないが、それは集団行動に通

常随伴する性質のものを指すだけで特に集団行動の範囲を限定するものとはとれないし、むしろ抽象的危険犯説の根拠となるとされる。(1)

(2)　次に、抽象的危険犯説の合理的、実質的な根拠としては、例の三五年七月二〇日の最高裁判決を援用し、多数人の集合体、つまり一種の物理力によって支持される集団行動は、容易に動員されうる性質を有し、平穏な集団でも、時に昂奮、激昂の渦中に巻きこまれ、はなはだしい場合には一瞬にして暴徒と化し、勢の赴くところ実力によって法と秩序を蹂躙し、その指揮者はもちろん警察力の手にもおえないような事態に発展する危険があり、特に思想表現としての集団行動は、遠足などの場合と較べて、「不測の事態に発展し公共の安寧を害する危険」が大きいから、そのような不測の事態に備え、法と秩序を維持するに必要な最少限度の措置を、地方公共団体に講じさせることも、やむをえない次第であって、許可制の合憲性の根拠もそこにある。そして、「この趣旨からすれば、無許可の集団行動は、たとえそれが平穏に行なわれたものであっても、右の地方公共団体の事前の措置を無視して行なわれた点において（不許可にもかかわらず行なわれた集団行動）、あるいは右の措置の検討の機会を奪ってなされた点において（許可申請を経ずになされた集団行動）、やはり違法なものとせざるをえないことになる」のであって、「結局、無許可集団行動の罪は、無許可であること以上に実害等の発生を必要としない抽象的危険犯と解するのが相当ということ」になり、その内容は「公共の安寧に対する抽象的危険」だというのである。事情は、条件違反の集団行動についても同様で、それも「抽象的危険犯であり、条件違反の事実のほか実害の発生は必要としないと解すべきである」とされているのである。(2)

(3)　しかし、可罰的違法性の理論の取入れに対しては、小林論文も拒否的ではなかった。ただ、それと具体的危険犯、抽象的危険犯論との関連において、まず、具体的危険犯説をとれば、具体的危険がなければ構成要件該当でもないわけだから、さらに可罰的違法性の理論に訴える必要のないことが多いであろうが、抽象的危険犯説をとれば、具体的な公共の危険の不発生を理由に構成要件該当性ないし違法性を否定する余地はなくなるけれども、その場合にも「当該集団行動の時間、場所、態様からみてあえてこれを集団行動と呼ぶまでのこともないと思われるようなとき（たとえば、ちょっとの時間集合して短距離を行進したが、すぐ解散したような場合）は、なお、可罰的違法性を欠くといってよいのではないかと考える」（条件違反についても同様に、あえて条件違反というほどの必要がない場合は同様である）と述べられている点が重要である。(3)

これは、抽象的危険犯説を積極的に支持した研究として注目すべき論文であるが、その論証が十分成功しているかどうかは問題である。

(イ)　まず、具体的危険犯は法文上その旨が明示されているが、公安条例の場合はそうでないという主張についてみると、刑法一〇九条二項、一一〇条などは確かにいわれるとおりであるが、しかし、いつでもそうだとはいえないのである。たとえば、刑法九六条の二の強制執行不正免脱罪は「強制執行ヲ免ルル目的ヲ以テ財産ヲ隠匿、損壊若クハ仮装譲渡」等したる者はとあるだけだが、それは強制執行を受けるおそれのある状態が現実に存すること（つまり具体的危険）を要するものと解されており（最判昭和三五年六月二四日、刑集一四巻一一〇三頁）、また刑法二三〇条の名誉毀損罪は「公然事実ヲ摘示シ人ノ名誉ヲ毀損シタル者ハ」とあってあたかも結果犯のような表現が用いられているにもかかわらず、それは現実の社会的評価の低下のみならず、またかかる低下の危険状態を作成した場合（具体的危険）をも含むものと解され（大判昭和一三年二月二八日、刑集一七巻一四一頁）、さらに刑法以外でも、たとえば、国家公務員法一一〇条一項一七号や地方公務員法六一条四号の違法な争議行為等の遂行の「あおり」、「そそのかし」についても、それらの「違法行為発生の危険性が具体的に生じたと認めうる状態に達したこと」が必要だと解されているというように（最判昭和四八年四月二五日、刑集二七巻五六〇頁）、具体的危険犯にいつでも法文の形式から一見して明白になっているわけではない。

(ロ)　なお、前にも一言したように（本稿**五**の一(3)）具体的危険犯説を否定すれば、当然、抽象的危険犯説が肯定されるというわけではなく、そのいずれでもなく、形式犯だという理解もありうるのである。小林論文も、無許可集団行動の違法性の実質は、地方公共団体の事前の措置を無視し、あるいはその機会を奪ってなされる点にあるというが、それだけではまだその危険犯としての性格づけには不充分である。真にその性格づけを与えるものは、小林論文にあってもまた、思想表現としての集団行動には、遠足などと違って、必ず公共の安寧に対する危険が内在しているとみる集団観である。それが、具体的危険犯説をとれば、「公安委員会が公共の安寧に危険を及ぼすとして不許可処分としたのを無視して行われた集団行動は、公安委員会の判断が相当である場合であっても、実際に公共の安寧に危険を及ぼさない限り不処罰ということになるが、そのような結論は不当というべきではなかろうか」とする論理も、そのように考えて初めて理解される。しかし、公安委員会が危険と認めて不許可とした集団行動が、現実に何らの公共に対する危険もなしに行なわれたとすれば、それは、不許可にした公安委員会の判断が誤っており相当でなかったということになるか、それとも不許可にされたのとは別の集団行動がなされたことになるのではあるまいか。現にそれが平穏無事に実行され終わった後になってまでも、先にそれを危険とした公安委員会の判断が相当だったといえる場合など滅多にあるものではない。そのような場合を処罰するために抽象的危険犯の観念が必要だというのではいささか淋しすぎはしないか。

(ハ)　そのことは、実は小林論文も意識していたようで、たとえば、無許可集団行動のうちには「許可申請をすれば許可されたであろう集団行動も含まれる」が、これらまで「当然に抽象的危険を伴なうとすることはできず、その違法性は、地方公共団体の事前の検討の機会を奪ったという いわば行政目的に反したこと以外には求めえないから、それは行政取締法規違反の一種であって形式犯と解する余地もある」とか、「無許可集団行動の罪は……形式犯と余り異ならないものもある（許可申請をしなかったが平穏に行なわれた集団行動のような場合）」と述べたりしているところに現われている。ただ、ここでも「形式犯と解する余地もある」とか「形式犯と余り異ならない」というような歯切れの悪い表現が用いられるだけで、形式犯そのものだとはいわないのである[4]。抽象的危険犯説は、実に、これらの場合を形式犯ではないというためにもち出されたものだという素姓をもっているのである。

㈡　なお、小林論文は、右のように実質的にみて単なる行政手続違反または形式犯にすぎぬものまで公安条例違反の罪になるとすれば、一年以下の懲役または五万円以下の罰金というような法定刑はあまりに重過ぎるという意見に対して、一年というような公安条例の法定刑の長期はいかにも重いが、しかし下限は一月で、罰金刑もあるのだから、この法定刑の枠のなかで適当に量刑することができ、別に差支えはないとも説いている。しかし、その際、そのように軽いものが必ず軽く処罰されるという保障はどこにもなく、かえって実質上形式犯に過ぎないものが重い自由刑を科せられる可能性がいつも存在するということが、国民の立場からは、重要なのである。さらに大切なことは、実質上、形式犯、行政手続違反に過ぎないものにまで、「刑罰」が科せられる事態を放置しておいてよいかという問題である。

小林論文には、このようにいろいろと問題もあるが、それが、前記の下級審裁判例とともに、次の一連の最高裁判例への道を準備することに貢献したことは、認めなければならない。

（1）　小林「公安条例に関する最近の裁判例の動向とその問題点について」司法研修所論集一九七三II五一頁。
（2）　小林・前掲五一頁以下、五六頁、六五頁以下。
（3）　小林・前掲七一頁以下。
（4）　それは、「許可申請を経由しなかったが、敢行された集団行動が秩序を害することなく平穏に為された場合は、都条例五条の違反は殆んど形式犯に接近する」とした安村判決の先例を想起させる（本稿**三**の三、五二七頁参照）。

五　昭和五〇年九月一〇日以降の一連の最高裁判例とその問題点

一　無罪判決に対する最高裁の拒否的決断

これまで、われわれは、昭和三五年七月二〇日の最高裁判決以後にも、下級裁判所の裁判例では、依然として、公安条例による処罰の拡大を抑制しようとする傾向が続いており、それが条例の合憲性についての論議から条例罰則の限定解釈を生み、さらに条例違反を具体的危険犯と解し、あるいはそれに可罰的違法性の理論を適用するというような多彩な動きとなって展開されてきたこと、しかし、その反面には、そのような処罰の制限に反対して公安条例違反の罪は抽象的危険犯であると主張する裁判例の流れも現われてきたことをみてきた。しかし、これらの諸問題は、昭和五〇年九月一〇日の最高裁大法廷の二つの判決とそれに続く一連の最高裁の裁判によって、一挙に決断が下されたのである。その決断は、右の公安条例による処罰の範囲を限定しようとするさまざまの試みを撫で斬りにし、ただ公安条例違反は抽象的危険犯だとする見解だけを承認したもののようにみえるのである。もっとも、それらの最高裁の裁判例にも、抽象的危険犯だとはっきり明言したものはないようであるが、それを前提とするものとしか思われないし、現にそのように理解されているのである。なお、右の一連の最高裁判例のうちで、この抽象的危険犯か具体的危険犯かの問題と直接関係があるのは、昭和五〇年一〇月二四日に言渡された羽田空港ロビー事件と大阪市条例違反事件に関する第三小法廷の二つの判決である。しかし、それらはいずれもそれまでの一連の判決、決定の趣旨を受け継ぎ、それら自体としては、きわめて簡単な判示にとどめているので、順序として、まず、それらに先立つ一連の裁判例をみておく必要がある。

二　昭和五〇年九月一〇日から同年九月三〇日までの最高裁判例

これらの最高裁の判例は、いずれも原審または第一審の無罪判決を否定し、それらをすべて有罪と決めつけたものである。

I　それらの要旨

(1)　初めの九月一〇日の徳島市公安条例違反事件（条件違反の「だ行進」のせん動）に関する二つの大法廷判決（判例時報七八七号二二頁以下、四二頁以下）は、「交通秩序を維持すること」とあるだけの条例の規定（三条三号）は、犯罪構成要件の内容の規定としては不明確であり、罪刑法定主義に反し憲法三一条違反であるとした原判決を覆えし、そのような規定でも不明確とはいえないし憲法違反でもないとして破棄し自判したが、その理由として、右の規定は、確かに抽象的であるとのそしりを免れないけれども、「道路における集団行進等が、一般的に秩序正しく平穏に行なわれる場合にこれに随伴する交通秩序阻害の程度を超えた、殊更な交通秩序の阻害をもたらすような行為を避止すべきことを命じているものと解」せられ、なお、だ行進、うず巻行進、すわり込み、道路一杯を占拠するいわゆるフランス式デモ等は、この「殊更な交通秩序の障害をもたらすような行為にあたるものと容易に想到することができるというべき」であって、そのような行為は「思想表現行為としての集団行進等に不可欠な要素ではなく、したがって、これを禁止しても国民の憲法上の権利の正当な行使を制限することにはならない」といい、また秩序正しく平穏に行なわれる集団行動に「随伴する交通秩序の阻害」であるか、その程度を超えた「殊更な交通秩序の阻害」であるかの区別は、通常の判断力を有する一般人にとって「通常その判断にさほどの困難を感じることはないはず」だと述べている。われわれは、この平穏な集団行動に「随伴する交通秩序阻害」の程度をこえるかどうかが基準だという判示に接して、それが、さきに、同じように「争議行為に通常随伴するもの」かどうかを罪となるべき「あおり」行為かどうかの基準としたいわゆる四・二都教組判決を「不明確な限定解釈」だとか「犯罪構成要件の保障的機能を失わせ」憲法三一条に違反する疑いのある解釈だとか非難してくつがえしたのと同じ大法廷の判断（しかも村上、藤林、岡原、下田、岸の五裁判官はその両方に関与している）であることにとまどいを感ずる。同じ「随伴」行為の概念が、今度は構成要件として明確だというための理由に使われているからである。いささか恣意的にすぎるのではあるまいか。小川・坂本裁判官がその平穏な集団行動に随伴する阻害の範囲について補足意見を書く必要を感じ（五〇八頁）、また高辻裁判官が「どのような程度のものまでがその種の殊更な……行為に当たるとされるのか」の判断に困難な場合がないとはいい切れないといい、そういう理由で構成要件として明確だとすることにも同調できないと述べていること（五一七頁以下）は重要である。

なお、この判決は、このほかにも公安条例による規制と道路交通法による規制（同法七七条一項四号、三項、一一九条一項一三号）とが重複し、しかも道交法よりも公安条例の定める刑罰のほうが重い場合にも、公安条例は無効であるのではなく、むしろ「道路交通法による規制は、条例の規制の及ばない範囲においてのみ適用されるものと解すべ」きだと判示しているが、この論理も私には説得的だとは思われない。むしろ、一審判決のように、道交法による道路使用許可条件の対象とされるものは、条例の前記規定の対象から除外されると解するのが、法の論理として筋が通っている。

この大法廷判決には、かつて昭和二九年一一月二九日の大法廷判決における藤田裁判官の少数意見や、昭和三五年七月二〇日の大法廷判決における藤田、垂水両裁判官の反対意見のような公安条例の根幹に触れた意見が見られない。これは本条例が珍しく許可制でなく届出制であったことによるのであろうが、他面、届出制の条例でも付せられる条件次第では容易に自由を抑圧する結果となることを示した点を重視すべきである。

(2)　次いで九月二五日の第一小法廷判決（刑集二九巻八号六一〇頁以下）、九月三〇日の第三小法廷決定（判例時報七八九号八頁以下）は、ともに愛知県公安条例違反事件に関するものであるが、いずれも、（イ）同条例が（四条三項）、他の多くの条例と同じく、集団行動を不許可にする場合の条件（公共の安寧に対して直接危険を及ぼすような事態を惹起することが明瞭であると認められる場合）と較べて、許可に際して付する条件についてはより緩かな制限（公共の安全または公衆の権利を保護するため必要と認める場合）を定めていることについて、原判決が、両者の間にはそのような違いがあるべきでなく、許可に当たり付される条件も、「もしなんらの条件をも付することなく集団行動を許すとすれば、それが直接公共の安寧を危険ならしめるような事態を惹起することが明瞭であると認められる場合に限り、公共の安寧を保持するうえに必要かつ最少限度」のものにとどまらねばならないと限定的に解釈したのを否定し、「許可条件は、それが集団行為による思想の表現それ自体を事実上制約する結果になる場合でない限り、本条例四条三項の要件に集団行動を不許可にする場合の要件を加えて解釈する必要はない」としており、さらに、（ロ）九月二五日の判決は、同条例が、他の多くの条例と異なり、主催者、指導者、せん動者以外にだ行進、うず巻、坐り込み等の「単純な参加者」まで処罰すると定めているのは、表現の自由に対する規制として必要やむをえない限度をこえ憲法二一条に違反するという主張を斥けて、さきの大法廷判決と同じくだ行進、うず巻、坐り込み等は「思想表現のため不可欠のものではないから、それを禁止しても憲法違反ではなく」また、かような行為をした者のうちどの範囲の者を処罰するかは立法政策の問題にすぎぬといい、また、（ハ）同条例の条件違反に対する罰則（五条一項後段）は、公安委員会に罰則を設けることを委任した白地刑罰法規であるが、そのような構成要件まで定める権限の委任は法の許容せぬところであり、また、その委任の仕方も、具体性を欠き明確な基準がなくまた事項の個別的な限定もないままの授権であるため、公安委員会がそのつど付する条件が犯罪の構成要件とされることになり、また公安委員会がさらにその権限を委譲する余地を残している等の点で、罪刑法定主義に違反し憲法三一条違反であるとする上告趣意を斥け、この場合は公安委員会により「具体化された条件に違反する行為が処罰の対象となるのであって、罰則を定める権限を公安委員会に再委任したものではなく、また、条件を付しうる事項が限定されていないとか、条件付与の基準が不明確であるとはいえない」し、そのような仕方で「条件を付する権限を行政機関に与え、その条件に違反した集団行動を行なった者を処罰する規定を設けても、地方自治法一四条一項、五項の委任の趣旨に反するものとは認められない」とした。

(3)　九月二六日の第二小法廷（刑集二九巻八号六五七頁以下）、九月三〇日の第三小法廷（判例時報七八九号九頁）の各決定は、いずれも神奈川県公安条例違反事件に関するものであるが、（イ）前者は、右の(2)の（ハ）と同じく条件違反の処罰規定は罰則の再委任で地方自治法一四条一項、五項違反だという上告（昭和四三年七月九日の横浜地裁の一審判決を受けたもの・刑集同上六八三頁以下）を斥けたもの、（ロ）後者は、ジグザク行進やうず巻行進を禁止することは、表現形態の自由を奪うものだから違憲だという主張を、それらは「思想表現のための不可欠のものでなく、これを禁止しても憲法上保障される表現の自由を不当に制限することにならない」という前記の論法で斥けている。ただ、（ハ）前の決定が、公安委員会によって付された複雑多数の条件の一部が表現の自由の侵害として憲法二一条に違反し無効である場合には、その条件全体を一体として無効とみるべきであるという主張（本稿二の二Ⅳ⑽の横浜地裁の一審判決の趣旨を受けたもの・刑集同上七〇〇頁）に対して、公安委員会が条例（三条一項但書）により付した各条件は、「個々独立の意味を有し、個々に構成要件を補充しているのであるから、被告人は、被告人の本件行為と事実上、法律上の関連のない条件の違憲性を争う適格を有しない」と述べて斥けている点に注目しなければならない。

⑷　第三小法廷は、九月三〇日に、もうひとつ秋田県条例違反に関する決定（刑集二九巻八号七〇二頁以下）を下している。この秋田県条例は「道路交通等保全に関する条例」と名づけられ、特にその前文で道路等の秩序の維持を目的とすることを明言しており、その保護法益や違法態様も道交法と同じであるのに、条例の罰則五条の法定刑が道交法（一一九条一項一三号）のそれより重いのは違憲であるという主張（これも一審の昭和四七年二月三日の秋田地裁判決を受けたものである。刑集同上七四九頁、七六三頁）を斥け、県条例の名称はともあれその実質は公安条例だという立場から、道交法は道路交通秩序の維持を目的とするが、県条例は公共の安全と秩序の維持を目的とするもので、それによる許可条件の付与も、示威行進または示威運動の参加者が「秩序を紊し又は暴力行為をなすことによって生ずべき公衆に対する危害を予防するため」に付されるもので、それによって禁止される行為は「公衆に対する危害に発展する可能性がある行為に限られる」から、両者は保護法益および違法態様を同じくするとはいえないとし、さらにジグザグ行進やいわゆるフランス式デモは「公衆との間にまさつを生じ、公衆

に対する危害に発展する可能性があるから、本条例四条三項により公衆に対する危害を予防するためこれらの行為の制限、禁止が許されるものと解すべきである」とするに至っていることに注目しなければならない。

II　それらから引出される原理

以上、昭和五〇年九月一〇日の二つの大法廷判決から九月三〇日の第三小法廷の二つの決定に至る一連の最高裁裁判例——それらはいずれも条件違反の事件に関するものであった——を概観したが、さきにも述べたように、われわれの主題に直接かかわりがあるのは、実は、それら以後の一〇月二四日に言渡された二つの判決である。しかし、右の一連の裁判例からも、われわれの問題に関する最高裁の考え方のおおよそを看取することができるように思われる。それは次の諸点である。

(1)　集団示威運動その他の集団行動は、「表現の自由として憲法上保障されるべき要素を有するのであるが、他面、それは単なる言論、出版等によるものと異なり、多数人の身体的行動を伴うものであって、多数人の集合体の力、つまり潜在する一種の物理的力によって支持されていることを特徴とし、したがって、それが秩序正しく平穏に行われない場合にこれを放置するときは、地域住民又は滞在者の利益を害するばかりでなく、地域の平穏をさえ害するに至るおそれがあるから、このような不測の事態にあらかじめ備え、かつ、集団行動を行う者の利益とこれに対立する社会的利益との調和を図るため」公安条例が設けられるのである（昭和五〇年九月一〇日判決、刑集二九巻八号四九九頁）。

(2)　各地における道路上の集団行進等に際して往々みられるジグザグあるいは「だ行進、うず巻行進、すわり込み、道路一杯を占拠するいわゆるフランスデモ」等の行為は、「思想表現行為としての集団行進等に不可欠な要素ではなく、したがって、これを禁止しても国民の憲法上の権利の正当な行使を制限することにはならない」（同上五〇六頁）。

(3) 右のような「だ行進、うずまき行進、すわり込み、フランスデモ」等は、さらに、「秩序正しく平穏な集団行進等に随伴する交通秩序阻害の秩序を超えて、殊更な交通秩序の阻害をもたらすような行為にあた」り（同上五〇五頁）、かつ、「公衆との間にまさつを生じ公衆に対する危害に発展する可能性がある」から「公衆に対する危害を予防するために」公安条例によりそれをしないことを許可条件とすることも許される（昭和五〇年九月三〇日三小決定、刑集同上七〇七頁）。

以上であるが、まず、その後しばしば引用されることになったジグザグ（だ行進）、うず巻、すわり込み、フランスデモ等は、思想表現行為としての集団行動等に不可欠な要素ではないから、それらを禁止しても違憲ではないというい方は、思想表現に不可欠な最小限度の集団行動——葬式のように静かな行列——以外は、禁止しても差支えないのだと誤解させる危険がある。しかし、表現の自由とは、元来、表現形式の自由を意味し、特定の形式による表現以外は許されないということではなかったはずである。単にその表現方法が、思想表現に不可欠なものでないというだけでは、まだそれを禁止してもよいということにはならないのであって、禁止するためには、その禁止を必要ならしめる積極的な事情がなければならぬ。ジグザグ等が、ことさらな交通秩序の阻害をもたらす行為にあたるという右の判示も、そのような事情を示したつもりであろう。だが、交通秩序の阻害というだけでは、道交法による禁止の必要の理由づけにはなるかもしれないが、公安条例による禁止の理由づけとしては不充分である。かくして、最後に、それらの行為は、公衆との間にまさつを生じ公衆に対する危害に発展する可能性があるという理由づけが登場することになったのである。結局、ジグザグ等は公共の安寧秩序に対する危険を意味するから禁止し、処罰するのだということに帰着する。しかも、最高裁は、実は、単にかような条件違反の集団行動だけでなく、無許可の集団行動もまたそれが無許可だというだけで、公共の安寧秩序に対する脅威を意味するものと解し、それを禁止するのが当然だとする立前に立っているのであって（本稿二の二Ⅲ）、最高裁の公安条例違反事件に対する判断の根抵には、常に国民の集団構成および思想表現としての集団行動を潜在的暴徒の動きとして危険視する集団観があることを記憶しなければならない。

三　昭和五〇年一〇月二四日の羽田空港ロビイ事件および大阪市条例違反事件の判決

右にみたように、最高裁判所は、昭和五〇年九月一〇日以後、やつぎばやに公安条例違反事件に関する一連の判決、決定を下してきたが、なお、反抗的な下級審裁判例に最後の「とどめ」でもさすかのように、さらに同年一〇月二四日に二つの判決を言い渡した。ともに第二小法廷の判決であるが、その一つは、羽田空港ロビイにおける無許可デモに関する東京都条例違反事件に関するもの、もう一つは、大阪市日本橋三丁目交差点における原潜反対デモの一部参加者による条件違反のジグザグデモに関する大阪市条例違反事件に対するもので、ともに、実害もまた具体的危険も生じておらず、可罰的違法性を欠くがゆえに、犯罪は成立しないとした東京高裁と大阪高裁の原判決（本稿三の四(1)、三の五(1)、五三〇頁、五三八頁）を破棄しているのである。われわれの問題に直接関連する最高裁判例として、すこし詳細に検討することにしたい。

I　羽田空港ロビイ事件判決の内容とその検討、特に無許可集団行為によって新たに招来されるといわれる公共の危険の実体

羽田空港ロビイ事件に対する昭和五〇年一〇月二四日の第二小法廷判決（刑集二九巻九号七七七頁以下）は、原判決が、たとえ無許可の集団示威運動を指導したとしても、そこに公共の安寧に対する直接かつ明白な危険がなく、可罰的な違法性が認められない限り、都条例五条の構成要件該当性を欠くとしたのは、都条例「一条、五条の解釈適用を誤ったもの」というべきだとするのであるが、その理由として次のように判示している。

(イ)「本条例の対象とする集団示威運動等の集団行動は、表現の一態様として憲法上保障されるべき要素を有するのではあるが、他面、それは、単なる言論、出版等によるものと異なり、多数人の身体的行動を伴うも

のであって、多数人の集合体の力、つまり潜在する一種の物理的力によって支持されていることを特徴とし、時には本来秩序正しく平穏に行われるべき表現の自由の行使の範囲を逸脱し、地域の平穏を乱し暴力に発展する危険を内包しているものであるから、かかる危険に対処し法と秩序を維持するため、本条例のように許可を原則とし不許可の場合が厳格に限定された集団行動の許可制を設けても、なんら憲法に違反するものではないことは、当裁判所の判例とするところである」（昭和三五年(あ)第一一一二号同年七月二〇日大法廷判決、刑集一四巻九号一二四三頁）。

(ロ)「このように集団行動に対する許可制が是認されるものである以上、これに違反して敢行された無許可の集団行動は、単に許可申請手続をしなかったという点で形式上違法であるにとどまらず、集団行動に内包する前叙のような特質にかんがみ、公共の利益保護の必要上、これに対し地方公共団体のとるべき事前の対応措置の機会を奪い、公共の安寧と秩序を妨げる危険を新たに招来させる点で、それ自体実質的違法性を有するものと解すべきことは、当裁判所の前記判例の趣旨に徴して明らかである」（なお、最高裁昭和四〇年(あ)第一〇五〇号同四一年三月三日第一小法廷判決、刑集二〇巻三号五七四頁参照。）

(ハ)「そうすると、被告人らの指導した本件無許可の集団示威運動はそれ自体なんら実質的違法性を欠くものではないのに、原判決が、『たとえ無許可の集団示威運動を指導したとしても、そこに公共の安寧に対する直接且明白な危険がなく、可罰的な違法性が認められない限り、その者に対しては敢えて右のような重い刑罰を以て臨むべきではない』との解釈を前提として、被告人らが本件無許可の集団示威運動を指導した点につき、本条例五条の構成要件を欠くとしたのは、本条例一条、五条の解釈適用を誤ったものというべく、原判決の右違法は、判決に影響を及ぼし、かつ、これを破棄しなければ著しく正義に反するものと認められる。」

(1)　これによれば、原判決が破棄されたのは、それが、無許可の集団行動の指導であっても、そこに公共の安寧に対する直接かつ明白な危険がなく可罰的違法性が認められない以上は、そのような重い刑罰をもって臨むべきではないという解釈論的前提のもとに、当該の集団行動はそのような直接かつ明白な危険を有したものでなく、可罰的違法性も認められないから、それを指導した行為も、都条例五条の構成要件には該当しないとしたことが、都条例一条、五条の解釈適用を誤ったものだとされたからであって、当該の集団行動がそのように公共の安寧に対する直接かつ明白な危険をもたらすものでなかったという原判決の事実認定が間違いだとされたからではないのである（この点、次の大阪市条例違反の判決と異なる）。本判決が否定するのは、右のように都条例五条の罪を具体的危険犯だとした原判決の前提であって、本判決の立場からすれば、その集団行動がかりに何ら公共の安寧に対する具体的な危険をもたらすものでなかったとしても、単にそれが無許可で行なわれたというだけで、それはなお「公共の安寧と秩序を妨げる危険を新たに招来させ」たものであり、したがって実質的違法性があり処罰をも免れないのだということになるのである。かように具体的危険のないことが明らかであっても、なお新たに招来される「危険」があるとされる以上、われわれはさらにその新たに招来される「危険」なるものの実体を究明しなければならぬ。だが、判決のこの点についての説明は誠に素気なく理解しにくくて、単に、無許可の集団行動は、集団行動の内包する特質にかんがみ、それに対し「地方公共団体のとるべき事前の対応措置の機会を奪い、公共の安寧と秩序を妨げる危険を新たに招来させる」とあるだけなのである。これは、無許可で行なわれた集団行動は、地方公共団体がとるべき事前の対応措置の機会を奪うことになり、そのことがとりもなおさず、公共の安寧と秩序を妨げる危険の新たな招来となるという趣旨と解するほかはないであろう。しかし、そう解するとしても、前段の無許可で集団行動を行なうことが地方公共団体のそれに対する事前の対応措置の機会を奪うことになるという点は、一応納得がいくけれども、後段のそのように地方公共団体が事前に対応措置を講ずる機会を有しなかった集団行動は、そのために、すべて、当然に、公共の安寧秩序に対する新たな危険を招来する集団行動となるとされる論理がわからないのである。それというのは、集団行動が公共の安寧秩序を妨げる危険性を有するかどうかは、個々の集団行動ごとに判断されるべきものであって、許可申請をしたかどうかで決まる問題ではないはずだからである。許可を受けていなくても何ら危険のない集団行動はいくらもありうる。都条例の許可制は、「許可を原則とし、不許可の場合が厳格に限定されているから」違憲とはいえないとする本判決自体の立場からしても、その対象となる集団行動は原則として危険なものでなく、危険な場合は例外だという論理をとるほかないであろう。しかし、判決は、反対に、右のように、無許可で敢行された集団行動は、すべて公共の安寧秩序に対する危険を新たに招来するといい、その理由は、それが地方公共団体のそれに対する事前の対応措置の機会を奪うことになるからだとするのである。だが、地方公共団体がそれに対する事前チェックの機会をもたなかったからといって、どうして、それ自体平穏で危険でない集団行動まで公共の安寧秩序を脅かす危険な集団行動に転化することになるといえるのか、その理由が一向に明らかでないのである。

(2)　この間の論理は推測するほかないが、その推測をすすめる鍵は、どうやらそのすぐ前の「集団行動に内包する前叙のような特質にかんがみ」という一句にあるようである。集団行動の「前叙」の特質とは、およそ集団行動というものは、多数人の身体的行動を伴うものであって、多数人の「集合体の力」、つまり「潜在する一種の物理的力」によって支えられ、「時には本来秩序正しく平穏に行われるべき表現の自由の行使の範囲を逸脱し、地域の平穏を乱し暴力に発展する危険を内包」しているものだという集団行動観であって、かような集団行動に内包される「危険に対処し法と秩序を維持するため」に設けられたのが許可制の公安条例だということから、いやしくも無許可で、つまり地方公共団体による事前のチェックなしに敢行される集団行動は、すべて地域の平穏を乱し暴力に発展する危険なものだと断定できるというのであろう。かような断定の根底にあるものは、すべての集団および集団行動は、いつ暴力に発展するかもしれぬ危険を孕んだ潜在的暴徒であるという思想であって、そのことは判決がさきの昭和三七年七月二〇日の大法廷判決のほかに昭和四一年三月三日の第一小法廷判決を特に引用しているところからみても明らかである。しかし、実は、そのような潜在的暴徒観をもってしても、右のような断定を理由づけることはできないのである。なぜならば、

(イ)　まず、集団、集団行動には暴力に発展する危険が内包されているといわれるが、集団、集団行動が暴力化するのは、そうさせる原因、動機、事情があるからであって――最高裁は、それを「予定された計画に従い、あるいは突発的に内外からの刺戟、せん動等によって」暴徒化するという（昭和三五年七月二〇日大法廷判決）――判決のいう集団行動の危険性とは、もしそのような原因、動機、事情があれば暴力に発展することがありうるという単なる可能性にすぎず、集団それ自体に暴力に発展する蓋然性または必然性があるというわけではない。だからこそ、許可するのが原則だという許可制も可能になるわけであろう（真にすべての集団行動が危険なものだったら、それは原則として禁止せられるべきものであって、許可されるのは例外だということにならざるをえまい）。右のような単なる可能性、あるいは「遠い抽象的な虞れ」（垂水裁判官）が、集団行動を不許可にするために必要とされる公共の安寧保持上の「直接且つ明白な危険」（都条例三条）といわれるものと全く異なるものであることは明らかであって、実は、それまで「危険」と呼ぶから問題の実体がぼやけてしまうのである。素朴な考えからすれば、集団行動が無許可で行われる場合には、それを暴力化させてしまうような原因、動機、事情があるかないか分からない、したがって、ないともいえないというだけのことで、無許可だから暴力化する蓋然性もしくは必然性があるなどといえるわけでないことは明らかである。判決が、無許可集団行動によって新たに招来されるという公共の安寧秩序を妨げる危険なるものの実体は、実は、このような暴力化するかもしれない、しないとはいいきれないという単なる可能性あるいは「遠い抽象的な虞れ」にすぎないのである。

(ロ)　さらに、重要なことは、無許可集団行動が裁判を受ける段階では、それはすでに過去に属する事実となっており、それがどのようなものであったか――危険なものだったか、なかったか――も、調べの結果すべて明らかにされているということである。本判決は、たといかような審理の結果、その集団行動が何ら危険なものでなかったことが明らかになったとしても――現に本件の羽田空港ロビイでのデモはそうであった――そんなことは無視して、無許可でなされた以上は、それはすべて、当然に、公共の安寧秩序を妨げる危険を新たに招来したものとして取り扱うというのである。しかし、始めから何ら暴徒化する危険もなく現に秩序正しく行なわれ終わったことがすでに判明している無許可集団行動が、いったい安寧秩序に対してどのような危険を招来したことになるのであろうか。そこでは、さきの暴力化しないとは限らないという単なる可能性、あるいはかすかな危惧、「遠い抽象的な虞れ」すら理由のないものであったことが明白になっているのである。このように平和な集団行動であったことが判明した集団行動を、それと反対の危険な集団行動に転化させる神通力は、判決の前提とする集団潜在的暴徒観にもないのである。

(ハ)　そのように秩序正しく平穏に行なわれた集団行動まで危険を新たに招来したものとして取り扱うことは、危険でないものを危険と擬制することである。そのような擬制まで強行せざるをえなくなるのは、無許可の集団行為はすべて容赦なく処罰しなければならぬという建前をとるからである。さらに、そのように無許可の集団行動もすべて処罰しなければならぬという建前をとらせるものは、個別的に検討すれば、いかにも無許可の集団行動のなかには平穏で何ら危険でないものもあるかもしれないが、それらをいちいち顧慮し斟酌していたのでは、許可制の箍がゆるんでしまい、真に危険な集団行動まで地方公共団体による事前チェックの網の目をもれてしまうおそれがあり、それでは法と秩序の維持がおぼつかなくなるという考えであろう。[1]このように、許可制の真の狙いが、「表現の自由を口実にして集団行動により平和と秩序を破壊するような行動またはさような傾向を帯びた行動を事前に予知し、不虞の事態に備え、適切な措置を講じ得るようにすること」にあることは、昭和三五年七月二〇日の大法廷判決が明言しているところである（刑集一四巻一二五一頁、本稿**二**の二II、法律時報四九巻三号〔三月号〕九一頁）。しかし、そうだとすると、平穏に秩序正しく行なわれた無許可集団行動が処罰されるのは、それ自体の危険性のためではなく、むしろ右のような真に危険な集団行動をのがさないために、その手段として、あるいはそれとのおつきあいでの処罰だということになってしまうのである。さらに、もっと拙いことには、そのように現に何ら危険でなかったことが明らかにされた無許可集団行動の主催者等を処罰したところで、それは、本気で「表現の自由を口実にして集団行動により平和と秩序を破壊しようと」考えている人々に対しては何らの歯止めにもならず、それらの人々はそのような危険のない無許可集団行動の主催者や指導者の処罰に何ら頓着することなく、自分達の意図している集団行動をやってのけるだろうということである。昔スイスの悪代官ゲスラーは、自分の帽子を穂先につけた槍を街角に立てて、道行く人々に敬礼を要求し、従わぬ者は叛逆者として厳罰に処するという布告を出したというが、まさか、最高裁判所は、公安条例の命ずる許可申請をこのゲスラーの帽子なみに解し、許可なしに遂行された集団行動の主催者または指導者は、すべて暴力行動に出でんとする不逞の意思を抱くものとみなされるなどといおうとしているのではあるまい。

このようにみてくると、無許可の集団行動はそれだけで常に公共の安寧秩序に対する新たな危険を招来するという本判決の命題は、適切な理由づけを欠く危険の擬制宣言にすぎないというほかはない。

（1）　小田「羽田空港ターミナルビルディング内国際線出発ロビイにおける無許可の集団示威運動を指導した場合につき可罰的違法制を欠くとして昭和二五年東京都条例四四号集会、集団行進及び集団示威運動に関する条例五条の罪を否定した原判決が法令の解釈適用を誤ったものとされた事例」法曹時報二八巻七号二三七頁。

II　大阪市条例違反事件判決の検討

大阪市条例違反のジグザグ行進に関する同じ昭和五〇年一〇月二四日の第二小法廷判決（刑集二九巻九号八六〇頁以下）は、交差点でのジグザグ行進が条件違反ではあるが、交通秩序に著しい障害、危険等をもたらすこともなく、また徒らに気勢をあげて集団自体の自己統制力に弛緩を生じ、通行車輛や通行人と衝突、接触するなど無秩序、または暴行等の越軌行動にまで発展するおそれのある状況ではなかった等の理由で、「これに臨むに敢えて刑罰を加えければならない程の違法性を具備するものとは考えられず、いわゆる可罰的違法性がない場合とみるのが相当」だとして犯罪の成立を否定したのを破棄差戻したものであるが、次のように判示している。

(イ)「被告人は、大阪府公安委員会が市条例四条三項の規定により群衆の無秩序又は暴行から一般公衆を保護するため必要と認めて定めた『行進は平穏に秩序正しく行い、ジグザグ行進など一般公衆に対し迷惑を及ぼすような行為はしないこと』との条件に違反して約六〇名の者とともにジグザグ行進をしたものであるところ、集団示威行進等の集団行動は、表現の一態様として憲法上保障されるべき要素を有するものであるが、ジグザグ行進のような行為は、このような思想の表現のために不可欠のものではなく、これを禁止しても憲法上保障される表現の自由を不当に制限することにはならないのであって（最高裁昭和四八年(あ)第九一〇号同五〇年九月一〇日大法廷判決参照）、許可条件違反のジグザグ行進は、それ自体、実質的違法性を欠くようなものではなく、原判決は、この点において、本条例五条、四条三項の解釈適用を誤ったものである。」

(ロ)「更に、本件記録によって考察すると、本件日本橋筋三丁目交差点は、その位置、規模、当時における交通量等からみると、大阪市における有数の交通の要衝であって、本件当時における交通状況とその停滞の状況も原判決の指摘する程度のものにとどまらず、また、被告人の誘導したジグザグ行進が同交差点を『進め』の信号で横断し、これに要した時間が約二、三分にとどまることをえたのは、ひとえにその際警察官によって信号機を特に自動信号から手動信号に切りかえる措置がなされたほか、適宜の規制がなされ、機動隊広報車からも警告がなされたこと等によるものであって、被告人らの梯団がその自己統制力を保持していた結果であるとはいえないふしがあるのみならず、前記説示の如く原判決認定の事実を前提とするにしても、これをたやすく実質的違法性を欠くものと認めることはできず、結局、原判決には、法令の解釈適用の誤り及び審理不尽ないしは事実誤認の疑いがあり、原判決の右違法は、判決に影響を及ぼし、かつ、これを破棄しなければ著しく正義に反するものと認められる。」

さきの羽田空港ロビイ事件の判決が無許可集団行動に関するものであったのに対して、本判決は条件違反のジグザグ行進に関するものであるが、ここでは、また、ジグザグ行進のような行為は思想表現のために不可欠のものでないということが、その禁止の合憲性の理由とされ、同時にそれらの行為が実質的違法性を欠くものでないことの根拠ともされている。しかし、思想表現のために不可欠でないというだけでは、まだ、それが禁止されねばならぬ理由の説明にはならず、そのためには、さらに、その禁止を必要ならしめる積極的理由が示される要があること、そのような積極的理由としては、結局、さきの秋田県条例違反事件に関する九月三〇日の第三小法廷決定が述べたように、それらの行為には「公衆との間にまさつを生じ公衆に対する危害に発展する」危険があるからとするよりほかないことは、前にも述べたとおりである（本稿五の二I(4)、II、五五八頁、五五九頁）。結局、条件違反の集団行動の危険性の問題について、本判決は右の羽田空港ロビイ事件の判決と同じ見解に立つものとみてよいであろう。

だが、(ロ)の判示については、すでに(イ)で、原判決の認定を前提としても、問題のジグザグ行進には実質的違法性があるというべきで、それがないとした原判決は法令の解釈適用を誤ったものであるとされているのに、さらにここで、原判決が問題のジグザグは約二、三分で終わり、その間集団自体の自己統制力に弛緩を生じ、通行車輌や通行人と衝突、接触するなど無秩序または越軌行動にまで発展するおそれはなかったとした事実認定をとりあげ、それがその程度にとどまったのは「ひとえに」警察官と機動隊の規制、警告の成果であり、原判決のいうように梯団が自己抑制力を保持していた結果とは「いえないふし」があるというので、審理不尽または事実誤認の疑いが破棄理由に加えられていることが、目立つのである。このように上告審では、滅多に見られない事実誤認や審理不尽という破棄理由が、特に附加されたのは、差戻審をして、事実認定の面でも、当該ジグザグは具体的に危険なものだったと認定させ、有罪の言渡をさせようとしたものと解せられるが、それは、他方からみれば、公安条例違反を具体的危険犯と解する見解を拒否する最高裁判所からしても、現に通行車輌や公衆との間に何らの摩擦や衝突もなく平穏に終了したことが明白となっている集団行動までも、それが条件違反だというだけの理由で、容赦なく処罰することの無理が——あるいは下級裁判所がそれに躊躇するであろうということが——意識されている事実を示すものではあるまいか。

こうみてくると、ここでも、さきに羽田空港ロビイ事件判決において出会ったのと同じ問題――それが何らの危険もなく平穏かつ秩序正しく行なわれたことが明白になったとしても、それが単に条件違反だったというだけで、容赦なく処罰することが正しいかどうか――があり、その理由づけが、単に、危険でなくても危険だと擬制するのだというだけでは、誠に説得力に乏しいといわざるをえないのである。

四　それらの最高裁判例と抽象的危険犯説（松浦論文）およびその問題点

右のようにみてくると、羽田空港ロビイ事件および大阪市条例違反事件の最高裁判決は、ともに、無許可または条例違反の集団行動が、形式的違法たるにとどまらず、重い刑罰に値いする実質的違法性を有する旨を断言するにもかかわらず、その根拠については、納得のいくような説明を与えておらず、単にそれらは公共の安寧秩序を妨げる危険を新たに招来するものだという擬制を押しつけるにすぎないように思われるのである。しかし、犯罪の実体である行為の危険性、違法性が、単に擬制されたものにすぎないというのでは、とうてい一般人を納得させることはできない。そこで、問題をもっと角の立たぬように表現するためにもち出されるのが、公安条例違反の罪は抽象的危険犯であるから、起訴せられた個々の集団行動が具体的に危険なものであったかどうかは問題にならないのだという説明である。右の二つの判決が、そのような抽象的危険犯説をとるとはっきり明言しているわけではないが、実は両事件に対する検察官の上告論旨は、すでに、公安条例違反の罪は、具体的危険犯でなく、抽象的危険犯であると主張し、無許可もしくは条件違反のすべての集団行動は、無許可または条件違反という点ですべて公共の安寧に対する一般的、抽象的な危険を具有するものであって、個々の場合について具体的にどのような公共危険が生じたかということを問う必要はないと論じていたのである（刑集二九巻七八八頁、七九一頁、八八二頁）。その上告論旨を容れて原判決を破棄した右の二つの最高裁判決も、結局、それと同じ立場に立つものと解するのが自然であろう。そうすれば、右に集団および集団行動の危険性を擬制するものではないかと評した判示も、公安条例違反の罪は抽象的危険犯であるとする見解を表明したものとみられることになる。実際にも、それらの判決は、そのように解せられているようである。両判決に対する小田調査官の「法曹時報」二八巻七号における解説も、抽象的危険犯という言葉は用いていないが、原判決の具体的危険犯説的な判断を斥けている論調からみて、抽象的危険犯説の側に立つものと思われるし[1]、法務省刑事局の松浦繁検事の「法律のひろば」昭和五一年一月号の論文「公安条例違反罪と可罰的違法性」は、はっきりと、両判決を抽象的危険犯説をとったものとして解説敷衍しているのである。さきに安村判決や小林判事の論文で提唱された抽象的危険犯説は、遂に最高裁によって採用されることになったものとみてよさそうである。しかし、抽象的危険犯だと銘打ちさえすれば、擬制の実質が変わるというわけにはいかぬであろうし、さらに抽象的危険犯として理解しようとしても、いろいろと困難があることは、すでにさきにも一言しておいたが（本稿**四**の二、五四九頁以下）、ここでは、右の二つの最高裁判決に関して発表された松浦検事の所説を伺うことにしよう。

(1)　松浦論文は、まず、羽田空港ロビイ事件に対する東京高裁の原判決は「おそらく許可手続違反には単に手続違反的な形式的違法性しか認められず、公共の安寧・秩序に対する危険性という実質的違法性（実質的に処罰を必要とするような理由）はそこには直ちに認められなく、また、集団示威運動には常に必らずしも一般的に公共の安寧・秩序に対する危険性が認められるものではないとの理解に立ち、従って、具体的に右のような公共の安寧・秩序に対する危険性が認められた場合にのみ処罰すれば足りるとしたもの」と解されるが、それは、公安条例における許可制および無許可集団示威運動ひいては集団示威運動の性質についての「理解不足あるいは誤解」であって、最高裁判決はこれを正したもので、それによれば「許可制をとる公安条例が集団行進、集団示威運動等の集団行動の一切について許可手続を経させているのは、集団行動がその本来の性格として一般的、潜在的に公共の安寧・秩序を乱す危険を具有するものであり、そのため不測の事態の発生を未然に防止するなど公共の安寧・秩序保持のため事前の措置を講じる必要があることによるもの」である。公共の安寧に直接かつ明白な危険を及ぼすような集団行動が無許可で行なわれるときの危険はいうまでもないが、「一見平穏秩序正しく行われると予想されるような集団行動であっても、それが応々にして必要以上に道路交通秩序を乱し、社会生活の安穏正常な運行を乱すなどのおそれがある」から、それらが許可なしに行なわれるのは危険であって、結局、すべての「無許可集団行動は、公共の安寧・秩序に対する抽象的危険を持つもので、当罰性は十分認められるのであり、無許可集団行動を処罰しようというのも、許可制そのものが右のような公共の安寧・秩序に対して抽象的危険性がある行為を規制し、その規制の実効を期そうとするためであるから、抽象的危険のある行為があった以上処罰されるものと解して何ら差し支えない」というのである。(2)

(2)　このことは、ジグザグ行進などの条件違反の場合も同様であって、大阪市条例違反のジグザグに対する最高裁判決も、抽象的危険犯説に立つものとされるのである。もっとも、この判決が、ジグザグのような行為は、思想表現のために不可欠でないということから、直ちにそれが刑罰に値いする実質的違法性をもつとするような表現を用いたことに対しては、松浦論文も批判的であって、それを禁止することの必要性がその禁止の許容性とともに充足されねばならぬとするのである。しかし、それらの二つの要件は、抽象的危険性さえあれば充たされるのであって、許可条件の「予防目的をよりよく達成するためには、侵害の具体的危険が認められる場合のみならず、侵害に発展する可能性のある行為、言い換えれば抽象的危険のある行為をも制限禁止する必要があり」、かつまた「一律に禁止しても何ら差し支えない」のである。そして「本件でのジグザグ行進はまさに右の抽象的危険性のある行為」にあたるとされるのである。(3)

(3)　このように、最高裁判決を抽象的危険犯説の立場から理解する松浦論文も、現実の集団行動はさまざまであって、無許可または条件違反の集団行動のなかにも、平穏に秩序正しく行なわれ公共の安寧秩序に対して何らの具体的危険ももたらさないものがあることは争わないのである。それだけでなく、さらに、そのように「無許可（条件違反も同様であろう）集団行動が公共の安寧・秩序に危険をもたらすようなものでなかった場合は、いくら集団行動一般に危険が具わっているものであるとしても、それが結果的に具体化されなかったのであるから処罰する必要はないのではないかという疑問」がありうることをも認め、原判決の根底にもそれがあったのではないかともいうのである。それにもかかわらず、松浦論文によれば、そのような疑問は理由のないものであり、それらも一律に処罰されねばならぬ次第が縷々述べられるのであるが、それらは、結局、集団行動は、「その本来の性格として一般的、潜在的に公共の安寧・秩序を乱す危険を具有」し、あるいは「抽象的危険性をもつものであり、それが応々にして現実化、具体化され、その段階で規制することは困難であるが故に、一律に抽象的危険のある段階でチェックしようとする」のが許可制の狙いである以上、すべての集団行動は許可制の対象となり、またその実効を期するためにはいっさいの無許可集団行動を刑罰の対象とするほかはないということに帰着する。つまり、許可制の実効を期するためには、具体的に何ら危険のない無許可の集団行動をも処罰する必要があり、かつその処罰は、具体的に危険がなくても抽象的危険性は認められるという論理によって合理化されることになるのである。あるいは、また、無許可の集団行動は、具体的危険が生じなくても、その潜在的な危険性が何時具体化されるかという「不安感を醸し出し、それ自体が既に公共の安寧・秩序に対する脅威である」とか、集団行動に具わっている危険性は、「それが、現実化されることが圧倒的に多く、そのため事前措置が制度として必要である以上、万が一、右の危険性が具体化せず、結果的に事前規制措置が必要でなかった場合があるとしても、事前措置制度が制度としてなりたつには、右のような極く例外的な場合をも包括して義務づけるようなことになってもそれは容認される」などとも説かれるのである[4]。

さきの小林論文とともに、公安条例違反を抽象的危険犯説によって理論づけようとした試みとして注目すべき論策であるが、それで問題がすべて解決されたわけではないように思われる。

(イ)　松浦論文の実際的結論は、無許可または条件違反の集団行動のなかにも、個別的にみれば何ら危険でなく、許可を求めれば無条件で許可になったようなもの（あるいは、条件違反でも何ら危険を生じなかったもの）があるかもしれないが、それらも一律無差別に公安条例違反の罪として処罰しても何ら差支えないということであり、その理由づけは、それらには公共の安寧秩序に対する抽象的危険性があるということに求められる。なお、それが、集団行動に具わっている公共の安寧秩序を乱す危険性は、「応々にして現実化、具体化される」とか、その「現実化されることが圧倒的に多い」とかいういい方で抽象的危険犯説の補強を試みている点は、集団行動は、「時には」暴力に発展する危険を内包するというにとどまっている判決の表現を越えている。判決自体は、まだ集団行動が「応々にして」暴力化するとか、暴力化することが「圧倒的に多い」とまではいっていないのである。しかし、松浦論文が、最高裁判決の論理を一貫させるためには、そこまでいく必要があると考えたとしても、それは不自然ではない。なぜなら、最高裁の集団および集団行動観は、昭和三五年七月二〇日の大法廷判決以来そのような集団潜在的暴徒論の線を走っており、さらには「時には」とか「著しい場合には」というようないっさいの限定をかなぐりすてた昭和四一年三月三日の第一小法廷判決によって行きつくところまで行っていたのであって（本稿**二**の二III、五一五頁以下）、今次の判決も、それらをちゃんと引用しているからである。

(ロ)　しかし、抽象的危険犯説をとったとしても、裁判の結果、何ら危険なものでなかったことが判明した無許可または条件違反の集団行動の処罰までも合理化することはむずかしい。なぜならば、そのような集団行動にも抽象的危険があるといってみたところで、それは、現実には危険でなかったことが明らかになっても、危険だったものと看做し、あるいは擬制するということを、単に別のいい方でくり返しているにすぎないからである。そのような場合が、抽象的危険犯説にとって、手に負えぬ難問であることは、とくに安村判決や小林論文も気づいていたところで、それらは、「殆ど形式犯に接近する」（安村判決）とか、「形式犯と解する余地もある」、あるいは「形式犯と余り異ならない」（小林論文）などとされていたことはさきにみたとおりであるし（本稿**三**の三、五二七頁、**四**の二、五五二頁以下）、また、同じく抽象的危険犯説の立場に立ちつつ、さらに一歩進んで、可罰的違法性の理論をとり入れ、そのような場合は可罰的違法性が認められないから、罪とならないという結論を引き出した京都地裁や神戸地裁等の下級審裁判例さえ現われているのである（本稿三の五(3)、五四〇頁以下）。問題は、実は、ずっと先のほうまで進んでいるのである。

(ハ)　無許可の集団行動が行なわれると、その危険性が何時具体化されるかという不安感を醸し出すという議論に対しても、地域住民は個々の集団行動が許可を受けているかいないかをいちいち区別できるわけではないから、集団行動が無許可だということのために特別な不安感が醸成されるとは考えられないというべきである。さらに、松浦論文は、右のような議論は「いわば結果論であり、もし具体的危険のあるものに限って処罰されるということになれば、そのような具体的危険の認められるもののみ許可申請をすればよいことになる」とも反論している。(5)しかし、この反論も当たらないであろう。なぜならば、さきの東京高裁の原判決をはじめ論難される下級審の裁判例は、いずれも、集団行動について事前の許可申請義務があることは肯定したうえで、ただその義務に違反したとしても、その集団行動そのものが、始めから何ら暴力化する危険を帯びておらず、かつ、実際にも秩序正しく平穏に行なわれたことが明らかな場合には、もはや刑罰を科するに値しないとみるべきだという解釈論を展開しているにすぎないからである。それよりも、むしろ、松浦論文のいうように、集団および集団行動というものが危険なものであって、しかもその危険の現実化されることが圧倒的に多いのだとすれば、いっさいの集団行動は、原則として禁止せらるべきものであって、許されるのが例外だということにならざるをえないと思われるが、それは、許可が原則で禁止は例外だから、許可制は違憲でないとする最高裁判所の従来からの判例と、果たして調和しうるものであるかという問が、松浦論文自体に対して提起されるべきであろう。

(ニ)　松浦論文は、また、右の最高裁判決は、無許可で行なわれた集団行動の公安条例違反については、「もはや可罰的違法性論の考え方を取り入れる余地がないことを示した」ものであるともしている。(6)しかし、これもいい過ぎである。それらは――大阪市条例違反判決も同じ――可罰的違法性の理論の安易な適用を抑制しようとしたものとはいえても、公安条例違反については、その適用の余地がないとまでしたものでないことは、小田調査官の指摘のとおりであろう。同調査官の「判例解説」には、右の判決が「可罰的違法性の考え方自体を否定したものであるとか、公安条例違反事件については可罰的違法性の考え方をとる余地がないことを示した等という意味を全くもつものではない」と述べられているのである。(7)

こうみてくると、公安条例違反の罪は、果たして抽象的危険犯として理解すべきものなのか、それともむしろ行政上の取締目的に基づいて出された命令（事前に許可手続をとり、付せられた許可条件を守れという）に対する不服従を実体とする形式犯であると解するほかないのではないか（しかし、それでは法定刑が重すぎる）、また、かりに抽象的危険犯と解するにしても、すくなくとも、全く危険なものでなかったことが明らかになった集団行動の場合には、刑罰を科するべきではないと解する余地があるのではないかというような問題が、なお解答を待っているといわざるをえないのである。

（1）　小田・上掲法曹時報二八巻七号二三四頁以下、「許可条件違反のジグザグ行進につき可罰的違法性を欠くとして昭和二三年大阪市条例第七七号行進及び集団示威運動に関する条例五条の罪の成立を否定した原判決が法令の解釈適用を誤ったものとされた事例」同二四〇頁以下。
（2）　松浦「公安条例違反罪と可罰的違法性」法律のひろば二九巻一号三七頁、三八頁。
（3）　松浦・上掲四〇頁。
（4）　松浦・上掲三八頁、三九頁。
（5）　松浦・上掲三九頁。
（6）　松浦・上掲三七頁。
（7）　小田・上掲二三八頁。

六　抽象的危険犯の理論と公安条例違反

一　問題点

以上みてきたところによると、無許可または許可条件違反デモの公安条例違反罪に関する判例は、それらを抽象的危険犯と解するということに帰着したといえるようである。しかし、それは、およそ集団および集団行動というものは脱線して、静ひつを乱し、暴力に発展する危険を内含するものであるという集団潜在的暴徒観の上に立つものであって、その点において既にはなはだ問題があるといわなければならない。だが、それについては前に述べたから、ここではもっぱらそれらを抽象的危険犯と解することについて存する問題を検討する。まず、第一に、それらを抽象的危険犯と呼ぶだけでは、公安条例違反の問題は、一向にかたづかないのであって、むしろ公安条例違反の行為には果たして抽象的危険犯と呼ばれるだけの実体がそなわっているかどうかが疑われているのである。それだけではない。実は、さらにその抽象的危険犯という法概念自体が、法治国的な立場から、刑事法的にいえば、罪刑法定主義あるいはデュープロセスおよび責任主義の立場から、その存在根拠が疑問視され、争われているのである。(1)

（1）　この問題については、岡本助教授の「抽象的危殆犯の問題性」法学三八巻二号に詳細な研究がある。

二　わが刑法学と抽象的危険犯

そこで、まず、抽象的危険犯とは何かということを決めておかねばならない。抽象的危険犯とは、具体的危険犯に対するものであるが、この両者を併せた危険犯（危殆犯）が実害犯（侵害犯）と対立し、さらに危険犯と実害犯を併せたいわゆる実質犯が形式犯と対立するのだとされるのである。最後の実質犯と形式犯の区別は、法益に対する侵害または脅威（実害または危険）を内容とするかどうかによるもので、形式犯は法益に対する侵害脅威を要しない犯罪だということになる。また、実質犯のなかでの実害犯と危険犯との違いは、それが法益侵害の結果（実害発生）を必要とするか、それとも法益を侵害しそうな危険があるだけで足りるかである。この危険犯が、さらに具体的危険犯と抽象的危険犯とに区別されるのである。いわゆる具体的危険犯は、その構成要件上実害が発生する危険が現実に現われたことが要求される犯罪であって、たとえば、刑法一〇九条二項、一一〇条の放火罪で「因テ公共ノ危険ヲ生セシメタル者ハ」とあるのがそれで、裁判所は当該事件において被告人の行為によって実際に公共の危険が生じたことを確認することを要し、もしそれが認められなければ、有罪を言渡すことはできず、具体的危険は構成要件要素だから、それについても故意がなければならない。これに対して、いわゆる抽象的危険犯では、構成要件としては、単に、一般的経験からみていかにも法益侵害を惹起しそうな危険な行為の類型化だけが与えられているだけで、危険の発生は構成要件要素となっていないが、構成要件該当の行為があれば当然にその危険があると法上反証を許さない仕方で推定されもしくは擬制されるのだとされている。したがって実際には何らの危険も生じなかったとしても犯罪の成立には妨げなく、また危険の認識も故意の内容とはならないのであって、裁判官もその点について認定する必要はない。この意味でこの場合の危険は立法の理由にすぎないともいわれるのである。[1] たとえば刑法一〇八条の現住建造物放火罪や一〇九条一項の放火罪では、その構成要件に該当する行為（があり、焼燬の結果）があれば当然に公共の危険が生じたものと看做され、また刑法一六九条の偽証罪では、「宣誓シタル証人虚偽ノ陳述ヲ為シタルトキハ」とあるだけだが、この場合にも当然に裁判を誤らせる危険があるものと看做され、また刑法二一八条の遺棄罪でも、保護責任者が、老幼等の要保護者を「遺棄シ又ハ其生存ニ必要ナル保護ヲ為ササルトキハ」とあるだけであるが、ここでも当然、生命、身体、健康に対する危険が存するものと看做されるというのである。しかし、上述したように、実際には、これらの犯罪においても、その推定または擬制されるような危険が発生しない場合がありうる。たとえば、野中の一軒家を焼払い、見えすいた偽りの供述に裁判官が苦笑いしているような場合とか、救護施設の受付に捨子した場合などはそうであるが、それらもすべて抽象的危険犯だからということで無視され処罰を免れないということになるのである。

もっとも、最後の点については、近時、反対論が有力となっており、たとえば、平場、井上、滝川教授等共編の「刑法概説」は、「抽象的危険犯といえども、まったく危険の考えられないばあいには、やはり犯罪とすべきではないだろう」と説かれ、(2)平野教授もまた「抽象的危険というのは一応の分類概念であって、結局は、その規定の解釈によって定まるものであることに注意しなければならない」と述べ、破防法三八条二項二号の「内乱を実行させる目的で、その正当性または必要性を主張した文書を頒布」する行為とか、「あん摩師、はり師、きゅう師、及び柔道整復師法」一二条の医療類似行為、刑法の遺棄罪等の抽象的危険犯について、それぞれの犯罪が予定している危険がまったく存在しない場合には、犯罪は成立しないと解すべきだと説かれているのである。(3)その際、最高裁の破防法に関する判例（昭和四二年七月二〇日決定、判例時報四九六号六八頁）のほかに医療類似行為に関する判例（昭和三五年一月二七日判決、刑集一四巻三三頁）が援用されていることは重要である。なぜなら、破防法の判例だけならば、言論、出版等の表現の自由に関する行為のみに限って認められる限定解釈だといわれるかもしれないけれど（昭和五〇年九月一〇日の徳島市公安条例判決における岸裁判官の補足意見、刑集二九巻八号五〇九頁以下ではそれである）、医療類似行為の判例は限定解釈が決して表現の自由の関係に限るものでないことを示しているからである。岡本教授の前記論文も「抽象的危険犯における制限的解釈」の必要を強調しており、内田教授もまた同じ見地から、山中の一軒家に放火したような場合には、公共の危険は生じないから、放火罪で予定された違法性は認められず、建造物損壊罪として考えるべきだとされ、さらに進んで「危険を擬制する意味での抽象的危険犯という観念も否定しなければなるまい」とされるのである。(4)われわれがさきに松浦論文に関連して、京都地裁や神戸地裁の公安条例違反を抽象的危険犯と解しながら、可罰的違法性の理論によってそれに限定解釈を試みた裁判例に言及して、問題は「ずっと先のほうまで進んでいる」と述べたのも（本稿五の四、五七四頁）、このような学説の状況を考えていたからある。

さて、以上の法益に対する侵害または脅威（実害と危険）を内容とする実害犯と危険犯とを合わせたものがいわゆる実質犯であるが、通説は、上述したように、さらにそれに対立する形式犯という範疇を認めている。そして、この形式犯においては、実質犯のようにその行為が保護法益に対する侵害または危険をもたらすことを理由に刑が科せられるのでなく、むしろ行政上の取締りまたは統制を効果あらしむるために科せられる義務――たとえば、届出をするとか、許可を受けまたは免許証を携帯するというような――に違反することが、処罰の理由となるのであって、抽象的危険さえも要求されないものだと説明されるのである。[5] それらは、行政犯とも呼ばれ、警察犯（Polizeidelikt）という呼び方も、特にドイツあたりで以前よく用いられた。このように、実質犯と形式犯とは、保護法益に対する侵害脅威を処罰理由とするかどうかということで、一応、区別されるが、実質犯でも抽象的危険犯では、行為が構成要件を充足してさえおれば、実際には法益に対して何らの危険が生じなくても犯罪が成立するとされる点において、形式犯に近づいているし、他方、形式犯についても、いかに形式犯とはいえ、いやしくもそれが「刑罰」を科せられる行為である以上、全く法益と無関係だというわけにはいかず、実際にもそれが違反する行政上の諸義務も、結局は、法益保護に奉仕するために科せられるものであり、またそれらの義務自体が一種の法益――本来の保護法益とは別の、取締りや統制が実効を発揮することという内容の――だと考えることも可能であって、この意味では形式犯もまた法益の侵害脅威であることになり、実質犯、特に抽象的危険犯に接近してくるのである。両者の区別を強調する学者が、他面、抽象的危険犯は形式犯に接近するといったり、両者の区別は実際上困難だというのも、このためである。このために、形式犯もまた抽象的危険犯だという見方もありうるが、[6] 本来の抽象的危険犯では、構成要件上危険な行為としての類型化がはっきり与えられていて、具体的危険の発生をまつまでもなくそれを危険視することができ、その可罰価値も具体的危険犯に決して劣るものでなく、法定刑も重いのに対して、形式犯とされるものでは、危険な行為としての類型化が不充分で、またその可罰価値、したがって法定刑もうんと軽くなっていることが多い。しかし、厳格に考えて、本当に何ら法益に対する侵害、脅威を含まない形式犯があるとすれば、そのような行為に対して「刑罰」をもって臨むことが許されるかどうかが問題とされねばならないであろう。(7)

この点からみて、さきにみた公安条例違反の下級審裁判例のうちに「いわゆる抽象的危険犯というのは法令により当該行為それ自体公共の危険を発生するものと擬制されているものであるから、抽象的危険犯というためには、当該行為が法令に具体的に規定せられ、かつその危険性が右の擬制に値する程度のものであると同時に、法令の規定そのものが右の擬制をしているものと解せられるものであることを要する」として、問題の公安条例による条件違反行為は「抽象的危険犯としての実質を備えているものとは解せられない」としたもののあったことが想起さるべきである（昭和四七年一二月二五日大阪高裁判決、本稿**三**の四(12)、五三七頁）。

(1) 団藤「刑法綱要・総論」八六頁、木村「刑法総論」一七〇頁、藤木「刑法講義総論」八七頁、植松「刑法概論」一三〇頁、荘子「刑法総論」一三六頁、平野「刑法総論」一二〇頁、西原「刑法総論」一三〇頁、内田「刑法I総論」九八頁以下。
(2) 平場・井上・滝川編「刑法概説」上五二頁。
(3) 平野・上掲一二〇頁。
(4) 岡本「『抽象的危殆犯』の問題性」法学三八巻二号三三六頁以下、内田・上掲九八頁、一六九頁。
(5) 団藤・上掲八六頁、大塚・上掲一一一頁は、法益侵害の抽象的危険すら必要とされない犯罪が形式犯であるとし、藤木・上掲八八頁は「行政取締法規中の画一的な事務処理、行政施策の必要上ルールに違反する外形をともなった行動をすれば処罰するもの」としつつ、「広い意味では抽象的危険犯の一種にはちがいないが、一般の抽象的危険犯よりもなお具体的な被害との結びつきが稀薄」なものといい、植松・上掲一三〇頁は「抽象的危険犯よりもさらに危険を抽象化し、形式犯化してある」のが形式犯であるとする。荘子・上掲一三九頁も同様。

（6）　団藤・上掲八六頁、荘子・上掲一一一頁。さきにみた安村判決や小林論文の、危険でないことの明らかな公安条例違反は形式犯に接近するといういい方の原型は、ここらにありそうである。なお、藤木・上掲八八頁が、形式犯も抽象的危険犯の一種にはちがいないとすることは、前注で述べた。

（7）　内田教授は、犯罪の実質を単なる義務違反でなく、法益侵害・危殆化に求めてゆこうとする立場からは、「形式犯の概念を認めることは許されないはずである」とされる（上掲九八頁）。なお、それらを区別する立場をとっても、実際上それがすこぶる困難なことは、たとえば、植松・上掲一三〇頁が、自動車運転の際の速度制限違反や信号無視を形式犯の例にあげているのに対して、西原・上掲二四八頁は、速度制限違反や無免許運転は「危険犯としての実質犯」だとし、免許証の携帯または提示義務違反を形式犯の例としているところにも現われている。

三　ドイツ刑法学と抽象的危険犯・特にビンディンクの理論

右にみたように、抽象的危険犯とは、構成要件該当の行為さえあれば、危険が生じたものと擬制せられ、あるいは反証を許さぬ仕方で推定され、刑罰が科せられるものだというのが通説である。だが、一体、法治国家において、そのような擬制や推定に基づく処罰が許されるであろうかという疑問が、実は、以前からあったのである。戦後は、特に、世界人権宣言によって、「犯罪の訴追を受けた者は、すべて……公開の裁判において法律に従って有罪の立証があるまでは、無罪と推定される権利を有する」（一一条一項）ことが明らかにされたような状況もあって、それが現実的な意義を帯びてきたのである。古い糺問主義の法定証拠主義のもとでは、擬制や推定は当然のこととせられ、フォイエルバッハも、一八一三年のバイエルン刑法典四三条で、「ある者に対して証明せられた法律違反の行為は、特別な事情からその反対の確実性または蓋然性が認められない限りは、その者は違法な故意によって行為したものと、法律上推定される」と規定して怪しまなかったのである。しかし、その後、糺問主義が弾劾主義的な刑事訴訟となり、自由心証主義が法定証拠主義にとって代わるとともに、右の故意の推定規定もその存在の基盤を失い、今日では、事実認定に当たって裁判官に一応の指針を与えるものならともかく、文字どおりの故意の推定はありえないものとされている。[1] ところが、この抽象的危険犯においては「主観的な故意よりもっと根本的な行為の違法性を規定する法益侵害の危険の存在が擬制せられ、それによって、実際には危険のなかったことが明らかな場合でも――また、責任の面では、確実な根拠に基づいて何ら危険はないと信じて行為した者も――容赦なく処罰されることになるのであるから、問題はより重大であり切実なのである。

このような抽象的危険犯の問題については、特にドイツにおいて突っ込んだ議論が重ねられてきた。それに対して考え抜いた否定的見解を最初に展開した学者は、ドイツ旧派刑法学の重鎮カール・ビンディンクであった。ビンディンクは、「刑罰法規が、危険でない行為まで擬制といういかがわしい方法を用いて危険な行為というレッテルを貼り刑罰を科しようとするなら、それは重大な不正であろう」と強調したのである。[2] 以下、その見解をみることにしよう。

ビンディンクは、犯罪の本質を規範（Normen）に対する違反にあるとするが、同時に法益に対する侵害脅威という側面を重視し、この見地から、犯罪を、実害犯（Verletzungsdelikt）、危険犯（Gefährdungsdelikt）、単純不服従犯（einfache Ungehorsam）の三種に分けた。さきにみた現在の実害犯、危険犯、形式犯という分類も、これに由来するものとされている。[3] ところで、その危険犯論であるが、彼はまず「危険ならしめる」（Gefährdung）とは攻撃された法益の「存在の確実性を震憾させること」（Erschütterung der Daseinsgewissheit）であるとなし、[4] そのような危険をもたらすことを内容とする危険犯には、その構成要件上具体的危険の発生が要求される具体的危険犯と、構成要件上はそうでないが、「危険があると法律上推定（Praesumtio juris et de jure）される」抽象的危険犯とがあるとする見解に対して、そのような推定を認めると、実際には危険でなく処罰に値しない行為まで犯罪のなかに巻き込まれることになるから正当でないとするのである。[5] 彼によると、それらの危険犯においても、たとえば「その人を軽蔑させまたは世論による評価を低下させあるいはその信用を妨げるに適しているような虚偽の事実を、虚偽と知りながら主張または拡め」という誹毀罪の規定（ドイツ刑法一八七条）とか、「他人の健康を害するために、毒物その他健康を破壊するに適する物を与え」という規定（同二二七条）などにみられるように、その構成要件は、客体や行為の手段、方法等によって危険な行為を明示しており、立法者は法益にとって危険な行為のなかから最も危険なものを選び出してそれらの危険犯の構成要件を作っているのであるから、行為がそれらの構成要件にあてはまりさえすれば、いつでも危険があるといえるのであって、別に推定を用いたりするまでもないことになる。このように、それらの構成要件が規定するものは、法益を脅かす「有効な手段であるから、保護された客体に対するその手段の施用がなされ終ったことは、常に危険が実現されたことを意味する。」すくなくとも「行為者が、当初から、自分の行為の危険性を、彼自身または第三者の手によって、除去するための有効な努力を払わなかった限り」そういえるというのである。彼によると、この意味で、「すべての真の危険犯は具体的危険犯である」ということになる。(6)

ビンディンクによると、右の実害犯と危険犯のほかに、さらに、「単純不服従」犯と呼ばれる可罰行為の範疇がある。(7)これらは必ずしも法益に対する侵害または危険を伴うものとは限らないために、それらのいずれにも還元できないものであって、形式犯（formales Delikt）とか警察犯（Polizeidelikt）とも呼ばれる。これらももちろん何らかの害悪、法益侵害を防止するために発せられる禁止の違反ではあるが、そのような違反は常に害悪を生ずるとは限らず、よしそれが生じなくても禁止に反したというだけで処罰されるものである。かような規定の仕方がとられるのは、(イ)その種の行為が、個別的にはそうでないこともあるが、全体的にみると有害であって、しかもその無害な場合と有害な場合とを区別することが困難な場合であって、(ロ)かようなときには「その全体を禁止するか、放任するかしかないが、国民の自由尊重のために害悪の発生もやむなしとするわけにはいかぬとすれば、禁止するよりほかはない。そのような禁止は、その種の行為が何ら役に立たぬ無益なものである場合には、それから生じうる小さな害悪を理由にしても発することが容易であろうが、さらに、(ロ)それを行なうには法的な承認又は許可が必要な行為を、許可なしに行なえば、たとえそれにどんなもっともな理由があろうとも処罰を免れないとする規定も考えられる。このような許可制を設ける立法者の意図は、特殊な行為はこれを事前規制の下におく必要があるということであって、許可を受けなかったことは、それだけで何か「後暗い目的」(Zwecken, die das Licht scheuen) で行動したのだという推定を受けやすいのである。(8) これらの禁止に共通する点は、それらがある種の行為に対する一括禁止 (Gruppenverbot) であって、それに含まれる行為のなかには危険なものと危険でないものが含まれていて、それらは「原則としてまたは一般的に危険な行為」だとはいえないということである。したがって、それは、実害または危険を実質とする実害犯や危険犯とは、単に、量的にでなく質的に相違するものとみるべきである。(9)

このような警察禁止が行なわれる理由は三つある。一つは、法的確実性のために、してよいことと悪いことが誰にもすぐ分かるようにしておく必要があるが、それには危険な行為と危険でない行為とを区別しておれぬことであり、二つは、立証の困難を回避すること、三つは、否認する犯人を逃がさぬため（もし危険な行為と危険でない行為の区別があれば、犯人は必ず自分は危険でない行為をしようとしたのだと弁解してやまぬだろうし、その反論は難しい）である。(10)

「それによって、危険な行為と危険でない行為が同一の禁止に服することになるが、もしも刑罰法規がこの危険でない行為にも、擬制といういかがわしい方法によって、危険な行為というレッテルを貼りつけその刑罰を科しようとするのであるならば、それは重大な不正であろう。こうなれば、残された道はひとつしかない。それは、刑事立法者が、それらの両者を両者に共通な点でとらえること、つまりそれらを規範に対する単純な不服従として規定し、せいぜい裁判官に、量刑に当って、定まった法定刑の枠内で、個々の本件の実質的軽重の相違を顧慮できる余地を残すように配慮することだけである。」これが、ビンディンクの結論であった。(11)

（1）　中川訳「一八一三年のバイエルン刑法典」龍谷法学二巻一二〇頁、Henkel, Die “Praesamtio Doli” in Strafrecht, in: Festschrift für Eb. Schmidt, 1961. S. 578ff.

（2）Binding, Die Normen und ihre Übeetretung, I. Bd. 4. Aufl. 1922. S. 408.

（3）Binding, Normen, I. Bd. S. 338ff., 364ff, 368ff, 397ff. Hippel, Deutsches Strafrecht, II, Bd, 1930. S. 100.

（4）Binding, Normen. I. Bd. S. 372.

（5）Binding, Normen, I. Bd. S. 380ff. ビンディンクはまた、この危険の法的推定と危険犯の故意との関係（行為者が危険が実在しないことについて確実で根拠のある確信を抱いたとしても故意があるとして処罰されるのか）についても検討し、また、通常、抽象的危険化と解されている放火罪（ドイツ刑法三〇六条以下、もっともドイツでそれを抽象的危険犯というのは、人命に対する抽象的危険という意味で、わが国でいわれるような公共危険の趣旨ではない）について、それは危険犯と解すべきではないと述べている（S. 381, Anm. 26.）。

（6）Binding, Normen. I. Bd. S. 380ff, 397.

（7）Binding, Normen, I. Bd. S. 397ff.

（8）Binding, Normen, I. Bd. S. 400.

（9）Binding, Normen, I. Bd. S. 406ff.

（10）Binding, Normen, I. Bd. S. 407.

（11）Binding, Normen. I. Bd. S. 408.

四　ヘンケルとラーブルの理論

右のビンディンクの理論は、その後の学界に大きな影響を与えた。実害犯、危険犯、形式犯という犯罪の三分類は、上述したように現在のわが国でも一般に認められている。特に抽象的危険犯の処罰は危険の擬制のうえに立っているが、そのような擬制に基づく処罰は、刑法の原理上認めがたいという指摘は、抽象的危険犯の観念に対する致命的な批判であった。しかも、この指摘は時の経つにつれてますますその重みをましていったのである。

しかし、その反面、彼の抽象的危険犯も具体的危険犯だという主張や、法益に対する侵害脅威を実体としない単純不服従犯の観念の提唱は、むしろ、学界こぞっての反対に会い否定されてしまったように見えるのである。そのような学界の否定にもそれ相当の理由はあった。(1) いかにも抽象的危険犯を具体的危険犯に還元しつくすことは困難であるし、法益保護から完全に切り離された不服従の処罰というものの存在を容認したくないという気持もよく分かる。しかし、それにもかかわらず、われわれは、そのようなビンディンクの主張に、かえって、今日にも通用する健康な実践的解決と、実定法の現実に埋没してしまわぬ冷静な批判者の目をみる思いがするのである。実践的解決というのは、彼が、さきにみたように、通常抽象的危険犯と解されている犯罪の構成要件を実現する行為も、ただ「行為者が、当初から、自分の行為の危険性を、自身または第三者の手によって、除去するための有効な努力を払わなかった限りは、」危険を実現したものと見られると称して、ひとつの限定を付していることである。この限定は、後の学者たちが抽象的危険犯における危険の擬制または推定は絶対的なものでなく、むしろ「反証を許す推定」と解すべきだとしたり（シュレーダー・ラーブル）、あるいは、それが全く危険でないことが明らかなときはもはや処罰すべきでない（アルツール・カウフマン、クラーマー、イェシェク等、上記のわが刑法学者）とする見解を先取りしたものとみうるからである。(2) また、実定法の現実に埋没せぬ冷静な批判者の目というのは、その単純不服従犯の理論が、現実の行政取締罰則の構成要件のなかには危険な行為の明確な類型化から程遠いものでありながら、それに該当する行為はすべて容赦なく処罰されるものがあることを直視し、それでもその罰則が無効だとされぬのならば、それはもはや単なる不服従を処罰するものとしかいえないではないかといいきる態度をいう。理論的に無理なこじつけをあえてしてまで、かような場合にも法益の侵害または脅威があるのだといいくるめることは、ビンディンクにはできなかったのである。法原理上、法益の侵害脅威でない行為に刑罰を科する法律の存在する余地はないということと、現実に存する実定刑罰法規のなかにもそのようなものはないということとは、全然、別のことである。実定法の世界に、ビンディンクの不服従犯が絶対にないといいきることは、冷静で批判的な目にとっては、きわめて困難なことであろう。

以上のことを前置きにして、以下、ビンディンク以後のドイツにおける抽象的危険犯の理論の動き――それについては、岡本助教授の前記の詳細な研究があるが――をわれわれの問題の視角から、かいまみることにしよう。

(1)　ヘンケル（Henckel, Hans）は、一九三〇年、「刑法における危険概念」（Der Gefahrbegriff im Strafrecht）において、法益に対する侵害脅威と無関係な単純不服従犯、あるいは警察犯の観念を否定し、いやくしも刑罰が科せられる行為である以上、必ず法益の侵害もしくは脅威があるはずであり、その違いは質的でなく量的なもので、せいぜいその攻撃性が弱く、被害法益も軽微であり、ただそれは多くの人びとにより頻繁に行なわれるため放置するわけにいかず処罰されるもの（Massendelikt）であって、したがってその刑罰もごく軽くなっているのだと説き、その実質は抽象的危険犯であると主張した。その「抽象的危険は、個々の場合における危険ではなく、一般的に考察したときの危険である。その種の行為としてみれば（Die Handlung als Gattung genommen）それは危険であり、かつそれ故に処罰される」のであるが、そこでは「危険はもはや構成要件の要素ではなく、立法の動機（または理由）にとどまる（擬制まではいかない）となし[3]、その点で、同じく抽象的危険犯といわれている放火罪などの重い刑事犯との違いがあるというのである。放火罪などは決して大量に行なわれる犯罪ではなく、個別的に危険の有無を判断することができないわけではないが、ここでは、法が規定した構成要件に該当する行為があれば、常に人の生命に対する危険があるものと「擬制」されるのであって、この場合には、危険は単に立法の理由たるにとどまらず、むしろ「擬制せられた構成要件要素」であり、具体的危険が生じているものと看做されるがゆえに、それは具体的危険犯と同列におかれて重い刑罰が科せられるのである。このように、危険が擬制されているという特徴を示すために、彼はフィンガー（Finger）に倣って、これらの犯罪を、特に「非本来的危険犯」（Uneigentlihe Gefährdungsdelikte）と呼んだのである。[4] 結局、ヘンケルにおいては、ビンディンクの単純不服従犯の否定がなされただけで、ビンディンクによって提起された擬制による処罰があってよいかの問題はいっこうに彼を動かさなかったようにみえるのである。同じ年に出たヒッペル（Hippel, Robert v.）の「ドイツ刑法」二巻（Deutsches Strafrecht II, Bd.）の所論も同様であった。(5)

(2)　ところが、一九三三年に出たラーブル（Rabl, Kurt O.）の「危険の故意」（Der Gefährdungsvorsatz）になると、抽象的危険犯における危険の「擬制」または「反証を許さない推定」という考え方が認められるかどうかが問題としてとりあげられる。彼は、危険の擬制による処罰を否定するとともに、ビンディンクの法益の侵害、脅威と切り離された単純不服従犯という観念をも否定し、刑法の世界には、「法上保護された利益に対する実質的攻撃」、つまり法益に対する侵害または脅威（実害か危険）を意味する構成要件しかないといい、かつその実質的攻撃は、ある態度が一定の外部的結果（侵害、侵害プラス危険、単なる危険のいずれか）を生ぜしめたときにのみ、実現されると説く。危険犯における危険も、ひとつの外部的結果であって（たとえば掃除を怠ると煙突がつまる客観的可能性が生ずるように）、決して判断者の単なる主観的判断ではないから、(6) 行為者の態度によって、危険が生じたことは、すべての危険犯において、訴訟上証明されなければならないのである。それは、いわゆる抽象的危険犯においても同様であって、法文上危険の発生を要すると明言されていないとしても、いやしくもそれが単純な不服従の処罰ではないとされる以上は、単に実行行為が実現されたということを認定するだけでは足りないのである。たとえば見知らぬ歯の抜けた老犬にあの人にかみつけと笑いながらけしかけたとしても、何ら危険はないから、抽象的危険犯たるドイツ刑法三六六条六号（わが軽犯罪法一条三〇号に当たる）によって処罰されることはないのである。(7) このような考えを押し進めて、ラーブルは、次のように結論する。(8) 曰く、「すべての危険犯においては、例外なく、危険の発生という結果が推定されるのである。だが、この推定は訴訟上証明が必要でしかも反証が許される（Widerleglich）。民法の用語でいえば、危険が生じたものと一応推定されるが（vermuten）、危険が生じたと擬制される（gelten）のではない。危険を生ぜしめたという結果が立法者によって擬制される犯罪類型を認める考えは否定されねばならない。何故なら、それは純粋不服従犯という観念と同様に、少なからざる場合において客観的に何ら有害でない態度の処罰を可能にするからである。このことは、一般的に承認されているにもかかわらず、それからの当然の結論を引き出すことは、従来一般に尻ごみされてきた。」

右のラーブルの見解は、従来の抽象的危険犯の理論が、危険の擬制または反証を許さぬ法的推定を理由に、具体的に何ら危険でないことが明らかなものまで無差別に処罰すべしとしたのに対して、それは反証を許す一応の推定であって、行為者は自分の行為が危険でなかったことを立証することによって処罰を免れうるとしたものであって、この点、大きな前進であったし、そのようなものとして評価された。しかし、一応の推定とそれを破る反証という訴訟法的解決では、刑法本来の問題の解決としては、なお処理されぬ部分が残る。それは、反証が許され、かつ、それが成功すれば無罪になるが、逆にそれが失敗すれば有罪を免れぬこととなり、それは、結局、自ら無罪を証明するまでは有罪の推定を受けるということだが、そのような被告人の不利益な有罪の推定が、さきの国民は裁判によって有罪を証明されるまでは無罪と推定されるという刑事裁判の大原則や、疑わしきは被告人の利益に（in dubio pro reo）という原則と、果たして矛盾なしに両立できるかという重大な疑問があるからである。クラーマー（Cramer, Peter）は、かような見地から、ラーブルの解決も失敗だと断ぜざるをえないとした。(9)

（1）　単純不服従犯の観念に対する批判としては、フランクの「法は、反抗的な人民がそれに対して敬礼を強要されたゲスラーの帽子のように、人民に服従の練習をさせるためにあるのではない」という言葉（Studien zum Polizeistrafrecht, 1879. S. 18.）が、くりかえし引用されている。

（2）　Schönke-Schröder, Strafgesetzbuch. Kommentar. 16. Aufl. 1971, S. 1178, 1564, Vorbem. vor § 306; Rabl, Der Gefährdungsvorsatz, 1933, S. 21; Arthur Kaufmann, Unrecht und Schuld beim Delikt der Volltrunkenheit, JZ, 1963, S. 432; Cramer, Der Vollrauschtabestand als abstraktes Gefährdungsdelikt, 1962, S. 61ff.; Jescheck, Lehrbuch des Strafrechts, A.T. 1969, S. 179.

（3）　Henckel, Der Gefahrbegriff im Strafrecht, 1930, S. 61ff, 68.

（4）　Henckel, Der Gefahrbegriff, S. 73ff.

（5）Hippel, Deutsches Strafrecht, II. Bd. 1930, S. 100ff.
（6）Rabl, Der Gefährdungsvorsatz, 1933, S. 16ff.
（7）Rabl, Der Gefährdungsvorsatz, S. 20.
（8）Rabl, Der Gefährdungsvorsatz, S. 21.
（9）Cramer, Der Vollrauschtatbestand als abstraktes Gefährdungsdelikt, 1962. S. 56ff.

五　クラーマーとフォルツの理論

上述したように、第二次大戦後、再び人権が重視され責任主義の貫徹が要求されるにつれて、抽象的危険犯の問題もいっそう人びとの注意を惹くようになった。クラーマー（Cramer, Peter）の「抽象的危険犯としての完全酩酊の構成要件」（Vollrauschtatbestand als abstraktes Gefährdungsdelikt, 1962.）もそのような研究のひとつである。彼は、「故意または過失で酒類の飲用または他の麻酔剤により責任能力を阻却する酩酊状態に陥った者が、その状態において、刑を科せられた行為を行ったときは、軽懲役または罰金に処する」旨を定めたドイツ刑法三三〇条aは、抽象的危険犯の規定であると主張し、その関係で抽象的危険犯の理論の再構成を試みたのである。彼によると、ビンディンクやラーブルは、刑法上意味のある法益に対する攻撃は、実害か具体的危険の形でしかありえないという考えから出発しているが、そのような出発点が間違いであって、刑事法の世界には、実害も具体的危険もないにもかかわらず、なお犯罪として刑罰を科せられ、しかもそれが別段疑問視せられないものがありうるというのである。たとえば、結果発生の不可能ないわゆる不能犯でも可罰的未遂とせられ、また未遂と既遂とを併せた企行犯（Unternehmungstatbestände・ドイツ刑法八〇条、一〇五条、一一四条等）の構成要件の存在などがそれで、抽象的危険犯もその一つだというのである。[1] これは、不能犯も可罰的未遂だとするドイツ在来の判例と、その判例に屈服したナチス以後のドイツ刑法学を背景として始めて可能となる理由づけであろうが、その説明によると、可罰的未遂としての不能犯にあっては、行為は危険でなく、ただ行為者の危険があるだけだが、この行為者の危険も法益に対する危険であって、それは、今回は失敗したが、次には成功するかも知れないという意味で、やはり特定の法益に対する危険を内含しているのである。単に法秩序に対する意識的反抗というだけではない。この不能犯の法益に対する攻撃は、目的的に特定の法益に向けられた意思の実現たる点にあり、「その中に存する行為者の危険性は、同時に、狙われた法益に対する抽象的危険を意味するのである。」もっとも、行為者が迷信的な手段で目的を実現しようとする場合には、行為者に危険性があるとはいえないから、可罰的未遂も成立しない。反法的意思の実現であっても、法益に対する抽象的危険すら伴わないものは、処罰価値もないというのである。(2)

このようなクラーマーの議論は、われわれに故宮本博士の主観説に基づく不能犯と迷信犯についての説明を想起させるが、不能犯をひき合いに出さねば認めがたい抽象的危険犯の危険性であるということが注目せらるべきである。クラーマーは、さらに進んで、そのような可罰的未遂としての不能犯と可能的未遂、さらに後者と既遂犯の関係は、抽象的危険と具体的危険、さらには後者と実害発生の関係と似ており、それらは行為実現の段階としてとらえられるというのである。もっとも、抽象的危険では、単に行為者の危険性のみでなく、行為の危険が問題であるから、行為そのものが他人の法益に対する攻撃でなければならぬ。ただ、その危険または攻撃は、不能犯において潜在的攻撃者の存在で足りたように、ここでも行為に内在する潜在的危険で足りるのである。しかし、不能犯から迷信犯が除外されたように、全然無害で危険の萌芽さえ含まない行為は、抽象的危険犯から除外されなければならない。何故ならば、立法者が抽象的危険犯として刑罰を科するのは、その態度が単にことによっては危険でありうるものだからでなく、その態度が通常具体的危険を惹起するような性質のものだから (diesem Verhaltentypischerweise die Herbeifuhrung einer konkreten Gefahr eigen ist) である。かような考えは、しかし、単に抽象的危険犯の立法理由たるにとどまらず、この種の犯罪の構成要件のなかに実質的に組みこまれているものと解しなければならない。なぜなら、犯罪を特徴づけるものは、立法理由ではなくて、その態度から生ずるところの法益に対する事実的または潜在的な妨害だからである。以上のごとくであるから、「抽象的危険犯は具体的危険犯の前段階と呼んでもよいであろう。それは――具体的危険が実害の前段階であるのに対応して――法益に対する危険惹起の蓋然性を内含するところの前段階である。つまり、実害（Verletzung）は損害が実際に発生することを意味するのに対して、具体的危険は実害発生の蓋然性（Wahrscheinlichkeit einer Verletzung）を、そしてさらに抽象的危険は具体的危険惹起の蓋然性（Wahrscheinlichkeit einer konkreten Gefährdung）を意味する」ということになる。[3] 抽象的危険を具体的危険の前段階としてとらえるところに、その特色――同時にその問題性――があるが、それは、彼の本来のテーマである完全酩酊罪における故意、過失で飲酒し酩酊する行為（犯罪の実体）と、その酩酊後の責任無能力状態で行なわれる可罰的行為との関係（有責な酩酊は、酩酊中の可罰行為の前段階である）と対応しているのである。

以上のように、クラーマーも、抽象的危険犯が法益に対する攻撃であり、危険（但し抽象的危険）であることを重視し、しかもそれを単なる立法理由でなく、構成要件の問題であると考えるので、彼にあっても、全然危険でないことの明らかな（法益を不当な仕方で具体的危険に陥れるに適しない）行為は、限定解釈が必要になるのである。たとえば、「礼拝上の集まりのための建物」に放火すれば、それだけで常に処罰すると定めたドイツ刑法三〇六条一号の規定も、特定のお祭り日だけしか人のいない巡礼礼拝堂に、そのお祭りの日以外に放火し、あるいは建ったばかりでまだ実際に礼拝に用いられていない教会に対する放火には適用せらるべきでないし、また、偽証罪の「虚偽の供述をしたとき（falsch aussagt）」という規定（同一五三条）も、客観的にありえないことの供述（ある人が魔法で家畜を毒する魔女だという供述とか、時速一八〇キロでフォルクスワーゲンをぶっとばしたという供述）や、裁判にとってどうでもよいような事項に関する偽りの供述には適用がないというのである。[4]

右のクラーマーの見解は、一般に肯定的に受け取られたようであるが、ただその抽象的危険は具体的危険の前段階であり、具体的危険の蓋然性だという理論は必ずしも承認されず、むしろ激しい反対に出会わねばならなかった。たとえば、アルツール・カウフマンは、それを評して、具体的危険の蓋然性というような定義は論理的な誤りである。「何故ならば、蓋然性（または可能性）という要素は、危険という概念そのものにすでに含まれている。危険とは、常に好ましくない結果（実害）発生の蓋然性（または可能性）をいうのであって、決して危険発生の危険性などというべきではない。蓋然性の蓋然性、可能性の可能性などということは無意味である」と述べており[5]、さらに、フォルツ（Volz, Manfred, Unrecht und Schuld abstrakter Gefährdungsdelikte, 1968）は、抽象的危険犯を定める刑罰規定が、危険の発生を構成要件として明示していないのは、その規定する「抽象的危険行為が、通常、実害をもたらす蓋然性が大きく（in der Regel mit grosser Wahrscheinlichkeit zu Verletzungen führen kann）、正にそういう理由で立法者から可罰価値ありと考えられる」ためであって、結局、行為の有害であることがあまりに明白なので、危険を特に構成要件要素とするまでもなかったものであり、これに対して、具体的危険犯では、行為がなされても直ぐにそれ以上の潜在的損害が切迫するとはいえないから、個々の場合に実際に生じた危険の証明を要求されるのであって、決して両者は行為としての発展段階の前後によって区別されるものではないというのである[6]。こうしてフォルツは、自ら抽象的危険犯の新しい理論構成を試みるのである。それによれば、従来の法益に対する侵害、脅威という見地からする抽象的危険犯論は、危険の推定、擬制を用いざるをえない点で、責任主義に反するとされ[7]、むしろ、結果無価値論から行為無価値論への移行を考えるべきであるとし[8]、さらに、主観的違法要素（特に内心超過的目的およびそれと同視すべき故意）論や可罰未遂としての不能犯論、あるいは許された危険の理論による抽象的危険犯の理論づけの可能性とその限界を逐一吟味し[9]、結局、右のように抽象的危険犯は具体的危険を要件とする必要のないほど危険な行為の類型化であるから、そのようなそれ自体危険な行為をする者は、特に自ら危険を除去する措置を講じておかぬ限り、結果が生ずるかも知れぬという「危険を敢えておかす」（Risiko eingehen）ものであって、そのこと自体が社会的義務違反であり、そのために事実上危険が生じたか、それとも偶然のまわり合せでそれが生ぜずに済んだかの違いは、その義務違反性を左右するものではないとしてよいというのである。[10] その抽象的危険犯の構成要件に該当する行為は、行為者が自ら危険を除去する措置を講じておかぬ限り、危険なのだという説明は、さきにビンディンクが同じ問題について与えた説明と実質的に同じであり、また、抽象的危険犯の構成要件は、その危険なこと、つまり実害をもたらす蓋然性が大きいことがあまりに明白なので、危険を特に構成要件要素として掲げるまでもないとされたのだという説明も、実はクラーマーが、抽象的危険犯として刑を科せられるのは、その態度が通常具体的危険を惹起するような性質のものだからだとしたのと近似しており、それらはさらに、ビンディンクが本当の危険犯の構成要件は、客体や行為の手段、方法等によって危険な行為を明示しており、立法者は法益にとって危険な行為のなかから最も危険なものを選び出してそれらの構成要件を作っているのであるとしたことと呼応しているのである。

こうみてくると、ビンディンクの理論はとっくに克服されたもののように思われているが、決してそうでないといわなければならない。ことに、擬制や反証を許さぬ推定は、刑法では認められないということは、いまや学界の共同財産となっているといえるし、また、受けのよくなかった単純不服従犯の理論にしても、前に述べたように、実定法の罰則が果たして刑罰に値いする可罰的違法行為を規定しているかどうかをスクリーンする理論として活用できると考えられるのである。

（1）　Cramer, Vollrauschtatbestand, S. 61ff.
（2）　Cramer, Vollrauschtatbestand, S.64.
（3）　Cramer, Vollrauschtatbestand, S. 68.
（4）　Cramer, Vollrauschtatbestand, S. 69ff.
（5）　Arthur Kaufmann, Unrecht und Schuld, JZ. 1963, S. 433.
（6）　Volz, Unrecht und Schuld abstrakter Gefährdungsdelikte, 1968. S. 17ff. 50ff.

（7） Volz, Unrecht und Schuld, S. 32ff.
（8） Volz, Unrecht und Schuld, S. 37.
（9） Volz, Unrecht und Schuld, S. 60ff. 64ff. 78ff. 99ff.
（10） Volz, Unrecht und Schuld, S. 143ff.

六　抽象的危険犯の理論と公案条例

以上のような抽象的危険犯に関する理論の歴史と現状からわが公案条例違反の罪の扱いをみると、それは、単に受けるべき許可を受けず、あるいは付せられた許可条件に従わなかった集団行動を主催し、指導等したというだけで処罰されるのであるから、それはまさしくビンディンクのいう単純不服従犯であり、わが学説のいう形式犯であるといわなければならない。しかし、判例はその形式犯性を否定し、それらは公衆との間にまさつを生じ暴力に発展する危険があるから実質的違法性を帯びた実質犯であるといい、抽象的危険犯として扱っている。だが、右にみたところから明らかなように、本来の抽象的危険犯は、その構成要件において、特に危険の発生を要件としなくても、それが危険であり有害な行為であることが一目瞭然であるように、客体や行為の手段方法その他の態様によって明確に類型化されていなければならぬが、公安条例にはそのような危険な行為の類型化が全然欠如しており、そのため、何ら危険でない無許可または条件違反の集団行動の主催者、指導者も処罰を免れないことになる。無理に、それも抽象的危険犯であり危険が擬制されるのだといってみても、今度は、そもそも刑法上擬制に基づく処罰が認められるかという大問題が解答を迫ってくる。今日の抽象的危険犯の理論は、このような擬制に訴えず、不当な処罰拡大を避けるためにはどうすればよいかと苦慮しているのであって、そのためにこそ、それは擬制でなく反証を許す推定だとしたり、行為者が特に危険を除去するよう努力した場合は別だとする解釈がとられ、あるいは危険のないことが明白な場合は除外されるのだという解釈が広く行なわれているのである。わが公安条例の判例が、具体的危険犯説による解釈とともに、このような限定解釈さえもいっさい拒否するかにみえることは、あまりに前時代的だといわねばならない。

七　むすび

以上、みてきたところから、次のようないくつかの結論が許されるであろう。

(1)　わが公安条例の罰則は、抽象的危険犯の規定としては、その構成要件があまりに不明確であり、そのままでは単なる形式犯または単純不服従犯の規定にすぎず、他方、その法定刑は形式犯または単純不服従犯に対するものとしては重きにすぎる。実は、単なる形式犯に対して「刑罰」を科すること自体が問題なのであって、むしろ「刑罰」以外の制裁が考えられるべきであり、特に自由刑を科することはやめなければならない。

(2)　このように、公安条例の罪を抽象的危険犯と解すること自体問題であるが、それでもなお抽象的危険犯という解釈を押し通そうとするならば、その危険の「擬制」を棄てて、それは反証を許す一応の推定にすぎぬとするか、あるいは危険でないことが明らかな場合は罪とならないとする限定解釈をとるべきである。

(3)　しかし、公安条例違反は、むしろ具体的危険犯として理解することが正しいのであって、たとえば、許可を要するのは、「他人の個人的権利又は街路の使用を排除、もしくは妨害するに至るべき」集団行動だけであるとし（大阪市条例一条）、あるいは「次の各号に該当するような公共の安寧秩序を維持する上に直接危険を及ぼさないことの明らかに認められる場合」は許可を要しないと定め（神戸市条例一条）、また許可条件でも「一般の交通に障害を及ぼすような形態にならないこと」とか、「人に危害を及ぼすような形態にならないこと」というようなものについては、その解釈のほうがより自然であることは明らかである。そうでない条例についても、刑事法上認めがたい擬制のうえにたつ抽象的危険犯説によるよりも、具体的危険犯説によって運用するほうが、理論的にも無難であり、実際上も妥当な解釈をもたらすことになる。先般（今年〔一九七七年〕六月七日）、東京高等裁判所第四刑事部（寺尾裁判長）が東京都公安条例違反事件について言渡した判決は、以上の諸問題についての透徹した考案に基づいて、敢えて具体的危険犯説をとる旨を明らかにしたものとして、高く評価せられねばならない。

(4)　だが、公安条例の最大の問題は、実は、もっと別のところにあると思われる。それは、戦後、占領軍の占領政策のままに各地で制定、公布せられた許可制の公安条例が、右のように不明確な構成要件と重すぎる法定刑を含んだまま、今日までいすわっているということである。さきにも指摘しておいたが（本稿Ⅰの二・Ⅰ、五一一頁）、実は軍国色の濃厚だった戦前の治安警察法でさえ、集団行動（政治集会、屋外多衆運動）については、事前に届出さえすればよいという届出制をとり（同二条、四条）、その違反に対する制裁も罰金（二〇円または三〇円以下）だけで、ただ、それらの集団行動が、安寧秩序を保持するため必要があるとして制限禁止、解散を命ぜられた際に（同八条）、それに従わなかった場合に始めて軽い自由刑（二月以下、結社の場合は六月以下の軽禁錮、または罰金、同二三条）を科することにしていたことが、この際、もう一度想起せられねばならないのである。現行憲法のもとにおける国民の集団行動の自由が、戦前よりも厳しく制限されねばならぬ理由はないはずであって、戦後三〇年も、占領中の右のような許可制の公安条例が、そのまま存続していることこそ、最大の問題とせらるべきである。

（一九七七年）

〔本論文各項目の表題は、連載第三回以降に付されたものである——編者〕

〔監修〕
中川祐夫（龍谷大学名誉教授）
〔編集〕
浅田和茂（立命館大学大学院法務研究科教授）
井戸田侃（立命館大学名誉教授、弁護士）
久岡康成（立命館大学名誉教授、弁護士）

違法性と犯罪類型、共犯論
佐伯千仭著作選集 第二巻

平成二七年五月二五日 初版第一刷発行

著　者　佐伯千仭
発行者　今井貴
　　　　渡辺左近
発行所　信山社出版株式会社
113-0033 東京都文京区本郷六-二-九-一〇二
電　話 〇三(三八一八)一〇一九
ＦＡＸ 〇三(三八一八)〇三四四

印刷・東洋印刷　製本・日進堂

ISBN978-4-7972-2602-7 C3332

佐伯千仭著作選集　全6巻

信山社